陳福成著

陳福成著作全編

第六十二冊　那些年我們是這樣寫情書的

文史哲出版社印行

國家圖書館出版品預行編目資料

陳福成著作全編 / 陳福成著. -- 初版. --臺北市：文史哲,民 104.08
頁： 公分
ISBN 978-986-314-266-9（全套：平裝）

848.6　　104013035

陳福成著作全編

第六十二冊　那些年我們是這樣寫情書的

著　者：陳　福　成
出 版 者：文 史 哲 出 版 社
http://www.lapen.com.tw
登記證字號：行政院新聞局版臺業字五三三七號
發 行 人：彭　正　雄
發 行 所：文 史 哲 出 版 社
印 刷 者：文 史 哲 出 版 社
臺北市羅斯福路一段七十二巷四號
郵政劃撥帳號：一六一八〇一七五
電話886-2-23511028 · 傳真886-2-23965656

全 80 冊定價新臺幣 36,800 元

二〇一五年（民一〇四）八月初版

ISBN 978-986-314-266-9　　08981

陳福成著作全編總目

壹、兩岸關係
①決戰閏八月
②防衛大台灣
③解開兩岸十大弔詭
④大陸政策與兩岸關係
貳、國家安全
⑤國家安全與情治機關的弔詭
⑥國家安全與戰略關係
⑦國家安全論壇。
參、中國學四部曲
⑧中國歷代戰爭新詮
⑨中國近代黨派發展研究新詮
⑩中國政治思想新詮
⑪中國四大兵法家新詮：孫子、吳起、孫臏、孔明
肆、歷史、人類、文化、宗教、會黨
⑫神劍與屠刀
⑬中國神譜
⑭天帝教的中華文化意涵
⑮奴婢妾匪到革命家之路：復興廣播電台謝雪紅訪講錄
⑯洪門、青幫與哥老會研究
伍、詩〈現代詩、傳統詩〉、文學
⑰幻夢花開一江山
⑱赤縣行腳・神州心旅
⑲「外公」與「外婆」的詩
⑳尋找一座山
㉑春秋記實
㉒性情世界
㉓春秋詩選
㉔八方風雲性情世界
㉕古晟的誕生
㉖把腳印典藏在雲端
㉗從魯迅文學醫人魂救國魂說起
㉘六十後詩雜記詩集
陸、現代詩（詩人、詩社）研究
㉙三月詩會研究
㉚我們的春秋大業：三月詩會二十年別集
㉛中國當代平民詩人王學忠
㉜讀詩稗記
㉝嚴謹與浪漫之間
㉞一信詩學研究：解剖一隻九頭詩鵠
㉟囚徒
㊱胡爾泰現代詩臆說
㊲王學忠籲天詩錄
柒、春秋典型人物研究、遊記
㊳山西芮城劉焦智「鳳梅人」報研究
㊴在「鳳梅人」小橋上

(40)我所知道的孫大公
(41)為中華民族的生存發展進百書疏
(42)金秋六人行
(43)漸凍勇士陳宏

捌、小說、翻譯小說

(44)迷情・奇謀・輪迴、
(45)愛倫坡恐怖推理小說

玖、散文、論文、雜記、詩遊記、人生小品

(46)一個軍校生的台大閒情
(47)古道・秋風・瘦筆
(48)頓悟學習
(49)春秋正義
(50)公主與王子的夢幻、
(51)迴游的鮭魚
(52)男人和女人的情話真話
(53)台灣邊陲之美
(54)最自在的彩霞
(55)梁又平事件後

拾、回憶錄體

(56)五十不惑
(57)我的革命檔案
(58)台大教官興衰錄
(59)迷航記、
(60)最後一代書寫的身影
(61)我這輩子幹了什麼好事
(62)那些年我們是這樣寫情書的
(63)那些年我們是這樣談戀愛的
(64)台灣大學退休人員聯誼會第九屆理事長記實

拾壹、兵學、戰爭

(65)孫子實戰經驗研究
(66)第四波戰爭開山鼻祖賓拉登

拾貳、政治研究

(67)政治學方法論概說
(68)西洋政治思想史概述
(69)中國全民民主統一會北京行
(70)尋找理想國：中國式民主政治研究要綱

拾參、中國命運、喚醒國魂

(71)大浩劫後：日本 311 天譴說
日本問題的終極處理
(72)台大逸仙學會

拾肆、地方誌、地區研究

(73)台北公館台大地區考古・導覽
(74)台中開發史
(75)台北的前世今生
(76)台北公館地區開發史

拾伍、其他

(77)英文單字研究
(78)與君賞玩天地寬（文友評論）
(79)非常傳銷學
(80)新領導與管理實務

總序：陳福成的一部文史哲政兵千秋事業

陳福成先生，祖籍四川成都，一九五二年出生在台灣省台中縣。筆名古晟、藍天、司馬千、鄉下人等，皈依法名：本肇居士。一生除軍職外，以絕大多數時間投入寫作，範圍包括詩歌、小說、政治（兩岸關係、國際關係）、歷史、文化、宗教、哲學、兵學（國防、軍事、戰爭、兵法），及教育部審定之大學、專科（三專、五專）、高中（職）等各級學校國防通識（軍訓課本）十二冊。以上總計近百部著作，目前尚未出版者尚約二十部。

我的戶籍資料上寫著祖籍四川成都，小時候也在軍眷長大，初中畢業（民57年6月），投考陸軍官校預備班十三期，三年後（民60）直升陸軍官校正期班四十四期，民國六十四年八月畢業，隨即分發野戰部隊服役，到民國八十三年四月轉台灣大學軍訓教官。到民國八十八年二月，我以台大夜間部（兼文學院）主任教官退休（伍），進入全職寫作高峰期。

我年青時代也曾好奇問老爸：「我們家到底有沒有家譜？」

他說：「當然有。」他肯定說，停一下又說：「三十八年逃命都來不及了，現在有個鬼啦！」

兩岸開放前他老人家就走了，開放後經很多連繫和尋找，真的連鬼都沒有了，茫茫無垠的「四川北門」，早已人事全非了。

但我的母系家譜卻很清楚，母親陳蕊是台中縣龍井鄉人。她的先祖其實來台不算太久，按家譜記載，到我陳福成才不過第五代，大陸原籍福建省泉州府同安縣六都施盤鄉馬巷。

第一代祖陳添丁、妣黃嫣名申氏。從原籍移居台灣島台中州大甲郡龍井庄龍目井字水裡社三十六番地，移台時間不詳。陳添丁生於清道光二十年（庚子，一八四〇年）六月十二日，卒於民國四年（一九一五年），葬於水裡社共同墓地，坐北向南，他有二個兒子，長子昌，次子標。

第二代祖陳昌（我外曾祖父），生於清同治五年（丙寅，一八六六年）九月十四日，卒於民國廿六年（昭和十二年）四月二十二日，葬在水裡社共同墓地，坐東南向西北。陳昌娶蔡匏，育有四子，長子平、次子豬、三子波、四子萬芳。

第三代祖陳平（我外祖父），生於清光緒十七年（辛卯，一八九一年）九月二十五日，卒於（年略記）二月十三日。陳平娶彭宜（我外祖母），生光緒二十二年（丙申，一八九六年）六月十二日，卒於民國五十六年十二月十六日。他們育有一子五女，長子陳火，長女陳鑾、次女陳燕、三女陳蕊、四女陳品、五女陳鶯。

以上到我母親陳蕊是第四代，到筆者陳福成是第五代，與我同是第五代的表兄弟姊妹共三十二人，目前大約半數仍在就職中，半數已退休。

寫作是我一輩子的興趣，一個職業軍人怎會變成以寫作為一生志業，在我的幾本著作都詳述（如《迷航記》、《台大教官興衰錄》、《五十不惑》等」。我從軍校大學時代開始寫，從台大主任教官退休後，全力排除無謂應酬，更全力全心的寫（不含為教育部編著的大學、高中職《國防通識》十餘冊）。我把《陳福成著作全編》略為分類暨編目如下：

壹、兩岸關係

①《決戰閏八月》②《防衛大台灣》③《解開兩岸十大弔詭》④《大陸政策與兩岸關係》。

貳、國家安全

⑤《國家安全與情治機關的弔詭》⑥《國家安全與戰略關係》⑦《國家安全論壇》。

參、中國學四部曲

⑧《中國歷代戰爭新詮》⑨《中國近代黨派發展研究新詮》⑩《中國政治思想新詮》⑪《中國四大兵法家新詮：孫子、吳起、孫臏、孔明》。

肆、歷史、人類、文化、宗教、會黨

⑫《神劍與屠刀》⑬《中國神譜》⑭《天帝教的中華文化意涵》⑮《奴婢妾匪到革命家之路：復興廣播電台謝雪紅訪講錄》⑯《洪門、青幫與哥老會研究》。

伍、詩〈現代詩、傳統詩〉、文學

⑰《幻夢花開一江山》⑱《赤縣行腳・神州心旅》⑲《「外公」與「外婆」的詩》、⑳《尋找一座山》㉑《春秋記實》㉒《性情世界》㉓《春秋詩選》㉔《八方風雲性情世界》㉕《古晟的誕生》㉖《把腳印典藏在雲端》㉗《從魯迅文學醫人魂救國魂說起》㉘《60後詩雜記詩集》。

陸、現代詩（詩人、詩社）研究

㉙《三月詩會研究》㉚《我們的春秋大業：三月詩會二十年別集》㉛《中國當代平民詩人王學忠》㉜《讀詩稗記》㉝《嚴謹與浪漫之間》㉞《一信詩學研究：解剖一隻九頭詩鵠》㉟《囚徒》㊱《胡爾泰現代詩臆說》㊲王學忠籲天詩錄。

柒、春秋典型人物研究、遊記

㊳《山西芮城劉焦智「鳳梅人」報研究》㊴《在「鳳梅人」小橋上》㊵《我所知道的孫大公》㊶《孫大公思想主張手稿》㊷《金秋六人行》㊸《漸凍勇士陳宏》。

捌、小說、翻譯小說

㊹《迷情・奇謀・輪迴》㊺《愛倫坡恐怖推理小說》。

玖、散文、論文、雜記、詩遊記、人生小品

㊻《一個軍校生的台大閒情》㊼《古道・秋風・瘦筆》㊽《頓悟學習》㊾《春秋正義》㊿《公主與王子的夢幻》(51)《迴游的鮭魚》(52)《男人和女人的情話真話》(53)《台灣邊陲之美》(54)《最自在的彩霞》(55)《梁又平事件後》。

拾、回憶錄體

(56)《五十不惑》(57)《我的革命檔案》(58)《台大教官興衰錄》(59)《迷航記》(60)《最後一代書寫的身影》(61)《我這輩子幹了什麼好事》(62)《那些年我們是這樣寫情書的》(63)《那些年我們是這樣談戀愛的》(64)《台灣大學退休人員聯誼會第九屆理事長記實》。

拾壹、兵學、戰爭

(65)《孫子實戰經驗研究》(66)《第四波戰爭開山鼻祖賓拉登》。

拾貳、政治研究

行》⑦《尋找理想國：中國式民主政治研究要綱》。⑥《政治學方法論概說》⑧《西洋政治思想概述》⑨《中國全民民主統一會北京

拾參、中國命運、喚醒國魂

⑪《大浩劫後：日本 311 天譴說》、《日本問題的終極處理》⑫《台大逸仙學會》。

拾肆、地方誌、地區研究

⑬《台北公館台大地區考古・導覽》⑭《台中開發史》⑮《台北的前世今生》⑯《台北公館地區開發史》。

拾伍、其他

⑰《英文單字研究》⑱《與君賞玩天地寬》（別人評論）⑲《非常傳銷學》⑳《新領導與管理實務》。

我這樣的分類並非很確定，如《謝雪紅訪講錄》，是人物誌，但也是政治，更是歷史，說的更白，是兩岸永恆不變又難分難解的「本質性」問題。

以上這些作品大約可以概括在「中國學」範圍，如我在每本書扉頁所述，以「生長在台灣的中國人為榮」，以創作、鑽研「中國學」，貢獻所能和所學為自我實現的途徑，以宣揚中國春秋大義、中華文化和促進中國和平統一為今生志業，直到生命結束。我這樣的人生，似乎滿懷「文天祥、岳飛式的血性」。

抗戰時期，胡宗南將軍曾主持陸軍官校第七分校（在王曲），校中有兩幅對聯，一是「升官發財請走別路、貪生怕死莫入此門」，二是「鐵肩擔主義、血手寫文章」。前聯原在廣州黃埔，後聯乃胡將軍胸懷，「鐵肩擔主義」我沒機會，但「血手寫文章」的

「血性」俱在我各類著作詩文中。

人生無常，我到六十三歲之年，以對自己人生進行「總清算」的心態出版這套書。

回首前塵，我的人生大致分成兩個「生死」階段，第一個階段是「理想走向毀滅」，年齡從十五歲進軍校到四十三歲，離開野戰部隊前往台灣大學任職中校教官。第二個階段是「毀滅到救贖」，四十三歲以後的寫作人生。

「理想到毀滅」，我的人生全面瓦解、變質，險些遭到軍法審判，就算軍法不判我，我也幾乎要「自我毀滅」；而「毀滅到救贖」是到台大才得到的「新生命」，我積極寫作是從台大開始的，我常說「台大是我啟蒙的道場」有原因的。均可見《五十不惑》、《迷航記》等書。

我從年青立志要當一個「偉大的軍人」，為國家復興、統一做出貢獻，為中華民族的繁榮綿延盡個人最大之力，卻才起步就「死」在起跑點上，這是個人的悲劇和不智，正好也給讀者一個警示。人生絕不能在起跑點就走入「死巷」，切記！切記！讀者以我為鑒！在軍人以外的文學、史政有這套書的出版，也算是對國家民族社會有點貢獻，對自己的人生有了交待，這致少也算「起死回生」了！

順要一說的，我全部的著作都放棄個人著作權，成為兩岸中國人的共同文化財，而台北的文史哲出版有優先使用權和發行權。

這套書能順利出版，最大的功臣是我老友，文史哲出版社負責人彭正雄先生和他的夥伴們。彭先生對中華文化的傳播，對兩岸文化交流都有崇高的使命感，向他和夥伴致上最高謝意。

台北公館蟾蜍山萬盛草堂主人　陳福成　誌於二〇一四年五月榮獲第五十五屆中國文藝獎章文學創作獎前夕

那些年，我們這樣談情說愛的（出版動機並序）

這些情書，是我和愛妻潘玉鳳女士，保管了一輩子而不忍亦不能丟棄的「寶物」。當我們都年過六十，經營了三十多年的家，儼然是一個「大庫房」，一屋子新舊東西，光是書籍就有幾萬本。我花了許多時間進行大清理，能送人的送人、能回收的回收，無用者只好當垃圾處理，僅是送圖書館的書最少兩萬本以上。

唯獨，這批情書不忍丟棄，也不能送人（誰要），但有圖書館和收藏家要，只是我暫時不能割愛，必待正式出版後，把書和原稿件贈送圖書館，因爲這批是我和妻的個人「寶物」。我們要使寶物有個典藏處，這或許是居於個人的感情因素。

除個人感情因素，最重要的出版意義，還在文化和社會價值的保存。第一是現代人

（年青輩）已寫不出像我們這樣的情書，現在年青人傳情只是一個「簡訊」，沒有結構、邏輯，不成文章；第二我們是能用手提筆寫情書的「最後一代」，也就是「末代書寫者」，現在的孩子寫不出像本書這種「長文巨構」的情書。

居於這些理由，我決心把我和愛妻一輩子的情書，正式出版，書和原稿全部贈送圖書館，典藏一份感情和文化。（台北公館蟾蜍山萬盛草堂主人陳福成二〇一三年冬。）

那些年，我們是這樣寫情書的

目次

那些年，我們這樣談情說愛（出版動機並序）……一
第一部：那些年，我是這樣寫情書的……一三
第二部：那些年，她是這樣寫情書的……二七五

5　那些年，逝去的歲月之影

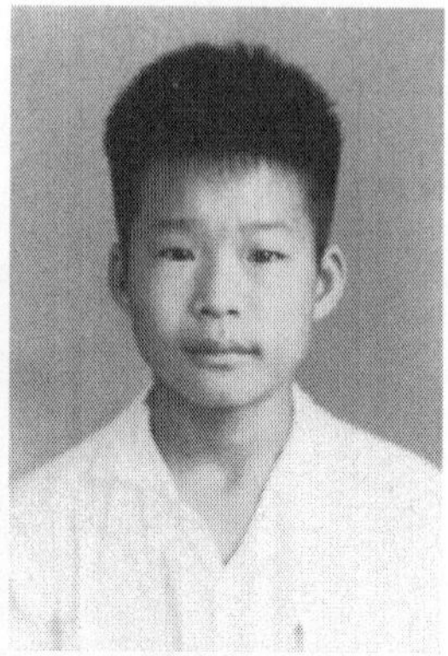

玉鳳：江鏡我又很高興的收到妳的兩封信。是第十三和十四兩封。首先進入我視線的是那片楓葉。使我想起「紅葉知己」的佳話。葉給我內心的震盪很大。我應用數倍來回報妳。馬上畫楓樹。我且暫把深心的一片紅楓寄向海天一給玉鳳。再走入我眼簾的是妳的卡片。我寄給妳的沒有一張能比得上妳的那麼美麗—柔和—得體。我喜歡妳的「盼」。喜歡妳的小詩。很迷人、醉人而叫人愛。看妳學校的課程。難怪許多人讚美實踐家專而不讚美銘傳。我想一個女孩用她所學的服裝、美容、插花、手工藝、園藝等來經營一個小家庭。加上她本身對音樂的修養來美化。那真是一個「神仙家庭」了。貴校校譽不錯。我想和貴校女孩在「才」和「德」的表現有關才是。我的個性和生活偏向文史藝術方面。星期天有時也喜歡到山坡上亂找一些不知名的花草。運用林語堂在「生活的藝術」這本書中的插花要領。什麼主僕啦！賓客啦！對稱啦！亂插一通。寢室放一盆。辦公室放一盆。也許完全不合乎什麼「流」和「派」的要求。只是自己有一股想要美化生活和環境的欲望。對啦！妳說妳有好幾位談心的女朋友。我也告訴妳，我也有二位比談心更佳的男朋友。遊山玩水也是我的愛好。但放休假我們有共遊的機會。對於「流」我這一生有許多的計劃。不知能否順遂？由近而遠、由小而大。

今天信寫的很晚。直到午夜十二點。有點睡意。油燈的油快用完了。所以也該是收筆的時候了。寫了幾封信給妳。老闆心不知妳收到否？還有兩個問題來回答：夏天是女孩的季節。當然指服裝方面。妳能否認嗎？今夜子時。晚安

快樂的天使玉鳳

毓明 七·十二·二四00·

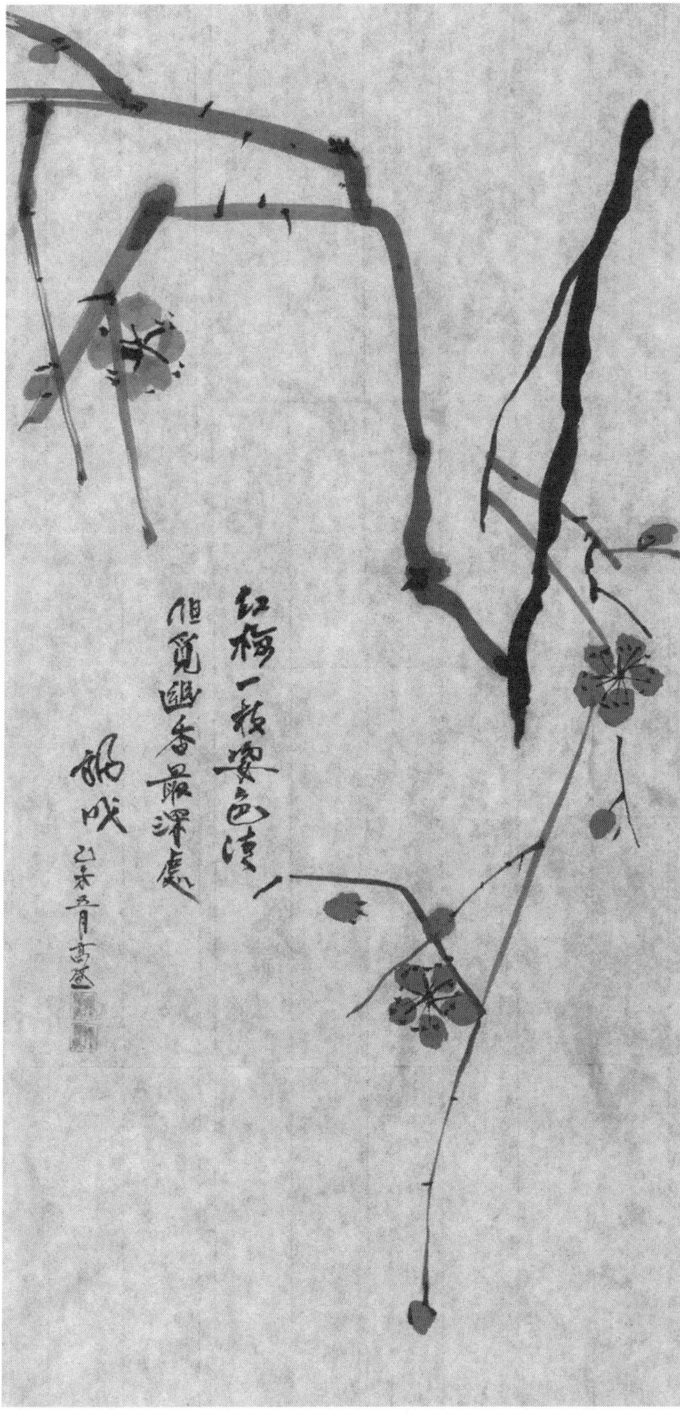
紅梅一枝姿色淡
但覺幽香最深處
己未五月

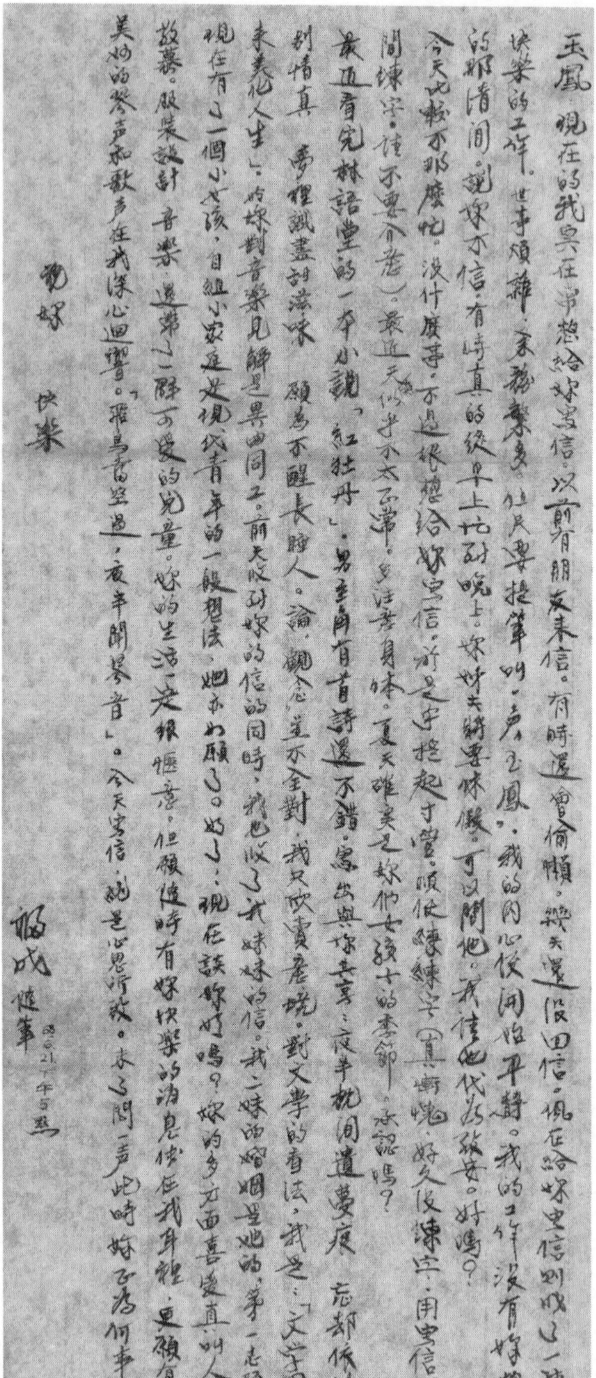

玉鳳：現在的我只在常想給妳寫信。以前有朋友來信。有時還會偷懶。幾天還沒回信。現在給妳寫信則成了一種快樂的工作。世事煩雜，家務繁多。但只要提筆叫一聲「玉鳳」，我的內心便得平靜。我的工作沒有妳想的那清閒。說妳不信，有時真的從早上忙到晚上。妳丈夫將要休假，可以陪他。我倒也代為欣安。好嗎？今天比較不那麼忙。沒什麼事。不過很想給妳寫信。於是乎提起寸管，順便練練字（真慚愧，好久沒練字），用寫信時間練字。（但不要介意）。最近天氣似乎不太正常。多注意身體。夏天雖然是妳們女孩子的季節，承認嗎？

最近看完林語堂的一本小說「紅牡丹」。男主角有首詩還不錯。寫出與妳共享：夜半挑燈遺夢痕　忘都依依別情真　夢裡識盡甜滋味　願為不醒長睡人。論，觀念，並不全對，我只欣賞詹曉。對文學的看法，我是：「文字用來美化人生」。似妳對音樂見解是異曲同工。前天收到妳的信的同時，我也收了我妹妹的信。我二妹的婚姻是她的第一志願，現在有了一個小女孩，自組小家庭是現代青年的一般想法，她亦如願了。好了，現在談妳好嗎？妳的多方面喜愛真叫人羨慕。服裝設計，音樂，還帶了一群可愛的兒童。妳的生活一定很愜意。但願隨時有妳快樂的消息傳在我耳裡，更願有美妙的琴聲和歌聲在我深心迴響。「飛鳥當空過，夜半聞琴音」。今天寫信，純是心思所致。末了問一聲此時妳在做何事？

祝妳　快樂

福成　隨筆　83.6.21 下午5點

可愛的玉鳳。好嗎？夜晚是個深思的世界。白日的繁忙。使人思維成了固定的機械。晚上則似飛雲流泉之自由，似深山古寺的寧靜。內心呈現妳的影像。總在夜的世界中。憶起妳的信件，有不少是完成在這夢般的花園中。妳的出現，使我的世界更完美。使我心田的花園更美麗。林語堂有句話：「我深信一顆赤誠的心足以熔化剛鐵。惟有深沉真摯的愛才能使宇宙中的偉大事蹟充滿成功。」在一本名叫「二十世紀代表性人物」的書中。林先生被譽為中國幽默大師，代表中國。他的家庭很平的。他對中國的愛，認識的很深。他不斷自己實踐，更不止的提醒世人。可嘆！可嘆！可悲！的當今之世。而我輩青年能自有思慮者，似乎為數不多。妳，我對愛情，婚姻，友情的真義應該從生活中獲得更多雙方都認可的內容。我們尚記杜威語否：生活即經驗，即智識。深夜人靜。玉鳳會怪我說的太多嗎？明天一早妳妹夫就要休假了。回到台灣可能是三天之後了。妳收到我信也許四天了。再收到信就是半個月之後的事。寫起來確實久。這是船的關係。我請他代為致意。今晚就將收筆。祝妳晚安 萬事如意。

謝誠敬上 68年九月九日晚上十點。

玉鳳賢妻好見。近日風寒。未知台灣何如。盼加倍身珍重。明日將赴北京受十數日之短訓。今行李已備畢。心血來潮。執寸管為小鳳鳳書寫。天下多少成功人都是夫妻歷經若干歲月之奮鬥。平凡之我倆當無例外。希風雨同舟。共同邁步。

福成書于己未十二月十八日

又叠

第　一　部

那些年，我是這樣寫情書的

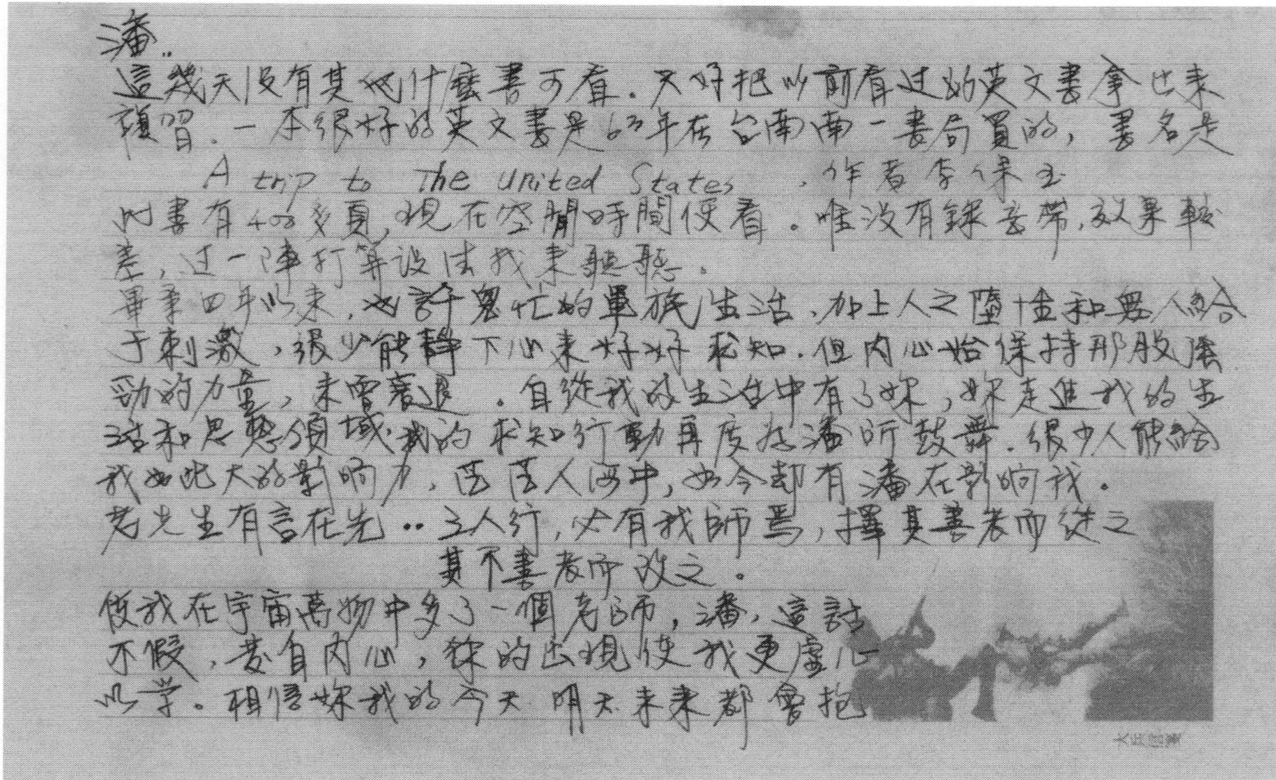

潘：

這幾天沒有甚麼什麼書可看。只好把以前看過的英文書拿出來複習。一本很好的英文書是63年在台南第一書局買的，書名是

A trip to the United States，作者李[illegible]禾主

此書有400多頁，現在空閒時間便看。惟沒有錄音帶，效果較差，過一陣打算設法找來聽聽。

畢業四年以來，也許忙碌的軍旅生活，加上人之墮怠和無人給予刺激，很少能靜下心來好好求知。但內心始終保持那股衝勁的力量，未曾衰退。自從我的生活中有了妳，妳走進我的生活和思想領域，我的求知行動再度在潘所鼓舞。很少人能給我如此大的影響力，芸芸人海中，如今卻有潘在影響我。

老先生有言在先：三人行，必有我師焉，擇其善者而從之，其不善者而改之。

使我在宇宙萬物中多了一個老師，潘，這話不假，發自內心，妳的出現使我更虛心以學。相信妳我的今天 明天 未來都會抱

大兵信箋

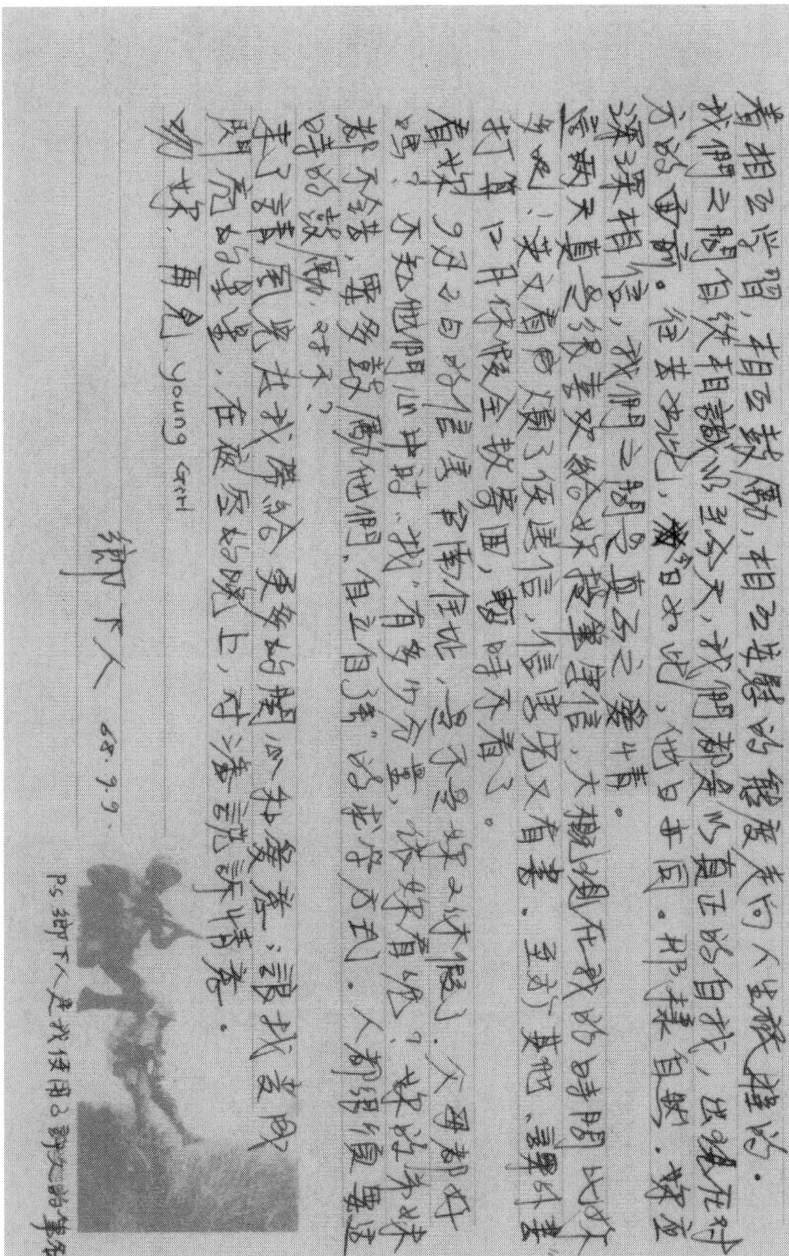

着相互学習，相互鼓勵，相互安慰的態度走向人生旅程的。
我們之間自從相識以至今天，我們都是以真正的自我，出現在对方的面前。往昔如此，今日如此，他日亦同。那樣自然。妳应深深相信，我們之間是真正之愛情。
這兩天真是很喜欢給妳提筆寫信，大概現在我的時間比妳多吧！英文看厭煩了便寫信，信寫完又看書。至於其他"課外書"打算下月休假全數寄回，暫時不看了。
看妳9月2日的信寫台南住址，是不是妳又休假了。父母都好嗎？不知他們心中的"我"有多少分量，你妳看呢？妳的弟妹都不錯，要多鼓勵他們"自立自強"的求学方式。人都很須要适時的鼓勵，对不？
来了請風兒去我帶給更多的關心和愛意；讓我变成閃亮的星星，在夜昼的晚上，对妳訴說情意。
吻妳，再见 young Girl

鄉下人 68.9.9.

P.S 鄉下人是我使用了許久的筆名。

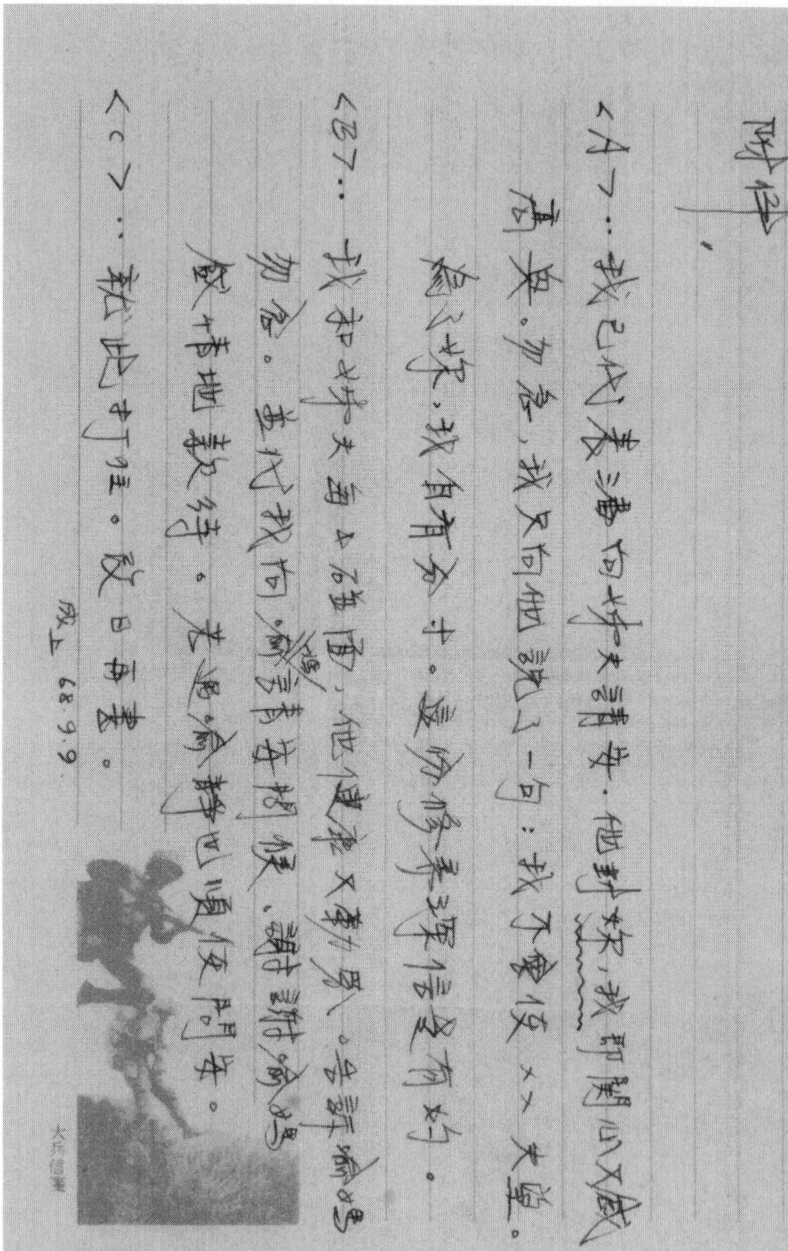

附件：

<A>：我已代表潘向妳夫請安，他對妳，我即關心又感高興。勿念，我只向他說了一句：我不會使××失望。為了妳，我自有分寸。這份修養深信是有的。

<B>：我和妳夫每日碰面，他健康又勤勞。告訴渝媽勿念。並代我向渝媽請安問候，謝謝渝媽盛情地款待。若遇渝靜也順便問安。

<C>：就此打住。改日再書。

成上 68.9.9

大兵信箋

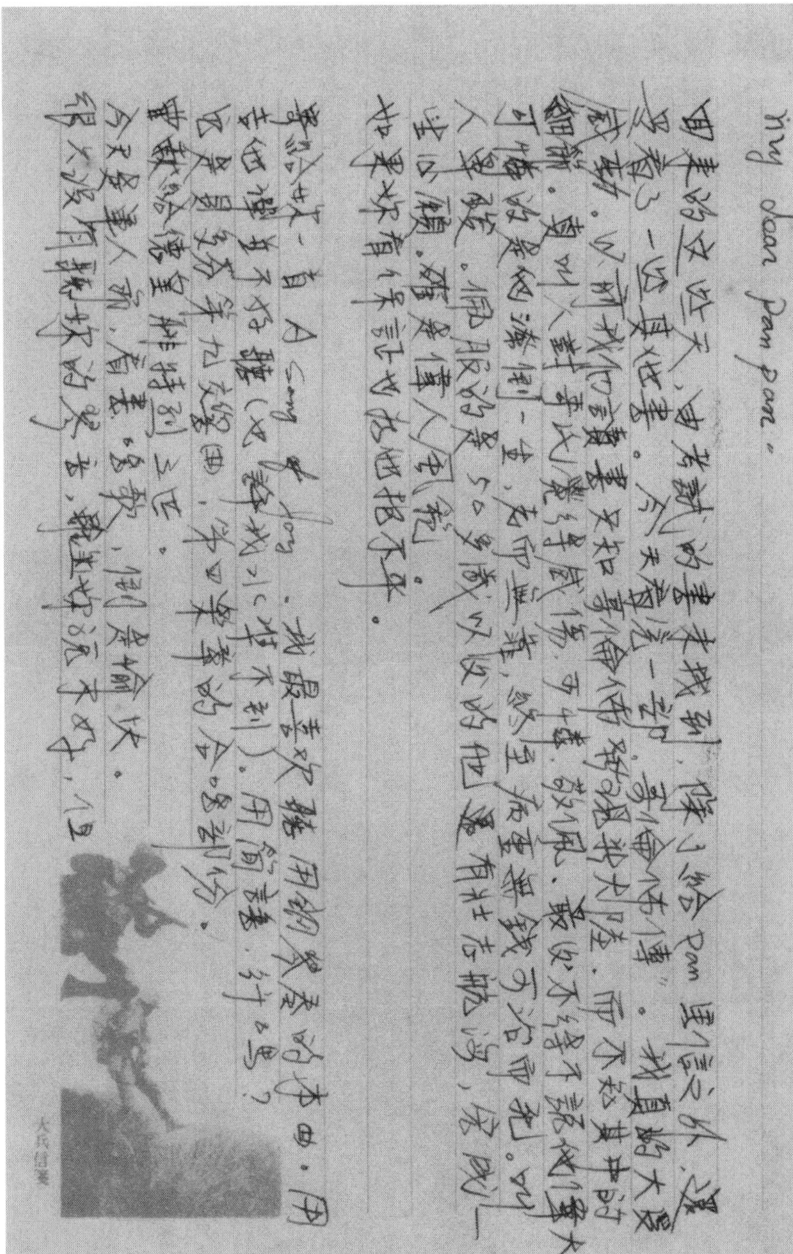

my dear pan pan。

回來的這些天，由考試的書來找到，除了給Pan寫信之外，還是看了一些其他書。今天看完一部"哥倫佈傳"。我真的大受感動。以前我們讀書只知哥倫佈發現新大陸，而不知其中的細節。真叫人對哥氏覺得感傷、可憐、敬佩。最後不得不說他偉大。可憐的是他潦倒一生，老而無靠，終至病重無錢可治而死。叫人鼻酸。佩服的是50多歲以後的他還有壯志航海，完成一生心願。確是偉人風範。

如果妳有保証也為他抱不平。

寄給妳一首 A Song of Joy。我最喜歡聽用鋼琴奏的這曲。用吉他彈並不好聽（也許我水準不到）。用簡譜，行嗎？

它是貝多芬第九交響曲，第四樂章的合唱部份。

貢獻給德皇腓特烈三世。

今天是軍人節，看書唱歌，倒是愉快。

很久沒有聽妳的琴音，難道妳說不好，但

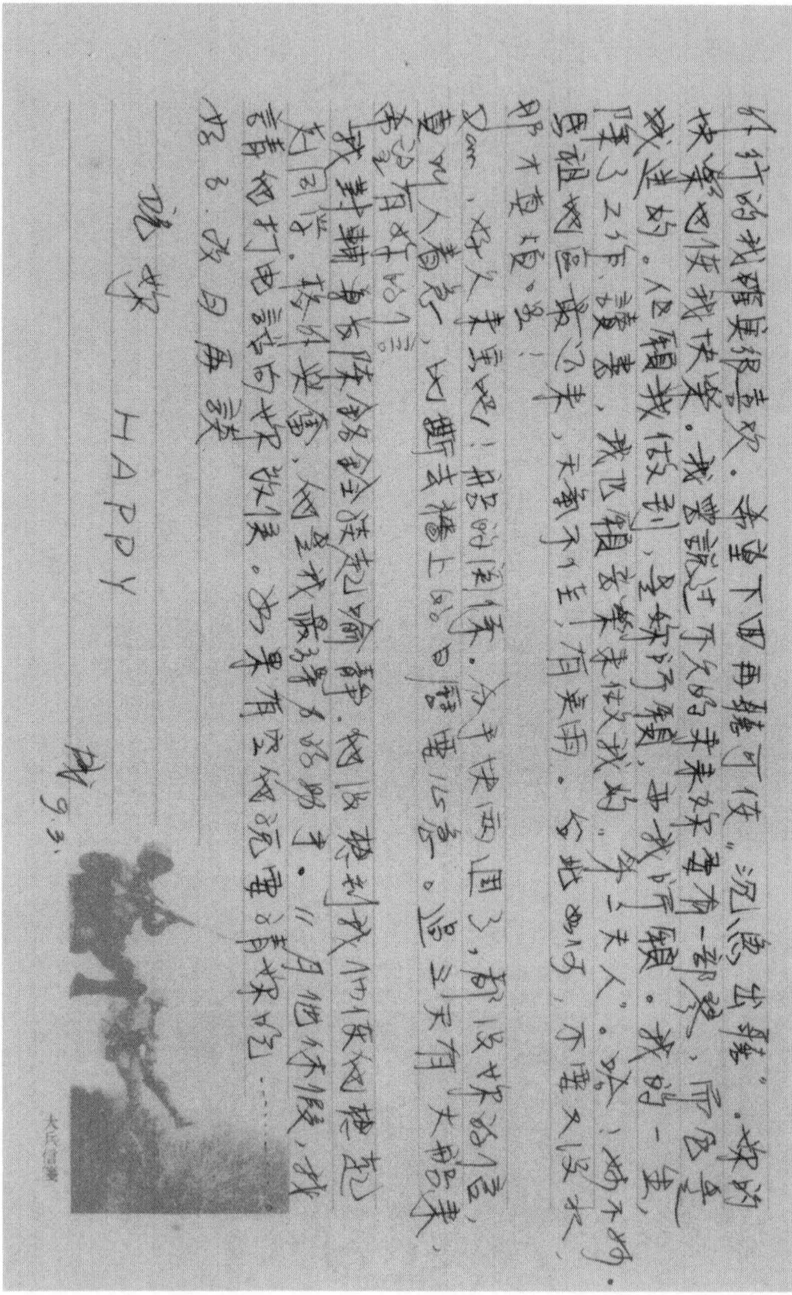
外行的我確實很喜歡。希望下回再聽可使"泥鳥出聲"。妳的
快樂也使我快樂。我曾說过不久的未来妳要有一部琴，而它是
我送的。但願我做到，是妳所願，亦我所願。我的一生，
除了工作、讀書，我也願音樂来做我的"第二夫人"。哈！好不好。
馬祖地區最近來，天氣不佳，有契雨。今北如何，不要又沒水，
那才真煩哩！
Dan，好久未寫吧！船的関係。分手快兩週了，都没妳的信，
真叫人着急，以斷去播上的日曆電心意。過三天有大船来，
希望有妳的信
我對輔導長陳銘銓談起喻靜，他沒想到我們使他想起
老同学，格外興奮，他是我最弟兄的好助手。11月他休假，我
請他打电話向妳致候。如果有空他說要請妳吃……
好了，改日再談
祝妳　HAPPY
成 9.3.

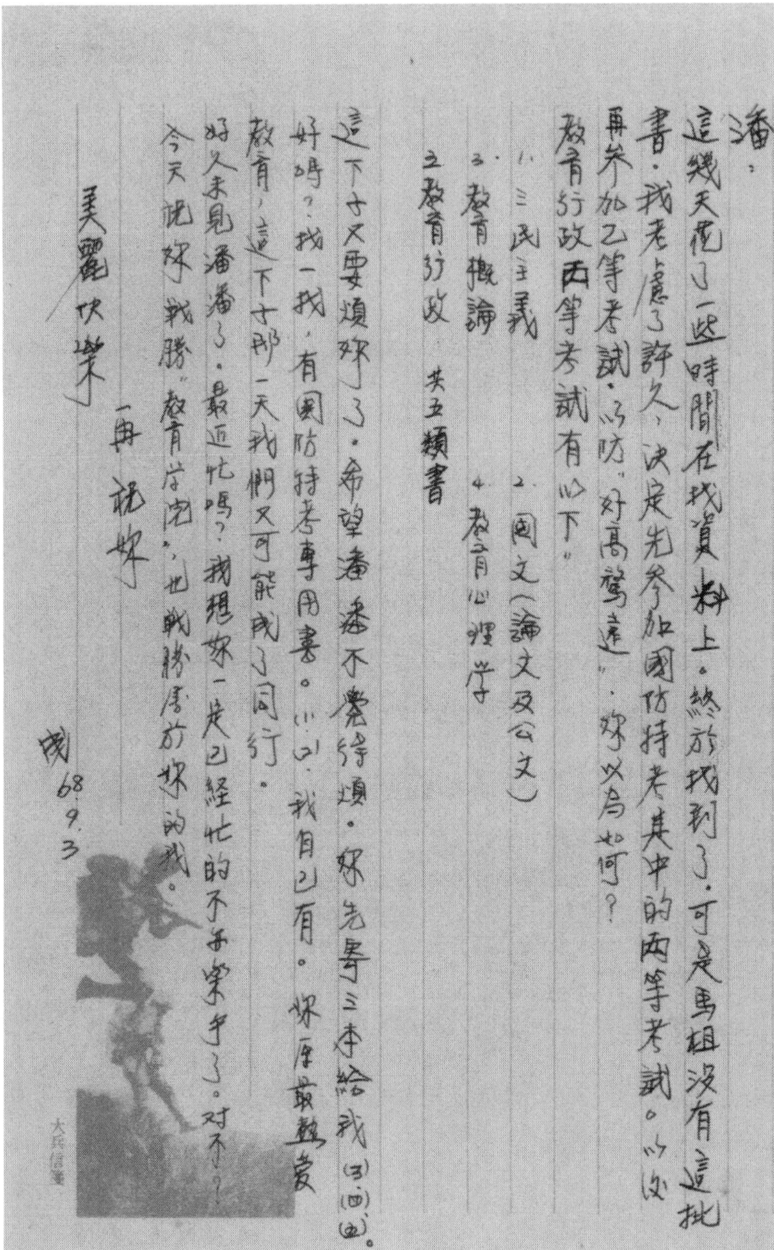

潘：

這幾天花了一些時間在找資料上。終於找到了。可是馬祖沒有這批書。我考慮了許久，決定先參加國防特考其中的丙等考試。以後再參加乙等考試。以防"好高騖遠"。妳以為如何？

教育行政丙等考試有以下：

1. 三民主義　2. 國文（論文及公文）
3. 教育概論　4. 教育心理學
5. 教育行政：共五類書

這下子又要煩妳了。希望潘潘不覺得煩。妳先寄三本給我(三)、(四)、(五)。好嗎？找一找，有國防特考專用書。(1)、(2)我自己有。妳是最熱愛教育，這下子那一天我們又可能成了同行。

好久未見潘潘了。最近忙嗎？我想妳一定已經忙的不亦樂乎了。對不？

今天祝妳戰勝"教育學院"，也戰勝屬於妳的我。

一再祝妳

美麗快樂

成
68.9.3

潘潘：

又是一個靜靜的夜晚，外頭有點昏黃的月光，很叫人遐思。夜風，靜靜地吹起。雖然今晚的夜晚有風，但身居孤島的我，在感覺上迥然不同。帶些輕微的悵然，有一点点說不上來的況思。坐在屋裡給妳寫信。海浪的声音輕輕，聽的清楚極了。拍打岸边，還滿規律。有時還傳來輕微的雷声，閃光。現在就如此，可能明天的天氣不會好吧！雖然現在我已大了，很大，對不？大的知道如何來愛潘潘。對不？。不還過我還很喜欢雨中散步。只是很难碰上身心都能配合的時机。妳可能不常聽到28的大男孩喜欢雨吧！

已經聞到秋的氣息了，每週總有那麼几天早晚有些微凉。秋，是很詩意的，它也市也許感不出來。還記得白居易琵琶行一文中的秋景嗎？它真是一篇最富美感的中國古文學。很久沒讀，忘了許多。每次讀書總覺的還有好多該讀的未讀。潘潘有同感嗎？

大兵信箋

在一枝燭光下給妳寫信真有情調，雖光線很差，似乎可使心思更為平靜，在島上常有這種夜晚，寧寧靜靜，風聲海浪，除此之外就是自己心跳的聲音。

今天下午姊夫招待兩位佳賓，我也列席，不亦樂乎！

等等有人找我去吃西瓜，不亦樂乎！

回到高登給妳信數封，拔拔船次，妳一定未收到，此我心急。妳在八月六日晚上十點給我的信中說：王鳳會常提筆的。別牽掛。不知此刻的妳是也在給我傾訴心聲呢？

有妳騎單車逛八掛山可真愜意。把未來上教育學院的事忘記吧！重新再來，不論取於未取，妳都已學到一些東西，讀了一些書對不？

海倫凱勒的書家裡有，妳會有機會拜讀的。

我也買了一本冊子，我门收妳的書籤，讓我們有更多，更美的回憶。人生是應該時之美化的，不論它有多難過，多苦，即生人，應好好的過，相信妳會讚美我這個觀點。

今夜至此。吻妳晚安。 成 68.9.2. 晚10點。

大兵信箋

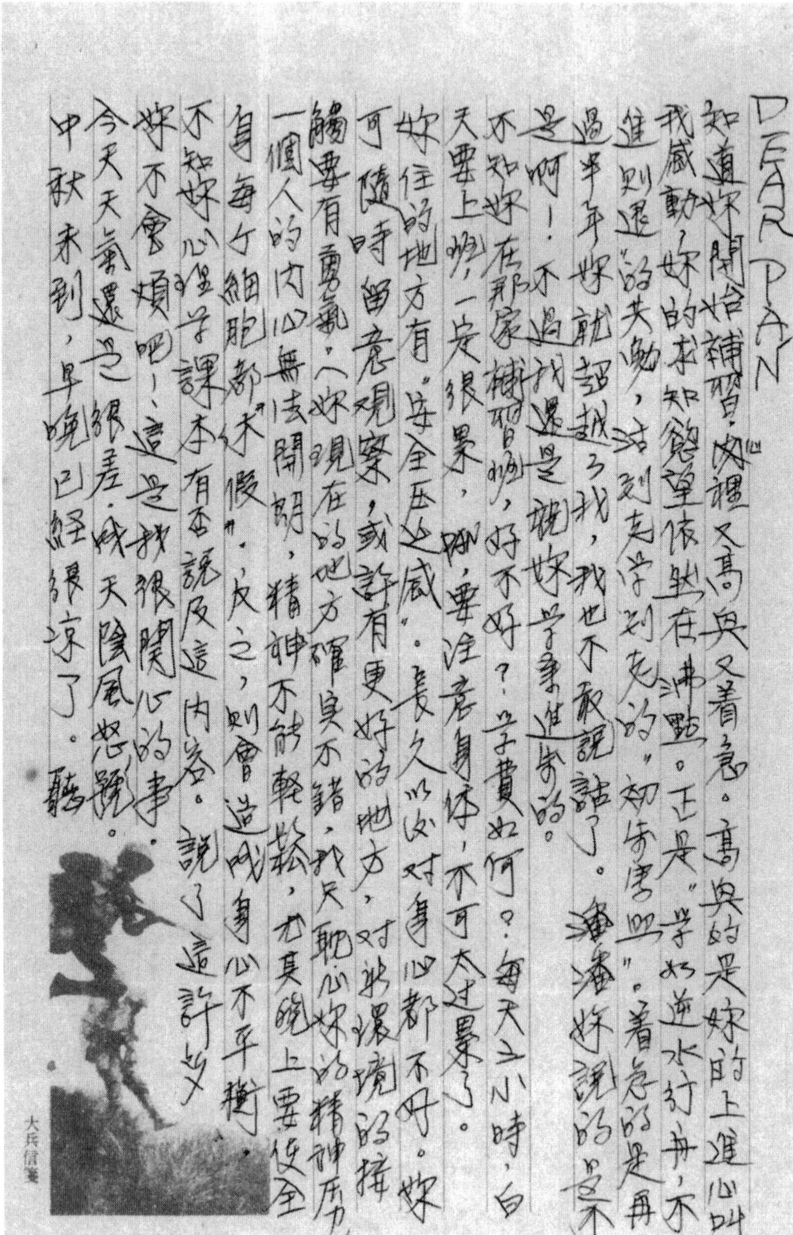

DEAR PAN

知道妳開始補習，內心裡又高與又着急。高與的是妳的上進心叫我感動，妳的求知慾望依然在沸點。正是"学如逆水行舟，不進則退"的共勉，活到老学到老的"知無学無"。着急的是再過半年妳就超越了我，我也不敢說話了。潘潘妳說的是不是啊！不過我還是說妳学業進步的。

不知妳在那家補習的，好不好？学費如何？每天三小時，白天要上班，一定很累，所以要注意身体，不可太过累了。

妳住的地方有"安全压迫感"。長久以後对身心都不好。妳可隨時留意觀察，或許有更好的地方，对於環境的擇鄰要有勇氣。（妳現在的地方確實不錯，我只耽心妳的精神压力）。一個人的內心無法開朗，精神不能輕鬆，尤其晚上要使全身每个細胞都"休假"，反之，則會造成身心不平衡，不知妳心理学課本有否說及這內容。說了這許多妳不會煩吧！這是我很関心的事。

今天天氣還是很差，成天陰風怒號。中秋未到，早晚已經很涼了。聽

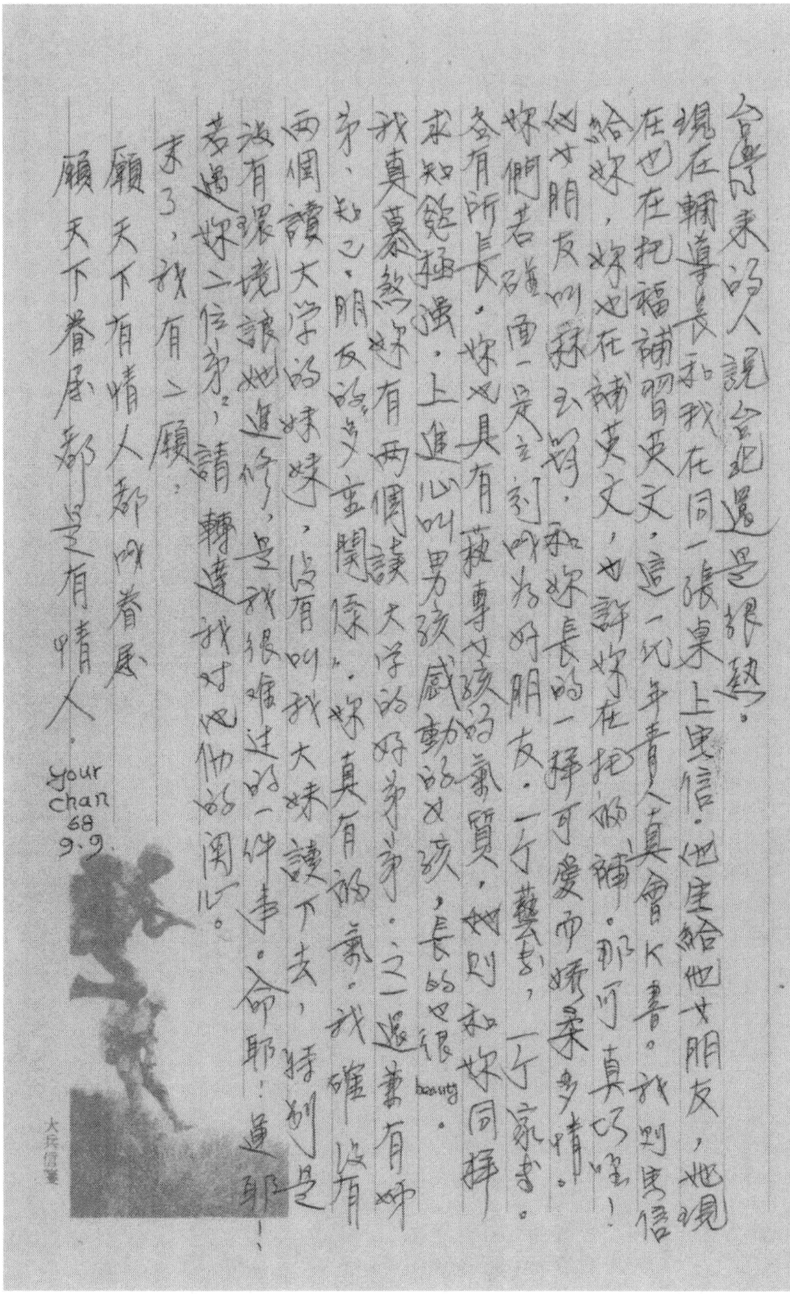

台灣回來的人說台北還是很熱。
現在輔導長和我在同一張桌上寫信。他是給他女朋友，她現
在也在杞福補習英文。這一代年青人真會K書。我則寫信
給妳，妳也在補英文，也許妳在杞福補。那可真巧哩！
的女朋友叫蘇玉蓉，和妳長的一樣可愛而嬌柔多情。
妳們若碰面一定立刻成為好朋友。一個藝專，一個家專。
各有所長。妳也具有藝專女孩的氣質，她則和妳同樣
求知慾極強。上進心叫男孩感動的女孩，長的也很 beauty。
我真羨慕妳有兩個讀大學的好弟弟。…之還要有妳
弟、知己、朋友的多重關係。妳真有福氣。我確沒有
兩個讀大學的妹妹，沒有叫我大妹讀下去，特別是
沒有環境讓她進修，是我很難過的一件事。命耶！運耶！
若遇妳二位弟，請轉達我對他們的關心。
末了，我有二願：
願天下有情人都成眷屬
願天下眷屬都是有情人。

your
chan
68
9.9

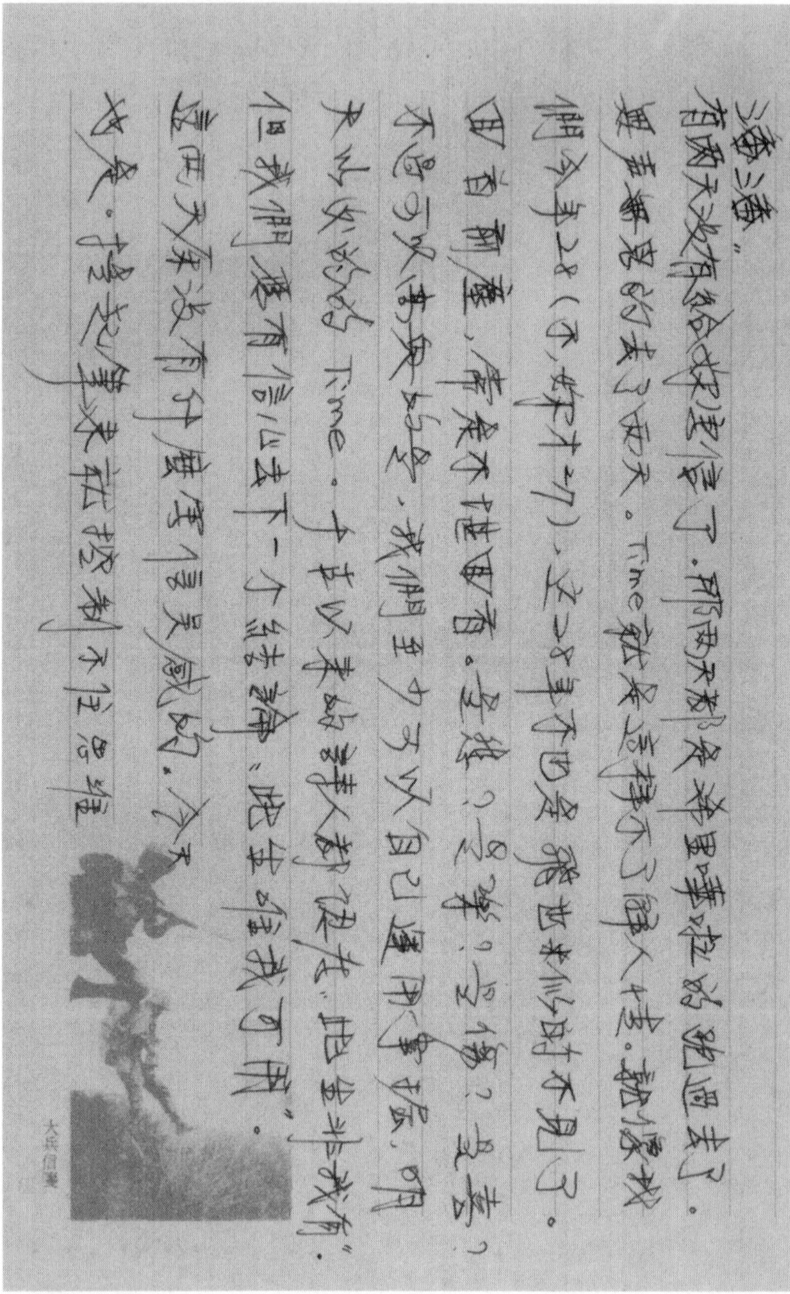

潘潘，

有兩天沒有給妳寫信了。那兩天都是稀里嘩啦的跑過去了。無聲無息的去了兩天。Time就是這樣不了解人情。就像我們今年28（不，妳才27）。這28年不也是飛也似的不見了。回首前塵，常是不堪回首。是悲？是樂？是傷？是喜？不過可以肯定的是，我們至少可以自己運用掌握，明天以後的Time。千古以來的詩人都說「此生非我有」。但我們應有信心去下一個結論「此生唯我可用」。

這兩天原沒有什麼寫信靈感的。今天也是。提起筆來就控制不住思維

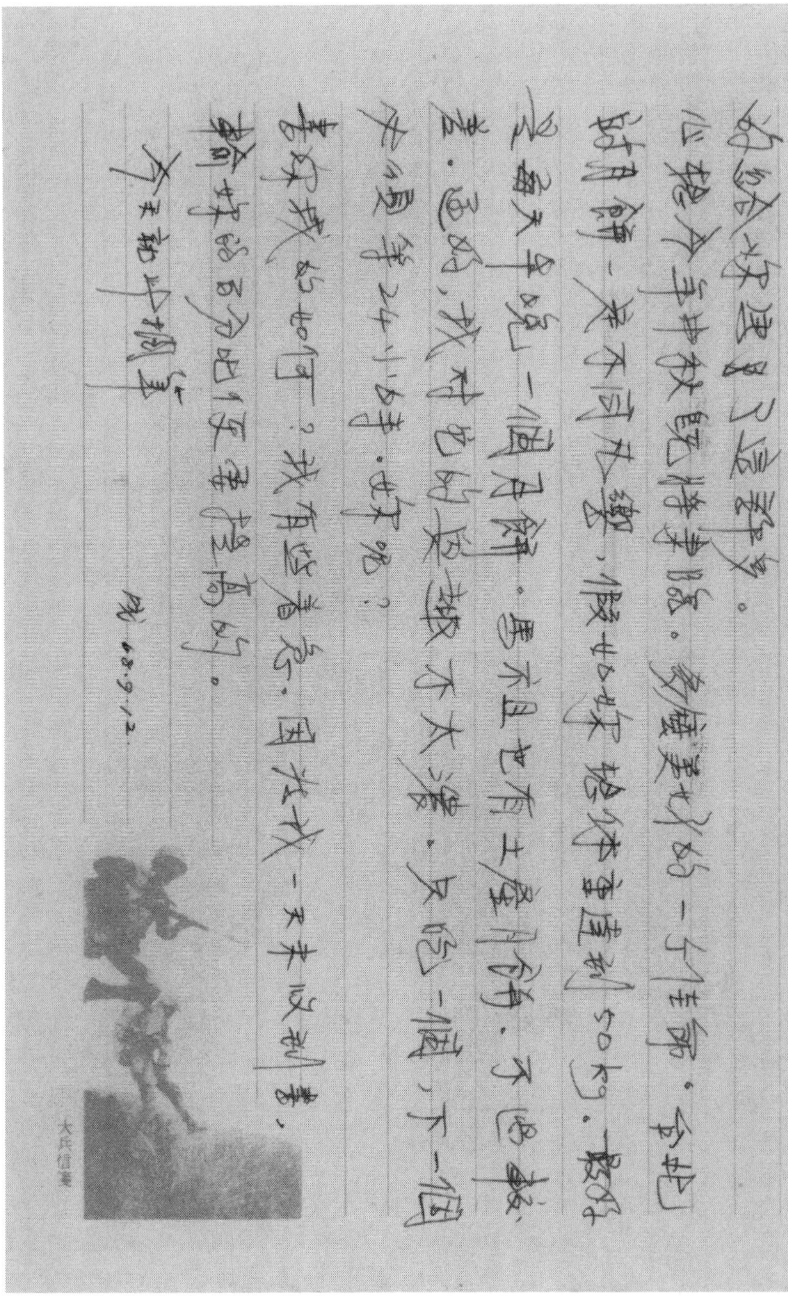
好給妳寫了這許多。
心想今年中秋既將來臨。多麼美好的一個佳節。台北的月餅一定不同凡響，假如妳想體重達到50kg，最好是每天午晚一個月餅。馬祖也有土產月餅，不過較差。還好，我對它的興趣不太濃。只吃一個，下一個必須等24小時。妳呢？
書妳我的如何？我有些着急，因為我一天未收到書，輸妳的百分比便要提高的。
今天就此擱筆
晟 68.9.12

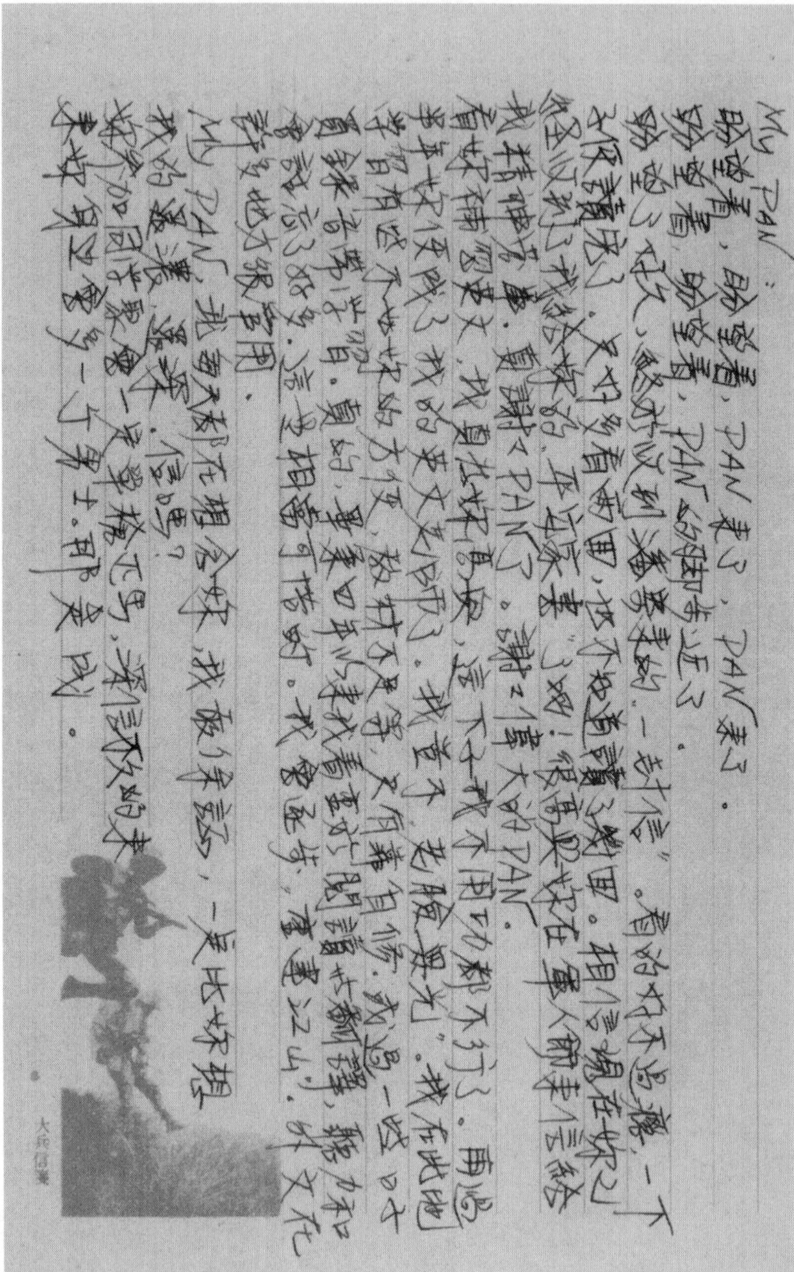
My PAN：
盼望著，盼望著，PAN來了，PAN來了。
盼望著，盼望著，PAN的腳步近了。
盼望了好久，終於收到潘寄來的"一封信"。看的好不過癮，一下子便讀完了。只好多看兩回，也不知道讀了幾回。相信現在妳已經收到了我給妳的"平安家書"了吧！很高興妳在軍人節來信給我精神鼓舞。真謝謝PAN了。謝謝偉大的PAN。
看妳補習英文，我真替妳高興，這下子我不用功都不行了。再過半年妳便成了我的英文老師了。我豈不"老臉無光"。我在此地學習有些不如妳的方便，教材不足等，只有靠自修。或過一些日子買錄音帶學習。真的，畢業四年以來我看重於閱讀和翻譯，聽力和會話忘了好多。這是相當可惜的。我會逐步"重建江山"。外文在許多地方很常用。
My PAN，我每天都在想念妳，我敢保証，一定比妳想我的還濃，還深。信嗎？
妳參加同學聚會一定單槍匹馬，深信不久的未來妳身邊會多一個男士。那是我。

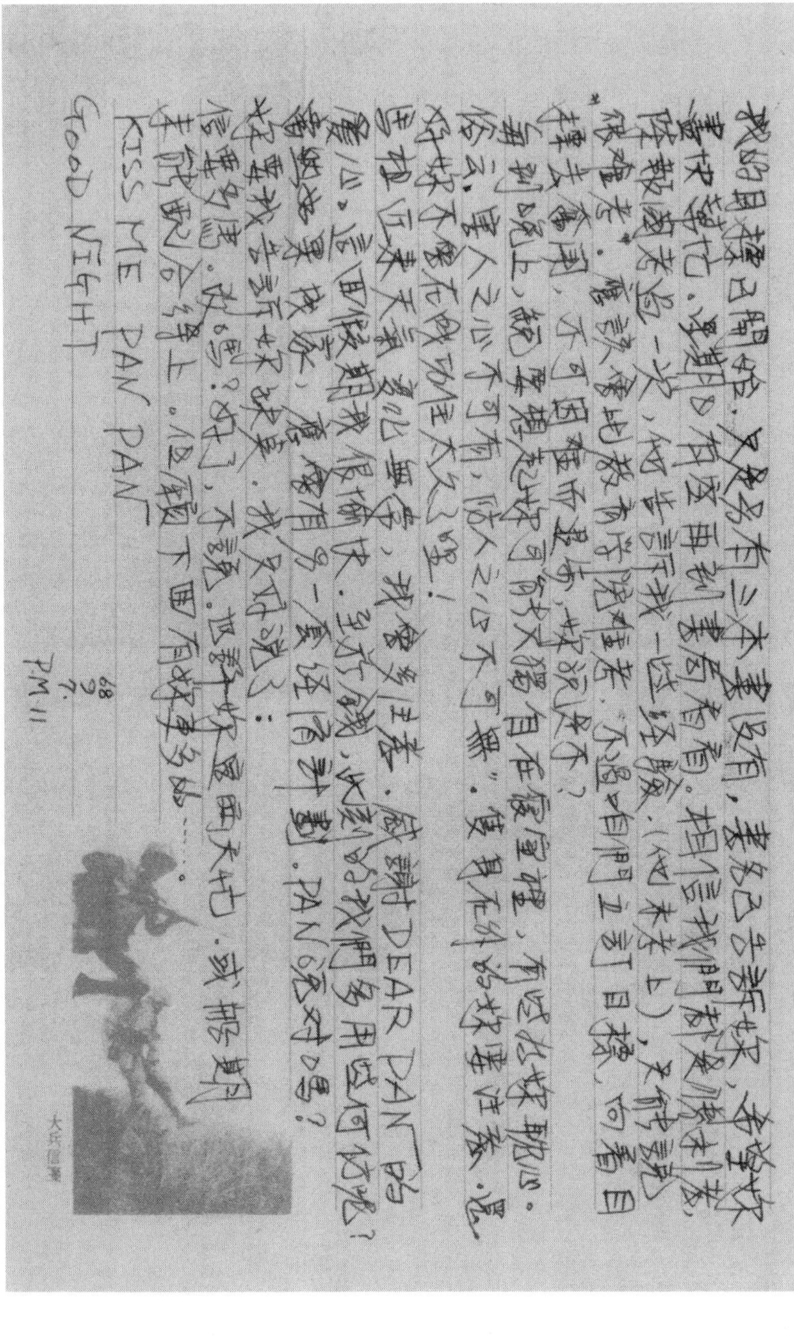
我的目標已開始，只是另有三本書沒有，書名已告訴妳，希望妳
盡快幫忙。星期日有空再到書局看看。相信我們都是勝利者，
陸軍報國考過一次，他告訴我一些經驗（他未考上），只能說
"很難考"。應該會比教育學院難考。不過咱們立訂目標，向著目
標去奮鬥，不可因難而退步，妳說是不？
每到晚上，就要想起妳可能只獨自在寢室裡，有些為妳耽心。
俗云："害人之心不可有，防人之心不可無"。隻身在外的妳要注意。還
好妳不會在那邊住太久了吧！
馬祖近來天氣變化無常，我會多注意。感謝DEAR PAN的
關心。這回假期我很愉快。至於錢，此刻的我們多用些何妨呢？
當然如果成家，應會有另一套經濟計劃。PAN說對嗎？
妳要我告訴妳缺點，我只好說了：
信要多寫。改嗎？好了，不說。也許妳這兩天忙，或假期
未能配合得上。但願下回有好多多的……。
KISS ME PAN PAN
GOOD NIGHT
68
9
7.
P.M.11

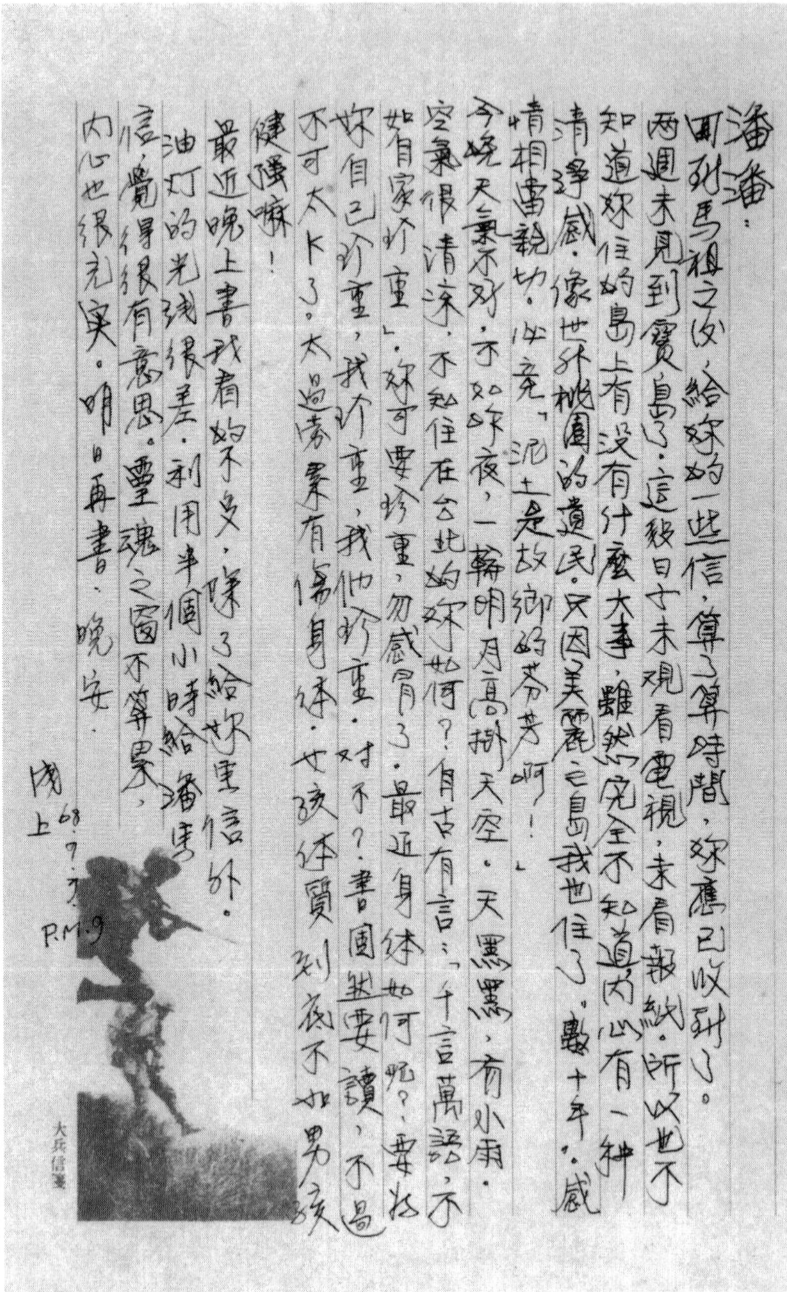

潘潘：
回到馬祖之後，給妳的一些信，算了算時間，妳應已收到了。
兩週未見到寶島了。這段日子未觀看電視，未看報紙。所以也不
知道妳住的島上有沒有什麼大事。雖然完全不知道，內心有一種
清淨感。像世外桃園的遺民。只因美麗之島我也住了，數十年。感
情相當親切。必竟，「泥土是故鄉的芬芳啊！」
今晚天氣不好，不如昨夜，一輪明月高掛天空。天黑黑，有小雨。
空氣很清涼，不知住在台北的妳如何？自古有言：「千言萬語，不
如自家珍重」。妳可要珍重，勿感冒了。最近身体如何呢？要好
妳自己珍重，我珍重，我也珍重。對不？書固然要讀，不過
不可太K了。太過勞累有傷身体。女孩体質到底不如男孩
健康嘛！
最近晚上書我看的不多，除了給妳寫信外。
油燈的光線很差，利用半個小時給潘寫
信，覺得很有意思。靈魂之窗不算累，
內心也很充實。明日再書。晚安。

偉上
68.7.7.
P.M.9

大兵信箋

親愛的潘潘"
一個寧靜而深沉的夜晚
我只在仰望那高掛天空的晶瑩
我親以為星兒要掛不住地掉下來了。
輕風徐來，帶了女孩的淺笑
海浪微波，舞動婆娑的音符
這一晚，我真不想做其他事；我只在想，想……想……
女孩，今年母親節妳要我珍惜妳這位……
我，更要妳，從今以要珍惜體貼這男孩……。
在無窮盡的人海中，我們相見了
在各個環節的生命中，終於我們結伴行航。
我們是否要祈求許多呢？
我只希望做到一件事，成功地做好，
使我們幸福而不愧一生
就像夜空那樣寧靜，自然，平凡。
68.7.5晚上有感而寫 福成

大兵信箋

潘：

把一本教育行政都看完了，心裡好多了。知道許多前所不知，前所未看的知識。覺得它實在是日常生活的常識，真須要人人都懂。

好大一本，六佰多頁，我並不覺得那裡是重點；我讀書有個習慣，只要我想讀的，不論中文、外文，一定從頭到尾，一字不露的全部細看。一直到全部貫通，我最後關頭，才標示出重點。以前讀英文時，曾為一個字，查遍數本字典，花費半天時間，不弄懂，絕不往下研究。不知道這個讀書方法，相較如何？我自己從大一開始便如此固執的讀書方法。

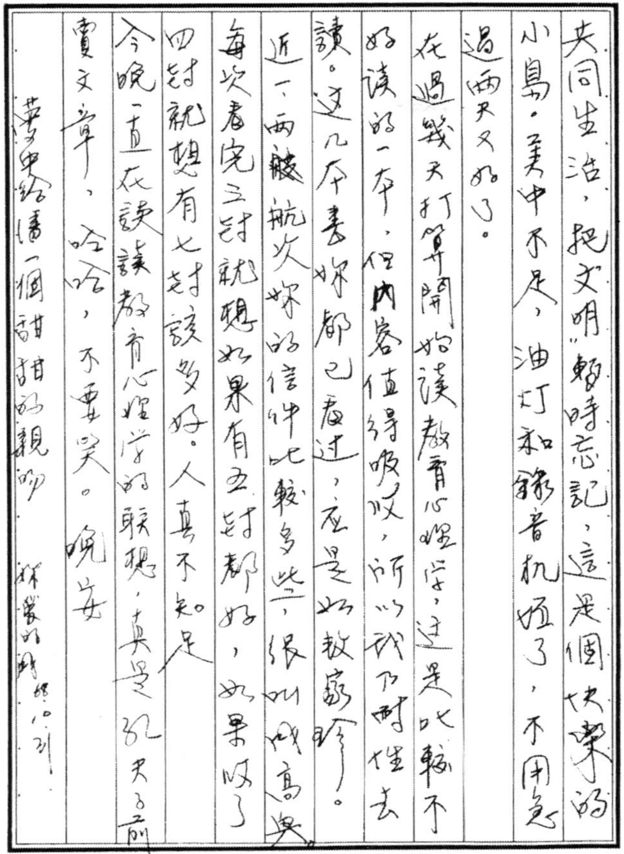

共同生活，把文明"暫時忘記，這是個快樂的
小島。美中不足，油燈和錄音机壞了，不用急
過兩天又好了。
在過幾天打算開始讀教育心理學，這是比較不
好讀的一本，但內容值得吸收，所以我乃耐住去
讀。這几本書妳都已唸過，应是如數家珍了。
近一兩艘航次妳的信中比較多些，很叫我高興
每次看完三封就想如果有五封都好，如果收了
四封就想有七封該多好。人真不知足
今晚一直在讀教育心理學的联想，真是孔夫子前
賣文章，哈哈，不要笑。晚安
夢中給濃一個甜甜的親吻　林紫明 88.10.31

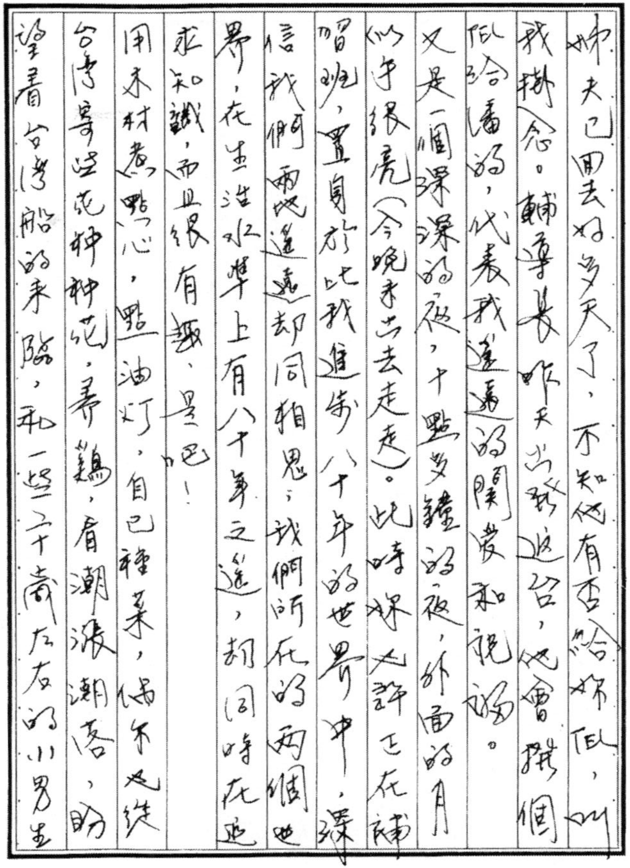

妳夫已回去好多天了，不知他有否給妳TEL，以
我掛念。輔導長昨天出發返台，他會撥個
TEL給濃的，代表我遙遠的關愛和祝福。
又是一個深深的夜，十點多鐘的夜，外面的月
似乎很亮（今晚未出去走走）。此時妳大該正在補
習吧，置身於比我進步八十年的世界中，深
信我們兩地遙遠卻同相思；我們所在的兩個世
界，在生活水準上有八十年之遙，却同時存在這
求知識，而且很有趣，是吧！
用木材煮點心，點油燈，自己種菜，仿佛又繼
台灣等造花种种花，養雞，看潮漲潮落，盼
望著台灣船的來臨，和一些二十歲左右的小男生

親愛的潘潘"

妳寄來一張社論簡報，我有一個感覺，我們這一代青年對國家的關心太少了。但最近一年碰到兩個女孩，一個是Pam Pam，一個是輔導長女友林玉端小姐，似乎不一樣。都對國家有些關心了，林小姐因受逃亡之苦，常在情書中提起她對共產主義的反感，和對國家的濃情。這都叫我們男士五体投地的。

社論後面的夜景燦爛，惜未能置身其中，不過由潘寄來，都叫人感到對當今政府的興奮。和Pam的關照。我對着妳留下來、九月份潘寄來的、送的、給的，永不會從記憶層消失的。

上回的一封信，談到看過三毛的一本書，輔導長也看過，他不知如何寄來，看完了要給他女友佳閱，他女友看完之後，也會寄給妳Kill Time。這本書並非作者見聞廣而受人喜愛，其中有許多"觀念"是大時代的我們大家可以參考的，妳慢慢看吧！輔導長也快休假了，我請他打個電給妳，代表河島上的我的一點關愛。他和我是部隊同事，也是好朋友。

今天是光復節，昨天收到妳双十節的信，一封信從台灣走到高雄要十五天，可能是最長的一回了。如果天好，每航次四天可到。平時一星期多一點。

祝
快樂

[illegible]
10.26

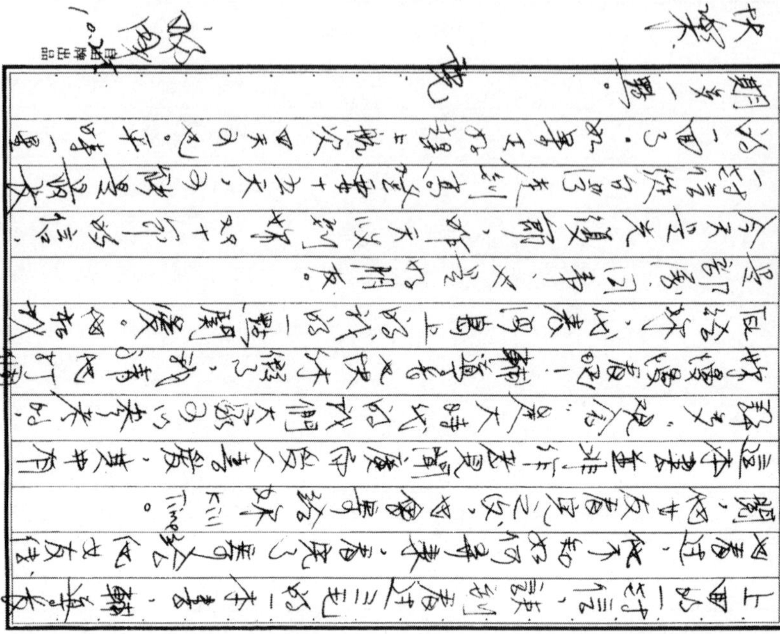

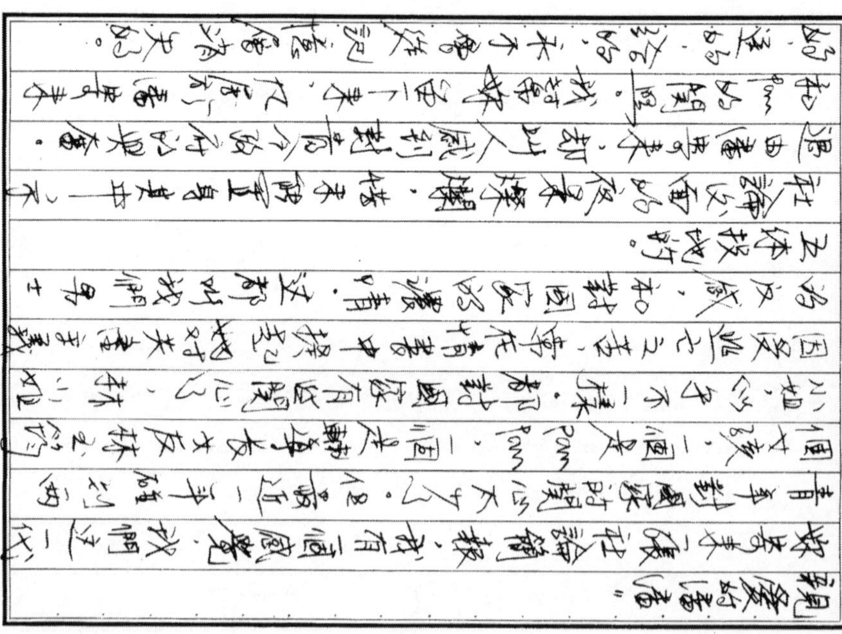

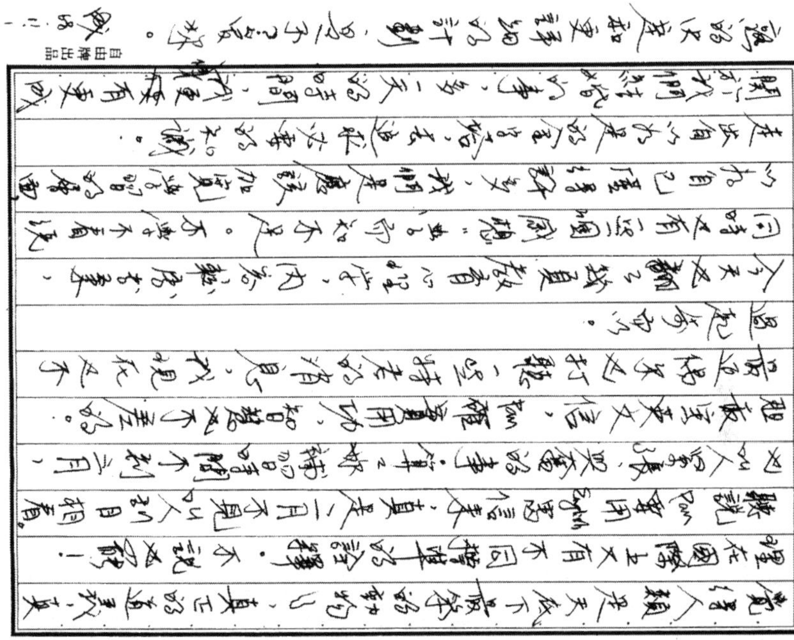

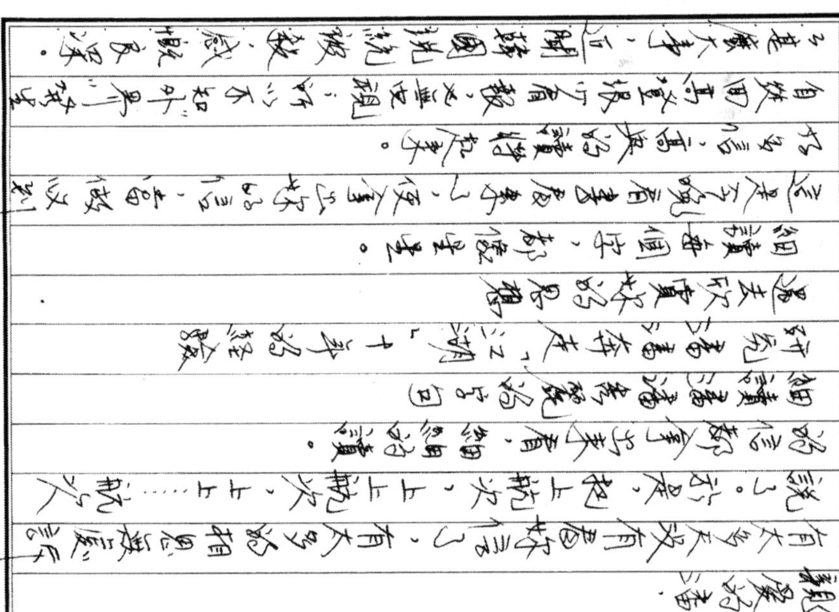

潘潘：

自從今年八月二十六日我們在寶島依依分手，到今日已有三個月又一星期了。

終於期待到將要返台的日子——明天。內心非常興奮，因為明天我將休假，再過三、四天就是我們相見的時刻；現在的我，是在休假前一夜，給潘潘寫信，反而使我高興興奮的不知寫些什麼是好！

可惜我這裡是無电世界，否則我一定要發封电報給等待中的潘潘，告訴她君的歸期。讓我們在碼頭就相見，但是我將不在碼頭吻妳。雖沒有电話也報告知，相信潘和我的心靈感應，足以叫潘在家等我。

這是一個突然提前的假，原想在高雄把教育心理學看完，現在要暫時擱下。那些已看完的書都在今天下午寄走了，我人到妳也會收到書。裡面尚有一本未貼完的剪貼簿，全部有關教育的現行資料；以現行教育政策配合書本來比較有真實感，而且較有趣味不會太乏之。請潘子以試試。

這些書我都大展了一次，但看的相當仔細。可是又有近一個月未看他們，他們開始用疑惑的目光釘住我。換言之，尚要我時間加深研究。今天下午一直在整理行裝，我還是和上回一樣，一個來回，其他多餘書和禮物全部留下的。今天下午

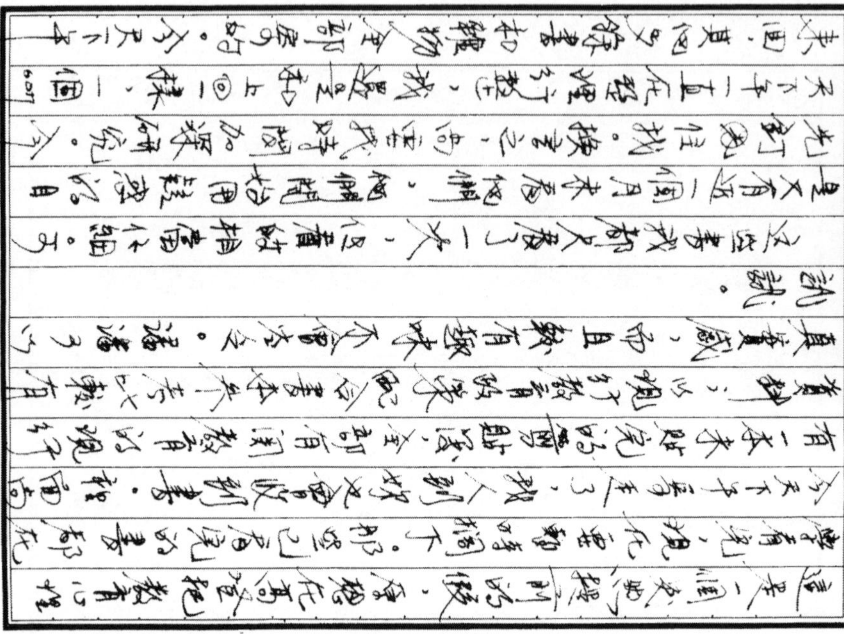

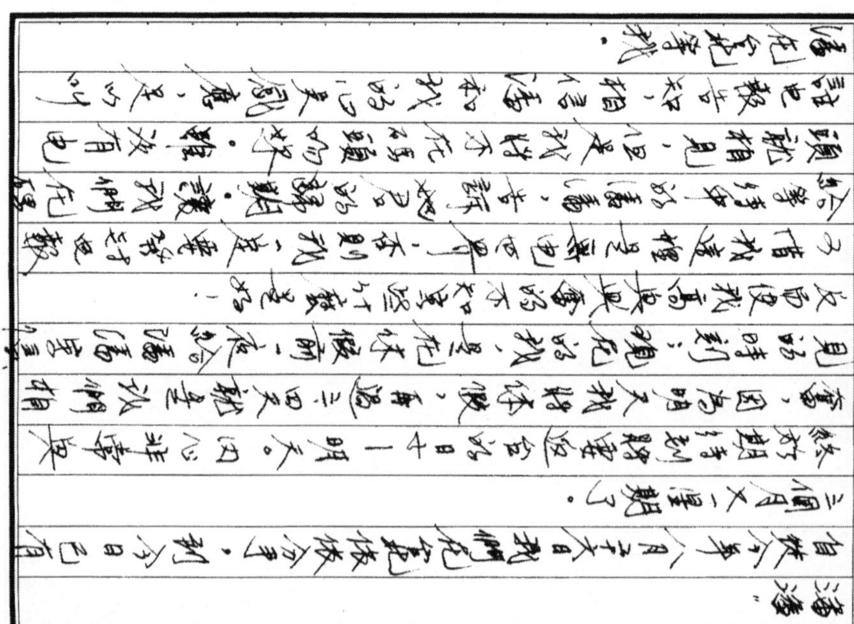

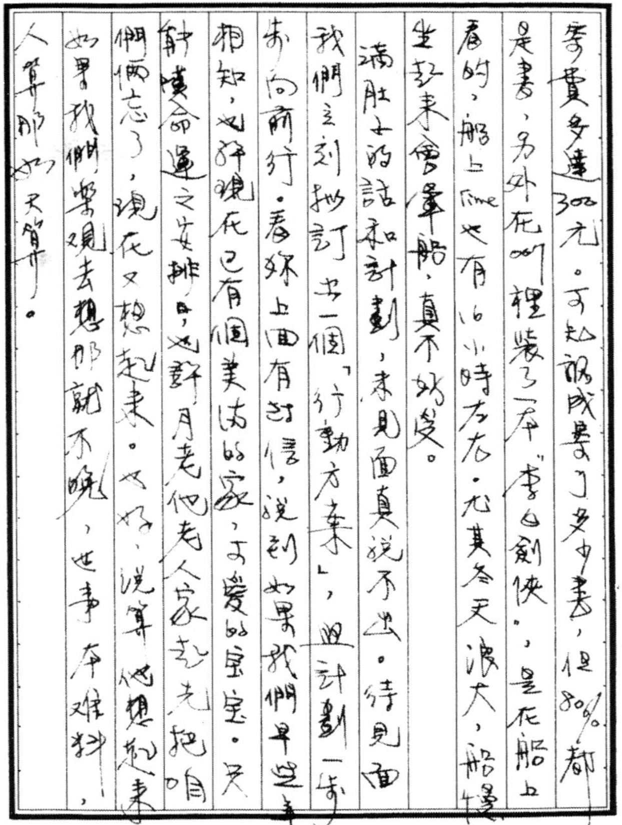
實多達300元。可知我買了多少書，但80%都
是書，另外在那裡裝了一本「書劍俠」，是在船上
看的，船上time也有10小時左右。尤其冬天浪大，船慢
坐起來會暈船，真不好受。
滿肚子的話和計劃，未見面真說不出。待見面
我們立刻擬訂出一個「行動方案」，照計劃一步
步向前行。看妳上面有封信，說到如果我們早些
相知，也許現在已有個美滿的家，可愛的寶寶。只
[illegible]命運之安排，也許月老他老人家先把咱
倆倆忘了，現在又想起來。也好，說算他想起來了！
如果我們樂觀去想那就不晚，世事本難料，
人算那如天算呀。

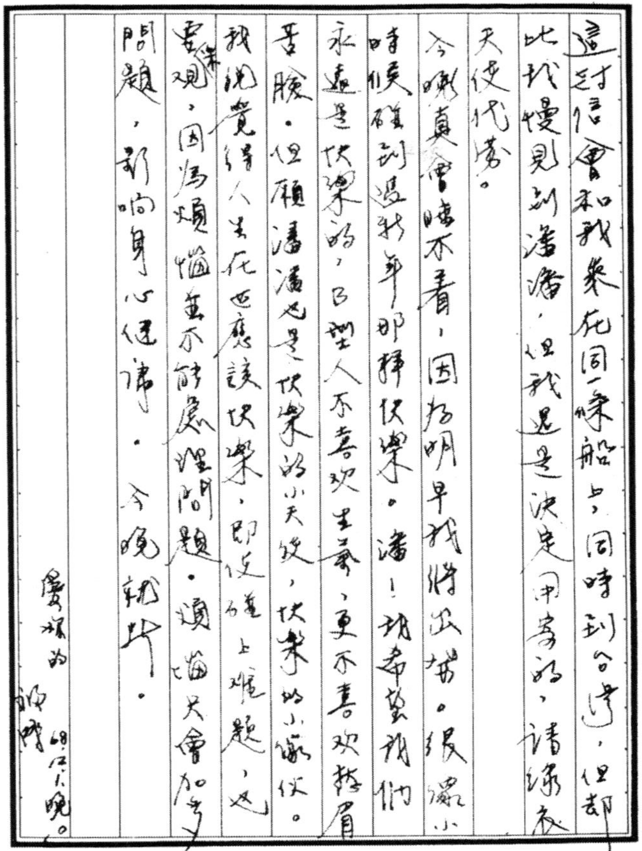
這封信會和我乘在同一條船上，同時到台灣，但卻
比我慢見到瀟瀟，但我還是決定用寄的，請綠衣
天使代勞。
今晚真會睡不著，因為明早我將出發。很像小
時候碰到過新年那樣快樂。瀟！我希望我們
永遠是快樂的，只想人不喜歡生氣，更不喜歡皺眉
苦臉。但願瀟瀟也是快樂的小天使，快樂的小傢伙。
我總覺得人生在世應該快樂，即使碰上難題，也
要樂觀，因為煩惱並不能處理問題。煩惱只會加多
問題，影響身心健康。今晚就此。
愛妳的
[illegible] 68.12.1晚。

潘：

又是一個安靜的星期天，沒有衝擊的人潮，沒有江東人的穿梭，沒有飛車競製造恐怖氣氛，沒有一切有聲的，有的，是一切屬於無聲的環境。剛下過小雨，昨夜，今晨，都在濛濛細雨中，地上和空氣都是潤濕的，加上一個寧靜，這便是美麗的星期天。在室裡看書反累了，便外出走走，走出門一步便能看見平靜的大海，也能望見祖國山河。很近，肉眼能看到對岸的景象；也很遠，未曾去過。也不知何時可以到得了，我常在想我們這一代，是幸？是不幸？這事情太大了，不談吧！聽說女孩都不愛聽國家大事，潘潘倒是有些不同哩！

最近養了各一隻 Dog 和 Cat，真是可愛，想當年魯賓遜先生到了無人島時，也有一隻 Dog 還是 Cat 似的，我這裡可加上好多的戰士，不算寂寞。有的是對潘潘的想念和相思之情。盼望着4月的來臨，至少我們可以見面，可以計劃一些事情，可以做一些決定，做些我們都認為很有意義，很值得的事。當廿一算。輔導長已經踏上了 Formosa 的土地了，他只有五天假，他要辦了許多事，不知會不會被打亂給妳的事忘記。希望這簡短的一句問安能代表我深厚的情意。當初我返台休假，我他去會他的女友，他女友真是高興極了，但願妳也很高興。今天有船來，但船下午才來高登，大船換小船。

弟、妹近來好嗎？妳家的孩子個個乖又好學，不知妳的父母如何教的，真另人欽佩。若見面或寫信，就我問候他們都好。深信我以後和他們都會成了好朋友。

祝潘潘

星期天快樂

妳所愛的

[illegible]

68.11.24

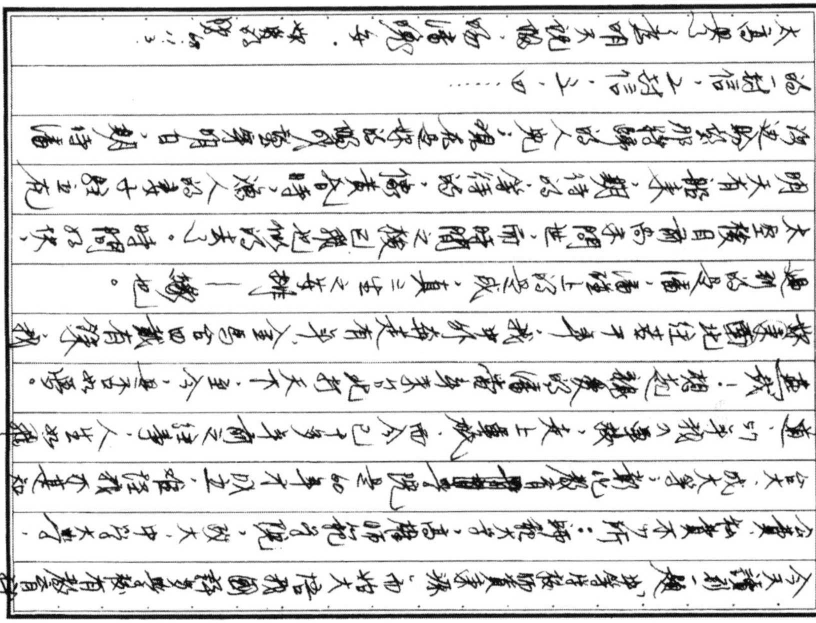

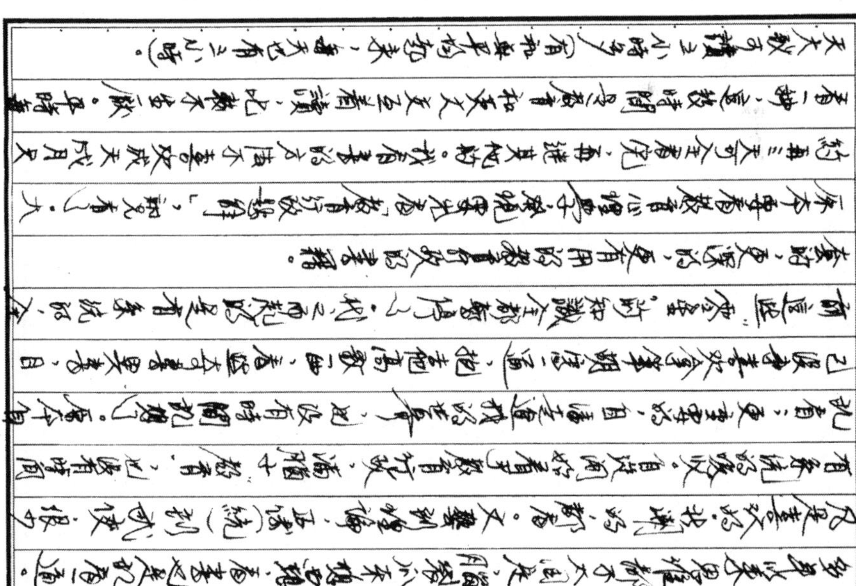

親愛的潘：

疏遠了吉他，好久沒彈。並非不想，真的沒時間，每天只有公事，真的時間都排上了功課。有時星期天想要May一下，都覺可惜，不知何時才要重拾那把古老的六弦琴了。上回妳寄來一張金韻獎的歌，上頭只有一首會，而且不太會，高唱經久了，有隔世之感。好了，好了？這回這首蘭花草就會了，韻律很美，但不知鋼琴和吉他能合否？這兩種樂器我未配合過，以後咱們可以試試看。用音樂做人生的調味品最好不過，但是給大音樂家—貝多芬知道了，會氣死他。

潘潘：

夜已深深。九點多了。剛才始知妳父回來了。他立刻打電話問我們的事。電話中談了一段還覺不足，又用車子接我去當面問的一清二楚。我們之間的事我的回答只限於"很好"、"不錯"的用詞。潘潘滿意嗎？另外把到喻媽招待之事報告一次。他很高興。妳來今天下午我已經給妳寫了信。由於妳父的高興、興奮，促我再提筆，以為使妳放心。對不？妳不是很關心我是如何給妳父報告的嗎？此信是由妳父回來才寫的。今夜至此、晚　妳的愛律

妙
0828
2300

自由牌出品

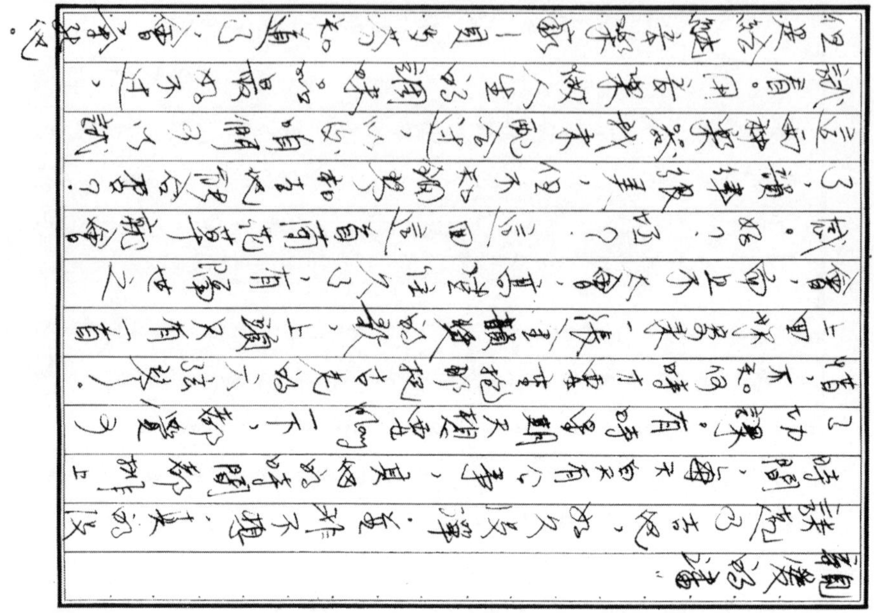

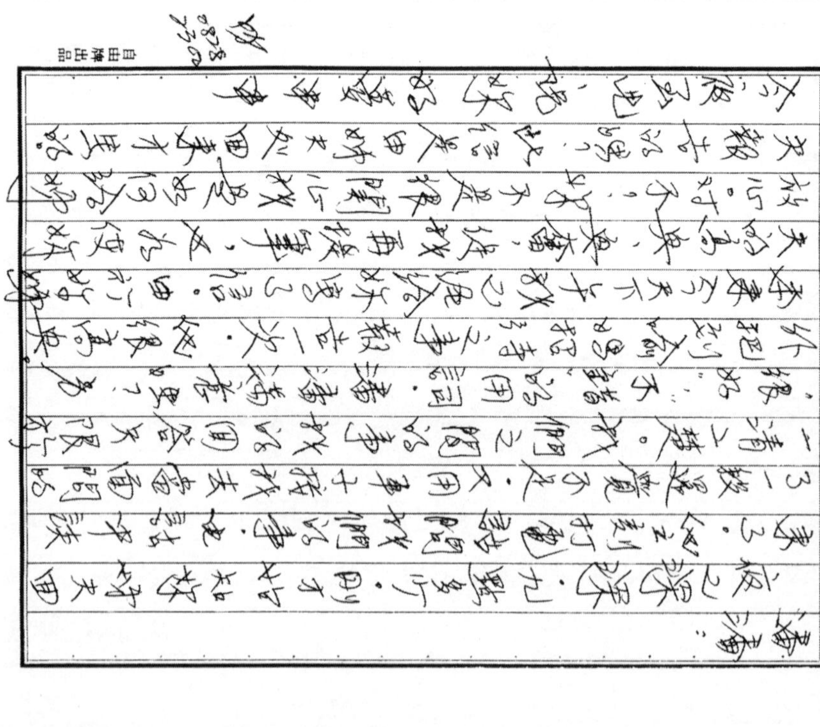

結婚的事我父母親已開始準備，相信妳也已經告訴了父母，更相信伯父母會同意，而且也會為Pam做一些準備，是不？？誠如妳所言，這一決定是一生的決定，我們都有內心的默許：這也是一個自由的結合。讓信妳我都能適應，盡力來完成今年年底的喜事，決定我們將來都邁向人生的更高一層。如果上帝允，年底結婚，我會尊重Pam的決定：妳暫住宿舍，明年暑假再考慮我居。讓妳靜靜求學，不論何時，我都支持Pam讀書，即使[illegible]要讀台大外文系，我更双手讚成。

我想重要的決定，還是等我們見面在行研究比較實際，對不？

春Pam要兩天一封信，真叫人高興，我大致也是如此，有時還更多哩！反正我是想到就寫，不過我天天都在找時間寫信給Pam，因為我心中時時刻刻有潘潘花，希望潘潘不要把這句話當成廣告式的甜言蜜語。

我們的愛，不論用何種方式來表達，都是一種自然的發生，和深心真愛的湧現，如此才有意義，潘潘對不？晚安

親潘潘

有事再談

妳的[illegible]

[illegible]

68.10.24

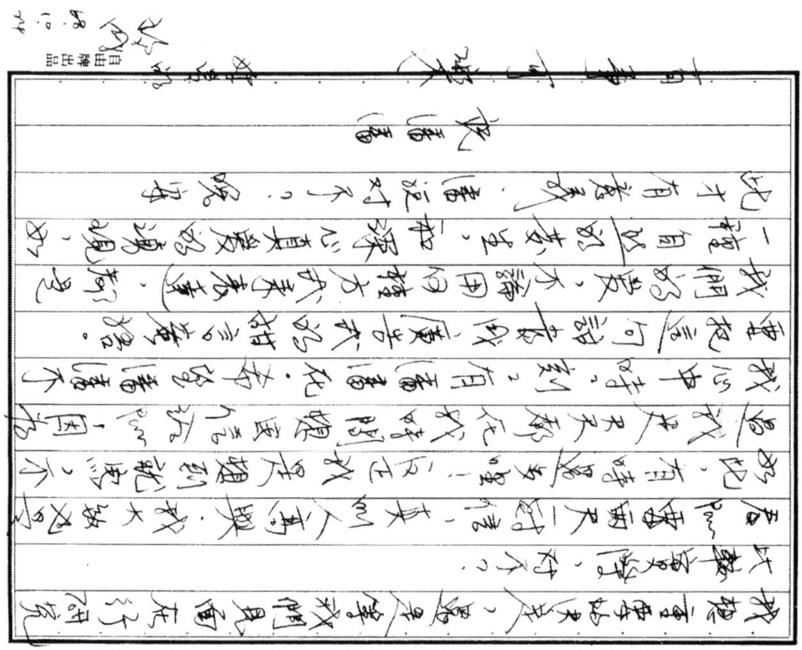

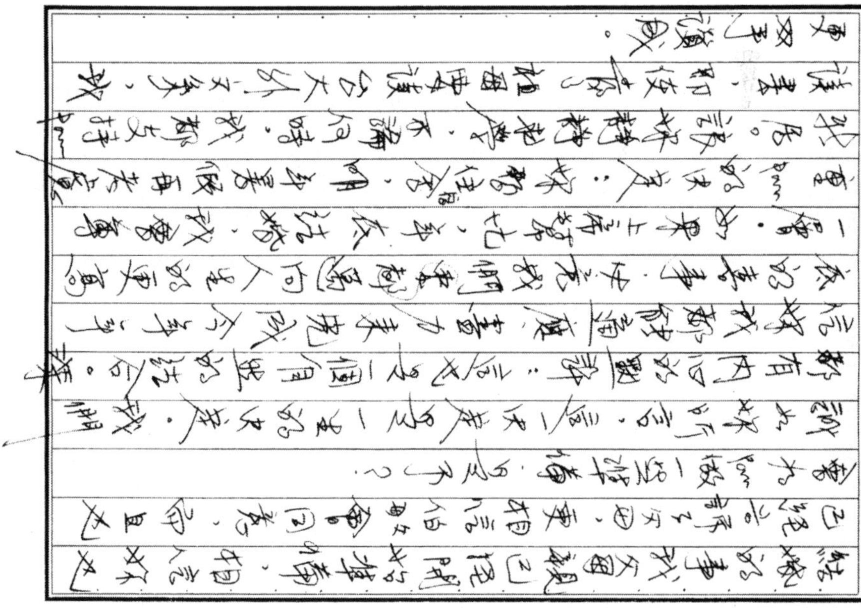

親愛的儒儒：

我有兩天未提筆寫信了。這

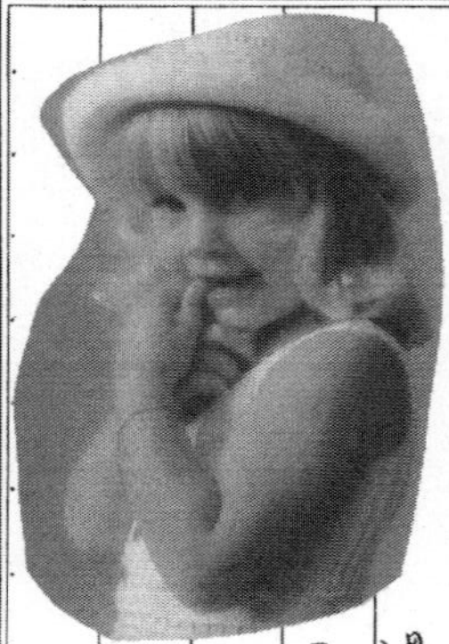

我愛上一個女孩
她名叫——
她有一個夢
她有一個愛
在她的髮間

兩天一直在忙公事。早到晚，晚
上一累，倒頭便睡。今天稍好
所以便給妳寫個信，但頭還
有些重重的，空空的。
固定的讀某些書，讀久了
很想看些課外的東西，我一向
喜歡亂讀，喜歡的便大讀痛
讀。前一陣子愛上了村時堂，
就把他全部著作買下了。一本
本看，真有意思。真希望

秦之湖

一生總看什麼便讀什麼。但不可能，
老娘呢，還要讀些沒營養的東西哩。
有關於我們結婚的信，已經我
出去好久了，不知妳收到否？真叫
人着急，不知那信現在是在船上？
車上？postman上？還是在我儒儒的
手上。很希望立刻有妳的回音，更
想知道妳的處置。
中秋前內很冷，不知為何最近倒
是很熱了起來。人很不適應，也特氣溫真怪。像
夏天的雨和春天女孩的心。
最近讀了有趣的詩——充實感。不論是知和工作都

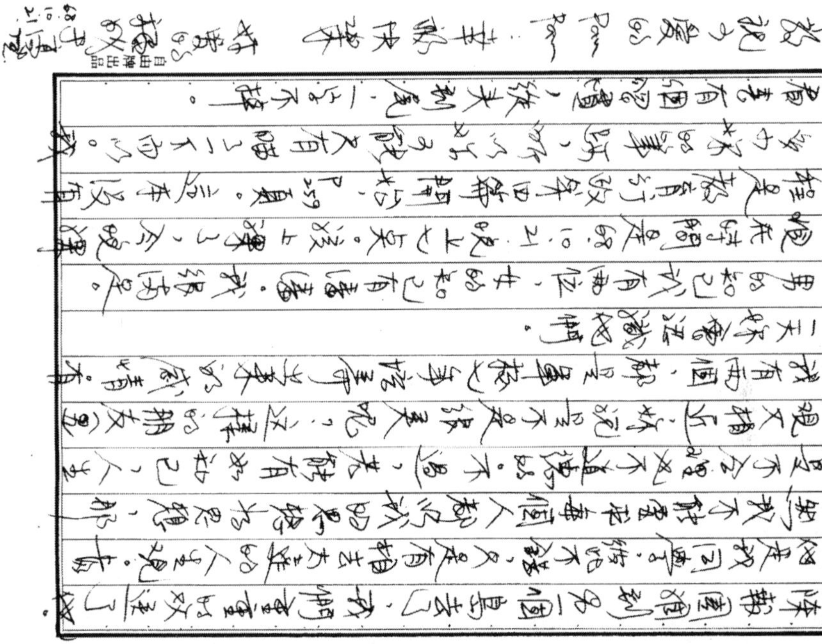

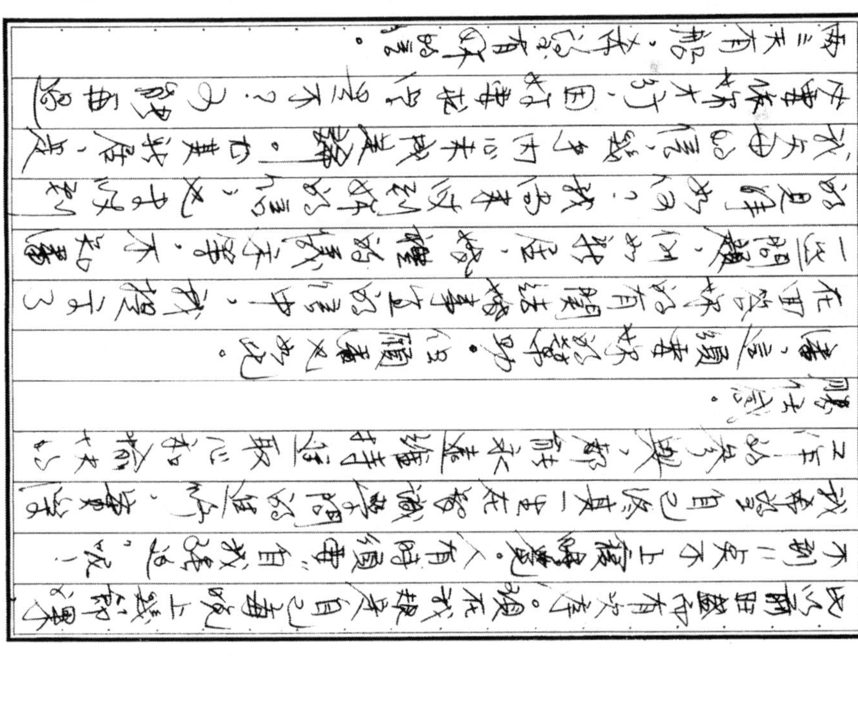

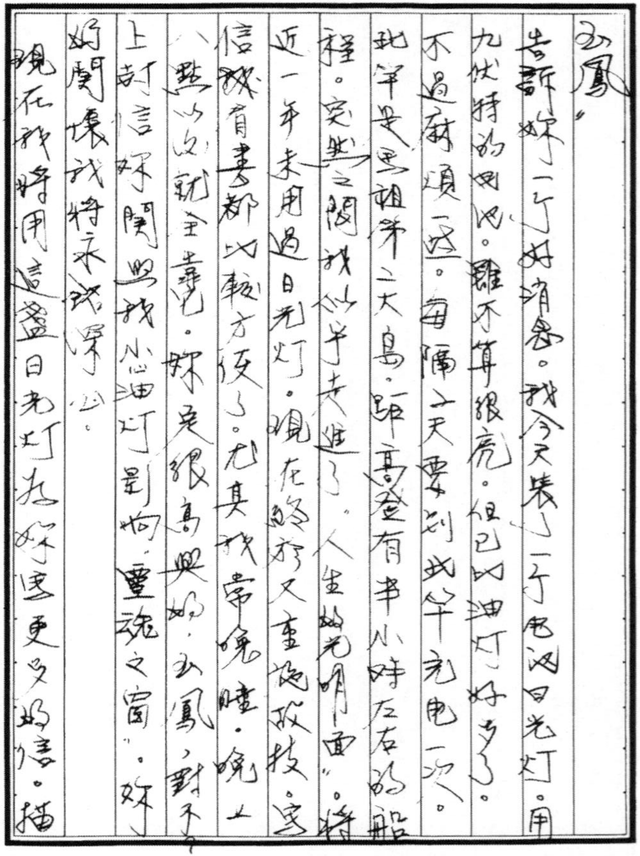

玉鳳：

告訴妳一個好消息。我今天裝了一個電池日光灯。用九伏特的電池。雖不算很亮。但已比油灯好多了。不過麻煩一些。每隔二天要到北竿充電一次。北竿是馬祖第二大島。距高登有半小時左右的船程。突然之間我似乎走進了"人生的光明面"。將近一年未用過日光灯。現在終於又重施故技。寫信或看書都比較方便了。尤其我常晚睡。晚上八點以後就全靠它。妳定很高興吧。玉鳳，對不？上封信妳關照我小心油灯影响"靈魂之窗"。妳好關懷我將永誌深心。

現在我將用這盞日光灯為妳寫更多的信。描

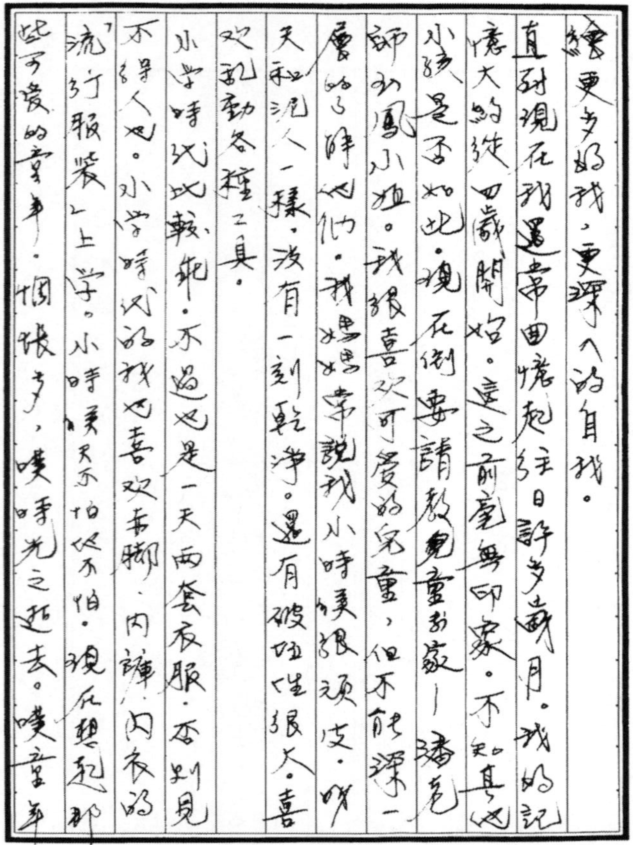

繪更多的我，更深入的自我。

直到現在我還常回憶起往日許多歲月。我的記憶大約從四歲開始。這之前毫無印象。不知其他小孩是否如此。現在倒要請教兒童教育家一番。師玉鳳小姐。我很喜歡可愛的兒童，但不能深一層的了解他們。我媽媽常說我小時候很頑皮。成天和泥人一樣。沒有一刻乾淨。還有破壞性很大。喜歡玩動各種工具。

小学時代比較乖。不過也是一天兩套衣服。否則見不得人也。小学時代的我也喜歡赤腳，內褲、內衣的「流行服裝」上学。小時候天不怕地不怕。現在想起那些可愛的童年，惆悵多，嘆時光之逝去。嘆童年

潘：

好久沒有接到潘的來信。也不知妳近來書讀得好否。英文讀的如何？若是不錯，下回來信就用English。一定是第一流的淨散文。我不是"糗"，啊！

在高登讀書很不便。不是燈壞，就是錄音機壞。我有一些外文帶子這兩天被"錄音機吃的亂七八糟"。可惜的很。在此錄音機壞了無法修。要想東西又貴，品質又差。又不得不買才算（只此一家）。說了半天都是不好的。現在說些好的：不論環境條件如何，我都會盡力求學，為自己未來，為我們未來，為讀書，為……都必須求學。潘說的對不？

於 七月十八日晚十点

不再來。

到了初中，我讀的是現在的省立東勢工農學校。那時已稍知人事，知讀書之用處，所以比小學用功許多。我現在告訴妳一個"大密秘"，妳一定不相信。我初中畢業第一名，拿了一份縣長獎。"我告訴妳妳不要告訴別人喔！"以免別人說：那小子……。

初中一畢業，並未參加聯考，立刻奔赴陸軍官校幼年班。官校一年——七年——很長。64年8月畢業。到今在部隊服務已近十年了。其中真是說不完，寫不盡，下回來信再說吧！今夜就此擱。

祝

快樂

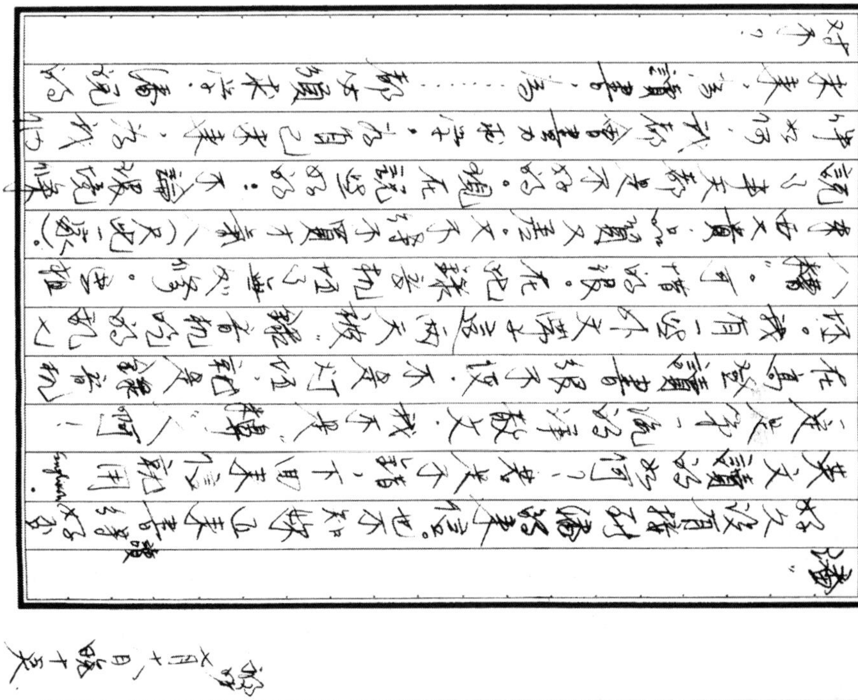

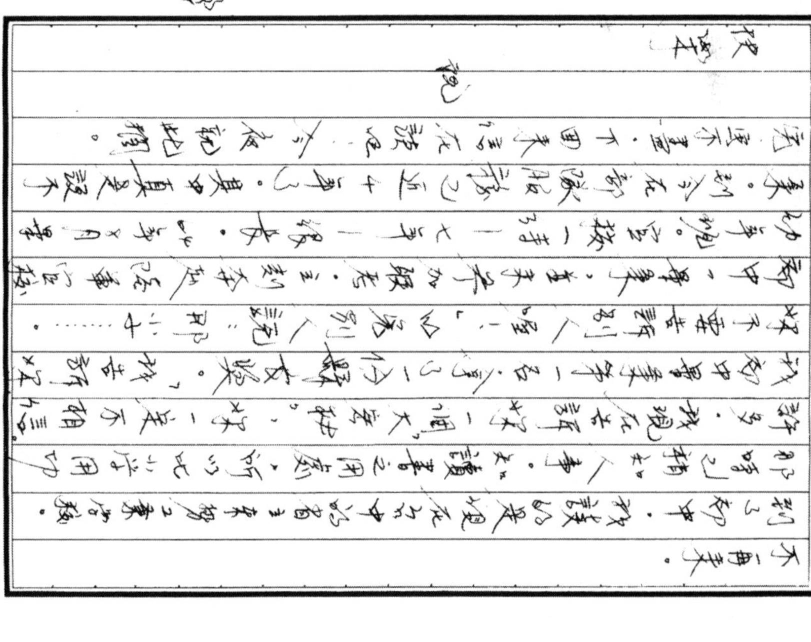

回來一個月了，還沒畫過一張國畫，沒有動毛
筆練過一回書法。人要抓"的東西太多了。以我
為例。除了軍事方面必須自修、進修（今日之
軍人已非昔日之大兵）之外，英文要抓，特考要
抓，國畫、書法、吉他都要抓。還有好多好多，根
不得一分鐘有九0秒，一天有26小時可用。覺出妳
所覺的，我大哉覺時間之不夠用。而對時間
抓的結果，不是嗎？儒現在也抓住不少東西吧！
我們都有同感：今日不抓住它的，明日便抓不住了。
說說看，親愛的番番現在抓了些什麼東西。
等妳把書寄來，我想許多東西有前不能抓
的太緊，否則明年大男人輸給小女生，豈不
老臉無光"哉"！

今天是 Beautiful Sunday。不知妳在做些什麼事。我想一定
在家看書、彈琴了。對不？我告訴妳今天的行程：
今天0730起床，飲了一大杯500cc牛奶，算早餐。
然後看了兩小時的E-3英語及其他東西。
11:00和妙、大小會合，吃的好飽才回來。中午一覺
到了兵，真如諸葛亮說：大夢誰先知。
我起床後給妳寫信，不一會兒，吃晚飯了。晚
飯後想看看書。昨晚沒看書今天要補償，否
則內心總有一種虛度光陰，對不起自己的感
覺。今天就此擱筆。祝妳儒儒：
工作順利，讀書稱心，美麗健康。
寶寶個個可愛活潑

好友田所上
68.9.24

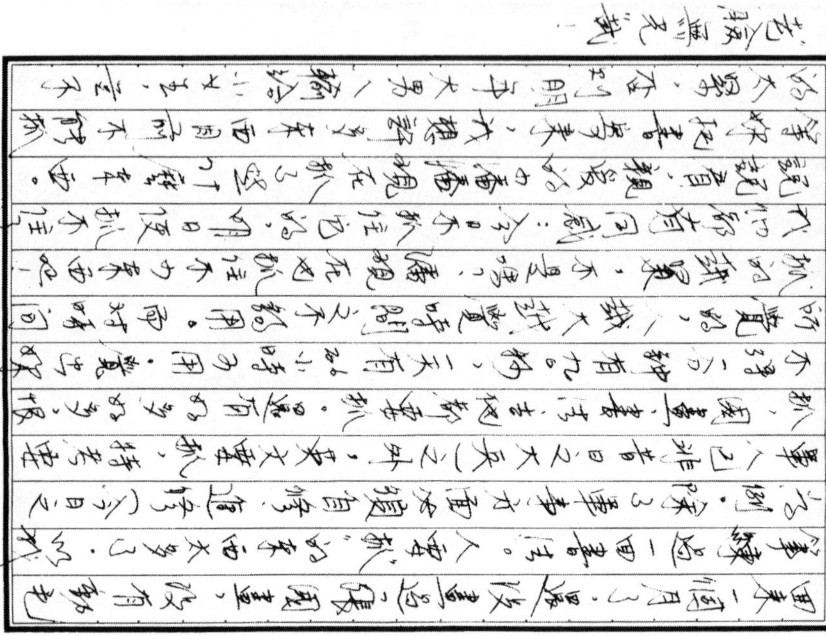

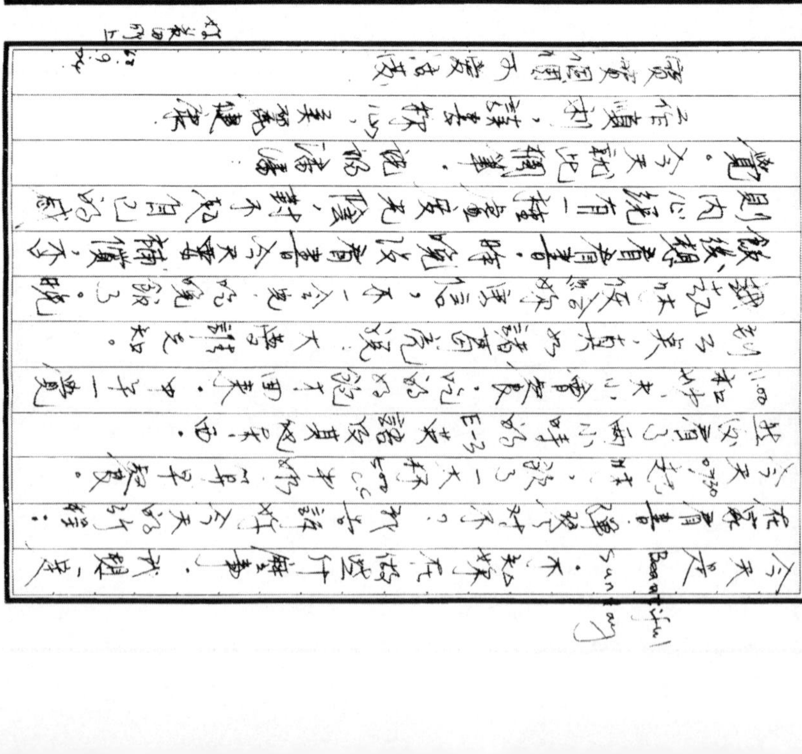

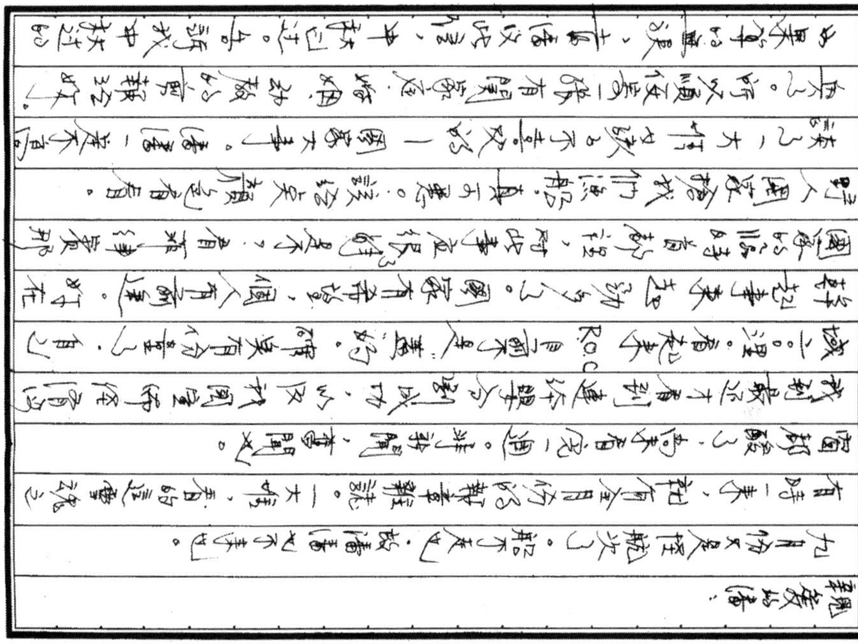

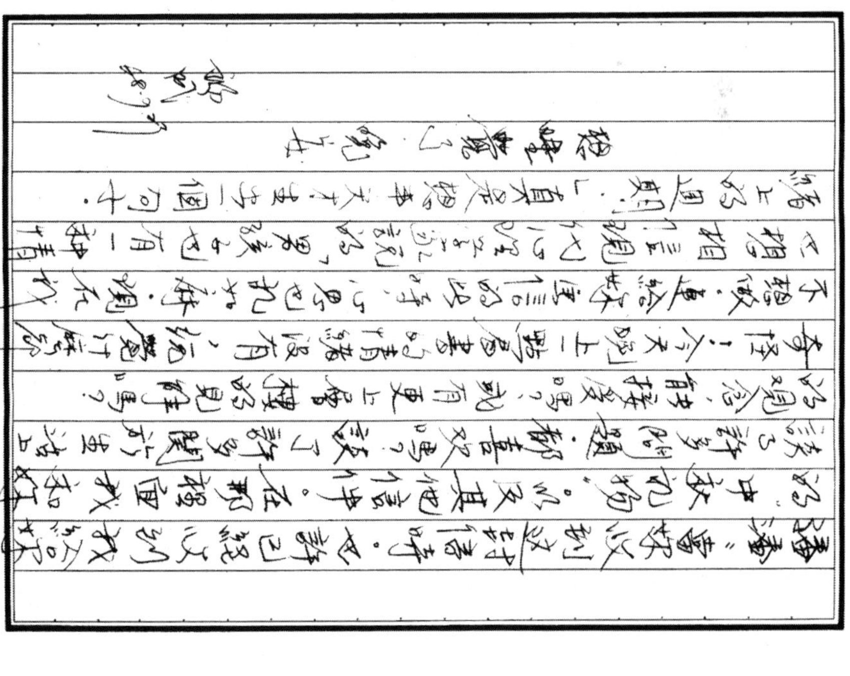

潘"

本來26號有船的，可以收到妳的信和書。突然來了一個小颱風，船不來也！這一等不知要等若干天了。

最近早晚開始有涼意。如何中秋未到冬先來，是否「冰河時代」又要來。我比較喜愛冬天，夏天太熱。而臺灣的冬天較好，不會像東北以北那麼冷。

好久不見台灣，很想念台灣，至少台灣非常文明。更重要是台灣有個潘潘在。潘潘雖非七仙女下凡，但在我心中的地位，和給我的感受，我想董永還不及哩！人貴相知：

近兩個星期以來，大部份空閒時間用在看英文。每次「高登展書讀」時，就覺得自己水準太差。class不夠高。不知要到何時對自己的智識才會感到滿足。

好嗎？台北一定很熱鬧，而且潘在台北"人面"很廣的。有喻嗎、喻詩、王媽家人等，還有弟弟。中秋是過的相當好有意思。吃了幾個月餅呀！小心呀！不要成了吞吃，哈

很久未聽潘的歌聲，及琴聲，那如行雲流水，出於肺腑，行於旋律對我。真是太美了，如果我工作了一星期，累了一星期，相信好的一支曲便可以叫我擺脫疲勞。音樂之妙，如此而以；我之喜愛生活中滲入音樂成份，也如此而以。那是生命情調之源。

本來24有妳信，船沒有來，延26，又延28，沒來，又延……，不知何時。我的信也不知何時才到寶島，妳一定很盼望我的信？

今晚就此擱筆

祝

萬事如意

妳的成
48.9.27.

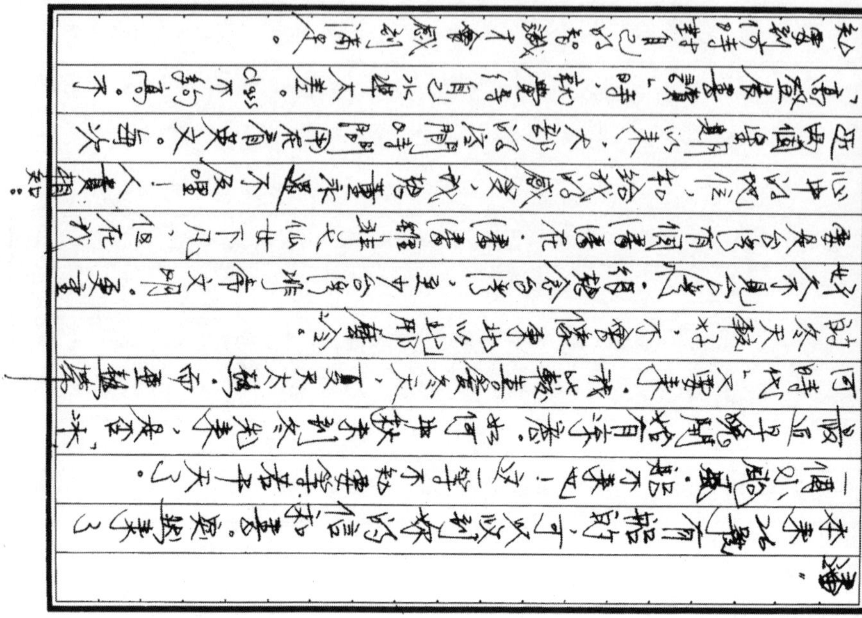

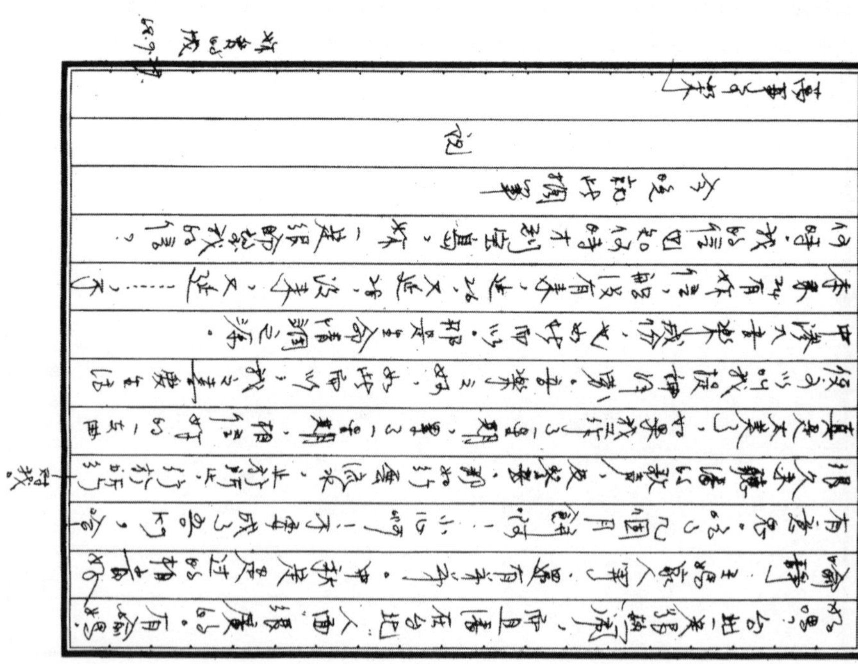

中秋節給妳的小禮物收到沒有？
又是一個夜深人靜的晚上，不知有多少個晚上給妳寫
信寫到深夜還不想放下手上的筆，總覺每天都
想給妳說些什，表達些什麼，有些潛意識的思維，
見面未必談得，反而能在書信上不知不覺地表露。
相思在兩地，兩個深夜裡，有時可談到某些更深
入的另一面，潘潘覺出否？
對了！妳念書一定念的很有"成就"，因為妳比我早起步
一年多。真不知明年要如何去，算一算日子，也許
明天有船，可以收到潘寄來的書，也好叫我立刻起
步，如此，我一定不輸給潘，大男人輸給小女子成何
道理呢？聽科學家說女人的記憶力比男人好，比男人
心細，耐力比男人高，而男人只有幹勁比女人強，不
知這世界為何雄性統治世？叫人莫測。
最近英文有心得否？
工作如意否？
身体好否？
情緒可好？
有空何不來這玩玩。今天到此，明天再寫。

祝潘潘
萬事如意

好愛妳的
成
68.9.27

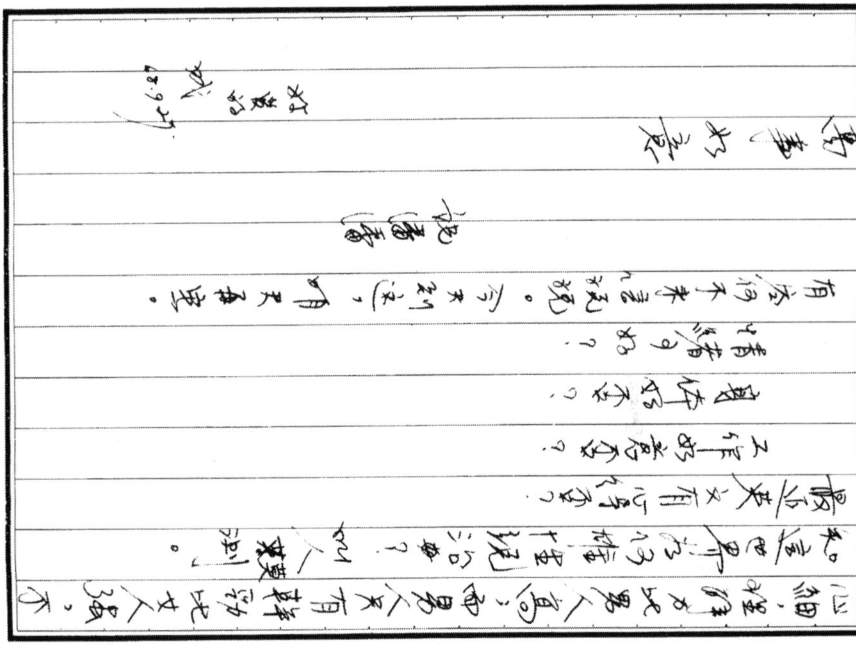

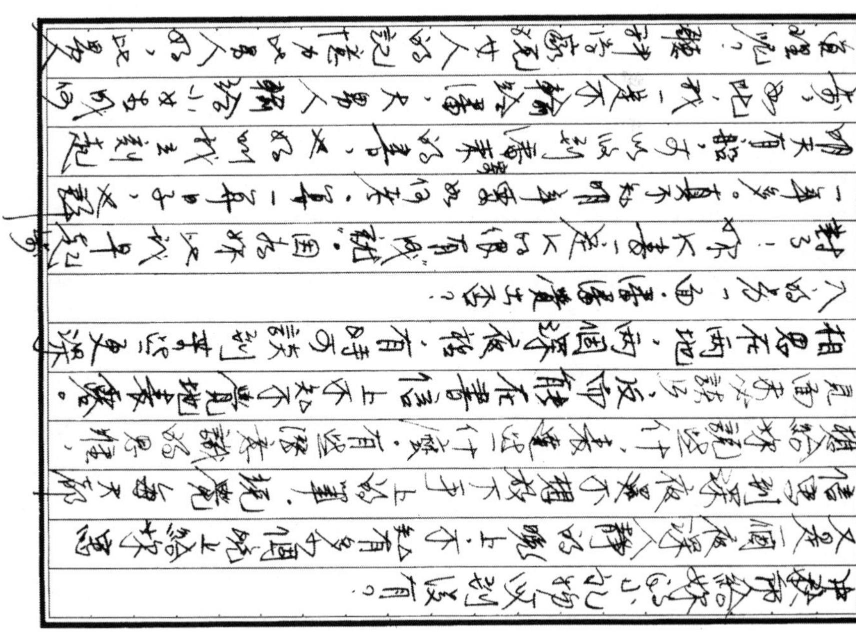

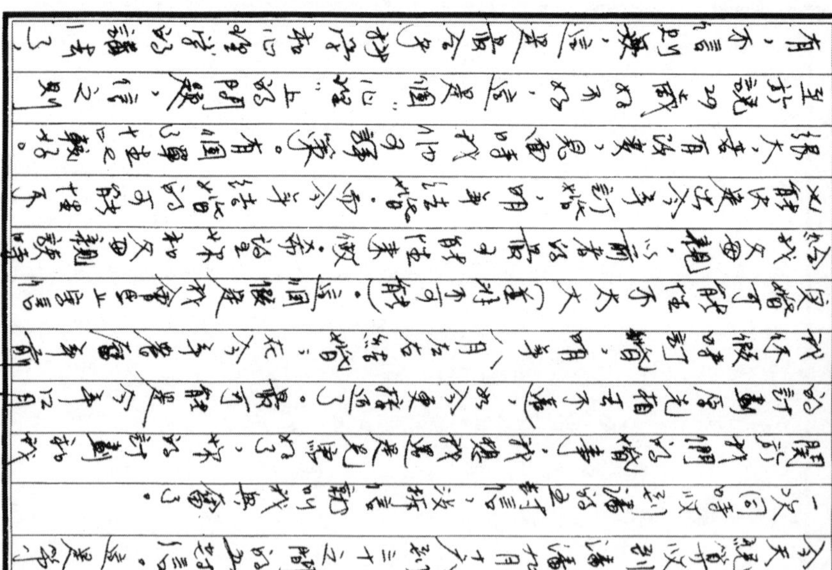
潘：
今天總算收到潘潘九月十六到三十之間的五封信。這是第一次同時收到潘的五封信，沒拆信就叫我興奮了。
關於我們的婚事，我想我還是先思好了，妳的計劃和我的計劃原先相去不遠，如今更接近了。最可能是今年12月我休假時訂婚，明年八月左右結婚，在今年農曆年前定婚可能性不太大（並非不可能）。這個假定我會書上寫信給我父母親，以前者的最可能性來做。希望妳和父母親談時，也能決定出今年訂婚，明年結婚。而今年結婚的可能性不很大，甚有改變，見面時我們再謀策。有個單位也較好。
至於說29歲如不好，這是個"心理"上的問題，信之則有，不信則無，這是最合乎科學和心理學的講法了，

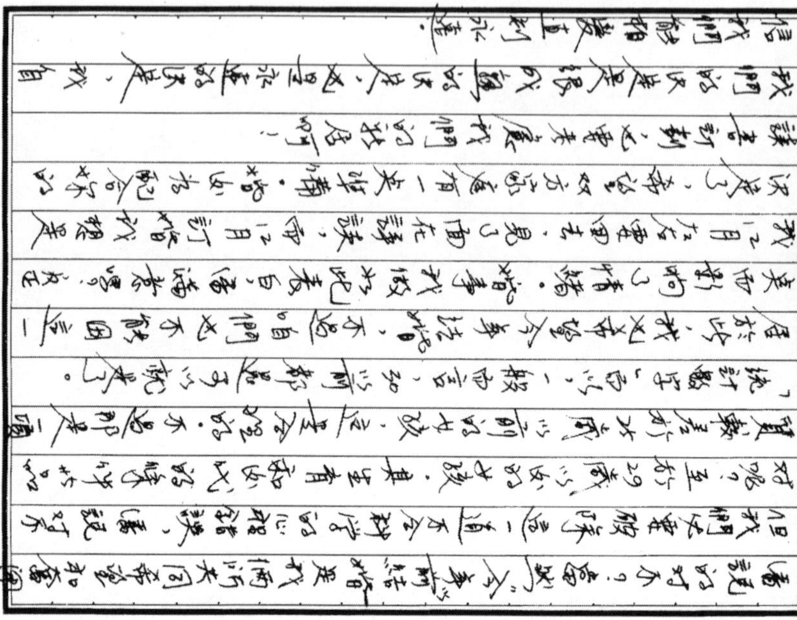
潘說的對不？當然"今年以前結婚是我倆所共同希望和奮鬥的"。但我們也要破除這一道不合科學的心理錯誤，潘說對不對呢？至於29歲以內的女孩，其生育和此時的條件於品質較差於29歲以前的女孩，這是合理的。不過那是一項「統計數字」而以，一般而言，30以前都是可以就是了。
居於此，我也希望今年結婚，不過咱們也不能因這一點而影響了情緒。婚事我做如此表白，潘滿意嗎？我正我12月左右要回去，見了面在詳談，而12月訂婚我想是決定了，希望雙方家庭有一些準備。婚如為配合妳的議書計劃，也要考慮我們的教居啊！
我們的決定是很成熟的決定，也是永遠的決定，我自信我們能相愛直到永遠。

看妳英文有心得真使我高興，那天回去要叫妳老師了。
妳寄來的書全收到，我現算可以起筆，我的看書時
間有七成在晚上，我把晚上時間全數給特考，英文利用早
晨0500以后的時間。Time 真是寶貴的很，以前不覺的，現在是
深深的覺得了。

我父親妳未見過，12月份假若有空希望能帶妳見一次面，
如何？妳大哥我也希望能拜見拜見。台雄的說詞我由
深深的內心中來感謝他，相信他們以后也會是我的好朋友，
他們的時光我們渡過，但願能以我們的身教、言教、來
促使他們更有用的使用青春時光，而不要到了以后才來
嘆氣，儂說對不？自前而言，儂的兄弟妹妹中都是知
書達理之人，妳定可引為快慰之事。為妳之儂有何
擔心，是個很幸福的妹妹，家庭的愛，兄妹的敬，
使儂儂更堅強起來。

我們的相遇，使妳我開始步入新里程。我曾對妳說：婚
前要戀愛，婚後也要。同理，婚前我們是如此的相互共勉
研究，互相體諒敬愛，相互讀書學習，婚後也要維持
這種"優良傳統"，甚至我們教育下一代，也是如此。這
是要我倆共同奮鬥的。

我的耳朵好了。儂的細心是無微不至，儂的體貼很叫我感
動，毛衣，如果會影響到工作和讀書，那是我所不願的。希
望儂能衡量時間才織，現在時間寶貴，對不？

今天就此擱筆　晚安

妳的 68.10.3 晚上12 夫

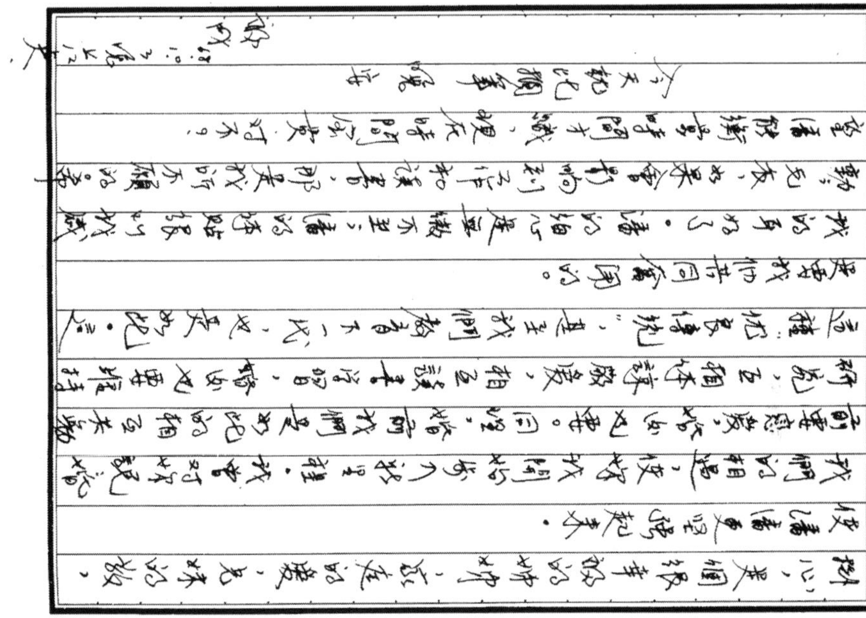

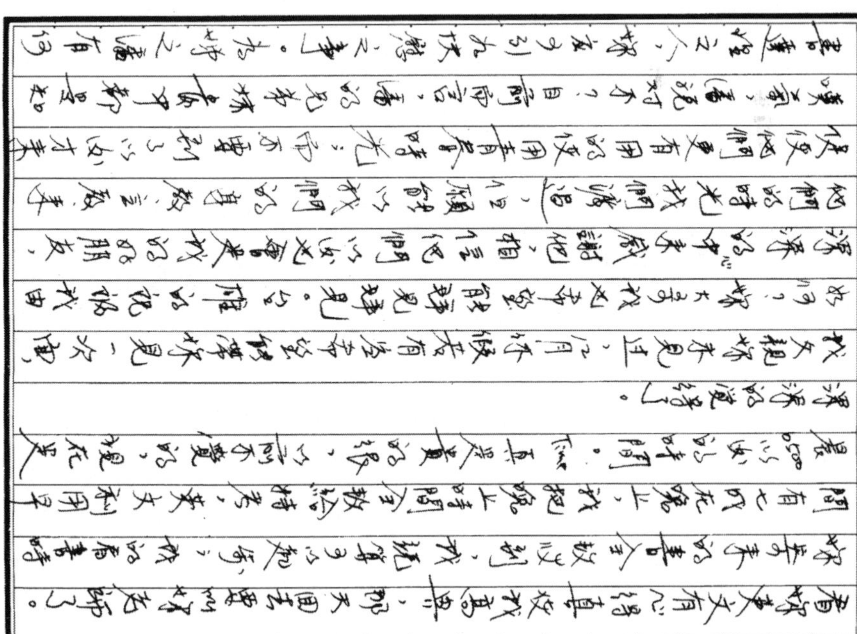

潘潘，可愛的潘潘：

<A>：想念潘、愛潘、愛潘的秀髮

<B>：愛潘的可愛，愛潘的深情，愛潘對我的信任

<C>：愛潘的勇氣。愛潘敢做，我無言，我唯一的回報是"愛"，比潘更深的情。

<D>：愛潘對"女人味"的表示很合時、合地

<E>：愛潘對男人心理的了解很有心得

<F>：愛潘做事的隱重和責任心的細致

<G>：愛潘有度量要自己男朋友向自己提出缺點

<H>：愛潘在我有錯時能適時提出更正

<I>：愛潘能鼓勵男朋友奮進

<J>：愛潘能對男朋友的某些缺點給予諒解，原諒和諒解更是很高貴的美德

<K>：愛潘在我同學面前有很好的風度和氣質，這就給予我最高的體面和光榮。我同學非常讚美妳的氣質

<L>：親愛的潘潘，以上所言，我並不故意抬舉妳。仔細想想，這是不是潘的優點。因為妳有許多叫人愛的優點，所以我敢全心全力去愛妳。

<M>：唯一做的不夠成熟的事是王媽家的書也考試，妳太心急了，不宜在那個場面要我表演。回憶一下，思之，有感否。

<N>：今夜就此擱筆，盼望改天有潘的信

愛妳的

成上 68.9.14

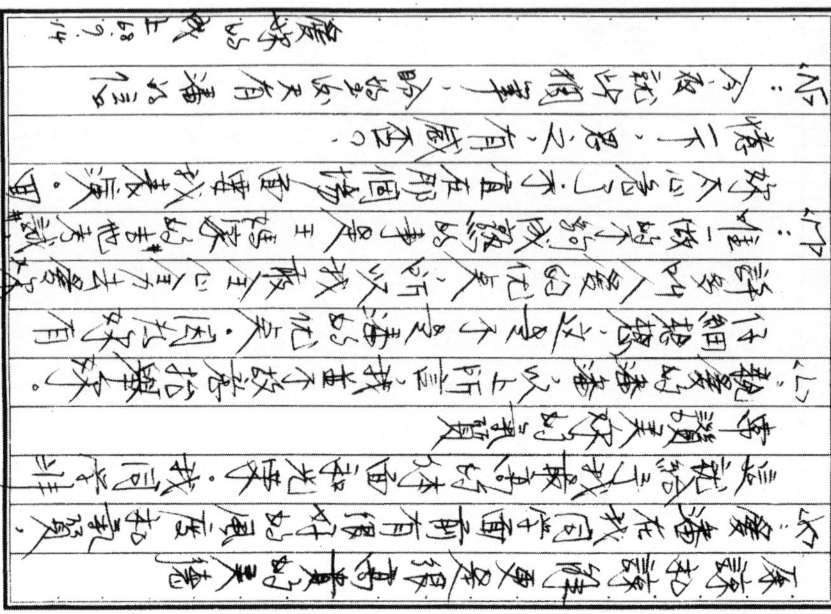

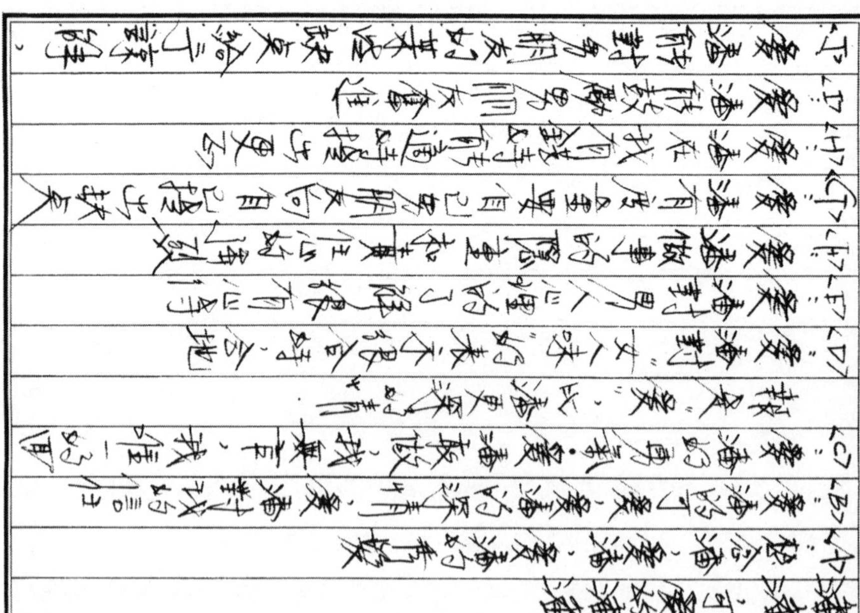

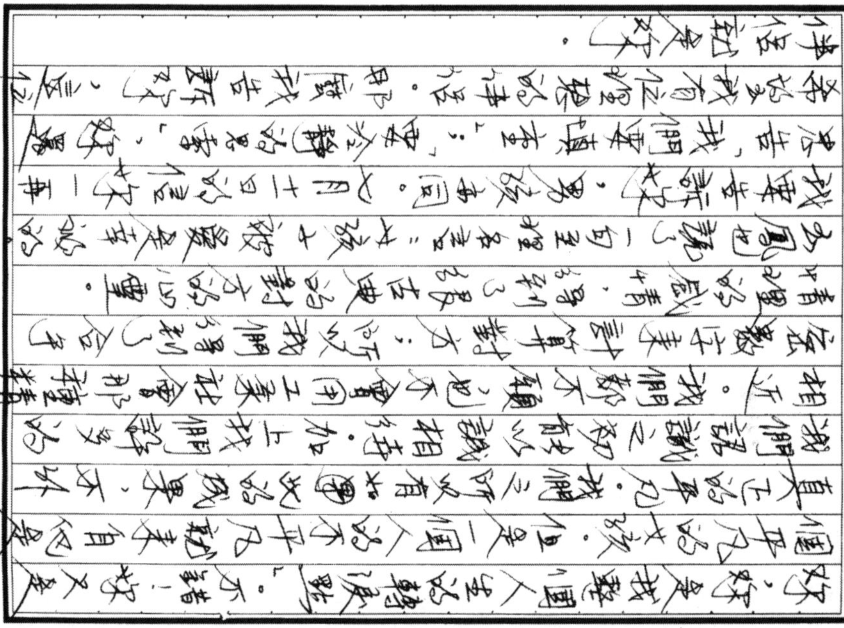

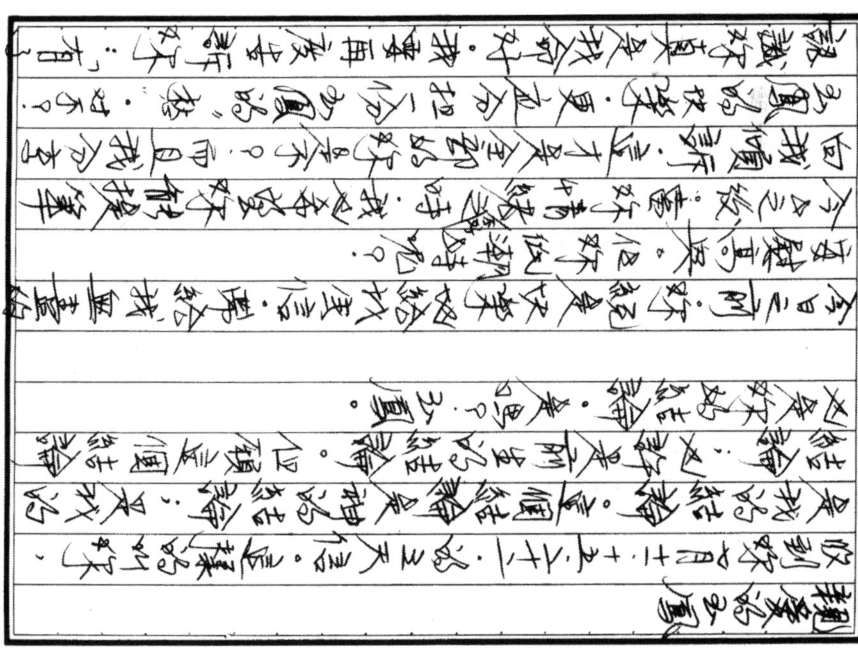

我很相信孔子的「天命」。但一般的算命似乎無
法使我服氣。所以我對算命談不上很深的看法。
照命理說，人的出生和星象關係，構成人之命運
甚至人的「手紋」和「臉象」無時無刻不在變化。
我只能說我覺得"莫明其妙"而已。
妳姊夫是我長官，也是學長。比我高六期。能
有如鳳，是必須重重感謝，永銘深心才對。她
已畢業了。報團臨走，我叮嚀要去看妳。同學
不言謝，不過沒日照如鳳之意：請她。
妳同學素霞，我贊賞，助人為快樂之源
之一。這是我的信條。
今晚也沒電，日光灯又壞了。天氣又熱又悶，
這封信寫到此已是滿頭大汗。我也沒有溫度
計，我想一定比台北熱。
妳的"傾訴"我已收下：且托西風捎給妳無盡的
思念與祝福。
妳的畢業照也收到。我顯得愈來愈豐富了。
回到台北我會先向幼稚園聯絡：如可以的 好不？
夜已深深。明日花蓮。

祝妳
好夢

[illegible] 七月廿六 2300

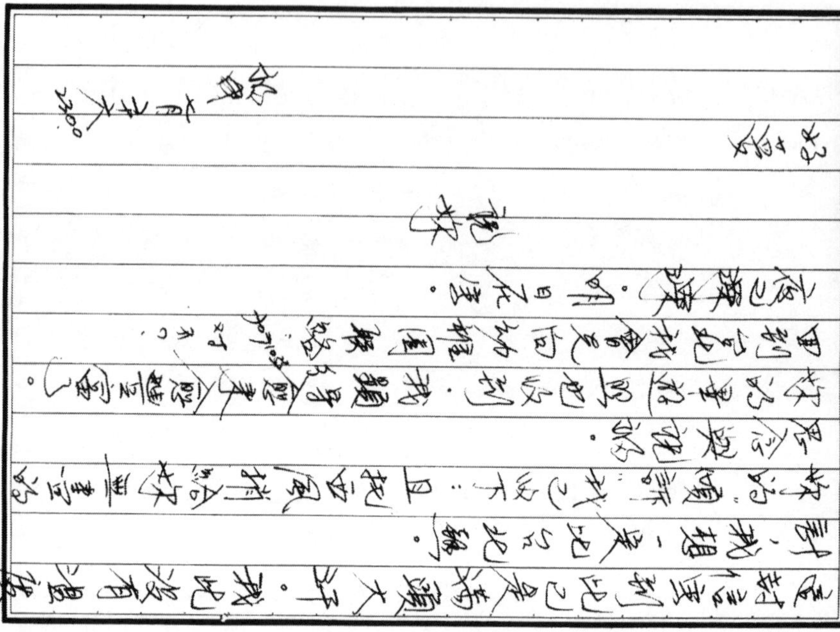

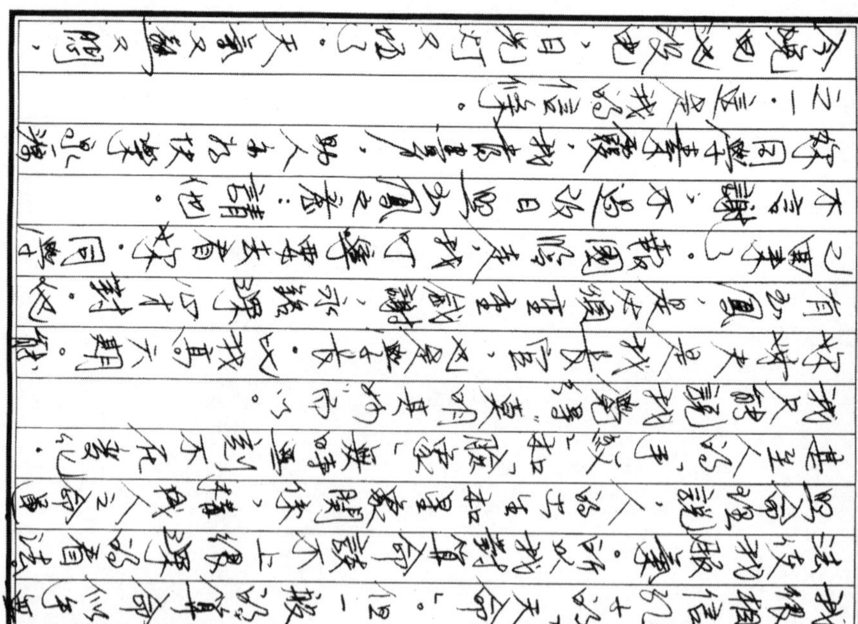

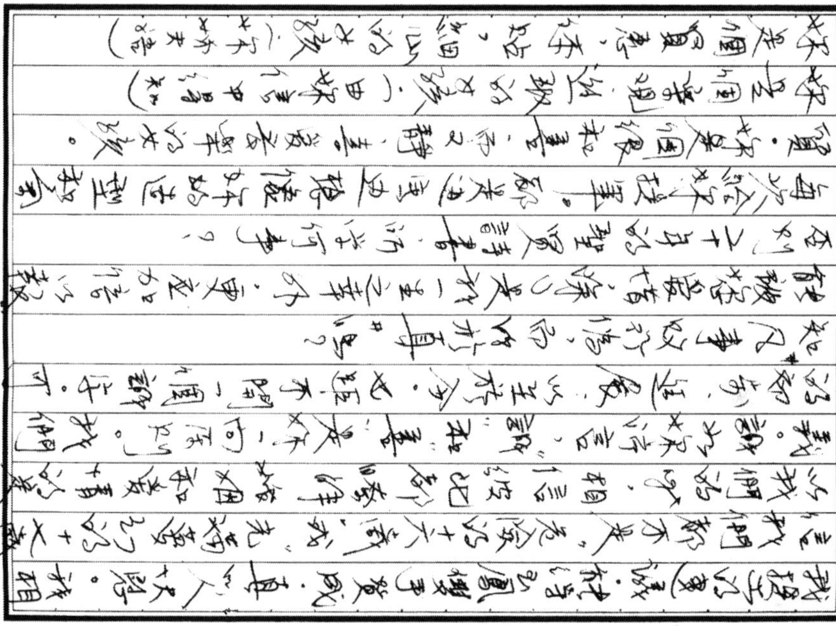

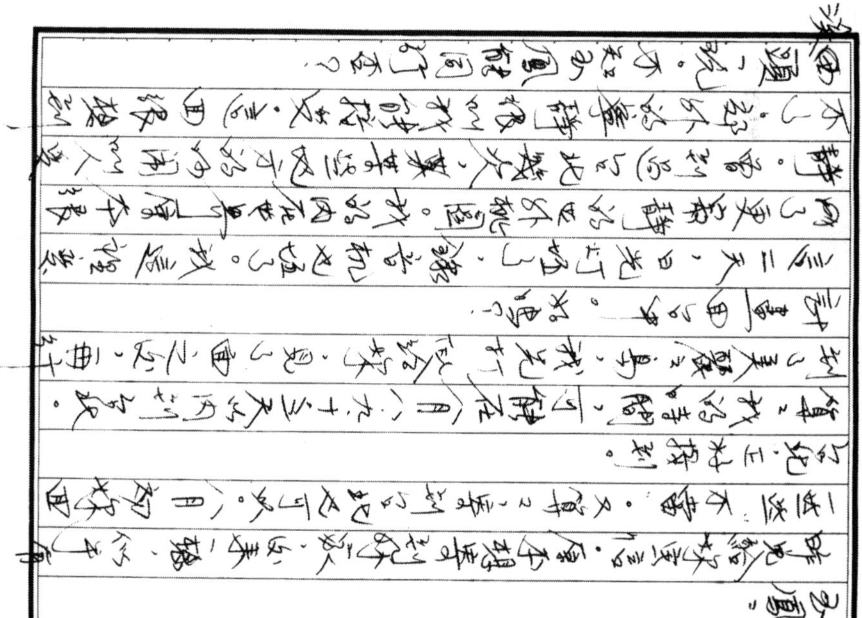

還有，我聽說妳毛線打的不錯，玉鳳啊！可知外島
冬天好冷了，相信今年冬天會更嚴寒，是不？
真對不起。我快將變幽默大師的徒弟了。每回寫信都再
談林××。我確實喜歡他。他給了中國和世界不少
東西，那是千萬元所買不到的。
看到妳喜歡种花，喜歡植物，哈！我們又多了一項
共同的嗜好。可惜我沒有太多時間來花在植物上。
我的一位朋友的朋友，送給朋友一些花種，我的朋
友拿了幾包給我。自己沒事在營區種著好玩。
目前我種了一些菊花、玫瑰等。有時畫也須要
從美妙來觀察。這裡送一包給妳。
我已滿足了，又聽妳要送我禮物，我說過：只要

玉鳳送的，我都珍惜。就是楓葉一片，明信片
一張，我都應加以愛惜。每一項出自玉鳳之手的
東西，對我都相當重要的。
妳和同事之間"鳳妹妹"使妳哭笑不得。我
們之間，我是卅二歲，夠格叫妳鳳妹妹吧？
今夜至此，又該道晚安了。

敬祝

快樂幸福

瀚州　七月二十九日二〇〇

玉鳳：

此刻的時間正是七月廿日的午夜十二點。
夜已深深。睡不起一絲的睡意。所以就提筆寫信。
今夜。就像小說中講的"夜黑風高"。氣氛有些可怖。
島是那麼的靜靜。沉睡在大地懷裡。
月亮姑娘不見了。不知妳所住的屋子的窗外。她可出現
在今夜。我知道妳有時睡的晚。我猜此刻玉鳳正在為
何事哩！play鋼琴。或高歌一曲。讀書。聽唸元。也許
是正在寫信給我。不知最後來的成然率有多少。
妳說"當一個人喜歡某一個位時。缺點也是優點了。"
我有同感。一個人要真正喜歡一個人——一生都是一而
且要連她的缺點也喜歡。這須要二人的感情同時昇
華才得到的。同時他們在互敬和互諒互愛上必須
有相當瞭解的程度。說難並不難，說易非易何也？
人決定世界上的一切。小至吃飯睡覺，大至世界大戰。故
言事在人為。妳認為如何？。便如何了。
妳是一個快樂，滿足，很懂人生和生活的女孩。對嗎？
妳信有三次說到：自認為很幸福。不錯！一個女
人真正快樂是她以生為女性為榮時。我跟男人亦
同。如果一個女人天天怨她為何不生為男人；一個男人又
怨他為何不是美麗的小姐。則其生也失去了意義。首
先否定了自己。那麼生命何價？。情調何在？
以上對不？？。快樂幸福頑皮的玉鳳。
我很喜愛從妳的字去想像妳的人。妳的字很好看

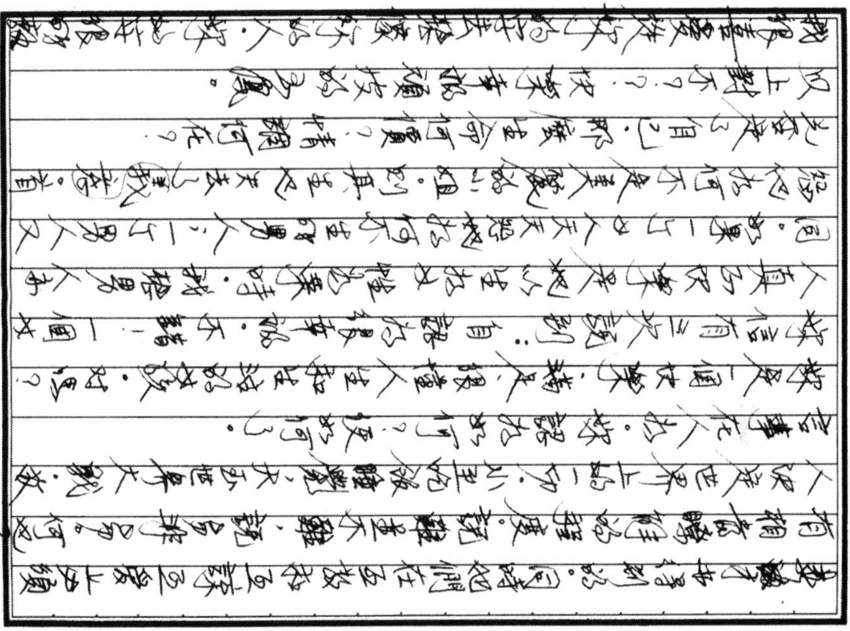

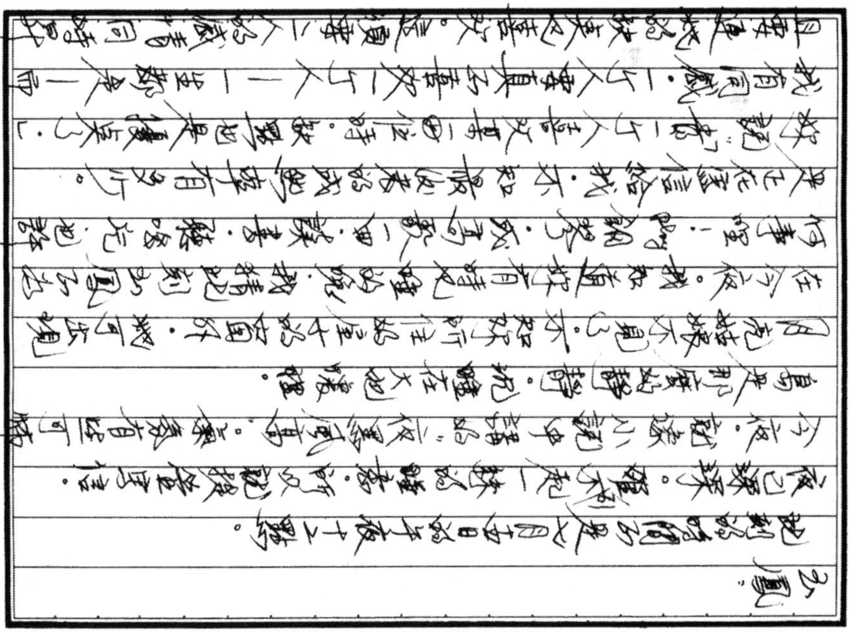

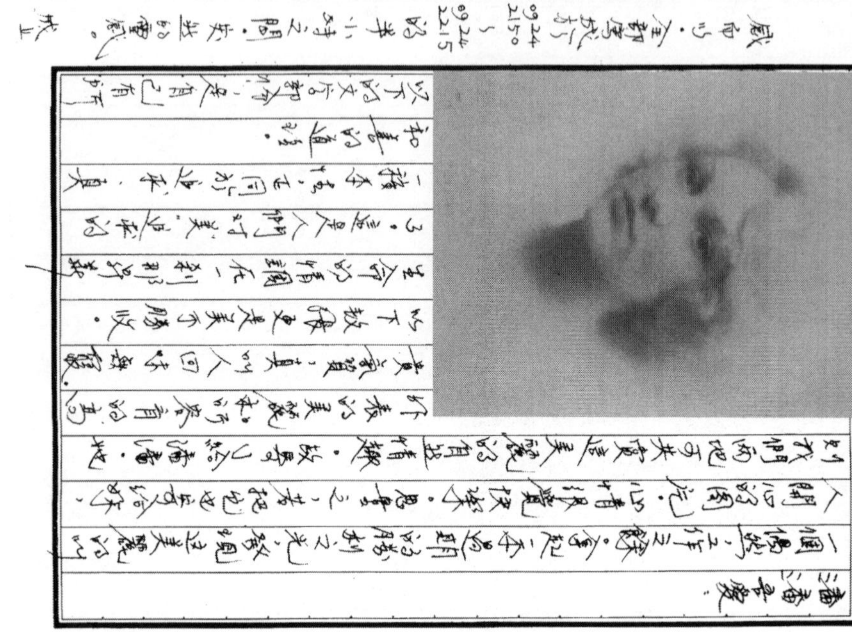

潘潘吾愛：

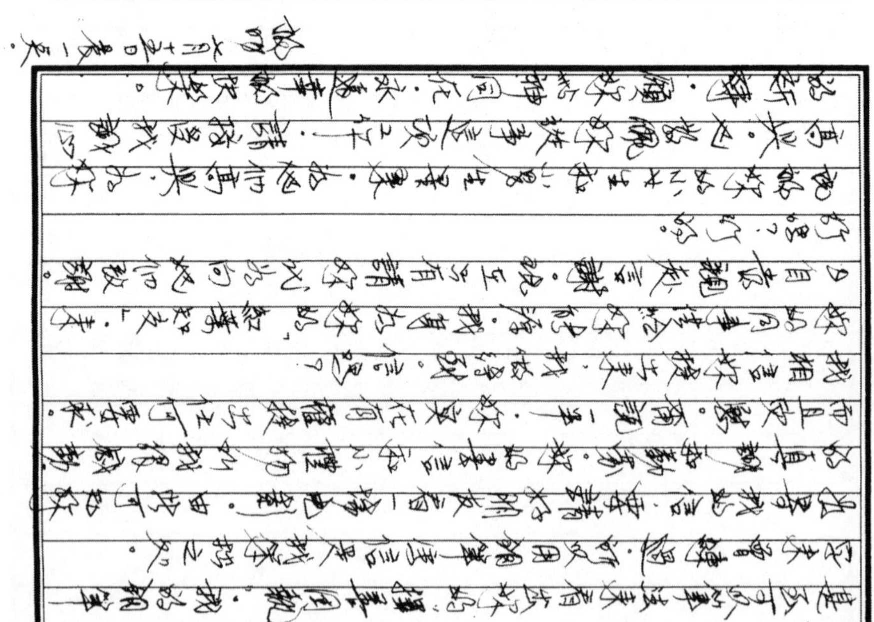

一個偶然，工作之餘，拿起一本過期的勝利之光，發現這美麗的小人，開心的笑了。心情很覺快樂。思量之，若把她也寄給妳，則我們兩地可共賞這美麗的自然情趣。故寄了給潘潘。她外表的美麗和所含有的高貴氣質，真叫人回味無窮。以下敘述更是美不勝收。生命的情調在一剎那昇華了。這是人們對"美"追求的一種柔情，在同於追求，真和善的道理。

以下的文字部份，是自己有所感而吟，全部寫成於 0924 2150～0924 2215 的半小時之間。實在的靈感。

斌止

甚至可以筆法來看出妳的，擇善固執。我的鋼筆字未曾練過，所以用鋼筆寫信是我笨拙之處。如果我的信，要請好朋友看一場電影。由此可知妳的真誠和勤勞。妳的書信和小禮物，叫我很感動。而且安慰。再說一年，妳實在有權提出任何要求。

我相信妳提出來，我做得到。信嗎？妳的同事傳給妳的源。我身為妳的「紅葉知交」，來日自當親赴言謝。現在只有請妳代為向她們致謝。

好嗎？好的。

祝妳的小女生和小男生畢業，為她們高興，為妳高興。也敬佩妳從事這項工作。請接受我誠心的祈禱。願妳的神同在，永遠幸福快樂。

斌明 八月十五日晨一點。

就在這明暗對比的三角形——
投射出了生命的情調
投射出了人生的多彩——
二十年來的航程，長，短？
走出情調了沒有？
走出了含意沒有？
如果沒有，看一看——
九十九度到一百度不過彈指，
一百到水汽也是剎那的事——
於是
妳感生命的光輝
妳覺人生的好趣

童年懷一顆不太亮的星星的回憶
想起那冰淇淋的甜美
童年頓成一顆亮星
一種無憂無慮的年華——
那便是稚愛。自然的
七種顏色織成的童年
就是那少女
張開嘴巴吃冰，而此的光陰
妳還有否？
張開嘴巴吃冰，不管誰出現都
一樣自然的神態
妳還有否？

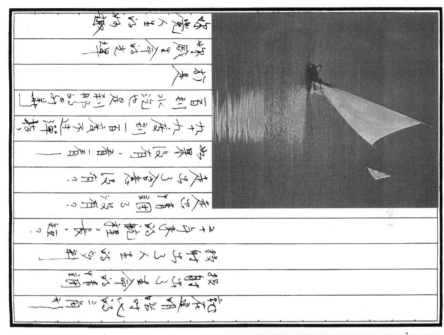

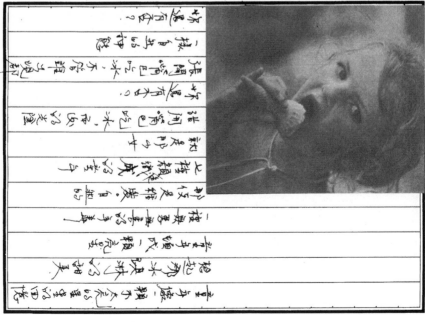

秋，是叫人憐愛的小女生
秋，是叫人感嘆的年紀！
而充滿愛情之家園卻在詩
畫，像伊甸園否？。
我們終將要有一個愛情之園
那不是夢，是夢之實現
年青時我們看成 Hotel
老年則成了避風港
是我們再談情再說愛的場所
但願那不是夢境
而是夢境之實現

誰說生活枯燥無味??
誰說人生毫無意義??
誰說社會黑暗現實??
誰說人情冷暖，翻雲覆雨????
沒有晚上何來白天
生活情趣由妳設計
人生意義自己去肯定
於是妳覺
自己是最有價值的活著
也是最幸福的小女生。

玉鳳：

讀妳六月十一日的信。內心起了一陣激動。是前所未有的感觸告訴我。為何淚水汪汪？告訴我。莫非海天相隔。我要緊迫的問，淚水為何流？淚水為誰流？人生旅途茫茫。除了父母兄妹之外。知音難尋，我希望自己能當上"知音的水準"。傾聽妳的吐訴，告訴我妳的心事。我更盼望自己能是妳心目中的心上之人，住妳心中。當妳感嘆生命時，我們共嘆；當妳快樂時，我們共笑。

真的，我對自己感到非常榮幸。能在妳心中佔有重要的地位。由妳親口親筆告知，是我至大的安慰。但是我希望我們都不要把"唯美主義"（這是妳當初對我的忠言）。現在我們拿來共勉，好嗎？我們都是"人"。人就有不完美的地方。您应知道「人非聖賢，孰能無過」。各人境遇不同，所學不同，當然有"自己認為不對之處"。妳說是嗎？但願由於我們的相互磨練，提醒，勉勵，我們在各方面可以不斷進步。所謂"學如逆水行舟，不進則退"。我想在做人、做事、各方面的道理也離此不遠才是。

妳能彈能唱，藝術歌曲，難得妳都喜歡。所以我應叫妳"音樂小天使"，對不？音樂是人類最達感情的最佳方法。相信有一天我會醉倒在妳的琴聲或歌聲下。我所懂的音樂實在無幾，和妳一比，天地之差也。所以我才是唯一的欣賞者。我們二者，很明顯的妳走的路從"演奏者"走入"創作者"。當然這須要時間和努力。還要看自己走的是"那一條路線"。只要自己認可，我都會支持妳發展下去。

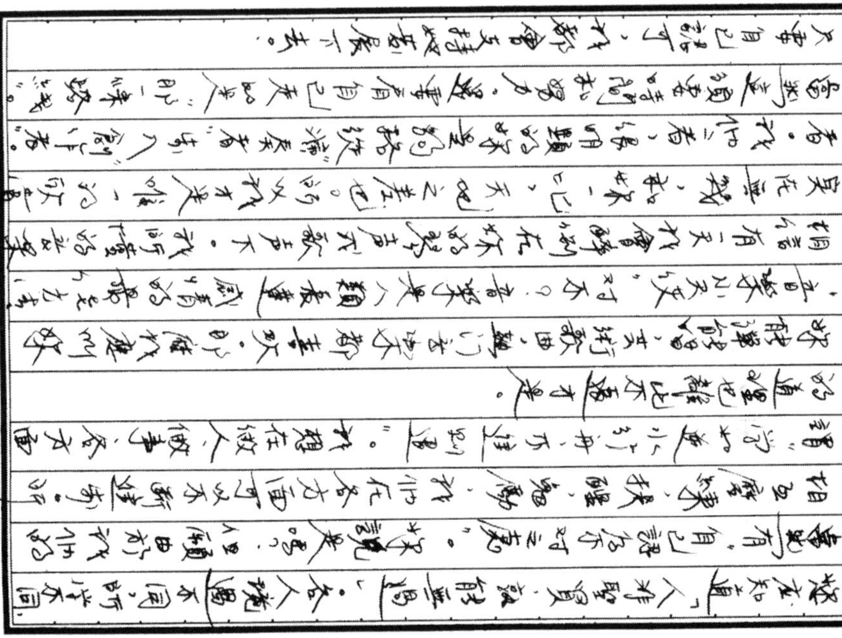

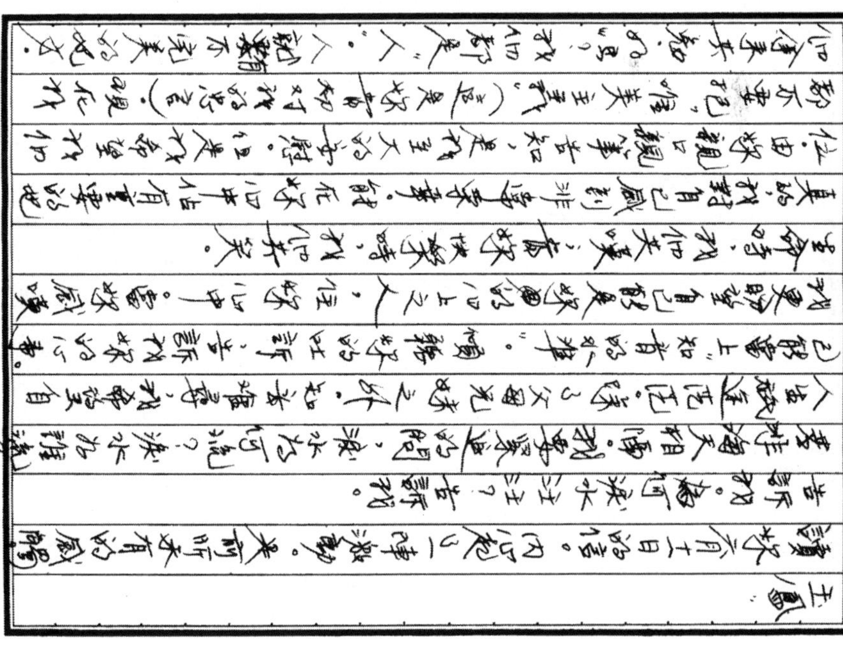

在未接到妳這次信件的前三天，我也看了一些當今　總統經
國先生的作品。讀到他的老師吳稚暉的一句話，就是妳給
我信中的這句「如果沒有困難需解決，要你幹什麼？」
今天又看到妳說出了這句話，在我內心中造成了我們"不謀
而合"的感覺。妳提出的這句啟示言，正是未接信前所談的
內心的高興非筆墨所能形容。玉鳳妳應可領會我的心情。
陳輯國是我的同學。是很好很談得來的同學。
至於年紀和婚姻我以為影響不大（相差十多歲以上者例外）
男的age比女的大一些，或女比男大一些，或相等，在當代我認
為無太大影響。最重要是双方能否相互諒解了，兩人的人
生態度能否協調。說而言之，事在人為，人為萬物之靈。
指揮掌握一切。如果每人都如妳我一樣，則世界早已
大同，何來戰爭？妳說是不？
今天天氣不好，到了下午似乎是颱風。不知台灣如何？總
默禱妳的感冒已好，身体是一切本錢，望多保重。千言
萬言，不如自家珍重。聽妳說伯母健康不佳，真叫
人難過。"母親"是世界上最偉大的人，她們都負出了
許多代價，不應要她們再受身体之苦。這是不合乎的
事，為她祈禱，早日康復。
玉鳳：今天寫到此。改日再行作書。但願常有妳的信。

敬祝　小天使

快樂

福成
68.6.19.下午

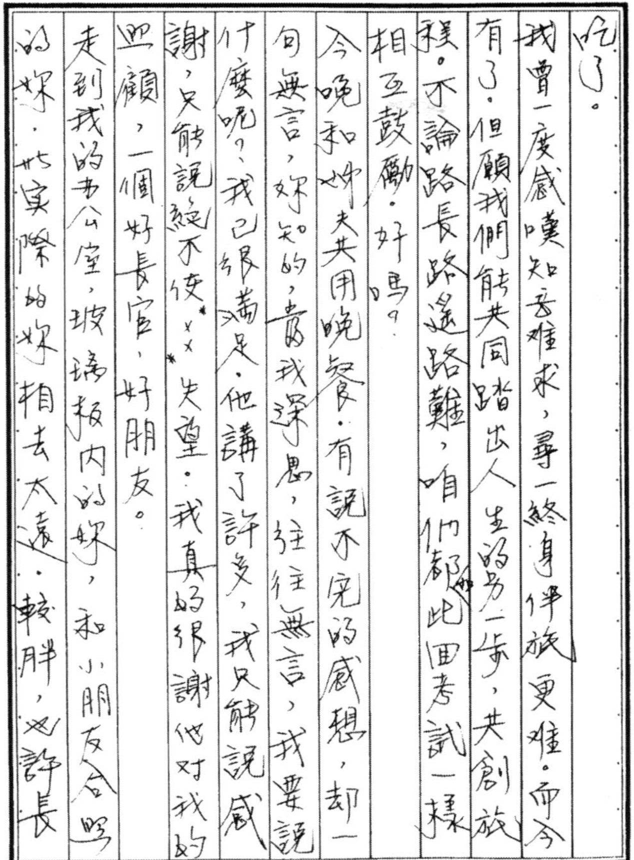

吃了。

我曾一度感嘆知音難求，尋一終身伴旅更難。而今有了。但願我們能共同踏出人生的第一步，共創旅程。不論路長路遠路艱難，咱們都如同考試一樣相互鼓勵，好嗎？

今晚和妳共用晚餐，有說不完的感想，卻一句無言，妳知的，雖我深思，往往無言，我要說什麼呢？我已很滿足。他講了許多，我只能說感謝，只能說絕不使××失望。我真的很謝他對我的照顧，一個好長官，好朋友。

走到我的辦公室，玻璃板內的妳，和小朋友合照的妳，比實際的妳相去太遠，較胖，也許長

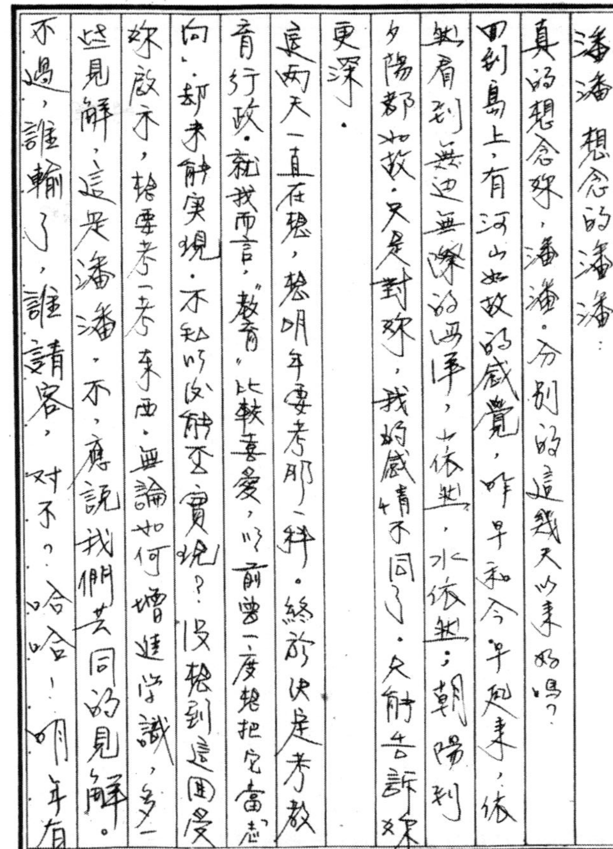

潘潘 想念的潘潘：

真的想念妳，潘潘。分別的這幾天以來好嗎？

回到島上，有河山如故的感覺，昨早和今早起來，依然看到無邊無際的海，依然，水依然；朝陽到夕陽都如故，只是對妳，我的感情不同了。只能告訴妳更深了。

這兩天一直在想，想明年要考那一科。終於決定考教育行政。就我而言，"教育"比較喜愛，以前曾一度想把它當志向，卻未能實現。不知以後能否實現？假想到這個愛妳啟示，總要考一考東西。無論如何增進學識，多一些見解，這是潘潘。不，應說我們共同的見解。

不過，誰輸了，誰請客，對不？哈哈！明年有

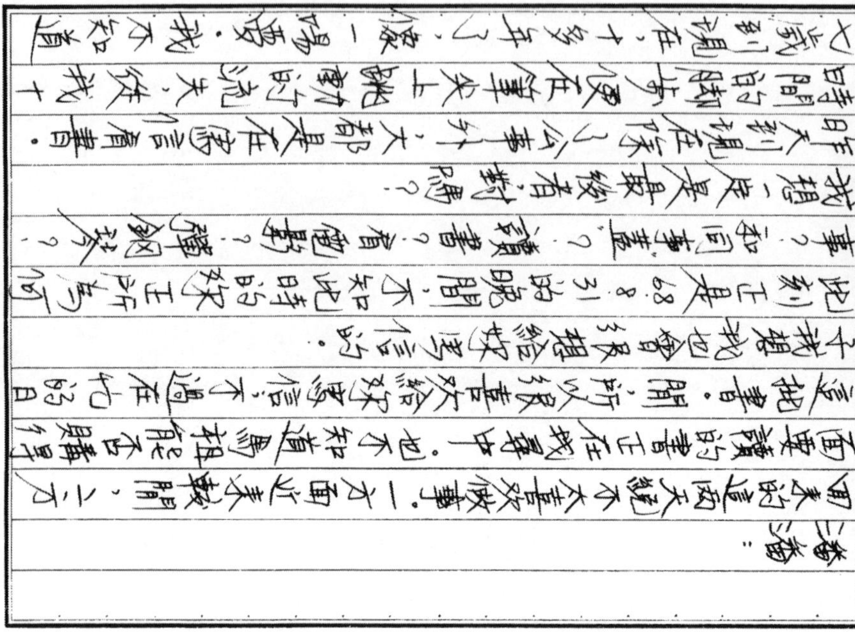

潘潘：

周末的這兩天總不太喜歡做事。一方面近來較閒，二方面要讀的書正在找尋中。也不知道馬祖能否購得這批書。閒，所以很喜歡給妳寫信；不過在忙的日子我想我也會很想給妳寫信的。

此刻正是68.8.31的晚間，不知此時的妳正所為何事？和同事蓋？讀書？看電影？彈鋼琴？

我想一定是最後者，對嗎？

昨天到現在除了公事外，大都是在寫信看書。時間的腳步便在筆尖上跳動的流失，從我十七歲到現在，十多年了，像一場夢。我不知道

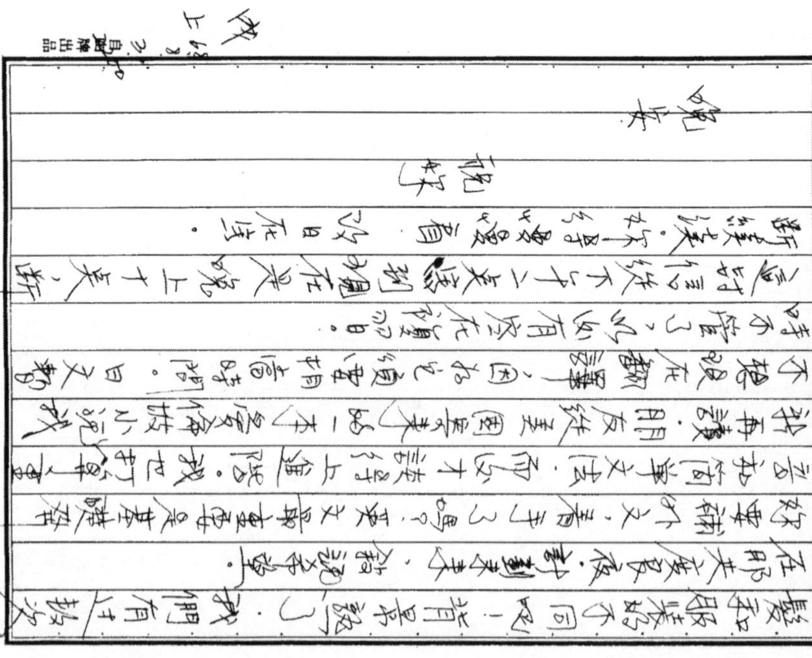

髮和服裝的不同吧！背景熟了，我們有什拔次在那共度良夜，計劃未來，敘說希望。

妳要補外文，看手了嗎？英文最重要是基礎發音和簡單文法，而後才談得上進階。我也打算重新再讀，朋友從美國寄來的一本愛倫坡小說，我不想現在翻譯，因為它須要相當時間。日文暫時不管了，以後有空在複習。

這封信從下午二點寫到現在是晚上十點，斷斷續續，妳得慢慢看。改日在寫。

祝妳

晚安

68.8.3 晚上

自強牌出品

潘潘：

十月十四號接到潘的三封信，喜出望外地看了半天，說之我很高興。其實我們之間以最大的愛心去關注對方，乃是很自然的事，既然決定了愛在此生，便要付之行動，潘潘何必言"表達"呢？既為連理，相互之間就只有愛心和服務，潘說對否？・芸芸人海，芸芸眾生，難得人能去愛，可以愛的女孩，還不知去愛，豈不悲乎也！

我很喜歡聽潘的心語，不論潘是直言、傾訴、暗示，相信我能從各個角度去揣來接納。凡是出自妳內心，都是真。

妳在數封信都提到我的年青，和妳的"不年青"。若由整個人生過程來說，我們都是年青人，因為我們生長在同一代。當今總統經國先生在行政院長任內有一句話：青春是人一種心境。

自己的一生是不是也像一場夢，多年以前（大約大二～大三）很喜愛"哲學"這門課程，尤其喜歡讀各種角度探討的人生哲學。唉！說來話繁，不寫了。

這個"週日"打算溪頭一遊，那裡有詩樣晨昏，昔來我行，但願如妳所言我們會在"那日"光臨。

想去看的"天鵝湖"名劇未能如願，不知他是否有機會。今天突然在聯合報看到了，順便也請妳觀賞。芭蕾我並不懂，只愛他們的自然、美、姿樂，很合乎我自己對美善的追求。

補習班找到沒有？告訴妳一個好消息。我在12月左右有半個月假可休，我們計劃做什麼呢？詳細時間我一個月前告知，好嗎？吻妳，晚安

成/二十二晚九

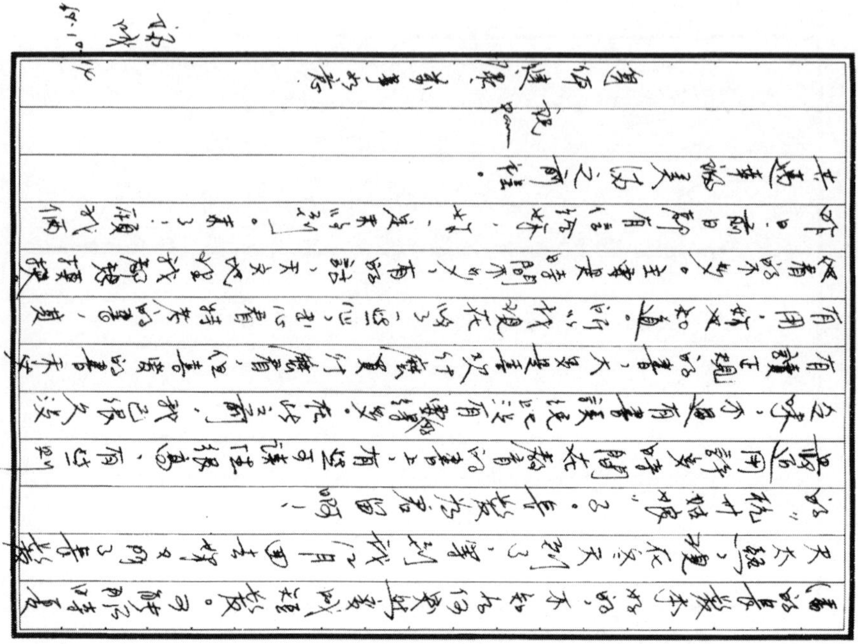

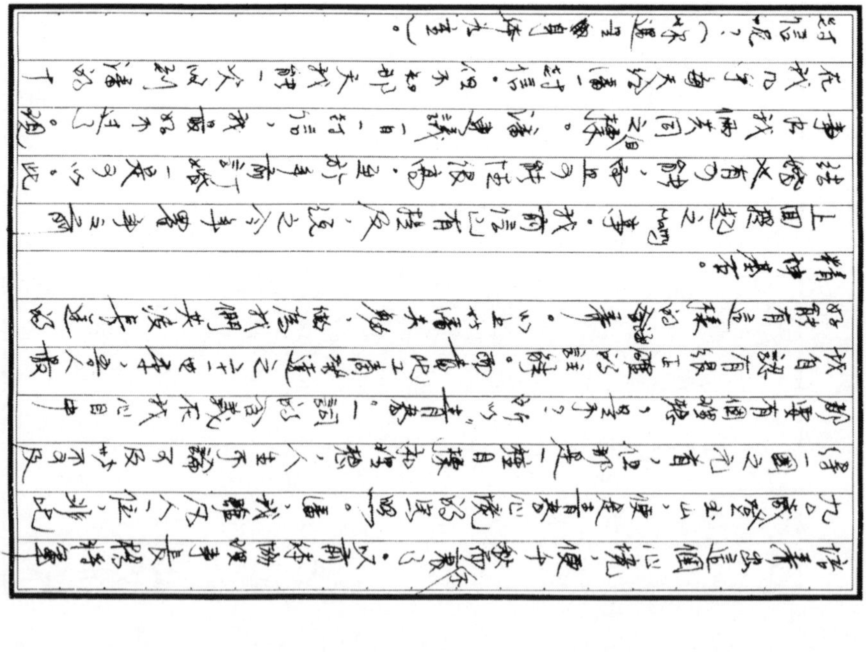

瑜：

今天收到妳的四封信，真是高興，晚上也就不想讀書了，信是看了好多遍。除看妳字的含意，還要從字裡行間找尋一些妳最原始的意識，妳說我到沒？以後再告訴妳。

妳說我是理想派的，果真如此，則理想派的我和寫實派的Pam配合起來，應可得"中庸之道"的"中和派"。其實我的理想和柏拉圖理想國相去太遠，他才是真正的理想派。妳对自己的才學似乎也不満意，其實Pam何必急呢？聞道有先後，我以為天下沒有那個人說他比那個都行；而人，也不必自認他比那個都不行。但是，人必須不斷去學習，不斷去修正自己錯誤的一部份，而走向對的里程。以後Pam不必大嘆不如我了，否則我倒去一定要拜妳老師——學家政。總之，对自己要有信心，適量的自負應不為过，這點同意嗎？

妹夫已經休假，我請他問候——对Pam。如果他有空，也許要教妳一下，他可能很忙。

妳的英文現在進步許多，可見補習的用。我有些急，我是無師自通*，妳有名師（致力有能的環境學習）再加自己用功，不出半年當以人側目。

說来慚愧，我的讀起教育行政和複習英文，都可算是 you stimulate me；這是該感謝的。

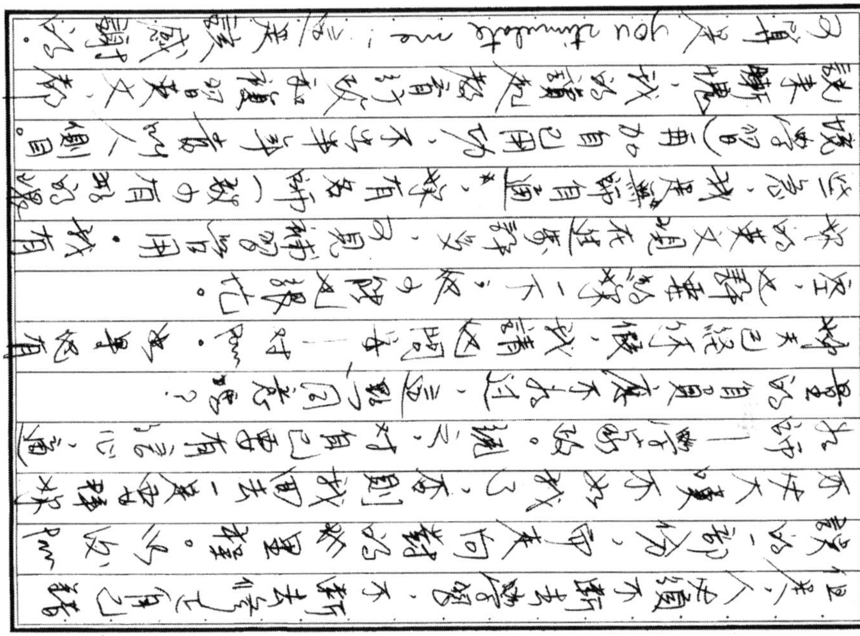

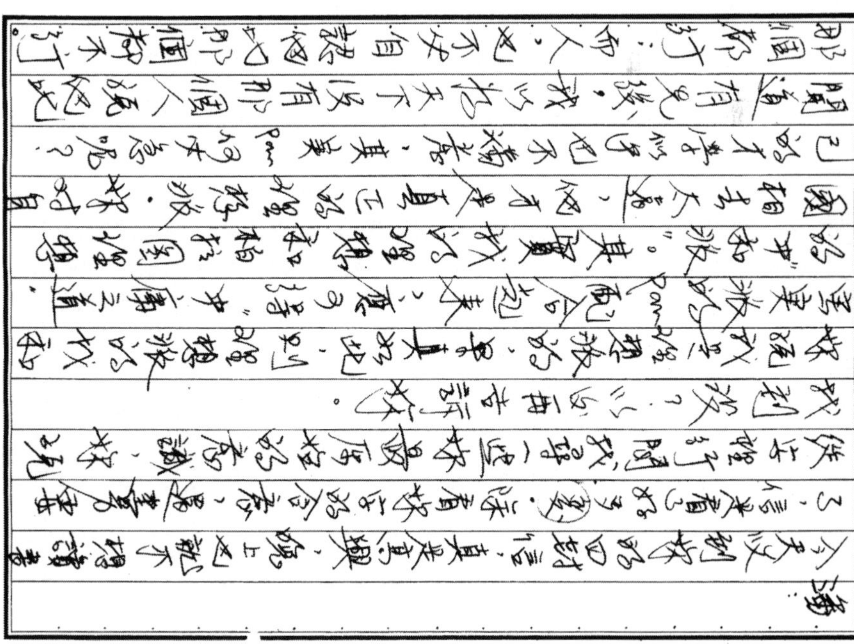

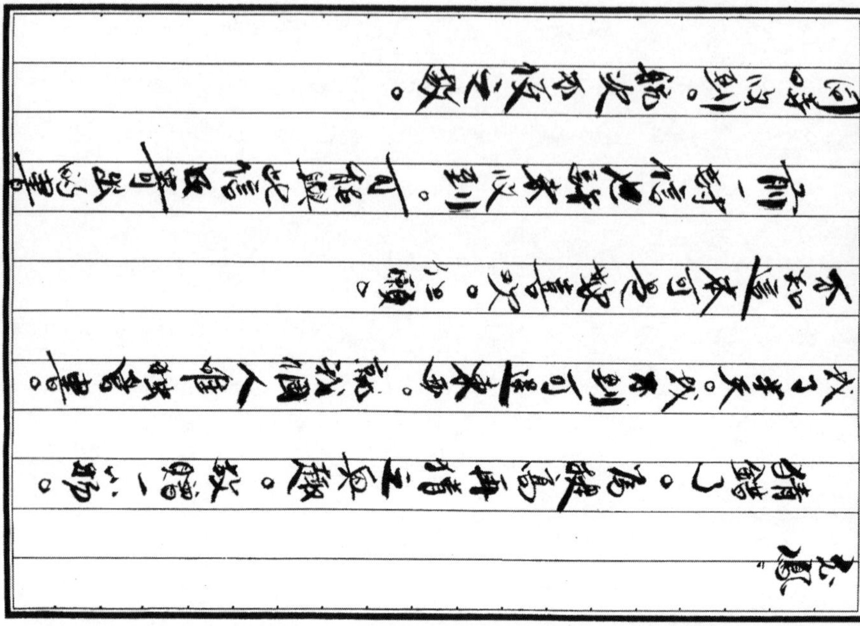

忘憂：

猜錯了。為鼓勵再猜之興趣。敬贈一小物。

找了半天。找不到可送東西。就我個人唯獨愛書。

不知這本可是妳喜歡。但願。

前一封信也許未收到。可能與此信所寄出的書同時收到。航次不佞之敬。

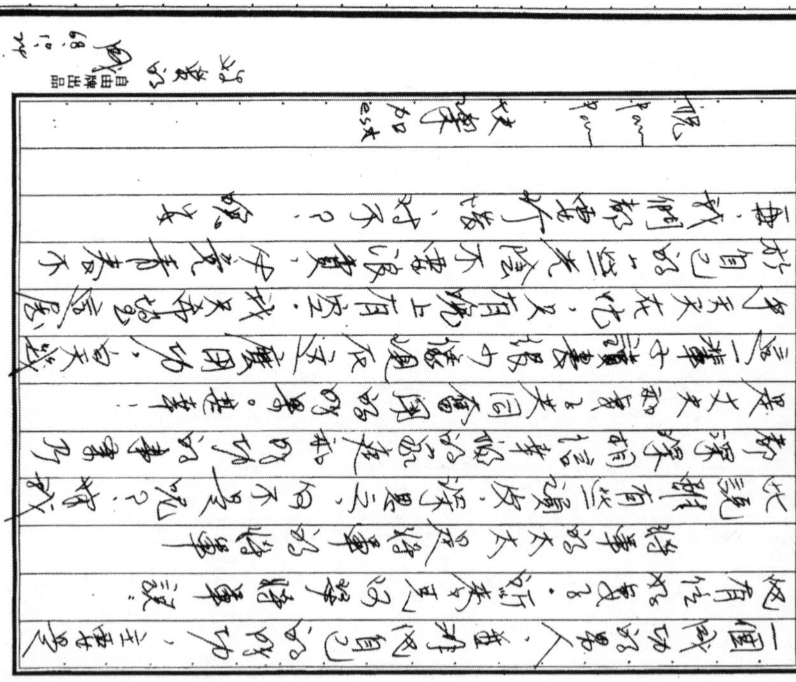

一個成功的男人，並非他自己的成功，主要是她有位好妻子。所以我要將軍說：

將軍的太太是將軍的將軍

此說雖有些頑皮，深思之，何不是呢？，實我都深深相信幸福的家庭和成功的事業乃是丈夫和妻子共同奮鬥的成果。甚幸！

這一輩子讀書很少，僅是在這麼用功，白天我半天天在忙，只有晚上有空。我只希望這麼於自己的一些光陰不要浪費，畢竟青春不再，我們都要珍惜，對不？

晚安

祝
pan pan
快樂加est

好愛的
風
68.10.24

自由牌出品

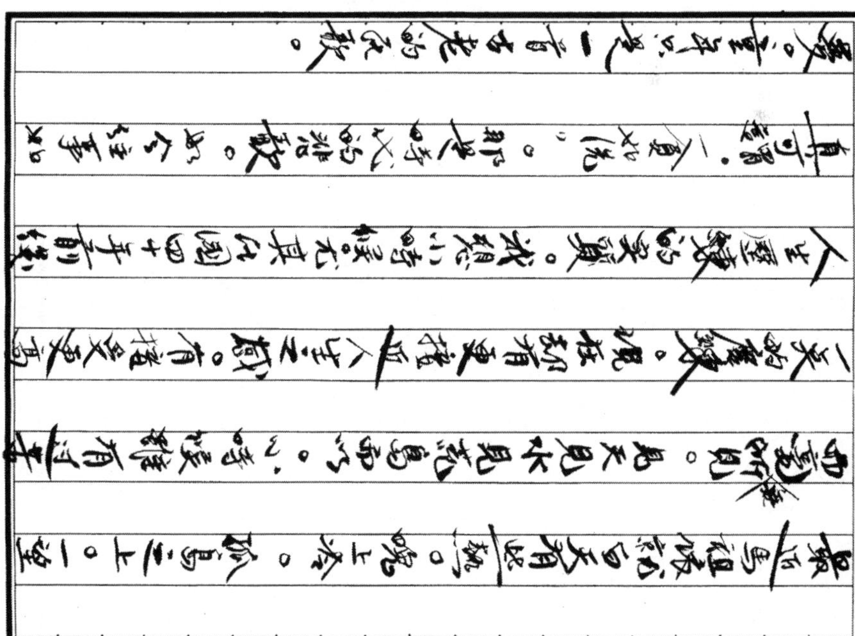

最近馬祖就白天有些熱。晚上冷。孤島之上。一望
無所見。見天見水見荒島而已。小時候雖有過苦
難的磨練。現在卻有更接近人生之感。有接受更高
人生歷練的實質。我想小時候。尤其在四十年前後
真可謂「一貧如洗」。那些時代的悲歡。如今往事如
夢。童年只是一首古老的民歌。

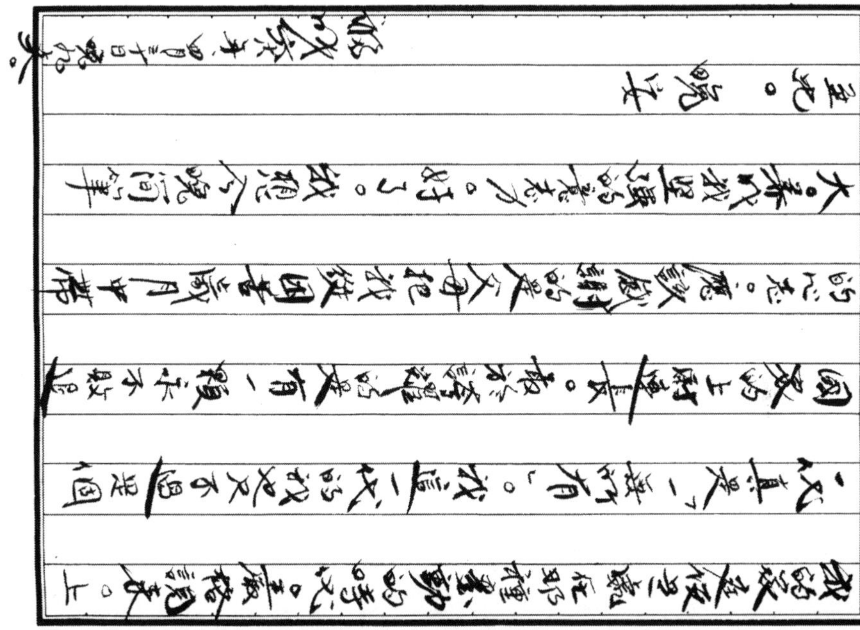

我的家庭使之處在那種變動的時代。嚴格說來。上
一代真是「一無所有」。我這一代的我也只不過是個
國家的上尉連長。最於誇耀的是有一顆永不敗退
的心志。應該感謝的是父母把我從困苦歲月中帶
大。養成我堅強的意志力。好了。我想今晚閣筆
至此。晚安

殿成於六十年四月三十日晚九時。

Dear Pan：

今天一下午都在看一本三毛的作品，撒哈拉的故事。由於太好了，也太好奇了，一看便忘了時間。其他書和事都忘了做。

這本書最不錯的Kill Time的書。都寫一些沙漠中的事情一錄於三毛女士的撒哈拉沙漠旅行記，描述風土人情，生活情調。沙哈拉威民族的出嫁年齡是十歲左右，鬧洞房，新郎新娘真是生動；他們是每3－5年洗澡一次，那篇沙漠觀浴記真有趣。……說不完啦！

我很喜歡她走遍天涯，很仰慕她和荷西（她丈夫）的結婚之後還能過自己的生活。也許她的人生觀有些相同於我。很實在，很情調，富色彩，而有些浪漫的氣份。

我要告訴妳，有生之年我希望到世界各地走一次，致於誰姓我同行，那個人應是妳。這都是10年、20年、30年之後的事，會發生，也許不會發生，但我要向這方向進發，要握住可能的機會……妳說是夢嗎？

到了30咱們的下一代也許可以參加星際旅行，這是夢嗎？

人要有夢，而且要有把夢變成實際的勇氣，pan說他傻嗎？

這本書真有趣，借來的。不知Pan讀過沒有，是Kill Time的好書。

有關於我們結婚的事，我已於前數封信都提及，不知妳收到否？希望我們要同時進行準備，待一月我休假先行訂婚，該買、該做的東西、衣服要先做。至少我要潘潘在結婚時全身上下煥然一新，畢竟我們一生才一次。要隨我們所愛所喜來設計一切。雖然pm不要我交什麼"金"、"禮"的，但我們自己要買的東西，我算了一下，也要十万元來支出。
好大的一個台灣，潘喜歡住那裡，北？中？南？東？西？
今天沒有颱風的動靜，也許改了方向，不知台灣如何？希望平平靜靜。輔導長"月休假我請他撥個TEL給妳。代表海外的我——一個最近的問愛，好嗎？

祝 潘潘 萬事如意

煥發的
明 68.10.17

潘潘，
已經有好多天沒有提筆給潘寫信了。有兩個晚上，昨晚、前晚，拿起了筆想了好半天。又把筆倒下去。看書去了。最近看的書開始多起來些。向輔導長拿了一套"我說念英語"。溫習以前讀過的 A Trip to U.S.。還在聽一本叫做 E-3 Review 的視聽月刊。關於此書我簡略說明如下，不知目前有否，若有妳可訂來聽聽。
全名是：E-3 知性英語視聽月刊 (English Environment Educational Review)。印刷不錯，內容有時事、科學、商業、文學、生活、人物、保健、藝術、音樂、史政、體育、幽默、科技、會話、集錦、填字 16個專欄。一冊有30多頁，全製成錄音帶。因為它有教育基金會出版，所以每期令帶子65元。我看的是他女朋友寄給他看的，66年的。
聽說現在的有些改變，我不得而知。大致是如此。其
服務：北市忠孝東路4段128號6樓（龍門大廈）
電話：7213834　7213838。
我目前讀的是輔導長的，等把他的讀完了，我打算自
己訂一年。我想妳目前K English也是不？這資料
給妳做參考。現在潘的書一定讀的「如火如荼」了。
最近看書看的比較勤，時常有所感觸，說覺自己所知太少，
學識太淺。就以外文做例子好了，當初立下的目標是看英文
影片時，把eyes閉上，而能看懂內容。這個目標走了好幾
年了，竟然尚未走到。人生的目標太多，要做的事太多，能完
美地如願不知有幾？潘呢？潘一定也立下不少很高、

很美的目標吧！
20天沒見到潘了，有訴不盡的心語要說，有道不完的思念。
等待，很苦，也很甜；有時讀書讀入神也就忘了，每當夜深
人靜，躺在床上都有一陣子不能入睡。那些情的神箭不知
如何射的。射得好準，射進妳心，射進我心，唉！真是
說不完了。來信說說潘的近況吧！例如妳上班啦！同
事啦！（對了，我問各小姐們）補習班啦！讀書苦嗎？一定很
苦；還有內心的想法啦！老潘有否對妳兇？最近有沒有腳
底抹油啊！讀英文有沒有心得呢？
憑良心說，潘使我很佩服，工作的女孩，還要去讀這讀那，
不怕煩，有耐心。當然這是我會去愛潘的許多原因之一。
而，潘對我呢？？

最近馬祖天氣稍好，不知台北如何？潘的感冒好了嗎？
一人在外，身体自家珍重；
今天是九月十三，星期五，此刻是晚上11.30。外面天好黑，現在在加強亮度，我有時點兩支油灯。油灯一点，室內溫度立刻提高，很熱。加上還有蚊子，偶爾我會在蚊帳內看書。不然一晚上蚊子鬧得看書都要分心。小時候妳用過油灯嗎？
此刻，也許潘已入夢；也許还在K書。只是妳知道此刻的我正振筆急書地給潘寫信嗎？
三個月前如果一航次只收妳一封信，覺得很自然；
現在如果一航次收潘三封信，還覺不滿足哩！潘，妳說這下要如何医治才好呢？
祝潘，晚安

想念潘的
成 68.9.13.

潘潘吾愛：

今天一天沒事，一直在看柏楊先生的"中國人史綱"，很好看。他老人家真會寫，有章回小說的味道，有正史的事實，更有正史所沒有的條統分明。越看越迷，一口氣看了一百多個page，若非還是吳魂之窗外景，真不想放下。今天從紀元前800年看到元前300年，有500年的事蹟呈現在面前。讀書確實是一大享受。在工作之餘。

最近從潘的信中也看出潘也体會出讀書情調了，好還許願自己永遠有這種興趣，會的，有生之年，我們都应品賞人間的趣事。記得我告訴妳嗎？有生之年我希望能遊覽世界，看看人世間真他該看的地方。這是我們一個很遙遠的美的幻夢，也是一個未來的事實。目前是個夢，有一天我們要使之成真。所以，English要好好學，它適用在亞洲、美洲和中歐一帶；次之德文、西班文若可能也要學。日文懂也好。懂嗎？

怪怪，潘一定嚇壞了，要精通世界各國語言了，我們不成了"天才"。

每個傍晚都靜靜冷冷地過去，冬夜很冷，小兵很早就睡覺了，而我的讀書和寫信往往是在一個每個人都寧靜地入夢的世界。那兒只有我一人單獨存在孤島上，而我的心湖上則顯現一個潘潘的影像。如此，夜復一夜，潘潘都伴着我渡長夜，潘在我心中已成為牢不可破的形像，這樣的精神標竿不知潘潘達到了否？

月圓月缺人分離，自古成了鐵律，尤愛折磨有情人；當此千變萬化時代裡，每個人更難以捕捉明日的一點滴，精神生活的建立應是最佳療傷之道。

今天晚上又是農曆的11.28，月亮好圓，天上沒有一片雲，不知台北的上空可有烏雲擋住那一輪明月。很冷，妳現在可能在上課，也許看電影，也許在嬸嬸家，也許在王媽家。不過唸書成份居多。

我的寢室日光燈壞了，麻煩，乾脆不用了，全部買油燈。我給潘潘的近80封信中，95%以上是在油燈下寫成的，我不知道目前世界上尚有多少地方用油燈，非洲嗎？愛斯基摩人嗎？哈哈！我現在是全世界最有情調的民族。

最近幾晚伙食都煮了點心，麵。很久沒有吃西食，外島沒有，有時會想起。外島的菜長年都是那几樣，對我這不挑食的人倒是不受影響。我現在在寢室裡寫信，伙伕又開始在外面屋子弄吃的，有股香味飄過來。

書，我打算在休假之前，最晚到收假，要把心理學看完，如此正好把妳寄來的書告一段落，我回去再找一些來看看。

來了！讓我化成一個寶寶，睡在潘的懷裡，享受妳的愛意—

祝　快樂　　　　妳寶的 [illegible] 11.28

Dear Pan

太想妳了，看不下書也睡不着（捨不得那麼早睡），所以就想給妳寫封信。

夜已深深，小兵都已進入夢鄉，好像全島只有我一人仍在似的。除了室內有孤灯一盞，其他全是黑鴉鴉一片，有些荒島，我夜讀書長到2、3點也未曾置身於這樣世界的。大海中的一個小島，總會叫人有些奇異的幻想。

最近我這裡吃的真豐富，首先輔導長家裡寄了好多水果來，以及回營休假人員帶了不少產品。姊夫也送了各連長不少東西，真有口福。我對吃不是很講究，只要我喜歡吃菜，飯不感興趣，妳是知道的。我体重一直是57kg，12年來沒有改變。醫生說這樣是好現象，表示身体狀況正常。其實我平時很重視身体的健康。在身與心兩方面我都不斷練習向最佳途徑調整的，潘的身体也頗健康的，妳不是也不斷在鍛鍊嗎？所以我們的Baby一定是健康寶寶（要不臉紅?!?!）真不好意思。今晚我成了体育教官。真煩人！

喂！妳信上說又感冒了，不知現在好些？一個女孩，隻身在外要多注意身体，如果可能我願代替妳感冒，而留健康來給my pan pan。因為男孩的体質上就比較強，不論抵抗力、耐力都好些。pan說对不？

今天下午在姊夫那兒看電視，聽說潘力颱風又來了，颱風一來，船又不走了，船若不走，信就泡了湯。這下子不知要等多久才有pan的信。這次的信中，也得知上回妳等我信等了好久，等的心涼涼是了？妳等的急，我比妳更急，真是每日望穿秋水。
颱風的前後，天氣都是不正常，要多注意。雖然妳到此信也許天氣已晴，深信此刻我倆心是相通，我心有所思，妳心亦有所感。盼神明把我的思念帶給妳。
今晚沒看表，總覺過意不去，東想西想，總而言之，想pan。現在想念pan pan。妳相信嗎？我前一世也在想妳，直到今生此時才如願 Kiss you Good Night

Dick 68.10.1

My Pan：

國防部發給每個人一份親職的小手冊。內容有趣，圖片可人。這幾張很能表達我內心含意的一部份。所以製成卡寄給親愛的pan pan。

在我的周圍的生活環境，有許多生命的情調在展現；在這孤寂的海島上，也有許多生活的幽默叫人不亦樂乎！

前幾天真忙，天天在外面，每天一早便和小兵到工地，等到晚上才回來。現在天又黑的快，六點就會暗了。好像晚上時間比較多，可以利用。人哉大，我感Time之不足。吾等應善加運用，把握時光，对不？

卡片喜欢嗎？ 不寫了，以免過重。拜拜 小可愛

68.11.02

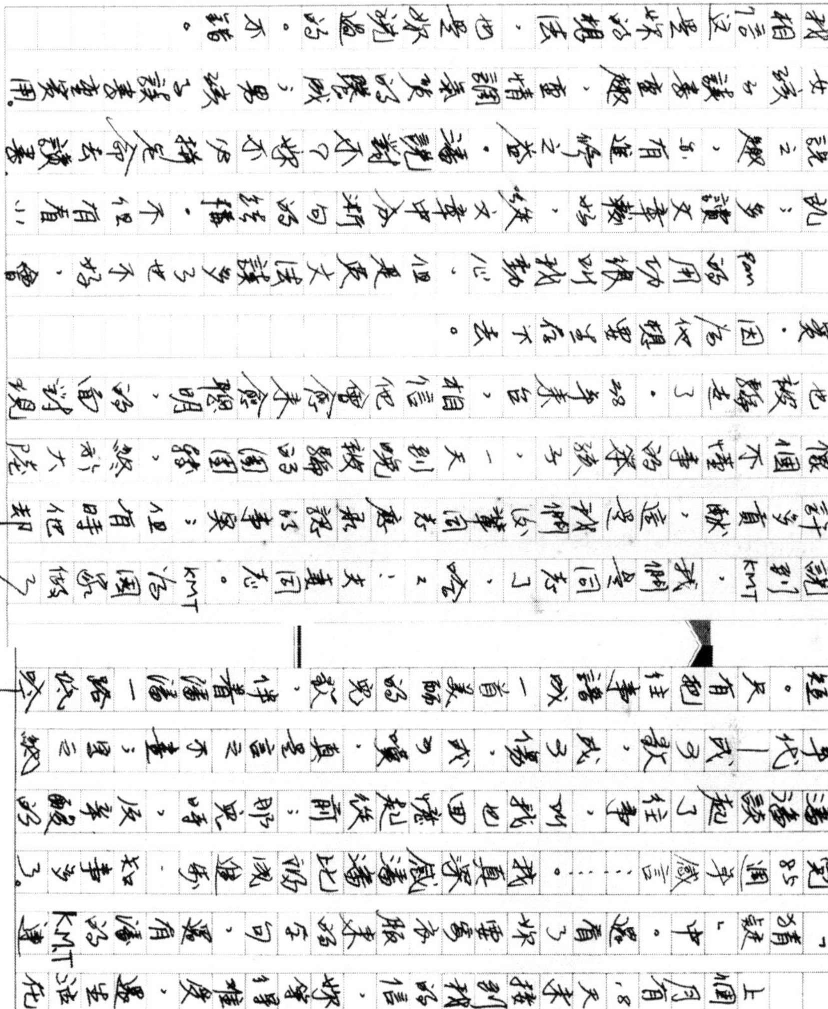

潘潘：
　昨天晚上給妳寫了一封信，同時看了我返台期間潘寄來的五封信：11.25 11.26 11.28 12.3 12.5。且讓我在每天給妳的信中慢慢地回答一些問題。
　上個月有18天未接到我的信，妳覺得難受，還生活在「猜疑」中。還看了妳要寄衣服來的字句，還有潘的KMT建黨85週年感言……。我真深感潘潘比從前進步，知事多了。
潘潘談起了往事，所以我也回憶起從前：那些時，反辛酸的年代——我了歡，我了傷，我了嘆，真是言之不盡；書之紙短。只有把往事譜成一首美麗的究歡，伴著潘潘一路終吟。
說到KMT，我們是同志了，哈哈！夫妻同志。KMT為國家做了許多貢獻，這是我們必須同志應承認的事實；但有時他卻像個不懂事的孩子，一天到晚被騙的團團轉，終於大陸也被騙走了。28年來台，相信他會愈來愈聰明，的面對現實。因為他想要生存下去。
　Pan的用功很叫我動心。但是英文法讀多了也不好，會亂；多讀文章較好，從文章中分析句的結構。不但有看小說之趣，亦有進修之益。潘說對不了妳不必拚老命去讀書。女孩子讀書重趣，重情調氣質的陶冶；男孩子讀書重實用。我相信這是妳的想法，也是妳說過的。不錯。

我直薦一位叔叔寄賀卡給我，付了一本新年日曆，我覺不錯；圖畫造詣高妙，韻絕的詩提得叫人會想起一切的美善，原諒了自己看不入目的垃人。我很喜欢，寄給妳使用，讓它為Pan Pan服務吧！

沒有訂婚有「吊在半空感」，訂婚了，有安定、實际感。但對未来的責任却在内心多了一份压力感，未来的路是一條要心血和工夫、智慧、合作協力才能走出名堂的路。

相信妳和我及我們的同伴人會走的很好，但这也要無比毅力艱辛才能走出一些成果。我們的上一代把我們在台灣長大，他們要的一無所有，僅有的是「我們」，誰說的对不？這是一句沉重而慎重的話。比起的妳我—我輩青年，當然應該做一些事以慰父母，而不該再游手好閒的一無所有。至少應該努力盡心，奮鬥一翻，不論為父母，為自己都要努力。我希望我們是永遠知道上進的夫婦，而不該結了婚便过一天算一天。讓人定以手謨成我这樣做。

好了！20天的假，相信妳也很愉快，我以能帶給自己的妻子快樂為榮。臨別的依依，會叫我一生难忘。女人須要愛情，男人何不呢？人的一生都在追求有形的物質糧食，也要去找尋無形的精神糧食。我們却只找到二者的一部份而以，還有許多……我們會找到的。今天就此！

想念妳，吻妳，

妳最最親愛的夫

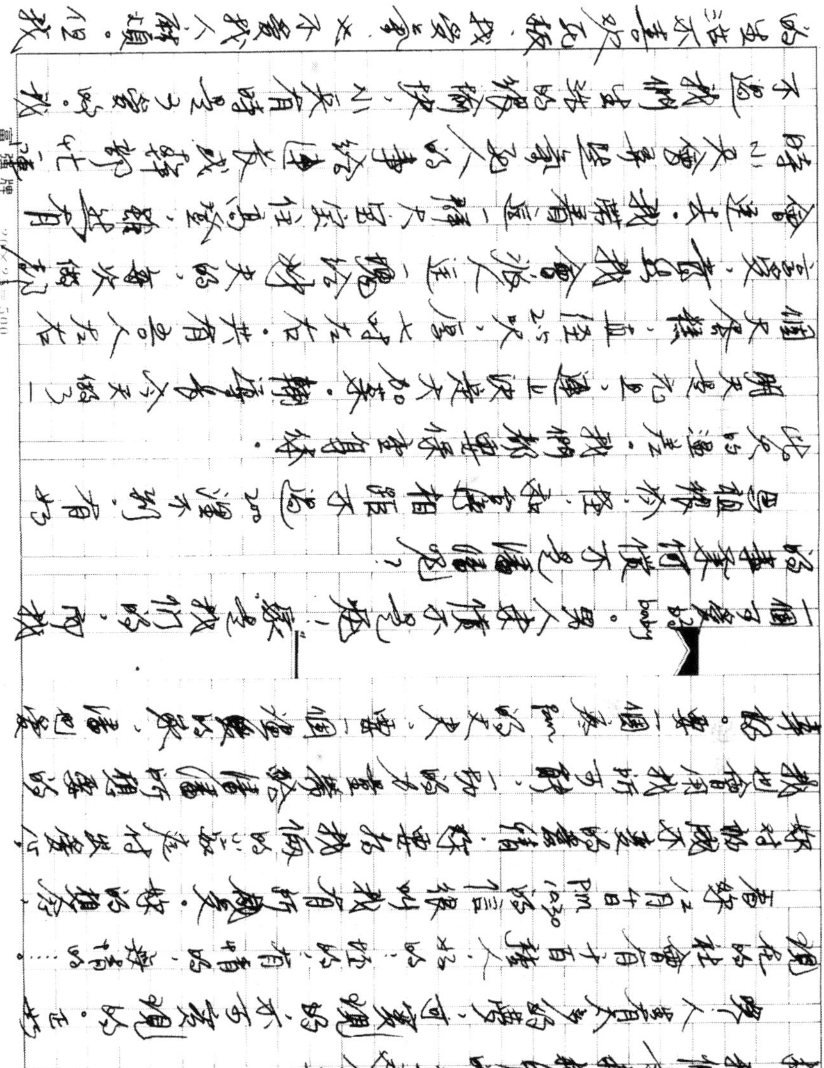

親愛的儷儷：
好多天沒有見著妳，很想念！20天愉快的日子如夢
般的過去，現在只有把練習想像成溫馨色的森
林，我們是森林中的王子和公主。
唉！人生有太多的夢，可實現的，不可實現的。正如
現在的社會有千百種人，好的、壞的、有情的、無情的……。
看妳12月4日pm 10:30的信很叫我有所感受。妳的想念，
妳對我的不變的感情，妳要為我倆的小家庭付出愛心，
我也會用我所有的一切的力量帶給儷儷所想要的
幸福。要一個疼pam的丈夫，要一個溫暖的家，儷也愛
一個可愛的baby。男人來慣不是嗎！"家"是我們的，而我
的事業何嘗不是儷儷呢？
馬祖很冷，陰，和台灣相距不過200浬不到，有好
比大的溫差。我們都要保重身體。
明天是元旦，連上決定大加菜。輔導長今天做了一
個大蛋糕，直徑25吋，厚7吋左右。共有五百人左右
享受，當然我會派人送一塊給妳丈夫的，每次做都
會送去。我帶著這一群大寶寶住高登，雖然有
時小兵會弄些氣死人的事給連長或幹部忙一陣；
不過我們生活的很愉快，小兵有時是可愛的。我
的生活不喜歡死板，我愛氣量、也不愛找人麻煩。但我

富強牌 20×25＝500

有嚴肅而嫵人的一面，亦則如何帶動這三教九流。我們有時還會跟和婷夫捉迷藏呢？（以後應量少）元旦也休假，到王媽家了嗎？妳一定很愉快的。我們的四兄割草將好了沒？現在妳不在我身邊，卻非常想念那快樂的時光，只要訂婚的場面不敢領教。那句話：Life is short desire, don't drag your feet. 人生本如寄，舉步莫遲時。其中"寄"之義，簡言之曰短暫。另有一種較富宗教哲學之含義：人生如過境之旅客，寄居在這世上，要把握時光。弦外之音即說人生有許多階段，有生前之人生，現在之人生，死後之人生許多時期，這一生只是一部份。也是叫人把握時光。以上雜七雜八寫了許多。說說〔句〕想妳。妳說我們的假期是HAPPY加EST加Coffee。現在妳說是不？我很快樂，Pam Pam帶來的。謝謝妳，永遠！見了妳弟弟和洲弟，代我謝謝他們的服務我的，說他們來我們家要好好招待喜不？姊夫今天殺了一隻羊慰勞辭部，所以待會我有羊肉火鍋吃。在高雄有此美食，真有口福。Pam一向味口好，味口好則身體好，希Pam永遠有健而美的身段。吻妳↓在今夜。

妳最心愛的未婚夫 玠成 12.31

富強牌 20×25=500

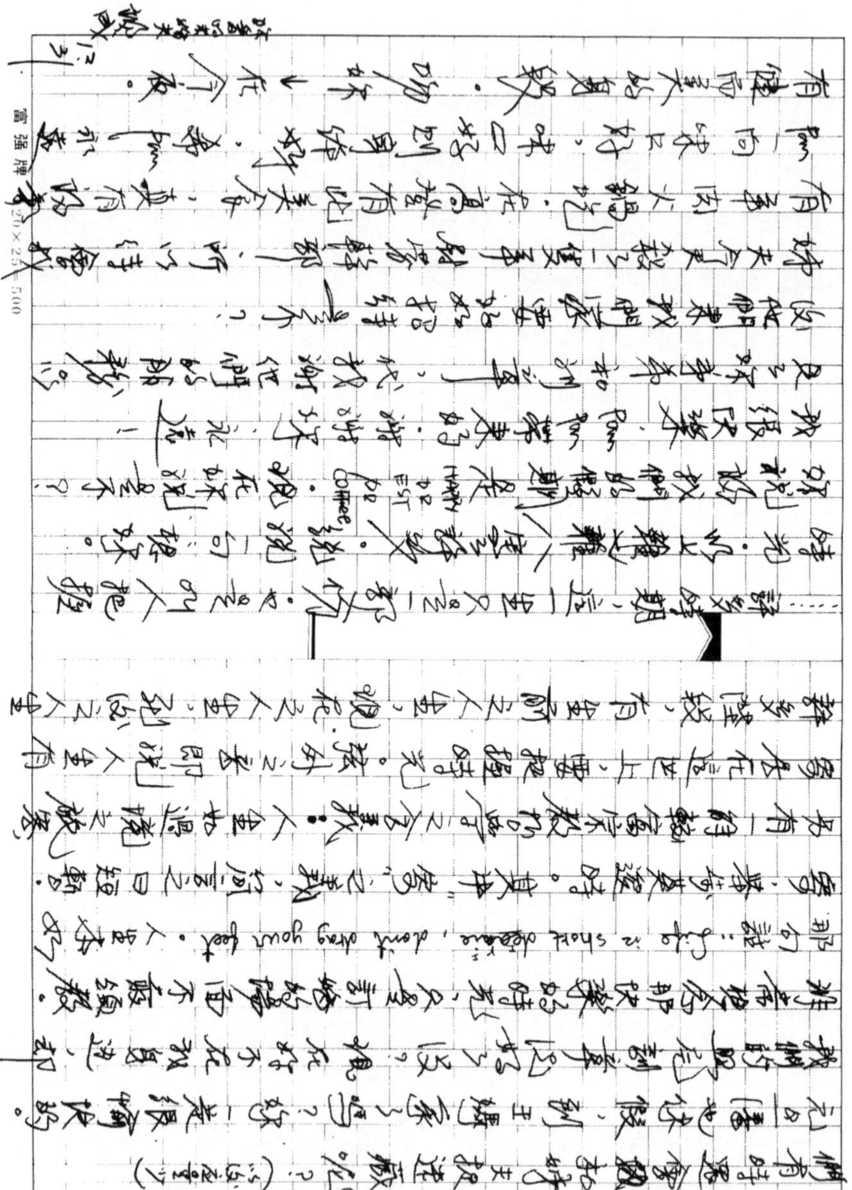

潘潘我的小妻子：

這樣的稱呼，潘潘高興嗎？我一生都要如此叫妳。

此信潘君能在元月五日或六日接到已算飛速了！

12月26日下午潘一定等TEL等得很急，而且等的很生氣，是吧！且聽我道來：

26日下午到基隆已快3:30了，辦了手續，4:00了。4:30以前要上船完畢，於是我開始打TEL給我的小妻子。打了將近15分鐘大約打了十多通，電話始終嘟……嘟……個不止息，未打通，只好帶着辛酸的微笑告別兩都。現在，但願panpan不生氣了。這回旅途真辛苦，再容我道來：

5:00開船，我也倒在床上嗚呼大睡（不睡會暈船），一覺醒來是第二天（27日）的上午九點。算一算共睡了16小時。再也睡不着，上甲板看海景，海天一色，一望無垠。還有許多海鷗在飛翔，在蔚藍的蒼空下乎添許多生動；再過一小時到東引，下午3:30才踏上南竿的沙土。這回船因在東引停留，所以將近開了24小時才到南竿。又在南竿等船等到5:30，再乘小船直搭北竿，到了北竿已晚上八點，只覺人非常累，吃了一頓，睡了一覺。第二天（28）再趕漁船奔赴高登，已近日正當中。開始辦理公事，直到晚上。現在是28號的晚上10點，我國已經平安地在桌前給潘寫信，但願

富強牌 20×25=500

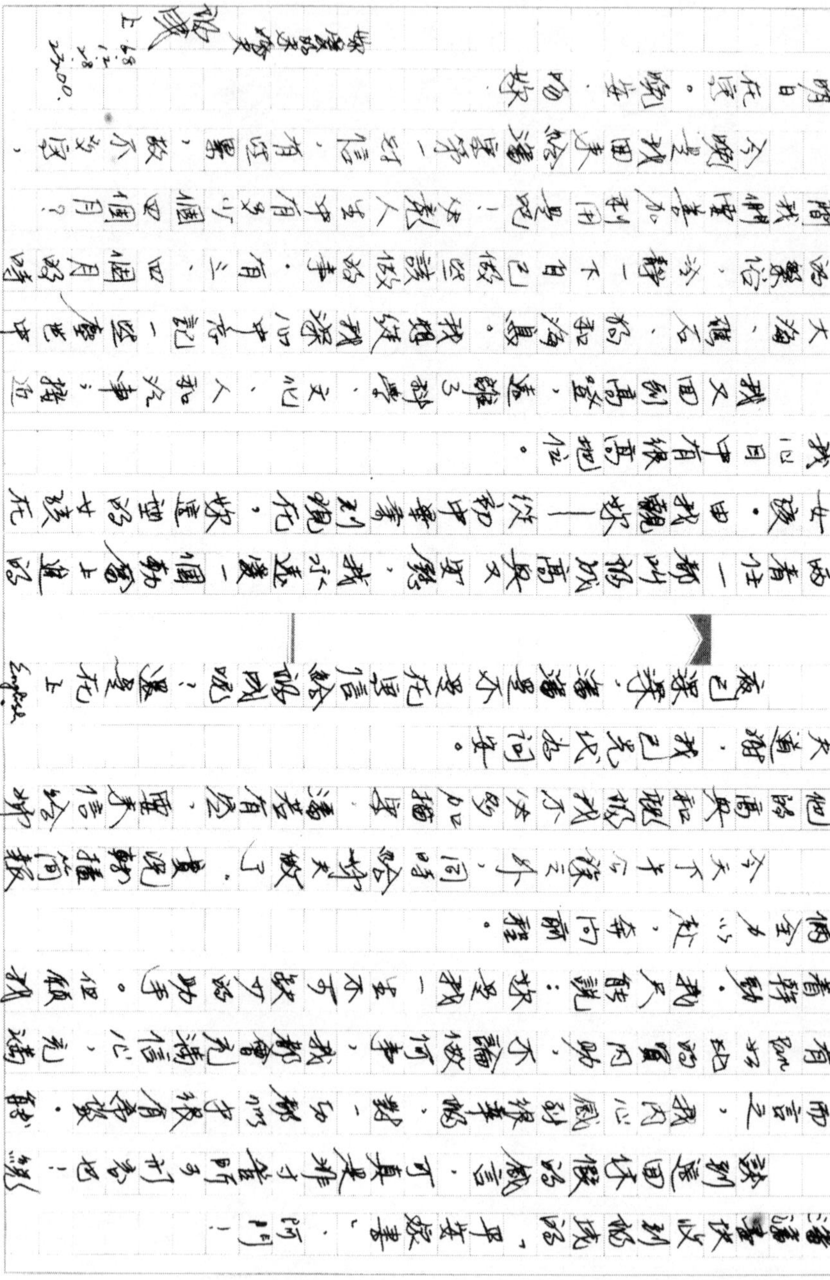

潘潘：妳收到的是「平安家書」，阿門！

讀到這回休假的箴言，可真是非寸管所可容也！總而言之，我內心感到很幸福，對一切都仍抱很有希望。能有如此的賢內助，不論做何事，我都會充滿信心，充滿著幹勁。我只能說：妳是我一生不可缺少的助手。但願我倆全力以赴，奔向前程。

今天下午公餘之外，同時給姊夫做了"實況轉播簡報"他的高興和感謝我不必多加描寫。潘若有空，要來信給姊夫道謝，我已先代為問安。

夜已深深，潘潘是不是在寫信給我的時候呢？還是在上English。

兩者任一都叫我很高興又安慰，我永遠愛一個勤奮上進的女孩。由我觀妳——從初中畢業到現在，妳這型的女孩在我心目中有很高地位。

我又回到高雄，遠離了科學、文化、人和瑣事；接近大海、礁石，和海息。我想從我深心中忘記一些塵世中的繁俗，冷靜一下自己做些該做的事。有三、四個月的時間我們要善加利用是吧！妳說人生中有多少個四個月？

今晚是我回來給潘寫第一封信，有些累，故不多寫，明日在寫。晚安，吻妳。

妳愛的未婚夫

[illegible] 上

68.12.28

23:00.

潘濤"

告訴妳一個消息，妳丈和陳銘銓已經回來。妳拿給劉瑞祥的信也已收了。

陳銘銓說他打了六次電話給妳，始終未能聯絡上潘濤，到最後一天接潘打去的電話，已來不及去拜訪妳了。

我並未交待劉去看妳，不知他怎的去了。

今天共收到妳的四封信（包含拿來的），在我的統計號碼上是38 39 40 41四個。

看看妳的信，內心深覺安慰。潘的生活是充實的，有計劃的，隱定的。至於妳說"呆板"，那不過是一時短暫的"過渡時期"，不須太掛心於此。重要的是我們必須偶爾找些"小點子"來破除刻板，建立生活情調的步子；亦即言，我們須從嚴肅中找些輕鬆，從呆板中找些情趣。再進一步能把社會美化（但內心不可忘記社會之黑暗面），當然這並非一蹴而成之事，是要多方面努力的。

福成看事自信能客觀，做人能客氣，對他人的評斷我說從多角度分析、理解；在上項所談之諸事中，我常下過相當大的功夫，也常有過一份對生命的蠡測，而始建立了我自認為很好的人生觀。但並未絕對的對，也許還有更好的修正。

富強牌 20×25＝500

對社會的看法，相信我們都未「成型」，目前我們能有的概念是：社會之黑暗光明，正如日之白天晚上。「天下烏鴉一般黑」字義上並無錯，烏鴉若不黑就叫「烏鴉」了。嘿！儷儷妳說都成解釋對不？我們不能因一處之黑，便說都黑。也不能因某政党一事之錯，便否定其全部的功勞。被成是樂觀派的啦！故如此解析。

今天寄兩張卡片給儷，因為馬祖似乎找不到好的書卡。有的都是些引不起「美感和啟示」的紙片，前幾封寄給妳的書卡已經有兔張之品了。妳知道有些地方我喜歡重視生活情調，所以我便親自製作卡片寄給妳。希望能達到美感和啟示作用，如果達不到這水準，希望給儷儷一份親切感。等我找到好卡片再換好嗎？

製作這種卡片我是初試，是第一次。

船終於來了。等了11天，這段時間除了給妳寫信以解相思之情外，把部份名句寫入新詩集中。這是高登的一些手稿訂成的，是自己感情的「記錄片」。以後再給儷看。

妳大片的題字真好，「你我的假期，愛到那就到那」一切照辦。我們也該走些地方。

快樂＋咖啡

妳親愛的福成
68.11.22

潘：

今天是22號，再接到潘的兩封信。看潘的信更覺潘的可愛，能得潘的愛真是一生之幸福。

有一兩封信潘提到生活很煩，有時寂寞，脾氣來了還會生暖成的氣哩！潘又怪自己自私……。看到一封信潘說暖成太自負，很生氣。

我希望我有能力來影響潘潘，「Do My Best」。但願潘潘也能影響我，夫妻之間若能相互影響是很好的一件事。我亦覺出本身太過自負，很早以前便覺出。也許我自信心太堅強，有一種許多人無有的「男孩子氣」作，事事上必須有適度的「自負」的觀念，而我表現於外太強烈。以前一個朋友也曾經指出。潘也看出，希望能於潘中和。

唉！小天使，妳又生氣了，是English抽考不好，自以為失敗嗎？曾國藩有句名言：「屢戰屢敗，要屢敗屢戰」。還記得以前我告訴妳的「盡人事，聽天命」嗎？盡我之力，不成則非我之過也。一個人若要快樂，正確的得失觀念是很重要的，亦可謂我們必須建立、學習的重要課題之一；否則在當今之社會如何應付呢？又如何奮鬥走上成功之路。

潘寄來的照片現在放玻璃板下，很新，我要塑使Pam Pam有青春的氣息。潘已開始「女為悅己者容」；暖成那麼慢之，12月休假我們好好逛逛給妳挑做新衣，對不，

妳愛的
暖成 68.11.22晚上

富強牌 20×25=500

潘潘喜愛。」

很感謝潘潘對我文章的讚美，以前很想當一個「軍中作家」；用軍人作事業，用寫作來提昇生活的含義。現在沒了，是沒有勇氣插足藝林。

質言之，作家是最了解人生真諦，最懂的生活的一種「文化人」。現在被潘潘這一喜歡，真不知又會寫出什麼東西出來呢！希望有一天潘潘能批改學生的作文，也能批改弼成師作文。

已經有三天沒有打開書本了，一方面看妳信很高興，二方面深諳銓由台回來，談起了「台灣」——這久別的土地，很興奮。現在又是一個晚上，十點多了，各回各的寢室，靜下心來給潘潘寫信。正是11月22的晚上。

潘一直專心於一種比較枯乏的知識——英文，久了難免苦煩，我也會，是故必須偶爾插入課外讀物。以破解單調擺鐘似的生活。遠景出版社則寄林語堂的書給我，我找一本叫「米門」的寄給潘看，內容妳自己看現在不說。是個品味的書，男女主角很感人。另外向星光出版社預約的三套柏楊歷史研究書，終於寄來，心上放下一塊石頭。台灣出版界雖然發達，但「出版界的職業道德」很差，未如歐美之上軌道。寄的書希潘喜歡。

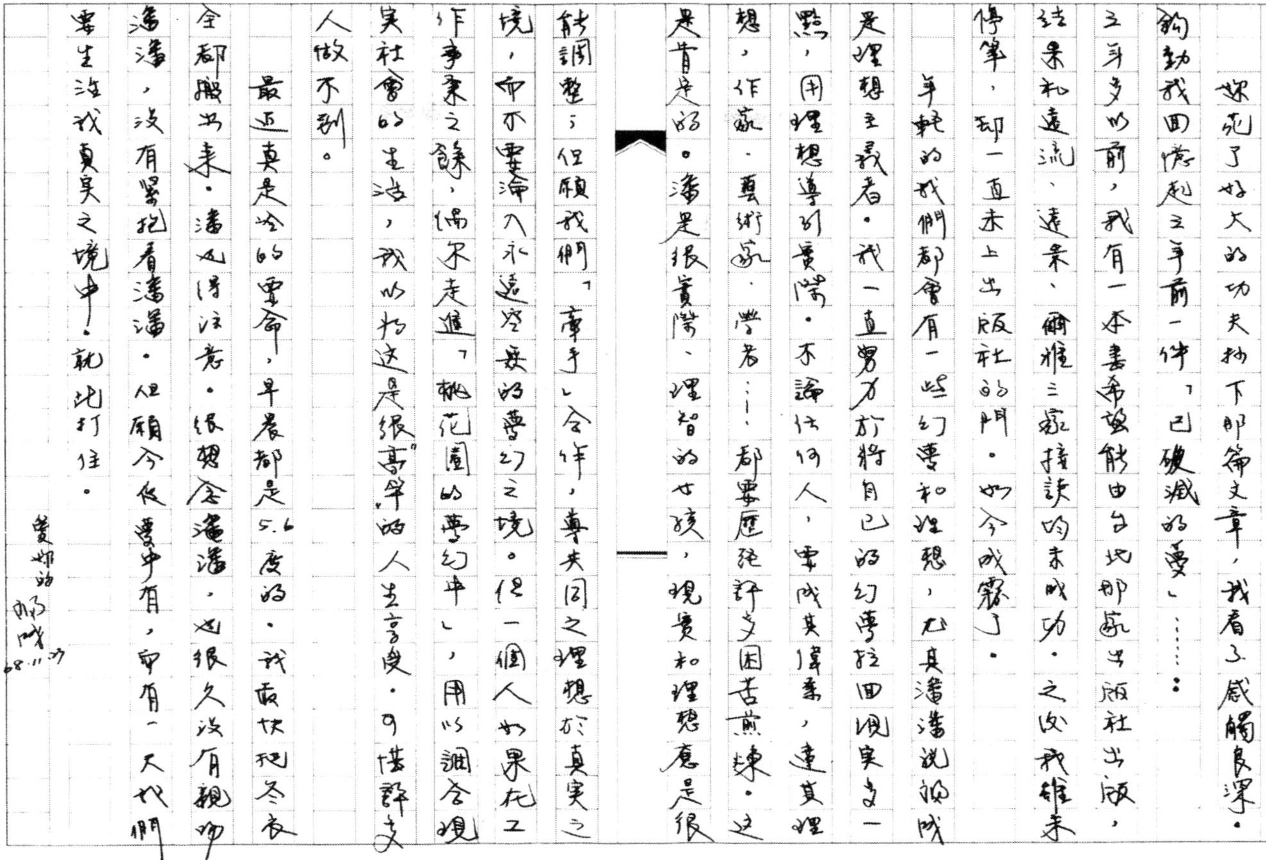

妳花了好大的功夫抄下那篇文章，我看了感觸良深。
夠勾我回憶起三年前一件「已破滅的夢」……：
三年多以前，我有一本書希望能由台北那家出版社出版，
結果和遠流、遠景、爾雅三家接談的未成功。之後我雖未
停筆，卻一直未上出版社的門。如今成霧了。
年輕的我們都會有一些幻夢和理想，尤其潘潘說的成
是理想主義者。我一直努力於將自己的幻夢拉回現實之一
點，用理想導引實際。不論任何人，要成其偉業，達其理
想，作家、藝術家、學者……都要歷経許多困苦煎熬。这
是肯定的。潘是很實際、理智的女孩，現實和理想應是很
能調整；但願我們「牽手」今生，尊共同之理想於真實之
境，而不要淪入永遠無妄的夢幻之境。但一個人如果在工
作事業之餘，偶爾走進「桃花園的夢幻中」，用以調合現
实社會的生活，我以為这是很高等的人生享受。可惜評文
人做不到。
最近真是冷的要命，早晨都是5.6度的。我最快把冬夜
全都搬出來。潘也得注意。很想念潘潘。也很久没有親吻
潘潘，没有緊抱着潘潘。但願今夜夢中有，要有一天我們
要生活在真實之境中！就此打住。
愛妳的
明成
68.11.27

潘：

天氣不好，身體要多加注意，尤其我們居住的海島，加上亞熱帶，氣候真是多變無常。現在有感冒否？我們一般人都以為那不是病，其實它是許多病之源呢！感冒也不好受。

晚上想起妳一人獨居那庭院，四週黑鴉鴉一片，我好多次信中想提，都想「此時此事，不宜提起，引人遐思為妙」。此刻內心不由自主的對妳提示。處身今之社會，防人之心不可有，晚上下課及獨居時要特別注意才好。但是我們不必對社會太過於悲觀，放眼展觀紐約、東京等地，其可怕，其亂過於台灣之任何一地。比上不足，比下有餘。總之，小心些！

最近妳弟妹們可有來伴著大姊說說話，他們知道妳有一個知心的男朋友，未來的丈夫，我想他們一定為姊姊歡喜得好。妳的高興便是我的欣慰，我希望我所給潘潘的，正是潘潘所須要的；我更祈禱著我所給潘的一種愛，是潘在任何地方所找不到的。

夫妻都須要一種特有的，有別於其他的愛。

對不？？

誠如濤有書卡上說：要互敬互愛互助互尊。在回答我的名片上更言：幸福家庭是由你和我共同的努力。

這樣的見解我想不是六七年前的濤玉鳳或陳淑娥所能寫的出來；二十年前——正是小學一、二年級時，總說長大要當總司令，十年前的我還狂言除××是戰略家的料子。

現在的我們——我們是不該小看自己，但我們對自己，對事情，接人待物要有更成熟，更高明的見地，否則豈不白過了數十月光陰。

潘都說的要當個溫柔又体貼的妻子；成貴然也是個即負責又能上進，又体貼濤濤的丈夫。

現在教育行政、概論都看完；只有兩冊不好讀——教育哲學、教育心理學。還好，我對心理學和哲學也有些興趣，不至於倒胃口。看了教育，發現有點中本相關書要讀，撥沒時間、暫時罷手。

最近也開始看報，舉凡考局，教育部、廳、局有任何關於教育上的資料，報導，全部收集。

「讀書社會化」，姊不好。

bye-bye，親親濤。

妳的
稻成
68.11.12.

潘潘：

昨晚很早睡，一睡睡到半夜兩點。醒了！下半夜不打算睡了，給潘潘寫信，梳洗把臉刷了牙便開始了。

正愁沒信紙用，看妳信紙是用方格紙，想起了自己還有三刀呢！看妳的信紙是很喜歡而興奮，看到妳和小男生去露營，卻有了醋意，這應是自然現象才是吧！照推理，我愛的是妳，所以才會吃醋。（聽醫生說醋吃多了胃穿孔，妳可不要叫我吃太多）。

這回收到九封信，三封潘的，一封媽，一封妹，一封叔叔，三封同學的，正好有位同學也要結婚了；還問我何時要趕上。

媽的信中已告訴我一件消息，新娘的妳的飾物已經都買好了，手上用的，頸上用的。衣服他們沒買，等我們回去我們一起出去購布料，我妹妹負責做。這是多年前說好的，又要我二哥結婚，妹妹做衣服。至於我該做的，預備的東西，我母親會準備。若新居暫定我家，他們也會先行佈置一番，婚後妳照常回台北完成心願，明年暑期我們再訂新居。這是可行的法子，我們暫且如此。妳說妳該準備的東西叫我告訴妳，這是我的第一次，各地方又不盡相同，所以我也不清楚。我想妳母親會教妳的，女兒出嫁，當媽媽的都會傳授一些東西，該準備當然也不例外了。

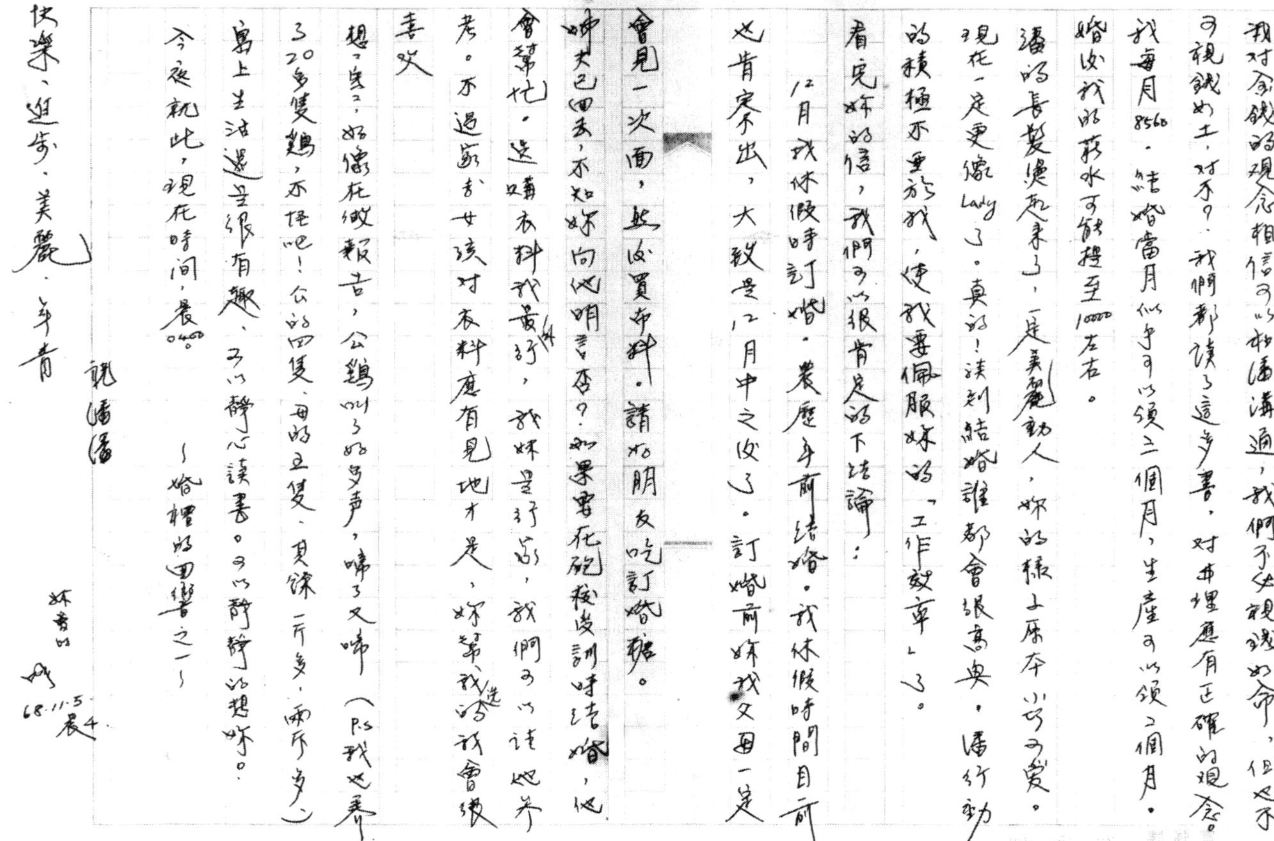

我對金錢的觀念相信可以相溝通，我們不要視錢如命，但也不
可視錢如土，對不？我們都讀了這麼多書，對那理應有正確的觀念。
我每月8560。結婚當月似乎可以領三個月，生產可以領二個月。
婚後我的薪水可能提至10000左右。
讓的長髮挽起來了，一定美麗動人，妳的樣子原本小巧可愛。
現在一定更像Lady了。真的！談到結婚誰都會很高興。讓行動
的積極不要於我，使我要佩服妳的「工作效率」了。
看完妳的信，我們可以很肯定的下結論：
12月我休假時訂婚，農曆年前結婚。我休假時間目前
也肯定不出，大致是12月中之後了。訂婚前妳我父母一定
會見一次面，然後買布料，請好朋友吃訂婚餅。
妳大已回來，不知妳向他明言否？如果要在砲校受訓時結婚，他
會幫忙。送嫁衣料我最好，我妳要好的，我們可以請他介
紹。不過該女孩對衣料應有見地才是，妳幫我選的我會讚
喜歡
想一想，好像在做報告，公雞叫了好多聲，啼了又啼（P.S.我也養
了20多隻雞，不怪吧！公的四隻，母的五隻，其餘一斤多，兩斤多。）
島上生活還是很有趣，可以靜心讀書，可以靜靜的想妳。
今夜就此，現在時間，晨04:00
～婚禮的四部曲之一～
快樂、進步、美麗、年青
觀潘潘
妳愛的
68.11.5 晨4

潘潘。

一連數天海上風浪都很大，白天注視海浪翻湧，沒有一條船出現過。要是平時風平浪靜時，可見到四祖百姓的漁船早出晚歸，靠海吃海很是辛苦。偶爾，夕陽黃昏、平鏡微波，小船點點加上遠近迷濛的大小島和礁石；還有海島在霞輝中雲遊，種種自然構成美麗的畫面。人生活在其中，一切的存在都成了良師友伴；假如一些厭世者、悲觀者，心有不平者，能多看看多想想，他也一樣可以體驗出一些窮理，改變自身，影響週圍，有益社會。

敵人的船隻也常遠遠在望。

今天浪還是很大，到了晚上不但浪大風也大，溫度大約在13度左右。開始冷了，有濃濃的冬的氣息，也有些像電影上北國荒原的風寒想像。

聽老前輩說我國北方冬天有零下20度，地理課本說地球上最冷在俄國近北極的雷克亞維克達零下70度。不知人們如何過活。

陳銘銓已回台十天了，臨行我告訴他，如果只有五天假只須TEL給潘坤坤請安便可（他只有廿歲），如果十天以上就親自去問候，要深深轉達我的愛意；他說要請潘坤坤吃一客什麼之類的，現已十天以上，潘潘大概享過這口福

了。他是不錯的青年，許多大學生剛出校門當預官，真是有些「呆呆」的，他卻很成熟。原來他在校除了當學生之外還當會長，歷練過一些工作。真是「人要多磨練見識，事非經過不知難」。

冬天是吃火鍋、宵夜、點心的好時光。現在我們已開始吃起了火鍋，用酒精燒。晚上則由煮個點心，別看小島上一無所有，福利社有糖（乾糖），幾乎每晚他們全都要煮個兩三包。我最不愛吃飯，除非有煮的又香又熱又白又軟也許吃一些。在部隊裡，軍官桌人少，餐餐吃菜，一星期難得吃兩碗飯。我体重十多年不變57～58 kg之間，這習慣好嗎？潘對營養略知一二，說說看，給我參考。

不知妳園裡的伙食好否？潘潘即工作又讀書，身体須要大量養份，可別把我們的潘潘身体弄瘦了（別太瘦）。

我的信都收了嗎？

外面風好大，門和窗關的好緊，裡面也很冷。上回我們在台北好熱哟！這回我們再會面已是由夏到冬。時空都不止息在轉變，有句話：Life is short dearie, don't drag your feet. 這是美國佬的說法，我們麼翻成，親愛的，人生本如寄，舉步莫遲時。

潘，慢慢會意吧！夜黑風高。祝妳好夢。

愛妳妳愛的
毅成 敬上 68.11.17

潘：

還有十分鐘郵差先生便要出門。所以很匆匆地給潘寫一封信，因為昨天、今天均寄了信。我打電話給姊夫的抱歉，他說妳很勤勞。而且用功，姊夫也要我們快點結婚，他想喝一杯喜酒，我想我們不會叫他失望。過些日子我回去，便要展開行動了。我休假的時間只到八月底，算算還不算很長。因為我們的有很多的生活、也有充實的工作。時間那也似的一不見了！

我想該停筆了。有個人站在郵房邊等著要送封信。此信是處此的idea。郵差先生。

親親拜拜

好愛你的
誠
11.25 下午

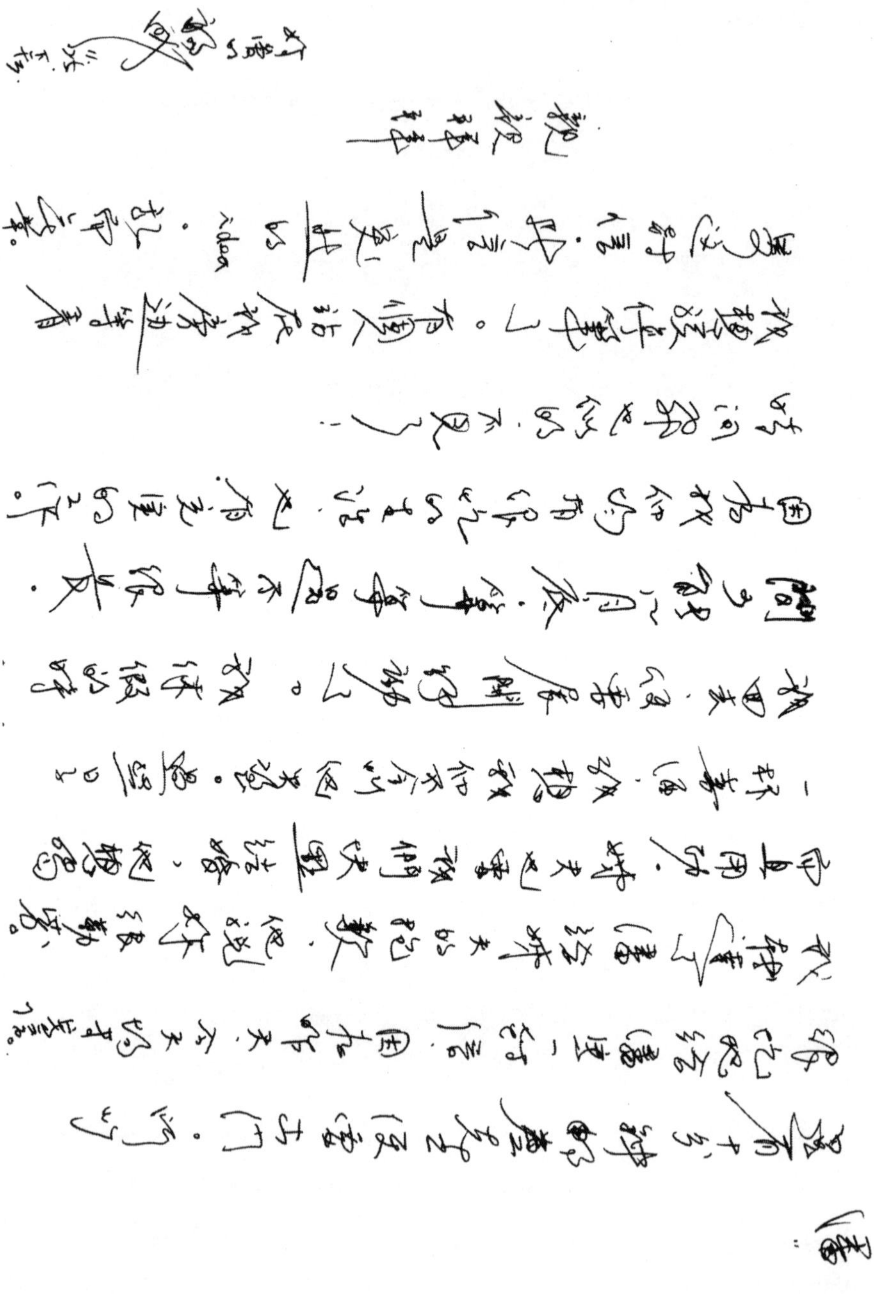

小鳳凰”

我這裡沒有新聞，有的是過期的消息。我又很喜欢看一些亂七八糟的資料，例如報紙雜誌等。我在台灣時最喜逛舊書攤，找一些正常書店不易買到的東西，偶尔找到ｘｘ，真如獲至寶一樣。在學生時代，也曾經突然發現好書，可是沒有money，把錶拿去當掉。曾經三更半夜去找３々拿錢

我們不必為了什麼，而故意為對方做什麼。

我們只因深愛著對方，而想為對方做什麼。成 68.11.6

贏取丈夫的愛情

妻子

錦陽

夫婦之間，沒有永遠的熱愛，儘管在戀愛和新婚時期，妳的美，可繫住他的心，但是美的魅力，只在這短暫的日子起了作用，却沒有永恆的力量。

一個女人，想永遠緊住丈夫的心，那就要從許多事情去留意，倘不用心去求，愛情可能走向低潮，他的心不一定永遠屬於妳的，怎樣才能贏得丈夫的心，下面提供妳幾項辦法：

一、妳要常常表示，嫁他很幸福、很滿意，這樣會使他對妳更好。假定他眞的已令妳幸福，他會更進一步；假定他事實沒做到，他也會暗暗慚愧而自動做到。

二、他發脾氣的時候，妳微笑勸慰他，不論他發的脾氣有無理由，妳的笑容是最好的「消防隊」，可熄滅他的脾氣之火。

三、不要提及他從前失意、傷心的事。因為人的身世、身體、職業、社會關係等，或多或少會使他引起自卑。

四、不要指摘他的短處，對於他的短處，無關重要的不必介意，關係重大的婉轉勸告，更不要在別人面前提及。

五、他心情不好的時候，妳需要安定，不多說話，最好說些他喜歡聽的話，但不要太多。

六、對他有不滿的時，控制妳的脾氣，最為高明。如果妳發脾氣，反責他，也許他反駁，吵架，會傷害了情感。

七、在他的生活中，常關心他的小事。妳時時留意他的襪子是否穿了小洞，襯衫是否丟了鈕扣？雨傘是否有泥？鞋子是否擦亮等。送他出門，看天色，問他「帶不帶雨傘」，開門迎接，問「餓不餓」，吃飯時替他盛飯，太熱了，替他開風扇等等。妳在他眼裏，是一個十分可敬可愛的太太。

八、在他朋友面前，妳表示敬愛他，就算剛在家裏吵過架後，到了親友面前，也表示敬愛他。這樣，他會感激妳、敬重妳。

九、妳要尊重他的親友，像自己的親友，特別是他的尊長、兄弟、姐妹。這樣，使他有面子，他將覺得愉快。

十、妳不應因兒女而淡薄了他的愛，妳像新婚那樣愛他、關心他。這樣，他覺得有了兒女，妳更可愛了。

十一、妳樂於理家，視家事為樂，不嫌辛勞，儘管忙得很，也不埋怨，他將覺得妳是個好妻子。

十二、在床笫間，不要只因妳不高興便拒絕了性行為，妳要為他着想，假定妳有正當的理由，那麼溫柔委婉地說吧！

回憶往事，有時好玩極了。今天偶然看到這張舊報，令我倆玩味一番，故剪下寄給你。

夫妻是一生一世的事情，只有永恆不変的愛，才能建立維繫一生一世的幸福；只有互助互尊，互愛互諒的情愛才能有幸福的家庭。以我們28歲的人，說這句話應是即感情又理智；以最近僑的來信，我很佩服這小鳳凰的見解很有深度（在這方面）。為我倆祝福。

美滿 幸福

福成 上
68.11.6.

潘潘"

我現在是帶着手套給妳寫信，字体像國小五年級的，所以先行聲明，否則潘潘說她的字怎麼越來越差呢？現在溫度是五度，算是很冷。不知到12月一月高登會如何的冷・那是以後，暫且不表。

這航次的船可能是延至最長的一次，又延了！所以深銘銓還在台灣，做多休了十來天。也所以潘潘的信還沒來，不知要等到何時。每天都以為明天有信，故未提筆給潘寫信，如此的"以為了又以為"，過了四、五天，也就有這麼久沒有給潘信。今天終於等不住了，不管船究來不來，我要給潘寫信了。

我在此又聽到報導，台灣海浪大，花蓮輪行走也發生困难。最近又是一年之風季。

雖沒有妳的信，但終一份過期的青年戰士報上看到一段還算「來自故鄉的報導」，有親切感。那是青戰記者邱幸文先生專訪妳們成功幼稚園園長潘莉華的有関學前教育的報導。潘園長的一些見解全刊登出來。時間是68.12.29。

那雖不是好，但卻是來自成功的消息。很有安慰思鄉思人的功用。她對目前幼教問題提了三點建議，我仔細过目，無非各級教育人員的老套重提而以。不過這張報導也保留在我的剪貼簿中。

我的剪貼簿凡是教育上的消息我都有，以後妳可以参考談着。

這船一延，所有休假人員全部改延，我也不例外。不知還延多少日，要等且由老天去決定好了。潘妳說「人算不如天算」，目前就須天來算。

台北冷乎？潘每日忙着工作上課。要多注意寒冷。我的信（近十五天）的信，妳可能尚未收到。但願my Pan早早收君書。

妳大這回也賺到了。不知我們的婚事潘對他有無提起，他來休假時，說如果我在受訓期間結婚，他可以幫大忙。我們以後要想個好且妙的方法謝謝妳夫和大姊，潘說对不？

太久沒有收到來自台灣的訊息，更感缺乏。所以現在就停筆。

68.11.19.上午8點、妳愛的

聯成敬上.

潘潘：

今天是星期天，沒有其他安排，早先是睡一覺，然後是讀書，今天總算把教育概論下冊的最後三章——教育方法、教育人員、教育研究看完。也看也想，也整理散亂的思維，倒是很有趣很新鮮的知識。最後面講到資料整理時，有一大堆電腦卡片，沒什麼好看，就不看了。

上週復興函授學校寄來許多教育行政方面的考題。印刷不好，字体不好，資料過時，有十年前甚至二十年前的考題。這便函授之弊，廣告說的天花亂墜，比圖書館要好，買來一看，全不如己意。函購雖有其利，亦有其險。

前兩天氣候不佳，今天則是有如夏威夷海灘的陽光，溫暖可愛，如今年四季皆如此，豈不美哉！

電影好看嗎？我似乎尚未帶潘潘進过电影院是不是？記得學生時代看过好多佳片，例如真善美、大法師至今記憶猶新。梁山伯祝英台、紅樓夢這些人也不知看了多少次，現在想起还會心酸哩！以後我們应有許多机會共賞人生可賞之美事，但願！但願。假如一個人全日工作是不可能的，必須另尋一些有娛樂性、可創性的東西，來伴我們度过一日。

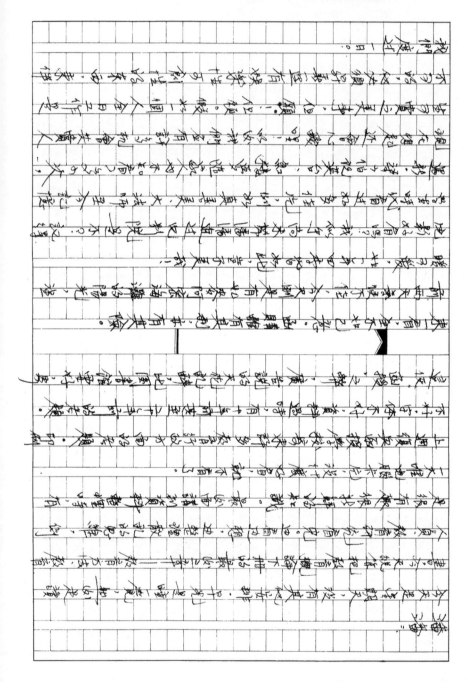

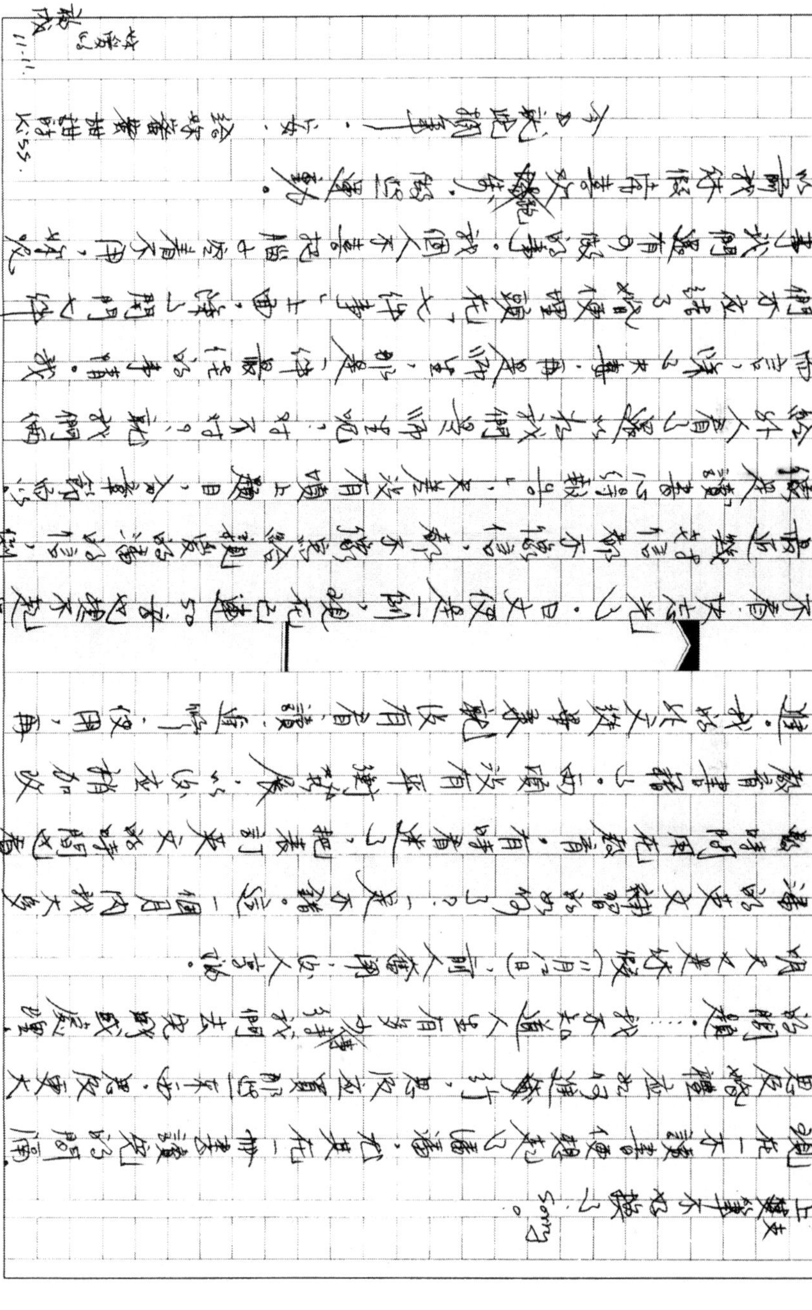
上支筆不好換了，Sorry。
現在一不讀書便想起了滿滿，尤其在一冊書讀完的間隔。
思及婚禮應如何進行，思及應買那些東西，思及更大
的問題……我不知道人生有多少待我們去完成或處理，
明天又是妳假（11月12日），前人舊例，必人享受。
滿的英文練習的如何了？一定不錯。這一個月內我大多
數時間用在教育，有時看迷了，把表訂英文的時間也看
教育書籍了。兩項沒有平衡發展，以後應稍加改
進。我的此文從母親就沒有看、讀、進修、使用，再
不看、快忘光了。日文從是一個，現在已連50音也想不起來了！
最近幾封信都不像信，都不像寫給親愛的滿的信，倒
像是「讀書心得報告」，只差沒有填上題目，分章節而以。
給外人看了還以為我們是師生呢？對不對？就我們倆
而言，除了大事，再是師生，那是一件最怪的事情。我
們不應結了婚便埋頭在「七件事」上面，除了開門七件
事我們還有〇做的事。我個人不喜把腦子空著不用，妳呢？
以前我休假常喜歡跑街，做些運動。
今日就此擱筆。　安。
給妳審審甜甜的Kiss.
妳愛的
祐成
11.11.

姐啦！潘讀書有特殊成就啦！妳大每句"好"，我都感安慰高興。

有好長的日子未play吉他了，有面目可憎之感；我總一個人對音樂、藝術的欣賞是人生很重要的課題，它可以說是人心靈上的「維他命ABCDE……」，這些日子除未曾play吉他外，沒有聽唱片，看音樂會、傾聽藝術家的訴說，內心已有「乏味感」。

好險，我每天可以向潘寫之信，否則我都成了「古井水」。每回我寫信，說是他在桌上，一面看天花板，一面想，想到了就下筆，沒有固定的思維，像一碗雜碎麵。小鳳，這名很迷人，好聽；但不要和歷史聯想就行。再沒有小鳳的信的日子該是11月10日或12日，等之，還有一星期左右。現在Time是8:30 P.M，收筆，讀書，到11點，做夢。親吻小鳳，晚安。

祝潘妹妹

事事如意

妳愛的

梅成 上

68.11.5.

親愛的maria：

妳的聖名有英太过於神聖了，不过很好聽，很美麗。我自己受洗了十幾年，也未有过聖名，妳未想個主意好了。好多年前我一直想把「璐成」二字改掉，我覺好土好俗的名字。後來由於想到名字乃父母之手筆，不便亂改，就未動，不过我不喜欢这名字。給妳慢慢地思考，妳想個較好，令妳叫的字，做為我們以後夫妻之間的稱呼。就像我叫妳「潘潘」一樣，我覺得中英實用，又動聽。又合宜於妳，是不是？小鳳，親親。妳說對我上回信中一句話有些受不了：我上一世就在想妳。

那不過是一句加了Est的加強語氣，含意上有昇華的感覺。使一個句子更動人。而事實上，代表我對潘潘的愛之深，思之深，情之深。民主國家嘛！下面改成「我一百年前就在想妳」好嗎？maria，在「有神論」裡，是承認輪世之說的，潘潘受洗於天主，算來也是一個有神論者。怎能肯定或否定「我們上世是什麼關係」呢！說了一大堆，Pam心裡一定罵到「這人真煩」，亂找理由。見了面咱們再研究室中的哲學，如何？教育哲學讀过嗎聽妳們「台北人」才真有福氣呢！好电影先在台北首映，有音樂會演奏會，反正是好看、好聽、好玩的都在山地出現，令我真是不亦快哉！

寫信不必刻意訂下時間，心裡想著要寫就行了。我自己沒有訂時間，但一天24小時隨時我都想寫信給儂儂。寫信是一種心潮。以前有一位議員看大学生kiss認為不雅，建議每所大学建一間「接吻室」，要kiss的学生可以雙雙入內。殊不知這是一種藝術，刻意不得，全看心潮。儂儂說對不？

現在我便會想像，pam燙了頭髮，着了新衣，一定很漂亮。儂提議的衣服由對方來選真是太好了。確實，佛要金裝、人要衣裝。

兩週前向星光書報社預約三本書，都是柏楊先生的歷史研究工具書：中國人史綱520元。中國帝王皇后親王公主世系錄400元。中國歷史年表450。至今未收到，等得急死人。我媽常說我錢都拿去買書，不捨得做件好衣服。以前我花在書上的錢確實多過其他開支。我那裡有許多好書，以後妳可以做很有效的運用。敝市上的書也有。有二、三本自己寫時，沒有打算公之於世，但儂儂看倒近了吧。讀好書有時危險，所以要看好出版社。不要被吃了，我就被吃過，真不甘心。

今早0200～0400給妳寫了一封信，這封是上午九點鐘寫的。今天未過一半，給妳寫了二封信，思潮真多，就此止了。

敬祝
maria

神也我們永遠同在

（婚禮回響之二）

妳愛的
梅成
68.11.5
A.M.9.

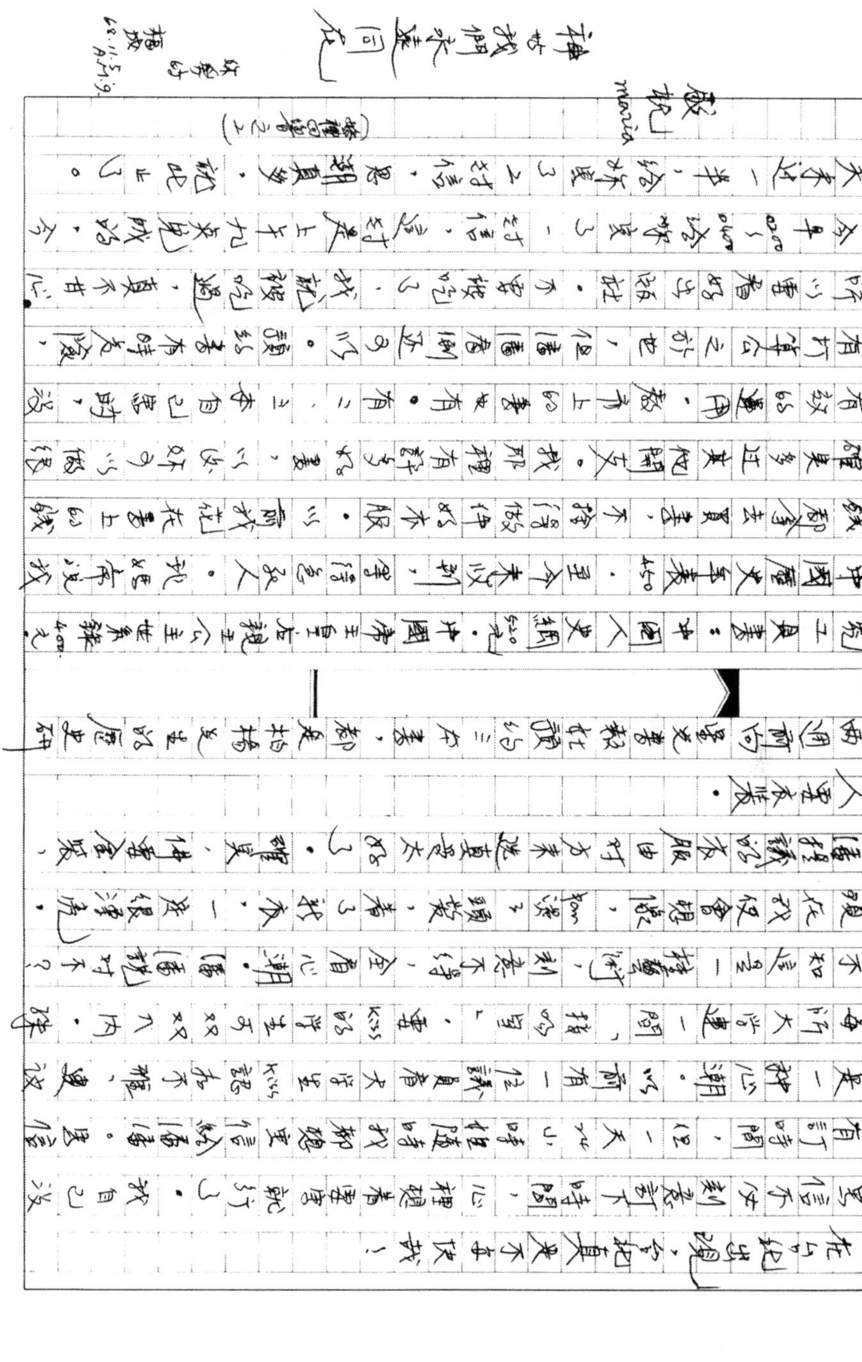

小鳳：

今日，昨日，天氣不好，小雨下個不止，不知台北如何？有兩天沒有給小鳳修書。今天是星期天，本想好好寫信，結果看書入了迷，從上午八點，到此刻晚上十點半，中間除晚、中餐外，午睡亦無。真是從頭到尾的看，迷了！這一天，看了半本下冊的教育概論，但不知理解多少，妳不在，否則可以給我做個測驗。我討論一些實際問題，在紙上比較不好討論。教育概論下冊上面也有潘潘的筆跡，可見妳已研讀過；學有先後，術有專攻。君談教育，潘潘可以傳我道，授我業，解我惑乎？

今晚傳來一消息，魯本12點以前可以收到潘的信，現在可能要延到16號。好久！又聽到颱風消息，11月正是風季，颱風必然多，多則船不來也；船不來則信也不來。我們這一段相互期待的回憶，深信直到我們兒女長大，我們倆深心亦不會忘記的。我們的愛是一生也難忘的事，不論我們身處異地，相距多遠，我們之間都是難忘的回憶。

妳大和韓導長目前都已在台灣了，他們可以比原訂妳假時間多妳五天左右，相信他們至少都已和妳通過電話：妳好嗎？我讀書時好像看電影，忘了自己，一頁頁地一直看下去。今天從275看到471頁，中間還查資料找參考，所以現在才想到：好累。把筆擱下，做夢也！祝潘晚安

妳愛的
鵬飛
68.11.9.

親愛的小可愛，
今天收到小潘潘11月18和20的兩封信，真是高興萬分。比
得到全世界的財富和權力還要快樂。前一陣好久好久沒有
接到小可愛的信，雖然明知是船期的問題，但心中總覺空
虛如谷，很不踏實。現在不會了。
看潘18號的信，潘整理了我71封信，加上18號到今天
27號的也許有80以上了。我告訴你，連今天收到的，潘共
寫了45封信，若加上已寄出而我未收到的也許有50以上。
潘潘比我還忙，職業和讀書雙管齊下要有相當勇氣。
所以小可愛只須「盡力而為」，不須強求自己一定要寫多
少信。而我是男人，體力應較好。想當初學生時代夜車一
開，一連一星期是常事。（真不好意思，好漢不提當年勇
最近數天心情一直很不好，心也定不下來。雖然內心
極力要求自己靜心，但效果不佳。乾脆睡個大覺，從昨晚
7:30一覺到今早10點，睡了將近15個小時。起床後收到潘
潘的來信，心情稍佳。今天也同時收到我大妹來信，她說
大家都在盼望我結婚，在我的家族裡我的結婚可能是最大
「轟動」的一件大事。在大妹的信中同時又提到我母親生
了病，高血壓達190度，也有糖尿病。這兩種病都是胖人易
有的。難怪近一星期，我無論如何心情都定不下來。俗語

「母子連心」，真是最合生理和心理的至理名言。

潘，給你寫信的此刻，我心情確實也不好；我不能也無法偽裝我內心的感受，所以就在筆尖下流露出了。這是我數十封信中惟一告訴潘潘內心不佳的一封信，惟盼潘勿因而影响难过，我哥哥會代我盡人子之責。

自從好久以前用稿紙寫信，現在卻習慣了。潘喜歡嗎？一直沒有什麼變心的方格，過一陣再買些好的信紙寫信給潘。

每次讀潘的信，都叫我領會出潘的深情、著意、潘的關心体貼。做為一個男人，除了他的事業外，最大的光榮和幸福便是被自己的妻子愛着，關懷着，体貼着。我還記得上封信潘的一張卡片上的寄語：我能得到潘的愛真是好福氣。我深深感覺我們的愛是一生一世的，不論任何時間和空間，我們都會深愛對方。

半年前我向時報文化出版公司預約兩本書，「劍俠李白」和「夏濟安日記」，一直未寄來，左等右等，有些火了，寫了一封信去「修理」該公司，果然不到半月即寄來。

今天天氣精好，未如昨日之冷。知潘身体健康，生活充实很是高興。最近正書房不下，都在看柏楊所撰「中國人史綱」，柏楊這先生真費盡。

吻安，快樂

愛你的愛的

福成

68.11.27晚!!

玉鳳：

二十六給妳寫了一封信，才寄出兩天，妳尚未收到的，因為沒有船回台灣。今天是妳的生日，我很想給妳修書。

事實上，我平時就很想把自己所思、所想、所感，全都告訴妳，向妳訴說後，我便覺得快樂。

今天第一件事是祝妳生日快樂，並且把賀詞用第六感輸送給妳，用心的相通叫妳感受得到：

生日快樂　祝福妳——

一生幸福　祝福妳——

回信時告訴我妳是多麼快樂。好嗎？　玉鳳。

這幾天常有雨，濛濛細雨下個不停，小雨常叫人發生更多的懷想。雨中散步則是另一種人生的經歷。以前總愛在雨中漫步，還把自己想像成哲学家，文学家或詩人。現在很少有這機會的心情，也許是工作和職務吧！身為一個連長統不能沒事跑去淋雨，或帶一群小兵去上"雨中散步"的課程，对不?、但不可否認的，頑皮的玉鳳已經使我的生活豐富而詩意。証实了妳上封信中的一句話。

「我會讓人很舒服」 ——玉鳳五月十三日語

我能感受得到，也能体會得出妳的用意。那是不必寫或說出來的，我們讓它無言勝有言。

最近我在幫一个朋友翻譯一些東西。我對翻譯很興趣，當然也是為了使自己程度更上一樓。所以我始終在外文保持興趣。兩年前翻譯了一本美國恐怖小說作家愛倫坡的書，経五次修訂，又寄給我以前的老師校訂，最後才寄給遠景出版社。結果我不說了。真叫人臉紅。

我一直非常不服氣，始終覺得別人的書，何不叫人也來買我的書，惜未可願。今日就此，改日再寫。

生日快樂

歲次己未五月初三 高登福成書

玉鳳小姐：

當我得知可以給妳寫信時。真的情不自主地馬上就要起筆給妳來封信。我很感謝我的長官（趙）對我的照顧與關懷。尤對妳許可讓我來鴻。那是越出了感謝的範圍—興奮。

從我長官那裡。知妳是位非常可佩的女孩。妳的求學。妳的奮鬥。等等。人們對一株空谷幽蘭的敬愛已遠勝過富麗的玫瑰。第一次的筆交。孤島上的我只能把內心所流現的這一點告訴妳。但願妳很高興接到此信。由於船期的關係。當妳收到此信也許十天半月之後。也許更早。此後我除了迎風觀海。朝看日出。夕盼兵兵歸航之外。在這遙遠的島上我更盼望有妳的來音。做我知筆。使我認識妳的趙長官與我同住一島。他不但是好長官也是好兄長。我有幸認識他。敬祝

學業進步　工作順利

陳福成　三月二十四

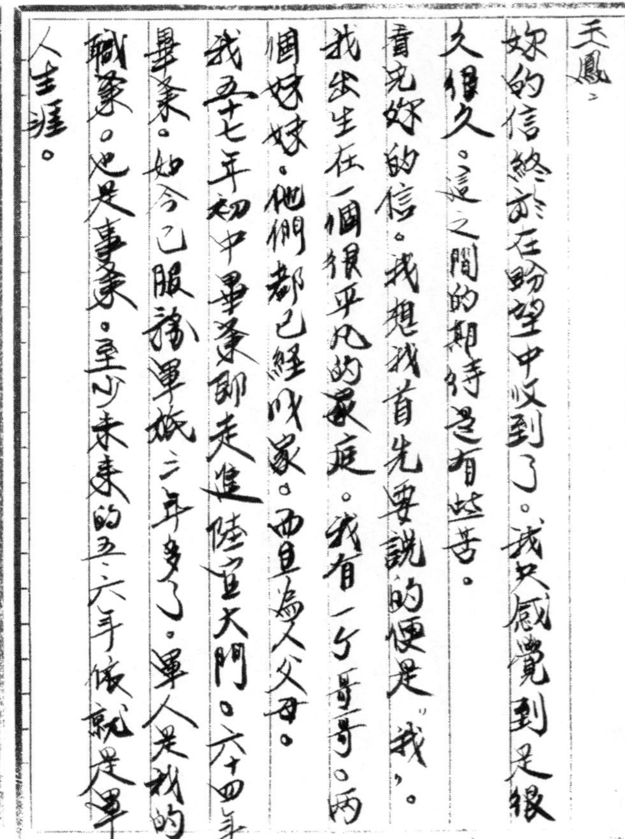
天鳳：
妳的信終於在盼望中收到了。我只感覺到是很
久很久。這之間的期待是有些苦。
看完妳的信。我想我首先要說的便是"我"。
我出生在一個很平凡的家庭。我有一个哥哥。兩
個妹妹。他們都已經成家。而且為人父母。
我五十七年初中畢業即走進陸軍大門。六十四年
畢業。如今已服務軍旅二十年多了。軍人是我的
職業。也是事業。至少未來的五、六年依然是軍
人生涯。

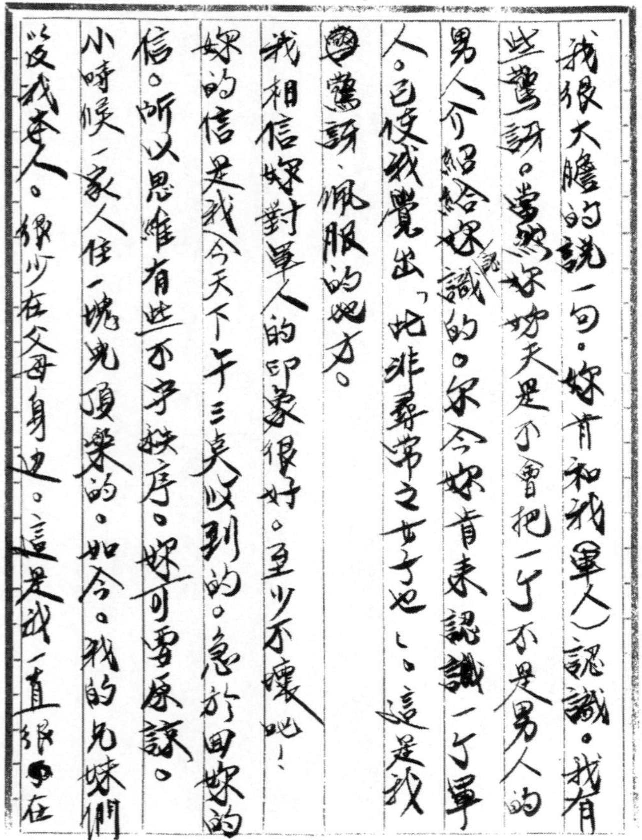
我很大膽的說一句。妳肯和我(軍人)認識。我有
些驚訝。當然妳姊夫是不會把一个不是男人的
男人介紹給妳認識的。如今妳肯來認識一个軍
人。已使我覺出「也非尋常之女子也」。這是我
驚訝、佩服的地方。
我相信妳對軍人的印象很好。至少不壞吧！
妳的信是我今天下午三点收到的。急於回妳的
信。所以思维有些不守秩序。妳可要原諒。
小時候一家人住一塊兒頂樂的。如今。我的兄妹們
以及我本人。很少在父母身边。這是我一直很少在

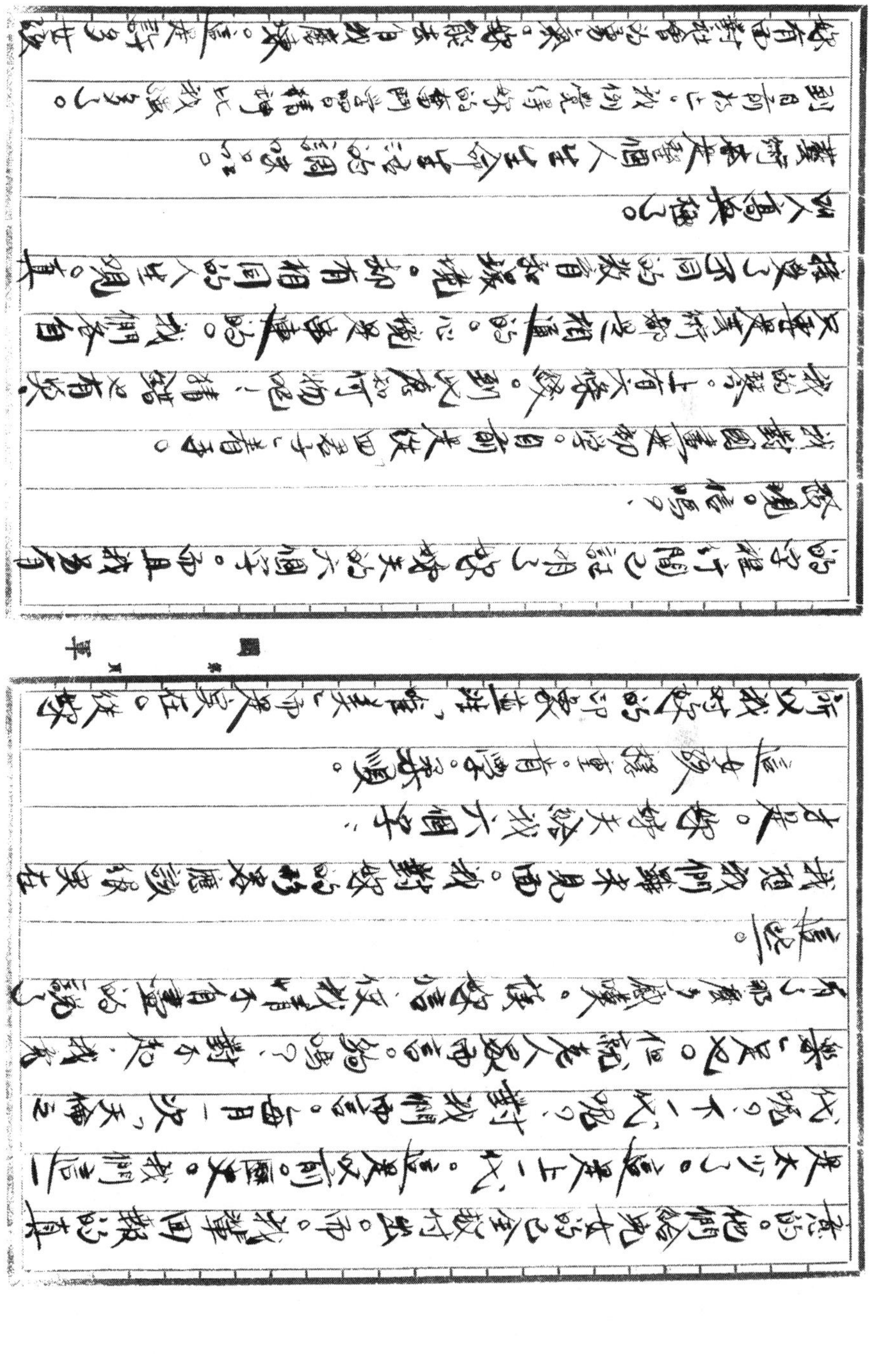

意的。他們給兒女的已全部付出。而。我輩回報的真
是太少了。這是上一代。這是以前。歷史。我們這一
代呢?、下一代呢?、對我們而言。每月一次，天倫之
樂，足也。但就老人家而言。夠嗎?、對不起，我充
有了那麼多感嘆。讀妳信，使我情不自盡的說了
這些。
我想我們雖未見面。我對妳的形容應該很實在
才是。妳姊夫給我六個字：
這女孩 穩重。肯學。柔順。
所以我對妳的印象並進，唯美，而是實在。從妳

的字裡行間已証明了。妳姊夫的六個字。而且我另有
發現。信嗎?、
我對國畫是初學。目前是從「四君子」著手。
我的琴。上有六條弦。到此應知何物吧!、猜錯也有獎、
只要是藝術都是相通的。心境是串連的。我們各自
接受了不同的教育和環境。卻有相同的人生觀。真
叫人高興極了。
藝術者是整個人生生命生活的調味品。
到目前為止。我倒覺得妳的奮鬥學習精神比我強多了。
妳有面對社會的勇氣。妳能去自我磨練。這是許多女孩

比不上的。妳的思想觀念很深入成熟。却实是一個奮鬥過来的人。

我這時的心情真可用「島孤、人不孤」来形容。遙遠的海島。每日迎風。看海。沉思。暫時忘記了西門町。也忘記了美麗之島。與妳筆談兩次。我開始對宝島有了記憶。期待。否則真成了化外之民呢？

寫到這裡我想該收筆了。因為此時已將是晚上12点。明早把他寄出。但願早早送到妳手上。也但願能早早收到妳的来信。

敬祝妳

工作順利　学業進步

[illegible]明　68.六.18 晚12点

附　此信急於投筆。字跡太草。請原諒。

潘潘。"

每當有船要來，就叫人禁不住地由深心開始高興。明天將有台灣船要來了，這是期待了好多天才有的消息。但不知那大船上載有多少上書着：「陳叔成先生收」的信。如果快的話，也許潘更把書寄來了。那會使我生活更加有意義更充實的。因為人生中的小目標又達到了，既達到了，就要全力以追，否則便追不到，也失去了達到那目標的含意。多少年來，在自己內心達到過多少小目標，也

國軍

有過中型目標，當然身為軍人，尤其男人，總會有很理想化的大目標。然而，理想和現實必竟有距離，失落了多少，達到了多少？平凡的人們總會計較，高興、煩惱。

就我來說吧！潘，妳不可笑，要仔細看，我可是說得很深入的。我的許多作為，奮鬥的過程，如果用妳「突破」來解釋並沒錯，突破只是我人生的過程之一而以。但並非全部，更不能說突破是我的人生目的。

身為一個男人，沒有那個敢說他不要一切

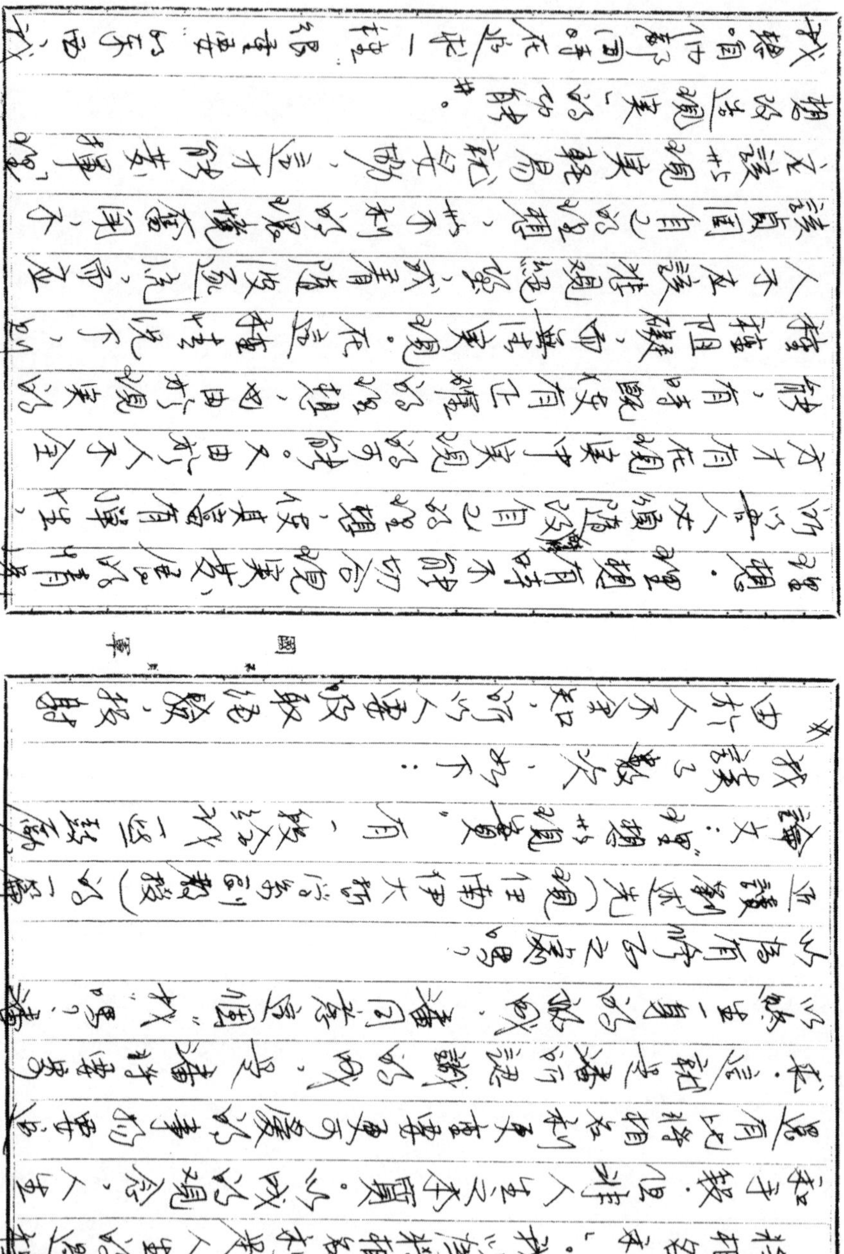

「將相名利」。我以為將相名利是人生的過程和手段，但非人生之本質。以我的觀念，人生還有比將相名利更重要更可愛的事物要追求。這就是潘所認識的我，是潘將要以終生一身的我，潘同意這個"我"嗎？潘以為有修正之處嗎？

近讀劉述先（現任南伊大哲學系副教授）的一篇論文："理想與現實"。有一段給我一些鼓勵，我讀了數次，如下：

※由於人不全知，所以人要吸取經驗，投射理想。理想有時不能切合現實發展的情境。所以吾人必須隨時修改自己的理想，使其富有彈性，方才有在現實中實現的可能。又由於人不全能，有時既使有正確的理想，也由於現實的種種阻礙，而無法實現。在這種情況下，則人不應該悲觀絕望，或者隨波逐流，而應該鞏固自己的理想，與不利的環境奮鬥，不應該對現實輕易就妥協，這才能發揮"理想改造現實"的功能。

我想他們同時在追求一種"很重要"的東西，我

很高潘的加入。妳的加入使我更有力氣，更感
溫暖。正如潘所言：但願你因為我而溫暖。
有妳於我同行，深信是妳我共顧。
想到明天將有船要來，做夢都會笑，夢
中都會對妳呼喊！潘，我希望出現在我面前是
潘的全部。而我所看聽到的也是潘心底下
的心聲和希望。更重要的，當妳心情不好時，
也希望我能聽到妳的吐訴。不要忘了，真
心愛一個人是愛她高興和傷心的全部。
能嗎？那以心互許，應有計劃地開創天地。

國軍

不應再三心二意。潘說對不？
今晚興得多多。可能潘已向周公老爺報到。
我的父卻耳朵沒塞，妳一定沒想哦對不？
中秋已到了。不知道要送潘一個什麼東西。我
正設想中，改日派人出港去找。中秋我不
能親赴台南向伯父母及弟、妹問安。妳若起
筆或碰到弟、妹，可要代我問好。我再度
為書香門第的潘潘祝福。祝妳一直想
要的青春和美麗。勿念。對了！青春和美麗
多少要自己保養，用些微量化妝品會更好。

同意妳，而且支持和讚成妳如此做　成 09.15

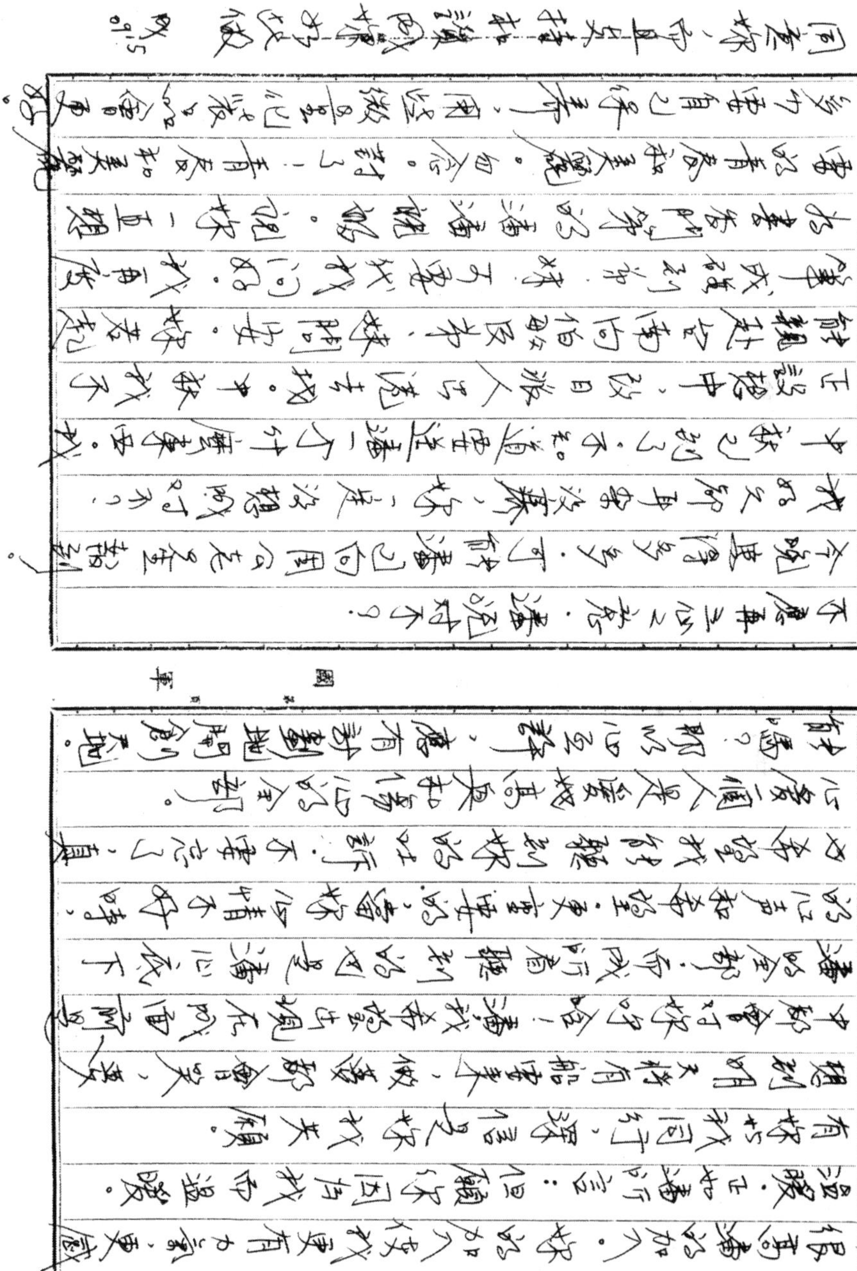

親愛的濤濤：

最近几個晚上看書較晚，好像心裡比較实在些。一方面覺得有一些我的工作，已開始進行，就不會一大早想睡覺了。讀了書和沒讀心理也不太一樣。沒讀時，心裡總不对勁，好像欠了人什麼東西似的。讀了就感到对得起自己，似乎這一天沒沒有白活。內心有了安慰，已很有很久很久沒有這種現像了。幾天以前妳夫收到妳的信，他拿給我看，妳已对妳夫表白了態度和決定。他問起我，我倒是含蓄了些。

不过再一陣子我想必須向他表白我們的決定，因為妳夫很関心我們婚事。但願我們能早前完婚。

中秋已过，島上依就是昨日的月和夜，只是夜風來時更涼了，妳要注意身体。白得感冒。須知「身体健康乃成為人生幸福及事業成就的要件之一」

上冊 ～齊有撒論～ p.189

這段時間把妳寫來的書大致翻一次，啟有撒許上下及教育行政妳都已讀过。其中真的有許多可貴的知識。兒句言考試，讀起來雖累，不过卻人有充実感和快感。教育心理學較难，也比較屬於專门性，有時要去心细心才能吸收。这本妳似乎未讀过，上面沒有讀的筆跡。

上回讀說自己年紀大，其実我並不以為自己或妳的年紀有多大。妳只是一個生長过程的指標而以，即是代表着人生的歷練和成熟。一個人的青春好否不可用age去衡量之。那是心理、思想、人生观、身体的综合。讀後是不是？好晚了！12点。妳一定開始做夢了，明天如果妳十国放，休假。好美的名詞，不過島上的我怪一是三看書，聽錄音帶。然后大睡一覺。貴點上午有個小週会。妳大主持的，很莊重的。今晚看書看的好久，這信是回來"下課"之後，睡覺之前趕筆的，妳不怪字太乱吧！晚安。

妳愛的
明誠 止
68.12.9.
2400

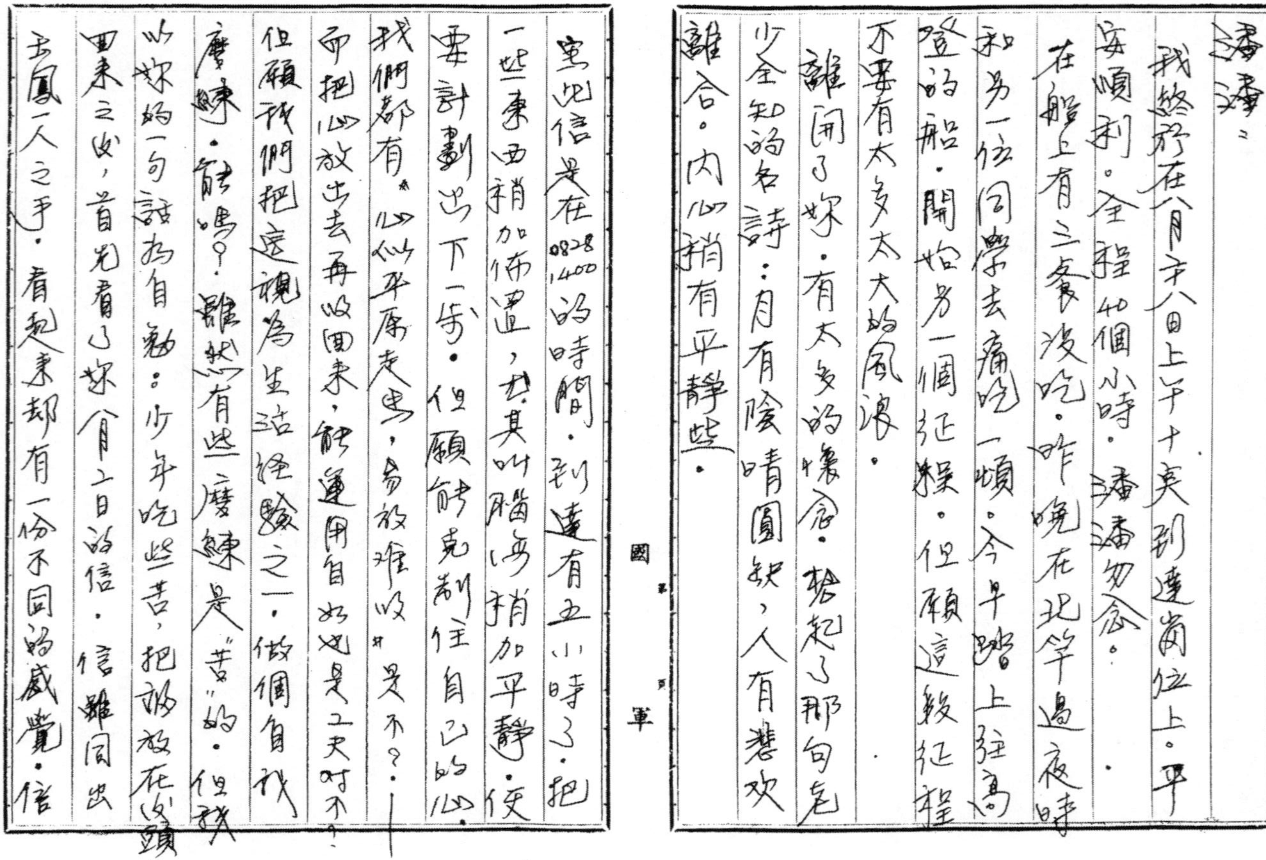

潘潘：

我終於在八月廿八日上午十時到達崗位上。平安順利。全程40個小時。潘潘勿念。

在船上有三餐沒吃。昨晚在北竿過夜時和另一位同學去痛吃一頓。今早踏上往高登的船。開始另一個征程。但願這段征程不要有太多太大的風浪。

離開了妳。有太多的懷念。想起了那句老少全知的名詩：月有陰晴圓缺，人有悲歡離合。內心稍有平靜些。

國　軍

寫此信是在0828 1400的時間。到達有五小時了。把一些東西稍加佈置，其實心情已稍加平靜。使要計劃出下一步。但願能克制住自己的心。我們都有"心似平原走馬，易放難收"是不？而把心放出去再收回來，能運用自如是工夫對不？但願我們把這視為生活經驗之一。做個自我磨練。能嗎？雖然有些磨練是"苦"的。但我以妳的一句話為自勉：少年吃些苦，把妳放在心頭。回來之後，首先看了妳八月二日的信。信雖同出於一人之手。看起來卻有一份不同的感覺。信加親切。尤其五張小卡片，很吸引人，吸引住我的心。尤其五鳳的提詞，給我很大的鼓勵。但願如潘潘所言，握住擁有的現在，是我們所願的。

現在我正着手找資料，打算明年參加考試。如此一來，我每日的時間必須重新分配。我想習畫練字的時間必須減至最低限度，因為我以後並不想將為一畫家或書法家。妳也不希望我在那方面費太多時間。對不？等我把詳細資料找到再告訴妳。

這是回來的第一封信。我們未見面時已有很好的印象。經過這回的相知，使我們更能用"愛心"去待對方是不？就我而言，妳是很能讓人用一生時光去愛的女孩。到此時我尚未見到妳姊夫，他去開會。他會很關心我們的事。我會給他很適切的回答。這妳可放心。相信我吧？我們應該的。

寫這封信時我和以往同樣自然，想到那裡寫到那裡，但願我們永遠是這樣自然，本來生活就是要自然。潘潘說得對吧？　明天再寫。祝妳

快樂

我
68.8.28
1500

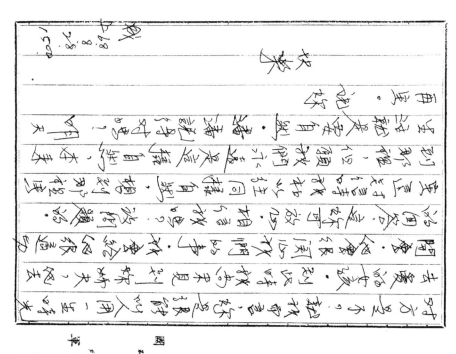

玉鳳：

當我把妳的信看到第三回。提筆的衝動已不可壓制。
我只能告訴妳。手上的筆已無法寫出我內心的高興。
妳的可愛。樸實的本質。正跳躍在字上。
第二天。妳大姊夫得知妳的來信。他也很高興。在我屋
裡坐了好久。而。我內心的安慰。已不可形容。
由妳信中。我稍知妳的生活。学業。及工作。甚至具
有高尚情操的消遣。無不叫我讚美。
我已能描繪出此時我心中的景像：
一個在花花世界中。卻不迷失自己的女孩
還要面對現实使自己進步
工作之外尚要學琴
更要在北师進修……。
熱愛自然的女孩。
她。就是 潘玉鳳 。對不對？

沒想到台灣目前還在下着和每祖同樣的梅雨。
真的。這陣雖是每天濛濛細雨。不但下得叫人煩。也下的沒有
情調。不過我自認是很能計劃時間的人。身為一個單位之
長的我。公事總要多些。除此。閒時讀書。練書法。學畫。
練琴。生命的情調很有自然美感。杜威名言：生活
就是經驗。盡管許多人在不同地方從事不同工作。只要他好
好生活。那便是最佳經驗。那就是生命情調的來源。妳我
都是。所以。相信我們有共同觀點。
我們都對生活很豐富。
我們都對這生命都很熱愛。有同感嗎？
又是。我練的此琴非妳練的彼琴。但我們的心情一樣。
是不是？此信一出也不知何日何時才收到回信。今看船
期了。不管多久。我願去等待。　敬祝
學業進步　工作順利　春假愉快
福成敬上　四月六日

玉鳳：

聽到妳有位讀台大的弟弟。我都為妳感到光榮。台大執國內學術界的牛耳。就是國外名氣也有。府上必是一片濃濃的書香味。後天環境加上妳先天的本質。當然一薰陶出來的必是一個溫柔可愛又体貼的玉鳳。所以「妳會讓人很舒服之感。」這是經过妳自己長久的生活歷練。而得來的成果。

知妳七月廿二有考試。我先祝妳順利成功。不過當記孔老先生一句話：盡人事、聽天命。同意如此看法嗎？

我也盡可能把休假移到妳考試之後。我的假有十天。我們的見面相信是叫人期待、高興而難忘的日子。

關於血型。我很外行。所知不過一些些。具言之，我不太信任。所可信者。是大略的個性。誠如妳所言。會因教育而改变的。試想世界人口四十億。而血型種類不過三、四種。用ABC來判斷一個人。真荒天下之大唐也。

我住的島不但孤而且荒。所以我也教育我的一些小兵。「物質生活不能提高時。要提高精神生活。」 開導他們

P3

看書、寫字、彈吉他等。從其中發現生活情趣。我不知道當初
為何學吉他。也只是喜歡。有時它卻是孤島生活的良伴。有的
老前輩認為吉他不倫不類、不正統。我有些？、
謝謝妳把詞曲都寫下來。歌、不論中國、西洋我都喜歡。甚至
愛。歌声美化生活。"康乃馨"不但要獻給母親。而且要請我心
中的歌、音樂大使、一妳聽。
那本小書早已寄出、不知為何未收到。也許郵誤。但願上帝幫
忙、送到妳手上。妳寄來的HAPPY將永存我心中。
寄一張照片給妳。那是我四年前、也就是官校三年級照的。畢
業後也有照。都在家裡。我自覺我本人無太多差別。同学
說我不老。我想我樂天知命的人生觀有關。願妳珍愛。
更願早早收到妳的。
同把妳的生日礼物寄上。希望妳喜欢。一封信用兩個時辰寫完
裝成兩封。勿見怪。　祝妳　愉快

砌成　五月十八晚上

潘潘
九月十六日收到妳八月[illegible]的信。是我大妹轉來的。
我看了三次，想了一天，才起筆給潘回信。我想
我的心靜了，思維細了，寫的信就會比較有條理。
潘要我給潘"開導"，這真是叫我更慚愧了。其
實我所知所學所能與潘相差無幾。許多地方潘是
我所學習的對象。所以我要聲明：與潘做經驗
談，相互教學相長。潘說對不？
見面時我一再感嘆相見恨晚。如果我們早五年
認識……。如今昨日已逝，不提。還是潘說的對。

國　軍

彼此從往日的失敗，嘗到了人生很痛苦的一面，
加上昔日長久的生活經驗，對人事、社會、心理
就有比較成熟而正確的理解。這些都足以
給我們做鏡子，做標竿。深信我們之間一定
會使：我更疼愛潘，潘也能得到我更多更
久遠的愛；而我也能得到潘更多的體
貼與尊敬。深信之。
我已不在嘆相見晚了。因為潘給我更正確
的觀念。這裡潘就比我更高明更成熟了。
這是妳不得不承認的事實吧！

獨身固然自由自在，但並非人類（正常的社
會人）所應行之生活，人為社會動物，必於
社會生活。"家庭"是人們最早最基本的社
會生活領域。這方面潘是了解比我更多
的。所以我們都應勇於去接受那樣的環境
婚姻生活是人人必經之過程，將來全看男女二人
去設計安排。那裡面有許多事情要做的，大
事、小事等。正如一個國家，有其財經計劃、
教育計劃等。所以林語堂先生說：「家庭生
活是一種修養的課程。」

封家庭是要負出責任、細心、愛心。尤其新成
立之小家庭，恰似一株小花，須照料水份，給予陽
心才能成其美麗可愛的花朵。
很叫人高興的是我們對彼此家庭都喜歡。我
們靜心思之，婆家、我家、主媽家、喻媽家都是
不同的"格局"。都是咱們學習參考的對象。
當然我們以後也會是一種不同他人的格局。那
是由陳、潘融合煉成的格局。是我們必須負
出愛心、責任心及奮鬥努力才成的格局，對此潘
願提出更高級的見解嗎？

最近和妳夫談了一些比較深入的話題。當我轉達妳的請安時，他一再讚美妳。我並告訴他妳目前在唸英文，打算明年考試。他認為工作可以激發人向上的意志。他所謂的工作是一種有所為的勞動；像「孔子言：飽食終日，無所用心。」則此人開始沒落無用。他的話也給了我一些啟示作用。據我所知，他之所以有如此大的信心和幹勁，他的夫人影響很大。使我想起「吾國吾民」一書中的一句話：不能成為理想丈夫最主要是沒有找到一個好对象。

男人事事雖重要，但女人卻可以毀滅男人，當然也能成就男人的事業。全看二者如何相知解了！有的夫婦玩想戰勝对方，指揮对方。殊不知當对方倒下的同時，自己也走向失敗之途。幸福遠離而去。當今社會不難看到這种例子，真教人深省啊！

今晚就和潘潘談了這許多。「妳我都有婚姻經驗，我只就所看所見所聞的經驗和潘潘以心相談，但願我能看到潘潘更高明或持有的見解。

祝
潘潘
更美麗

好愛妳的
明止
68.7.17

頑皮的玉鳳：

我于六號收到妳五月十五日的信。知妳也同時收到我的信和小禮物。內心感到很欣慰。一種心靈的連繫油然而生。妳之樂即我之樂；妳之豐收即我之豐收。要感謝妳為我帶來了生命的豐季。

妳說我字好。確實不能接受。我不敢接受。如果我打開蘇東坡或柳公權的字帖。更感自己距"好"字尚遠呢！那有能力教"頑皮的玉鳳"。倒是妳的字我會欣賞，相當"中國"，相當"古典"。十足的女孩風情。雖未見人。然而字已如其人，我常從妳的信及字在思想妳的人。對了：我那甲乙兩封信不知妳收到否？計算一下時間，應該也收到了。照它也收到才對。不知下航次能收到妳的玉照否？

學生和童年說代表着一種更高尚的情節——純與真。那已逝的童年已難追憶，像遠山的霧。往日的學生時代何去了。雖然自己像想再有一段學生時代。但不知能再重現往昔那份純真。妳的信勾起我太多太多的回憶以及更多的感懷。我誠如妳，想把心中的話向妳傾說。我無法形容我內心的高興和安慰，因為我們之間在內心深處已建立了相當好的瞭解及感情。但願在咱們的人生里程中是最重要的起步。這份「相似」，這份「親切」，是該向妳感謝，向妳姊夫感謝，向命運感謝。看妳信，便知妳在外歷練多年。對社會經驗才是我要向妳學習的地方。妳的天真活潑的孩子氣性。除了豐富的社會經歷外，更在心靈上也包容了仁慈和純真，這是能叫我想像的出來的。我也很喜愛小孩，每在可愛的孩子身上勾像那生命的原始，感懷生命的列車在急駛。

謝謝妳給我的關懷，我以更甚的心情給妳。天蒼蒼，海茫茫，盼妳領受我這份濃濃的心意。

我們之間所能給對方的相信不是金銀財寶，最重要的是那顆「真心」，是嗎？領受為盼──所以就是一片

樹葉、一張書卡。都會引為無價之寶。孤島上的孤帆
每在寂寞時打開妳的信，重複的讀。這是一個"慰"
在。我內心所產生的震盪。
今天同時接到的有我妹妹的信，她是一個和我比較相
近的妹妹。懂事聰明。還有媽媽寄來的牛肉乾、茶
葉、馬祖沒有的糖果等。真是"知子莫如母"。牛肉乾是
我很喜愛的一種食品。而信件在外島的重要我真形容
不出來。有家書、情書、友書。反正每個人都在等。船來
了便可忘記一切去領信。每次我給妳把信寄出。便恨不得
明天收到妳的來信。我不知道為何……。

敬祝

考試順利

萬事如意

福成　五月二十六晚九點

P.S 後天妳生日，我在修書。生日禮物收到否？

王鳳：

今天是一個很好的日子。一上午都使我內心感到暖暖的。到了午睡還是沒有一點睡意。因為我急着要對妳提筆。甚至興奮的筆竿有些抖動。

今天上午十点多妳姊姊光臨高登。

十二點左右收到妳在母親節那天寫的信

可惜我沒有机會叫她一声大姊。相信她一定很高興。大姊（現在又聽不到了）在高登只有兩個多小時，而且有許多來賓。所以妳大姊天也很忙。非常遺憾沒有時間和大姊多說幾句話。我更感謝她送我一件襯衫。真感謝妳把選照片的權力交予我。我只覺得很想見妳。照片是唯一方法。內心深处有更多要見妳的感情。非寸筆所能形容。願妳瞭解。也希望能快快收到妳的照片。好嗎？妳的建議双手同意。使我們用更多時間，捕抓更多豐感來向對方寫信。固我所願也。

送妳的不算礼物，只是一本小書。說句過份的話。世間之物我最愛書。送給妳一本小書。只因我看過、閱过、有我筆跡。所以我珍愛它。送給妳。但願能珍惜它如我珍惜妳一樣。對於妳我會愛護更加愛惜，這是永恒的。相信妳會接納我的感情。因為我遇到了一位和自己同具"本善"，反相同生命觀的女孩。更重要是他們都珍惜青春，去對人生的初期展開創造。與妳共勉：有志竟成。

小兵快起床了。今晚再寫。　68.6.18中午

文中所叫"大姊"不知是妳親姊？表姊？堂姊？

五月三日是妳生日，已經快到了。我想必須送妳一份礼物。我送的東西不外是書。我手上有些林語堂的書，我想妳看过他的書。在近代中國文學家，我最愛林語堂先生。

五月三日，不論國曆農曆我都比妳大。所以我也可以叫妳一声：好妹妹。

偉成（已封續）

天鳳：

五月四日下午收到妳四月廿八晚上十二點寫的信。每次看妳的信（雖然才第三封）都有一種看讀的愉快。

上封信沒有說明的。我。是41年二月十六日。所以妳比我大的機會並不多。除非妳是元月份的。妳姊夫倒來說到這點。

若比妳大我很高興。若比妳小是「另一種高興」。

我。是樂觀的B型人。不論自己的人生觀。生活態度都是本樂觀而行之。我是四川人。從小卻與本省孩子一同上山下海。所以我的台語很"行"。就是本省人又難和我比。

孤島寶島兩隔數百里。但我覺得好像很近。甚至是在對面說話。拙筆說不出內心的感情。但願咱們能在默默中意會……。

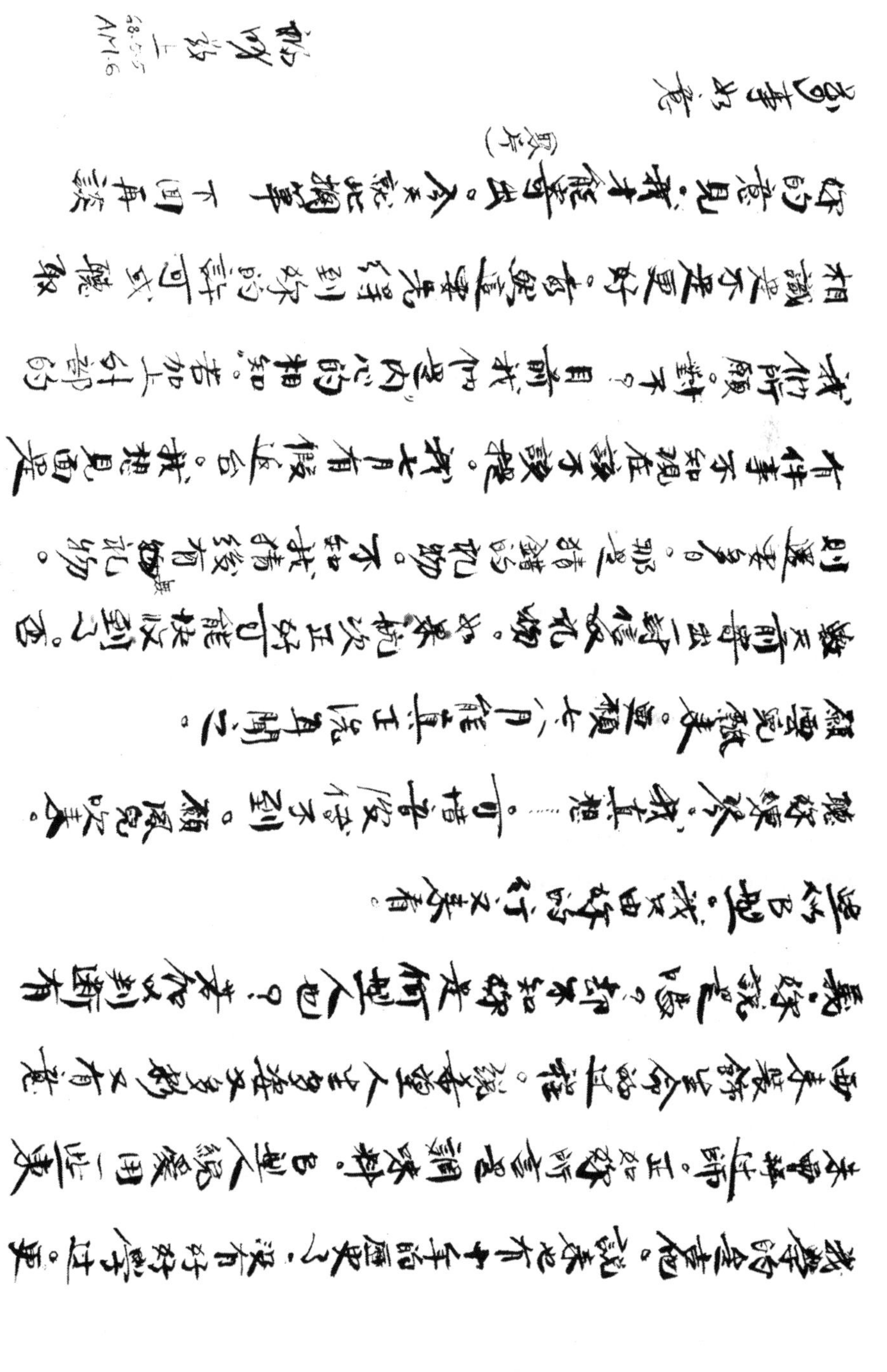
我學的是吉他。說來也有十年的歷史了。沒有好好學過。更未曾拜過師。正如妳所言是調味料。B型人總愛用一些東西來裝飾生命的過程。說希望人生多姿又多彩又有意義。妳說是吧？卻不知妳是何型人也？若加以判斷有些似B型。我只由妳的行文來看。

聽妳練琴。我真想……可惜音波傳不到。願風兒吹來。

願要兒飄來。無須七、八月能真正洗耳聞之。

數天前寄出一封信及禮物。如果航次正好可能快收到了。否則還要多月。那是猜錯的禮物。不知我猜後有無禮物。

有件事不知現在該不該提。我七月有假返台。我想見面是我們所願。對不？目前我們是內心的相知。若加上外部的相識是不是更好。當然這要先得到妳的許可或聽取妳的意見。我才能寄出。今天就此擱筆 下回再談

（照片）

萬事如意

[illegible]敬上
68.5.5
AM.6

剛才劉瑞琤到我這來，串門子，擺龍門陣，我弄了
瓜子和茶招待客人，和他吹了一陣的牛，他來我不會
距之千里，一樣愉快如好友。
〃做事難，〃為人更難，將此做為對自己的測驗。祝成
特此報告，使妳安心。
高登的風颼颼地吹，去年此時，樹吹枯了，草吹乾了。
成天都吹著乾風，還夾著塩味道，有時這一吹就
是好多天，甚有半月之久。今年毋然。
今天已是農曆十一月十七日，另一個新年也將到人間。
回來好久了，去年12月28回來，已一年(只有一星期)，
每天都我時間給妳寫信，想妳，關心妳，吃得好
嗎？英文在上嗎？小孩好嗎？成功是個安靜的男吔。

瀟湘我愛：
張花雅送一套書給妳，不知道那一套好。順道除
路鋒回台，叫他去選。他還會帶妳去吃鐵板，或越
南菜。也許偶要門買書做何？我以為開卷有益。
我們不能走萬里路，若無機會，若讀萬卷書也行。
妳，捨得吃，不捨得穿。
我，捨得書，不捨得穿。
咱們各有一絕，不過我不會亂買東西了，要買必先
經Pam經理同意，現在我的許多書都尚未看完，前那
算以的和Pam共讀西窗下。
昨天和今天好冷，穿了好多件衣服，數不清了⋯⋯
毅 X月廿日上午

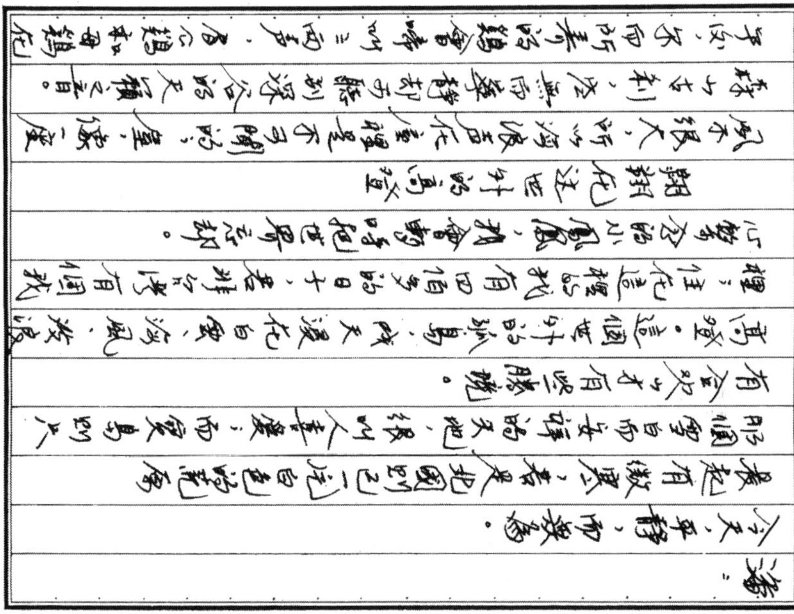

元月六日到二十號，我要去受訓，暫時離開高登十多天，這十多天會很忙，全天候時間被排滿了。受訓期間有空我會給Pam寫信，那住址是暫時的，妳回信不必寄到高登。早晚我都要收到的。我在北竿有空我會多寫信給妳。

69.1.4下午

一天消逝一天，時光荏苒，歲月如梭。

今夜風大而寒冷，外面又是一片黑色。伸手不見五指，孤島上有座古堡，堡內有個人，單單地振筆疾書，給他遠方的心上人。好像是遠古時代的景象，好像是小說。

好想妳，好想擁抱妳，擁抱妳的全部，包含妳的靈魂。

妳在讀書嗎？有心得否？想妳的小鳳凰、寶貝、PanPan、小東西……。

孫成等吻　己未11月17晚上

自由牌出品

潘潘：

今天，平靜，而無為。

晨起有微寒，若是北國則已一片白色的荒原，那個雪白而安祥的天地，很叫人喜愛；而寶島則只有合歡山才有些勝境。

高登。這個世外的孤島，我天天浸在白雲、海風、波浪裡；住在這裡的我有四佰多的日子，若非台灣有個我心繫念的小鳳凰，我會暫時把世界忘卻。

翱翔在這世外的高登

風不很大，所以海浪聲在屋裡是不可聞的；屋，像一座森山古剎，空無而寧靜卻可聽到深谷的天籟之音。

午後，冷而所養的雞會啼叫兩聲，有公雞和母雞在

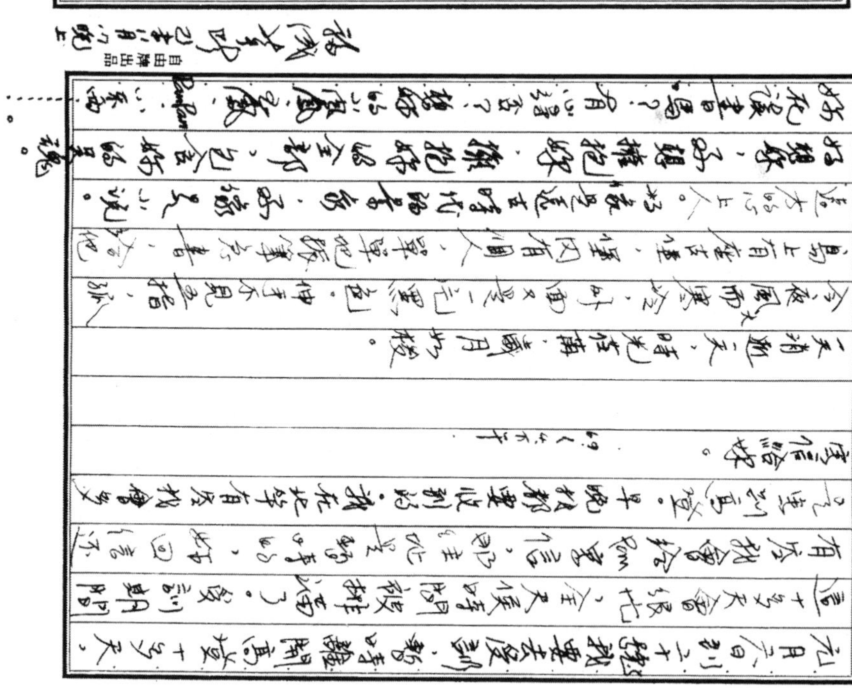

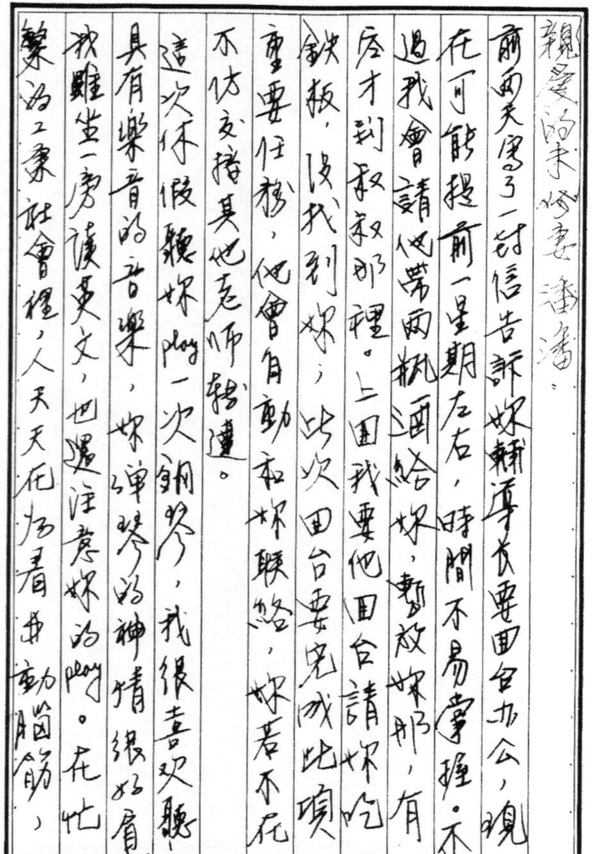

親愛的未婚妻潘潘：

前兩天寫了一封信告訴妳輔導長要回台北公，現在可能提前一星期左右，時間不易掌握。不過我會請他帶兩瓶酒給妳，暫放妳那，有空才到叔叔那裡。上回我要他回台請妳吃鐵板，沒找到妳；此次回台要完成此項重要任務，他會自動和妳聯絡，妳若不在不防交換其他老師鐘點。

這次休假聽妳play一次鋼琴，我很喜歡聽具有樂音的音樂，妳彈琴的神情很好看，我雖坐一旁讀英文，也還注意妳的play。在忙繁的工作，人天天在看書，動腦筋，

P1

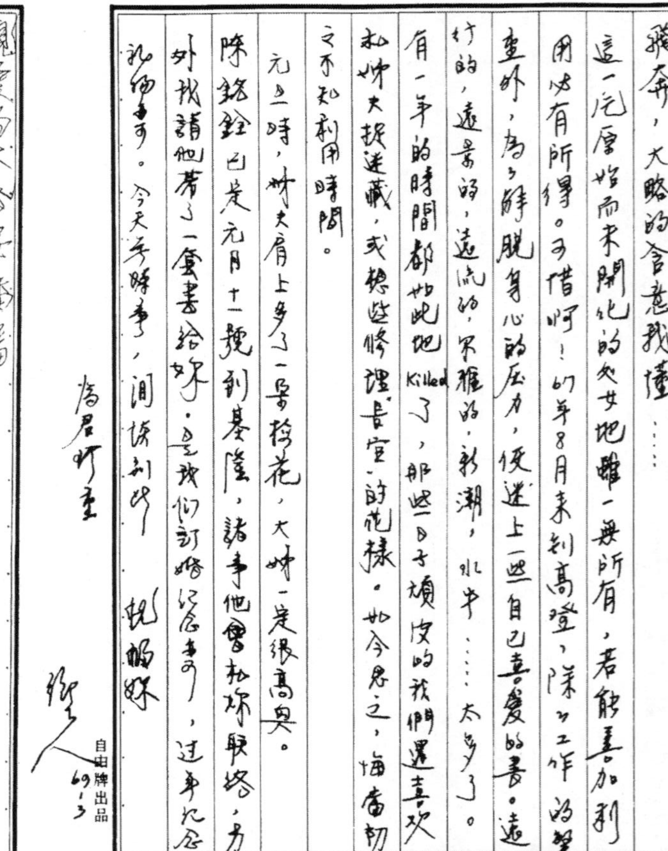

飛奔，大略的含意我懂……

這一片原始而未開化的處女地雖一無所有，若能善加利用必有所得。可惜啊！67年8月來到高登，除了工作的繁重外，為了擺脫身心的壓力，便迷上一些自己喜愛的書。遠行的，遠景的，遠流的，爾雅的，新潮，水牛……太多了。有一年的時間都如此地killed了，那些日子頑皮的我們還喜歡和妳大玩迷藏，或總是修理長官的花樣。如今思之，悔當初之不知利用時間。

元旦時，妳夫肩上多了一朵梅花，大妳一定很高興。

除銘銓已是元月十一號到基隆，諸事他會和妳聯絡，另外我請他帶了一盒書給妳，是我們訂婚紀念書了，送妳作紀念的吧。今天多瞎扯，閒談到此

想念妳

為君珍重

縱人 69.1.3

自由牌出品

在為"提昇生活的格調"努力，在為提高社會或文化的地位而不止息的奮鬥。人幾乎而成一部機械。這樣，偶而在閒時回家，有妻子備好的美味，陪妻子親手布置的小屋，再聽妻子演奏一段佳音美曲。人生其樂，家庭之樂，不外如此。

我很喜歡妳的琴音和妳的歌聲，

願，PAN的聲音常在我耳邊繚繞迴響。

而，我們的家庭也會充滿著快樂的聲音。

假如可能，我願妳是音樂家而非教育家；

再假如可能，我願妳是教育家而非科學家。

69.元.1.上午.

今天是69年度的第一封信，第一封信便是寫給我的

P2

愛乎。為我們祝福這一年平安快樂。也為天下苦難的朋友禱告，雖我等沒有能力扭轉乾坤，但我們願意為失意的人付出一分的關心，是不？

處此大動亂大非常之時代，每個人的未來都是一項「可變因子」；我知道漫漫對我的事業前程是很關心，我對自己更甚於妳而有加。此事處、劉、陳三人會很慎重的處理，這關係三人的一生。可進的時機我們會全力以赴，光彩轟烈；應退的時候我們會淡泊名利而安靜、寧靜。

這三人的理想並非名與利，我們要時時刻刻（起自五年前）都在找尋自己可行的路，這是很實在而且可行的計劃。親愛的，PAN可不要低估喔！

說了這許多，PAN也許要修理我：自負的說成

暫停。

自由牌出品

P3

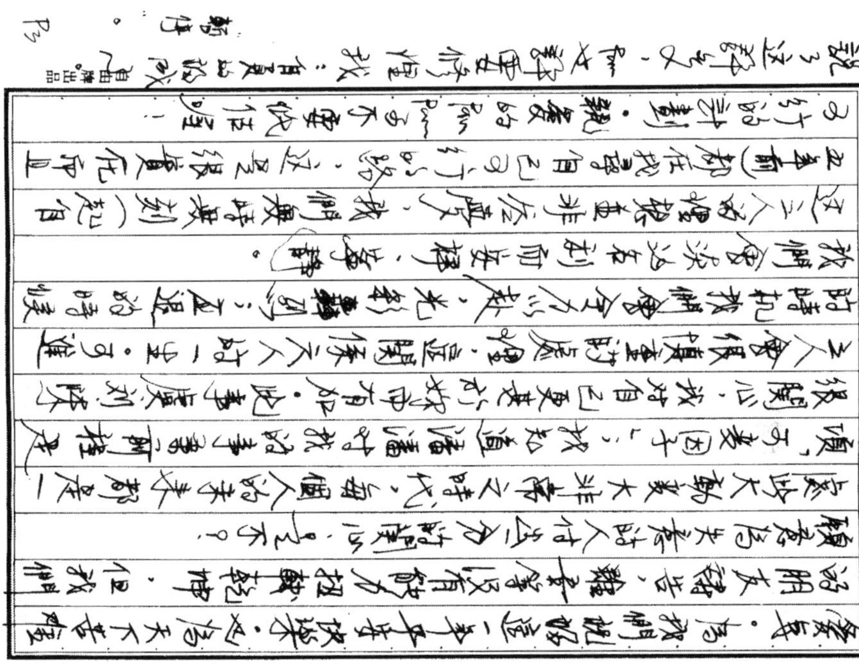

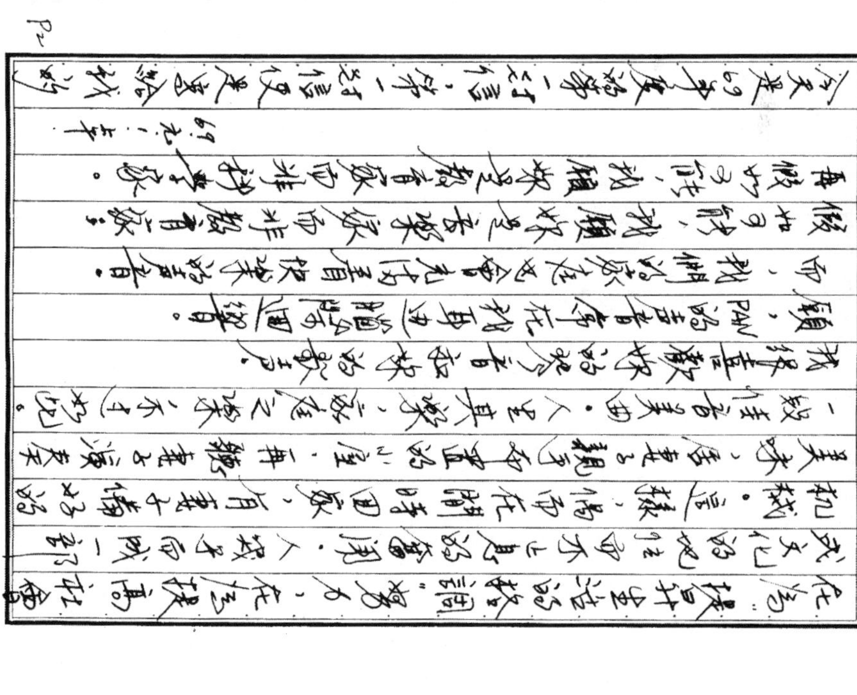

潘常說我們同為20(今年虛歲)有妳大我小之感。今有妳信讓我体會到有許多好處。我們同年在人生旅途上可謂"同步是時"；何以說呢？現在的丑鳳正如現在的形成一般。在人生修養為人處事上我倆都屬同步，現在对世事对別人難免有不順之處，不順則鳴之，鳴之則易樹敵；於人何利？於己何利？孔老先生三十而立，六十而耳順，七十而從心所欲，不踰矩。

我們現在只能做到三十而立(二十九已近三十咦)，嚴格說來不論对事業的追求或品格的修養都只是起步，孔子是何等聖人偉大啊！他60才耳順，凡俗之吾等並不65或70才能耳順，Pam說是不？

P.4

人生之事業如學識之展讀，如事業之奮鬪，如品格之精進，都是無止境的。故古人曰：天行健，君子自強不息；時人曰：學如逆水行舟，不進則退。

今天69年第一天，感懷較多，書之於信中，和鳳凰共勉加油。

另一個農曆新年也將呈現大地上，不知要給Pam送個什麼東西，吃的，島上沒有；用的，也沒有，無一可寄。正好陳銘鈴訂一年的student review學生英文雜誌，打算找吳感也想給妳寄，便給妳訂了一年(69元～70元)。四、五年前我常看此雜誌，具有新聞、知識、進修的功用。初看有些難，可中英对照着看。還有一套婦女雜誌也不錯退空時或婚後我們再訂。

今天就此，再寫會超重，要罰款。

愛妳的鄉下人
69.元.

P5

好太太：

陳銘銓已回台了，我交待他這回必要找到妳不可。

我有東西要他交給可愛的好濤濤，前前信中已寫明。

前天、昨天的兩個早晨，都跑了5000公尺；有五年沒有花廿分鐘內跑完這麼長，所以現在真是「腰酸背痛」。還有九天就結訓回高登了，為我加油！每晚都有小考，每節有隨堂測驗。當學生真不好當。

現在是利用考試完畢的二十分鐘為妳寫信。近日天氣甚寒，我此晨起常有5°左右，台北如何？多加保重，為君珍重。好太太，今夜祝妳有個好夢。

我回高登在為我的新婦好好的寫封信。拜拜～！

祝妳：

心靜、平安

好愛的未婚夫

翊成 上

自由牌出品

書"

今天是當學生的第二天。算來有三天沒給寫信。現在很忙，每天起跑5000公尺，全天有課，晚上要自習。

忙裡還是提筆一下。至少若干天沒有多一封信到妳手裡？只告訴妳，海角天涯，不論我到何方！濤永遠和我緊在一起。

妳的卡片和信我收到了。

下午有課。午睡開始(現是要睡)。

待10天以後，我回高登，在好好的給pam寫信。

祝

快樂

好愛的未婚夫

翊成

自由牌出品

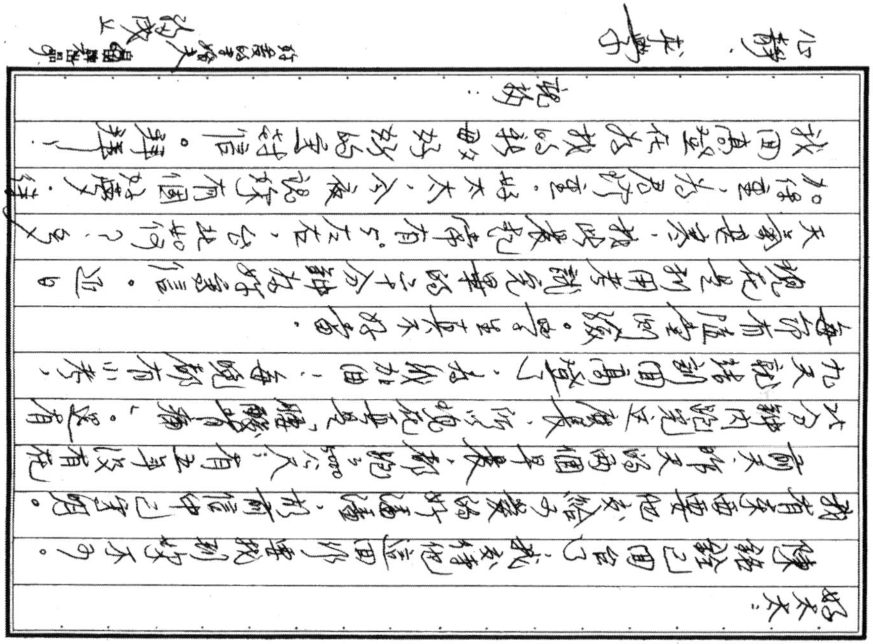

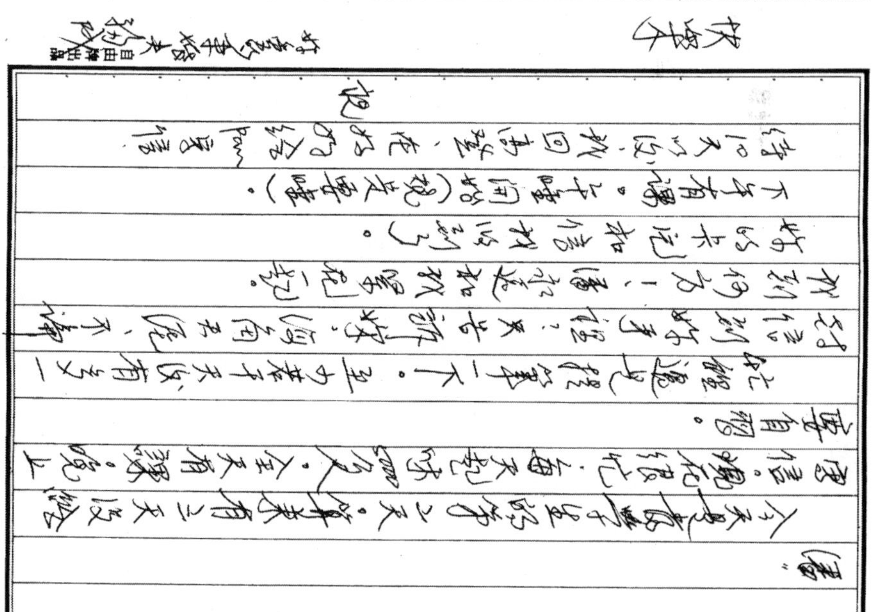

瀟瀟吾愛：

很久沒去看電影了，也許有一年多了。

元旦的晚上妹夫弄了一部慰華影片"純純的愛"，因為閒來無事，刪四本書也看不下，所以就和陳路鐘敏去看了。我天生有一種外表不易被看破的心軟，以前看梁祝和紅樓夢都被逼了不少同情的淚；昨晚看純純那份純愛不禁也被逼了一滴淚。同時有些感慨，我看到它往往感慨多於欣賞：

一、我欣賞藝術愛，卻不喜歡藝術家；他們的遠視力太迷於敏感，往往一片秋葉或一朵白雲都要引動他太多太多的思維；同時他也要呈受人類太多太多的苦難，這個十字架太重太重了。並非他喜歡去承擔，而他本性所使然，故曰：天才是悲劇的化身。影片中男女主角都俱有藝術家的本質，所以他們是悲劇。

二、再度体驗到了人生的短暫和變化高妙，凡致人們無能去掌握，就哲學的形而上來說，人生的整個過程無異是一個被動的開始和一個被動的結局；而始之間每個人都要勇敢地面對現實的打擊。片中次男女主角都早歲喪夫或喪妻，男主角則婚禮時新婚太太便走上人生之終矣。

三、本片在氣份的宣染不足高明，劇情太过单调乃美中不足之事。是一部清遣电影，但無法走上一個較高的水準。如梁祝、如音樂音樂師、如真善美等，上一代可看，這一代可看，下一代亦可再行考貝來看。

遙遙，

終於到了結訓的尾聲，這是結訓的前一晚上，明天還有兩節考試。很想念，忍不住要寫信給妳。明天下午也要回高雄了，重新過我原來的生活，這十幾天，總想給妳寫信，但是太忙了。才受訓十二天，共有十五次的考試，還好，全部過關——我不願有太好的成績。

妳大概將因事回台一次，我不知道的事！他匆忙來信說明，又安排了公事。人在異鄉因事回台，此事必然很「大」，但願一切如常。

此時我想陳銘銓那大孩子一定和妳已經會過面，雖然我知道他要說的，也不是我

教育方面的書籍打算告一段落，雖然書都看了，但感的太少不夠深入。離距今年"教育行政"人員尚有千里之遙。所以沒有空看，現在打算開始準備高級班要用和要考的東西。時間也很短。正如我讀教育書籍也只有兩個月10月11月，高級班要考的也很多。要做一位成功的軍人現代軍人是不易的。

也許剛回高雄，心未收回，枯燥之書看不下，陳銘銓送我一套「弘一大師傳」有上中下。他就是藝術家李叔同，39歲以後皈佛。就開始看將起來，很不錯，以後再寄給妳看。(妳可能不喜歡)。

今天是初二，妳一定也在休假，可能在外婆家。對不？新年是很好的孩子。以後前程是很光明。

祝
好

不要天天想我，一天想一次就好

好安的
郁
69.1.2

自由牌出品

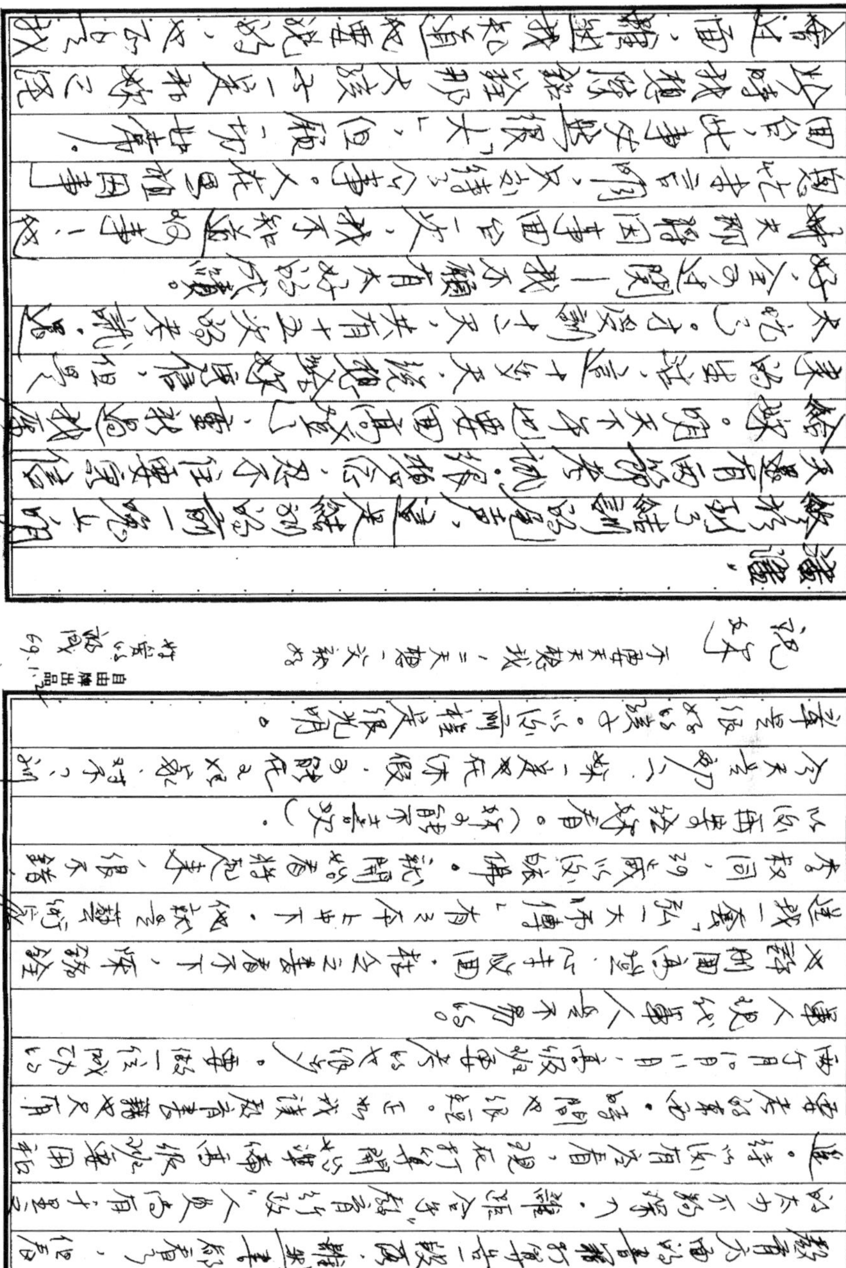

要說的，不過我依然惦念着，關心着，不知
他找到潘潘沒有？希望是有。還愉快嗎？
有好久未收到潘的來信，希望潘她一定好久
未收到我的信，真是唯愛難了。開始讀書
沒有？英文也開始了嗎？
夜深人靜，常在想着自己，過二十歲了，不
知自己在幹些什麼事？甚至事無成，可
悲！可嘆？也可恨？更可憐！男人對事
業的敏感，正如女人之對自己丈夫那樣在乎的。

下回再談

祝

快樂加咖啡

愛妳
政成 69.元.17 晚

自由牌出品

潘．書裳：

每當一日消失，就增加心頭許多感慨。
好久沒見着妳，那種相思之情，那種愛妳的深，
那種念潘潘之切，如何用我一支拙筆來形容書
寫呢？請我問一聲，潘妳近況可好？
結訓了，腦子隨之成空。打算打好行裝，回我高雄。
昨晚給妳寫了封信。
陳銘銓回去，我順便叫他買一套書給妳，不知妳
收到否？喜歡嗎？為了妳見我親筆字跡，我先
寫好詞，他帶着貼上去。還喜歡嗎？ 69.1.18 北市

19 晚我又回到高雄，妳未已經返台了，高雄

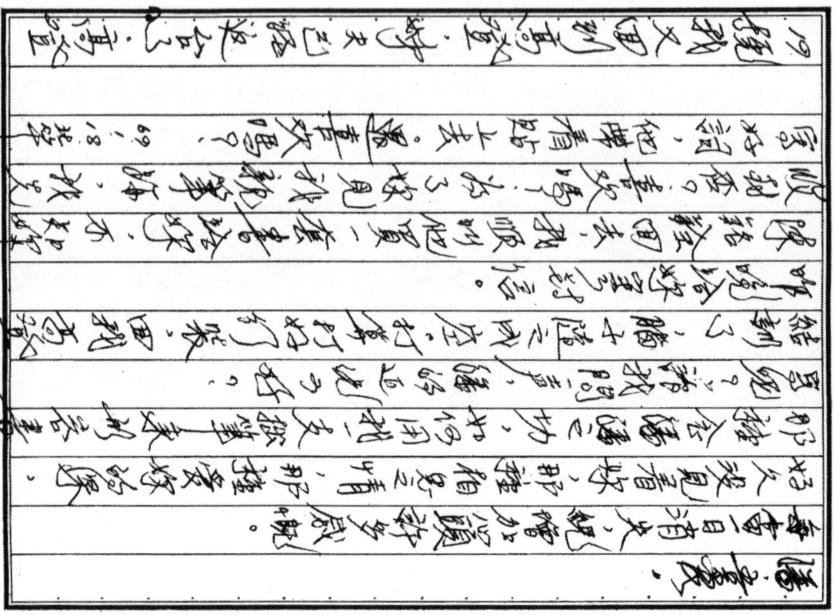

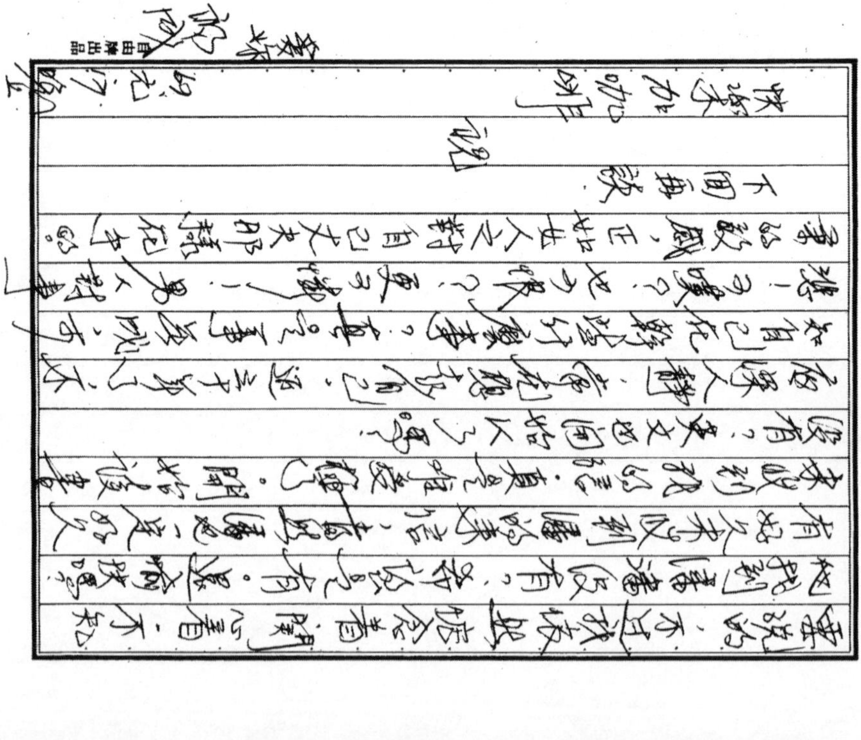

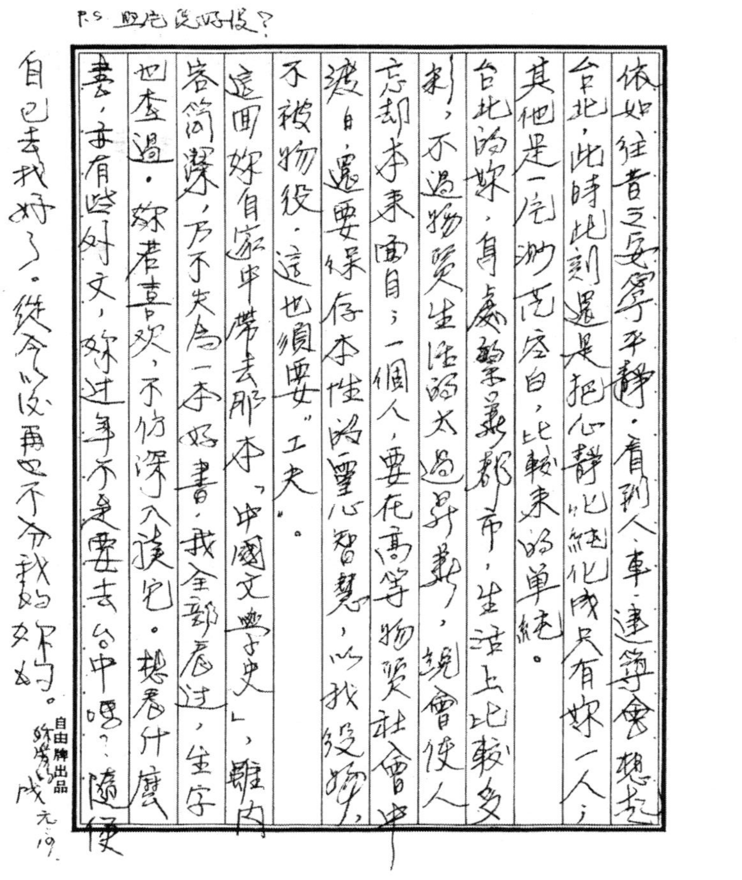

P.S. 照片洗好沒？

依如往昔之安寧平靜，看到人、車、建築會想起台北，此時此刻還是把心靜化成只有妳一人；其他是一片沙漠空白，比較來的單純。台北的妳，身處繁華都市，生活上比較多刺，不過物質生活的太過異數，就會使人忘卻本來面目；一個人，要在高等物質社會中獨自，還要保存本性的靈心智慧，以我發揚，不被物役，這也須要"工夫"。

這回妳自家中帶去那本「中國文學史」，雖內容簡潔，乃不失為一本好書，我全部唸過，生字也查過。妳若喜歡，不仿深入讀它。想看什麼書，並有些好文，妳过年不是要去台中嗎？隨便自己去找好了。從今以後再也不令我的好好好好。

自由牌出品
戌元.19.

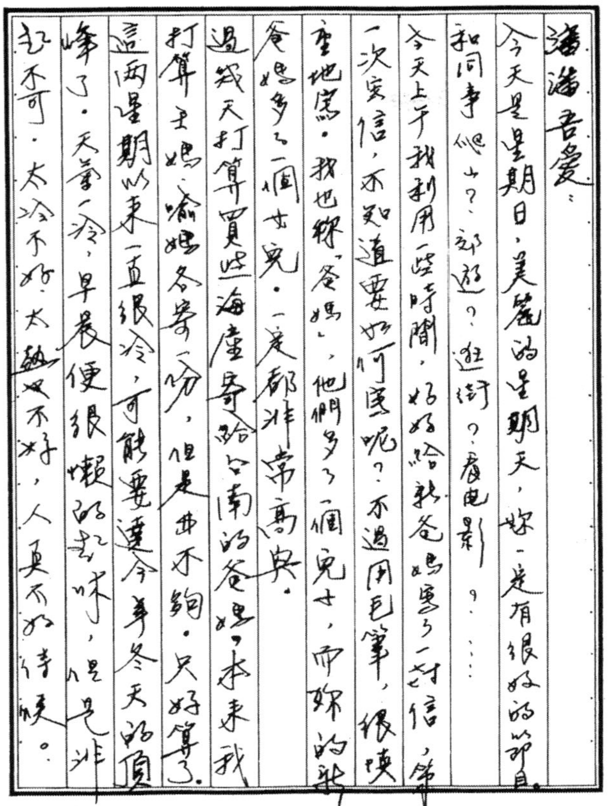

瀟瀟吾愛：

今天是星期日，美麗的星期天，妳一定有很好的節目。和同事爬山？郊遊？逛街？看電影？……

今天上午我利用一些時間，好好給我爸媽寫了一封信，第一次寫信，不知道要如何寫呢？不過用毛筆，很懊喪地寫。我也稱「爸媽」，他們多了一個兒子，而妳的新爸媽多了一個女兒，一定都非常高興。

過幾天打算買些海產寄給台南的爸媽，本來我打算王媽、喻媽各寄一份，但是錢不夠，只好算了。

這兩星期以來一直很冷，可能要達今年冬天的頂峰了。天氣一冷，早晨便很懶的起床，但是非起不可。太冷不好，太熱也不好，人真不好侍候。

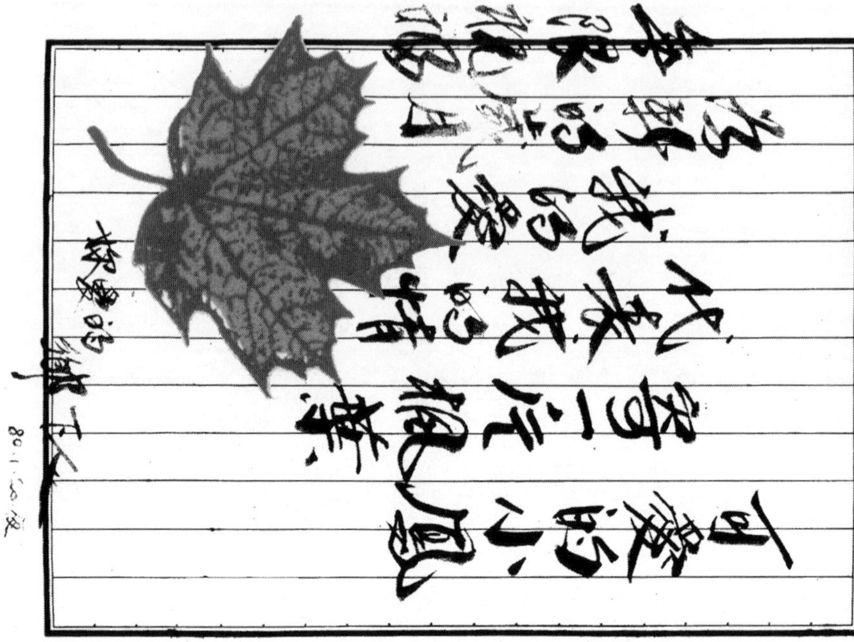
可愛的小鳳
寄一片楓葉
代表我的情
我的愛
為輕的歲月
無限祝福
妳愛的 鄉下人
80.1.20.夜

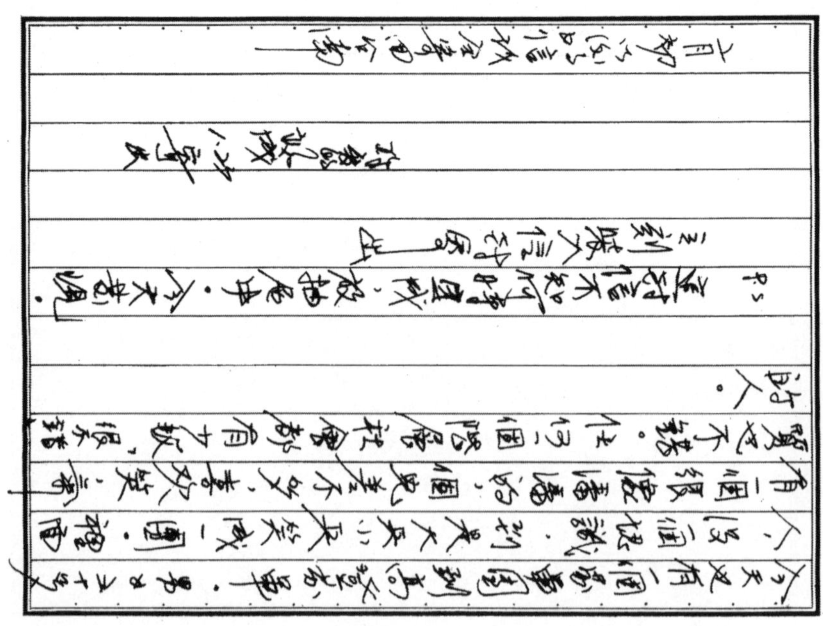
今天又有一個畢業團到高[illegible]。男女五十多人，沒一個認識，到是大兵小兵笑成一團。裡面有一個很像潘潘的，個兒差不多，喜歡笑，[illegible]也不錯。任何一個階層社會都有少數"很不錯"的人。
P.S. 這封信不知何時寫成，放抽屜中。今天整理。立刻裝入信封寄出。
妳愛的 誠成 1.24 寄出
[illegible]的信我全寄回[illegible]

潘潘：

今天來了許多十幾天前的報紙，每次一來是大堆如舊書攤。也有很多有趣的新聞。我很喜歡剪貼，惜無太多時間。所有目前大分三類剪貼：教育、經濟、法律。以前還有室內設計、藝術等許多。

這種興趣雖談不上"成就"，卻是很好的習慣，不是嗎？

偶然發現這篇有關記憶、學習、讀書方法的作品。因為這是妳常問起的問題，所以也寄給妳參考。每人所理解出來的讀書方法不同，我們總要以別人經驗為自己經驗，逐漸修正自己的方法。

這篇"人生的挑戰"很有啟示和修正每個人的人生觀的作用，故也寄給妳。我們在不同的環境中生活了25年，各自建立了不同的人生觀。（大原則依然有許多很相似）其他事的見解看法多少有些差異。到28年我們結合了，這一男一女，在不同環境長成，突然快要成為夫妻。他們必須用許多耐心、愛心、諒解、互助才可幸福共處，潘說對不？所以我雖已和潘潘訂婚，但我還努力於我們之間的溝通。

大約再等四天才有妳的信，真慢！每天給妳寫信，卻都要等好久才回來。如果不是有一顆永恆不變的愛心在支持，我想天下男人可能沒有人會勤奮寫信了，有潘在做精神鼓舞，有潘的愛心存在，我想我一生不懼失敗，因為失敗了我會再站起來。

最近讀書有無心得，英文還好不？如果始終讀

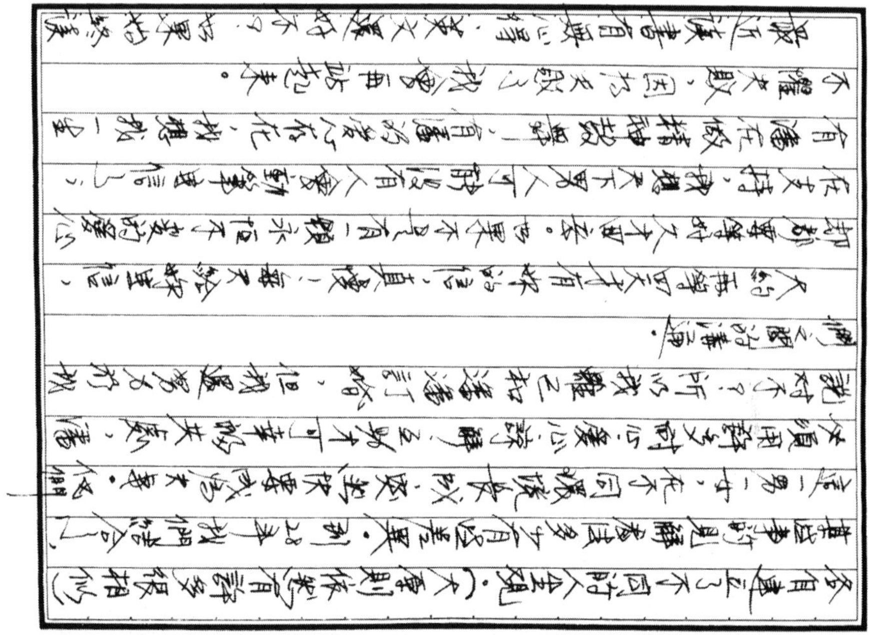

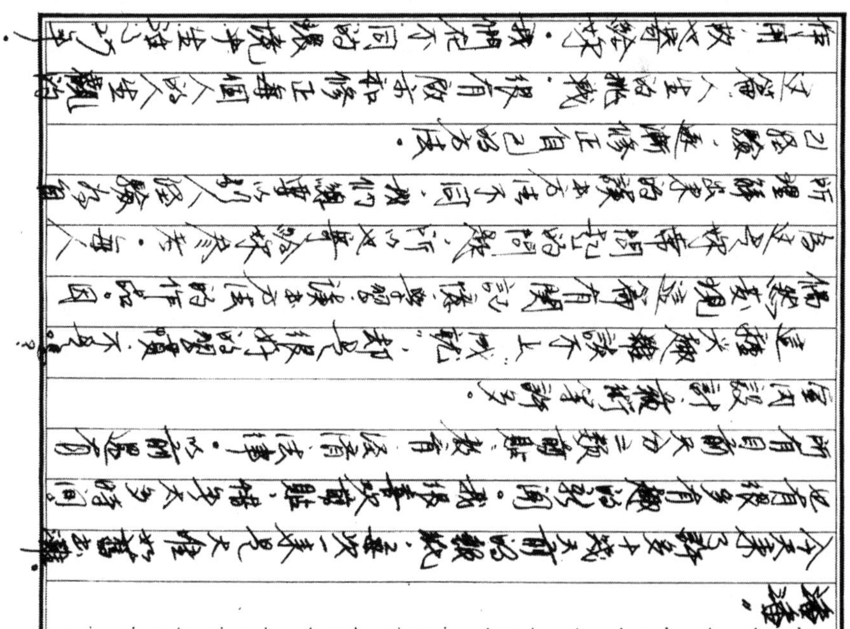

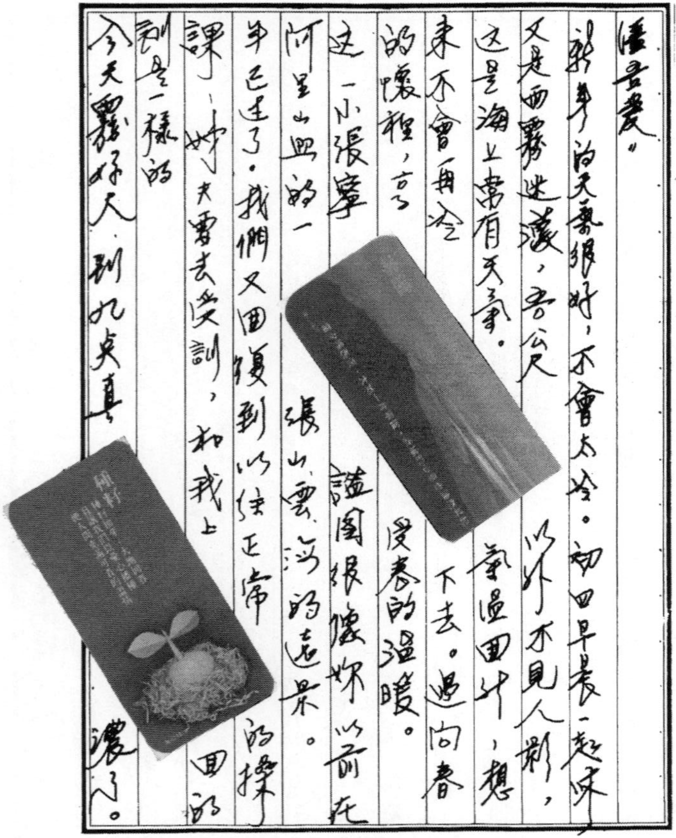

濃霧。
新年的天氣很好，不會太冷。初四早晨一起床，
又是雨霧迷濛，五公尺以外不見人影，
這是海上常有天氣。氣溫回升，想
來不會再冷下去。過向春
的懷裡，享受春的溫暖。
這一小張寧謐圖很像妳以前在
阿里山照的一張山、雲淡的遠景。
年已過了。我們又回復到以往正常的操
課，妳大要去受訓，和我上回的
訓是一樣的
今天霧好大，到九點真濃了。

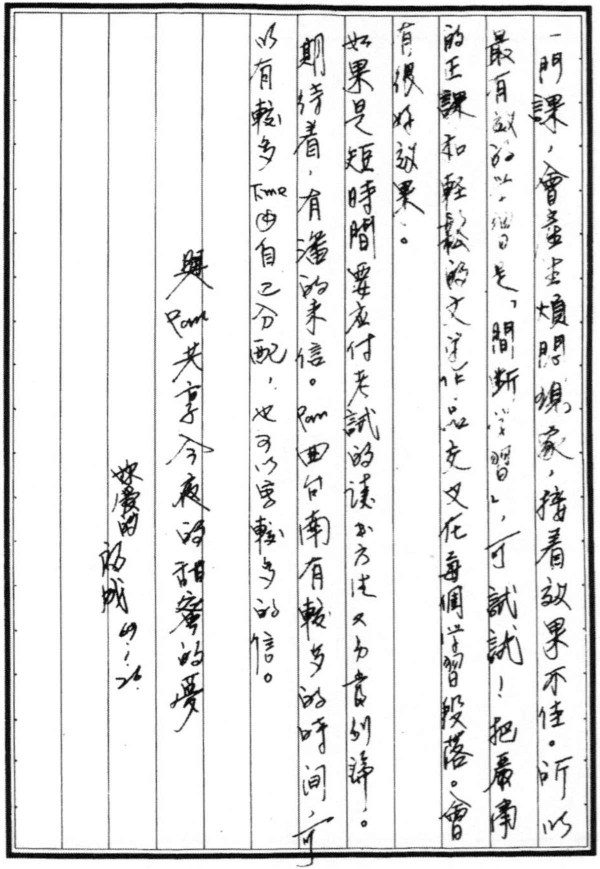

一門課，會產生煩悶倦怠，接着效果不佳。所以
最有效的學習是「間斷學習」，可試試！把最常
的主課和輕鬆的文學作品交叉在每個學習段落。會
有很好效果。
如果是短時間要應付考試的讀書方法又另當別論。
期待着，有蘊的來信。Pam回台南有較多的時間，可
以有較多Time由自己分配，也可以寫較多的信。

與Pam共享今夜的甜蜜的夢

妳愛的
路城 69.1.26

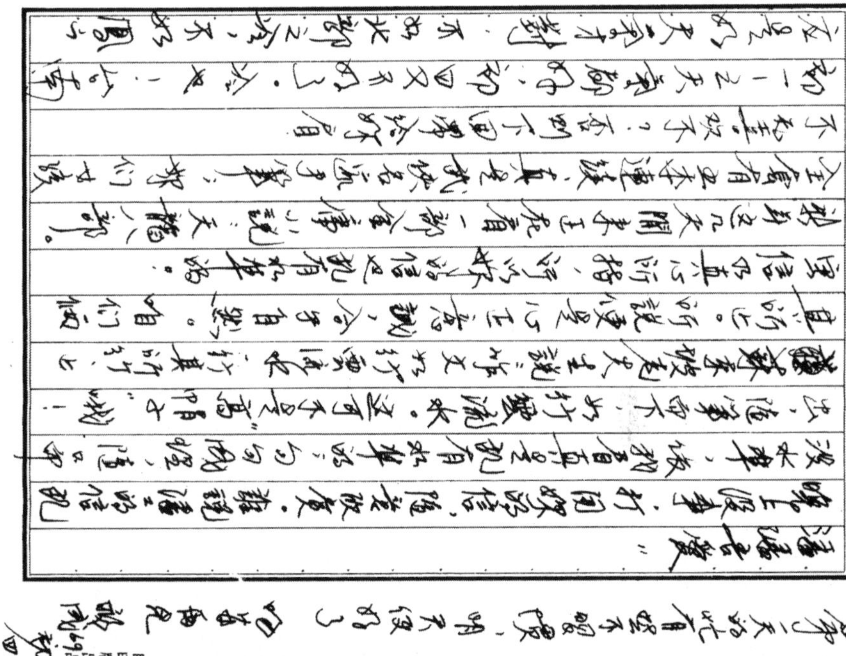

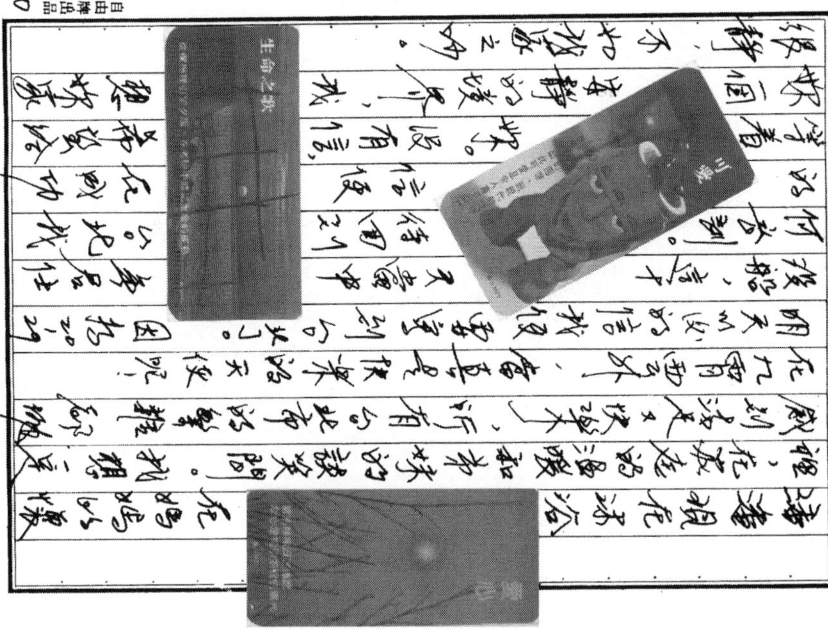

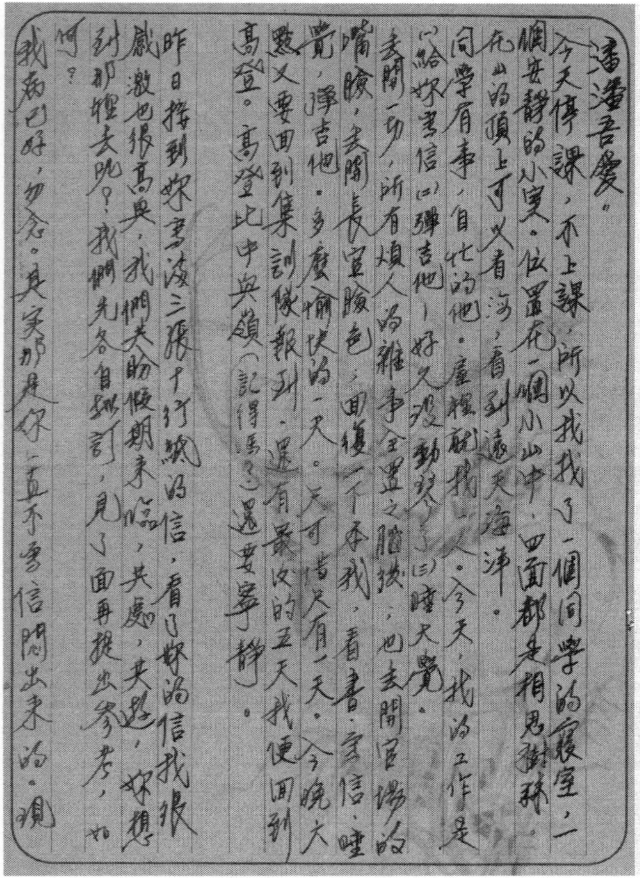

潘潘吾愛：

今天停課，不上課，所以我找了一個同學的寢室，一個安靜的小室。位置在一個小山中，四面都是相思樹林。在山的頂上可以看海，看到遠天海淨。同學有事，自忙的他。屋裡就我一人。今天，我的工作是(一)給妳寫信(二)彈吉他，好久沒動技了(三)睡大覺。丟開一切，所有煩人的雜事全置之腦後，也丟開官場的嘴臉，丟開長官臉色，回復一下本我，看書、寫信、睡覺，彈吉他。多麼愉快的一天。只可惜只有一天。今晚大概又要回到集訓隊報到，還有最後的五天我便回到馬登。馬登比中興嶺(記得馬登?)還要寧靜。

昨日接到妳寫滿三張十行紙的信，看了妳的信我很感激也很高興，我們共盼假期來臨，共處，共遊，妳想到那裡去呢？我們先各自擬訂，見了面再提出參考，如何？

我病已好，勿念。其實那是妳一直不寫信悶出來的。觀

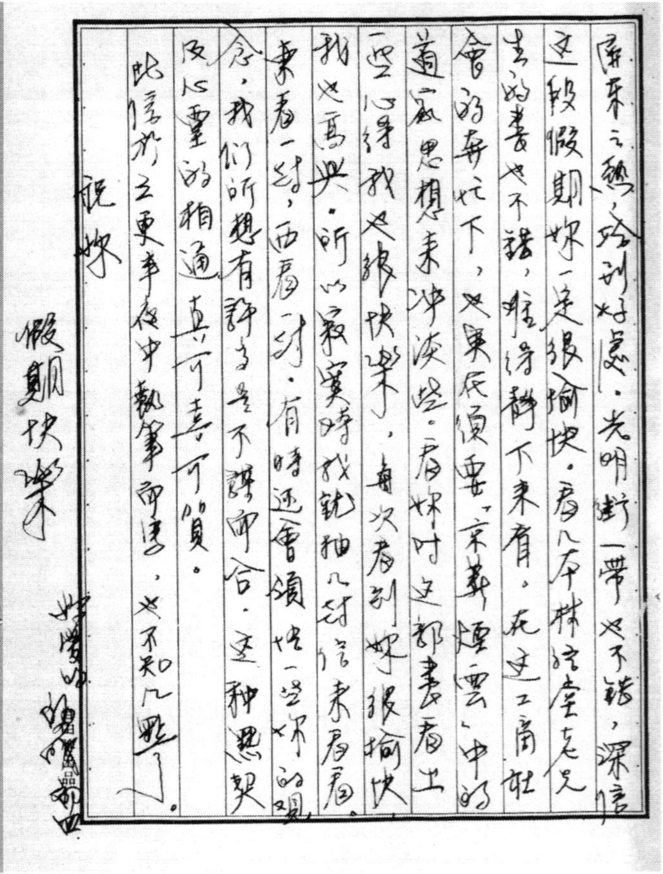

解除之熱，玲利好處。光明街一帶也不錯，深信這段假期妳一定很愉快。看几本林語堂先生的書也不錯，難得靜下來看。在這工商社會的奔忙下，也更在偶而要「京華煙雲」中的道家思想來沖淡些。看妳的這部書看出一些心得我也很快樂。每次看到妳很愉快我也高興。所以寂寞時我就抽几封信來看看，東看一封，西看一封。有時還會領悟一些妳的觀念，我們所想有許多是不謀而合。這種默契及心靈的相通真可喜可賀。

此信於五更半夜中執筆而得，也不知几點了。

祝妳

假期快樂

那有妳的信，我會健康又快樂哩！因為我們彼此
都已成對方生活的一部份，要把這一部份省略，不但不習
慣，而且不可能。沒有妳，我的生活成了不完全。潘潘，妳
呢？相信也是如此。
每個年青人都有一些夢，妳我並不例外。所以我們只管
去實現自己的夢，何懼呢！只要我們根據自己的各種因素
來建立自己的夢園，這便很實際。也是成功的夢。潘，古
人言，急事要慢慢來。自然有其中道理，我們的未來還
長呢！有的是時間、精力可以建立自己的江山，是不？
潘潘有許多愛心。真情。我能體會，也許尚有那百万分之
一是我沒感受到，我將以更細微的體驗去感受。
學生英文雜誌希望能對喜歡英文的PAN有点益處，若妳喜
歡某種雜誌，不妨告訴我，我幫妳訂。一個人也好，一個家庭
也好，總要有一些消遣性、進修性的東西。統計學我回去再
買來。反正最近一直很忙，公事又很多，例如現在要訓練
一点時間也沒有，從早忙到晚……。
晚安故事。潘很會想，現在就開始準備，以後當咱們
的寶寶的他叫她，一定很幸福。有一個細心入微的媽媽。
說到買書，咱們兩都喜歡，以後我們都不知要買掉多少
書。奇怪！三分吃糊，把要買書我也捨得。人，真怪。上個
月我向台灣新撈了二套書—一些精語室的書，北、中、南、東台
灣最佳去處；胡適研究。都尚未寄到，不知是否又被吃
掉。
看了妳的信，知妳生活還滿愜意。音樂、小說、上課，陶醉了妳
也陶醉了我。因為我因妳而高興。我想起蔣總統當院長
時有句勉青年朋友的話：
當你哭的時候，全世界只有你一人再哭；
當你笑的時候，全世界的人都跟你一起笑了。
今天是大好的天，感謝上帝。寫完此信，我想倒在床上看書
何時睡著便何時睡。願帶妳入夢來，夢總是甜美的。
夢中再帶給妳一個熱情如火的吻在PAN的唇上

愛妳的丈夫 [illegible]
六九、六、二十

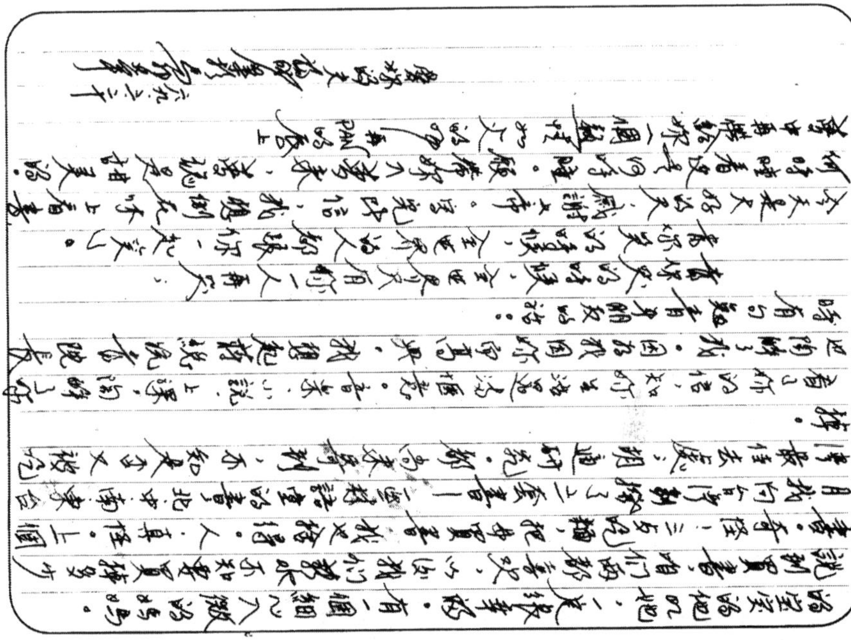

潘潘吾愛：

今天收到妳的兩封信，很高興。四月初妳要休假，只可惜我的假排在五月初。真不巧。我想妳在家和爸媽一起一定也快樂如常；看書、看小說、賞花、睡懶覺、做菜、煮飯，和家人「擺龍門陣」等，不也一大快事。

我買的一套「中、北、東、南台灣最後戰役」那套書已寄來，560元。史學中我在新文藝發現一本「中國新文學史話」都未寄來。林語堂的書也未寄來。最近真的買了不少書，趁現在未結婚多買些喜歡的書，婚後大概要省點，省下來給太太買東西（哈！哈！）。

看妳的信深覺安慰高興，必竟咱們都經歷了人生一段不算短的歲月，對一些事物的觀察總比較客觀。對愛也較有更深之認識，如此對咱們以後的婚姻生活有莫大之幫助。

謝謝妳對我"肚子裡有一點點東西"的讚美，妳的讚美引起了我的自省：我的底在哪裡？我以後尚有一點勇氣把作品送往出版社。多年前我就有意願這一生定要出版几本值得紀念的書，只惜到目前一事無成。不知潘潘會不會笑我，因為這種場面我還是很害羞的。寫作並非我的工作或事業，說好聽是kill time的副產品，或是寂寞歲月的產品，反之那是我對人生之黑暗、不滿、現實而把生活美化的一種產品——不得不美化之。

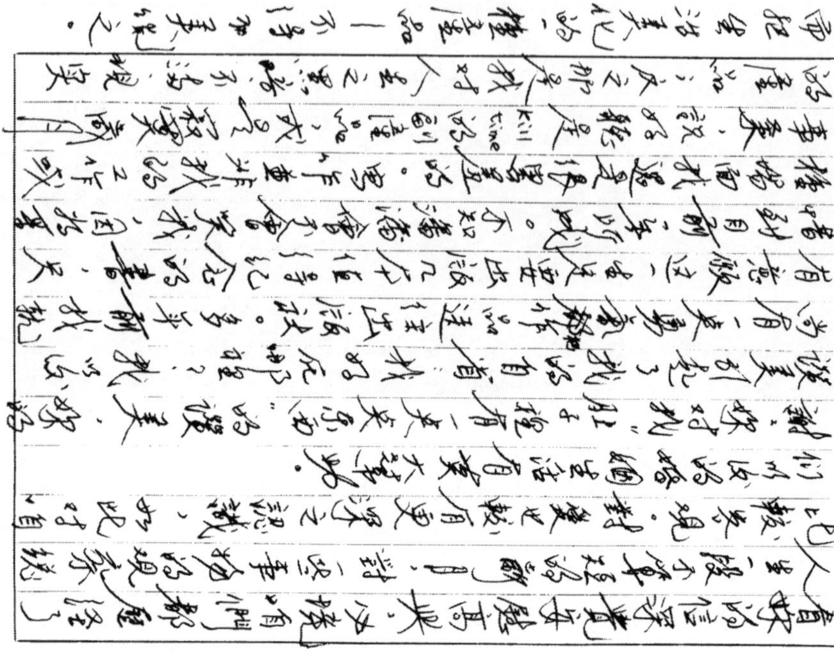

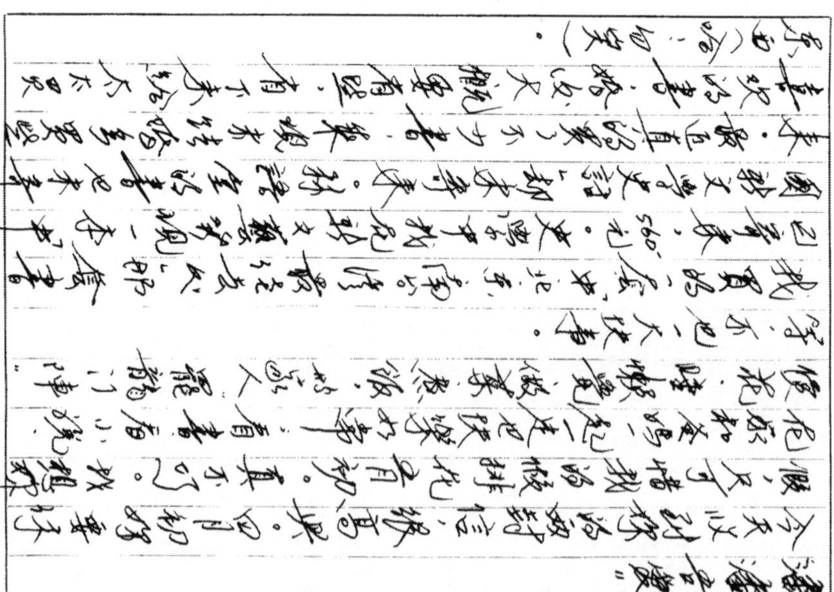

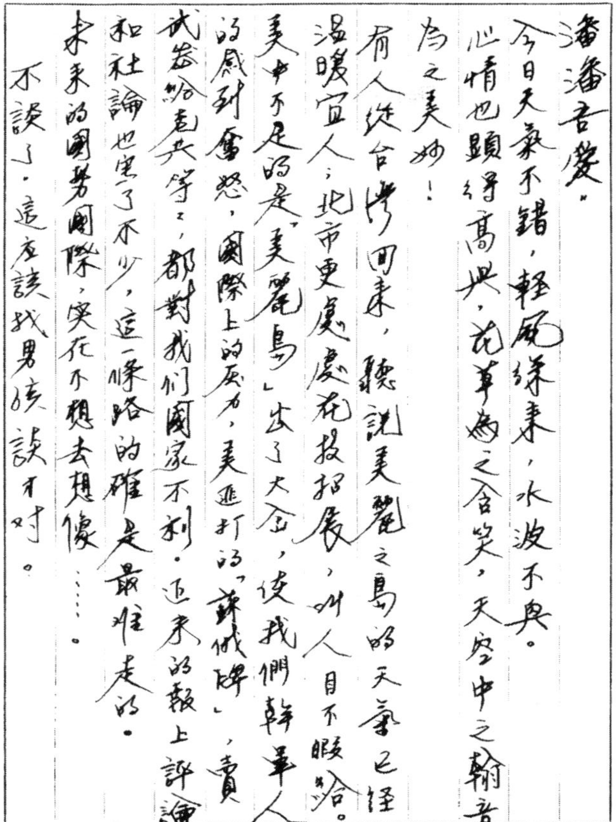
潘潘吾愛：
今日天氣不錯，輕風徐來，水波不興。
心情也顯得高興，花草為之含笑，天空中之翰音
為之美妙！
有人從台灣回來，聽說美麗之島的天氣已經
溫暖宜人；北市更處處花枝招展，叫人目不暇給。
美中不足的是「美麗島」出了大亂，使我們的華人
的感到憤怒，國際上的反應，美匪打的「蘇俄牌」，賣
武器給毛共等等，都對我們國家不利。近來的報上評論
和社論也寫了不少，這一條路的確是最難走的。
未來的國勢國際，實在不想去想像……。
不談了。這麼談我男孩談不對。

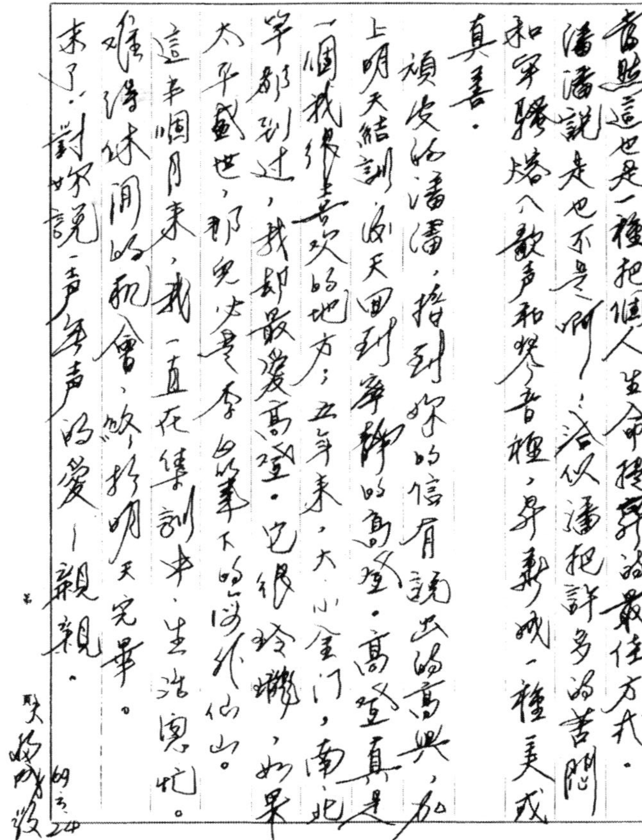
音樂這也是一種把個人生命提昇的最佳方式。
潘潘說是也不是啊！？恰似潘把許多的苦悶
和寂寞溶入歌聲和琴音裡，昇華成一種美或
真善。
頑皮的潘潘，接到妳的信有說不出的高興，加
上明天結訓，後天回到寧靜的高雄。高雄真是
一個我很喜歡的地方；五年來，大、小金門，南北
竿都到過，我卻最愛高雄。它很玲瓏，如果
太平盛世，那兒必是李白的筆下的世外仙山。
這半個月來，我一直在集訓中，生活忙碌地
難得休閒的機會，欣於明天完畢。
末了，對妳說一聲無聲的愛——親親。
大[illegible] 69.3.24

結婚前潘潘是要添一些新裝及某些女用品，生長
在如此的一個年代裡，女孩子真可謂「天之嬌女」。為
女孩設計的許多東西，當然要享用些，至少摸其
邊；尤其婚姻也有「純情派」，男孩的欣賞，太太說要
打扮一下自己，在能力以內我還是很高興的。
所以咱們可逐漸地做，鳳嬌來一封信說年後人閒
得發慌，成天無所事事（農曆年後是衣服的淡季）。
潘潘想做什麼衣料，不妨先探行情，為準了待我
回去，便帶妳去買。如何？
至於我嘛！比較其次。軍人便衣穿的機會不多。
有個幾件也就可以了，男人很少在這方面做比較。
下週我要到南部考試，大約十天才回高雄。這

是主官級幹部每年例行的考試。這十天可能要忙
些，會比較少給妳潘潘傾訴生活實況，不過我會盡力
找時間，寫信給妳是我一向kill time的方法。
前幾天人清閒些，所以我買了些紙筆，一方面習作，
一方面為咱們倆訂婚留個紀念，做為妳的鼓勵。畫完後我
用簡單工具把它裱了起來，打算把它寄給妳。畫
是我喜愛的東西，可惜從小未曾拜師，也未學過，只用
幾本畫書自娛，不能精進。許多事總是都很無奈。
所以我們的下一代千萬不可把同樣之缺，小孩須要
教育、培養；尤其有計劃之培養，可使小孩走上
一條康莊大道，踏穩人生的第一步，下一代有前途，
父母也安心。

近讀國文遺教一書，他對中國民族計劃的週密偉
大真叫人嘆為觀止，不愧為全世所敬仰的偉人。
想一想自己，一介凡夫俗子，如恆河砂之微小，感慨良
深。若不知上進，實白讀了聖賢詩書，愧對偉人教
誨；將何以面對妻子？面對朋友？又如何面對自己的下
一代？
一個想成功的男人，若無一個成功的女人，則一切都
歸入烏有而成為零。有潘潘在我身邊，伴我共行。
但願順利、成功、幸福、快樂。
我們所願
奏一曲晚風吹，吹進君心扉，愛將更恆久。
夫 [illegible]‧劉有誠于高雄

潘潘吾愛：
今日整理行裝，預定明日遠赴南部參加考試
有文試有武試，名目煩多，真煩不勝煩也！
今日把國畫釘個長形小箱裝起，寄出，盼妳
早日收到。上有題字：
為我倆訂婚而作
在我倆之間
劉永恆的愛
劉永恆的情
近二個月以來，人覺得不定，因公事而東奔西走。
走得有些煩，所以對高雄的寧靜很喜愛。雖

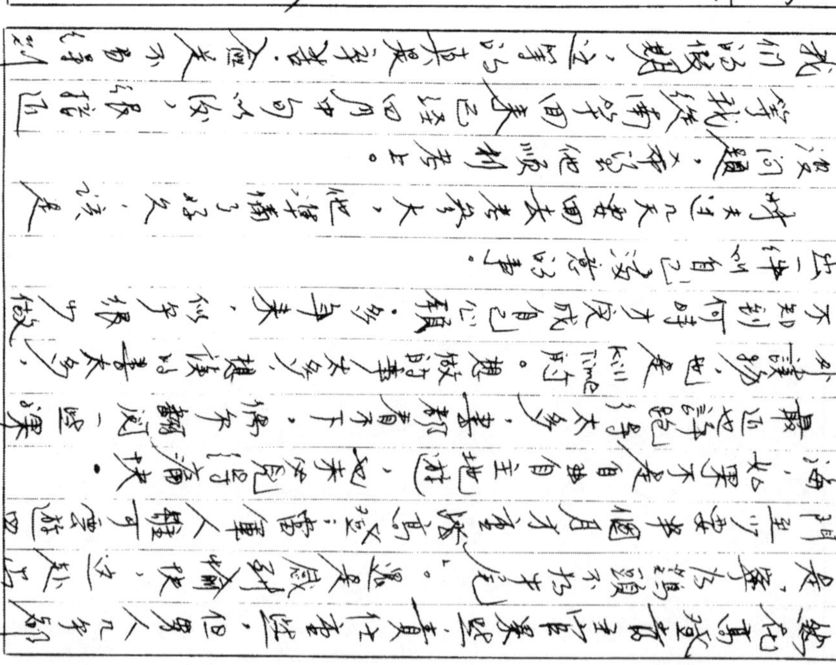

雖在高登當主官累些，責任重些，但男人几乎都是「寧為雞頭不為牛尾」。還是感到愉快，這趟出門至少要半個月才重踏高登；當軍人雖可雲遊四海，如果不是自由自主地遊，也未必見得痛快。

最近也許跑得太多，書都看不下，偶爾翻閱一些課外讀物，也是kill time的。想做的事太多，想讀的書太多，不知到何時才完成自己心願。多年來，似乎很少做出一件叫自己滿意的事。

時夫過几天要回去考參大，他準備了好久，該是沒問題，希望他順利考上。

等我從南竿回來已經四月中旬以後，很接近我們的假期，這等的真是辛苦。愈是不易得到

的愈是珍貴，也代表咱們感情之濃厚，因為我們須要對方也愈迫切。

今天天氣不好，早上細雨，下午大雨。下午睡了一下午。寫信的此刻尚是昏昏沉沉的，所以沒什麼思考，也沒有美感。早些停筆好了。

祝

萬事如意

夫 詩明
69.4.1.

遠遠香處。

外面下着大雨，好久沒有如此突然地不通知一声就闯進窗

大雨。大約十分鐘前吧！剎那間天地變色，風雲四起，

雷声也由遠而近，帶來一陣淒風驟雨。不似春雨

春雨雖然但很闲翻。人很舒服。

書已給妳寄出，不日將可收到。妳對知識學問的

追求自始至終都叫我讚佩不已，一個任何男孩喜

愛一個女孩，皮之美態，上進心是很重要的。我想

妳不可否認吧！這便是"條件"之一，這種條件

是自然產生，這種條件有多数種。

在我以為"前進"本就是人之本能，一株樹是由

下往上長，如果上面有東西擋住，也會找其他路徑，

依然向上爬；如果一株草萌芽時被石塊压住，它也

會尋出一條可以走的路走下去，直走到死了！乾了！

被割了！它絕不自我結束旅程。自然界有許多事可

以為人師者，可以啟示者。人在生態界比草的等級高

多了。更應善自發揮我們與生俱來的本能—前進。

才不知人類聰明，數目字是由一↓十，而非十↓一。

當然人性亦有許多大缺点大洞，那並非不可補。

朱炎先生一本書叫"苦澀的成長"，有如此一段話：

＊人性有多数弱点，唯愛能補救這些弱点；人生有

多数缺憾，唯愛能彌補這些缺憾；人間有多数

暴戾和醜陋，唯愛能化人間的暴戾為祥和，化醜

陋為美好；人際關係裡有多數閡隔與鴻

潘潘吾愛：

我又在田野高登了。昨天中午回來，就緒完畢，昨晚睡了一個好覺，睡得沉沉，一覺到天亮。

一早起來，涼風起，很冷，早晚依然是很冷。所以我這究還是大衣夾克穿在身上。有二十天沒往高登，更感高登的親切，也許是「小別勝新婚」的心理作用。高登雖然荒涼，一無所有，但是，如果妳來——可惜妳沒有機會——妳一定會喜歡這海中小島。晨觀朝陽，夕望落日；雪白的海浪翻飛衝擊，帶給人是心境上的一種愜意。有位哲人的一句話"海浪衝擊看海岸，才有美麗的浪花。"人生要不斷地衝擊。正合乎咱們老大中國人古語「天行健，君子以自強不息」。

溝，唯愛能填平這些間隙和鴻溝。

潘潘，妳以為呢！難乎？易乎？高論乎？

雨停了；風也停了。

風雨來時，實有寂寞感；風雨止息，信也將完成。

今晚有人請吃飯。高登雖是一無所有，但是宴會也是常有，大家輪流來，吃得不亦樂乎。我對吃很有限量，有時也碰到非大吃大喝直到醉，否則不能全身而退。真是不亦苦哉。

現在是下午四點，快開始了，妳不在身旁，否則帶妳去擋酒。啊，妳給人擋過酒沒？

bye-bye

好夢串串……串

夫 成 敬
69.3.30.

國軍標準規定No.3-1-14(19×26.5)cm28½磅打字紙 @100 68. 9. 4500本 中心印

國軍標準規定No.3-1-14(19×26.5)cm28½磅打字紙 @100 68. 9. 4500本 中心印

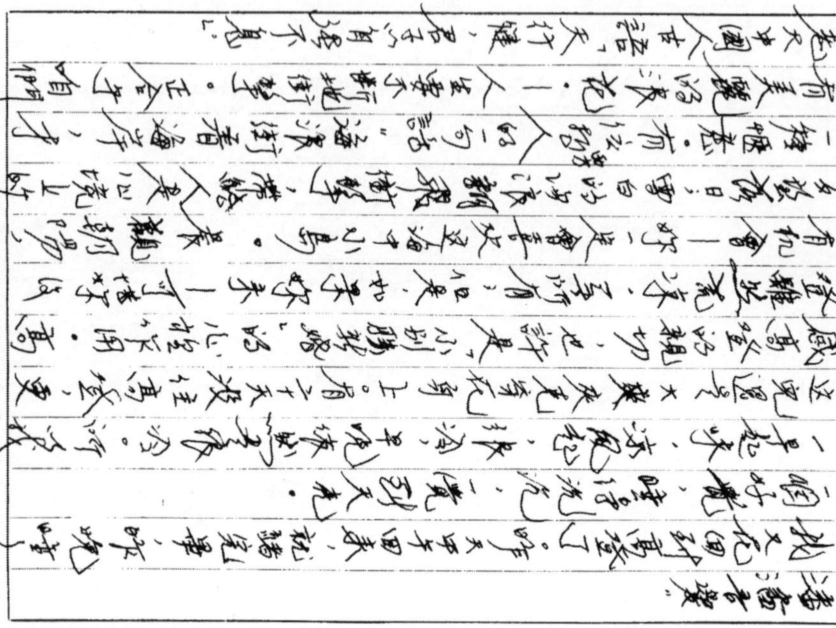

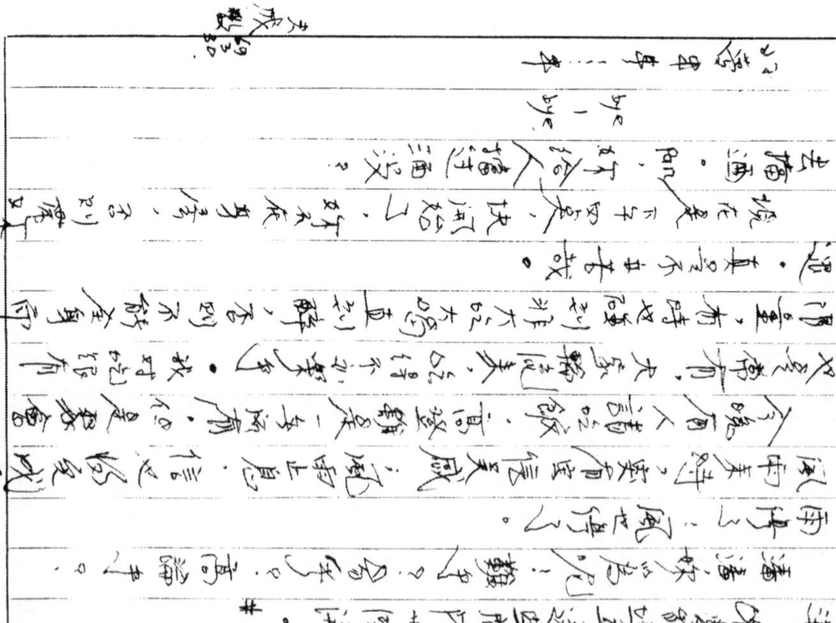

啟示人們要不斷奮鬥，要不斷力行。這是我從小時候就有的一個觀念。成敗自是另當別論，不應過份計較，只要不斷去做便可，盡心盡力做下去，便無所謂失敗，因為失敗也是成功的。

有好几天沒有執筆向遠遠寫信，內心有話要傾思，妳都遠在天邊；傾聽飄逸的白雲把我的情帶到妳心中，輕吹的風兒代我向妳細語。有時生活在感情世界裡也是件快樂的事。

妳常說我天真和樂觀，我也不知是我天生還是環境養成。也許從小在逆境中磨練的不向一切屈服，造成自信心太強的因素。我對自己及四週一切有許多不滿，但亦無可奈何！只好把它看破看穿，別人看起來

好像我很天真、樂觀。我是否真的如此呢！我倒是希望自己如此。但我不希望自己對什麼事情看破、看穿；一個人到這地步，生活之喜於樂，人生之有無，生命之存於不存，都已非重要的事了。

這兩天又冷起來，不過不如年前之寒。

最近來了一些新產品一米力達P，飲的不亦樂乎！謝謝後方善良的百姓，謝謝大家對軍人的支持一包含妳。

最近我們發了一些口香糖，我寄八個給妳。這叫求生口糧。一條是每人的一日份，換言之，每日吃一條，就可維持基本的生命。

妳要的教育心理學，本來想讀，假如不用，還有一個月故先寄給妳看，我已讀完，很有意思。

送妳一帶給妳一個甜美的夢之吻

美 成發

國軍標準規定No.3-1-14(19×26.5)cm28½磅打字紙 @100 68. 9. 4500本 中心印

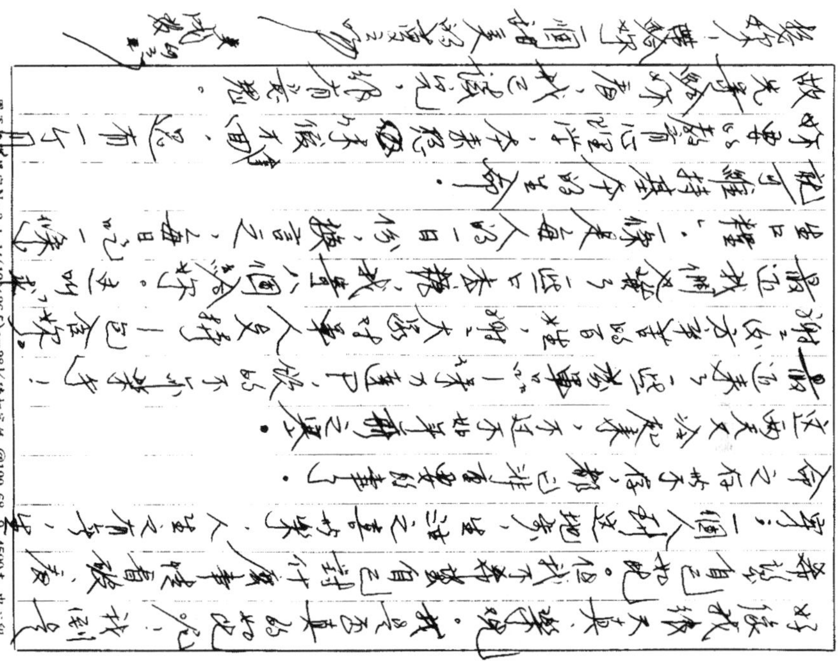

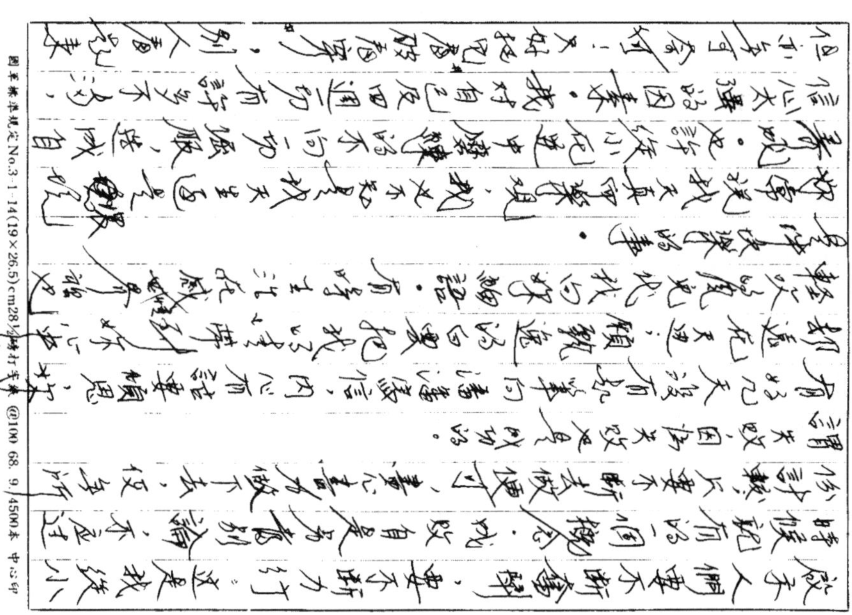

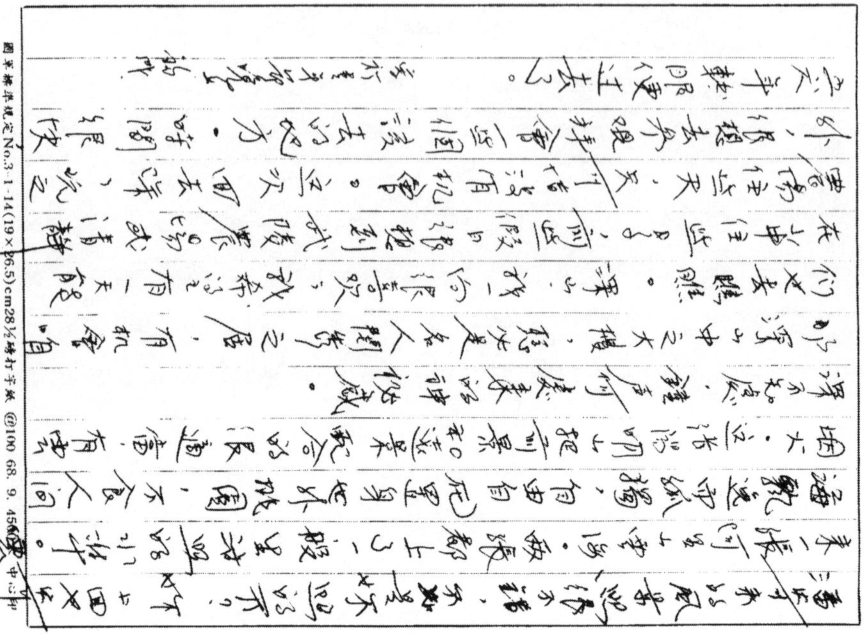

潘潘：

今天想找個時間給妳寫信，卻忙到晚上十點。

這一天就這樣忙忙過去了。

將要息燈就寢，祝妳一夜將入夢。

一睡到天亮，明天又是一個具有24小時的一天。

我們共勉：

每天都是充足的24小時

甚至更多26小時28……

[illegible]隨筆

69.3.22

國軍標準規定No.3-1-14(19×26.5)cm28½磅打字紙 @100 68. 9. 4500本 中心印

潘潘寄來的風景照很不錯，你說是妳照的嗎？妳和田也去來一張阿里山雲海。兩張都上了一般生活照的水準。海鷗逸而孤獨，自由自在置身世外桃園，不食人間烟火。這張陽明山把前景和遠景配合的很適當，有雲深不知處，鐘聲何處來的神秘感。

那深山中之大樓，想必是名人闊佬之居，有機會咱們也去瞧瞧。深山，我一向很喜歡，我希望有一天能在山中住些日子，前些假日很想到武陵農場或清靜農場住些天，只可惜沒有機會。這次回去除了玩之外，很想去外眼拜會一些個該去的地方。時間很快，六天半轉眼便過去了。

寄於某年某晚上 的時

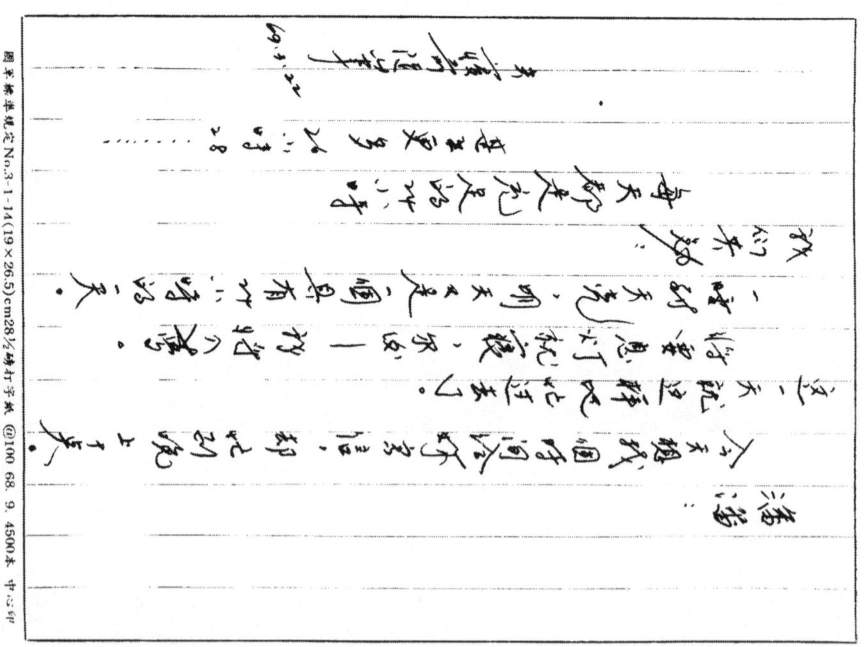

國軍標準規定No.3-1-14(19×26.5)cm28½磅打字紙 @100 68. 9. 4500本 中心印

潘潘吾愛：

妳一定很久沒有接到我的信，很急，很盼望，是不？

我四月八日早晨給妳寫了一封信之後，即刻起程去南部參加考試，考前尚有五天的考前複習。今天是四月十六日，我又回到高雄，今天中午才到的。

這段這十天當中，就像大專聯考，每天在準備東西。有几次想提筆給潘潘寫信，都因沒有寫信的環境、氣氛、心情而擱筆。只好忍著回到高雄在提筆了。

一回到高雄，首先看到潘潘的兩封信，放下行李，很累，我像遠遊的行者回到自己的屋裡飲杯茶，把自己丟到床上去。

躺在床上看妳的兩封信。然後……哼……哼……睡了一覺。現在是四月十六日的晚上，是我十天來第一次靜靜地給潘潘寫信的時間。看妳的信我很高興，心裡有好多話要訴出，奈何筆走的太慢，恨不得它能像電子印刷機一樣，一分鐘打出幾萬字。

從信上得知妳參加某小姐婚禮，我可以想像的場面和高興；亦可想像得出潘潘也會有無限想的。我們也早晚要等上路，即是我們一生很重要的時刻，我以為我們要盡力來安排。對不……

國軍標準規定No.3-1-14(19×26.5)cm28½磅打字紙 @100 68. 9. 4500本 中心印

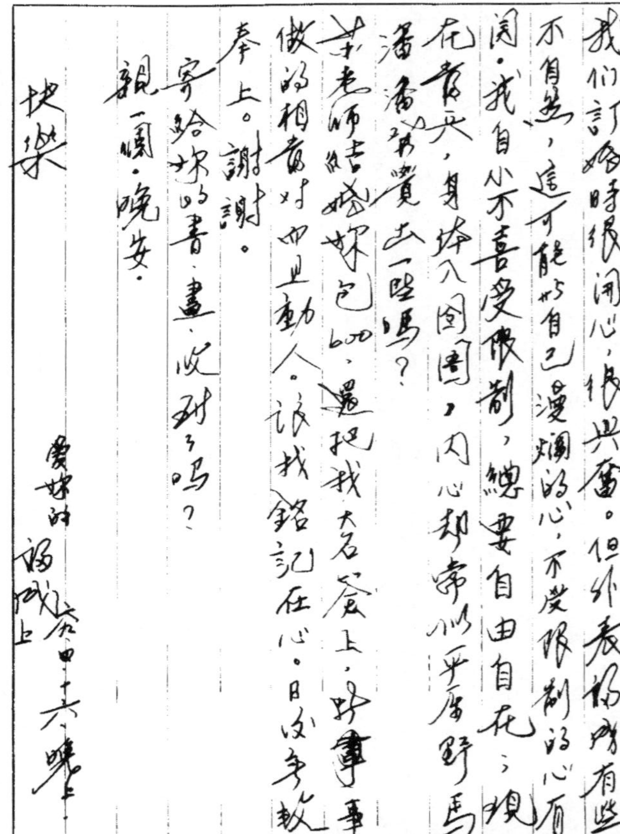

我们訂婚時很開心，很興奮。但外表有些
不自然，這可能與自己浪漫的心，不愛限制的心有
関。我自小不喜愛限制，總要自由自在；現
在喜只，身陷入囹圄，內心卻常似平原野馬
潘潘，妳覺出一點嗎？
朱老師結婚妳包600，還把我大名簽上，好事事
做的相當好而且動人。該我銘記在心。日後多教
奉上。謝謝。
寄給妳的書、畫，收到了嗎？
親一個。晚安。
快樂

愛妳的
瑞成上 六九、四、十六、晚上

國軍標準規定No.3 1-14(19×26.5)cm28½磅打字紙 @100 68. 9. 4500本 中心印

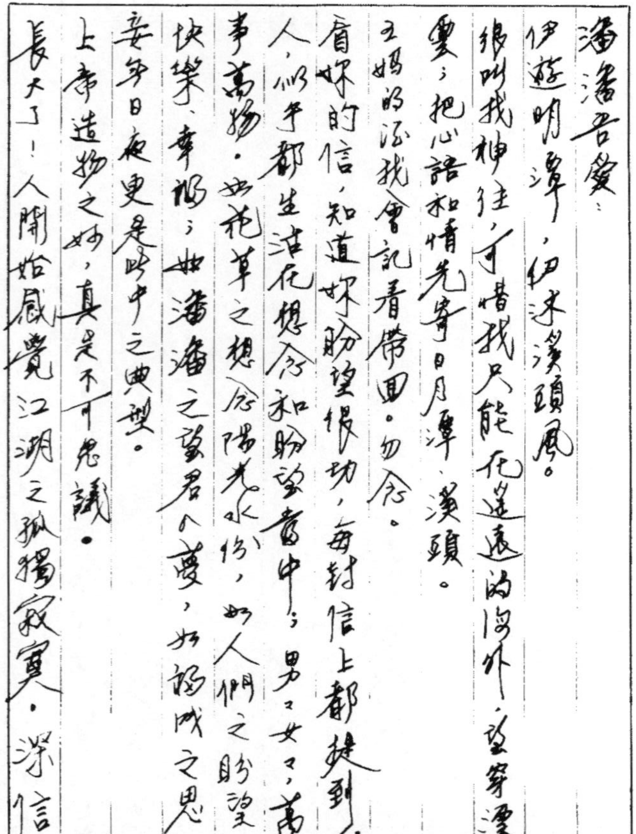

潘潘吾愛：
伊遊明潭，伊沐溪頭風。
很叫我神往，可惜我只能在遙遠的海外，望穿潭
霧；把心語和情先寄日月潭、溪頭。
五媽的孫，我會記着帶回。勿念。
看妳的信，知道妳盼望很切，每封信上都提到
人，似乎都生活在想念和盼望當中；男々女々，萬
事萬物。如花草之想念陽光水份，如人們之盼望
快樂、幸福；如潘潘之盼君入夢，如瑞成之思
妻，日夜更是此中之典型。
上帝造物之妙，真是不可思議。
長大了！人開始感覺江湖之孤獨寂寞。深信

國軍標準規定No.3-1 14(19×26.5)cm28½磅打字紙 @100 68. 9. 4500本 中心印

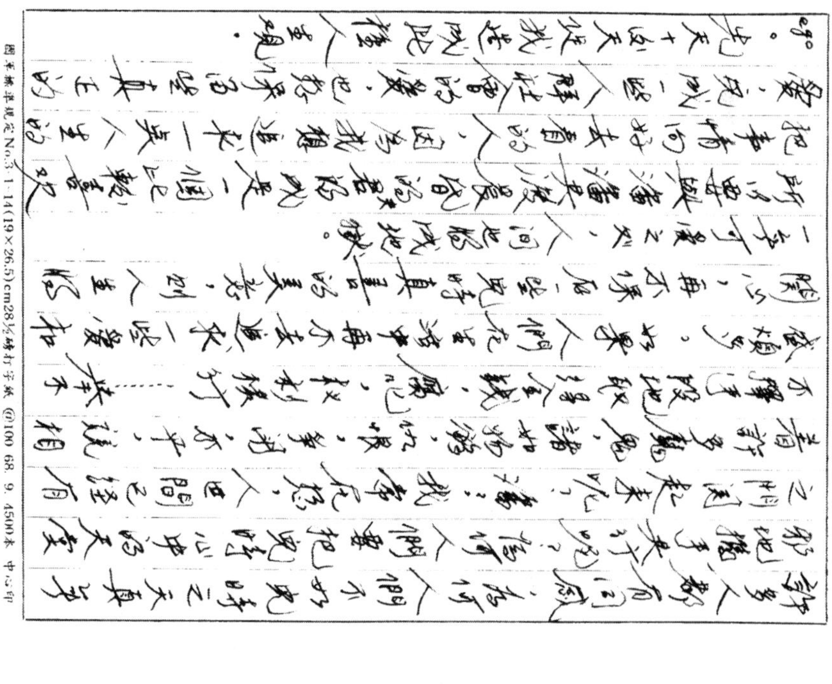
許多人都有同感，為何人們不好兒時之天真無邪地攜手共行呢？為何人們要把兒時心中的天堂之門閂起來呢？瀟瀟：我常在想，人世間已經有着許多魔鬼，諸如物欲，仇恨，爭鬥，不平，競相不擇手段地取得金錢，權力，等等……舉不盡煩多。如果人們在生活中再不去追求一些愛和關心，再不保存一些兒時真善的美德，則人生將一無可愛之處，人間也將成地獄。
所以要與瀟瀟共度晨昏的君的夫成是一個比較喜歡把事情向好去看的人，因為我想追求一点人生的愛，完成一些人群社會的愛，也想保留些真正的ego。先天十幾天促我造成此種人生觀。

國軍標準規定No.3-1-14(19×26.5)cm28½磅打字紙 @100 68. 9. 4500本 中心印

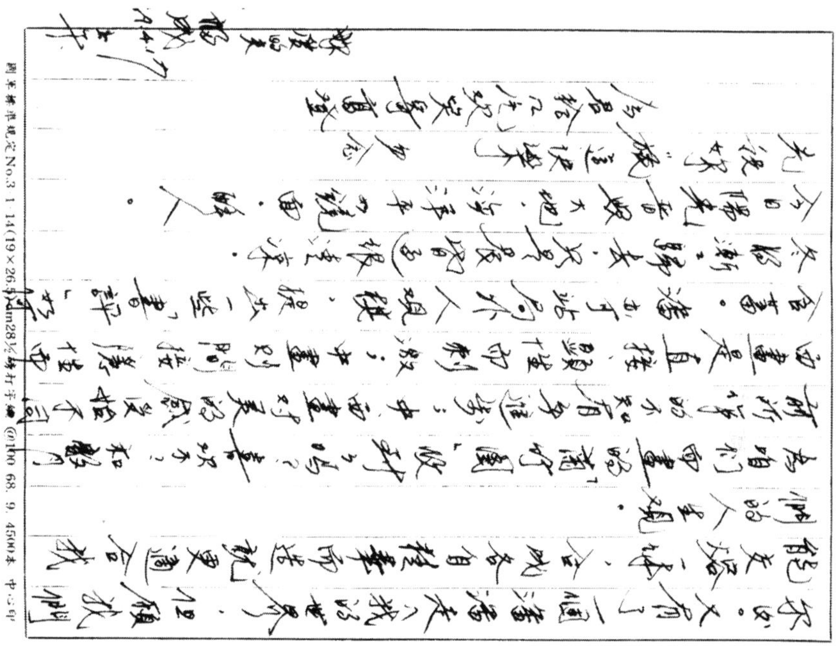
你的。又有了一個瀟瀟走入我的世界，但願我們能支援一體，合成各自特筆而造就更適合我們的人生觀。
為咱們西畫的「蘭竹圖」收到了嗎？喜歡不？和數月前所作的不知有多進步；中、西畫對美的感受始不同，西畫是直接、顯性而刺激；中畫則間接、隱性而含蓄。瀟瀟可站局外人觀摸，提出一些「書評」好嗎？
冬將漸漸歸去，只是晨昏還很凄涼。
今日陽光普照大地，海淨平如鏡面，醉人。
先祝妳"旅途愉快"
　　為君給几件歡笑寄富燈　　勿念
妳最愛的夫
暢成 1.4.17 上午

國軍標準規定No.3-1-14(19×26.5)cm28½磅打字紙 @100 68. 9. 4500本 中心印

親愛的潘潘：

時光荏苒，兒童節才過又將中旬，五月在望了。

看妳信知我們的兩個媽媽身體都有了適應家。妳遠在台北，還要來照料媽媽病，實在過意不去（雖然妳已算她女兒，總覺是「新女兒」。相信她會更喜歡妳。

台南的媽媽腳痛，這是上一代人對我們辛苦一生之後，所留下的犧牲痕跡。每次想到老人家許多病痛，那家庭的奮鬥歷程，時代之悲歌，個人之命運等，都忍不住要感慨萬千。我沒合休假，咱們再回台南看看媽媽。

不知我找嫂媽媽喜歡吃些什麼東西。

洪嘉妙自始至終我就很感謝她，除了我和她丈夫有不同友情之外，她的樂意助人、開通見解都

國軍標準規定No.3-1-14(19×26.5)cm28½磅打字紙 @100 68. 9. 4500本 中心印

不愧是位"現代婦女"的風範。她對自己愛情的執着也很叫人佩服，妳常和她接觸，女伴是常會談些較深入的問題的。不久後，妳和她一定談的來。她叫妳"潘妹"，對不？妳！妳有一個妹妹了。她是婦幼衛生的內行人，妳想了解的，她該可以給妳滿意的答覆。

我昨天才接到她丈夫的信，談些"男人的事"。

今天沒事，給妳寫封信。等一下想坤打中媽媽。然後去教個手，后河……

祝

愉快

夫 [illegible]
4.9

國軍標準規定No.3-1-14(19×26.5)cm28½磅打字紙 @100 68. 9. 4500本 中心印

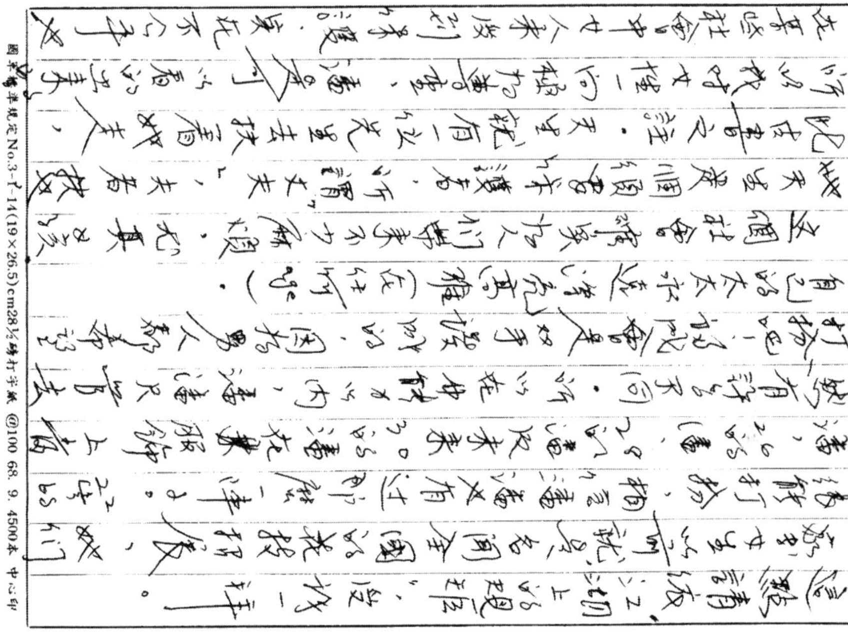

這點請依"江湖上的規矩"，從我一樣。

家的女生以前就是名聞全國的花枝招展、妳們
能打扮，相信潘潘也有過那麼一陣子。22歲的
潘，26的潘，28的潘及未來3的的潘在服飾上當
然有許多不同。所以在妳能力以內，潘潘只管去
打扮吧！說成會是好手說的，因為男人都希望
自己的太太永遠漂亮高雅（在任何age）。
這個社會確實加人們帶來不少麻煩，尤其女孩
她天生是個須要保護者，所謂"丈夫"，夫者扶
也，古書之註。天生就有一位先生去扶著她走，
所以我對女性一向極為尊重，潘是可以看的出來的。
在某些社會中女人未受到保護，實在不合乎也

國軍標準規定No.3-1-14(19×26.5)cm28½磅打字紙 @100 68. 9. 4500本 中心印

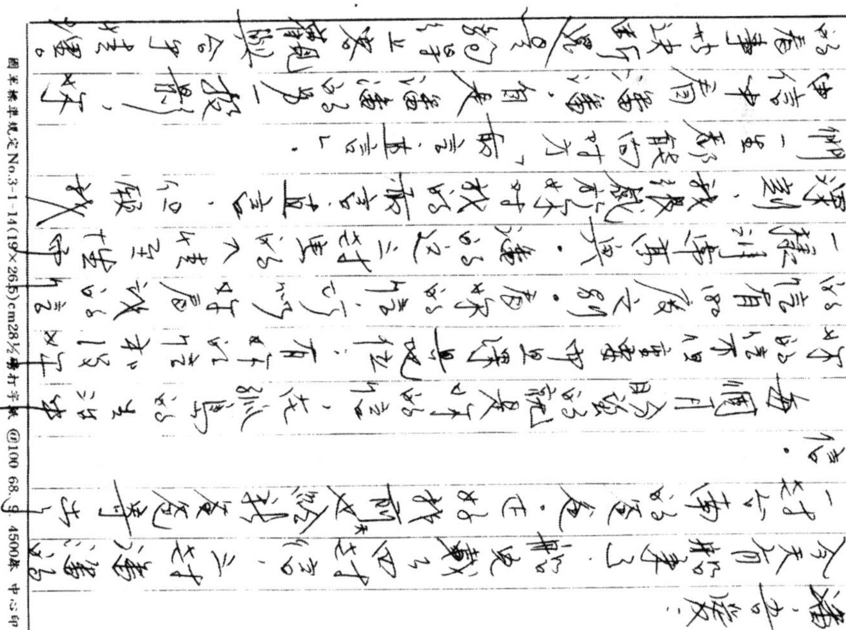

潘、吾愛：
今天有船來了，船兒載了四封信，三封潘潘的
一封台南的爸爸。正好我前天也給我爸爸寄出了
信。
每個月盼望的就是妳的信，在孤島的生活中
妳的信不但重要而且深具地位，有妳的信和沒妳
的信有180度之別。看妳的信，好比妳看我的信
一樣非常高興。潘的這三封寫的入情至性中
深刻，我很感於妳對我的前言、直言，但願我
們一生都能向對方「前言、直言」。
由信中看潘潘，自是潘潘的另一投影，妳
的看事於決斷還是夠得上客觀與合乎情理。

國軍標準規定No.3-1-14(19×26.5)cm28½磅打字紙 @100 68. 9. 4500本 中心印

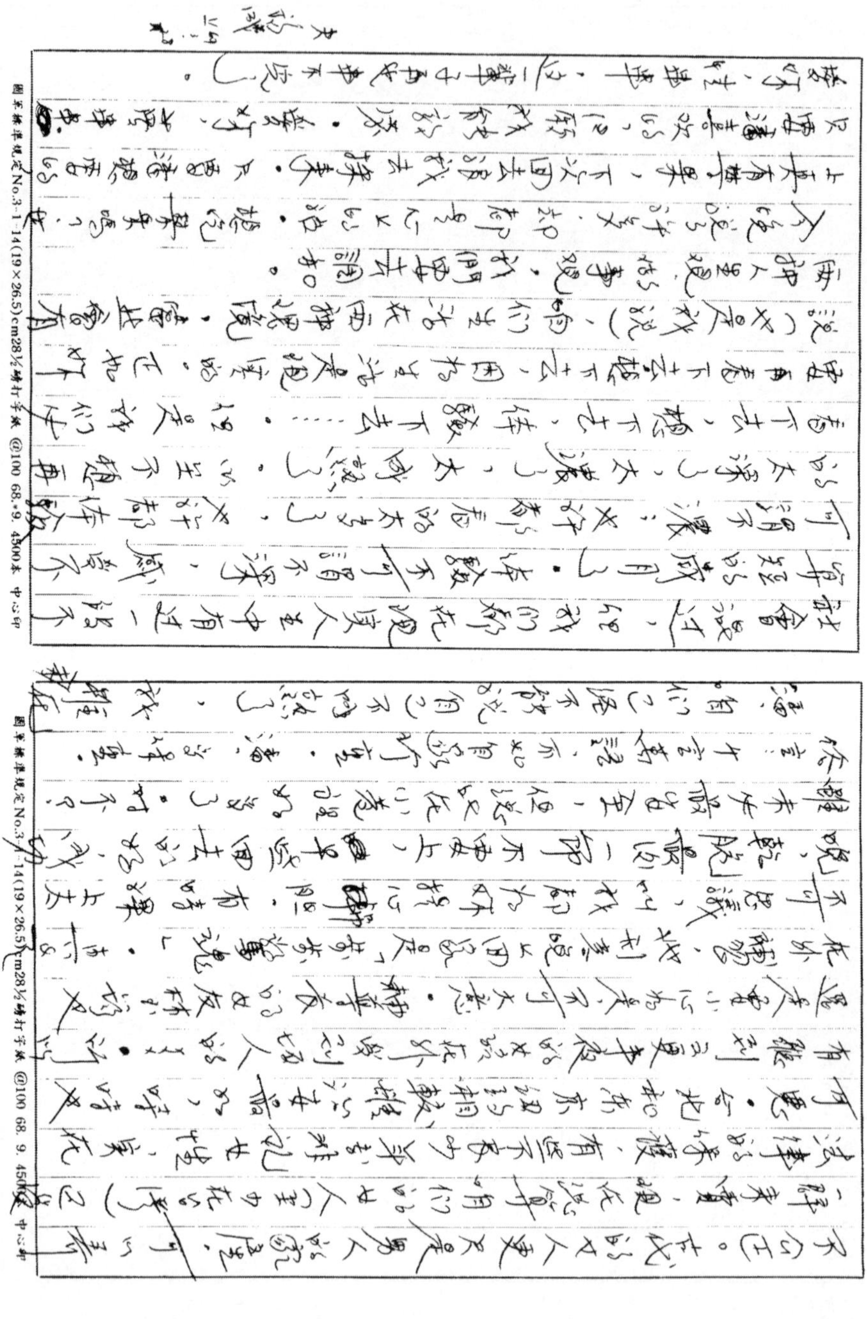

不公正。古代的女人更只是男人的財產，可以弄一群來賣，現在總算咱們的女人（至少在台灣）還受法律的保護，有些不良少年青非禮女性，實在可惡。台北和東京相較雖說治安最好，時時也有聽到三更半夜的女孩在外遇到壞人的事。所以還是要小心為是，不可大意。輔導長的女友林小姐又在外睡覺，也到著晚上回家是「昏昏欲睡」。由此不可思議，以我都為妳擔心睡眠。有時課上太晚，乾脆最後一節不要上，早些回去的好，成功雖未必最安全，但總比在小巷裡好多了。對不？俗言：千言萬語，不如自己珍重。請多保重。請，咱們已經不能說自己不成熟了，我雖在社會說過，但我們都在現實人生中有過一段不算短的歲月了。體驗不可謂不深，感受不可謂不濃；也許都看的太多了，也許都體驗的太深了，太濃了，太成熟了。以至不想再看下去，想下去，體驗下去……。但是我們也要看下去，想下去，因為生活是現實的。正如妳說（也是我說），咱們生活在兩種環境，需要有兩種人生觀，好事觀，我們要去調和。今晚說了許多，卻都是心上的話。想說累，累嗎？上真有學業，下次回去將我去採來。只要還想要的只要讓喜歡的，只顧我能說完。要好，要好，佳思串串，這一輩子再也串不完了。

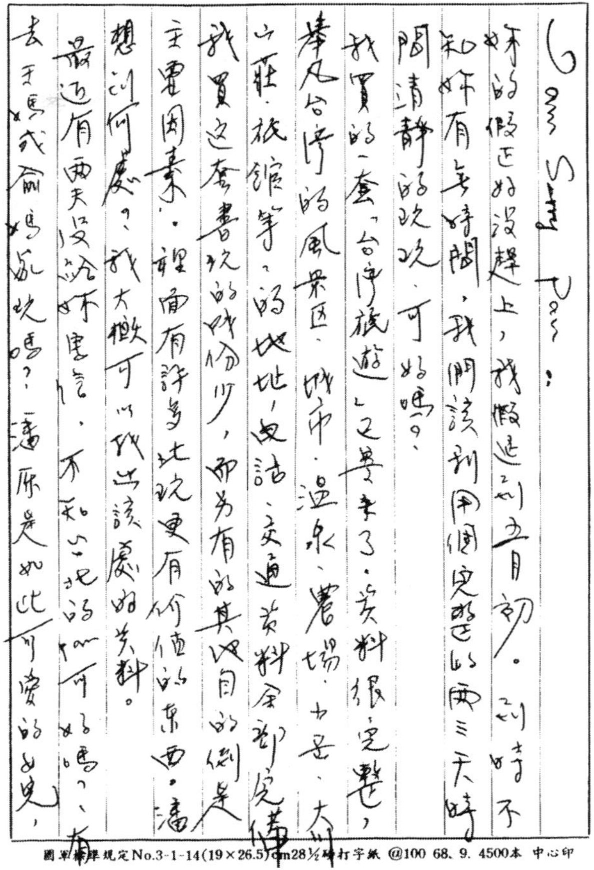

6 Sweety Pea：

妳的假正好沒趕上，我假延到五月初。到時不知妳有無時間，我們該到那個安靜的兩三天時間清靜的玩玩，可好嗎？

我買的一套「台灣旅遊」又要來了。資料很完整，舉凡台灣的風景區、城市、溫泉、農場、古蹟、大川山莊、旅館等等的地址、電話、交通資料全部完備。我買這套書玩的時候少，而另有的其他目的倒是主要因素。裡面有許多比玩更有價值的東西。潘想到何處？我大概可以找出該處的資料。

最近有兩天沒給妳寫信，不知[illegible]的ㄊㄚ可好嗎？有去玩嗎或給媽媽玩嗎？潘原是如此可愛的女兒，

國軍標準規定No.3-1-14(19×26.5)cm28½磅打字紙 @100 68. 9. 4500本 中心印

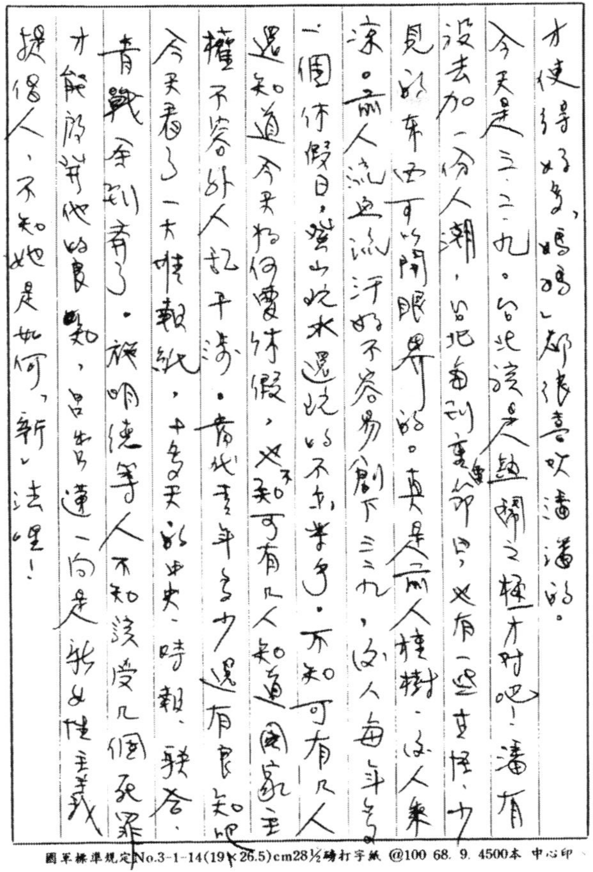

才使得好多媽媽都很喜歡潘潘的。

今天是三二九。台北該是熱鬧之極才對吧！潘有沒去加一份人潮，若把角到重心那，必有一些古怪、少見的東西可以開開眼界的。其是前人種樹，後人乘涼。前人流血流汗好不容易創下三二九，後人每年多一個休假日。登山吃冰還玩的不亦樂乎。不知可有幾人還知道今天為何要休假，也不知可有幾人知道國家主權不容外人說干涉。當代青年多少還有良知吧

今天看了一大堆報紙，十多天的中央、時報、聯合、青戰全到齊了。施明德等人不知該受幾個死罪才能解他的良知，呂秀蓮一向是我女性主義提倡人，不知她是如何「新」法哩！

國軍標準規定No.3-1-14(19×26.5)cm28½磅打字紙 @100 68. 9. 4500本 中心印

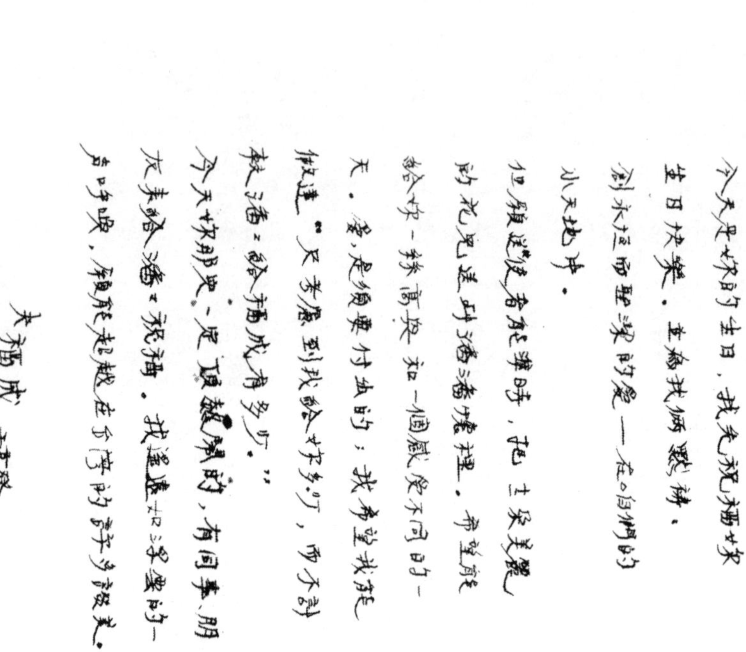

潘潘吾愛：

今天是妳的生日，我先祝福妳生日快樂，並為我倆默禱，創永恆而堅深的愛——在咱們的小天地中。

但願送使者能準時，把十朵美麗的花兒送到潘潘懷裡。希望能給妳一絲高興和一個感受不同的一天。愛，是須要付出的；我希望我能做達"只考慮到我給妳多少，而不計較潘潘給福成有多少。"

今天妳那兒一定頂熱鬧的，有同事、朋友來給潘潘祝福。我還遠如浮雲的一聲呼喚，願能超越在台灣的許多讚美。

夫 福成 于高登
六九．三．三

高登的三．二九依然是一個寧靜：）

0700起床—昨夜覺睡得精神飽滿。散步、看海。0730早點。上午開會，開到十点多。回來看書。午飯後人想睡，於是剛下車去又睡。一睡又是一個下午。給妳寫信正是晚上。

今天的天氣不錯，海風徐徐，陽光溫暖；人躺在床上看小說、睡覺，人生一大快事也。

今年的青年節即在平靜多事中渡過。不如往年之熱鬧，不論如何渡！卻是有咱們倆一份。不知潘的3.29，可是不錯。搞不好潘還有妳的節日呢！

69年青年節隨筆

夫 胖青 九日

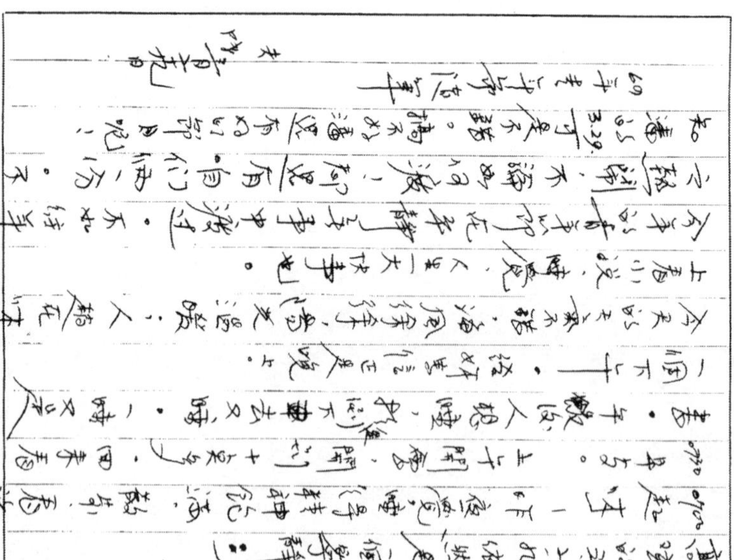

潘潘吾愛

一個雲淡風輕的上午，只覺一陣快活

海浪平靜地潺啊潺的，漂向無盡遠天，也向近處

人，站在山丘上的懷想

恰似，海鷗飛翔

世界的苦難，煩惱；人生的責任，負荷……

也像輕雲飛逝，消失

女人都想男人是她的寧靜海，是她的避風港

男人也想……

世界假如……那該多好呢？？？

可惜，……越南，阿富汗，中國……

不想了，我，只是恆河之砂一粒

還是來建構我內心所構思的藍圖，因為我思我在

也讓別人深知自己存在

有個女孩說過—妳見過的女孩—，要得別人之肯定，

先要接納別人一些不違反大原則的錯或對

不要像大海中的礁島—永不改變

吾愛，萬物皆不重要，妳思妳在

69九23看海有感

娶摩的夫 詠成

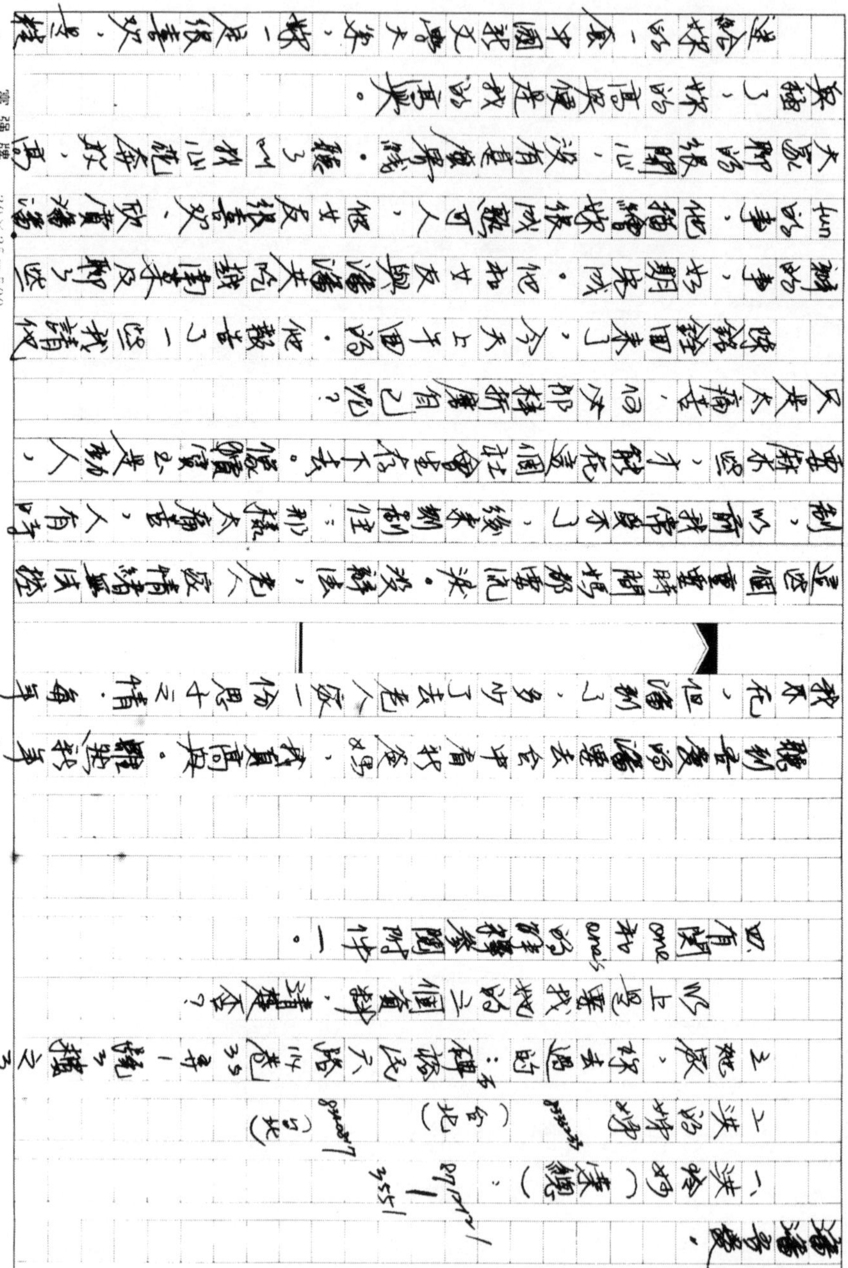
潘潘吾愛：
一、洪玲如（宋總）：
二、洪的姊姊（台北）
三、她家，妳去過的：石碑路民六路114巷39弄1號之3。
以上是要找她的三個資料，請清楚否？
四、有關one和ona's的解釋參閱附件一。
聽到吾愛的潘潘要去台中看我爸媽，我真高興。雖然我每年
我不在，但潘潘到了，多少了去老人家一份思子之情。每年
這些個重要時間媽都要流淚。沒辦法，老人家情緒無法控
制，以前我常受不了，後來也捌制住了：那樣太痛苦，人有時
要麻木些，才能在這個社會生存下去。僵硬實在是動人，
只是太痛苦，何必那樣折磨自己呢？
陳銘銓回來了，今天上午回的。他報告了一些我請他
辦的事，如期完成。他和女友與潘潘共吃越南菜及聊了些
fun的事，他描繪妳很成熟可人，他女友很喜歡、欣賞潘潘，
大家聊的很開心，沒有甚麼屠錢。聽了叫我心花奔放，高
興極了，妳的高興便是我的高興。
送給妳的一套中國就文學大系，妳一定很喜歡，是精
富強牌　20×25=500

裝本。我還寫了要貼上去的詞，他太忙直接交給妳，妳貼了沒有？有我的字和年代才是我送的。否則有100套其含意也是另一回事。

希望快快收到妳寄的東西，這是有生以來，第一次由妻子寄年貨。在我心裡的感受是不同的，希望它就像是我們自己在家時妳親手做成的一道菜。填滿我的胃之外，還填滿我的心

好了！我們已經訂婚。兩艘漂泊多年的船，開始有了停靠的港口。心定了，靜了。感謝Pam能和我甘苦與共，共赴前程。妳充份的信心和堅定的意志都叫我很讚美佩服。

新年妳到台中，不必考慮些錢多少。小孩各200即可。拿回去的酒是全部給叔叔。台南的爸爸我會適度回去。讀書方法，各人不同，久從自己經驗中實際體會返原則，相信妳也會悟驗到一些法則。前人所言心到口到等那五到就是讀書方法之一。文章多看看查。

妳問到我家乘車，如下：

台中→東平新村
7.35
9.35
11.20
15.10
17.30
18.35

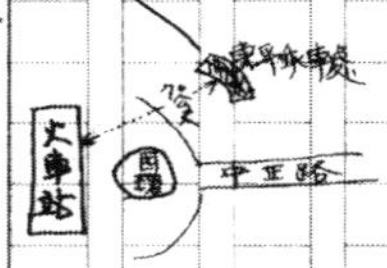

(回來) 東平新村→台中
6.35
7.40
8.00
10.00
11.40
15.30
17.05
18.55

以上圖表清楚嗎？

今晚就此，祝妳
好夢吻妳

69.元.20

潘潘吾愛：

今晨起床好冷，水是凍的。

到了上午九點，太陽好大，真好一個艷陽天，風和日麗，樹都在婆娑起舞。像是世外桃園的景象。氣溫卻不像冬天，有點像電影中的地中海初夏，只差沒有丹麥女郎在海邊弄姿。

我們沒有機會去游泳，否則真該去享受那沒有任何束縛的玩意。妳喜歡嗎？台北有無室內游泳池。學生時代每個星期日都泡在水中，一泡至少半天。樂此不疲。而且每次下水至少五千M，現在放手不下水，可能五百M也累。

好不容易有個好天氣，我就燒水洗澡，和十万年前的野人无法差不多，地上挖個洞便行了。是夏天的話才真來濁呢？妳知否？說了潘潘不要害羞，我們都一大群人，一絲不掛地邊晒太陽邊洗澡，還遙遙望對岸的大陸山河或海淨。潘潘羞羞！

就像法國天体營裡，很夠原始的風味。當然，我大都和陳銘銓一起走到一個小泉边，一起洗，相互庇諷刺調皮，洗完了晒十分鐘太陽，再做十分鐘体操式伏地挺身，再穿衣回座裡。

好了！小甜甜　祝妳

好夢串串串串串……

妳當然未婚夫
詩城　69.1.22

潘潘吾愛：

這回一下子收到妳的五封信元月8、9、10、14、15，可真高興極，大約有三個星期心裡沒這麼高興快活與充實美滿。

得知妳上課心裡又平靜了，真是一大喜事。對希望獲求知識的人，一顆平靜的心是必要條件。但願我們都能利用這青春尚在時多求些知識學問。我不希望妳是教育家，喜歡潘潘是個好老師——學校中的好老師和兒女的好媽媽兼好老師；也不必去追求鋼琴家的地位，我卻希望妳是會play鋼琴的好妻子。

就我們男人而言，追求的東西往往和女人有別。女人都百般希望丈夫的事業如鵬程之萬里，不動不倒不搖地有如泰山的穩固般的保護著她。男人何止於此呢！

妳學吉他了！只會單音。真有味道吧！沒關係，正好妳說：音樂是自己的調味品。知道如何調味便可，

信中可知，潘潘極希望自己的家"好"，我何不呢？

但我要提出一句古人言來做我們的提醒：

金字塔非一日造成

菜根譚一書中更言：慢事宜急，急事宜慢。

我們的上一代在台灣經營了三十年，只不過成就出一個陸官畢系的陳將成和一個家畜畢業的潘玉鳳，其他真是

一無所有。現在看我們的，妳我對前程事業充滿信心，但這是日積月累的。我們不時的努力，不要偷生，不要過一天算一天。如此，我們的人生是愜意的，也是成功的。當然妳為女兒身，能為台南的家和台中的家着想，真是了不起。不過這要等己立才能立人，要己達才能達人。對不？

孔老先生的話雖是二千年前，卻很有道理。

放心，妳的功成從未丟掉對自己事業的追求；未丟掉對學問的修習；就像是我再也不會失掉自己對潘的愛情，不論走至天涯，奔到海角，富甲天下或一貧如洗，妳就是我永恆的情人，如日之恆，如月之恆。一息尚存，此情不移，此志不改。

廣義講和另一位性別的人和我有相同個性，否則三個也不會在一起。志同道合的朋友在世上並不多，尤其難覓生活步步到極點的今天；何謂朋友之義，何謂夫妻之情，難免有些人對其定義誤解的。

感謝上帝，我在塵紅中找到了妳，一個出於泥而不染且更挺拔秀潔的妳；妳是個好女孩，好妻子，好媽媽。

69.九.20 1之一

愛妳 [illegible]

瀞、吾愛：

今天沒有事，都在想妳。

給妳訂的學生英文雜誌已經訂好久了，不知道初一期妳到否？一定沒有，它一年只有八期。這本書我在以前的書信提過，深了一些；不過讀書總要看些深的，以免停留在「這是一本書」和「這是一枝筆」的階段。此書的本篇常有我英文法的解析，對外文進行很有益。

如果妳二月九日回台南，我在元月底發的信都可寄台北；二月初的信就要寄回台南。到二月二十左右又要寄回台北。希望妳能準時收到我的信。

要寄回台南的家的海產不知要寄些什麼？現在尚未寄出，不知爸媽喜歡什麼。等妳回信一定來不及過年用，所以過兩天我派人去代買。馬祖的黃魚鯗乾在各產地比較響亮，所以我想寄些黃魚乾再加上其他海菜。選些好的，讓瀞也會嘗到一口。

過年碰到妳，我大哥和弟妹們，都請代我問安。前線將士保家衛國，讓妳們平安過年，職是之故，不能和諸位團聚。實是美中不足。

今天天氣比以往好，像春天，不太冷，可惜沒有花。

買給妳的兩本「人紋」表，研究的有心得否？十年前

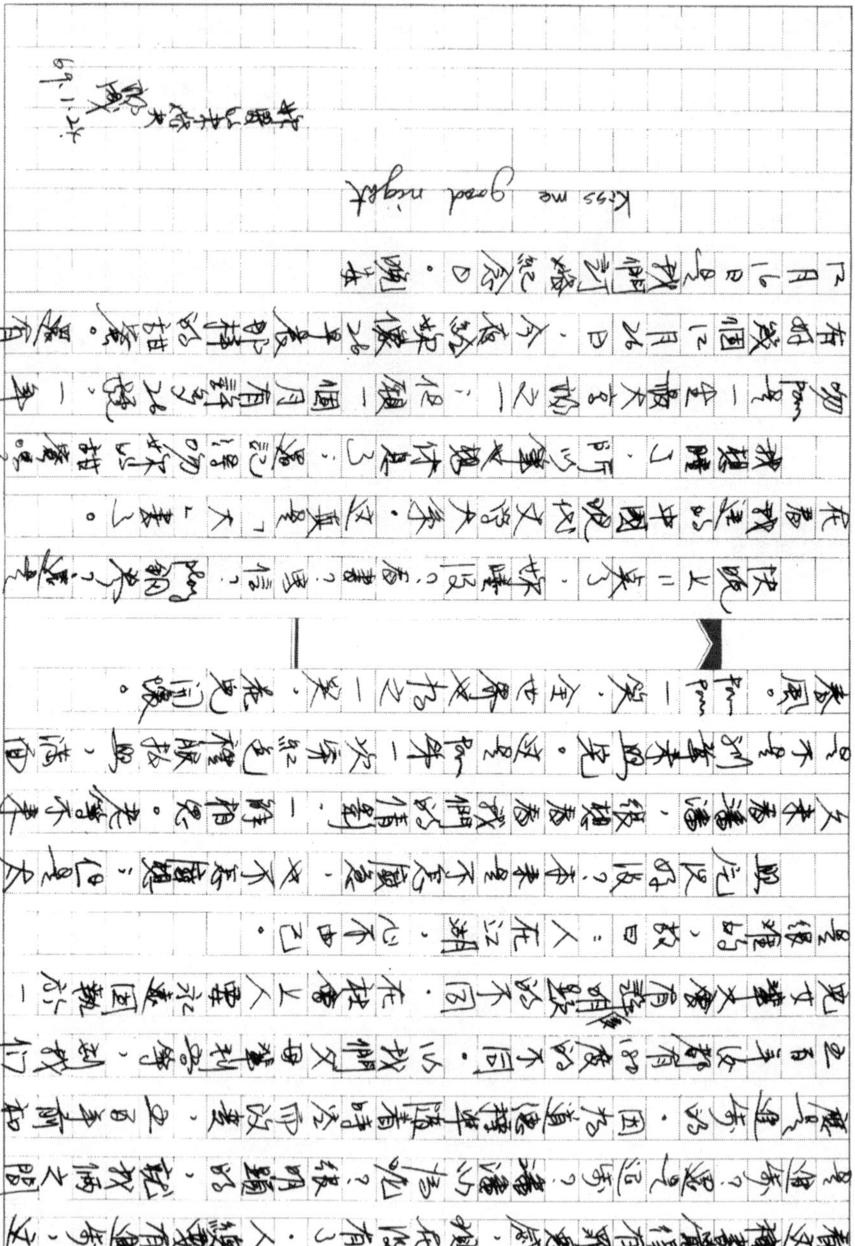
看這種書覺得有罪惡感，現在沒有了。人總要有進步，這
是進步？還是退步？潘潘以為呢？很明顯的，就我倆之間
應是進步的。因為道德標準隨着時空而改變，五百年前和
五百年後都有180度的不同。以我們父母輩到吾等，到我們
兒女輩又會有許多明顯的不同。在社會上人要永遠固執於一
是很難的，故曰：人在江湖，心不由己。
　照片洗好沒？本來是不怎麼急，也不怎麼想；但是太
久未看潘潘，很想看看我們的情影，一解相思。老爹不來
是不是訓華未照完。這是pam第一次穿紀念禮服拍照，滿面
春風。pam pam一笑，全世界也為之一笑，花兒開懷。

　昨晚上11點多，妳睡沒？看書？寫信？play鋼琴？還是
在看我送的中國現代文學大系。這真是「大」書了。
　我想睡了，所以筆也想休息了；還記得吻妳的甜蜜嗎？
吻pam是一生最大享受之一；但願一個月有許多26號，一年
有好幾個12月26日，今夜給妳像26早晨那樣的甜蜜。還有
12月16日是我們訂婚紀念日。晚安

Kiss me good night

妳的未來老公
[signature]
69.1.24

小鳳。

那位妳說很真誠的陳姓青年是受我之托去看小鳳，受我之托請潘，所以妳不必過意不去。

越南菜好吃嗎？他說潘很喜歡，只是我沒机會享用。下回休假還要找個最优良的導遊—小鳳，帶我去領教領教如何？台北是個好地方，潘潘是個好人兒！

讀潘的信，滿文溫暖，交流我滿心的喜悅；妳的關心妳的叮嚀，讓我深覺愛的美麗，第一次感受被愛時溫暖。

知妳二月九日回台南，很高興。妳能暫離繁煩的人群和壓的透不過氣來的工作責任，在較為安靜的小城，做自己想做的事。真正的享受讀書情調，希望那「大你」的書能有幾本伴妳渡過安靜的夜，思念的夜。

書，只要妳喜歡的，我會很安心。比較無能為力的是我沒有送妳華麗或鑽石，深信目前妳不會介意它吧！

妳寄的東西未來，我想等到过年前我會等到的。這是七十多年來首次由「妻」字輩寄寒衣和香腸。期待着……

最近一直很冷，每天冷得穿了一大堆衣服，和北極熊相似。台灣天概好些。台南更溫暖。

昨晚用了一小時時間給妳解釋 one 和 ones 的問題，全部化細看完便很清楚。妳讀書的精神可以打甲，說妳在當小姐

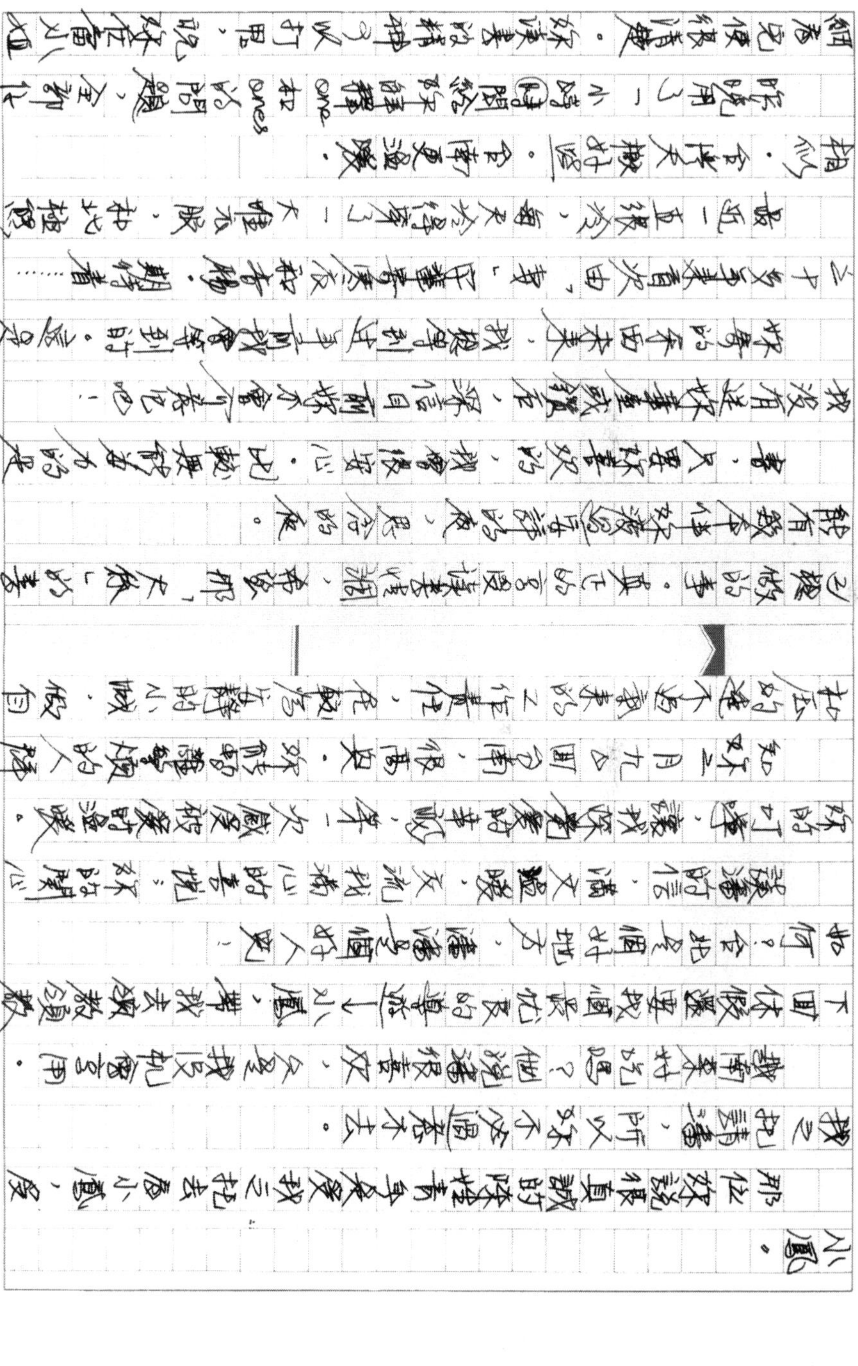

時期有所收獲。不過，不當小姐也可以讀書啊！媽媽學生，妻子學生也多得是。所以求學更方便，夜中教學，電視教學等，亦是人才輩出，亦可滿足個人求知欲。

　向前看，日子總過得很慢；向後看，日子也捻地飛逝。過了年陳銘銓將要退伍，此我很難過的，痛失助手，痛失一個革命伙伴。人要碰到一個可以愛一生的佳人，那是要緣份的，也是很難的；要遇到一個可以共事的伙伴，也是難事。但，他亦有其事業，非走不可！命也！運也！

夜又深深，黑風幢幢。

小屋寧靜，灯光搖搖。

沒有音樂，只有一點點；在何処？在我心裡－是小鳳的琴音的餘味。不想別的，却想妳一人；人在心上，怎在天涯？

　謝謝潘老師改我的錯字，因為寫信總如流水微風，錯字有些，而且是有的慣常錯字。所以現在"總"我用正字不用簡体。昨天妳的信中亦有六七錯別字，我未加修改。那只是一些筆誤。三人行必有吾師也，如今二人行亦有師人生處々可為師，師流水之自然，師山岳之堅定，師蘭花之幽靜清香……。潘潘有多處可為我的師，希相輔相成。頎寧靜的夜，帶給妳甜美的夢。我愛－

妳愛的未婚夫
敬成
69.1.17

潘潘吾愛：

半年前我還很熱門地學國畫，每日作畫，九時買了許多國畫方面的書。好像立了大志似的，廢寢忘食地畫。一方面喜歡，一方面高興寂寞。那時Kill時間。才學了好像兩个多月。

潘潘說：年青人不可畫；老了再畫；要讀教育的書。

於是，一個很有興趣研究竟被推翻了——不畫了。

晚飯想起還想動手作畫，可惜之只都在家裡。若能拋開世俗，帶著畫架、料、筆，去山邊、河岸、公園森林去任我畫下世界的景象。豈不快哉！只可惜，人在江湖，身不由己。

哈哈！哈！！

今天上午給陳銘銓的女友寫了一封信，受他之托，向他女友通声生日快樂。這次首次以長官的身份向部下女朋友寫信道賀。妳曾說我驕不驕？

妳回去了多日，也差不多時間到了，過兩天就是我起程時刻。妳見到他沒？我此時已有電了，可能過年前收，這是多登的創舉。破三十年來的大事，真是可喜可賀。不是晚上用油燈真是受不了。

妳愛的

成

69.1.25 中午速寫

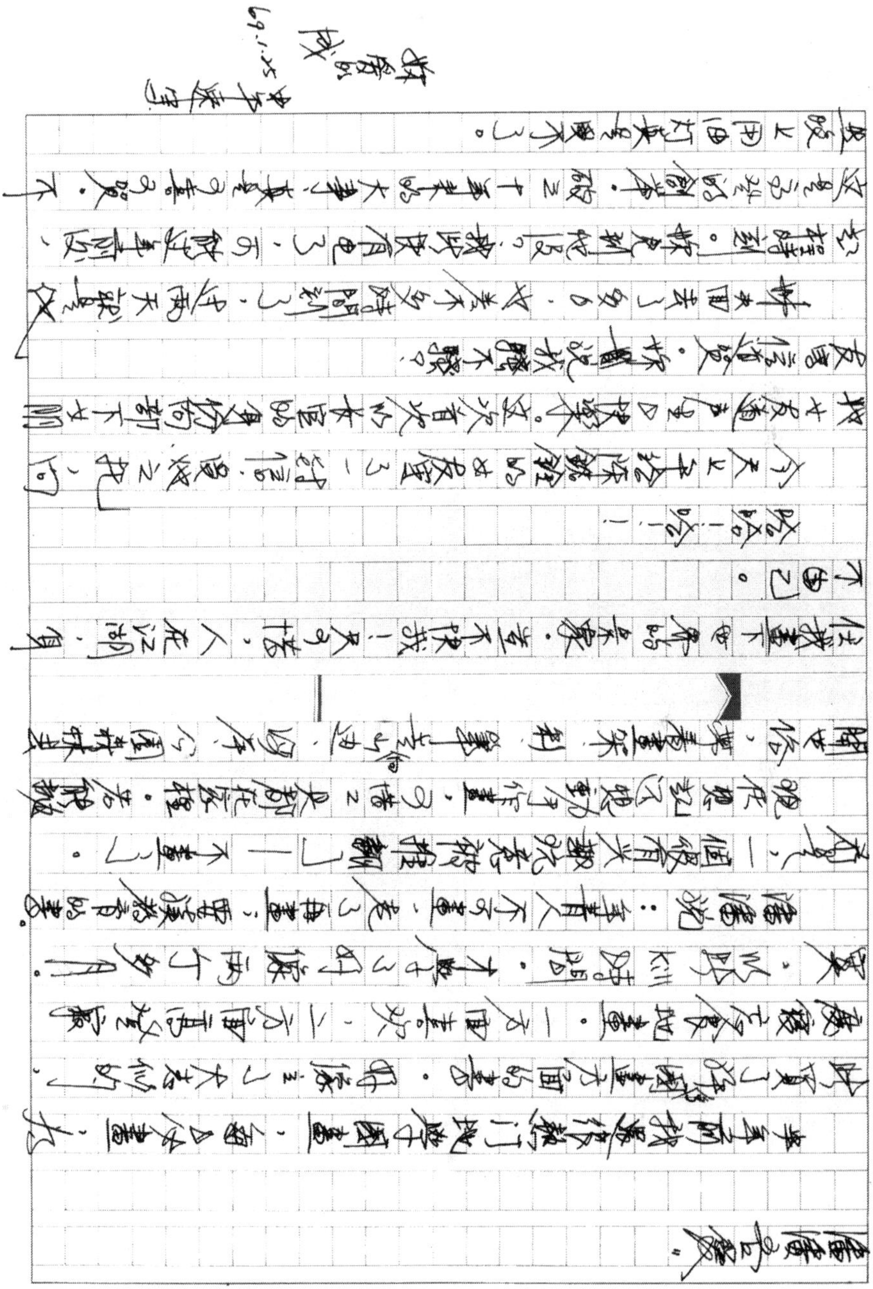

潘潘吾愛：

本來昨天有妳信，但是台灣船不來，聽說海峽的浪高達13級，所以不能行了。這一陣子天氣一直很不好，浪潮很少有平靜的時候。但願上帝保佑，用無邊的法力使海浪平息，感謝讚美主！

昨夜12點此間山上的溫度低達零下2度，清晨起來時回升到正2度左右。所有人造料子和編織品似乎不太管用，穿了一身衣服，現在給妳寫信手上都帶著手套，否則手不太聽指揮。

沒妳的信，真是難受；附帶也沒有其他親朋好友的信。

我又被許多人遺忘了，不知道潘潘這兩天忘了我沒？沒有船順便也便宜了妳，可以多休2天假，等於48小時。可也是很長的時間。現在我已經開始把信寄向台南，等妳回台南就有許多信等著妳。但是，如果船老不走，也無可奈何！

心理學講的很有心得，甚至說喜歡了它，一天不讀便覺若有所失。很喜歡它對人的分析，這個分析是多方面的。所以對於個体現象，如內驅性的、外顯性的、不知覺的潛意識活動，都突然頓悟了解。有許多實驗是以嬰兒—高中生這階段的個体做研究對象，對這時期的人的心理、身体情緒、生理、智力有科學性的分析，及貢於教育教學的關係。所以我以為教育心理學也是一本母親必讀，因為人一出生，之後的二十年左右大部份和母親一起。每年母親節都花歌頌母親的偉大，而身為父親的在每年八月八日也不怎麼風光嘛！所以歷史只對母親讚美！

再說下去要打破醋瓶子了。教育心理學是一本好書，現代父母都要了解的知識；前一陣子我看教育概論和教育行政到有同感。中國百年多以來，教育一直是失敗；失敗失敗到底！57年九年國教開始之後，才算吃對了一點藥，這生了一百多年重病的病夫有些起色了。57年以前的教育方式和那些老師我根本進了，遙遙！真對不起，我有一些激動，不談教育了。

我了一陣，終於決定給台南的爸爸寄東西。有黃魚乾四條，丁香魚，以及不知名而又在馬祖很有名氣的海產。去年我給我大哥妹妹阿娥他們也寄了一些，但是他們不太喜歡，所以今年就只寄給台南的家。收到後在信中告知我。

妳讀英文不要急，以能完全領會了解為重，不求量之多寡，注質之提高；因為妳目前並未要出國或真以急用。

教育K的如何？心平氣和地讀，也不要太急燥，凡事盡其在我。何況也有若干學校的機會。

新年快樂

妳虔的 怡誠 69.1.31

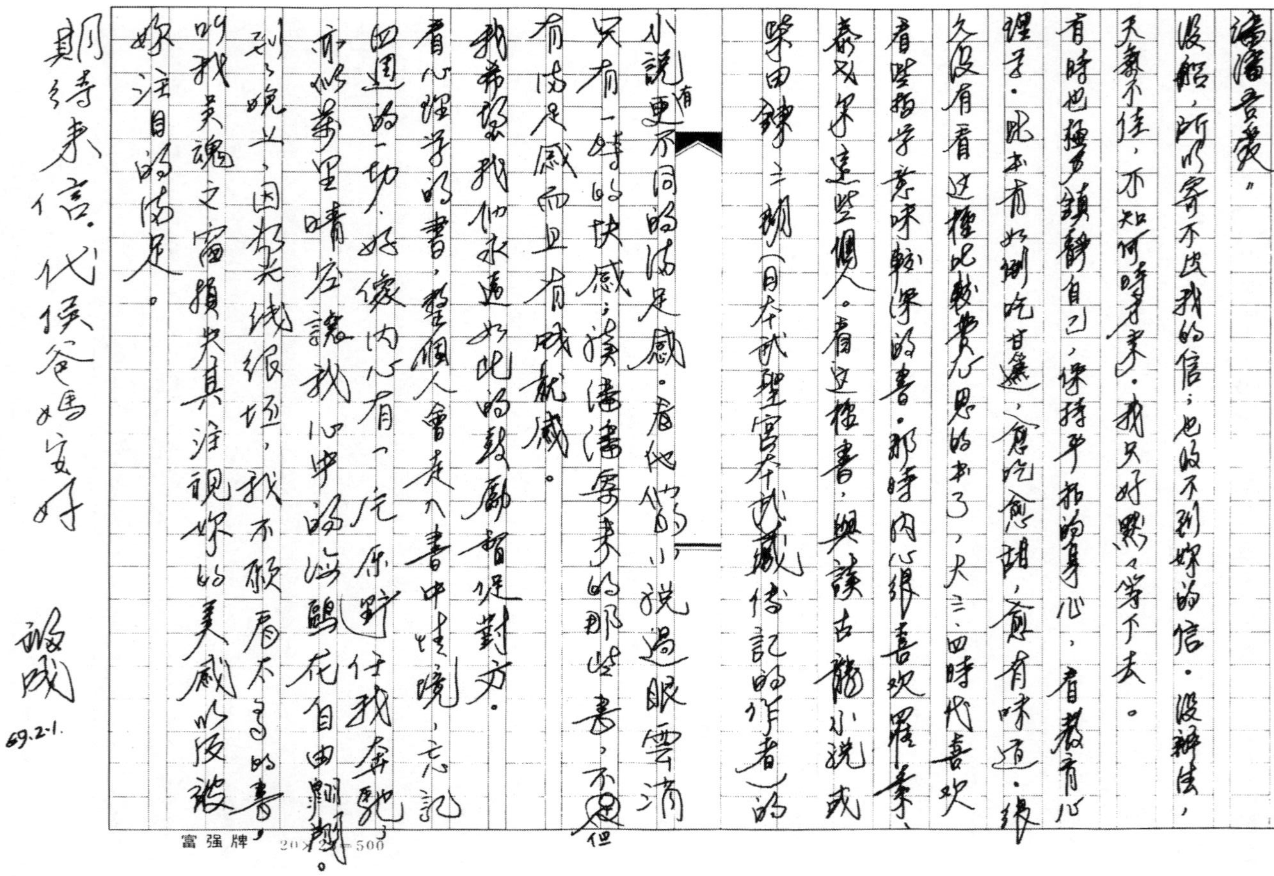

論潘音義"

沒船，所以寄不出我的信；也收不到妳的信。沒辦法，
天氣不佳，不知何時才來。我只好默默等下去。
有時也極力鎮靜自己，保持平和的身心，看教育心
理學。就如有如倒吃甘蔗，愈吃愈甜，愈有味道。很
久沒有看這種比較費心思的書了，大三、四時代喜歡
看些哲學意味較深的書。那時內心很喜歡羅素、
泰戈爾這些個人。看這種書，與讀古龍小說或
柴田鍊三郎（日本武聖宮本武藏傳記的作者）的
小說更有不同的滿足感。看他們的小說過眼雲消，不但
只有一時的快感；讀這些學來的那些書，
有滿足感而且有成就感。
我希望我們永遠如此的鼓勵督促對方。
看心理學的書，整個人會走入書中情境，忘記
四周的一切，好像內心有一片原野任我奔馳，
亦好夢裏晴空讓我心中的海鷗花自由翱翔。
到了晚上，因為光線很壞，我不願看太多的書，
以我靈魂之窗損失其注視妳的美感的波波
妳注目的滿足。

期待來信。代候爸媽安好

毅成
69.2.1.

Pan Pan, Dear!

有好久未見到下冰雹了。昨天早晨和令義起床都看了這種難有的異景。一粒粒，白色的小体，如米一樣大，從天降下。還在地上，衣服上跳動。

記得大二那年的暑期和同學走橫貫公路，路經梨山。也遇到下冰雹的情形，那是第一次見雹。事隔多年，沒想到在高登又見到。最近高登很冷。我住的位置背風，又在山谷裡，較不冷，白天3-4度，晚上1-2度。姊夫的位置真是高處不勝寒。有時白天也零下。迫使姊夫搬家。

今天姊夫到我處洽公，研究大事。談完還看我們的訂婚照，邊吃牛肉乾。一直讚美Pam的好，道Pam's 賢淑，Pam's 溫柔和体貼。臨走時還對我說一句"你真幸福"。

今天是九日，我想Pam一定整裝待歸，到下午一定到了。"家"是最最溫暖的地方，最華貴的旅社，也比不上自己陳設簡單而高雅的屋子。台南的家我很喜歡，寧靜，高雅，一門書香。假如咱們的家能有如此，我便很滿足。

有個小笑話在描述現代家庭：

久別的丈夫自國外歸來，一進門，一個五歲的小女孩對她媽說：

媽呵！那個客人是誰？？？？……

家人的心酸，完了也都認識媽媽，把辛苦功高的爸爸当客人。

哈哈！Pan Pan 这也是生命中的小插曲啊！

假寐時，看桌上玻璃板上的照片，很覺心慰；看兩個媽媽的相称，真感上帝造人時比例很配好，不是水放多，便是放少。美國有对夫婦，都是大胖子，兩人合計490kg。造物主真會戲弄人啊！

天氣雖冷，我穿的暖，勿念為怀。

二月初我便把信寄到台南，Pan一回到家便可收到。妳說要每天給信給我，不可yellow OX啊！

我們正在加工，可能过年前高学人都會走向"人生的光明面"—有電。所以晚在雖然白天氣温3－4度，高处更冷。但我們都極力克服大自然的恐嚇，貢獻我們的目標。这真是高达30年来的大事，值得庆賀一番。何謂无光的世界？Pan可能未經过。以後再也看不到，人類文明總是向前走的。

今夜Pan即將走在四之10暖暖的屋裡。家，对年青人来说有些像臨時的避風港和旅社，妳說是不？

但它是最好最暖最便宜的HOTel，最安全的避风港。

我們也將有一個，期待着。今夜好夢 my Venus

Your
Chen 2.9'80.

20×25＝500　富強牌

可愛的潘潘：

一連收到妳的兩封信，都道潘的身子不舒服。也叫我好生難受憐愛，一種太过於孤寂流浪的生活，都會引起他的悲观。妳在现实社會中来去了六、七年，难免要看破一些东西的，惟願潘潘效法諺成「鑑覩當閉」、「盡人事、聽天命」、「持正忍讓」的處世原則，凡事説要十全十美的，潘説对不？

看潘的信，情濃濃，意重重，想起了王昌齡的一首詩：閨中少婦不知愁，春日凝妝上翠樓，忽見陌頭楊柳色，悔教夫婿覓封侯。

男的是閨中人的愁，男人的愁，昌齡曰：閨中少婦不愁，其实愁更愁。讓我告知潘潘解药吧！：

把濃濃的愛銘記書箋

把淡淡的思還年

黄昏夕陽等閒時

一本書

一杯茶

與古人晤談，那知當代……

可愛，这個药方可解王昌齡的愁，也能解潘潘的愁思。

但願，真能解。

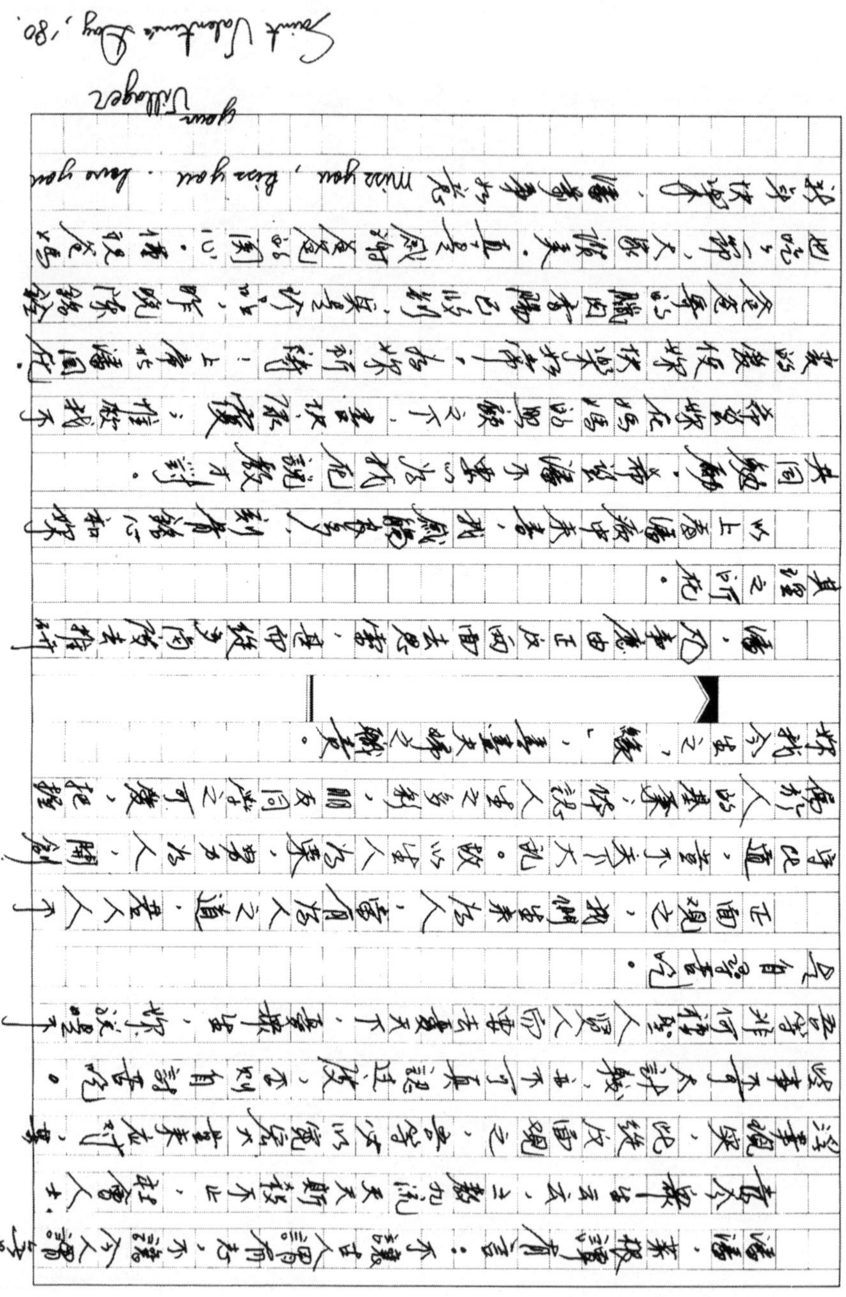

濤濤，菜根譚有言：不讓古人謂有志，不讓今人謂無量。古今眾生云云，三教九流天天廝殺不止，社會人士浮華現實，此從反面觀之，吾等必以寬宏大量來應對，某些事不可太計較，亦不可真認過度，否則自討苦吃。吾等非何種聖人賢人，何要去憂天下，憂眾生，妳說是不是自尋苦吃。

正面觀之，我們生來為人，當有為人之道，吾人人不守此道，豈不天下大亂。故以生人為業，努力為人，開創屬於人的基業；除認人生之多彩，朋友同學之可愛，把握妳我今生之「緣」，善盡夫婦之職責。

濤，凡事應由正反兩面去思索，甚而從多角度去推研其理之所在。

以上為濤痕中來書，我感觸良多，刻骨銘心和妳共同勉勵。希望濤不要以為我在說教才對。

希望妳在媽媽的照顧之下，盡快、康復；惟欲我不變的愛使妳快樂如常，為妳祈禱！上帝於濤同在。

爸爸寄的臘肉香腸已收到，真是珍品，昨晚除銘銓也吃了一節，大家讚美。真是感謝爸爸的關心。煩祝爸媽新年快樂，濤事事如意 Miss you, kiss you. love you

your
Villager

Saint Valentine's Day, '80.

船

現在又成一個很幻象虛設的抽象名詞
我們是萬年前的北京猿人
想像不出船的形狀
也許是一根大木頭吧！
然而多少個期待期待的希望
期待著它載過無底、渡向高登
怎渡向無際的天空、駕白雲飛逝
船的期待成空；信的期待也成空
唯一不空而存在的是感情的期待
不斷充、不敗空；也不會空
因為不斷的衍進，也有伊人的期待
不管船來不來
我總要走向她身旁——
而她也要來到我懷抱
這是永恆的定律公理
不管船來不來——即使不來
我總要等下去——不等船

等妳

卿下人 一九八〇年二月一日東海大青威子高登

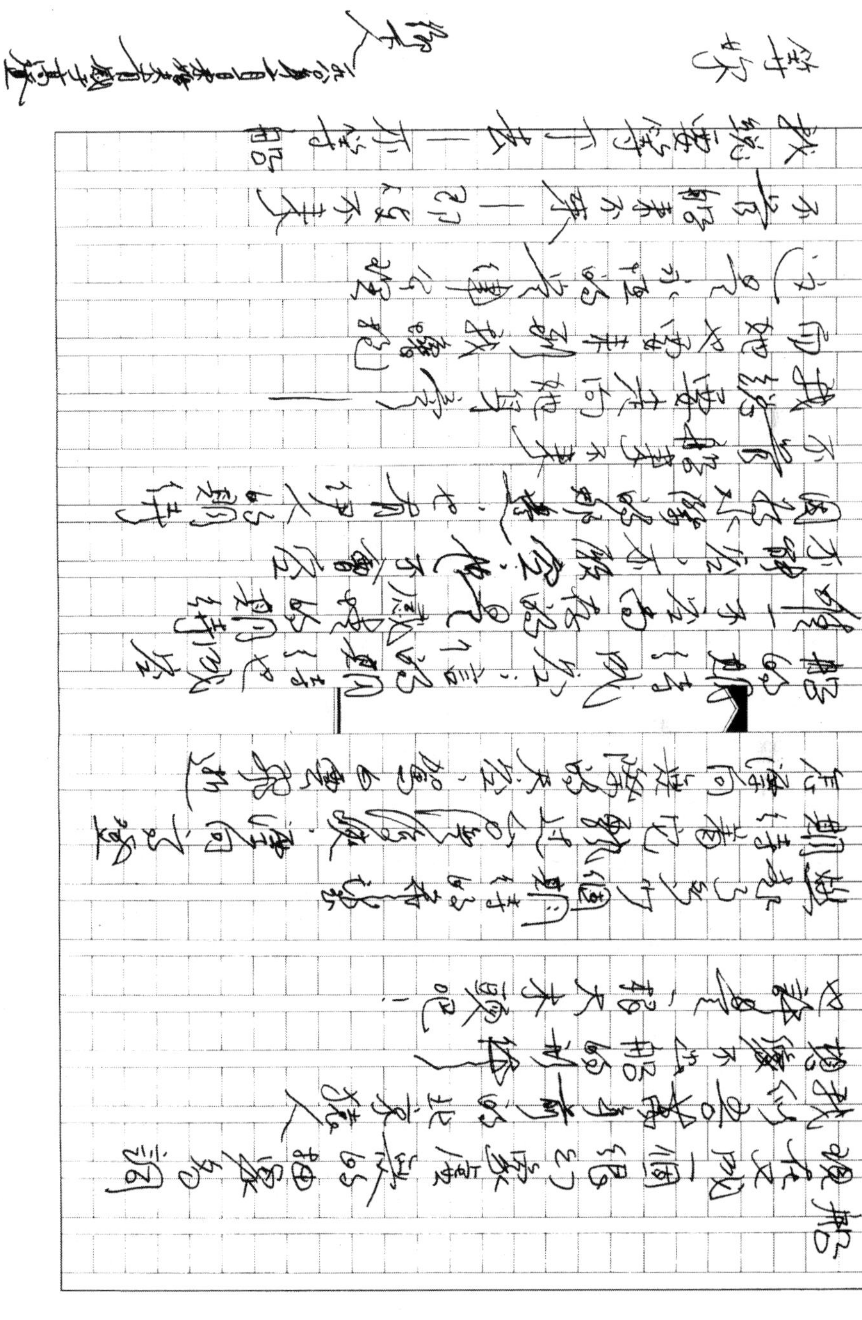

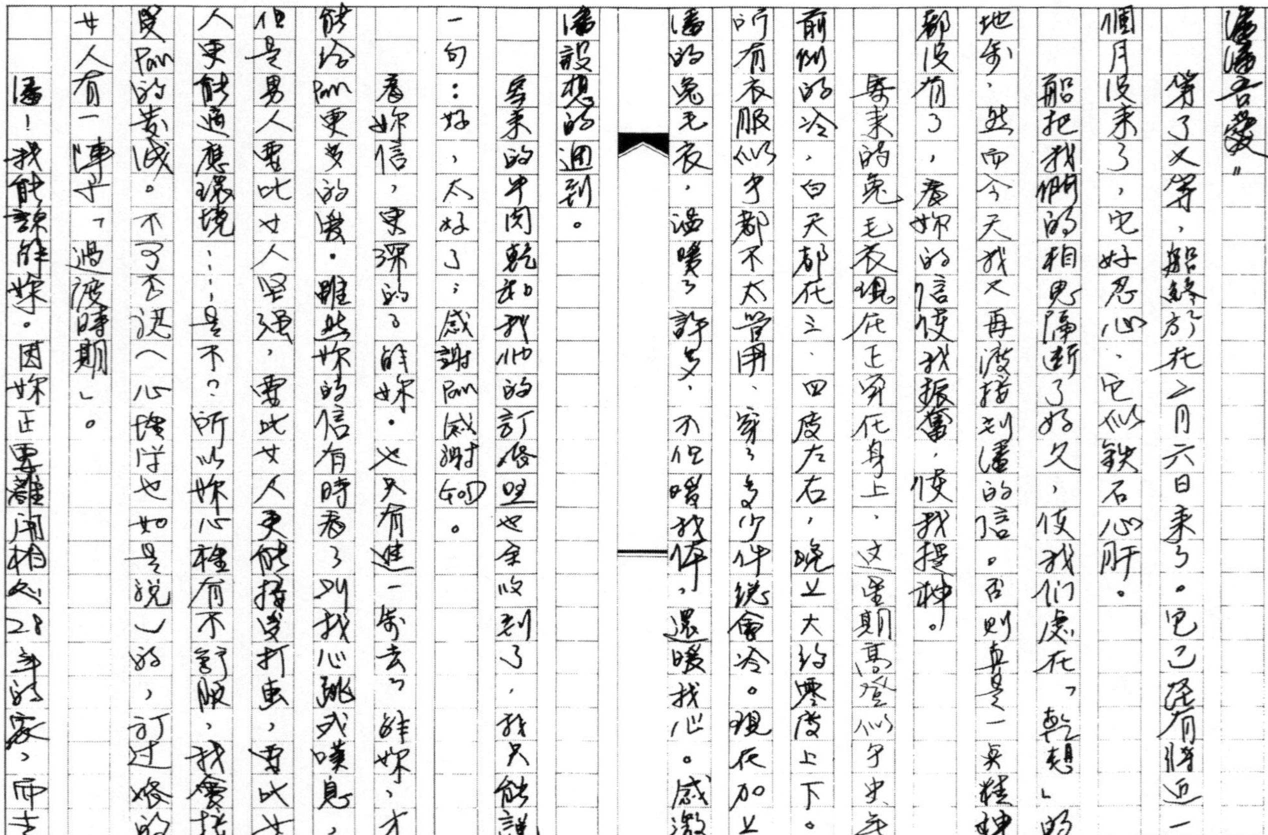

潘潘吾愛：

等了又等，船終於在二月六日來了。它已經有將近一個月沒來了，它好忍心，它似鐵石心肝。

船把我們的相思隔斷了好久，使我們處在「乾渴」的地步。然而今天我又再度接到潘的信。否則真是一點精神都沒有了，看妳的信使我振奮，使我提神。

寄來的兔毛衣現在正穿在身上，這星期高登似乎更多前期的冷，白天都在三、四度左右，晚上大約零度上下。所有衣服似乎都不太管用，穿了多少件總會冷。現在加上潘的兔毛衣，溫暖了許多，不但暖我身，還暖我心。感激潘設想的週到。

寄來的牛肉乾和我心的訂婚照也全收到了，我只能說一句：好，太好了；感謝Pan感謝伽。

看妳信，要深深的了解妳。也只有進一步去了解妳，才能給Pan更多的愛。雖然妳的信有時看了叫我心跳或嘆息，但是男人要比女人堅強，要比女人更能接受打擊，要比女人更能適應環境……是不？所以妳心裡有不舒服，我會接受Pan的苦惱。不可否認（心理學也如是說）的，訂婚的女人有一陣子「過渡時期」。

潘！我能諒解妳。因妳正要離開相處28年的家，而走向一個沒有血親關係的男人的身邊，又要加以幫忙。

這是要命的錯嗎？？

這是夏娃的錯嗎？？

這是上帝的錯嗎？？？又好像都不是，是禁果的罪過。是人類生生世世，千古百代的罪根。妳想想，為何呢，凡事向每個角度觀察，而去接受最能適應自己和最合情理的角度。

潘，也許妳感覺有一點使心情不好，所以觸發太多的感慨；Pam，世上之人，富如石油大王洛克菲洛，貴如總統先生，嬌如千金小姐或公子哥兒們的美少年，誰人無滿肚子的感觸。只有看得開的人才能脫開此人性之枷，得失不計較時，向前看太多，又要抬頭向後看看。

我支持妳，鼓勵妳，我依然重複以前的一句話：「即使天下人都反對Pam Pam孩子，只要妳願意，那麼還有一個人會做妳的精神和物質的靠山——郎成。潘潘！人生所為何事？成功，何謂成功？黃金萬兩嗎？大樓十棟？地皮千甲？讀一車書，跑到美英法日德義西……等國名留學嗎？都不。成功是由主觀條件加上客觀因素，而完成的。是有限量的滿足。幸福是愉快的。

Pam，妳已很好，勿對自己要求太多，那樣對自己是不公平的。何況我並沒有要求妳做一個完美的女人。

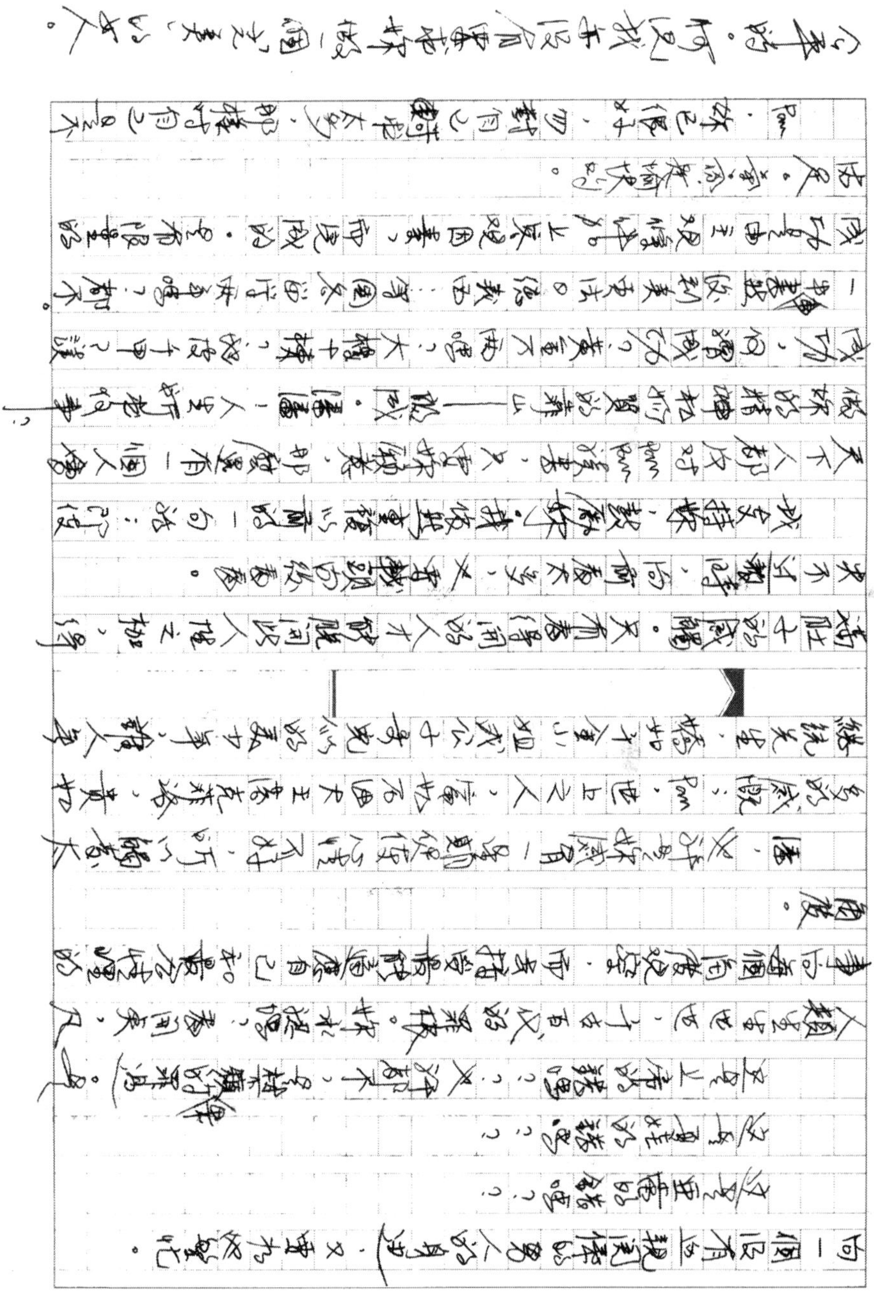

與我同在的神啊！

請聽我的祈禱。祝福她夫婦健康。

願她常感快樂和滿足；並給她力量及智慧

去做她喜歡做──對她丈夫有益──及別人──的事。

但要她常思知足快樂，常能樂觀奮鬥。

與我同在的主啊！

給潘潘一個寧靜的心。她想樸素

給 Pam Pam 一個智慧的心。她要學好英文

祝福她。降福給她。把我的那一份福也給她──

Pam Pam 要做一個好媽媽和好妻子

我們都感謝讚美您的萬能。

為 Saint Valentine's Day '80 祈禱

為 Pam Pam 祝福

Villager

6. Feb, '80

潘潘：

天氣好冷，室外只有四度不到。手凍凍的，不太靈活。

看妳元月二十四的信。妳吐訴了許多，如意的，不如意的，怨的，愁的，讓我滿頭霧水。沒關係，只要妳心裡的話向我傾訴，我會更加愛護 Pam Pam 的。未來嘛！未婚夫就是未婚妻心聲的細訴小座。

假如 Pam 的幾句感言我便受到「傷害」，則我何配為 Pam 的丈夫呢？不過那份教育心理學妳不知看過否？如果沒有看，有之到看的必要。我已看完，用了兩星期的時間，收穫很大。從一個人來出生到成人，其意識活動歷程和潛意識活動歷程，都從個體行為如教育心理學來分析的很清楚。看完之後，對自己和別人的想法及行為，會如初醒般的叫一聲：噢！原來是如此

我們都是在外多年的孩子，武俠小說有句話：江湖走多了，膽子走小了。由心理學上觀之，當然如此。尤其是妳，七八年來未換環境生活，終年在外；女孩子誰希望保持原有自己的純真和典美，而多少無法接受完全社會化的「不能方也不能圓」的生活方式。所以咱們開始尋找一個較為平靜或純單的避風港，來吧！讓我的懷抱做妳的避風港。

天氣一冷，人都不想動，只想做夢。白天手腳冰冷，動作不便，夜晚手足冷冰，看書也同在綿被裡看。海島風也大，所以寒風刺骨好冷，總算品味到了。高雄也好，夏天熱又乾，還有颱風；冬天則不提了。所以還是春秋兩季好。

台北似乎又冷，濕濕身體剛好平衡，記得運動要小心，長時間坐過低，妳的抵抗力似乎不好，要多加小心。不舒服的時候少硬要上課工作。躺床時上看我給妳的小說或喜歡的書。記說我已送了一箱子的書，書乃是精神財產，我最希望我不在妳身邊時，妳能有滿箱充實的東西。以後我們還要買一本更大更貴的書——印譜——呢！

過年到台中的家，如果喜歡的書就自己拿回去看，那裡可能有些妳須要的工具書或不錯的書。多多問問妳，我的書她較清楚。我說過：我的便是妳的，是我們的。

欣聞分姊會與學生，真叫人高興。妳們姊弟我一向仰慕，都是好學生好孩子，能自動求學，沒有一個大伴大妹。以後我們的小孩有如此，Pam Pam是也，諒必是也！華雄二位以後也是儒家的台柱，十年以內也有可觀，成就可見。這是信度教度很高的預言。為她們祝福。

也為我們祝福。

身體健康，萬事如意。

華安的
好城
月　日

pan pan, miss you!

先說妳的英文問題目：

Add the prefixed listed below to the following words to make them opposite in meaning: (a) natural. 在此時應該加上(dis, in, un)三者之中的那一個.

Ans: 要加 un，成為 unnatural 一不自然.

1. 字相反意思 (1) easy ↔ difficult. (2) increase ↔ decrease 增加
(3) ~~Least~~ Create destroy 破壞.

妳所上面的問題，是沒有肯定的公式，各種字在各種地方都有不同的變化。有常例有特例。唯一的解答是多讀多看。多領會，用自己的思維去重新組織它，把它消化在自己腦海中。Pan 學如大海，不可急，慢慢來才能消化。

今天比昨天冷，人在室內手足冰凍。筆快要不聽手的指揮了，手硬硬僵僵的。妳們女孩的心真是千變萬化。看妳22号的信內滿烏雲；看24号的信已撥雲見日，好不舒服。難怪有女孩曰：女孩自己也搞不懂。

看妳今年的（過年）財經計劃．真是一筆大預算，細密而[illegible]，人人有獎。我那一筆（牛肉乾 衣服）可能佔去妳預算的百分比很高吧！真不好意思！有了妳使我很快樂，加上pam pam的體貼，我別無所求了。

請陳銘銓那老弟拿給妳的書，妳很快意。希望書能使我們更了解，感情更昇華。

我寄了一大包海產給台南的爸媽，不知他們收到沒。有海竹筍，海蝴蝶、黃魚乾、海紫菜、丁香魚。丁香魚煮沸飯給小孩吃最好；黃魚爸爸下酒是上品；海竹筍和海蝴蝶女人進補，紫菜給媽媽做菜是好佐料

莫精蝕，賣瓜的說瓜香。不過民間都也是說。

Pam說休假時要天天給我寫信，這么說pam休20天我有20封信，pam可不要黃牛哦！期待著，並希望我的書也能在休假中給妳一些些的愉快和感想；給妳一些靈感及啟示。

pam對男人的評論有修改的必要，對於"sex"上的慾望是人皆有之，只是"男人的形態和女人有所不同"而已。這是人們最原始的本能，但sex的顯現會因人的(1)遺傳(2)環境(3)教育而有不同的表現，神聖和罪惡往往一分之差。

所以不論男人對女人，女人對男人，建立一個較為合科學合情理的觀點是必要的。Pam，生活有時是很煩，人生有時很沒有必要繼續下去。但我們都不能要求爸媽說：

爸媽！你們都不要生我吧！你們把我收回去吧！

我們所能的是：繼續設法生存下去，而且要好好生活，直到本片"END"為止。

Pam，以上所言也許言詞上很明顯，表達的感情很激動，標出人生之路的"有進無退"，堅定，不搖。還說明了現實生活的的矛盾衝突，這種衝突往往也是"先天具有"的。但在我們的內心一定要把這種思想上的衝突昇化成溫和的動力，始能心平氣和，追求生命之情調。

但願妳能在這"過渡時期"間，多讀書，play鋼琴，等，如此總能使生活上更快樂些。

Pam寄的牛肉好吃。Pam寄的衣服好穿。Pam的照片太好了，不知家中的如何？不妨寄兩張給我共享。不覺間分手已經過兩個月了，等妳29號回台北，再一個多月我們又可在一起。期待也是一種快樂，因為那是一種目標的尋找。

最近天氣冷，Pam的毛衣始終在身上，很暖很舒服；只是妳不可以在感冒。妳要我告訴妳論文寫法，怎不告訴我題目呢！不過論文要蒐集許多相關資料，而後才能動筆。好冷，手不聽指揮，就此，祝

Miss you
kiss you
love you

your Chen 2.8.'80

瀟瀟吾愛：

過年到了！先向爸媽拜年，祝他們身體如意，萬事如意。並賀兄嫂弟妹工作愉快，學業順利。

現在該一定是靜靜地，快樂地躺在床上看小說，或寫信，或想想心事。想我嗎？想這異身在外，如今遊子歸來，是一件很舒服安慰的事。家是多麼的甜美啊！但我們早晚要建立一個屬於咱們的安樂窩，那也是我們的避風港。

這兩天一直在忙部隊過年事宜，當主官在這些節骨上最忙了。有百條好漢的大小事情，身負操煩，所有幹部的獎勵，對上對下對外了。真費心思，卻很熱鬧。首先姊夫和我合製的保育服（陳銘銓承辦）運到，大家在送件試穿，很有新年氣氛。接著沈仁偉寄來一批書（也是陳銘銓回台時送的），八十多本，都是好時年出版社和遠景出版社的。要贈給各級幹部，我可先睹為快。而且今天也有贈來，台中的媽媽寄了東西來是該收到了。總之，今年過年一如往昔，熱鬧非凡。

在熱鬧之餘，每至安靜時，就覺心頭缺少什麼東西，那是一種感情成份，非可買到也。游子在外，想家是難免。多年來已磨練得可以克制。對深隱的想念更是急切，閒得寂寞時，把綠綠的信拿來看一次二次，稍解相思之苦。綠說到家要每天給我寫信，不知道現在是否寫了？不可黃牛喔！我在高雄期待看。期待著。

今天是二月十二號了。在之天是除夕，妳可代我敬爸媽一杯酒；妳會喝酒嗎？綠的酒量比我好。

這些天來都很冷，每天都在十二度以下；台南應該好多了才對，注意身體，勿在感冒。老外視之為百病之源，咱們老大中國人不怎麼在乎！可能是活的太久（五千多年）。

最近很喜欢看書，教育的書看完了，妳的基礎統計学未寄達。正好遇著學來一套金庸的「天龍八部」，是一部很高水準的現代小說，妳們女孩可能不喜欢這類書。寒假很喜欢。現有「三日不讀書，便覺面目可憎」。休假在台北時，我最喜欢一個人在屋裡看書，許多人嫁人後便丟下了書本，失掉那份自然而寧靜的心境，我以為這是人生的可悲。因此現實生活有着無比壓力，但身為萬物之靈的人應能控制生活，使之美化、靜化、簡化。對否？你以為？

打算離開成功，也好，應該換下新環境；但對新環境的適應要有勇氣和準備，此時的我對妳一無所助。希望能給妳微些鼓勵，使我身體之力量能助妳走向任何妳喜欢的地方。哲学家羅素有言：人生之過程都一直在開創未知之領域。向前走是須要勇氣的。

紫鶯的阿成 二月十二日 高雄

潘潘吾愛：

現在是除夕晚上九點多，該吃的，該玩的都已告一段落，剛吃飲了兩杯酒，有着一點點醉意，但也公做事都沒問題，還想提筆給潘潘寫信呢？

此刻寫信的環境已和往昔大不同也！以前一向都在油燈下，雖具情調，只是累也！累也！

這兩天也一直是許有高登人很興奮的一件事；只是美中不足的，每日只有四小時有電，1800～2200。不過有總比沒有要好。至少現在寫信，我桌上便有一支60燭光的電燈，亮度視線都大有改善。

今夜我們在下午四點便開始吃年夜飯，吃到天黑，而此邑談士，大聲兜窗鬧了一陣。外面夜黑風高，海浪濤濤，也是很冷的。想一想，一年又過去了，感念往昔，好想未來，設想，太多太多了。安靜下來，不免要去想到許多人，爸、媽、兄、妹……這樣的時刻太多了。每逢此，我只極力不想，強迫自己和外界都沒有關係，全部隔離。我無法去肯定這是進步退步，是非是錯。

夜長，冬夢，我只想淡淡的想想Pan Pan，想Pan的笑容，想Pan吻，想Pan此刻一定正和家人團圓，享受團圓之樂……濃，濃濃的，反而顯亂太濃的感觸；淡淡的，遠長而雅趣——在此刻。

播，今夜有勞代我敬爸媽和大哥妹妹弟弟一杯酒，意思就好，不要乾杯。若心能相通，今夜我的臉有些微紅，便是因妳而有的，是嗎？

唉，老了說，如果是小時候一定鑼鼓喧鬧；一大群小孩就各拿玩具，穿新衣服，拿著小手槍，非得要玩到走不動了才肯回家睡覺，那種興奮的樣子真難形容；現在的咱們，大概是看看電影啦；電視啦；也無多少花樣了。過了初一多少要出門走走，如此而已。

今夜，希望妳很愉快，醉了，一覺到天亮。

妳寄的東西和爸媽寄的東西都已收到，前信已報告了，不知我寄給馬姐姐的壓歲錢收到沒，是否趕上年夜用。

妳有一封信中提到新爸媽的Name，爸叫陳建民，媽是陳蕊。訂婚證書上有，也是妳首回問起，以前的信未提起。

今年元月八日給妳訂了一年的學生英文雜誌，未知初期收到沒，也一年只出八期而已。

妳問到寄到台中的錢，紅包在多少，意思即可，對上輩仔細些，下輩或平輩可隨意。若財力有限，長輩為先，晚輩次之，平輩可減免。我們非富豪之家，只到為止。播，親親，親一個，晚安。祝妳 好夢一串串串串……

妳愛的
郁哥
吻上
69.2.16 晚

情意，

過年到了，台南一定很熱鬧，我很喜愛它的古城風味。多年前我同學共訪「懷舊古城」，有思古幽情之感，彈指之間已是十多年前之往事。歲月如梭之飛逝，若今已是廣僅一座；甚如金石所鑄之城牆也奈何不了時間摧殘，何況吾人短暫數十年之光陰，來去匆匆，身不由己，真應把握良辰美景，好好品閱一番；不論成功與敗，都覺時間是充充實實地運用。不負父母所生，不愧數十年之行走人間。

妳回台南了，希望古城給妳一份好奇也大不相同的寧靜心境；家給妳一份歸鄉的安定感；而城的信給妳一份對寧靜的適足。

我想妳現在一定幫媽媽在忙的不亦樂乎，要加什麼菜呢！要安排什麼節目呢！要如何接待親友呢！還要訪友哩！……　此忙彼忙北部忙是有天淵之別的。

我也有這如此的經驗，大嫂說這是小菜的饗宴，每年新年非我請請不可，看來以後咱們的小家庭免不了這方面的事了。

華中路年也大同小異，於家庭，只是範圍加大而以，許用之錢不少而以，大吃大喝自是難免，不過那時一向

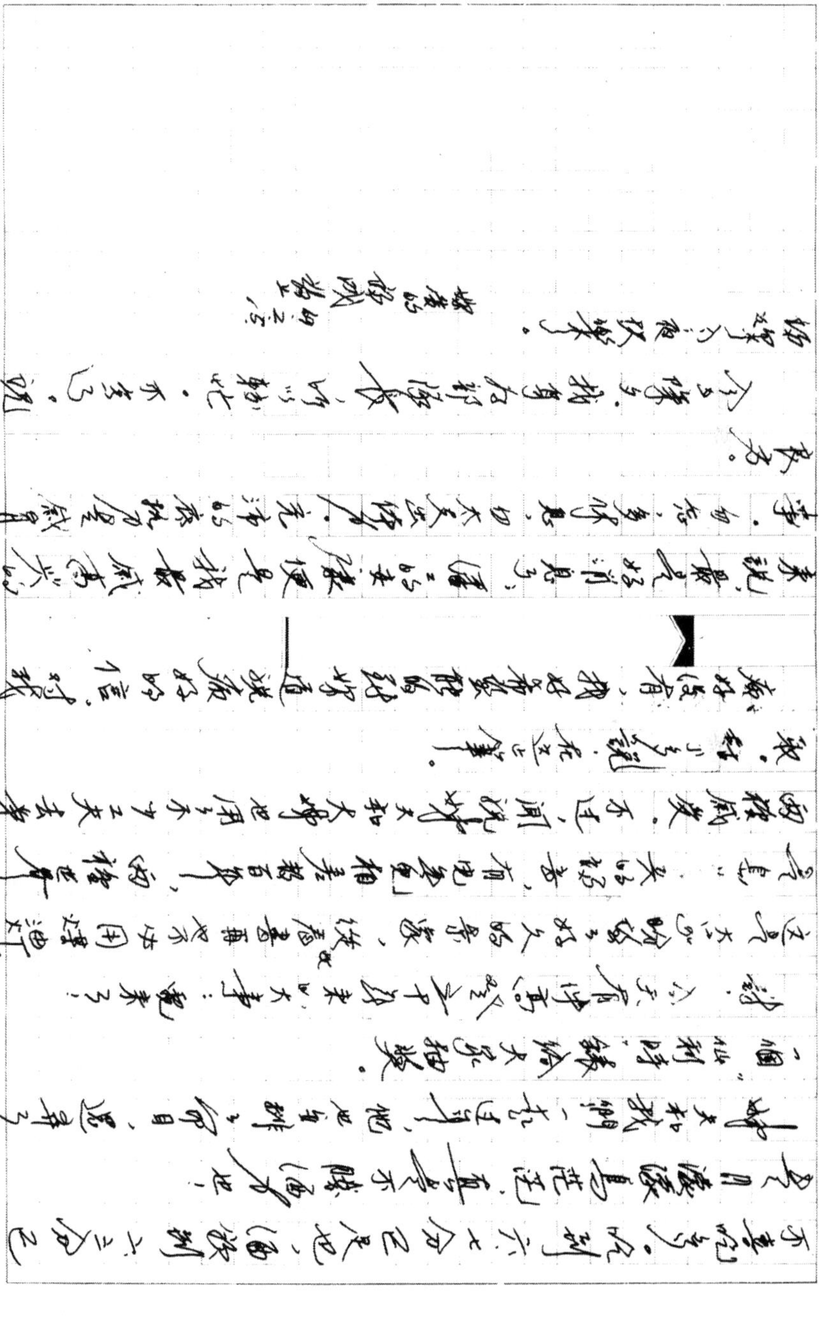
不喜吃多。吃到六、七分已足也，酒欲到六、七分已
是月濛濛島茫茫，真是不勝酒力也！
婷大和我們一起過年，他也會排了節目，還弄了
一個"仙利時"錶給大家抽獎。
謝。今天有件高興之中好來的大事：電來了！
這是大家盼望了好久的景象，從此看書再也不必用煤油燈。
是美的訊息，有光無電相差數百年，兩種世界
兩種感受。不過，聽說婷大和大婷也用了不少工夫去爭
取。話少多說，在這停筆。
病好了沒有，我好希望能够聽到妳說病好的信。對我
來說，最是好消息了；讓讓的安康便是我最感高興的
事。勿忘，多休息，勿太又出勞力。充沛的體力是感情
良方。
今夕除夕，我身為部隊長，所以較忙。不寫了。祝
妳過了一個快樂年。
妳愛的
弼成 敬上 61.2.15

潘潘吾愛"

元月十四收到妳第一封用台南的住址來信，信封上尚是台北，元月八日，料想便是妳在台北寄出的信。此刻的信想全部寄回台南。亦寄有船來，所以元月二十以前我都寄回台南，之後便又重寄回台北了，因為再下一航次就至二月廿九，亦未收到妳在北上之前收到我的信。

從妳信得知鳳嬌和妳通過電話，有關元月當兵之事，於我休假回馬上立刻再三寫信回去說明，我早前也都寄信回家，奇怪之至，每一封被我家人收到。在與一返回看。好！好！好！當兵之事一方面是行政人員的疏誤，一方面為我所用，說來話長，且已陣太多時間，不提了！

看潘的信，似乎對自己奔走"江湖"多年有看太深太濃的感觸，對前途，愛情，婚姻，人事，社會也塗抹一層朦朧的紗帳。我於前兩封信中對此有較深入的筆談，也不必重彈舊曲，但願妳對我的信能有一些些體會。潘！把它視為經驗之一吧！

潘在信中說，潘內心尚未感受到我的成熟後一不深。看真了吧，豈不愧對自己心上人，潘，也許我的不仔細，也許我那"鄉下人"的氣息無法為潘所接受。也許……我自己都想不起來，但打自內心，我便是深深地愛著濤濤。有一首歌叫「愛的表示」，也叫夕陽西沉，是首這男孩對女孩的「愛的表示」。有著秘訣。我全靠力，但我不喜太過作假或偉為，只盼日久天長妳体驗的出，是了？

妳對父母很孝順，叫我很放心；妳為我爸爸媽媽設想也很周到，他們都在初見之下就很喜歡這未來的媳婦。鳳嬌來信說：濤濤姊姊很耐看，愈看愈叫人喜歡。以後我們的女兒在濤的手調教之下，豈不青出於藍而勝於藍。濤，天下父母誰不希望他們的後浪一浪比一浪高呢？

初一中午請了姊夫及其他高級長官，劉師傅居訂初二中午請他，上午有艦來，他突然奉令出港，說迎合休假。

濤哥的「小河淌水」，那詞兒真是美極了，可惜我不會唱，我好久未聽來學歌了。請教妳假妳唱我聽，好了，那麼久了，我們從未在一個寧靜的地方，二個人，一起去吉他，輕聲地吟唱兩三首喜愛的民謠曲，好不？鋼琴和吉他是可配合演奏的樂器，只是要練了，希望咱們有機會也有時間。

祝妳　新年快樂

劭成　草　卅一日

君慶：

看送花使者的送花果儀，我都忍不住要笑出來，如果我是那位送花的，我一定會笑。玫瑰本身只是大自然的亮麗，而希望能給妳一個長久甜蜜的回憶。

花，我最喜歡，但願濃濃能在我們未來的歲月中，常陪設一盆花，改善一下室內的氣氛，提高生活情調。

人間常有溫暖，許多夫婦找不到愛。而獨我深覺愛早已存在一個微笑間，一朵花中，一個小動作，一片細小的記憶，一張小卡，一杯牛奶，一個期待，一句平凡的話語……太多太多了……。只是不了解的人找不到，心急的人找不到，不能犧牲的人也找不到。而對眼前的濃濃我只有說一句：感謝上帝把妳安排在我生命中。我們能共創生命之光輝，一起註釋生命意義。

妳的設想真是周到，兩個媽，王媽，喻媽。由此可知妳的細心，愛心。換成我們男人也許想不到王媽喜歡口紅，喻媽喜歡絲襪（比喻而已）。有人說如果各國總統都由女人當，由女人治理世界，管理世局，就沒有世界大戰了。遍遍，我們男人統治世界，弄得全世界不堪入目，真是在妳們女人面前遺笑大方。讓我拉口令，向妳發個隆重的軍禮吧！：：敬禮——

妳的工作希望能安排的很如意，如妳所言，我是一兵一卒也幫不到，真是鞭長莫及。好在妳在公地有幫手可以搬東西。否則很叫我着急。願妳順利。

妳也許偶爾做一次生日，我是自古以來未做過生日，所以也沒有雅興做什么生日的。去年倒是有陳銘銓那年青人為我做了大生日。但他們做錯了，做到六月廿五了。那是戶口生日，非真生日。他們姑且做之，我也姑且享之。我們家四千小孩，只有鳳嬌最幸福，她每年有好多人幫她做生日。大概女孩子都比較喜歡生日。所以潘潘也不要費心替我做生日了。因為未曾做過，我心領。每年我為妳做便可。謝謝妳的壽麵，這是最聖潔的禮物，可惜我送不出來。

愛妳的心如蜜。祝福妳：生日快樂

我們的：華潘圓滿

夫
福成 69.6.8.

潘潘吾愛：

最近我寫信都用這種大白紙，潘潘喜歡嗎？因爲外面賣的漂亮是蠻漂亮的，只是不合我用，我常有寫字也受限制的感覺，所以不愛用。

今天船終於來了。接到妳三封信，平靜數日的心又再度澎湃起來。尤其收到六張照片，張張使我覺得潘潘的丰姿，和半年前稍有不同；看得出一個人離開人群走向大自然，展現在臉上那份喜悅；看得出一個成熟女孩表現出來成熟的氣質。我再說這種照片已經稍具成熟女孩的一種"女人味"。看的我有些想入非非。許多女人都會在婚後不知不覺培養出她特有的"女人味"，那是她和自己先生歷經時間之溝通，加上二者之間長久多次協調，而產生的一種"造型"。這是數月不見的，首次發見一個清新脫俗的妳，所生的感覺。但願我們實際上能在時間溝通之下，成為一個對方都愛不能捨的造型。

從我們彼此信中，客觀地說都多多少少表現了對生活的煩和悶。但是我們都還蠻有自制力的，所以讓我提示幾句給我們做做啟示和勉勵：

去何處尋一個人格完全完整的上司？？

去何處找一項完全滿意的職業……

人的心情總有高潮，低潮！生活總有些苦樂。

那個年青人沒有牢騷？沒有不滿？又那個社會合乎柏拉圖？……許多……

遭遇，我們只好去和環境講和協調，去克服，去學習，去追尋一個比較適合自己的。相信訂了婚我們多少進步些，成熟些。

一般言之，年輕人喜歡突破性的，飛躍的，多變性，刺激性的生活環境；而不喜保守、規律、平庸的生活。對不對？好剛剛教育心理學。所以我們常在自尋煩惱，但讀一些書，看些科學資料，則大悟徹悟，原來如此，所有煩惱走到九霄雲外。這是一種"悟"，突然想到「因為所以」的道理。

不可否認的，有些事我一直沒有明確地告訴妳，像妳也像寫新詩一樣象徵式的點到為止．說重要嘛卻是生命中的一件大事，說不重要是因為我視之如糞土如浮雲．但我希望潘潘所關心的是「這個陳聯彬」，而不是「陳聯彬的身世」。總有一天我要向妳全部表白．像說故事般的說給妳聽。不論妹妹說的，我說的，都一樣。

室外大雨下個不停，不知台北下雨。氣候不好，注意身體。每回聽到妳的快樂如意都叫我情不自禁快樂起來，因為妳已是我生活中的目標。每個人都想走向目標，建立一個永恆不倒的目標。

祝福妳：生日快樂

妳賞的夫
聯彬 上
……八

潘潘吾愛：

有妳又要讀書，又要工作，還要教人家小孩彈琴了，豈不忙了大忙人了，我真心急，萬一太累妳可要自己衡量工作。教同事小孩，只是看在情份上，以後要停又不太好意思，隨便停掉。盼潘潘能自我珍重。

春來了！只是早晚微有涼意。白天最近的高溫已經來臨。春天了；雨天多了，偶爾也有大好晴天，和春的暖陽，沐浴着每寸土地，每個人。總舒服。山坡上也開始綠油油一片，看上去顯得新鮮，年青，有朝氣；叫人打從肚子裡就舒服起來。春，真是人們最喜歡的朋友。

妳所提的結婚不要太浮華，這正是我在考慮好久的問題。如何才能辦到隆重，適中而經濟，不要影响到我們婚後的經濟，對不？如果為結婚而大弄面子，花個多少錢，婚後就蒂債如山。此我不為也，更潘潘所不為也，而智者則從不為之。潘潘說對不？但願我們能有很週詳的計劃。

近日看報，筆下數人免結婚，其喜宴已有所規定，不太清楚，違規者還要處分哩！潘尼今年又許知道。

陳銘銓今天就要離開高雄到北部，一星期之後他就到台中。他的這位真是我的大損失，這位前我把他弄的很風光，還近沒到港口，真是連了很好的友誼，他是個"益友"，所以一年多相處以我很懷念。他回去之後我叫他去看妳，順便把我一些照片給妳，還有一件毛衣(妳送的)他穿回去，就暫時放在妳那裡。

最近人爽快，精神又好，所以寫了不少信，三天來大概寫了20封。把好久未聯絡的一些朋友，遠的，近的，全都給他們一張。以前我懶的寫時就打個問候，交文書複印數十份，每人送出一張，最近動些開手親自寫。不過給潘的信都不是印的，的時親自書寫。

早安：

祝

快樂

妳愛的夫
[illegible]晨

潘潘：

母親節的第二天接到妳五月五日的信。當我看完妳的信時，妳預防針反應該已經好了。但願！

有件重要的喜事告訴妳，我的另一個把兄弟姓劉的已和他女友訂婚，對象是上回談過那位成大學生。她們原想留學後在結婚，現在突然來信說訂婚，我人在外島也不清楚。不過他們自有計劃。如此，一個個心願都已了。長青的"淨容"應是堅強無比的。

送花的boy只是盡其老闆交待之事而已，就商業道德而言，顧客至上。潘潘不必覺得如何！

花，漂一朵屬於我的香在妳身上

展一身多姿在妳懷念的流波

就像久別的君走入妳甜蜜的夢鄉。

妳寄的"浪漫的婚紗"，我已在我的剪貼簿中為她尋覓一間雅室，永遠在記憶中，成為生活的點滴。寄給我的生日卡很喜歡。一份小小的回憶，珍藏的花朵，總叫人有無限會意由心底湧出。

勝過一支豐富的美食，更勝一班詩班的歌頌，靜靜：

南部的信還是舊住址，大概還沒有搬家，希望到了新地方

能安祥適宜，盡快來信，我會安心。

春的腳步快到，早晚微風輕吹，很是詩意。兩日來海面如鏡，

相冊收到了，美不勝收，拙筆不能形容，謝謝濃濃的設想。

久未見台灣，很想念這塊錦繡而美麗的島。台灣對我們

這一代而言真是第二故鄉了，近來一陣鄉土熱狂吹，許多鄉

土方案，文學，畫開始被重視。甚至林懷民的舞團也到美濃去

鄉土了。我以為(許多人也以為)是好現象，人必先肯定自我，找到

生存的根，才能向上成長，也才能走出一條路。

今日不談了，改日再寫；有時寫信也會寫的感慨，不能自制。

拜拜

祝福 永遠年輕快樂

朗峰 上 69.五.十

潘潘，

今天是五月十五，有兩個晚上沒有給妳寫信。明天我又要去流浪(測驗)，今晚我整理了一晚的東西，雜七雜八，還帶了十二套信封信紙，希望此回受訓能偶爾給潘潘寫信。受訓當學生，時間被排的緊緊，休息時間閒足，不像當官可以運用一些自己的時間。這段時間如果信寫的少，潘潘勿得見怪。

此一去，將有十五天在外，風塵來去也是頂累人的，尤其轉船，大轉小，小轉大，真有些煩。好在十多年來習慣了許多，把部隊一些煩、亂、雜，視如塵土，裝成不稍一顧。結訓回已是六月初，但願能休個假，這只是希望，明時也許是實。陳銘銓一定比我先回去，讓他先去看看妳，至少他從我身邊過去，至少他從前線回去，叫他談談我的近況。明日一早將出發，今夜又是一個夢牽想念的夜，再寫就[illegible]。故就此頓筆。

夜安 好夢

妳親愛的[illegible]人
69.5.15 晚上10點

潘潘吾愛：

窗外又下着濛濛細雨，遠處團團白霧，天氣不佳。最近几天人較閒些，但是不能休假很不是滋味；即沒事又要把人扣住，不叫人走。有一晚我和陳銘銓聊足夜談到很晚，談到他對部隊種種不滿；上下之間那種虛假殷勤……許多更叫人看不下去的作為，說來也是很痛心。一個清清白白的預官在部隊一年多近任之後，所帶走的不是對部隊的讚美和滿意，而是一些痛心和不滿，對他們清純無邪的胸襟是個重大更全面的打擊。當然，他的感想很多見（我以為），至少他道出一個黑暗面，但也承認其光明面的存在。

我在部隊也混了五年，加上學校也有十六年。所見不謂不多，所經驗不謂不多。學校和部隊是兩個絕然不同而有180°之差的地方：學校是理想的，清純的，理論的，一切的觀念都是在追求一個至善至美至真的境地；部隊是現實的，三教九流的，實際的，一切作為在不擇手段追求一個可行的办法。譬如說就像是一對青年男女在談戀愛，他們只要一些不着边際的愛；部隊是已婚夫婦，他們所面臨的是柴米油鹽的現實問題。所以人在部隊不可談理想，要談如何把眼前的問題处理的叫長官滿意（不是自己满意）。如果有那位小子想在部隊高唱他的理想，保証要碰的滿頭包。

这是我與老郭夜談的感懷，其實这也不是我初次所感，早也如此。他將退伍回台，我請他回台後第一個看他女友、家人，之後就要去看妳，談談我的近況。上次我到南部考試，上級延期了，月中以後才好。考完該是要休假才對。目前軍人所煩的並不是薪水高低，而是休假制度一團亂，亂的和×××一樣亂。亂和亂使得人很不爽快。台灣還好嗎？原訂母親節給王媽帶兩瓶好酒，現在不知道何時？我一回去定帶到，這是要妳代我向王媽說明!!

妳已從日月潭回來，一定玩的很快樂，回味無窮。這塊寶地以前你我都是夢寐以求，到現在未能一睹芳容。實在一大憾事，盼那日能與潘潘結伴共遊。豈不美哉！

風嬌來信說媽到榮總看病已回，目前狀況不錯。我叮嚀她要注意母親飲食，那種病只要飲食控制好了，就不會發病。倒不知台南媽的腳好了：現在母親節也去不成了。本來我倆好果在母親節或其前後帶來回去看她，媽一定高興極了。可惜！只好等待命了。希望媽媽不介意。

最近幾天依然如冷，不像青天，一首歌：淡淡的三月天，杜鵑花開在山坡上。」不知那裡的天氣，三月就如此地美好啊！

近來好嗎？英文不上了，目前高中英文也不錯。

好久沒接潘潘的信，是不是現在又開始黃牛了，黃牛現在可是「非法」喔！（星期一筆談）

祝好
潘潘

快樂的夫
咏音書

美麗～～
快樂～～～

潘潘吾愛：

盼望好久的台灣船終於來了。那幾條船對我真重要。每個月兄弟們都要引頸而望之有三四回，掃瞄遠天的海面上，有時老遠在十多浬外就出現几点黑点，看着它大大大大……終於看到它成一條船。每回看到都很興奮，尤其山頂上有一大堆人在做工，突然看到，真欢喜如狂若痴，大家都跳起來。這種景像很似魯賓遜在孤島上，偶尔看到几隻商輪，於是脫下白色內衣在揮跳或燒起一把火一而且是几多才看到一次，那種興奮如癡的樣子。試想當兵的有時來到這個島一住就是兩年不能回家，他的孤獨、寂寞、淒涼猶如古木屋下的老人臨着晚風面對夕陽那般景像。所以我們當靜

部的都盡力為他們找尋最佳消遣方法，把自己也不可免的那份孤寂感厭割到最低限度。前一陣子，美麗島事件發生，前幾小兵真的感傷起來了；因為我們不分日夜，不畏風雨，犧牲一切享受，來到高登盡一個民之責，汝方怎還有人拉我們的腿。可恨！可嘆！可悲！

我個人覺的二十多年來的對匪鬥爭，功勞最大最可佩的要屬在外島的離島住過的官兵。餘不多說。

說：半天船，它在我寫信的時刻尚未到高登，還在北竿呢！不知本航次有否妳的信，有幾封信？不知家裡有沒有信？好朋友有沒有信？

前面有兩套時髦的女裝—對女孩的服裝我不懂。直覺感到這兩套蠻順眼的。妳喜歡嗎？婚後有機會給妳做。妳是服裝行家，大概早已找到比這更漂亮迷人的款式。

潘，不寫了，等妳的信。

祝福我倆：

一顆善心待蒼生

百年姻緣共始終

妳愛的夫

鄉下人上

元.五.六.

潘潘：

今天是母親，也是星期天。沒有活動也沒有什麼晚會。上午睡了一個大覺，起來已經要吃午餐了；剛醒來又沒味口，吃點菜喝口湯，午餐又過了。下午看了一部名片，电視效果不佳，斷斷續續到六点多才end。之後沒事，整個島如往昔一樣冷冷清清。只好坐在床裡給妳起筆寫信，想一想又快，大概明天有妳的信了。

上航次妳的信中說要離開成功幼稚園，不知目前動靜如何。到成功的信園長或友會不會來封信給妳。繼續種下去，換個地方似乎較好，改變生活環境使人有活力，產生新的衝勁。但願如妳所言，亦如我所言，換個地方使自己心情快活些。

最近沒事就瞪着眼看妳新寄來的大張獨照，一張張欣賞，一張有一張的味道，還有山水培養出來的"鄉下純樸的美"。但願我們心靈上永保持一種自然之美。

和我在高雄共同生活了一年多的陳銘銓終於在昨天中午出港，在此等潮留一週之後返台。一個歡樂的團子裡，突然少了朝夕相伴的友人，全島都顯得冷冷清清了，了無生机的樣子。他和我確實建立了不少友誼，他閒著事就找我聊心，我向他消遣，嘻笑尖叫，生活實在比較有趣。同性之間的感情也是微妙，有的同學十年未必是好友，他來之後半年左右就是好同伴好幫手。公私兩面都完滿。

近來台北的文藝季似乎辦的不錯，有不少畫展、音樂會等，妳可有去飽個眼福。如果我碰到可能把台貴者下去看畫展。

我對美的追求很認真，對美的感受也很敏感，但有一個人比我更認真更敏感，而近乎"恐怖"——此人陳銘銓也。所以他女朋友比較累，凡事凡物都要注意"美感"，否則他就"不對勁"了。

世上的人兒，千奇百怪，應有盡有……。

他回去我要他帶妳去吃一客妳想吃的，也談談我的近況。

祝
妳福
萬事如意

妳愛的
福成敬上 六五、五、親筆

我閒時很愛剪貼，現在也不例外。我常蒐集的有：教育（有好而生的興趣）、室內設計、經濟資訊、法律、文學、園藝、新詩、與生活最有關係的資料、趣事、怪事、空前絕妙的大事、……生活也是多彩的。

五月了，有首老歌叫："五月的風"。但是現在已五月六日，風並不值得歌頌，也不醉人；倒是覺得像少女的心——忽大忽小，忽冷忽熱，忽強忽弱，是叫人担憂的五月。

五月的高雄，昨天風雨交加，海上翻起白浪，半夜又傾盆，人都抱著綿被，靜聽雨声；今天中午，風平浪靜，遠處的雞在孤獨的鳴，狗也在吠，只未聞人的声。

潘讀信那此，似乎覺得誠成好像在寫散文，讀不出一味覺，看不出視覺。誠成只是隨心之所欲所想，提筆上陣罷了，但願心愛的潘喜歡誠成的每一封信。

為妳献上一個美夢

理想
奮鬥

心愛的夫
誠成上
69.5.2

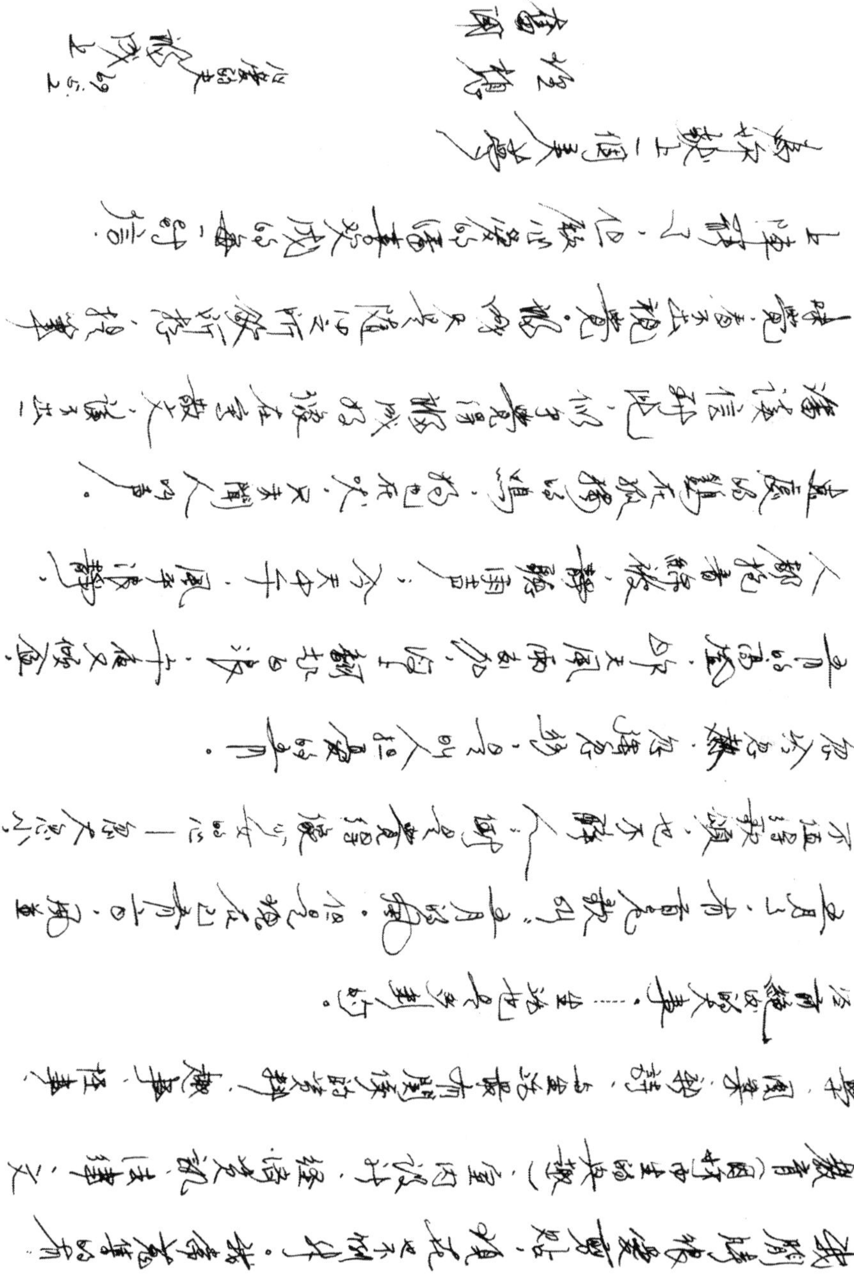

親愛的潘潘

喜獲來信，看妳玩的很興緻，連我也被染上快樂的氣份。人逢開心不但顯得漂亮更得意，惜潘未次同信中寄一張來我欣賞。待我回去不知何時？

中部的兩個好地方，一個溪頭，一個日月潭，都被妳玩光了。咱倆蜜月旅行並不無處去了。不過好地方多去幾次也不錯，每次有每次的味道不同。陳銘銓和她女友去溪頭去了五、六次，他還想去。想來溪頭定有甚麼醉人之處，那日我倆共遊，是有些一個人不同的地方，咱們拭目以待了。

劉端暉好久未出現過。昨日東風吹他來，我和他及陳銘銓笑談了一個下午，聽他吹了一下午的牛。晚上在我處小用，我和陳銘銓自然待之以禮，請他飲了兩小杯馬祖高粱酒。四月四日那天我亦慶生會，他及妹夫都來了，在外島相聚機會較多，回台灣便不多了。因

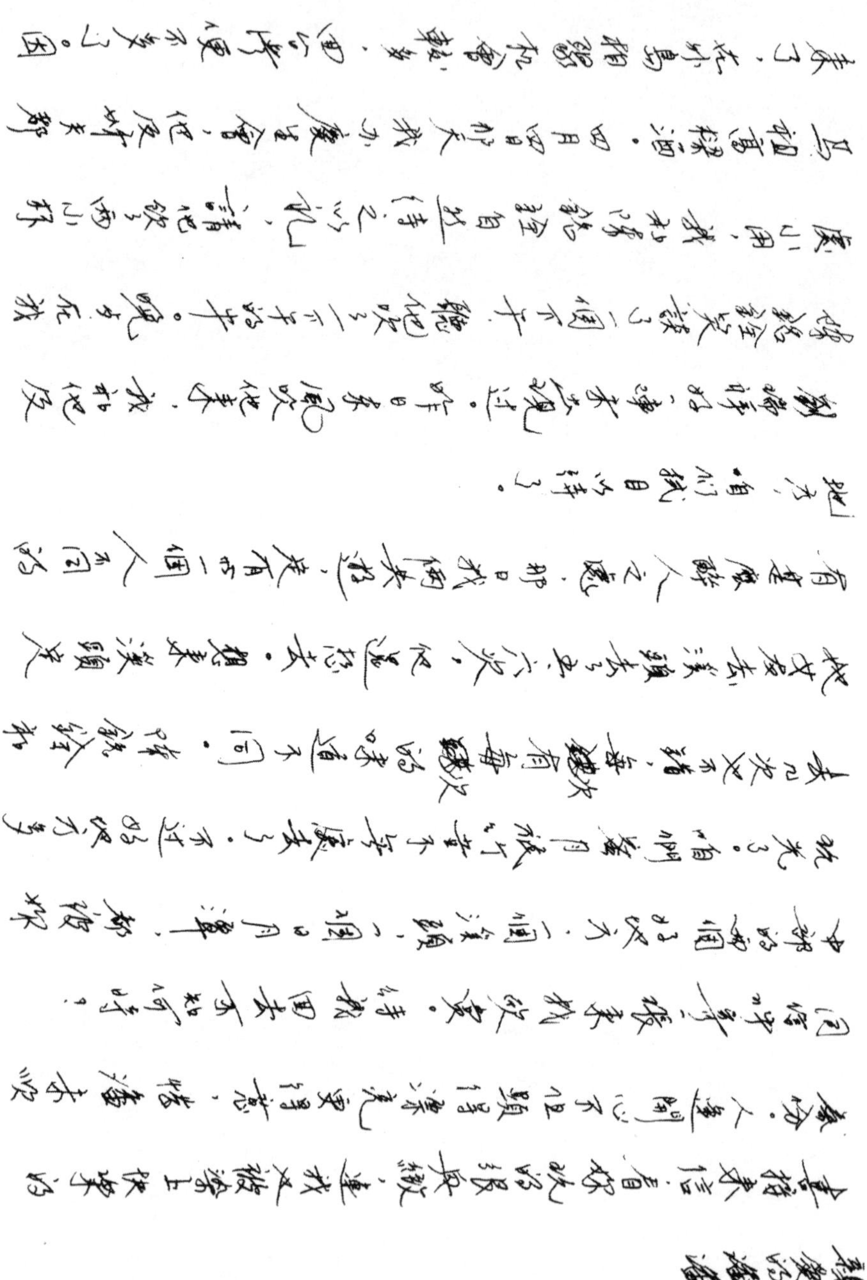

居住的距離較遠。我想說哲學的觀點也好，宗教觀點也好，人的本質都有些規的成份，不太重就好了，輕輕的則有很高詩意和氣質不同的感覺。上面休假，在台灣見過三個女孩：妳、洪玲妹、陳銘銓女朋友—林玉玲，都各有其不簡單之處。洪妳知道；另林妳大概未見過，奮鬥的精神，青年人那股治游氣息，對事物的見解，為人態度……等都可由許多小地方嘗見一二。當代青年有些真是不錯，如洪、如潘、如林小姐。吾等應知，小市民只要安份努力就是對社會貢獻，對國家貢獻。不寫了免成"社論"。

教概、教行、教心凡本書上有許多我的筆跡，可影响妳的視線嗎？上頭有些批註感言之類可為參考。現在看的如何？有心得有收穫嗎？每一本我都看的仔細，較會貫通，但久未復習為忘，人腦真差。考試完上

史腦豈不美哉！不过基本上的認識很多，也是一年

所以中的一点感就罷！

此刻，夜已深深，外面又在下大雨……很冷……穿了

衛生衣褲、毛線衣，還窩在綿被裡給潘潘

寫信。今天是四月二十九了，算是四月已經過去了，五月

要來了，該也是很快。很怪，有時覺得時光最好如

飛馬騁足，盡快到來；有時恨不得如烏龜走路，

愈慢愈好。千古怪物属人——怪！怪！怪！

母親節快到了，对於母親不知如何表示，潘可

至提示。還是等我回去一起办，如此晚了些罷。

我也會記得把西瓜給王媽媽，勿念。想念潘

為妳祝福

漂亮寶寶潘潘……

妳甚愛的

鄉下人 上

69.4.29.

潘音愛：

今天該是妳到日月潭的第二天了，玩的愉快嗎？湖光山色總是醉人的。教師會館該是舒服的，潘不是一向不愛住旅館，現在可習慣住。當今交通發達，人南來北往；也許全球到處跑，在外只有住旅館了。

不知妳要寄情山水多少日？食人間烟火的我們，總想找個無人間烟火味的翠巒深谷去雅坐几天，不亦快哉！

今日天氣尚可，外面陰色涼風，鳥語如歌，樹梢起舞。馬祖天氣有時很差，變化太大。昨天早晨好大的太陽，大地如春，視野可到海面八公里之外；後來妹夫招集了一個會議，約會四十分鐘左右，室外、海面、山邊，白霧茫茫，一千公尺外不見景物，有如人間仙境一般。難怪馬祖人叫此時謂"霧季"。

潘潘，

一連下了好多天的雨，每天到處是溼淋淋的，山坡上有細細涓流，樹木枝葉翠綠，人有時感到舒活，有時感到沉悶，雨下久了還是不好。

晚上好冷，室外洒洒淒淒。被人們所遺忘之島。近來是霧季也是雨季，大概所謂梅雨季節快到了。或天下的人都煩的，如果身邊有個潘潘伴着，興致來了在雨中散步一番，浪心是沐浴清淨了，豈不快哉！

咱們中國文學（西洋也有）就有不少感人之佳作。那些的我多年前在校刊上有一篇名曰：風雨中的回憶。古人有「風雨故人來」的佳句，閒胡的想，下雨也蠻好的。阿里山的霧，濛頭的小雨，一定很有情調。

這兩天沒有給潘潘寫信，這48小時過的挺快，嘀哩嘟啦！使也飛去，小學課本上有句：日曆！日曆！掛在牆壁，一天撕去一頁，使我心裡着急。

昨日曉婷寄信外，鳳嬌也有一封。說了媽媽北上
看病，說玲妹如何協助，說二嫂如何照應，還要二哥
好好地待潘潘。自是不在話下，對不？

有一次我和玲妹的丈夫私下談天，談到他們如何
生男生女之辦法，真是妙也！現在我還不太相信。
不知潘潘可有此辦法，生男生女可任由夫婦管制，若
能咱們豈不……

日月潭如何？不知和十年前有多差異，台灣有許
多近年才開發的觀光聖地，比日月潭還迷人。當然全
世界有更多的好地方，地中海的浪潮，維也納的音樂，
黃石公園的原始風味，大溪地舞，埃及之神秘……
不知可有此之命，像三毛樣浪跡天涯。現在只在
幻夢中才最好是想。天地無常，不知明日又將如何？
五月中旬要考試，而許多正書卻無一能入目，更談不
上心到了。太多的問題懸在心中，個人婚姻當然

是第一等大事。十年前自己所夢幻的婚姻真是好像「白馬王子和白雪公主」那般，年歲之長，到如今才知婚姻還有許許多多現實的大問題要處理。我喜歡凡事計劃好，不喜歡事到臨頭一無所有。

諸多困惑叫我思考着卡謬一句話：「沒有現實，藝術不外是東西；失去藝術，現實更毫無意義可言。」雖然我們的情形不少，但有許多還是不懂；諸多現念上的問題還要參照哲學家、現實環境、本身固有的衷中和出一套屬於自己的。

個人的事業，也是第一等大事，好多的問題，走不完的路，不走也不行。除銘銓輔導長家裡雖應有盡有，但他也在煩惱這位太的工作問題，他最近也不穩定。婚姻、工作、事業前程，似乎古來就喜歡玩弄男人；女人呢？可有？我總是有，而且多多。今天心有所感，胡寫一通。

為妳旅遊的每一刻祝福：

快樂多多

妳愛的夫

晚上於四．六八．

潘瑞吾愛：

又是一個風雨之夜，外面墨色般的黑，風好大。
風中夾雜着海浪的濤声，教室裡一群年青学子的談笑声
吵雜的像一群蜂在嗡嗡地叫。
好熱。台北更熱，現在的潘潘正為何事呢？忙着讀書？看电
影？逛書店？逛百貨公司？回想這半年來，我們難求見面
或在個五十六十去旅行去玩。但是遠隔重洋的兩顆心，能想的
更切，思的更濃，每回提筆修書都不盡地感到很安慰。而這不
變的心正是我們長相廝守的第一步。
很想能突然收到妳的信——明知其不可能。還是會想，想妳不
知已寄到高雄几封信，那些信都會放在我寢室。當我再回那親切
的島時，第一件事我就想打開妳的信，再看桌上妳活潑的照片。
一切的不如意，一切的辛勞，也都隨而飛到九霄之外。好熱，汗
流濕了內衣。今晚又缺水，就一身臭汗在陽台上或门口吹乾就打
算上床睡了。好險妳不在身邊，不然妳一定罵一声：臭男人。
想妳，吻安

夫 福成　六九．五．二十五　馬祖南竿

潘潘

自從四天以前在高登寫了封信給妳，有這久未動筆了。這段時間人一直這中等船，以及準備考試的項目，我考的東西妳也許有些概念，也許不知。反正那是一些軍事東西，我很忙。好吧可以。

今天也是忙了一天，用過晚飯，好不容易找個一點時間為美麗之島上的潘潘寫下已久的情話。數數，咱們多久沒見面了！這漫長歲月有過多少思念，真是說也說不完的。好久沒有接到妳的信，今天有信到高登，可惜我又已不在高登。十天後，也許又回去哪孤島，再一起看妳的信。暫且把相思藏在心中吧！

陳銘鎮已回到台灣，當妳接到此信時，希望他已代表他的老連長去看過妳。讓妳多知道我的近況。倒是妳，不知是否已經搬了家，還在不在成功。但願能接到此函。晚安

夫
翔誠寫在天涯路此岸前 五.六午

潘潘：

夜，又已深深。

風，徐徐地來。有些微凉，像冬已去，似春要來。

今天，閒着沒事，上午去遊村莊。馬祖的村莊，大多是十家左右一起的小部落，經營小雜貨店。靠軍人吃飯的。古香古色的村屋，有些地方拍电影倒不錯。

中午睡了大覺，還想在床上給你寫「半封信」呢！寫了不到十分鐘的信，翻过身子倒头大睡，一覺到五点。海面上已顯出黄昏景色，有几條歸船。

大海、山景、夕陽，微風中有日落的人，構做一幅美景。

把宇宙縮成眼前的世界。如此看了一個半小時。

我很重視生活的調整。一向的條文是：

　　當物質生活不足時，提高精神生活。

　　當條件許可時，適當提高物質生活。

兩者的百分和總要到達100，如此人才不致走進死巷，或走入極端。現在的我，正是如此環境。

身似漂萍，不由己，如果心在不由己，則是天底下最可憐、可悲、可嘆的事也！當我困於外在環境促我失意時，工作不順利時，想念潘潘而該見不在時，以情患苦之極，我叫做下列諸事：

1. 給我寫信，訴說我心中的感觸，讓我知悉。
2. 去散步，看[illegible]。[illegible]
3. 畫畫，畫大[illegible]，[illegible]個小時，[illegible]一。
4. 寫自己喜歡的作品，不論好不好
5. 出去看看，[illegible]。[illegible]自己去[illegible]

[illegible]的生活，[illegible]。十年前[illegible]，十年後……[illegible]。不
知上帝為我有何[illegible]。
[illegible]自己[illegible]
[illegible]，[illegible]朋友一。
[illegible]。[illegible]

天……
[illegible]。不知[illegible]
[illegible]，[illegible]。[illegible]自己[illegible]
[illegible]。[illegible]
[illegible]人，[illegible]
[illegible]。[illegible]，我們……
[illegible]。[illegible]人
[illegible]
[illegible]……[illegible]
小不點　[illegible]

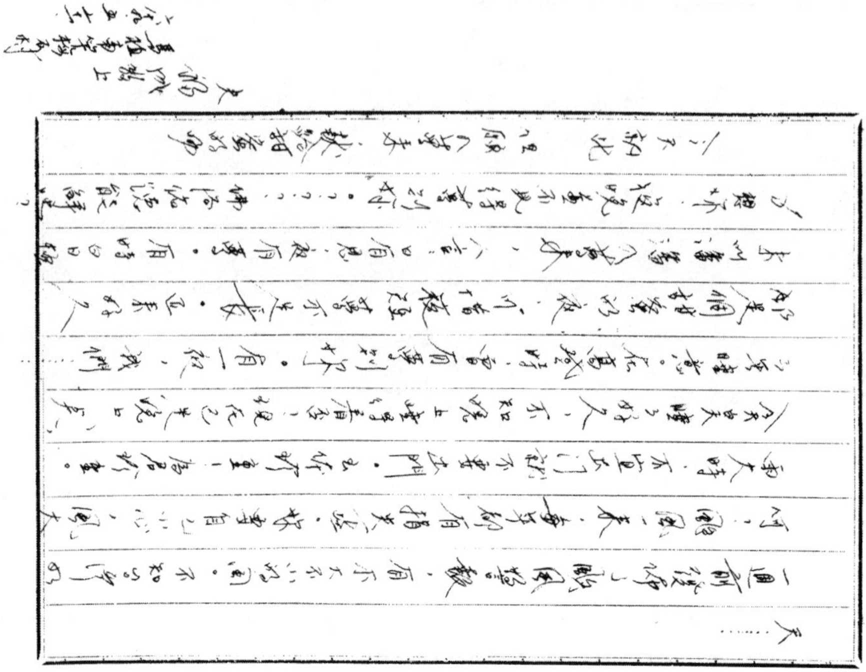

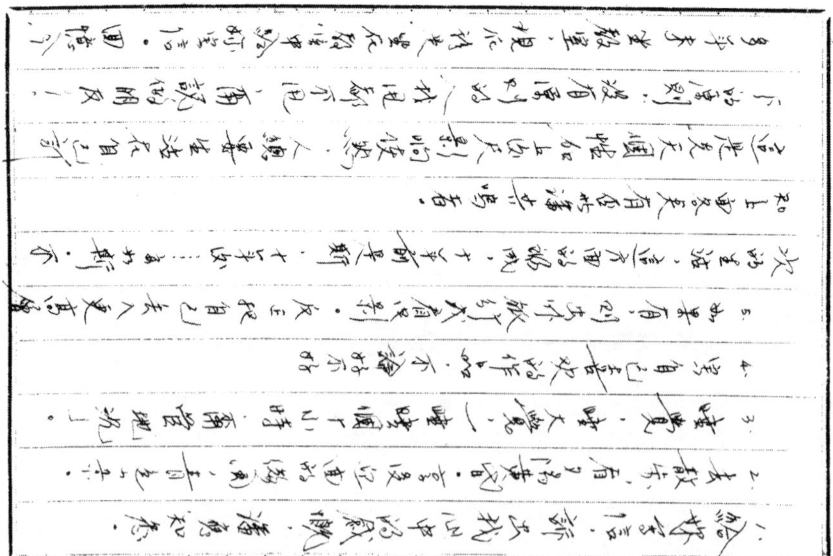

潘潘吾愛：

我現在人已在南竿，天氣好熱，人也很悶熱。書也讀不下，只好拿起筆來給妳劃幾個字，這種情況下寫的信真是最沒營養的啦！

這幾天到處流浪，東住西住，南吃北吃，到處混。平時所有同學忙於國事，一但一起受訓，有多年不見，四路八方英雄好漢都聚於一堂，真是熱鬧非凡。這幾天就是這樣過的。現到了受訓地點，編班後，開始要做正事了。密黑的。（五月十二）南竿梅石．福成

潘潘，

白天總是很累人的，到了晚上人們便都走入一個較為寧靜的世界。我想人們該是喜歡夜晚的，因為他們都在盼望一盼望一份屬於自己的夢鄉，屬於自己較支配的未來的生命。

尤其是一個男人，他們白天大都離開妻兒子女，去開創自己的事業他們的付出很大。精神上要抵制一些感情的困擾或懷念，很是心不由己，還是要創了；體力上他們付出許多去路里去奔忙，結果，這更是身不由己的事了。但樂觀者、現實派者、悲觀者、幻夢者都用一些方法或觀念把苦苦昇華了。實際上人們都在盼望一份安祥、寧靜，在盼望一刻美好的時光，還有一份夫妻之間的相聚。所以我說男人對夜晚的盼望會比女人要切的多。潘潘有同感否？

這三天以來白天該上的課都排的很多，所以晚上的自己就不打算再計劃安排什麼課程了。但是所有喜歡看的書都要回家裡或放在高壁，沒事，很想妳，只好拿起紙筆給潘潘寫信。昨天、前天的兩個晚上都給妳寫了信，只可惜妳一定尚未收到，尤其最近天氣不佳，海浪又大，只怕交通早已中斷。

我寫信，不論給先生朋友，一向不喜歡談「早晨起床刷牙，吃飯等事」，我常談些自己的感想、工作或讀書心得，生活態度、人生觀等事。這兩天也看不到妳的信，不知瀟瀟的近況，所以都在紙上談些藏在深心不易提及的話。我曾有個朋友和我交友不到一年，他自言被我改變了大部份的人生觀，整個人在思想的道上完全改道。我不知自己是否真有這份能力，但我早已確立自己的事業方法和一些原則，我有自己的軌道。我想每個人都要有其「軌」其「道」。不該是軟骨頭或一株牆頭草。瀟瀟以為呢？

瀟瀟，告訴我今晚的此刻，有沒有想我？此夜我要先把妳的思和情，送到我夢鄉，把妳的花容印在我夢的心湖，讓妳飄在我湖的面上。像一株水草，濺濕衣裳，蒼茫茫水際。只在今晚。今晚我身處花海之外，心都全部給妳了，還有今晚的時間。

為我們祝福

滿意嗎？

夫 福成
69.5.26 晚上于馬祖南竿梅石

吻 妳

潘潘吾愛：

昨天草草給妳寫了一封不是信的信。日復一日，來南竿已一星期了，最近天氣漸漸熱。坐在教室裡都會流汗，人有些懶洋洋的，此刻寫信都覺有氣無力。

課餘之外，偶爾幻想我倆的歷史。去年大約三月左右，我向妳提出第一份訊息，而歲月竟如梭地，如今已一年多了。一年多裡我拋去全部的感情，至今愈深感這是一份多麼偉的愛。這就像母親對於子女的情一樣沒有代價的。隨著歲月的流失，相信我倆會建立一份屬於咱們內心都共認永恒而深似海洋的夫妻情。今夜是個寧靜的夜，晚上是自習課，利用了半小時，也是正有所思，寫此信。

教室裡坐著一票人，都是年青人，對某些人而言是失，對國家而言是的是得。陳銘銓回台多日，不知他去看妳沒？以目前不能休假的我，對他有無去看妳是我一直關心的事。至少他在我身邊共事了一年多，是我最愛惜的幹部和朋友。五六年來，官場裡看遍了口是心非的虛偽面孔，每天都必須把最純潔的一份自我心靈深深埋藏在心田裡。官場裡為了得到上級一點佳言的那種作做面孔，同事間那種「老哥老弟」的相互妬意，相形之下和社會之黑暗面相差無幾。人與人之間很少把真心搬出來的，能交個夠得上「知心」的實在難。相知的，劉、廣和我，三位也許應該感到安慰。而我之碰到陳銘銓大概是天意，至少我們共事時沒有為個人利益在爭，都把真心搬出來，今乎是總留下值得回憶的一段佳話。

看信至此，潘潘也許覺得我成牢騷滿腹。我想天底下可能沒有人對一切事都感滿意而沒有牢騷的，尤其社會現實如此，人與人之間唯利是賴，我何能沒有牢騷。我若生而為莊子，也許早已入山尋道去也；今日的我，仍然是陳銘銓，在現實洪流中來去。我們必須在現實中奮鬥下去，在所謂的事業上，與人拚體力，拚鬥智，與人爭長短，追求所謂的名利。

潘潘，就把這當牢騷看吧！誠如有時我也喜歡看妳信上那些牢騷，再來說出一些道理。不知妳搬家沒有，所以就把信寄到成功，妳說成功要解散了，信去了一定查無此人而退回。我希望成功還有人在，轉個信，謝謝他。

今晚寫信沒有情調，說說要在夢中吻妳嗎？

大鵬 成
69.5.25 于馬祖高登

快樂加三級再加 ext

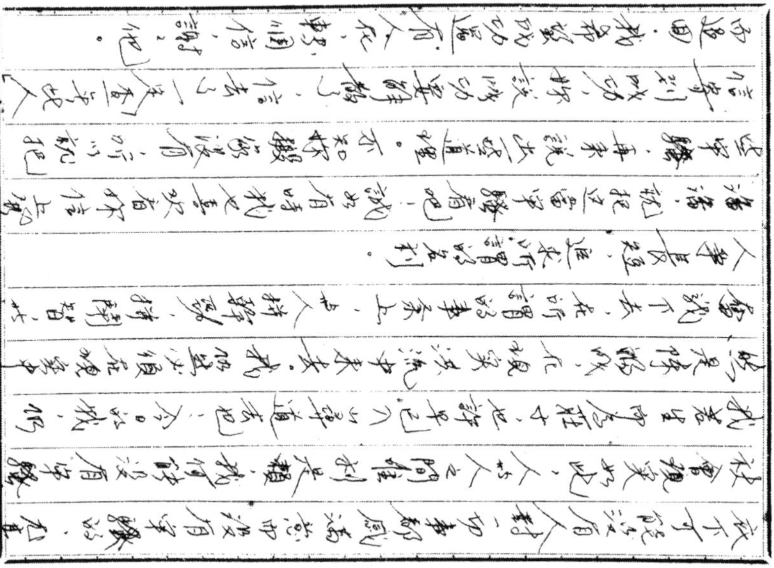

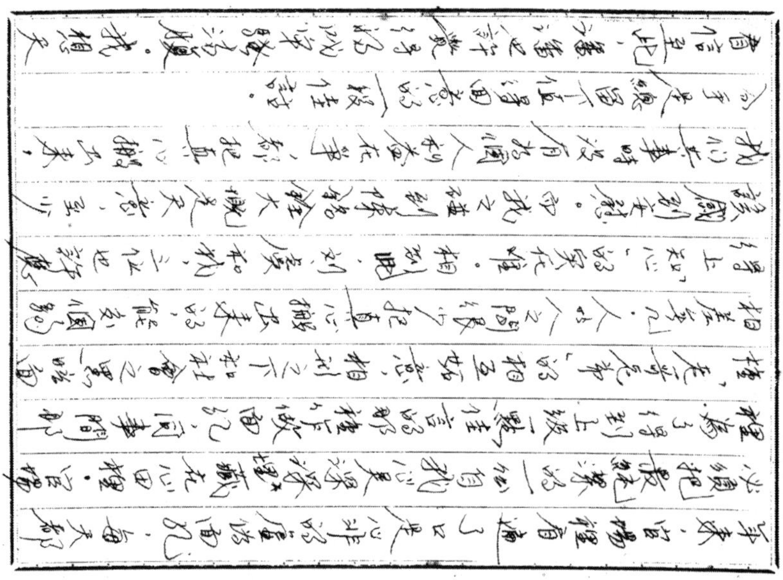

潘潘吾愛：

大地一片寧靜，安祥，陽光溫暖

打開我們愛的窗，聽咱們的心曲：

有一張：看了她，想起Pan Pan小時候也夠頑皮的，還穿小短褲子跟小男生打水戰，我還贏了。現在是lady難以想像。

：你認為如何？同学？小鳳凰

：我願我的家永遠安詳快樂

：Pan Pan喜歡你的一吻

：但願我們的決定是永遠的決定，互諒……互信……

：萬物都須要一個愛

：是我們所願的。（正面"天長地久"小卡）

：甜蜜的賣魚曲

：您～讓我更能了解如何充實我

：童年是快樂的，抓泥鰍、採甘蔗、揭桃……回味無窮

：摟住擁有的現在

：想念妳

：愛只能體會……

都是咱們感情的歷程，一生都難忘；妳永遠是我心海中的一座小島。

六九年四月十八日於狮城筆記高登。

潘潘，

妳夫回來了 帶來了潘潘的訊息 帶來了潘潘的愛心 人一時間感到很高興 很安慰 本來人真是煩 現在尚能將煩惱一腳踢到九霄雲外。

近來，一直很冷 每日寒風呼嘯 身上穿着厚重的大衣 也許 穿的太久太長了 更感不想穿呢！但是非穿不可 不穿好冷 人會感冒。

寒風中夾着細雨飄飄，人都被擋駕在屋裡 睡着的 起着坐來的 走着的 逛着的 長久的風雨給不懼風雨的單人帶來了無奈。

妳夫回來 照例請大家吃一頓 喝几杯 辛苦了 這天我只飲了一小杯 現在妳夫的飲酒量也改變了 大都竟思一下 不多

最近半月以來 讀書都讀不下 例是讀了一大林語堂的書 還讀了一些台灣的鄉土文學 林海音的 林懷民的 七等生 鍾理和等 當一個人尋求不到美麗和滿足 走入文學藝術的世界是最佳方法 也只有如此 人世間的黑暗醜態才能把你莫可奈何

很久未聆聽潘潘奏一曲"愛奏曲" 何日再有？

外面下着細雨 昨日起就開始滴，嗒，了

等了再等　明天大概有船要來高登　也將把潘潘的信帶
來　也許船來了　而沒有信　但我已經很高興　至少妳
的存在　給我的生活多帶來一些亮麗的夢　夢裡見妳都
是很美的世界　潘，還記得有封信中我說：人性有太多
原始就存在的弱點　怠惰　物慾　性之偏見　驕傲等等
已經不能在墮下去了　再下去便是地獄之邊緣　所以我
的思想（在現實之外）總要尋找些美麗的東西　而當人
們再也尋不回美麗和純真　社會的善將被謀殺盡　此
時的人們只有一條路—走向地獄—成為野獸之世界
陳銘銓要退伍　我感到有孤獨之感　在高登的日子不多

他退伍後　我打算把自己關入某一領域做一些事　他之所
以和我碰在一起給妳我之相遇—緣　退伍後將如芬
燕紛飛　各奔前程　也許要在某地碰頭也說不定　也許
這段共事報國之緣將成各自的回憶　隨時歲月而遺忘
他若先我而返台　我會請他親自去拜候"潘妳好"，他
是我最喜歡的幹部，做事仔細　勤勞　有經驗　負責。
五月三日是妳生日　我也許不能回台　先請使者代我來
一份小禮　代表遙遠的愛　代表我全部的愛
來了　祝福潘潘　快活無比

愛妳的
大上　高登
69.4.23

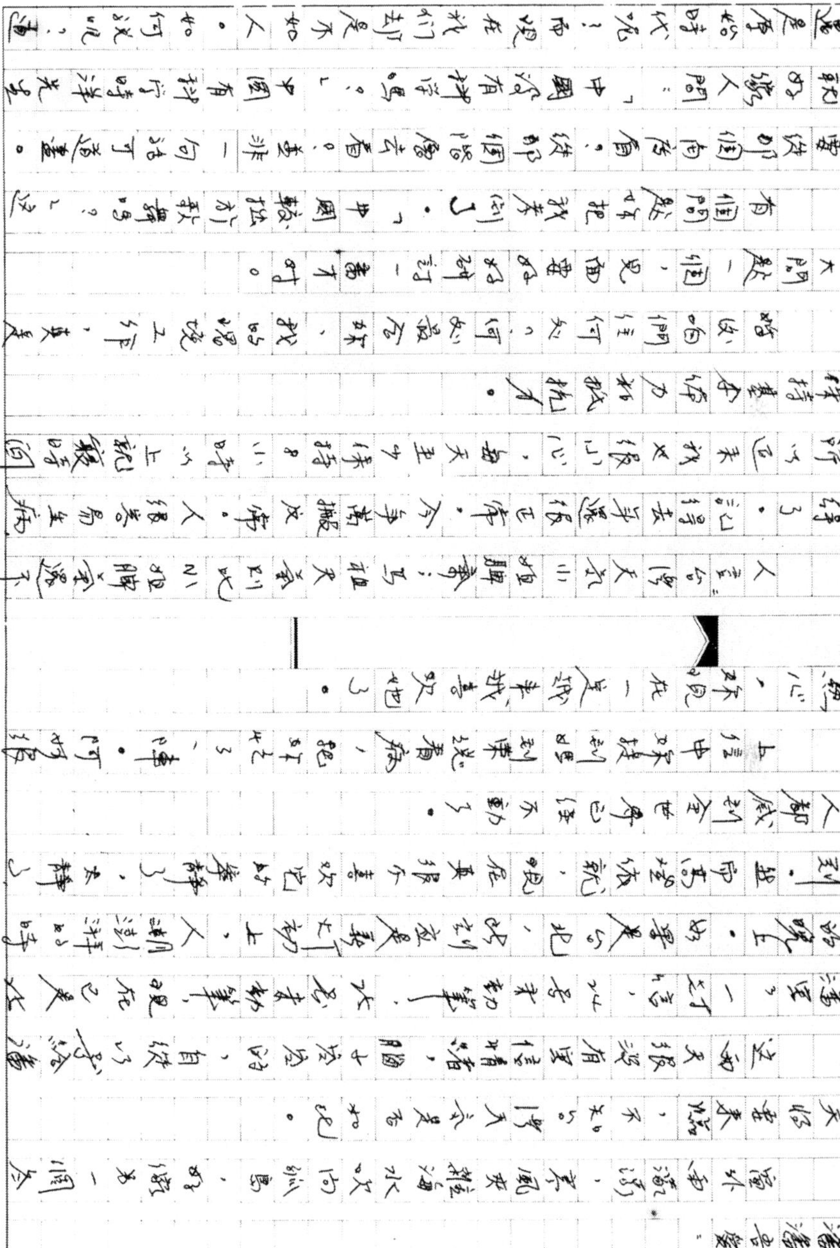
潘潘吾愛：
窗外雨瀟瀟，寒風夾雜海水吹向孤島，好像另一個冬天將要來臨，不知台灣天氣是否如此。
這兩天很沒有寫信情緒，腦子空空的，自從昨天寫給潘潘寫了一封信，以后未動筆，只是未動筆，現在已是此時的晚上。如果是台北，此刻應是華燈初上，人潮洶湧的時刻。並府高煙依舊，只是真很不喜歡它的寧靜了，太靜了人都感到全世界已經不動了。
上信中妳提到媽到榮總看病，把妳忙了一陣。阿妹很熱心，妳現在一定越來越喜歡她了。
人言台灣天氣小姐脾氣；馬祖天氣則比小姐脾氣還不得了。記得去年還很正常，今年萬般反常。人很容易生病所以近來我也很小心，每天至少保持8小時以上就寢時間，保持基本體力和抵抗力。
妳說咱們住何處，何處最合妳、我的環境工作，真是大問題一個，見面要好好研討一番才對。
有個問題妳把我考倒了。「中國較拙於歌舞嗎？」這要從那個角度看：從那個階層去看？並非一句話可道盡。就好像人問：「中國沒有科學嗎？」中國有科學時洋先生還是原始時代呢？而現在我們卻是不如人。如何說呢？這

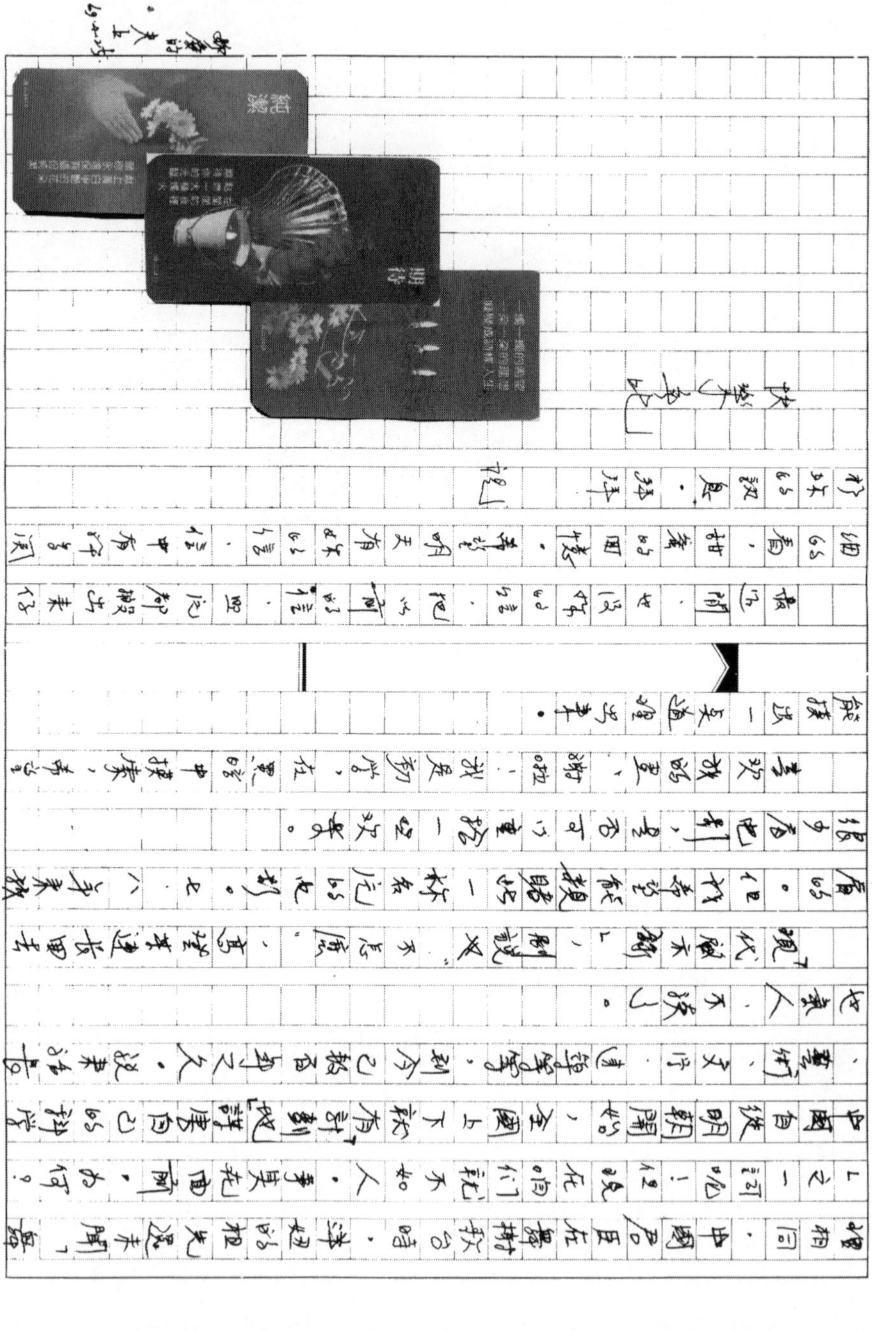

裡相同，中國君臣在舞榭歌台時，洋妞的祖先還未聞「舞」之一詞呢！但現在咱們就不如人。事其死由前，為何？中國自從明朝開始，全國上下就有計劃地謀害自己的科學、藝術、文學、建築等等，到今已數百年之久。說來話長也氣人，不談了。

「現代啟示錄」，劇說「不怎麼」，高登等速長田去看的。但我希望能親睹此一杯名茫的電影。七、八年來被很少看電影，是否可以重拾一些欢樂。

喜欢我的畫、謝啦！我是初学，在黑暗中摸索，希望能摸出一点道理出來。

最近閒、也沒妳的信，把以前的信、四院都搬出來仔細的看，甜蜜的回憶。希望明天有妳的信，信中有許多関於妳的訊息。拜拜

祝

快樂無比

妳愛的
夫上
69.4.25.

潘潘吾愛：

昨天從高雄來，像漁船到北竿，海的景色尚可，約四十多分鐘到達，速度很快。現在我又住到上面來北竿時住的小屋，環境清淨，空氣新鮮。打算明日轉往南竿考試，約一個多星期回，重臨高雄。

今早起的好早，在林中散步，不遠處傳來一陣陣鐘音，真叫人爽快，精神為之鼓舞。唯住有位很有名的傳教士說「早晨的頭一小時，是一天的方向舵。」我想從事文學藝術、教育、科學的人們，是有早起的必要，使人頭腦清醒，更感豐富。

有好多天沒給潘潘動筆寫信了，然而每天總要想到潘的影像。前天釘了一個小書箱，把畫輕輕放入，包好，會給潘寄出。一方面自我練習，一方面我喜歡竹和蘭這兩種國畫中四君子之二。當然也是想寄個什麼東西給潘潘，比較能表達自己的內心——對此次訂婚的感受。

我個人認為工業社會生活，尤其軍隊生活，太過沉悶與生氣，太過單調而不富其趣味的色彩；所以說要有個生活的調味品，正如潘潘喜愛play鋼琴，用音樂來美化人生，這是很必要的。所以，潘，如果狀況和能力許可，早晚我要為妳買一部妳喜歡的鋼琴，我自己要有一間畫室。

環境是人創出來的！

信嗎？

現在可能有三星期左右時間不能收到妳的信，這段時間我會比較不好過。因為我們人遠在南、北竿，來去不定，高登的信又不能送出來給我，只好先把妳寄到高登的信先置於我書架上，待我回去才一一拆看。

現在，等—是世間最神妙的字，任何人也說不出他所以然，也說不出「等」是如何的一種味道。在人的心裡有等著。

近來好嗎？好久未見妳，也好久未有妳信，也好久未在夢中夢到妳，而且還做了惡夢。（也以我經驗到弗洛依德的理論：夢和睡姿有關。）我現在知道何種睡姿和睡覺還是可以做惡夢，何種姿勢可以熟睡。這是前幾夜在無意中得到的親身經驗。

妳的春假還好嗎？料想妳的女兒最喜歡和媽媽在一起，因為有很多事情「媽媽都會親自教導」的，最主要的是一種依依不捨的親情吸引力。

今天是大太陽，冬天的大太陽很舒服。馬祖還是很冷，尤以早晚還是不敢怠慢，一不小心便有感冒可能。感冒該是人類最小而最常犯的病了。最近居住平安舒適，妳呢？

明天開始要忙一陣，也許有好幾天又不能給妳寫信。

青春 快樂

祝福妳

妳愛的
福成 上

親愛的瀟瀟：

今天收到妳的一封信，看妳文字好亂，到處亂畫有好多字我看不懂有如天书。我想瀟瀟回前能抽空大練特練于佑任先生的书法。于老的字是有史以來最神最飛最出名的草书了。

此時妳一定在飽覽日月潭之風光，其舊名是「水沙連」。風有「美麗之島」之雅號。涵碧樓、教師會館、梅亭、文武廟、孔雀園、活動中心、文化村玄奘寺、玄光寺、慈恩塔、光華島、還有蝶里也很風景區……好多好多，風光迷人清淨，是假日好去处。四週氣勢不凡翠巒疊嶂；花草風雨行人皆成韻味，有文人題曰：「粗頭亂髮，不掩天香國色」，真是明潭之最佳寫照了。

記得以前我和風嬌先妹一起去，當時有些歎

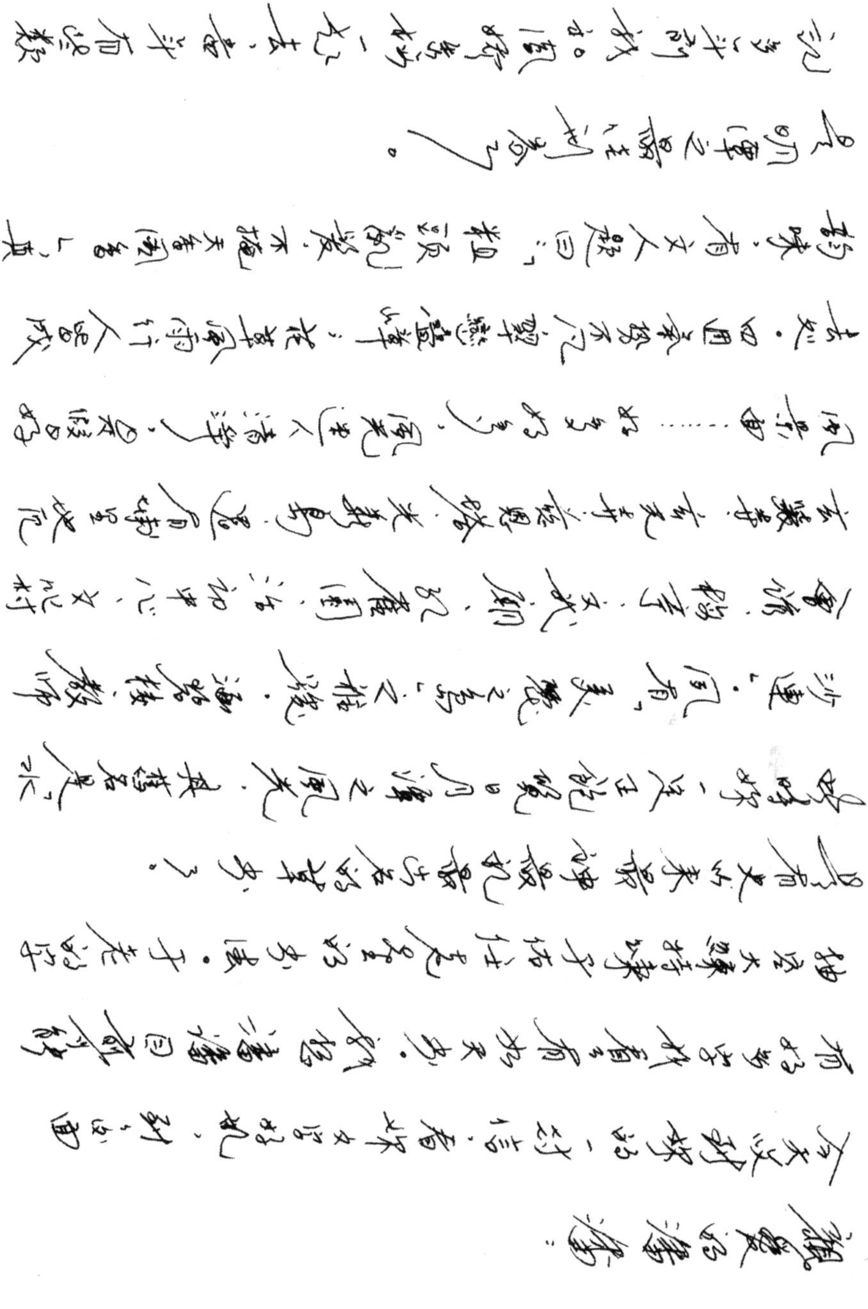

似「土包子下江南」的樣子，被日月潭的山地女孩
修理一頓——強迫拍照——啼笑皆非的回來了。
那裡還是不錯的，值得一玩。
現在的我給妳的步步的不如意，而妳在日月
潭也玩的不如意，心情該是不錯吧！人生歡樂時
光並不多，大部份都在奮斗、掙扎、工作、看上司臉
色等等等……所以能有機會使開心的
玩，同意嗎？
實言之，我和另一位同學之間並不言謝不謝的，但
我會好好所言有所表示。我早已請調回高雄，
其實也不是什麼調不調的，正好前來自四面八方的
同學聚一聚。五月中還要考試，有做不完的事，
咱們這個年代實在是「相聚少離別多」，苦難多
而歡樂少。不過從另一方面想想，歷經最多的磨

練者，也比較能洞觀人生各種明暗事理，其成功率也是比較高的。

潘潘，咱們不能往死胡同裡去鑽，退而其次只有這樣想了。有個騎馬的，看前面一個坐汽車的，覺得自己實在……；又看看後面一個扛東西走路的，覺得自己也還……。世事總要看開些吧！

潘潘若貪讀書愈多，愈感自己微小而不足道，這便是自己前進奮斗的原動力。家驊和小海若能向好的方向導引，便是好的現象。我最近看一部中國現代小說主潮，提及林海音、七等生、張文環、鍾理和、林懷民等人，可以說都是歷經一番苦難而後才成其難能可貴的一點點事業。潘，讀前人詩書，所學何事，能步前人先勉磋磨，足矣！

願我同步潘潘共勉，如月之恆，如日之恆。今夜好妳入我夢來，並祝妳枕邊快樂。

妳愛的夫　在四．十七　上

潘潘親親"

預定今早起程赴南竿，等船時間閒的慌，所以又把紙筆拿出給妳寫信。妳也許怪，等船怎又寫信，潘不知我的信紙信封都隨時跟在我身邊的，隨時想起便隨心所欲地對自己愛人說話。安靜時，常能想起潘信中的一句話：現在已有sex的衝動。本來這是我們之間一種很自然的衝動，很自然的靈肉結合。現在必須克制下來。所以此回妳假真。要小心才是。我與一位已婚的朋友談起sex經驗，真是一種大學問，重心還是夫婦二人的觀念問題。他說也許三五年，也許七八年始能共同体會出真正的sex生活。今早五点就起來，就緒完畢，不到六点，一個人座坐座裡。東想西想，便提筆寫信。偶然提到sex。我們希能共同体驗這生活之一部份，正確之，自然之，完美之。

難忘我們的初吻，希給咱們多刺一些

期待五月有好深吻

愛妳的

祐明　六四.六.晨六点。

潘潘吾愛：

多日沒有給妳寫信，很是想念。妳好嗎？

最近几天以來都大熱天，很像屏東或高雄的夏天，人很不想動。每天要洗澡也很麻煩，不洗又不行。現在開始考試，好似在大專聯考那般緊張。還好十多年來歷經數百沙場之普。通通的也難不到人。（如高考之流可能不同些，否則人人考取）

搬起腳、手各指來算一算，已經有三個航次未看到潘潘的信，相思之心實不可名狀。也許每航次都有三封信寄來，如此一算則有六封信左右在高雄等我，心情也就比較好些。但願回到高雄有妳的多封信。

以前人都以為當軍人可以不要讀書，而今當軍人似乎不讀不行也。天天須讀好多書要我們讀。

很關心妳在台灣的生活，我又不知情，希望妳能多加保重，須知「自家保重，勝君千萬言」。今日、明日科目多，不再寫了。

快樂

夫 福成
61.5.30 于馬祖梅石

潘潘吾愛：

有兩天沒有給妳寫信，有半月的浪跡，今天終於又回到寧靜的高雄，一洗繁忙的風塵。

前天考完試，自信成績不差，至少「在上面的下面」。隨後又大船轉小船，今天踏上居住一年半的島，心上放下一顆重重的大石頭，鬆了一口氣。任務繁重，幾不能休假，用一句潘的話：「沒關係，所餘不多了」。以為自我安慰。

一進門，有妳七封信等著，好高興，好高興，好像久別的遊子回到家，見到母親家人，太高興了。

處理了一陣公務，休息一會，飲一杯香片。家後，坐下來，慢慢看妳的信，這是我們一年多來第一次我收到妳的七封信，而且是用半個月來看妳信，用許多期待、忍耐、盼望、凝視而得到的「七封信之快感」。所以高興又興奮。一封封地看完，足足看了十多分鐘，明天再看一次。

晚上是看信的良夜，更是寫信之良辰。

妳要我為妳考慮一個大問題，這卻是大問題。不過妳亦已覺得自己已經下了不考試的決心，相信是歷經相當的思慮和參考（王媽意見），凡事有利有弊，

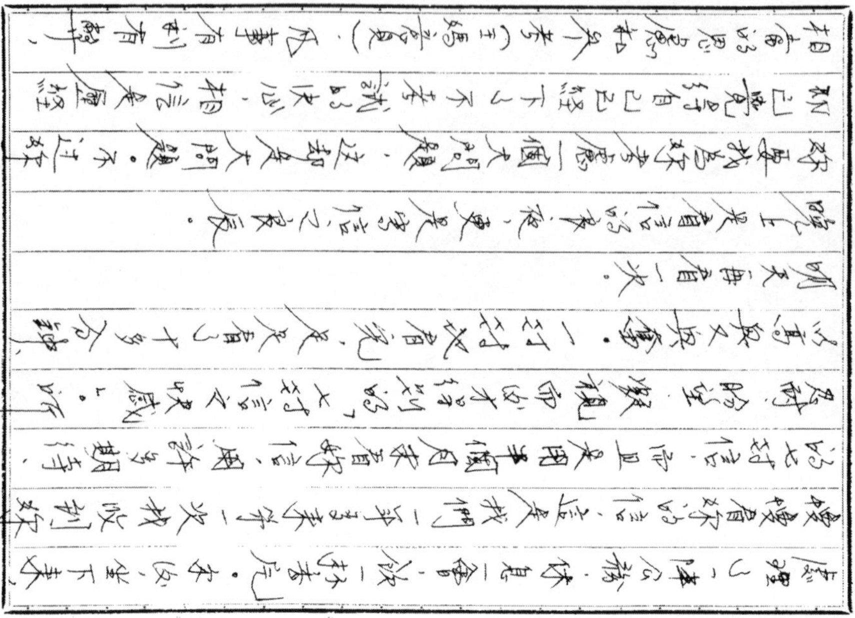

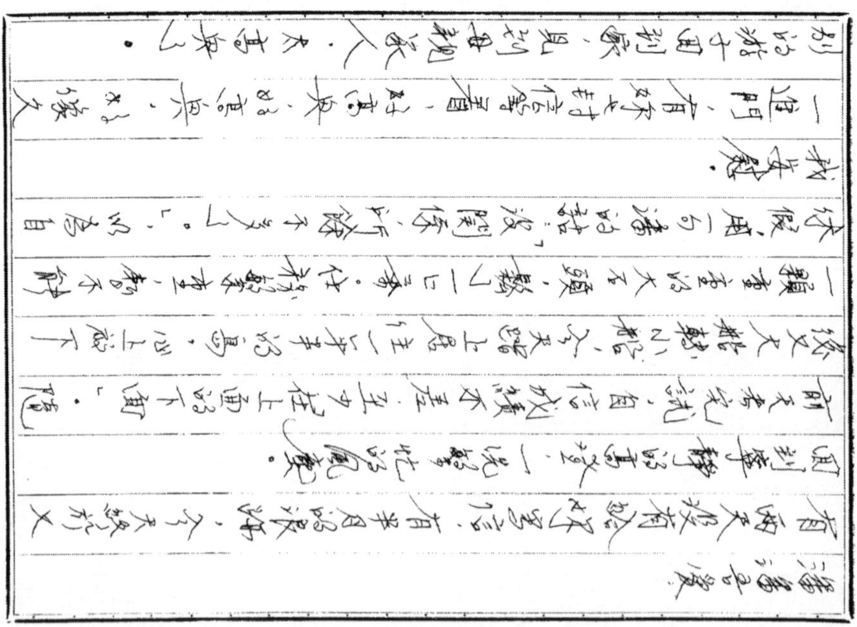

說我們一些吧：都是平凡得不可的道理：

如果我們結婚有了[illegible]：

1. 潘潘說她會做一個好太太，但我會是好的一些。
2. 我們會有凡事比較好些，這樣須有兩人一半的時間。
3. 凡事做，好好說[illegible]更好。
4. 讓本來就愛，也許不會單調，也許有些小 trouble。
5. 如果好命運，會有一段時間的[illegible]。
6. 家裡生活也許要改變，但我們依然可以適應。
7. 我會負起部分責任（精力、時間），我們的財政要預先計劃。
8. 會受到許多人的反對：父母親人、朋友、上司、領導等。

但有一人不必打一折下人。

如果我們不能結婚有了[illegible]：

1. 妳會找個好的太太，可以[illegible]顧自己的家庭。
2. 接著負起[illegible]，[illegible]去找事了。
3. 妳是自由自在的天使，想工作再工作，不想再[illegible]。
4. 可以全部照我們自己的計劃，不論近遠或未來。
5. 我們好好精力為生活，好有好[illegible]了。
6. 我可追求更高知識的東西，也許你會感到未來了。
7. 減少一個找工作的機會。
8. 我們許多人的幸福一起打折下人。

其他因素不多談。現在我所決定不考，我要回去，因為

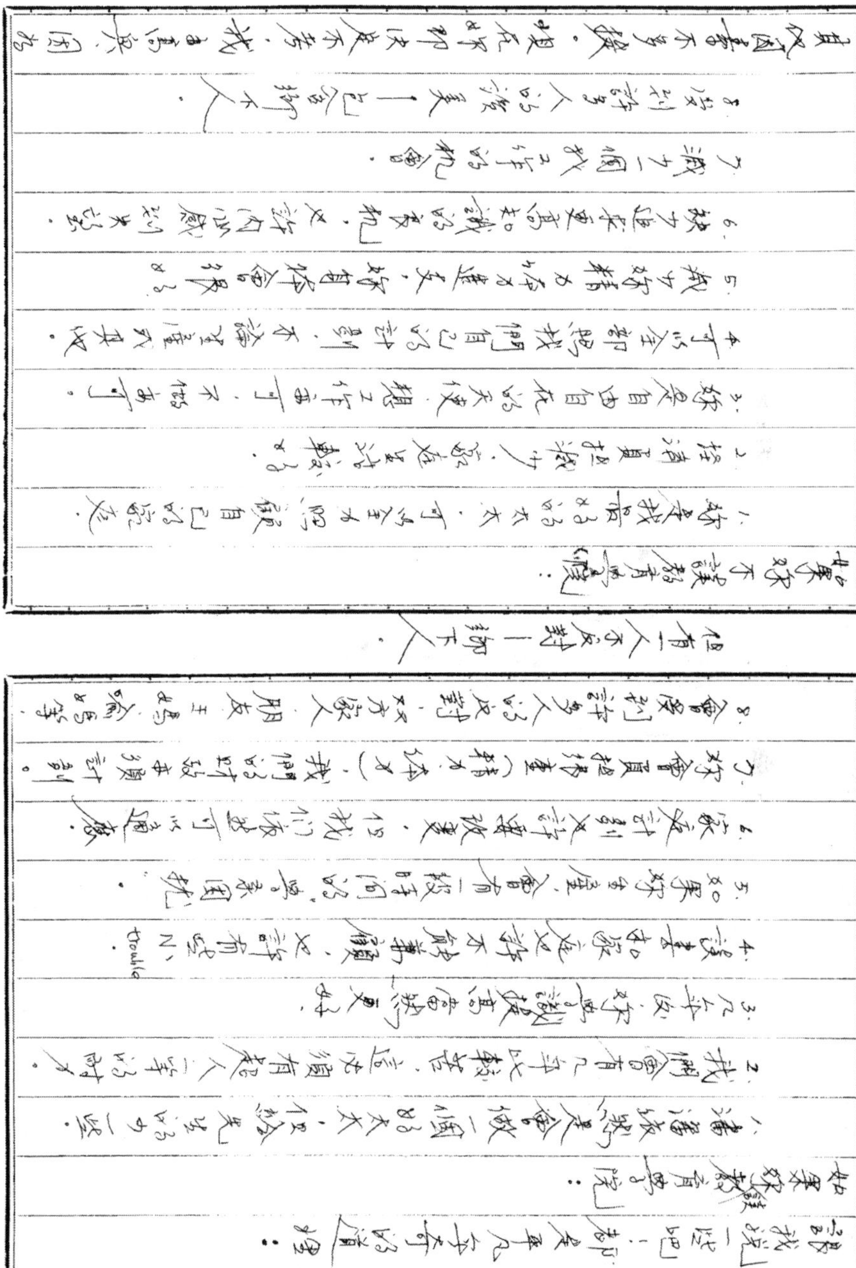

有上項許多優點。

台北有許多不幸婚姻。是嗎？夫妻雙方要絕對諒解和犧牲（至少在兩人之間），才有幸福可言。要絕對超越金錢、利益、私心之上。這是我以為的。濤濤老是說我是「唯美派主義者」；唯美者，一切都要求唯美。我只能說我有一點點，我會自我克制，尤其重要的：

濤濤+鄉下人不等於濤濤或鄉下人。而是要產生一個我們都認為更好更滿意的「我們」。

看妳來遊玩散心很高興。我也開心了。不過還有一點「吃醱酵的酒」的味道，因為愛妳，因為疼妳，因為……。

陳銘銓更是個絕對唯美的男孩，他五月二十一返台，二十二到台北，整理勞累的旅途，處理一些私事等，可能到二十五以後才能去看妳。

每次我想到動亂時代中的上一代和咱們這一代，我內心總是很難過，誰之過？何人之罪？所以每次我思維觸及此時，就克制不再想下去。cut。

為妳高興，妳有一個談心的朋友——王媽媽，以她做母親風範，以她做妻子為丈夫的犧牲，以她在各方面的見解，都叫我們晚輩有許多學習的地方。就此擱筆

Bingyou: Good night. Love

愛妳的

[illegible]

69.6.4 高雄

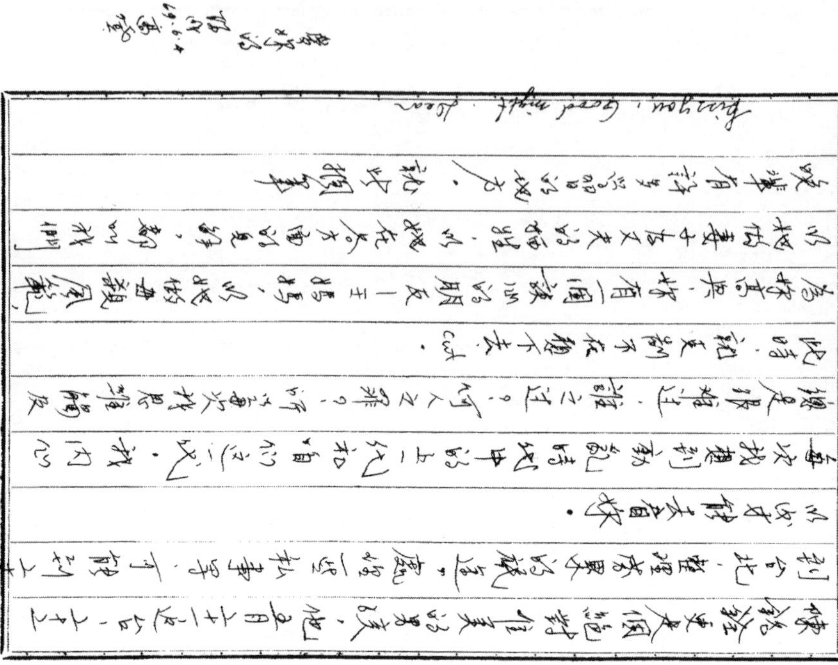

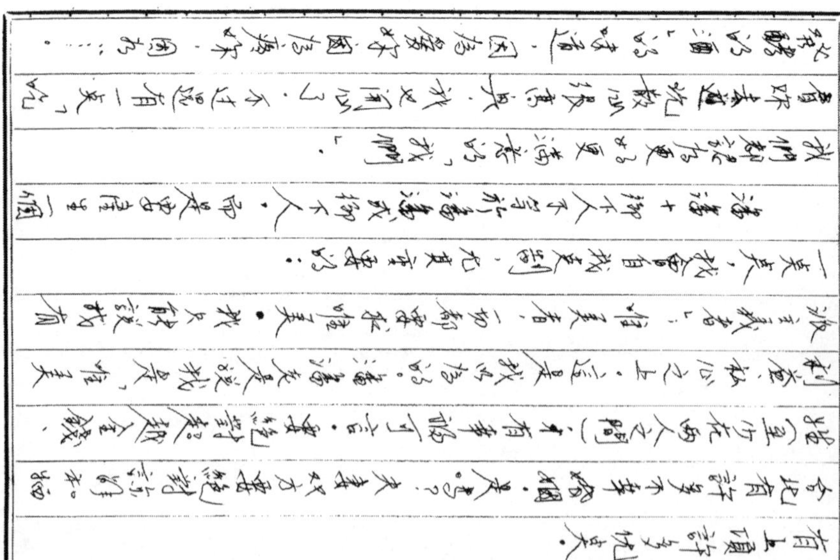

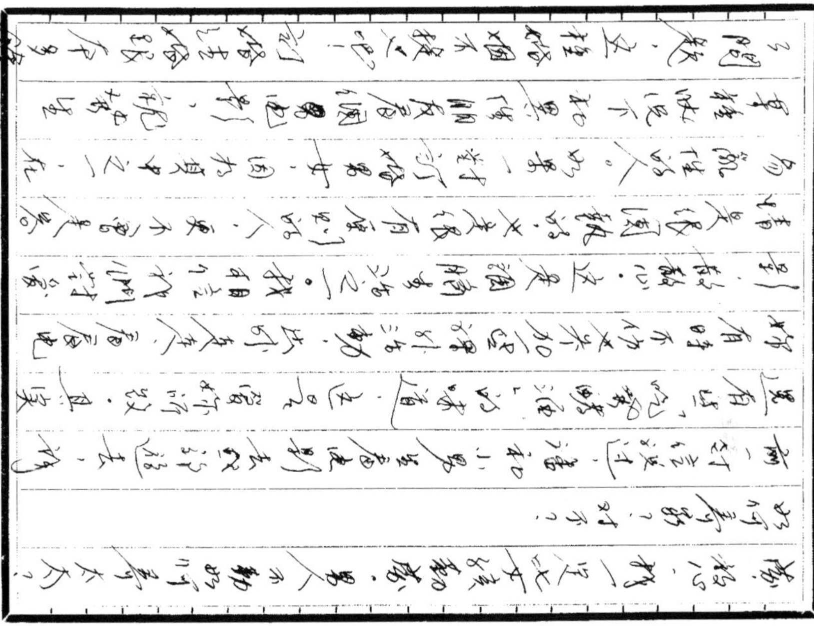

勞，散心，我一定比女孩勤勞，男人不勤如何養太太？
如何養家？對不？
前一封信說過，潘和小男生看電影去，我說過去，許
還有些「吃醋」的味道，這是愛妳所致，其實
妳有時不妨也參加一些課外活動，出外走走，看看電
影，散散心，這是調劑生活之一。我相信我們對愛
情是很固執的，也是很有原則的人，更不會是容
易亂性的人。如果一對訂婚男女，因為其中之一，在
某種狀況下和異性朋友看個電影，就發生
了問題，這種婚姻不提也吧！訂婚結婚跟本多餘。

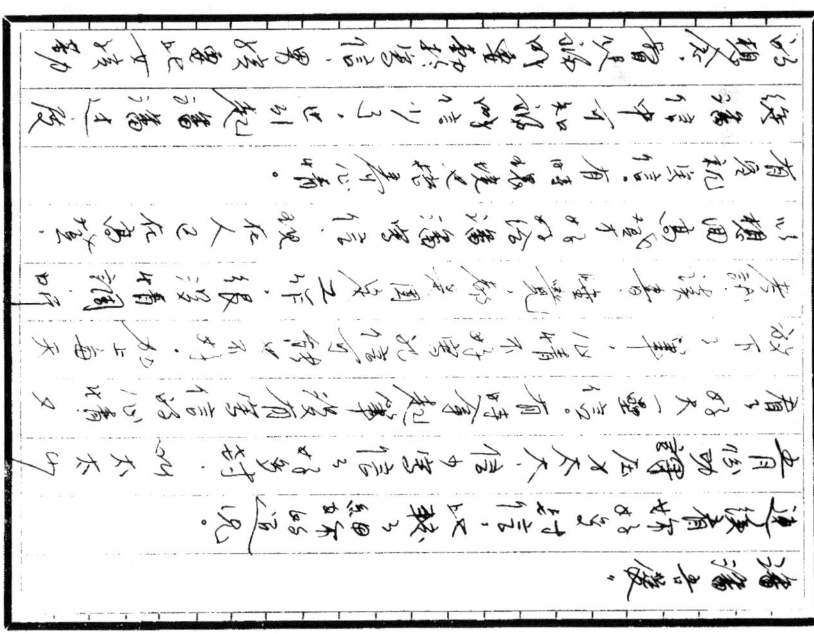

潘潘吾愛：
連續有妳好多封信，比較了解妳的近況。
青份功課壓力太大，信也寫了好多封，所以太太少
看了好大一堆信。有時拿起筆沒有寫信的心情，又
放下了筆，心情不好寫的信可能也不好，加上每天
考試、讀書、睡覺，都是固定工作，很沒情調，所
以想回高雄才好好給潘潘寫信，現在人已在高雄，
有空就寫信。有時環境也培養心情。
從潘潘信中可知道妳信少了，也引起潘潘過度
的想念，會使妳更勤於寫信，男孩要比女孩勤

婉姍也是一個開通人，講親原則、講親立場，而不講親外表的型式。

有些人結婚是終站，有些則是中站，更有些是起站。完全看夫婦二人如何去計劃他們的生活。不過婉姍相信唯美派的婉姍加上寫實派的潘瀚，是會有一瑰美麗的前景。親我命言，生活工作都講究一種情調，當然情調是有工作計劃和對工作的進取心做前提的，否則容易走向「花月主義」，也是一種不健全的人生觀。我希望我們要合力在現實的婚姻生活中建立一種屬於我們自己的生命情調，而不是人云亦云，為求吃飯、工作、睡覺，如此的生命，不要也罷！和我共事一年多的陳鉻銓也有此種思想，而且比我更濃。一個正邁向現實環境的人，能找到一個和自己理想相近的朋友並不易。陳鉻銓家世雖好，但並不是給我充滿反叛的婚伴，因為家世不是刻反的婚伴，他是個有思想、個性、感性的人物，有原則的人，非人云亦云的人物。正如家世也不是婚姻的條件，那是一百年前的老觀念，現在行不通。有些家長不信此邪，結果造成悲劇，活該！

瀚好最近對今之環境的很[illegible]動，希望回去時能聽到美好的琴聲。祝健康平安、寧靜、快樂。愛妳。

尤婉姍
69.6.6 午書

潘潘：

不爲考試而讀書，可能是一件相當快樂而如意的事，當丈夫總是希望看到自己的嬌妻每天像位小天使那般快樂無憂，笑臉迎人。

我倒覺不讀教院少用心是其次，妳可以減少許多反胃，臉上增多几微笑。況且現代教育發達，求知多途，隨時都可用各種机構實現自己願望。多多練琴，但願婚後二、三年我們就能有一部鋼琴，能隨時聽到妳的美好琴音，妳應可費些福成很重視精神生活及精神領域之開拓。不考試可以多看點喜歡的課外書，台中較多，有空回去自己動手，我以風嫁界分子。我咱們回去一同去拿。給妳訂的雜誌有沒有定期送到。妳不必給我買書了，統計學我已經有，這陣日子忙些，少有時間讀書。英文更是好長一段時間沒讀，大部時光在準備軍事方面東西。

妳想在幼教方面有"突破"的貢獻，這"突破"就非一蹴而成之事了。大凡突破者，都要傾畢生之工夫、精力，克服大困難，這若能真正突破目前社會水準，邁向新里程，則世中英雄也。PAN想當英雄嗎？不過，也能把突破的水準降低，只突破个人水準，或突破一定程度之標彈。蜜糖吧，為擇加油。

妳有可愛、誠實、上進、知禮的弟妹，真叫我"眼紅"。二十年，人比人氣死人！也為他們加油，合龍也很好，小孩都好玩，大人要給予有限度的限制。現在的高中生們中很小，說不定我們以前課初中就很大了。對他們咱們都已"鞭長莫及"，但願我們當姊姊、姊夫能對"後生"有點影響力。至少為家庭造就一個子弟，為社會造就一個公民。

對於我的未來……。潘潘真是「先淑成之憂而憂，後淑成之樂而樂」，我想我能盡力而為，與另二位兄弟有些作為，此中詳情日後再研究。我認為不論我做什麼，潘潘都是我的好助手，我們定能共創幸福家庭。

冬去春已來。山坡上一片油油綠又綠油油，看去心裡好不舒服。天氣不太熱，海風宜人，小浪花朵朵，有點像住在海外仙島一樣。在這裡有時想想妳，想想爹娘媽媽，也頗快活的。人越大，想法越廣，對許多事物能看的開，對世事較不喜歡計較。好？壞？天知道。

現在是中午，外面鳥還在歌唱吧？也是自然界的歌手。

祝福妳　你小鳥

常愛妳的
淑峰　敬上
69.6.5 中午。

可愛的小鳥：

看妳五月六日的信，開始有些擋不住了。原因是我的信太少。前些日子正考試中，所以提筆較會相對少些，請審諒。男孩要勤奮些，所以我今天特別勤奮，便在這封信是今天的第二封信。剛回來，不想做其他事，只想寫寫信。

軍人之妻實在是很了不起的女性，她要忍受好多寂寞，她要獨立應付許多困難，她要……太多了。過份的多。所以鎖然，妳也看得出來，我並不打算幹軍人幹一輩子，頂多還有五年，到廣，和我三人將走向另一條道路。我們都認為十八年的青春報國已足，對國家，對自己內心都已有滿意交待，一生並無對不起國之事，可也！這方面說來話又長了，以後我會和妳細細的談，談妳多了解我，了解我的事業觀。

必竟我也不是大英雄，無法完全獻給國家，我也是平凡的人，有著私人的愛，必須保留一些，獻給我的愛人，我的家庭。

當我立在崗位上時，我會站在國之場，盡力的做。

談到我做衣服。說來∥、話長。撫心而問，放眼觀展，天底
下何人不想「錦衣、美食、華廈、轎車」？從莊子有史以來只
有一個，我的觀念思想並未超越到那種，因為凡人都有凡人之慾。
只不過我自己衡量了各方面因素與環境，加上實際狀況，把自己的
物慾做了大部份的克制，而盡量去提升精神領域罷了！
只要在人際關係中、交際場合中不要太「那個」，可也！所以我並不
固執於一定如何——視狀況須要，有時還是要做一些衣服。你說呢！
時代觀念的不同，女人在外表的「美化」比男人來的重要些，潘，有同感否？
不論婚前婚後，女人的內涵、氣質、服裝、打扮，都是很重要的，潘潘嫁友
對嗎？未來我信中少提這些，潘提到了，我也不妨就現代觀念傾向，
表達一些看法。咱們做為夫者就是了。
「用鉛筆寫的末一段已擦掉了」。婚前這方面我們該突破嗎？至少到婚
後，我們可以調合，這是大學問，卻不知如何調合我們的sex生活，相信時間
會是我們的老師。不多談，以免想入非非，克制不了，對不？
祝妳 M.C. 舒安靜 快樂．晚安

夫 上
69.6.5 高昶

潘潘吾愛：

閒時看些妳的信，昨天接到妳三封信，潘潘近來怎麼變得勤勞些了，是不是不甚試的關係。看妳信，知妳生活，大致和我無太多差別，妳的生活必很平靜規律，很正常。讀書、上課、練琴、教琴、睡覺、還有想念[illegible]。偶爾看看電視的五燈獎，或和小鬼看個電影。只是我這裡幾乎也如此，看書、工作、寫信、開會，之外再想一想妳，几乎每一天都是同一種方式來過去。實際上的生活應該和此所差無几，如果自己善加安排，依然可以使枯燥無味的生活轉換成充實而美麗的生活。例如妳把時間用來練琴，就是最佳美化生活的方法，和我以前畫圖畫一樣，都是可以充實自己的內在生命，使現實生活多加一些藝術氣氛。可惜前一陣被潘潘感染了一大堆教育書籍，所有畫具，畫筆都寄回家了，現在要畫一張寄給妳也畫不成了。還喜歡我的練習作品嗎？二十多年來我畫國畫的張數可能不超過20張。上回是有感而畫，距真的畫還遠的很。

也知妳要參加考試，用這信紙名，說一些經驗也不錯。關於讀教育學院的事，我花了兩三封信中給妳提了很多分析，給妳做為參考。不過如果我現在是局外人，我可能不讀教育學院，為何會有如此結論，其中原因太多，我不細訴以免影響妳要讀書的決心，如果此回妳考上了，而妳想讀，我仍然會舉雙手雙腳同意的。二方面讓頭腦要讓妳讀完，完成妳的心願。所以最後的決定還是妳。不論乾媽、叔叔、俞媽、俞靜，以及我的話，都不過是一本「參考書」，懂嗎？有一個原則：不必太過度強迫自己一生要如何？因為時代的進步，目標可以從許多不同的路線達到的。妳說對嗎？

妳在那呆太久了，也許換個環境會好些。如果王叔叔給妳介紹的職所，為可能應該不錯，至少薪水高些。在工業社會裡，薪水是個「社會問題」，弄的不好，工人罷工，社會動亂，國力削弱，也是很危險的，所以薪水在我們生活中的一項「決定因素」。論有關原因？七月軍人加薪20%，但物價又因而升高，未必見得是好事一樁的。

不知台北物價如何？薪水的調整趕不上物價升高，使

軍公教人員還有許多口號，我們的國民所得要提上美國
還要十年，社會福利要追上北歐四國至少也要十年以上。
其中問題太多、太大，有待多談。
講論叮嚀要對部下待之以「愛」，我會謹記在心，愛在我
的做人原則中也是一項不可少的東西，也許我的天性中是有
較多愛的成份。（是誇貴吧，自責自誇），我確實有此感覺
知除夕已去看了妳，心中一塊大石頭終於丟掉了。覺得很
感安慰，其實他和我是好友，想吃什麼喝，有何關係，卻
且是我叫他去看妳、陪妳的
看三十日妳的信中，對「人際關係」講的很透徹[illegible]，和我
有不謀而合的感覺。利端華在我們心中雖是過往，但喜
而上還是好朋友。而且在高雄和他最好的可能就是我。
星期天他來我座談天，也常留他下來吃飯，而且
也一定拿一瓶酒請客。我的待人之道自認「尚可」。
如果不好，妳夫不會把妳交給我，對不對？所以潘大

可能心胸開的做人處事。

今日天氣不佳，窗外又是雨濛濛，這是想念妳的時光！

今早起床就想起妳，又把妳的信翻出來看了一番，然後寫了此信。循循對婚後有一點點躍也。不知妳，我們夫妻，我們不恩愛，誰才恩愛呢？盡管外面咆況下去，天掉下來，火山爆發了，我們依然是要恩恩愛愛的走此一生。愛情價高，生命也貴，我們當然要珍惜上帝給我們的安排。對不？皆是的。

有一本書叫「我愛上一個女孩」，很好的書，內容寫的很前進合理，是適合今天年輕的，建議大我倆個人去買，看看給妳。幾年前就看過這本書。好書！

妳的信不但寫在信封裡，也寫在信封之外——有五十封信，信封郵票上也有妳筆跡「中正紀念堂」。就此擱筆。

在我倆說話：

站在上帝那一邊才能得到[illegible]、……

夫

錦洲 上

69.6.7 高雄

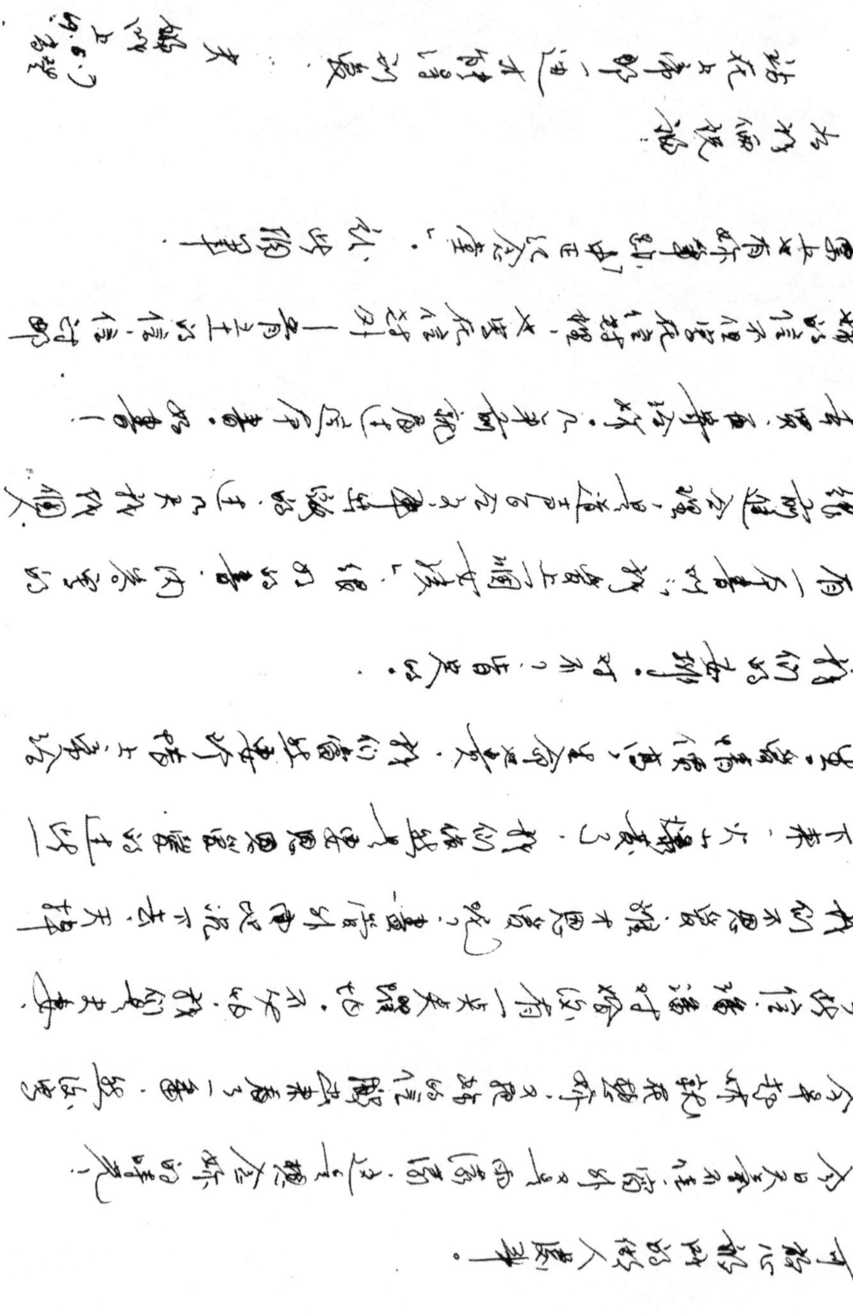

潘潘：

歲月如梭，轉眼之間已是六月，記得學生時代的六月總有滿城的鳳凰花舞弄着。那時的情景回憶很深，畢業五年以來，很少有空去想到六月是什麼？鳳凰花為何？人愈大，許多自然情調為何消失了？

昨天寫了一封信給陳銘鈫，謝謝他代我去看妳，可能他忙才延誤几天，害潘潘多等了几天。對了！談到他帶的一件毛衣，本來他要穿回去，船上冷的關係，後來天氣有些改變，上船前又叫人拿回給我，大概他也懶吧！沒帶回，留在我處。

近日天氣不是好，常有小細雨，突然又熱起來，對人體不太好，我會小心！

我這裡有十多張妳的和我們的照片，人閒時他在桌上看一看妳，花叢中的妳，那張最有"女人味"

的潘潘，綠竹林中的潘潘，山地女孩般的潘潘，紅色禮服的潘潘，學生時代的潘潘，和一大堆小朋友合照的潘老師……多彩多姿的一個女孩。從照片上妳並不怎麼古板，是個頂可愛活潑的姑娘。

最近看一本書，曰：耶穌哭了！葛理翰著。不知他老人家為何哭了？是喜？是憂？所以就買來看，剛買，因我受他老人家洗禮，頂關心耶穌的，就一直唸下去。在這個許多人都以為「上帝已死」的年代裡，這本書很值得看。人們都在最痛苦時才須要耶穌，很少在青雲直上或得意時須要耶穌，不知是不是人類本性。哲學家說：人只有人性，在高等或超越也不會具有神性。

不多談，以後給妳看。（不是向潘潘傳教）

今天好忙，又到了晚上，窗外細雨，涼風陣陣。與妳漫步天題地聊聊一陣。晚安

祝福妳

Beauty + HAPPY

夫成
69 6 8 高登。

瑞音愛：

今天是六月九日，天氣好熱，一中午睡也睡不著，躺了半天，還是爬起來給妳寫封信。現在台北一定更熱，妳那邊穿起了短袖，一定更可愛，活像一隻頑皮的小鳥。台北的夏天真是花枝招展，萬花齊舞，處處是迎風的笑臉。高雄現在白天偶爾有些熱，但雜濕的悶熱，夜晚轉涼。近來因天熱而看不下書，加上公務較多，所以好多該讀的書都放在架上，動也未動，只能望書興嘆。每晚，就一定要手上拿本書，由看而睡，睡而看，否則久久未能入睡，也不知何時養成的習慣。以必有妳伴，有枕邊人。做事兼入夢，不知是要不要看書才睡的着。晚上看書也是看些課外書，正書看不下。也許這些時候興趣未能引起。由此想起古人那些鑿壁引光的故事，長年累月讀些沒有趣味的書，古板的書人會生病，而那些古人似乎都未生病。

我最近買書較少，原因諸多：㈠看書時間不多。㈡考試太多，考好軍事來臨，必須要看軍書。㈢錢不多，陳銘鍾退伍時他的存款未到期，由我買下，現我身邊餘款不多，故也。未買書。㈣我書也不少，還有許多未看完，所以要慢慢把以前的書搬出來看。

林語堂曰：少年讀書如屋裡看月，中年讀書如庭上望月，老年讀書如台上玩月。以前曾在書上看過。人生每個時期讀書其所感觸即不同，就是讀同一本書，也有不同之感想。現今我讀書有「愈讀愈一無所知」的感覺，天地學問之多如九牛之毛，吾人畢生之力可能讀不到九牛之一毛，悲哉！

已是下午兩点，下午尚有下午之工作，人生有做不完之工作，任那一行都一樣。今天中午至此

午安

泰鴻於中午隨筆
六六、六、九、

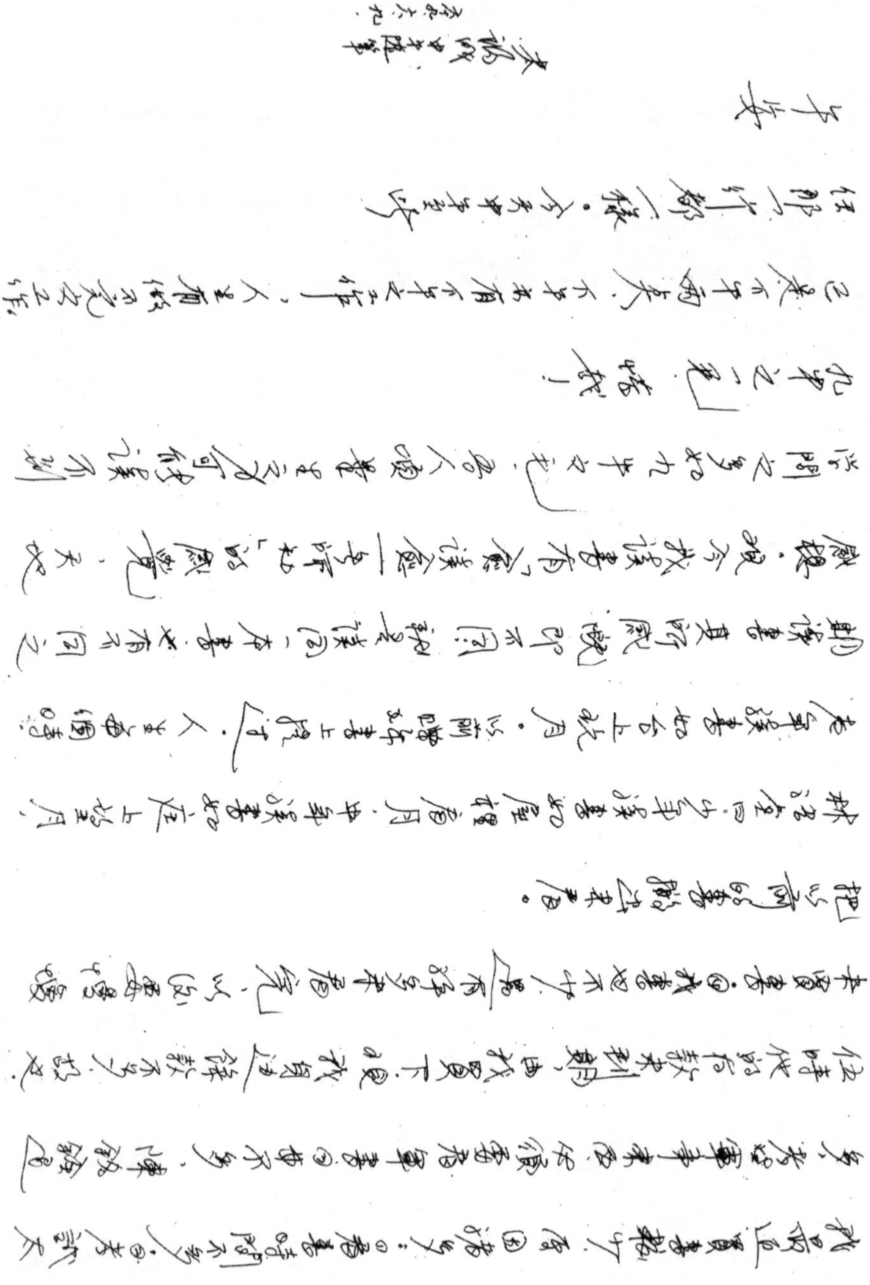

潘潘吾愛：

陽光刺眼的早晨，和風徐徐。昨天的雨，昨天的淚，昨天的心，昨天的樹，也許是昨天的風吧！

一夜沒有東風，沒有自我的踪跡，我心中不以為有辛苦的我，實在有些不易應付。如果沒有你，有心也是難看自己的她對生看腳。天堂的路，總總都是什麼都沒有。也許是轉給我主中他的靈魂人，又比較差。沒有依之般負責，有點累，主動，聰明，許多事要於人去做，還不如我親自去再。我對於那些律和生活一向很看重，但其對他之外的熟事一直無所謂。我在我會回到一些，我接受了美國的教育，受美國的，多少還保留著責任。中國一句古話：「受人錢財，與人消災」。我們在國外的許多事，但是有些事，體會過的路，於此次。

現在來說老家了，離家好些時光沒想，幾乎是大概已經了，可能那都要去很多次到，再半個月吧！也就是我不過。也許回去，人太多，問題也多又多。這事都需有打從中的的方法。

現在妳即不把教育學院列為第一重要工作，就該把心情放開，喜欢做些什麼便做些什麼，例如妳愛練琴，就一心一意好好地練琴也不錯。以前没時間練，現在不但有time而且有心情，又有靈感，play起来一定很快樂。人生最大之樂事就是做自己喜欢的事。而大多數人都不能如願，須多能從百忙中抽出一点点時間去做自己喜欢的事；大部份時間所做都非自己所願。此其中最大之錯事，也是最大之悲事就是「男轉錯行，女嫁錯郎」，非其所願也！潘潘，咱們能抓住一点時間做自己喜愛之事，何樂而不努力以為之呢？但願我們的家庭能常聽到音樂之声，不為雜事而拌扰，是我們之幸福也。

祝
妳
快樂

夫
福成於69.6.10早晨。

潘潘吾愛：

昨天叫人買回的"女用信紙"，只寫了一封，就受不了它的限制，把它給小兵用。我自己改用白報紙，還我自由身。一向就不愛受到一種限制，人已經逐漸把自己關入囹圄之中，因身之如籠中老鼠，促使全人類必走上空前絕後的大隔離。種族之間的大歧視，社會之間大不了解，人與人之間能開誠者有幾？微乎其微。有的大多是懷疑、驕傲、落井下石等，十步何來芳草？百步、千步若有一芳草已是社會之幸。

是故，我常覺人都應該開放自己，不要把自己關入鐵籠中。要常去認識別人，了解別人，關心別人，會何常叫人失望。所以不論有形、無形的限制，只要我以為情理不合，我一律揚棄。以前我就喜歡用大張白紙寫信，或是用大張信紙，十行紙之類的。而女孩則不同，她們講究細緻、美麗、柔性感……對不？潘潘。

近來因為沒有時間讀些好書，人變得沒有什麼內涵，加上我又不愛看電視（沒有time），對外面事情真是一無所知。誰有好的新作我不知！溫暖花那裡也不好找！電影看，唱片看更不知其為何物！快成老古董了。記得五年前受訓，有同學在台北集訓，我是在台南。五年後，北部受訓的人笑我們在台南的「已經落後時代十年」。待我日後回到繁華之島的台灣，潘潘可不要笑話成「落後了十幾年」的鄉下土包子。以前我到台北總像「劉佬佬進城」，現在也許更嚴重了哦！天氣好熱，打着光背給潘潘寫信，身上還在流汗，流一身臭汗。久了沒讀書真不行，腦袋空空如空桶，連要倒出一些水都不可能，人的心情多變。潘潘常說我這好那好，我倒覺潘潘比我成熟穩重。十年社會經驗的磨練，強過十年軍隊經驗的歷練——就一個人的進步歷程來看確實如此，潘以為如何？但願我倆相輔相乘，教學相長。

萬事如意

毅誠筆
6.11

潘潘吾愛：

很久沒見着妳，不知親愛的小頑皮現在是胖了？瘦了？高了？漂亮許多，比以前更具有女人味？

男女之間總有許多懷念，我常在想潘潘躺在我懷裡那般媚態，也着實迷人。許多女人—社會上許多女人，有的得到愛，得到幸福，但她並非仙女下凡；有的失去了愛，失去了幸福，她的一生是悲劇收場，而她確是長得如花似玉般的美。同是女人，這是不公平的另一面。但也使人有所感，做為一個女人，其內在的愛和內在的美，是比外在的愛和外在的美要重要。男人何能例外地走出這條人類天性所訂出的原則呢？

從第一次見面，在公寓來訪，我便深覺這個女孩是會受到男人長久的愛，因為她的氣色散發出一種對別人無比的關心，一種對男人能依靠、依許的氣質。這是我當初的直覺，或說是第六感吧！而今已成定論。在我們之間愛是永恆的，相互的，不計較的，誰能多給就多給，也不必去過磅量量。

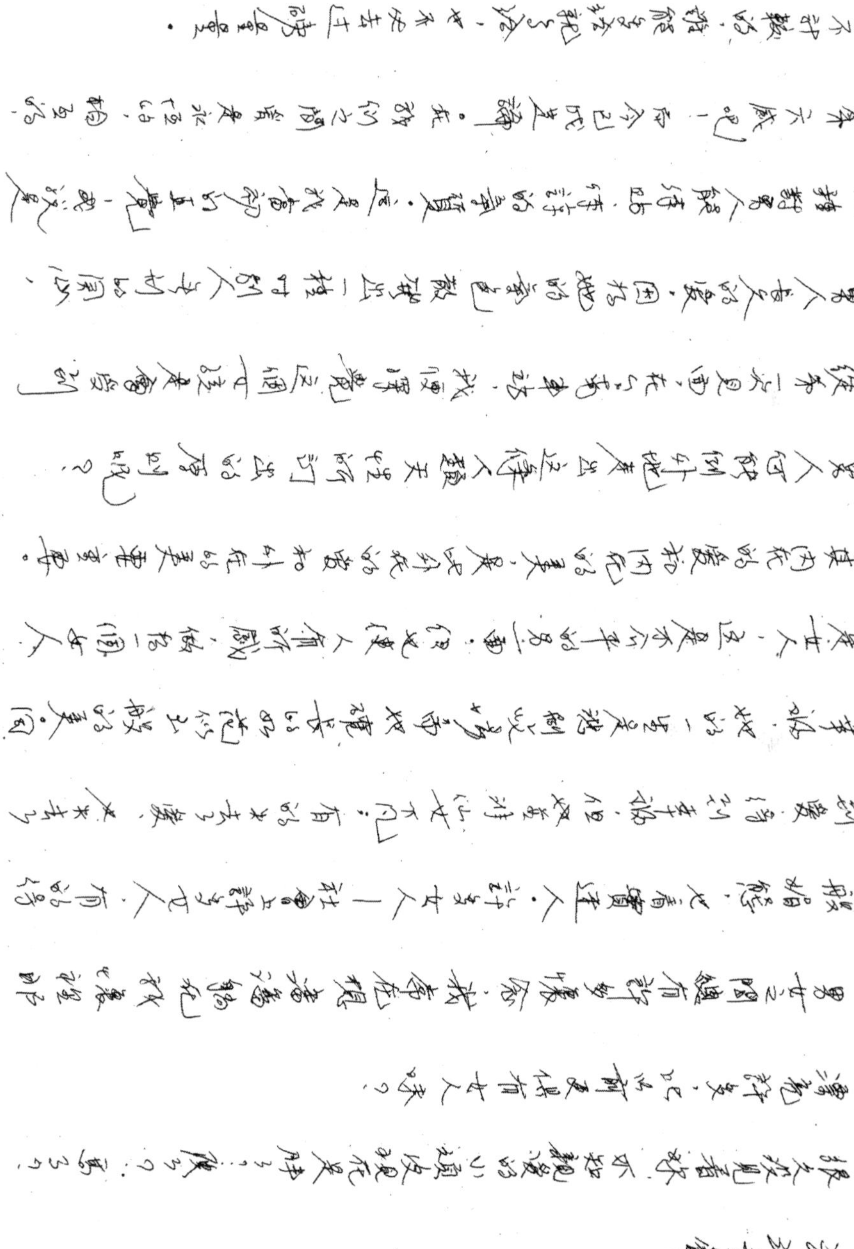

妳會把詠成的愛拿到磅上去量一量嗎？不會的。詠成有生之年會源源不斷地把愛給妳，只要妳喜歡，只要詠成有，只要詠成辦的到。能給的全都給妳，就像妳把一切給我，包括妳珍貴如玉的身體，更包括妳貞潔的處子之情。

似乎又有好久沒接到妳的信，很想念。當一個男人愛上一個女人時，女人就成了他生活的重心，成了他身體上不可或缺的一件寶物。他不論走到天涯海角總要帶着這件寶物，即使不能帶着也要把她的心帶着走；把她裝在自己的心田上。現在我已經把妳裝在我心上，沒有裝飾的紙，一律用最原始的情愛來包裝。

八、九月之間預訂把我們的結婚報表向上級報，好趕的上今年農曆年前結婚，至少要在年前一個月以上結婚，到新年正好就結完畢。對不對？有關資料我會提前告訴妳，還有許多事要準備，如住的、等等。祝福我們：

幸福快樂。

詠成
風于69.6.12 △

潘潘吾愛

山嵐、嫩綠、原是玲瓏翠黛的青山

陽光。和風。如玉女依貼絑前

這便是今年的端午佳節，正是春花明媚，心裡格

外感到愜意舒爽。

「每到佳節倍思親」。人世間可念之親太多太多，要銘刻

之情更是記也記不完。就在這一天，我把其他事私人全部拋

到腦後；我不想去記憶太多人，也不願把雜亂的事裝太多

在自己心中。

讓我的心。清清。靜靜。單純的人，一顆單純的心。

以這樣的心境來想一個女孩——潘潘。以今天的心情，

今天的佳節，今天的意義，我心上只想裝下妳一人。我

的這一天會是快樂而甜蜜，雖未見著妳。

我深覺太太在她丈夫的心目中：

她雖非全世界最美的女人，但在她丈夫心中要是個美女。

她雖非全世界最貼最多情的女人，但在丈夫心中確是的。

她也未必偉大的太太，但在丈夫心中的地位要高出一切。如果一

個男人在心中能確立這個信念，再如果一個身為人家太太

的女人能這樣去努力。

那麼這是一個成功的家庭，快樂的家庭。

一對幸福的婚姻，神仙似的眷屬。

保永恒性的愛情，從此得到滋養。

潘潘，從愛上妳的那一刻，我就這樣努力，以期培養

我們深深的愛情。潘的確聰明，聰明的可以感覺出說成

愛潘愛的極深，極為絕對，極為不能自拔，也不須拔了。

此時風光媚人，伏案窗前給妳寫信，心情極好。

今晨07.00起床，07.30用早餐。之後開始想妳，看妳；在玻璃

板下追尋花叢中的妳，欣賞最具女人味的一張。

我同意潘潘說的，還沒有真正許以愛以前，男女可多交

幾個朋友。一但以心相許之後，他們就要努力去追求屬於

他們永恒的愛情。反之，悲劇和問題因之而生，就短暫的人

生而言，是很不划算的。

在想妳、寫妳、看妳、愛妳中，一個上午隨之而去，

中午要吃大鹵，我一連之長難免要飲一杯。然後痛睡一覺，

下午看小說。或想想妳

告訴我，妳的佳節如何渡過的，有愜意的事吧！說來聽

也叫我高興一下。

祝

佳節快樂

夫 福成

的端午節上午于高雄

潘潘吾愛：

端午節過的還愉快嗎？在王媽家過？在俞媽家過？在成功和大夥共渡？……總之，我想潘潘一定過了一個美好的佳節。

端節我始終在給妳寫信，在信上想妳，思念妳。

端節也給妳寄了兩本書，「我愛上一個女孩」，「我嫁給妳」，都是道声百合文庫出的。還不錯，妳一定覺得怪，說沒有的，怎麼又有了。就是突然又有了，所以立刻又有了。我知道妳現在比較沒有壓力，可以看些課外書，閒豁一下心情，應知看好書如品香茗，如夜觀明月，如交益友，如賞名花，是生命中之大快事。

近兩航次收到潘潘比以往更多的信，快樂無比；只可是妳也收到我的信嗎？應該是收到一部份，現在工作正常，寫信也比較正常，大約是每天都寫信，很少沒有寫的。不過一星期才一次船，所以也一定不能滿足潘潘的「看信慾」吧！一航次妳所能收到我的信也不過三五封，多時有七八封吧！不用一上午就看完了。有時再拿出品味品味，細細欣賞一翻。一封信現在讀、明天再讀，下週再讀，下月再讀；以及白天讀君書，夜讀君書，風雨之夜讀君書，明月下讀君書，都各有不同感受，不同心境，潘潘領悟了些些了嗎？

給你抄林語堂先生說的，少年讀書，中年讀書，老年讀書，其心裡起的反應真絕然不同。看信如此，讀書如此，而交友之

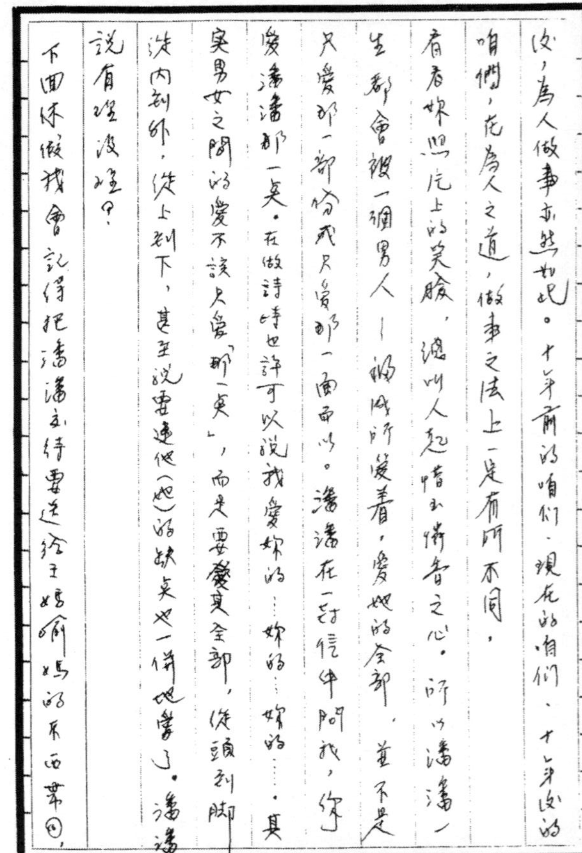

汝，為人做事亦然如此。十年前的咱們，現在的咱們，十年後的
咱們，在為人之道，做事之法上一定有所不同。
看看妳照片上的笑臉，總叫人起惜玉憐香之心。所以潘潘一
生都會被一個男人——咱咱所愛着，愛她的全部，並不是
只愛那一部份或只愛那一面而以。潘潘在一封信中問我，你
愛潘潘那一点。在做詩時也許可以說我愛妳的……妳的……妳的……。其
實男女之間的愛不該只愛「那一点」，而是要愛其全部，從頭到腳
從內到外，從上到下，甚至說要連他(她)的缺点也一併地愛了。潘潘
說有理沒理？
下回休假我會記得把潘潘交待要送給丈母媽的東西帶回。

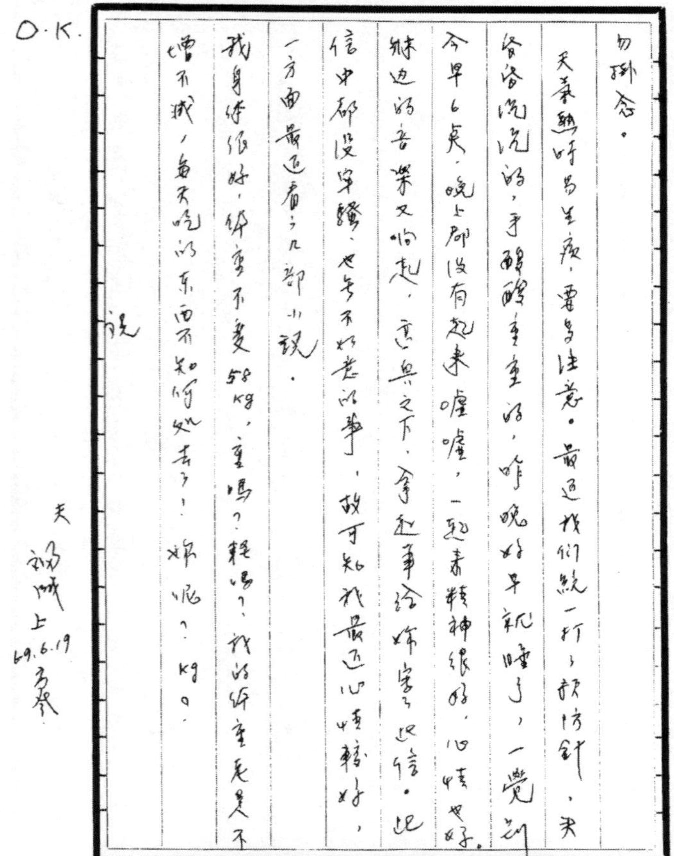

O.K.

勿掛念。
天氣熱時多注意，要多注意。最近我們統一打了預防針，未
發高燒的，手酸酸重重的，昨晚好早就睡了，一覺到
今早6点，晚上都沒有起來噓噓，一起來精神很好，心情也好，
耳邊的音樂又響起，在這之下，拿起筆給妳寫了此信。近
信中都沒穿插，也無不好意的事，故可知我最近心情轉好，
一方面最近看了几部小說。
我身體很好，體重不變58kg，重嗎？輕嗎？我的體重是人不
曾不減，每天吃的東西不知何處去了！妳呢？kg。
說

夫
錫城上
69.6.19
夜

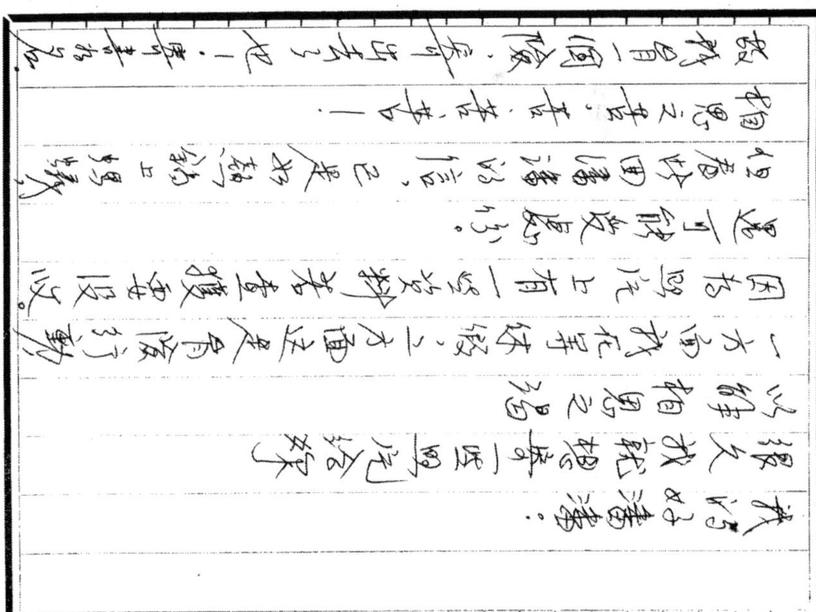

我的好潘潘：
很久我就想寄一些照片給妳
以解相思之渴
一方面我在等休假，一方面这是有條行動
因為照片上有一些資料若查獲要沒收。
還可能受處份。
但看此回潘潘的信，已是如熱鍋上螞蟻，
相思之苦、苦、苦、苦！
故我冒一個險，寄出去了也！寄書為名。

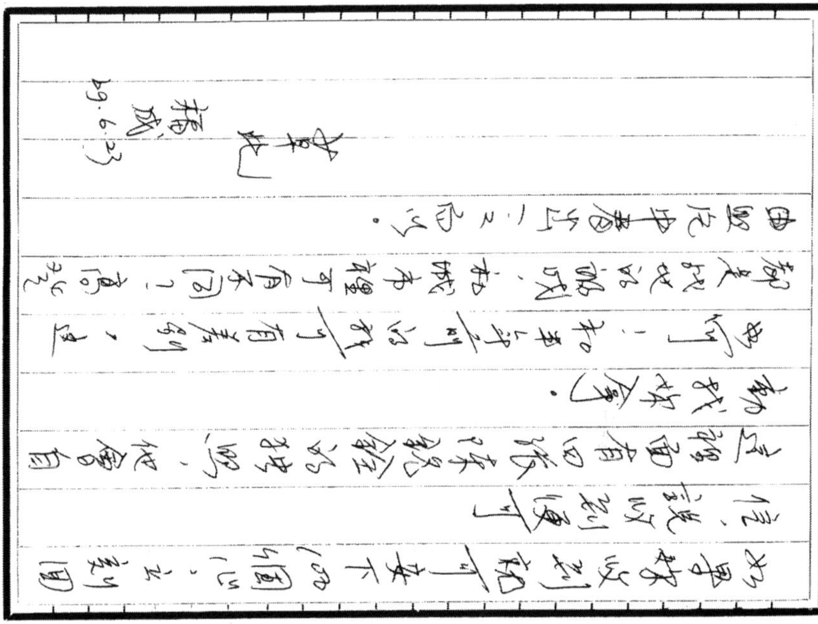

如果妳收到就可安下100個心，立刻回
信，說收到便可
這裡面有四張陳鏡銓的独照，他會自
動找妳拿。
如何！和半年前的我可有差別，這
都是戰地的鍛鍊，和城市裡可有不同？高登
由照片中看出一二而以。

草此
福成
69.6.23

第二部

那些年，她是這樣寫情書的

經理課

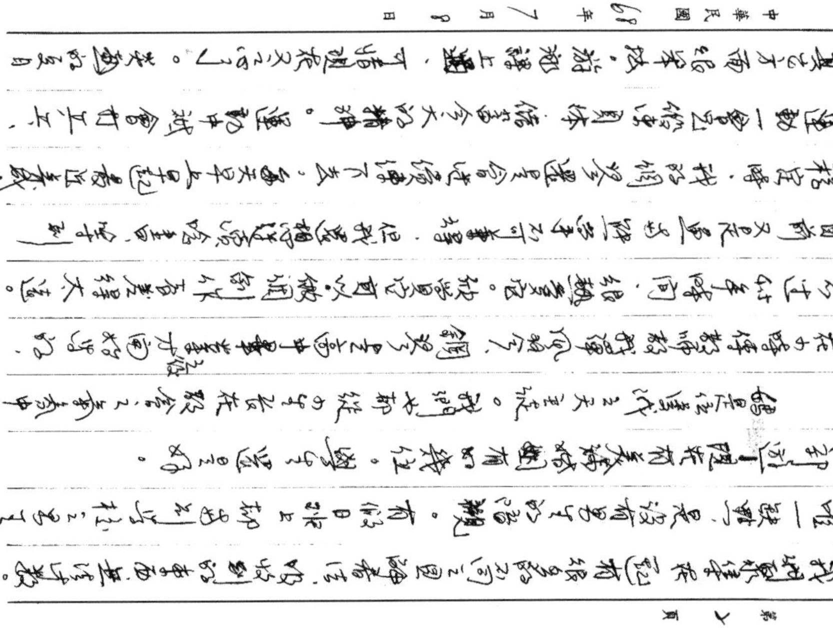

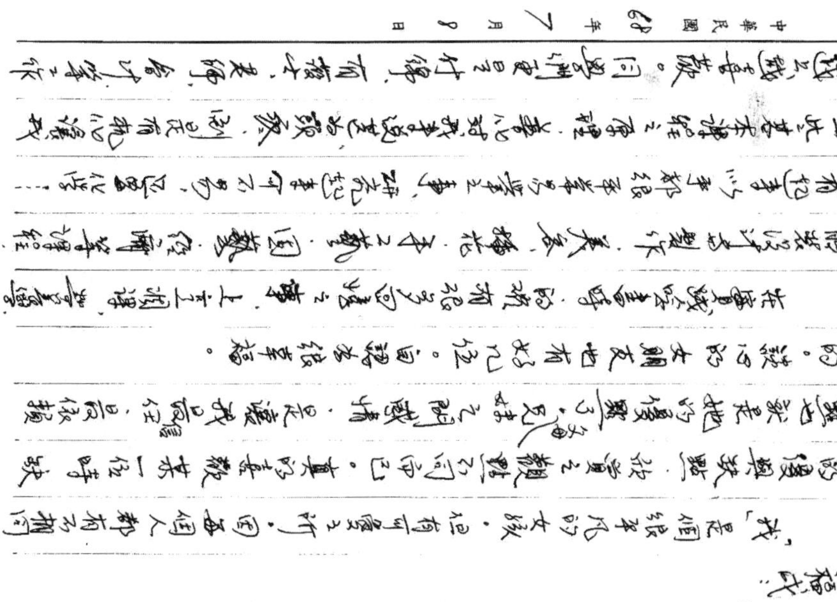

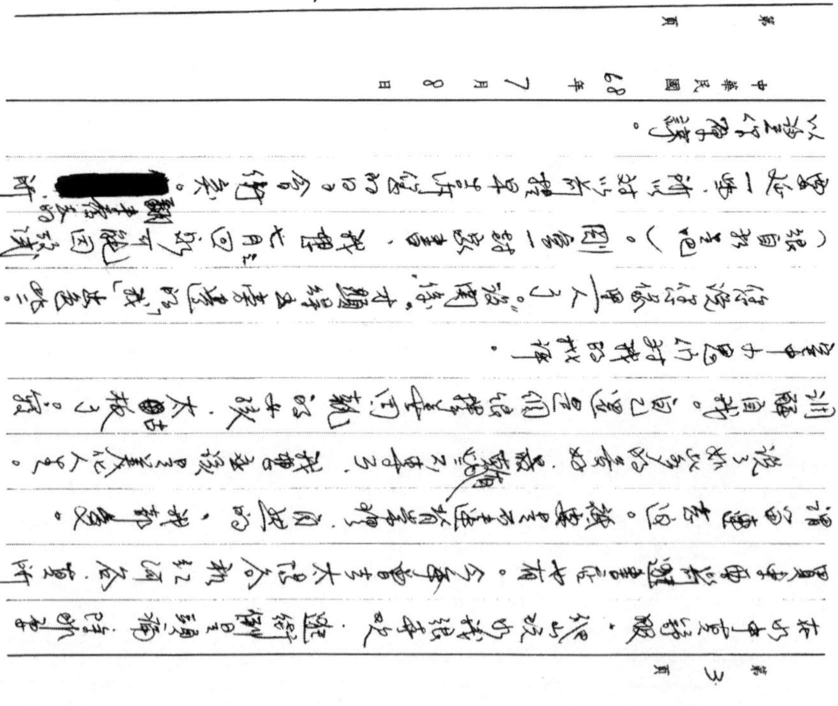
第 3 頁
[redacted]
中華民國 68 年 7 月 8 日

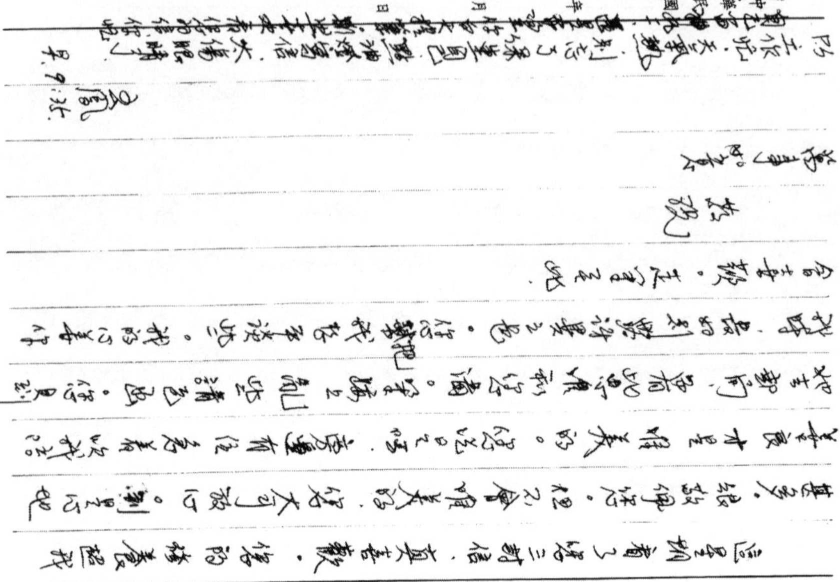
第 頁

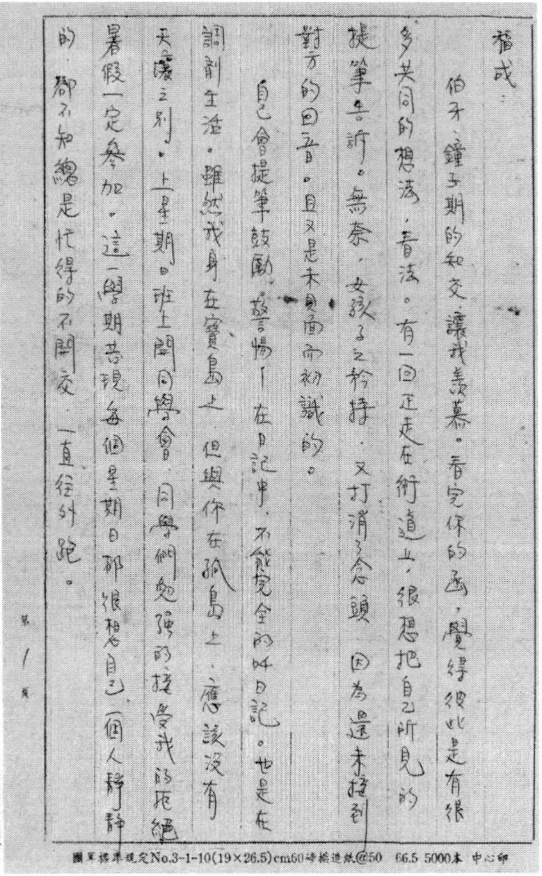

哲成：

伯牙、鍾子期的知交，讓我羨慕。看完你的函，覺得彼此是有很多共同的想法、看法。有一回正走在街道上，很想把自己所見的提筆告訴。無奈，女孩子之矜持，又打消了念頭，因為還未接到對方的回音。且又是未見面而初識的。

自己會提筆鼓勵、警惕了，在日記中，不能完全的叫日記。也是在調劑生活。雖然我身在寶島上，但與你在孤島上，應該沒有天壤之別。上星期日班上開同學會，同學們勉強的接受我的拒絕，暑假一定參加。這學期發現每個星期日都很想自己一個人靜靜的，卻不知總是忙得的不開交，一直往外跑。

第 1 頁

國軍標準規定No.3-1-10(19×26.5)cm60格橫道紙@50　66.5 5000本 中心印

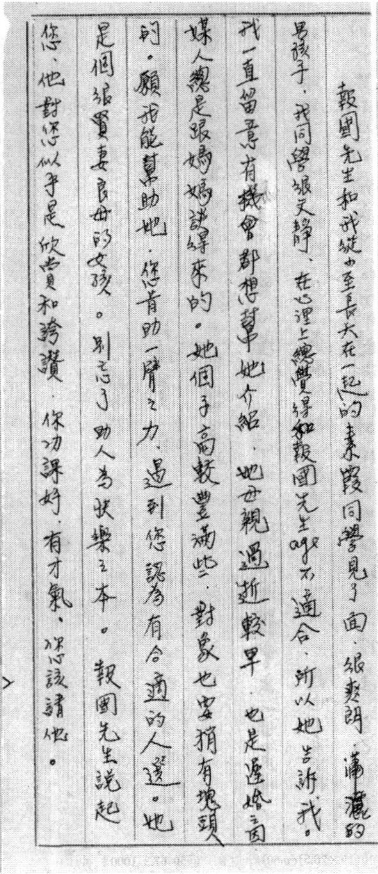

報國先生和我從小至長大在一起的素霞同學見了面，很爽朗、瀟灑的男孩子，我同學很文靜，在心理上總覺得和報國先生[illegible]不適合，所以她告訴我。我一直留意有機會都想幫她介紹，她母親過逝較早，也是遲婚之因，媒人總是跟媽媽談得來的。她個子高較豐滿些，對象也要稍有塊頭的。願我能幫助她，您肯助一臂之力，遇到您認為有合適的人選。她是個很賢妻良母的女孩。別忘了助人為快樂之本。報國先生說起您，他對您似乎是欣賞和誇讚，你功課好，有才氣，您該請他。

P4

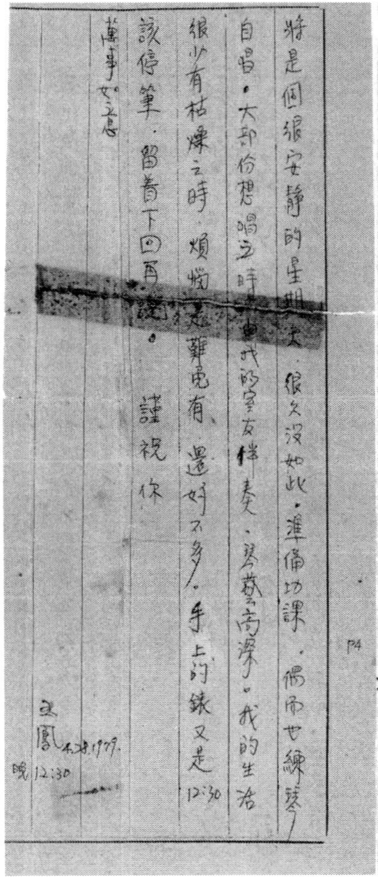

將是個很安靜的星期天，很久沒如此。準備功課，偶而也練琴，自唱。大部份想唱之時由我的室友伴奏，琴藝高深了。我的生活很少有枯燥之時，煩惱是難免有，還好不多。手上的錶又是12:30，該停筆，留着下回再談。

謹祝你

萬事如意

玉鳳 7.24.1979.

晚 12:30

福成：　您好

　　星期三四時半安然抵達家中。今天已是星期日，家中很熱鬧，全家都回來了。小姪們都回來，很好玩。不過自己都不很想看書，也不集中精神。昨晚和同學李霞聊了很久。我們從初中至高中的同學，也是好朋友。

　　回到家過分舒適，會有懶散的覺得。三餐都是媽弄得好好的，媽說開飯了，我們就吃。跟自己在台北有些天壤之別。星期六晚我看了一部電視，蠻好看的。非常很難得看見曇花。家中的曇花開了六朵，昨晚又開了一朵。雖然是曇花一現，但很美，真喜歡它的。

　　你寄來的信，同學們會幫我轉寄於家中。大姊夫星期四向我問候，很不敢當。也謝謝您對文鳳的關懷。

　　回到家就顯得很熱鬧，最喜歡逗大哥的小孩，現在這麼大正好玩，早上常帶他們去家後面的田地散步。有時有種想法，自己很屬於鄉間的一分子。但台北是學習的好場所，競爭會讓我有向上的念頭和毅力。

　　姊夫告訴我，您月初或中旬至台。我會等待。工作之餘別忘了休息。見面時我會送您一件您會喜愛的禮物。要好好收收自己的心。走筆至此，祝

萬事如意

文鳳　7.22　9:30 晚

P.S. 抱歉，用筆記本寫字的潦草。

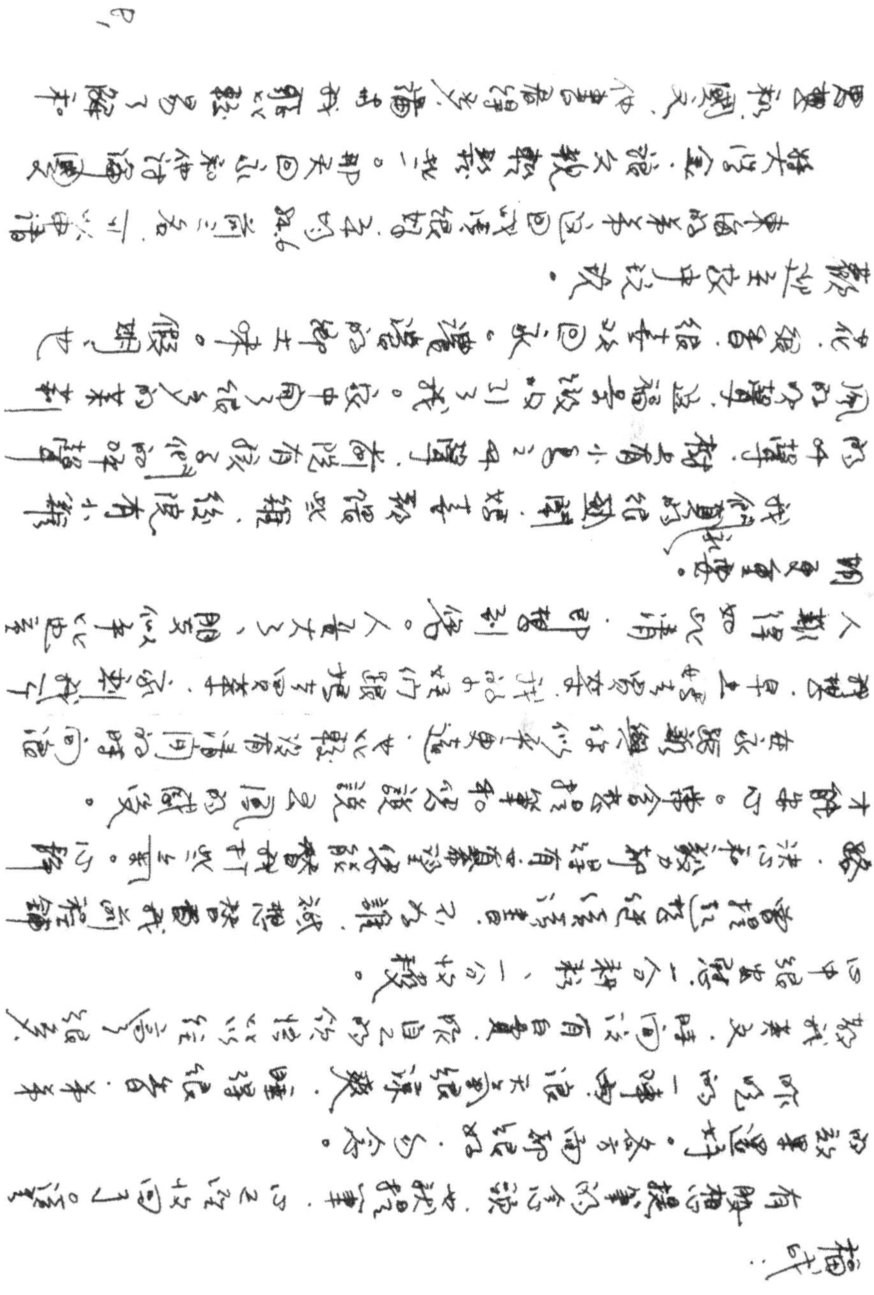
植：

有時想提筆給你說，也就提筆，已經收到了你[illegible]……今天[illegible]，勿念。

[illegible]

記得。不敢抱希望，盡些努力而已。

剛收到寶安們幫我寄來的畢證和推薦證，這是師大的推甄證，教育系就錄取一名。他們真好，滿篇信的鼓勵，很受感動，真得好好用功，覺得辜負他們。證完先請他們看過封。聊表謝意。他們卻是剛踏出高畢的校門。很快，很好。甚欽佩他們。

我的程度是差了些，勤能補拙。不知係踏上旅途了否，祝你一帆風順。

寄上三張圓圓的葡萄，看起來很甜，很美。

志風

7.24.

福成：

「書」愛不釋手。平常自己的生活太現實了。您的小詩增添了我的生活——詩情畫意。謝謝您。

四月廿日的信是在昨日（14日）收到。5月5日的信是母親節收到。猜錯的禮物也是昨兒收到。很快樂豐收的一天。是您帶來的。

昨兒拆閱包裹時，讓我小小銳意之感，出版與讀書常寄它的詩刊予我，還未揭曉就喜歡上它了。您的字和文筆是我所不及和該學習的，願意名師出高徒嗎。課外書讀得不多，自己是在白天上班，晚上讀書的情況下，於五年在實踐家專畢業。今年又接着準備一些考試，所以平常看報紙增進自己的孤陋寡聞。當姊夫告訴我時，很樂意的答應。自己一直在學校中，所以學生氣息還很濃厚。天天又與純真的孩子們在一起，心中很單純。很感激姊夫介紹你與我認識。在自己的感覺中，你我很相似。雖沒看過你，但卻對你很親切之感覺。心中的話都想告訴您。出門在外的自己，遇到困難都要學着適應和保護。住在宿舍很好，也方便，中餐由學校包伙食，晚上就自己弄來吃。晚上去買菜時，賣菜的媽媽說了一句，可以嫁人了，接着又說幫我做個媒，又說有樓房可以住，祇要燒燒飯。我沒有回答，笑了一笑，在台北這種事少見，會覺得多怪，南部就是很盛行了，一不見不怪。

窗外濛濛的細雨，天氣涼涼的。在外的您可要多增添衣物，別讓自己着涼了。母親節的早上帶學生到動物園參加圖畫寫生比賽，全台北市的小學、幼稚園，人真是多，恰巧那天又熱，平常都愛穿舒適的便服，園長規定穿洋裝，雖然很有女孩味，又穿了高跟鞋，但真是有些活受罪，不太能亂蹦亂跳。室友們都很年輕，都是剛由高職畢業（幼教科）她們都跑去坐摩天樓（兒童樂園中）我了那麼大還沒這膽量，有一天自己定要嘗試一番。在家中我和妹妹都和母親不相像，愛玩，喜歡做家事，家中男孩又多，所以真是所謂的男主外女主內。弟弟會騎着摩托車帶母親去兜頭牌，新年除爸媽去烏山頭，我呢看家的份。偶而會去和母親聊聊逛逛百貨公司。小時候的我們比較幸福，我的母親最辛苦，所以我們對媽媽的好，爸爸會吃醋呢？孩子長大了，自己照顧自己，不想讓父母親操心。就如您說的「給了您一顆永不敗退的心志」「現在卻有更接近之人生感」你會踏上理想之途。　敬祝

萬事如意

玉鳳 5.15. 8:00晚

P.S. 我不知該送您禮物麼！讀書時都喜歡用音樂伴着我。今晚是交響曲，很多種聲音，包括了雨。信紙裡有一張了，字太小請多費神。該不用放大鏡吧！抱歉。很頑皮的玉鳳是嗎。

福成：

謝謝你提醒了我，對父母親的愛。我很愛我的家，甚於自己。曾聽過一句話，在自己男朋友之面前別太看自己的家，以前是沒有能力分辨，母親節的今天，很果敢的說了。不愛自己的家，將來又怎能去愛自己所建立的家呢：你說是嗎。

這星期中自己情緒有些不平穩，還是以達觀之態，處之泰然。想想人生之短暫，又何必與自己過不去呢。你認為血型能判斷出人麼。教育環境會把人薰陶改變的。顯性、隱性其它等……。我是O型，在這血型中之解釋是，慷慨、脾氣暴燥、重義氣。不違它本身就是能廣博之救人。我也不知像不像。但我的做人處事都是抱着善，當然防人之心不可無。

昨早上請了2個鐘頭之假，到台大看弟弟10000公尺之長跑，雖然沒

第 1 頁

名次，但在操場上跑了25圈的毅力，很讓姊欽佩。下午他還參加了3000障礙，很愛運動的弟弟。他代表學校參加大專運動會。鼓勵他明年再來。對自己的考驗。

記得小時心目中之白馬王子，是一位不喝酒、不抽煙、不打麻將的，現在似乎很難尋，尤其在外省的男孩子中。不然就是我太苛求了。家人都不會，大哥會抽煙一些。也許嗜好的各不相同。我是台灣長大的浙江姑娘，說起台語，最好預備捧着ㄇㄚ ㄉㄡˊ大笑。也有人說我講的好聽。本省、外省我覺得一樣。我的好同學本省也很多。想現在的社會能讓我們年青之一代再去分你是外省，你是本省，是嗎。

5月3日是我的生日，你說你比我大還是小。對了有一項建議你願採納嗎，我想遇到有靈感時就提筆給對方，增進彼此的思考和知識。曾子曰：「以文會友，以友輔仁。」

第 2 頁

你的言出必行，讓我讚賞。願你永遠保持如此之美德。也願跟你學。你說你有否禮物應該沒有？……因為男、女的權不平等，所以這時候應拉成水平線，讓我樂一樂。不過可以提出抗議。

七月份我參加一項考試（預約20日左右），這是我一年的心血成績，剩下不多的日子中會很盡力的去唸，可能會瘦，我們見面時別太訝異，反而讓我吃驚。我不漂亮，但會讓人很舒服之感。琴是在書看累時才上樓消遣，到時別太出醜即可（也望你包涵）。一天約6个鐘头之睡眠，对特別愛睡的我很累。你覺得有寄照片的需要，你就寄。我願把權力交予你，因為那是你。大姊夫很欣賞你之上進心。有志竟成，共勉之。

母親節我送了三份禮物，最重的一份是媽媽。還有一份是王媽媽，媽媽的好朋友，在台北很關照我、弟弟。一份是大姊夫的岳母，喻媽媽到了二位媽媽家就如自己的家。你呢？每逢佳節倍思親。

福成：

昨天早上8:05分的復興號至台北12:20，很快，沒等車1:05即到家中。我請哈幫我們看家。所以回來哈已弄好飯菜等我和玉美吃飯。玉美這幾天回來郵政特考。回到台南家東西多人多，覺得實實的。回到這兒太安靜了。若我一個人在家還真有些寂寞。不過每天練些琴，也過去了。最近自己又開始彈鋼琴起來，比較熱鬧些。

今早9:00開始值班至1:30。校園不大（因分部）和主任也已有數面之緣，和他一早上相處人還不錯，哈也說他們主任最會照顧部下的。現在即是開學後要和同事處（有幾位同事比較難處）。反正現在是以賺錢為主，其它的就抱三不管。這樣也很快樂的。他們的學生數質都很高，因大部份環境較優的家庭。說起來人比人真氣死人。

家裏決定還是讓台龍讀逢甲大學。所以爸媽比較累些。做姊姊的想稍給弟一點錢，讓他開學有些錢。當然多是不行，意思意思。

送給爸爸的襯衫，他很高興，從台中打長途TEL來。母親的零用錢2000.-（2個月）也都寄了。這月來來去去的

你在外島操心家事，還真幫不上忙。今天晚上丁家農說要讓他朋友來住我這兒，讓我緊張半天（老毛病沒改）。我已去告訴王叔叔。王叔叔說可以。因王媽媽現在美國，不能決定。說起來家農也真不懂事，要帶人住這兒也不經過王叔叔同意，且我不喜歡每天晚上都住不起花了如此多的金錢。所以若家農帶人住這兒，我就會找房子（小一點）價錢不太高。你放心我會照料的。不是自己的家，真操心。難怪我不老也得老。夜深了，明兒再聊 晚安 祝

萬事如意，身体安康

福成：

素來心靜自然涼的我，這幾天也被夏日弄得很難受。馬祖還好吧，海風吹來是否有陣陣之涼意。多保重。

等待了快11日的信，終於呈現在面前。但願自己有如那位女孩之可愛。讀了又讀，真讓玉鳳敬愛和欣賞，也自嘆不如您。很幸運能認識您。不知您相見嘆晚的涵意是什麼，我猜不出。對了，夏日是女孩子的天，您是指服裝方面還是晴時多雲偶陣雨，有這兩點想請您告訴。這或許比難免問題還難。

告訴您好消息，您猜的那位小男生是女生，他們快畢業了，11月在中山堂畢典。她現在會與我又多講了好多話，課堂上也會開口。真棒。

國　　軍

捨不得他們的離開，但天下那有不散之筵席。尤其是我們的職責更是我為人人。看他們的成長不也是為了我嗎。也不覺得難過。

您對我的淚水汪汪很感興趣是嗎，也沒什麼祇是對生命的感嘆、對境遇的感嘆。自己又是個愛哭而心軟的女孩。看到了您，很像自己，寫到此，突然領會一些您的嘆見晚。每回看了您的文筆，我們有很多相似的個性，您在寫自己時，自己又覺得那是我。不過您的豐富我永遠及不上。慢慢學習。

大哥告訴我一句話，吃虧就是佔便宜。雖然做不到十全十美（聖人）但一直是在反省中生活著，就是在感情方面，我很輕鬆，沒有對不起。有的話就是自己的有個性。對與喜歡而已。平常自己也是追求真、苦、美的生活。[illegible]。

今天我從[illegible]，有十個鐘頭[illegible]，[illegible]。[illegible]

[illegible]。[illegible]

祝

好

[illegible]

P.S [illegible]

[illegible]

[illegible]

[illegible]

上回有封信[illegible]「[illegible]」，[illegible]。

福成：

星期二想今天大概有我的信，很惶恐，不知是您的工作忙，船期，還是人懶而忘記提筆了。我沒忘記您告訴我的話，希望能多讀到文鳳的信，祇怕自己文筆的不流暢讓您見笑。也希望您能指導些。

夏日，蟬叫，這幾天台北最好的寫照。我的家有鳳凰木，這兒似乎沒看見。您那天氣好嗎，自己有股很可愛的念頭，有這麼一天，自己真實了，願回到鄉間去教一些鄉村的孩子們。北師畢業典禮上，有位老師有一句很中聽的訓言「老師不老，學校不小」。真的有時站在孩子群中，實在是不像老師，像大姊姊。我喜歡他們，他們也喜歡我。誰說老師只有付出沒有收穫呢。

國軍　第　頁

一天天的算，日子是過得很快。再一個月日子我們可以見面了，是彼此所盼望和期待的。您說我們會是好朋友嗎。您的職位是連長，我們雖然名稱不同，工作的性質該是大致相同。您告訴說充實他們的精神生活，有機會還希望做您的部屬教我彈吉他、聽聽音樂，教我畫畫。總會說有老師的指點比較好，不過沒有能勤，一樣會有所成果的。多看、多聽也是很重要的。想您在那一定是位討人敬愛的好連長。

今天的心情真輕鬆，這一段日子似乎沒有如此過，對您真感抱歉，有時忘記了您在海外，而把自己一些不很快樂的事告訴您，但願不被我所感染。心情好一切都輕，提起筆來也很順，不用攷慮焉。

我的放期也近，是發現了書中的趣味。不知是誰說過「夏天不是讀書天」

連續數天氣溫達至34度（台北）晚上寢室熱得頭昏，祇好一直洒水，稍有涼氣，睡一覺是滿身大汗，還是冬天好，冷風一吹睡意全沒了。您那還好嗎，這種氣候也容易讓人不舒服，出門在外的您多保重。

我的問題很多卻沒得到解答，我還是很有耐心的慢慢等待。與您相同[illegible]慢慢數着歸來的日子。也希望由您的筆描繪一下那兒的景緻，述說我的嚮往。

台北是個很繁華的都市，並有盡有。享受也是很懂得。人多人才也多。學畫畫，學音樂是可找到很好的老師。演奏會、書展、畫展常常可以看到，感覺上很方便。自己的生活圈很小，也不太願意浪費在不必要的時間上。我想和您的生活相差無幾。我有一封信中曾提及您

國 第 2 頁 軍

可能和弟弟會是好朋友，會生氣嗎，因為您比他大，當時只想到您們有共同的喜好。有時真會引自己的弟妹為榮，他們都是蠻上進的好弟妹。別介意好嗎。

有時想，我們若能成為一個談得來的好朋友。該多好。期盼着。

很奇怪，考試的壓力似乎慢慢減少。但願最後的衝刺能有利於我。您回台時先打電話或成功問一下好嗎。28，29考試沒錯。願等待着許多……的好音息。您一定体會出今天的心情不一樣。Happy 常圍繞在您，我的身旁。

祝您

萬事如意。

PS 您忙我會慢慢等待回函。若其它的藉口那祇好把筆待慢慢收回了。

文鳳

68.6.26
9:00

若有欠禮的地方也請包涵和告訴。很感謝。

我記得寫錯了一個字，凌晨。改寫了半天還是寫錯。

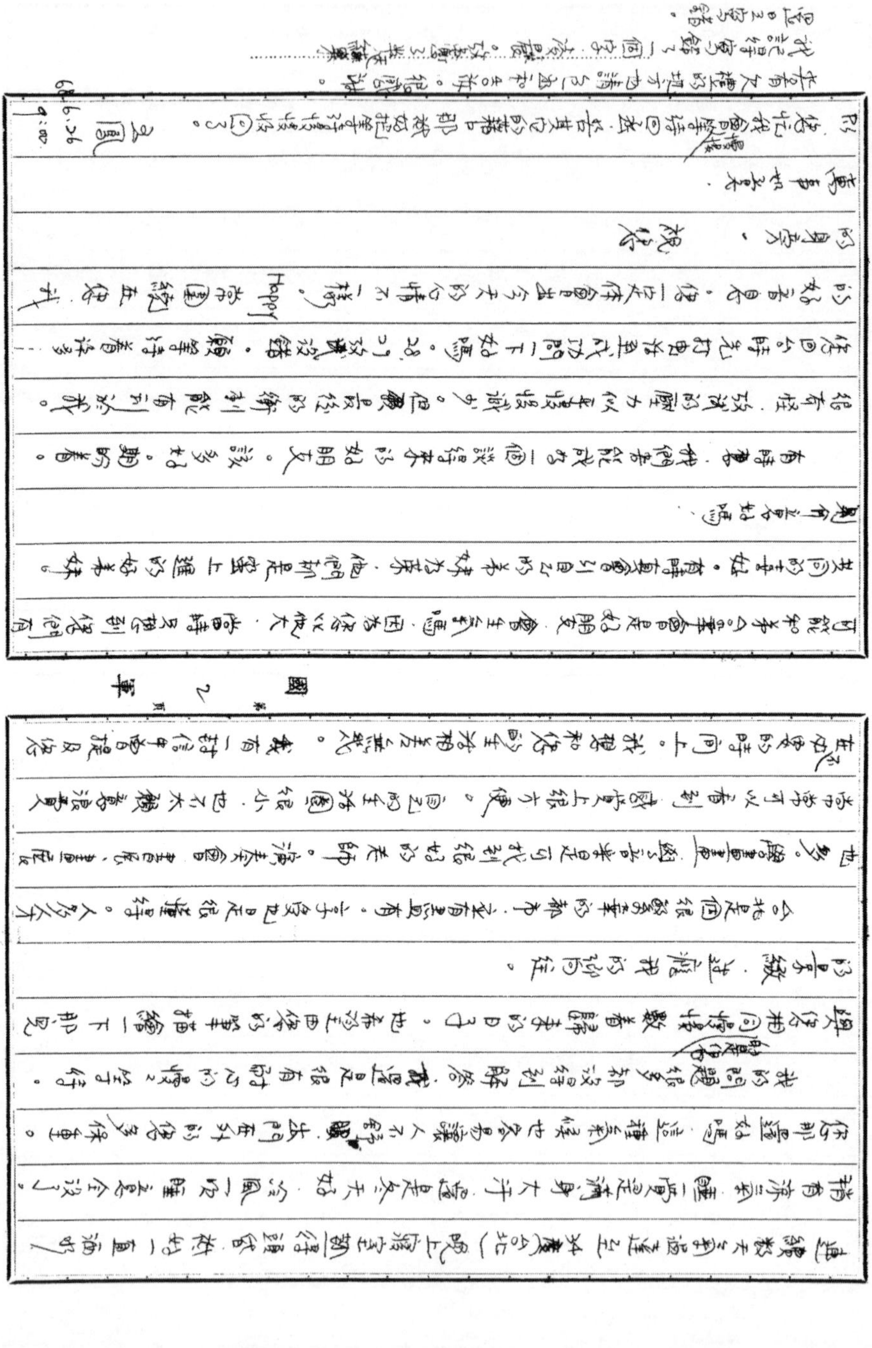

福成：

早上我參加北師的畢業典禮。怪不得每天都聽見蟬的叫聲，驪歌聲的響起，一幕幕的往事又出現在眼前。去年此時我在實踐的音樂廳，一顆顆的淚珠在眼中滾動，相處四年的我們真捨不得分開。今天驪歌聲又在耳畔響起，老師們的諄諄教導，使扮演台上、台下的自己，深深感覺學問之不足，祇想多努力，多充實。老師們的愛護學生會讓我反省與感動。

似乎很久沒接到您的函，很想聽聽您的口語，很豐富的生活。現實的社會會把人弄得頭昏腦漲。最近學校發生一些事，這一星期書本真是摸之少，總算已平定下來，人要做到心平氣和，不受外在之干擾真不易。讀了您的信，每個人遵守着「道」，與您有共同的想法，不越軌也就心安理得。朋友之有信也是道。上回幫家政系的小妹寫幼教的資料，很可愛的感謝，小卡片寫了「潘姐，最美的時刻是能適時伸出援手。」很高興我做到了守信。

音樂是自己十二個所熱愛的。生命，祇要踏實。金錢雖然我也愛，但很奇怪並不很熱衷。或許有許多的財寶還不知如何處理。吉他也是我十分喜歡的樂器，曾去師大禮堂聽他的演奏會，很美。我們這群還跟他一起合唱，真快樂。慶幸自己有如此陶醉的音樂來調劑。常常會拉着喉門，盡情的唱，唱出心中的感受。

大姊夫快回來是嗎，有時真想早早看到您。或許會失掉筆談之神秘感，不過相信我們的共同愛好，會讓彼此欣賞，您說是嗎？福成我考慮了很久，不想自私，您還是按照原來的日期來台，我盼望。故試您不用

掛心，會很沈着的參加。以，對您甚感愧疚。
一次次的畢業，心中很多要說的，卻不知該說些什麼。我的乾爹
乾媽王叔叔王媽媽，他們真好。幫我決定了自己不能做主之事。每回碰到難題
就像他們求救。因而長久在外的我很安全感。記得高中畢業的那一年，
就在台北，但那時親友不能合聚，所以看到父親北上看我還會哭呢，現在
不會了，想一想真可愛。明天再用快速之筆，許些輕鬆的笑語、
讓您開懷。寄上兩張我的心意。願您喜愛。
祝
萬事如意

鳳
66.6.22.8:00

國軍　第2頁

的，您說七月份的船期怪，我也覺得。

福成：

情緒不很平穩，人長大了還真不好，以往的幼稚、天真想從新尋回，總覺得那是很遙遠不可及的。有時會有悲觀的想法，為什麼生長在世界上，也曾問過王叔叔（很有學問也很好）和藹，他告訴我這是人的必經之途，不要想得太多了。但自己在情緒很低落時，總做不到。

在外面做事也將有8年，雖然是已踏入了社會，自己是確信有些我想法但沒有心機，可說很純也傻。祇想到善的一面。不過去年畢業、再一些不如意之事，讓自己思想突變不少，或許就如你說的社會經驗。我也在努力保持不要被這大染缸，污染了純樸的我。多看些書、多練琴

國　軍

女孩子要忘記世俗的眼光，是比較難些。慢慢的克服而已。

自己是家政系畢業的，除了音樂，還喜歡設計衣服、編織毛衣，本身於比較好動的個性，但環境的燻陶而內向。男的朋友也有，祇不過和自己很投機的，倒是沒有。唯一的煩惱。親友們也常會幫我介紹一些朋友，但彼此都能認可那也是問題。有時乾脆別去睬了，免得心煩。還是你好，身為男孩子。感情上也灑脫。更不在乎社會之許可。以前比較在乎別人對我的批評，現在祇要自己認為即好。

不知為什麼，會把心事向你吐訴，或許是沒見過你而給我的男氣。或許是你的親切、坦誠。不太願意把苦悶告訴父母讓他們躭憂。曾經告訴你我喜歡教育，孩子們如一面鏡子，妳就是她，她就是妳。一舉一動

都要考慮再三，做一位完美的老師真不容易，所以還想繼續再進修。
你每封信都看到自己對考試的緊張，的確，有時真有崩潰之感，盡量
學着放鬆，很感謝你的勸導，盡人事，聽天命。今天下午讀了二課國文，
其它時間就聽音樂，看讀者文摘，又在樓上繼續練甜蜜的奏曲，很幽美
的旋律，忘了我的存在。悄悄的告訴你，我常會拿出你寄來的書信，重
閱醉於其中。聽大姊說你在翻譯界還有名氣是嗎，所以我好嫉羨你
還真沒錯呢。
我大部份都很快樂，你放心，也希望你別被我的心事所感染。明天
這個時候我又快穿得像一位小天使。我是下午沒有課，早上在辦公室改些
作業、教具，剩餘時間可以看書。這兒的環境，讓我捨不得離開。

國　　　軍

真的高興認識你，在我文筆上，會覺得自然些，而多加的向你看
齊，當青出於藍是不可能的。不是捧你。下星期我師專的四個學分都將
修滿，又該準備期末考，差一些快考(忘)了。
這一回考五科（還是有分數的），國文、英文、教育學、心理學、國父思想，越讀越覺得
不夠充足，您能指導我一些嗎。
你也喜歡孩子，寄上一張4月23日帶小朋友旅行的照片於你（晚些寄去的）。順便
回憶你小時頑皮的情景。該不是還流着小鼻涕吧？想起小時我很乖，我很頑皮。
大姊說你們那真是無處可走，您們很令人敬佩。我想到好笑的一定
馬上提筆讓你笑笑。所以你看完我的信，不論怎樣你一定要快樂，我的個性
是放得下的，講了也就忘了，晚上睡覺一倒上床即睡着（惟恐搗蛋的室友，偶而

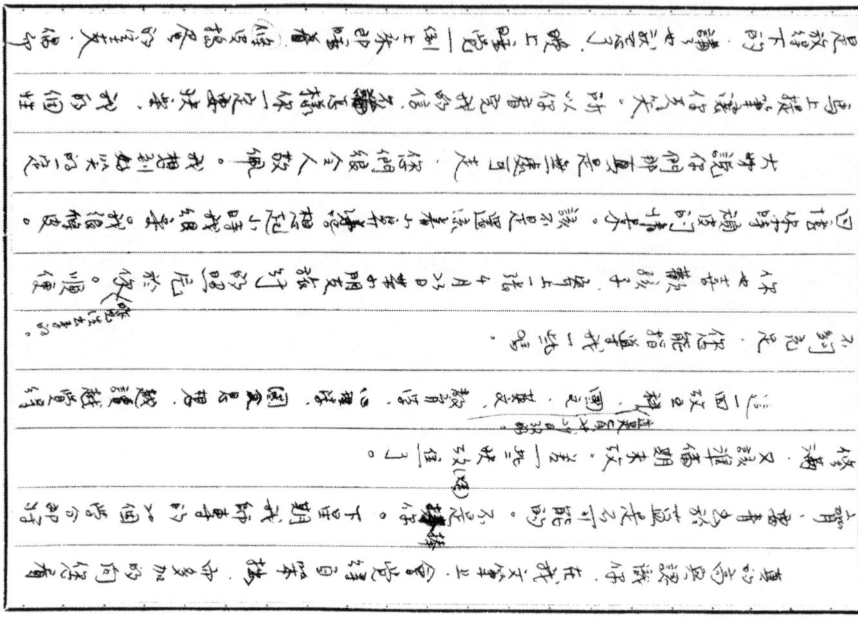

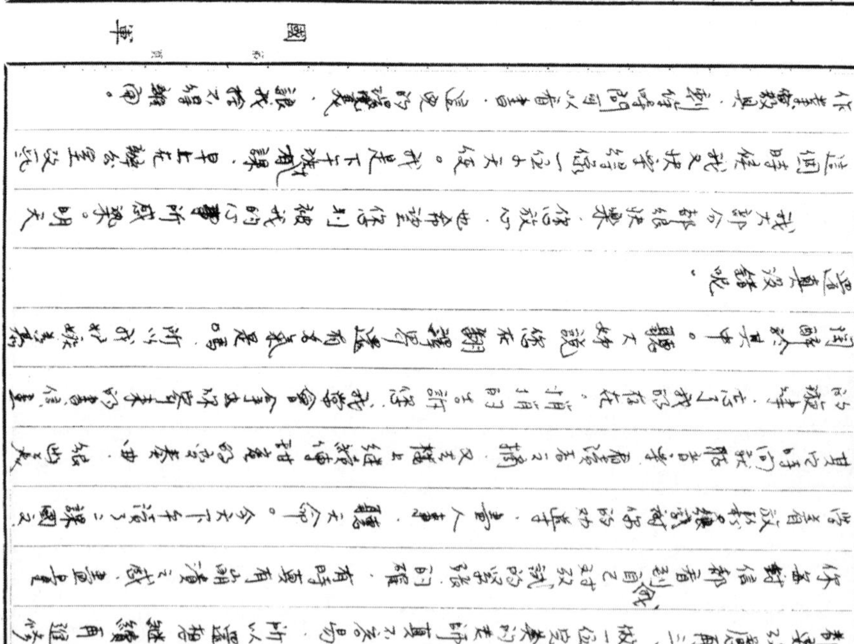

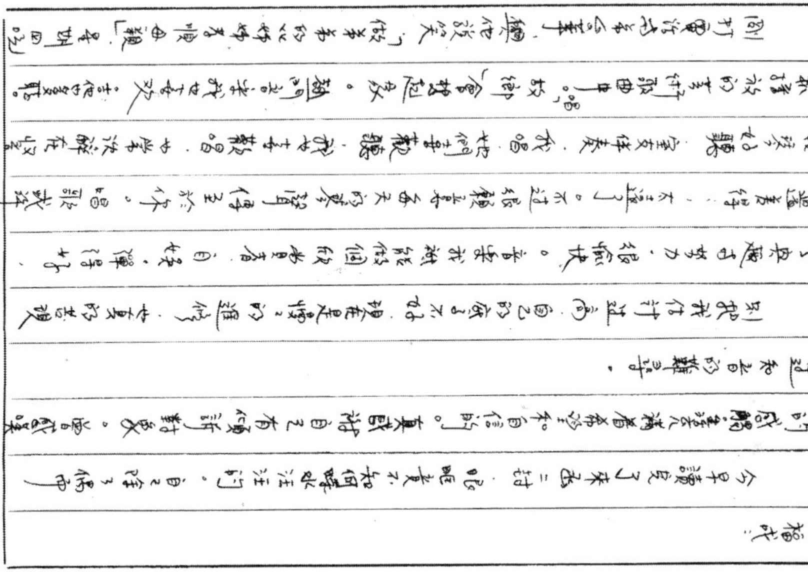

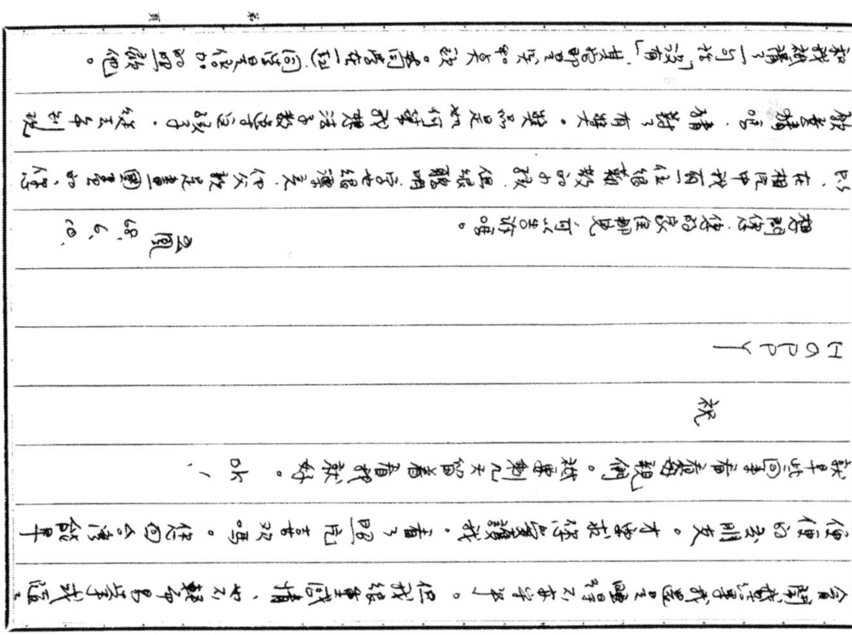

福成：你好

　　剛上完課回來，這星期工作很多，星期日晚上替同學林妹妹補習[illegible]，

我還得抄筆記，整整用了一晚上的時間。我的寶貝又來麻煩你了。[illegible]

園，看你的時間不夠用才幫忙的，[illegible]，有一回在圖書館待了一天，[illegible]

一[illegible]，不過[illegible]大方的人[illegible]。男孩子與女孩子的區別吧。

　　星期一接到三封信，看得很感動。想自己的偏激，不能說你也未[illegible]

[illegible]，趕緊[illegible]。你看到了我吧。你的生日我會記得，很美，[illegible]

有意義，你，請多保重。很羨慕你有如此的才華，能[illegible]。[illegible]

你有充裕的時間和生活。我每天上班，[illegible]（[illegible]）[illegible]，但[illegible]

[illegible]，[illegible]，[illegible]、[illegible]。[illegible]。

　　今年的生日最難忘，因為你的關懷。我感謝。快樂[illegible]。[illegible]

大家都說[illegible]精神[illegible]。最近[illegible]。你的文詞感動[illegible]。

正如你說的「相似」「親切」。

　　還記得我[illegible]，[illegible]，[illegible]

也在[illegible]。[illegible]，[illegible]了解。

自己的腦中[illegible]。[illegible]。[illegible]

可能會[illegible]，但現在不會了。[illegible]「如果

沒有困難等你解決，要你[illegible]？」[illegible]「生命沒有[illegible]的

激盪，那能[illegible]的浪花？」[illegible]，也[illegible]。我[illegible]，

但生命充滿了無限的希望。

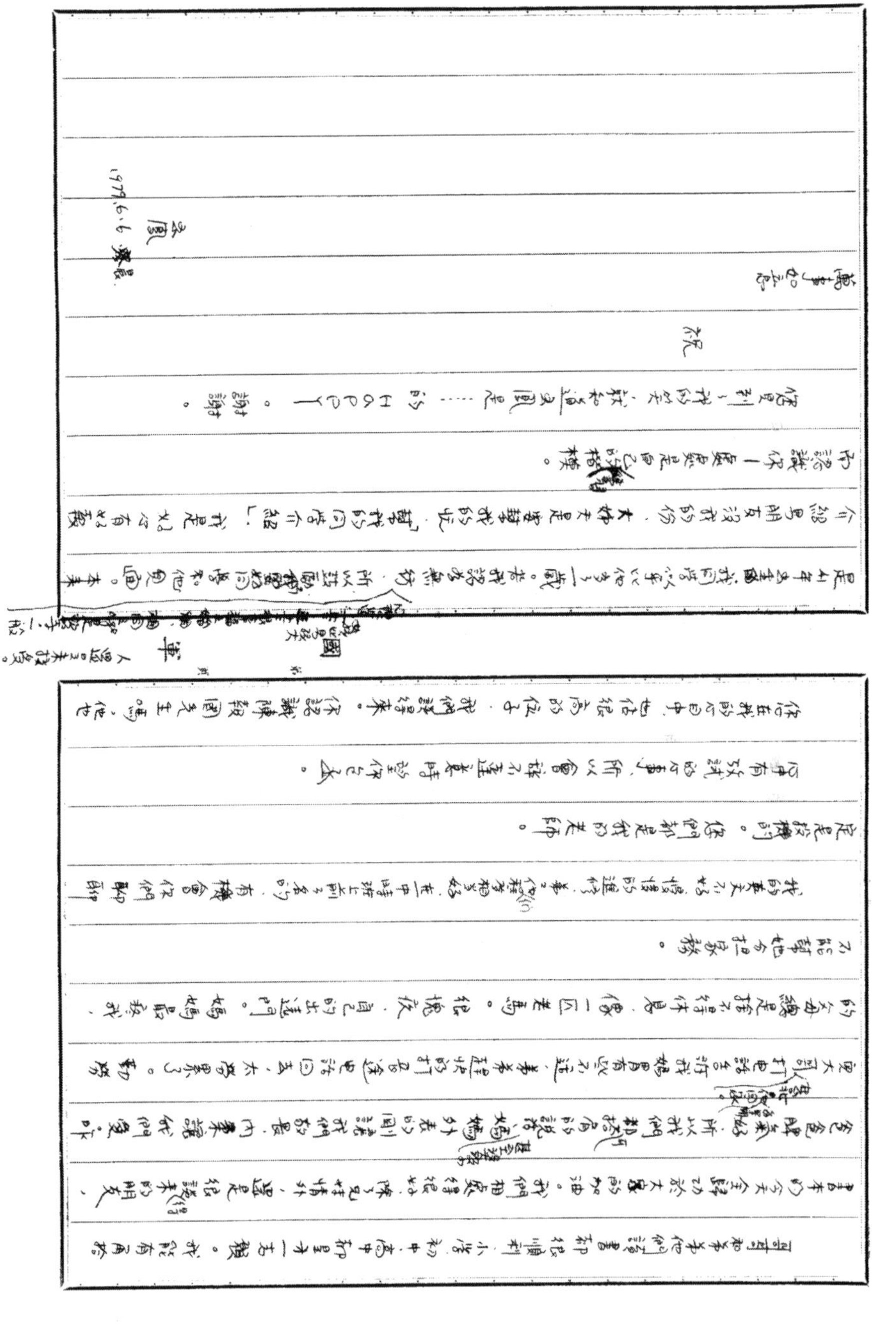
你們都是我的老師。
祝
1979.6.6

福成：

遲了兩天提筆，抱歉。這兩天睡不足，星期天晚外出不小心感冒，生病不能當。記得小時最喜歡生病，因生病，爸爸會買蘋果給我吃。現在不再會想吃那只蘋果了。在外的您們多留意。小時最喜歡聽爸講故事。

生日禮物收到，很喜歡。由衷感激，且對喜愛的人、事、物，會倍加珍愛。我的老師曾說了一個玫瑰花故事予我們聽，「幽默學者梁實秋他很喜歡種植花，且他還是師大之好教授，愛護學生備至。每逢他的生日，學生們輪流前往他府中拜壽，有一年輪至我們老師，知道他老人家愛花，也就選了一盆茶花去拜壽，進了大門滿園都是盛開珍貴之花，百株玫瑰花大而美得出奇。好問的老師就問梁實秋先生，他回答了一句「你祇要天天去看它，去撫摸它，它就會讓你瞧瞧它的顏色」」。

國 第 頁 軍

弟弟是國防醫學院醫科，他代表學校全合大參加全省大專運動會。文筆不流暢，讓您誤解，抱歉。我的家是個非常開放自由的，爸媽之好在村莊中是大小皆知。不過我們孩卻一個比一個火爆脾氣，不會讓父母生氣頭痛即是。大家都很努力用功，也很喜歡唸書，就如您告知的盡人事聽天命。至於書香之府不敢當。

寄一張「我」予您，我們之技術太高超，看了半天唯有這張最清晰，本該寄站立的以表示敬，還請您包涵。古時有句話「言為心聲，又如其人」，想必已被推翻，目前之社會，是虛偽，善於隱藏自我。聰明的人是不會被虛偽之言詞所欺，但人往往被欺騙，有時又不得不賭注一下，得與失，只有讓時間來証明。

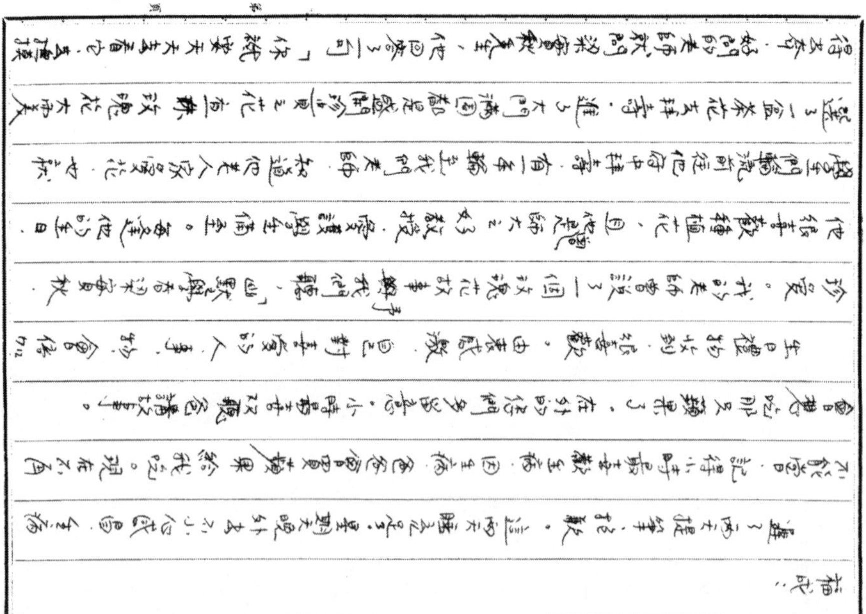

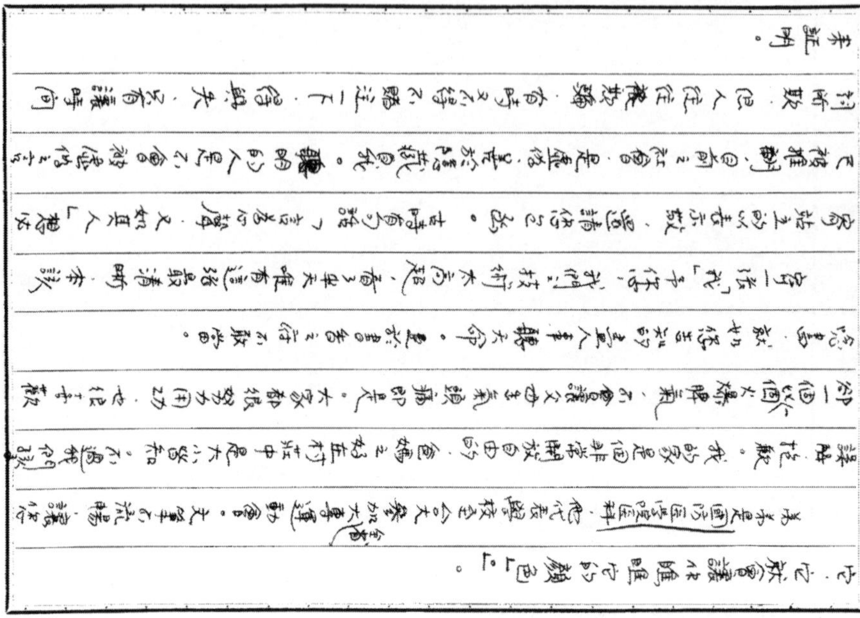

雖然生病了，但好看的電影卻吸引著自己，昨晚跑去看埃及豔后，增添了一些愁悵。有時想想感情用事也未嘗不是好事。男女之間愛情，在一時段之空間及環境下，彼此吸引，但另一空間、時間，也因而分手。只相對的時間有相對之條件，總是不能永恆。昨完埃及豔后，似乎真為安東尼而犧牲了自己之生命。想想凱撒和安東尼都是為了一位「女人」而失敗，不知當時他們怎麼想的？

昨天幫我上了一課外國史。

「大姊」，說來話長，等我們見面再告訴您，好嗎。她去馬祖勞軍因她是某位將軍之special nurse。很讓人羨慕能有此行。

我的考試延至28、29兩日，到目前唸得還沒上軌道，雖然心慌，也無濟於事。有時真是做不到「知難行易」。勝與敗都會看得很淡，總是想多充實。

國軍

您的假日有20天，蠻長的，等待、期盼是件喜悅和痛苦之事，謝謝您對我的考慮。

幼稚園20、21即結束，會立刻返家，28、29在彰化考試，將住同學家。8月初才會北上。

今天先告訴您我家的住址和電話：台南市光明街108號，電：三七五四一二。幼稚園電：七○七一○三三。由於船期還是早早告訴您。

您教您的部下們，是位好連長，值得去[illegible]學。也很願意自己能增添您的生活情趣，讓您孤島上由於您的教導而不孤。端陽節、吃粽子，同事、學生送了好多，你吃了沒，在此讓您聞聞香味流流口水，好嗎。每逢佳節倍思親。

人貌在我的感覺裡不很重要，但希望自己的理想伴侶是位男、[illegible]的男孩子。

雖然幽默大師林語堂先生是贊成男孩抽煙斗，自己好像是不能接受，聞到煙味

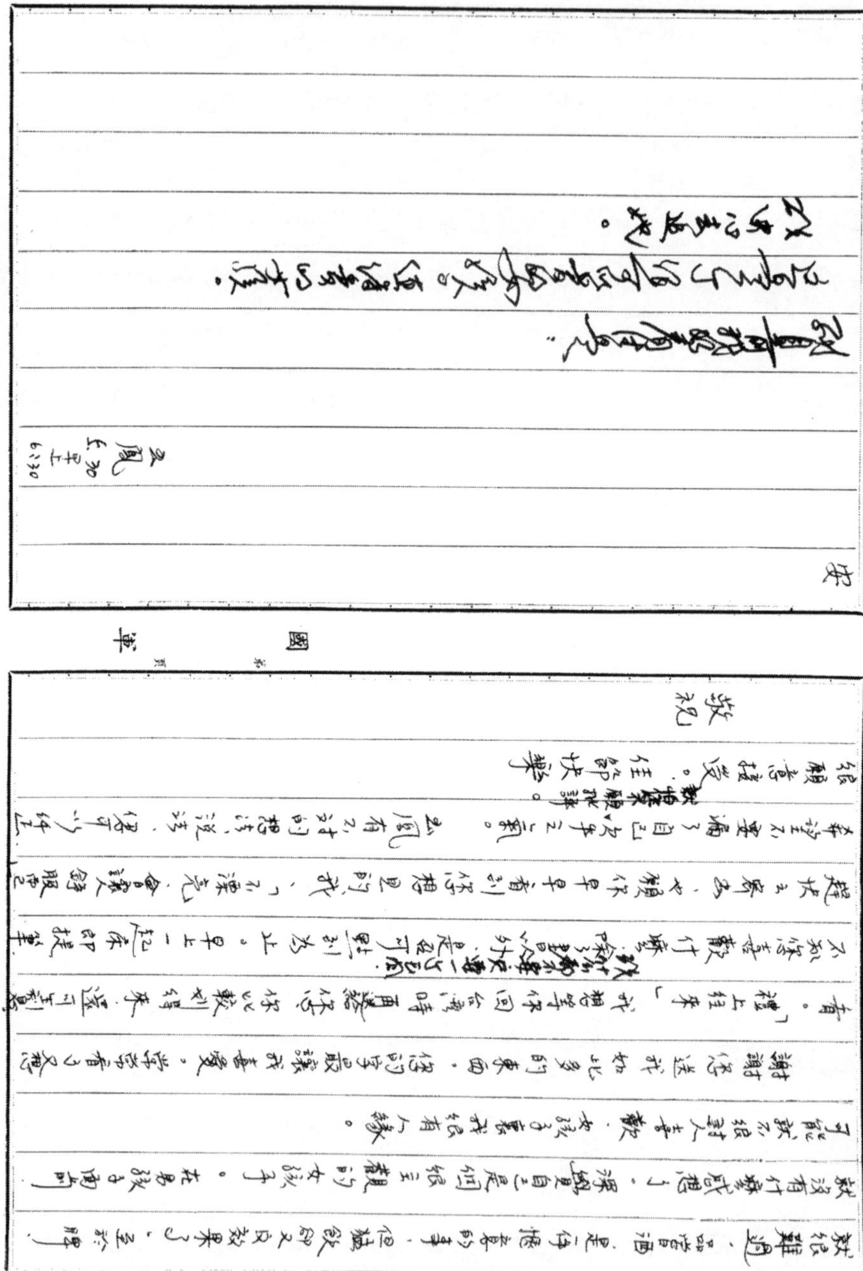

就很難過，品嚐酒，是一件愜意的事，但猛飲卻又失效果了，至於啤，
就沒有什麼感想了。深覺自己是個很主觀的女孩子。在男孩子面前
可能就不很討人喜歡，女孩子裏我很有人緣。
謝謝您送我如此多的東西。您的字最讓我喜愛，常常看了又想
看。「禮上往來」我想等你回台灣時再送給您，你比較划得來，還可生利息
不知您喜歡什麼，（我什麼都不要，只要一片玉鳳。）除了音樂以外，是否可點到為止。早上一起床即提筆
趕快寫去，也願你早早看到您想見的我，「不漂亮」會讓人舒服些
希望不要漏了自己晚年之氣。　玉鳳有不對的想法、說法，你可以糾正
很願意接受。（我想你不願批評。）
佳節快樂
敬祝

國軍　第　頁

安

玉鳳
5.30
早上
6:30

附言：我的看法是：
這是個很可以當老婆的好女人。值得費心的[illegible]。
我決心去追她。

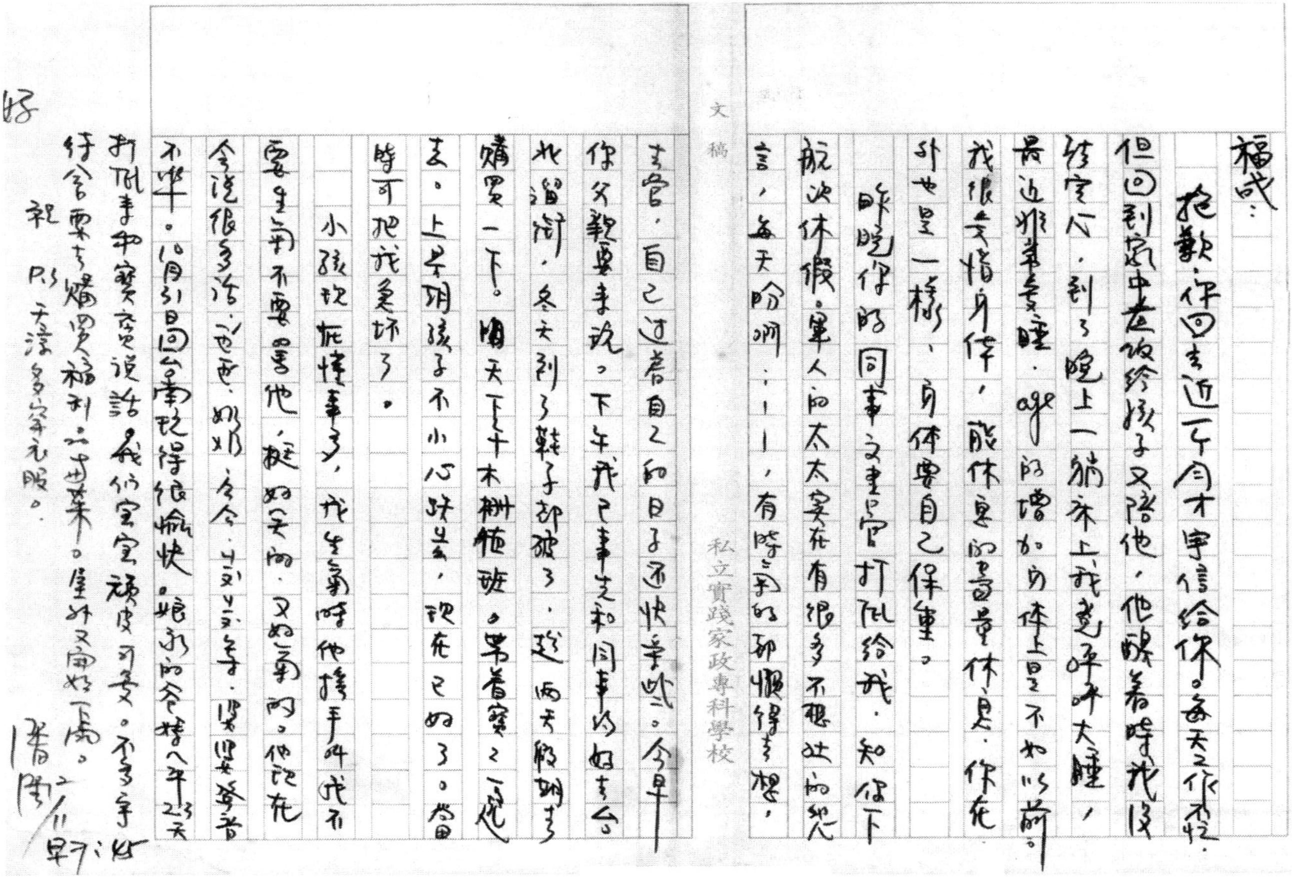

福成：

抱歉，你回去近一個月才寫信給你。每天工作忙，但回到家中在做給孩子又陪他，他睡着時我沒注意心，到了晚上一躺床上我竟呼呼大睡，最近非常貪睡，age的增加身体上是不如以前。我很贊成你，能休息的盡量休息，你在外也是一樣，身体要自己保重。

昨晚你的同事之妻曾打電話給我，知你下航次休假，軍人的太太實在有很多不想說的知心言，每天盼啊……！有時氣的都懶得去想，

文稿

私立實踐家政專科學校

去管，自己過着自己的日子還快樂些。今早你父親要來說，下午我已和同事約好去台北逛街，冬天到了鞋子都破了，這兩天假期去購買一下。昨天下午木柵植班，帶着寶寶一道去。上午明孩子不小心跌去，現在已好了。當時可把我急壞了。

小孩就施懷事了，我生氣時他揍手叫我不要生氣不要罵他，挺好玩的，又好氣啊。他現在會說很多話，西西，奶奶，多多，尖尖等，哭哭爸爸不準。你月31日回台灣玩得很愉快。娘和你爸樣八年23天打電話和寶寶說話，我們寶寶頑皮可愛。不多寫，好好會要去婦嬰福利社買菜。望好又命好一周。

祝

好

P.S 天涼多穿衣服。

潘　二/11 早7:45

便1條

福成：

今天是31日休假，睡到不起來，很舒服，離開我後你才一回營至如此晚。你感冒完全好了否？心靜下來病容易好，且還有不少的事要你做。正如你說的事事得自己的經驗是大家不追心平氣和的處理事事，才較妥善。

距離我們的結婚日期大約祇有半個月，時間還算從前。把自己想到的一些事情彼此商量。很多東西要買，但我手頭上沒有錢，一樣也不能辦。東西是必需一天天的買。而我的時間也少，到目前為止我一樣也沒做成。

床和梳粧台王媽媽已幫我訂做，价錢做完後才知道。

No.3-1-22(13.5×20)cm45磅模造紙 @50 68. 11. 中心印

便2條

星期日早上（2日）王媽媽陪我去買布料，王媽媽先借我錢。看你的信有些看不懂，也不知你那一天把錢給我。還有我上街買一些零碎的東西。布料中有些是要買送給您的家人及我媽媽。

△「婚期訂在11月17日（星期一）」對潘潘來說很恰當。因學校祇有一星期的假。正好從星期一至下星期一來上班，可以多一天的假日，或8天。且星期六下午四點左右即可以離校。潘潘也翻了農民曆，星期一恰好是結婚的好日子。如此決定後我們即得開始印喜帖，訂酒席。以及潘潘訂禮服的時間，化粧的時間。你也可以和家人商量妥。決定好請用卡打至王媽媽家告訴潘潘。對你的假期並不影響，你也可以向你們部隊。做一些事情。我也要跟國建的媽媽決定去新竹看媽他們。決定

No.3-1-22(13.5×20)cm45磅模造紙 @50 68. 11. 中心印

便3條

後立即來電。我打給你不方便。

因酒席爸媽和我說，未來的親家要我們多少人就請幾桌酒席。兩邊鄰居親友就不請了。您可以跟你家人說。

你在結婚迎娶之前，定要轉回南下一趟比較有禮貌。

這並不是最難的問題，

車子的問題，二部若不夠是否可以在台南多請一部。我現在還不要來。爸媽、大哥、嫂一部車。另一部新娘車：媒人、你、我。台北去表達你家人是否要去。因學校的試的關係。日期大定後看一下是否有衝突。對了，還有當我進入您家門時，牽我進入新房時需要一位十全十美的婦女，王媽媽一樣牽我入新房。麻煩您跟台中媽媽說一聲。

No.3-1-22(13.5×20)cm45磅模造紙 @50 68. 11. 中心印

△十全十美：家庭和睦，幸福，夫妻相敬如賓，子女孝順乖巧。

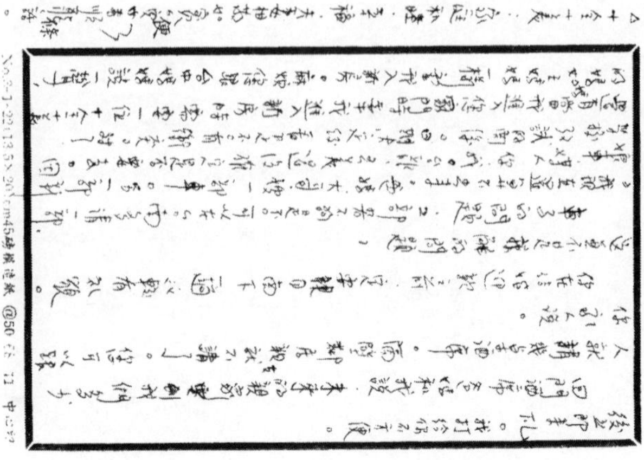

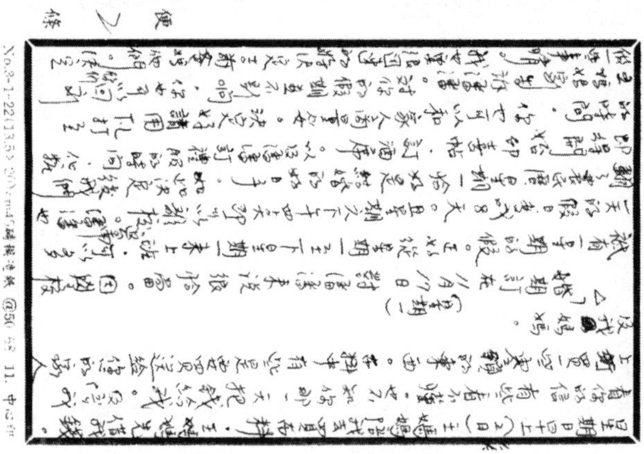

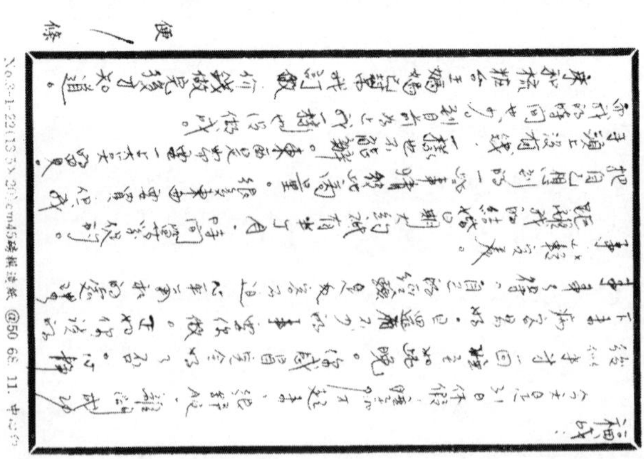

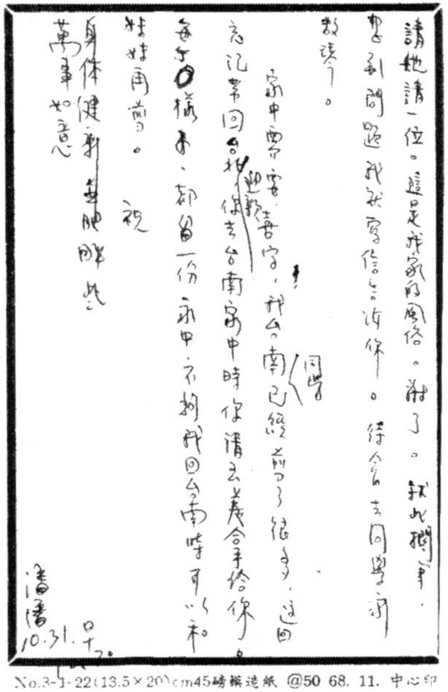
請她請一位。這是我家的風俗。謝了。就此擱筆。
要到問題我就寫信告訴你。待會去同學那
談了。
家中要蓋喜字，我台南已經剪了很多，這回
忘記帶回台北，你去台南家中時你請去義合拿給你。
每年O橫木、都留一份在家中，不夠我回台南時再以和
妹妹再剪。 祝
身体健康 無肥胖
萬事如意
潘潘 10.31.早上。
便 4 條
No.3-1-22(13.5×20)cm45磅模造紙 @50 68. 11. 中心印

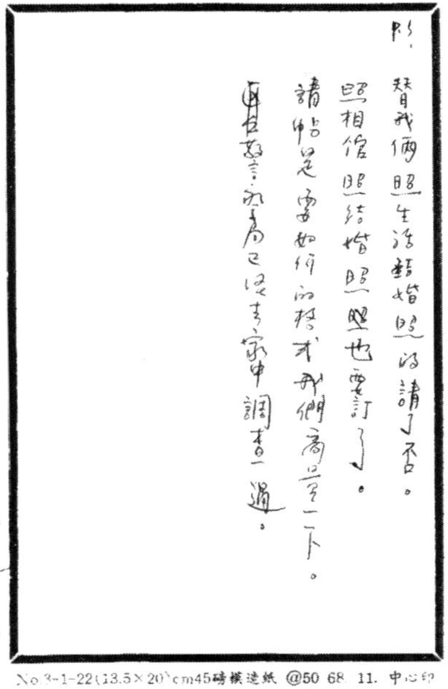
附：
替我倆照生活結婚照的請了否。
照相館照結婚照也要訂了。
請帖是要如何的樣式我們商量一下。
再者，訂婚之後去家中調查一遍。
便 5 條
No.3-1-22(13.5×20)cm45磅模造紙 @50 68. 11. 中心印

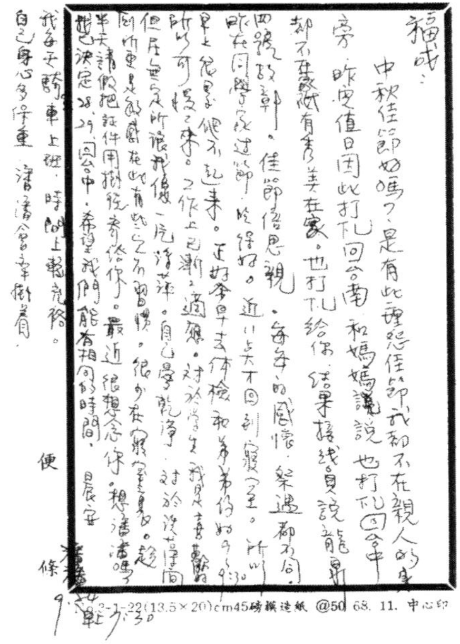
福成：
中秋佳節好嗎？是有此理，怨佳節我都不在親人的身
旁。昨天值日因此打電話回台南和媽媽說。也打電話回台中
都不在家，只有秀美在家。也打電話給你，結果接線員說龍興
四號故障。佳節倍思親。每年的感懷，際遇都不同。
昨在同學家過節，吃得好。近一兩天不回到寢室。所以
早上起來吃不起來。正好今早去体檢和弟弟們好好的 9:30
所以可慢慢來。工作上已漸漸適應。對於學生我是喜歡的
但是無以所很我傻一點活潑。自己學乾淨。對於沒有什麼
倒是最喜歡在此有些不習慣。很少在宿舍聽。趁
半天請假把證件用掛號寄給你。最近很想念你。想潘潘嗎？
把決定28、29回台中。希望我們能有相同的時間。 晨安
我每天騎車上班，時間上較充裕。
自己身心多保重。潘潘會牽掛著。
便 條
潘潘 9.30 晚7:30
No.3-1-22(13.5×20)cm45磅模造紙 @50 68. 11. 中心印

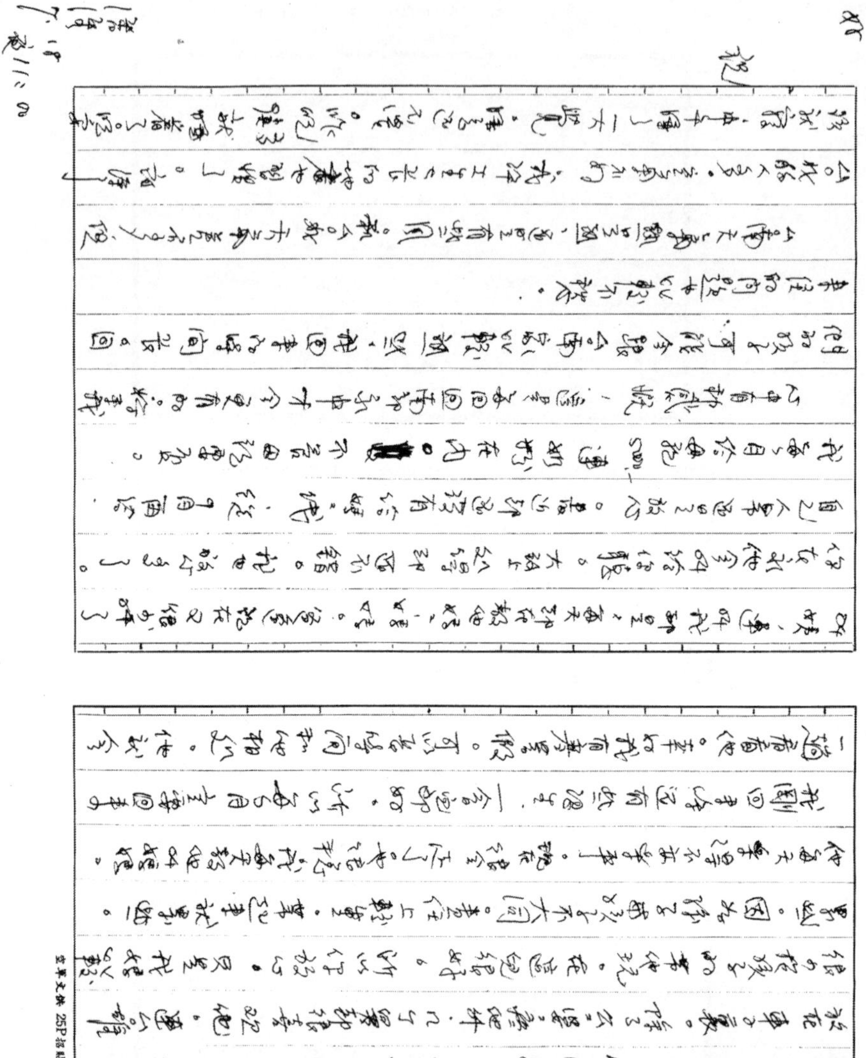

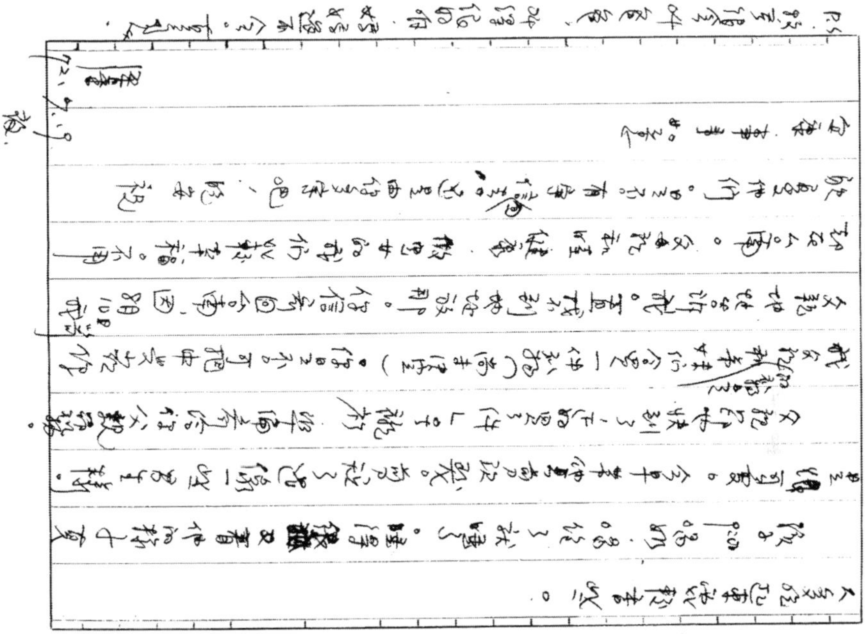

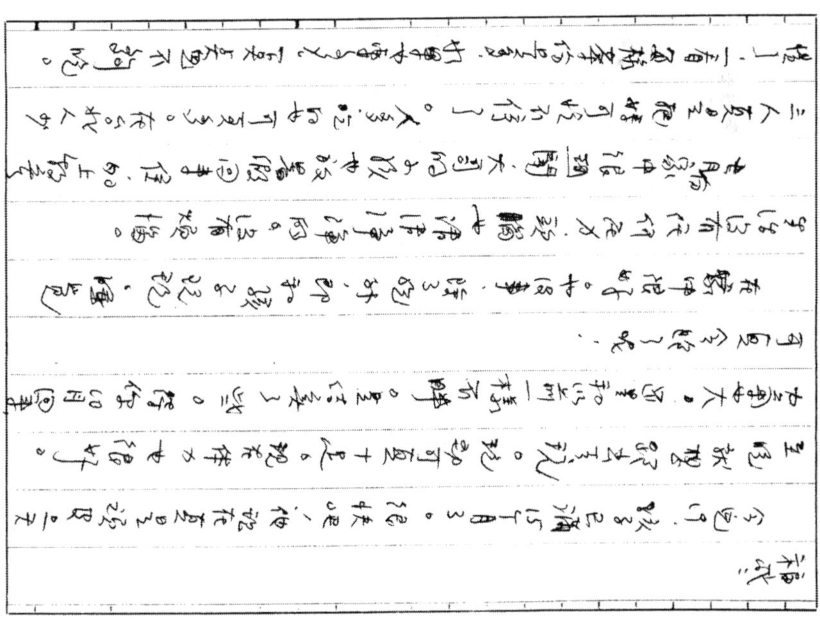

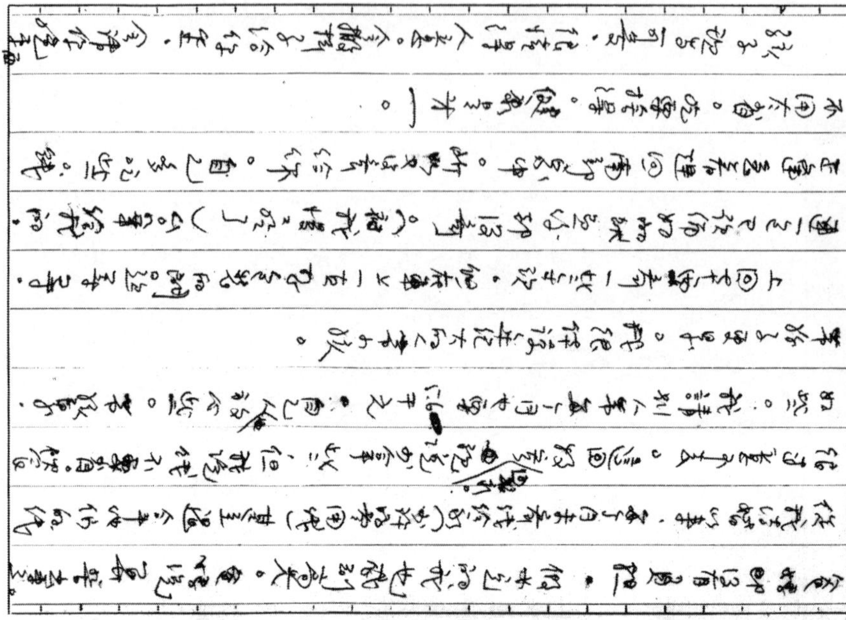

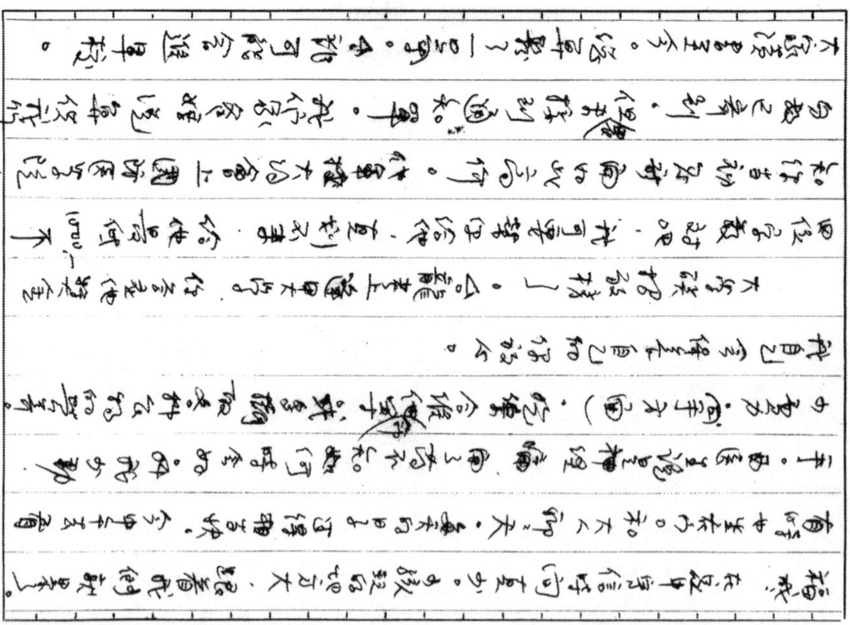

稍成：今天又召了訊詳五了，一星期……的過得真快。每天便吃、看、說，幾乎可以說不用大腦。看小孩等。還不錯，他會叫我媽了。很喜歡叫爸，一高興就爸爸爸……爸个不停，我媽說耳朵都要聾了。

結婚也快三年了。想起一些事情，對自己的婚姻是有些不夠滿意。想你家人鬧彆扭那幾回，自己感覺你卻是怪我。每回想到你們家的種種，自己是很不快樂。沒有什麼的事。所幸自己現在有小孩子，有份工作，時間很容易打發。可是不要想，也許會得快樂些。走筆至此，祝

好

[illegible] 7/[illegible] 晚 11:00

金和你說說我的事……。今天晚上學會敬禮，一敬敬到眼睛鼻子，又有趣。很會叫爸爸，會吃一直叫，我教他耳朵一定要靠你。他非常喜歡狗。看見狗就叫「汪汪」，他叫「汪汪」。不會叫我，卻會狗狗了。還會鬧鬧。現在的他比以前活潑多了。人多，他看的多，花樣也不少。特別回到[illegible]時，會說能辭了。你一定很想念他吧！不要擔心，我覺得會很快的。

回到台南家中。很少打[illegible]。每天在家過得很舒適。也懶得出去。同學也未談論。我比較懶得動。今天看手後睡午覺。

不多寫，祝

好

7.27 [illegible] 夜 10:30

問候全家好。母親要打。我想寄你時再附封信問候一下。

空軍文供 25P招貼十行紙 27.0Cm×38.4Cm

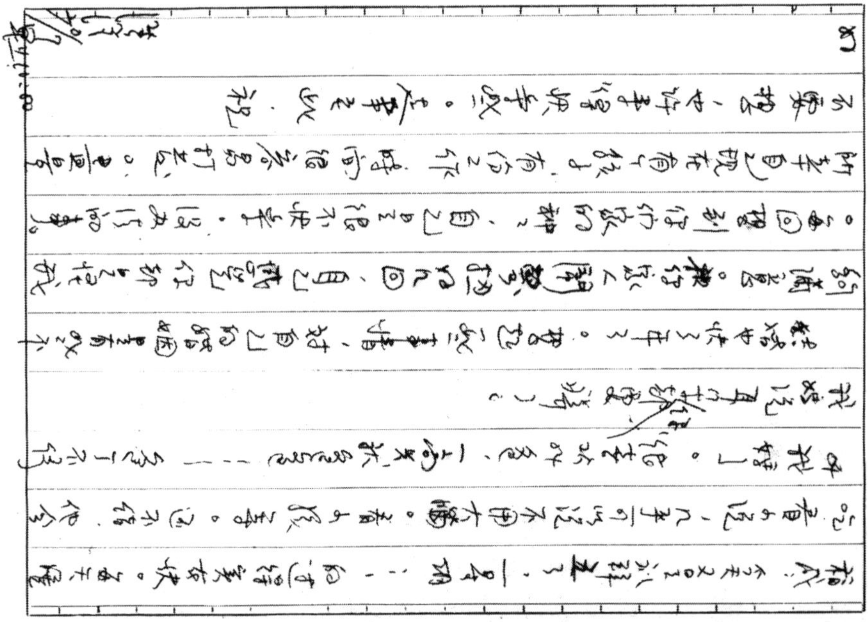

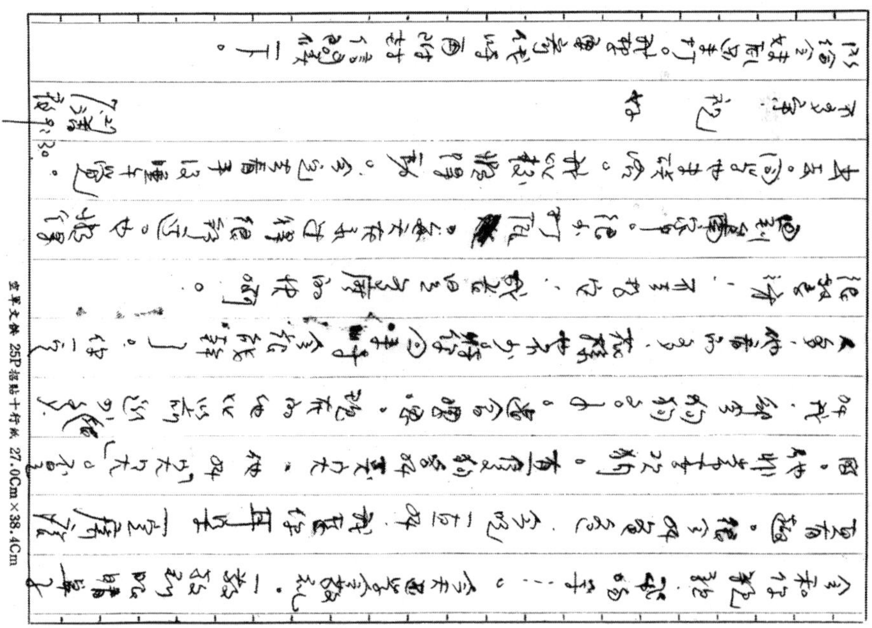

福成：掛號信收到了。在家的時間總是過得快些。也比較靜不下
來和你寫信。中午睡至3點半才起來。帶孩子弄了弄。晚上洗完澡
和母親聊聊天又是十點半了。更快。
回到台南家中可能太閒。因而胡思亂想的時間也多。看了你
的來信，也不想解釋什麼。本來即使做妻子不希望自己嫁給好
先生，除了體貼外，物質上的享受不要太差。且你是軍人，我想有部分
也不會餓死我們吧，樣樣都有配給。樣樣事也急不得，按我們
的情況，祇有自己節儉，慢慢來。鋼琴我是因為喜歡而買了它。
（也沒經過考慮）現在要買件大東西，可能會深慮一下。
我想我們以後別再提起一些不愉快的事。我比較主觀。對一
件很難不喜歡的事物，很難再更改。所以對一些以往的事情，意見
別去重提或是想。自己是很想不開的。（我想這是我的缺點之一）
對了，郵局錢（我的名字）大約5000左右，妳家的2000左右。不多，本月錢即
用完，尚未寄錢回你家中。因我只過祇剩1000，不夠了。還要回台北車票。
待8月回北再寄回去。
你那里比較單調。難免會很想念。自己想想看該如何讓自己身心
平衡。去那種地方祇好得一時的滿足，但我覺得身體的健康佛學很重
要。太太是你一個人擁有的。你覺得如何做，你自己決定。做妻子也從來不過問。
自己多保重，其是我想你會多看幾遍，看看照片，讓頭腦放鬆
我們美好的時刻，就不覺也就睡著了。祝
好夢連連……
潔萍
8.1晚12:30

空軍文具 25P招貼十行紙 27.0Cm×38.4Cm

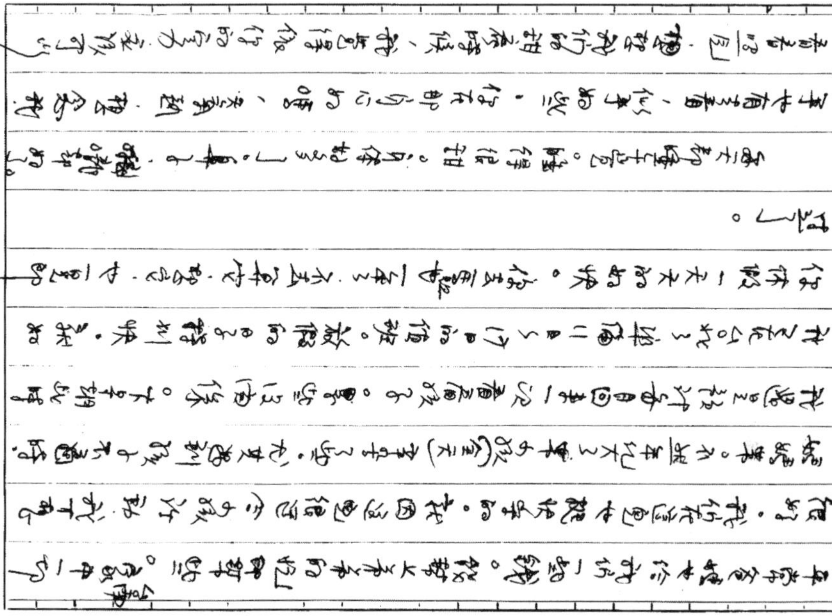

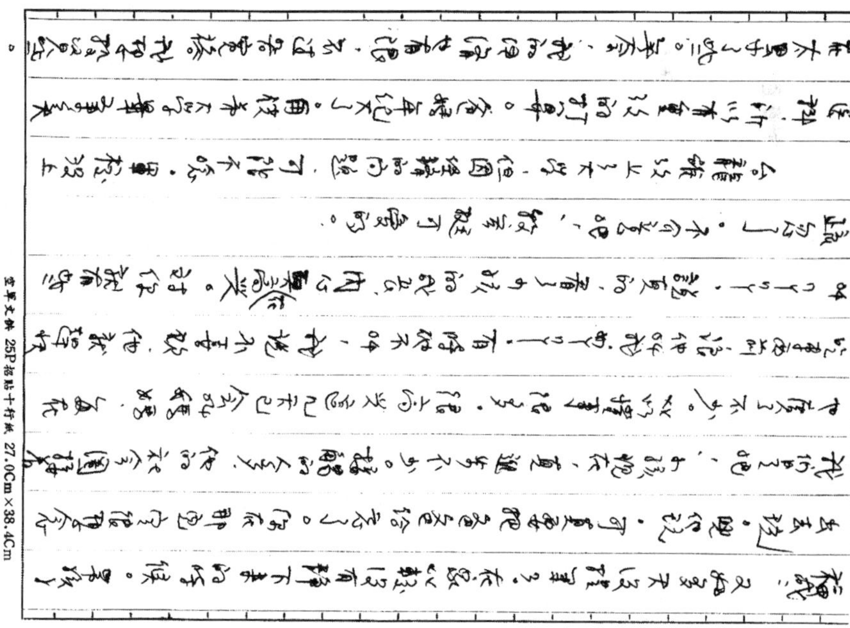

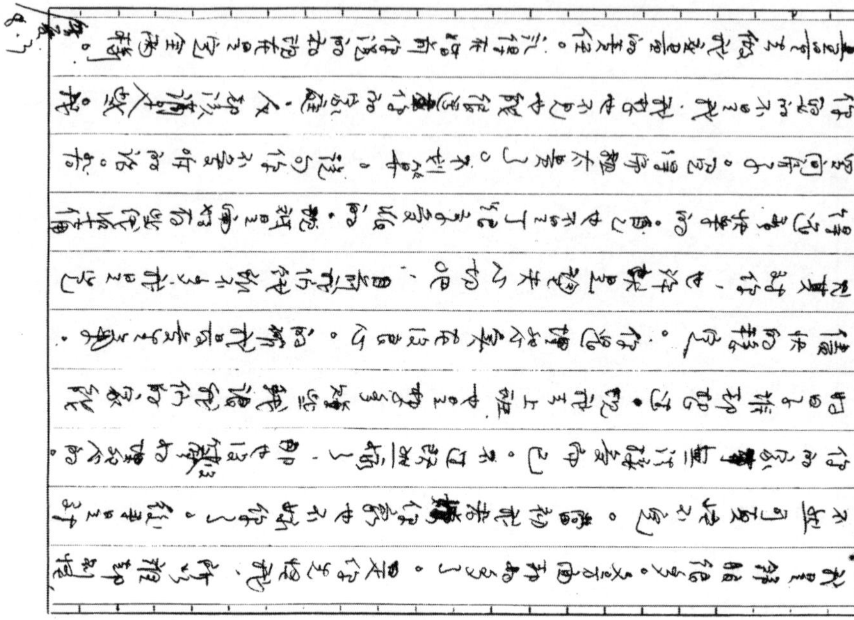

我是錯的很多。各方面都好多了。是你先怪我，所以很難劃清，
不然可真說不定。當初我若嫁你家也不好你了。從來是對
你的家庭無法接受而已。不過既然嫁了，卻也沒後悔的埋怨的。
的日子過得都好過。現我去上班也是想多賺些錢讓我們的家能
愉快的穩定。你說埋怨你實在沒良心。的確我是太生氣。
尤其對你，也許就是操失分寸吧，目前我們錢又不多，我是覺
得還是快樂的。自己也不是了結了受悵的。現在是會好有些很準備
買房子。覺得房租太貴了。不划算。說句你不愛聽的話。若
你要的不是我，我想也不見也能很照顧你的家庭，反都沒滿人嫁。我
盡量去做我應盡的責任。記得在婚前你說的和現在是完全兩樣。

雅惠 8.7

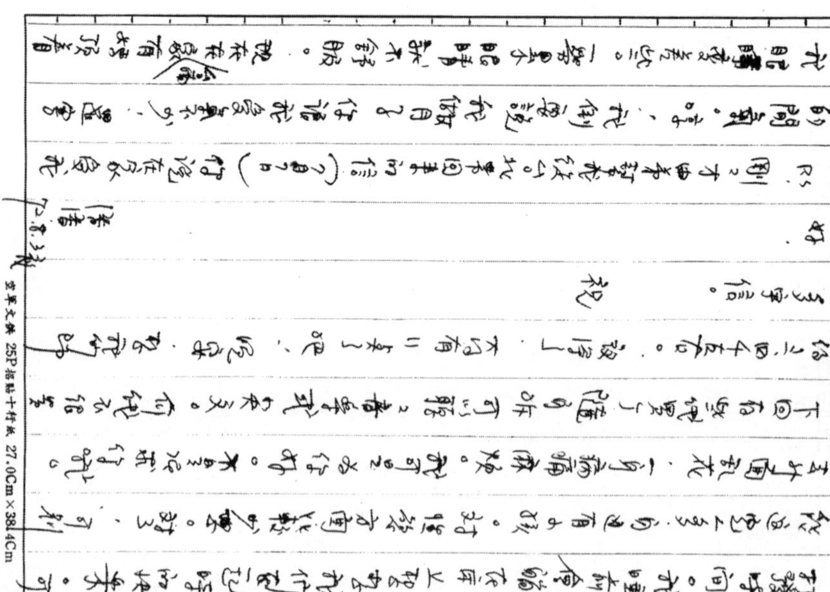

打發時間。我睡前會躺在床上想想我們在一起時的快樂。可
能這裏人多，身邊有小孩。對性各方面比較少想。對了，可別
在外面亂花，一身病痛麻煩。我可是為你好。不是怕我管你呢。
下回有些錢買個隨身聽可以聽聽音樂或英文。你錢不很多
給六、四千左右。沒停了，大約有11點了吧！晚安，想我們時
多寫信。

祝

好。

雅惠 7.8.3夜

PS：剛剛才由弟弟幫我從台北帶回來的信（7月7日）你說在家我
的閒氣。哼！我倒要說我做月子你讓我受氣不少！還害
我眼睛變差些。一勞累眼睛就不舒服。現在在家有婆婆頂着

空軍文供 25P招貼十行紙 27.0Cm×38.4Cm

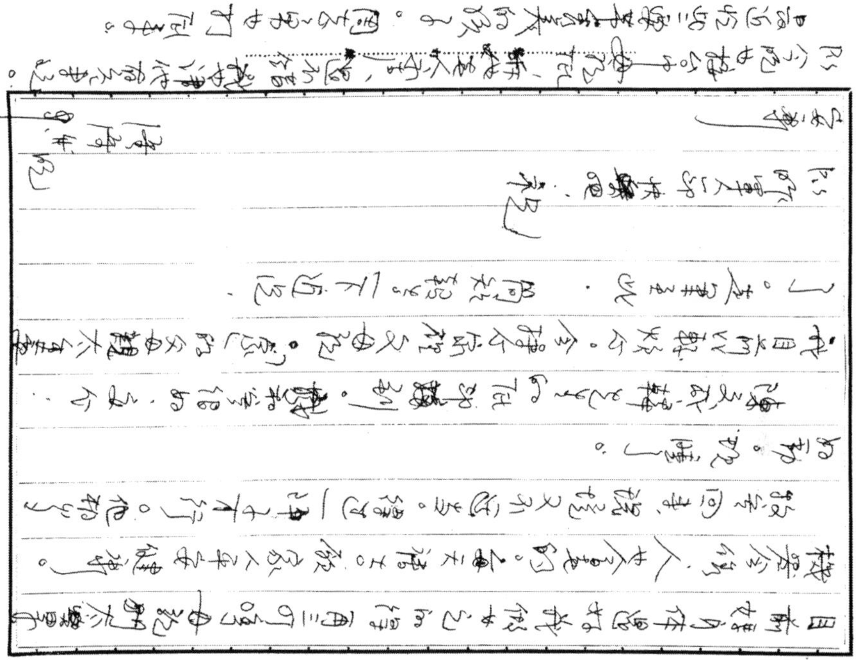

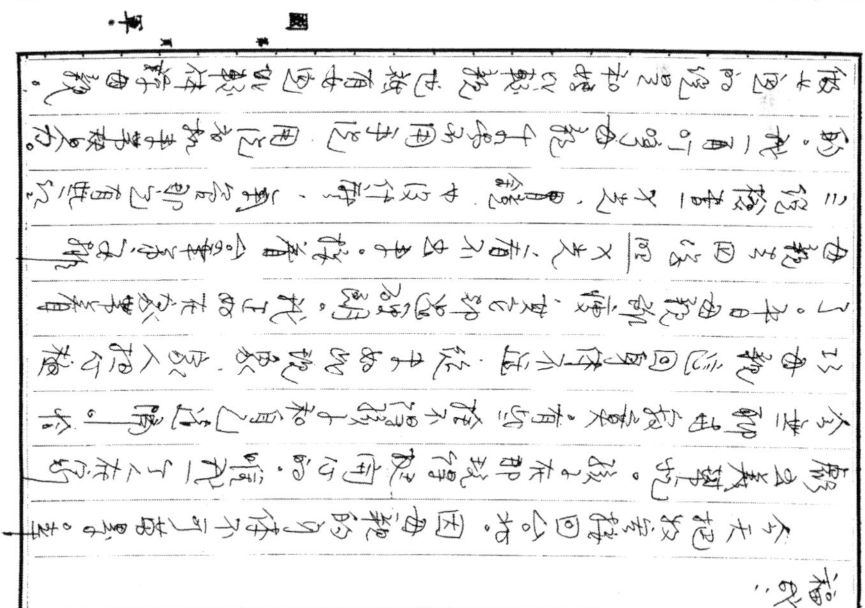

福成：來信收到（3封信）。有9月7日的。最近比較忙些也比較沒心情寫信。一半要操心母親的身体安康。孩子、工作。可以說沒有時間想念你。在台灣生活很緊張，你在這裡就不一樣了，所以你甭操心我們。

我今天領了[redacted]一萬多元。中秋獎金我們共3千元。還不錯的收入。我不喜歡用錢存一些起有一些。這次台中、台南都沒送禮，我覺得不要。10月你回來時回去再看看。不是省錢。你的禮太多了些。其實自己的父母親也沒什麼嘛。也就可以例外。過年父母給我紅包，但我們平日不給他們，也只有在過年時意思意思。

工作上還尚可。孩子也好。

我買一個全自動的照相機，2800元和我同事買的。也是便宜的可以吧？。不過牌子還不錯，同事妹妹同時帶來也是同樣。

下星期二即是中秋，白天會帶孩子出去玩玩。我們的生活很多彩多姿.

我在三天晚上補習 1.3.5.(7:00分從家出發) 8:30到校。時間上比較不夠。反正每件事都有它的利弊，一切都適應了也就好了。

昨天小姑母那也打TEL來由中秋，我答覺得再打個TEL回去問候一下。

我忘了講也寄了中秋要寄吃的給你，真是胡塗。還好，你十月初就回來。我們等待著，孩子剛從台南回來，最近總算上軌道了。去美帶我的孩子。年紀人也好些。就此擱筆

多保重 祝你

佳節快樂

孩子很會叫爸爸，有時（不被同意）跟我撒嬌叫我「爸爸」不叫媽。 俊歌 9.16 晚上

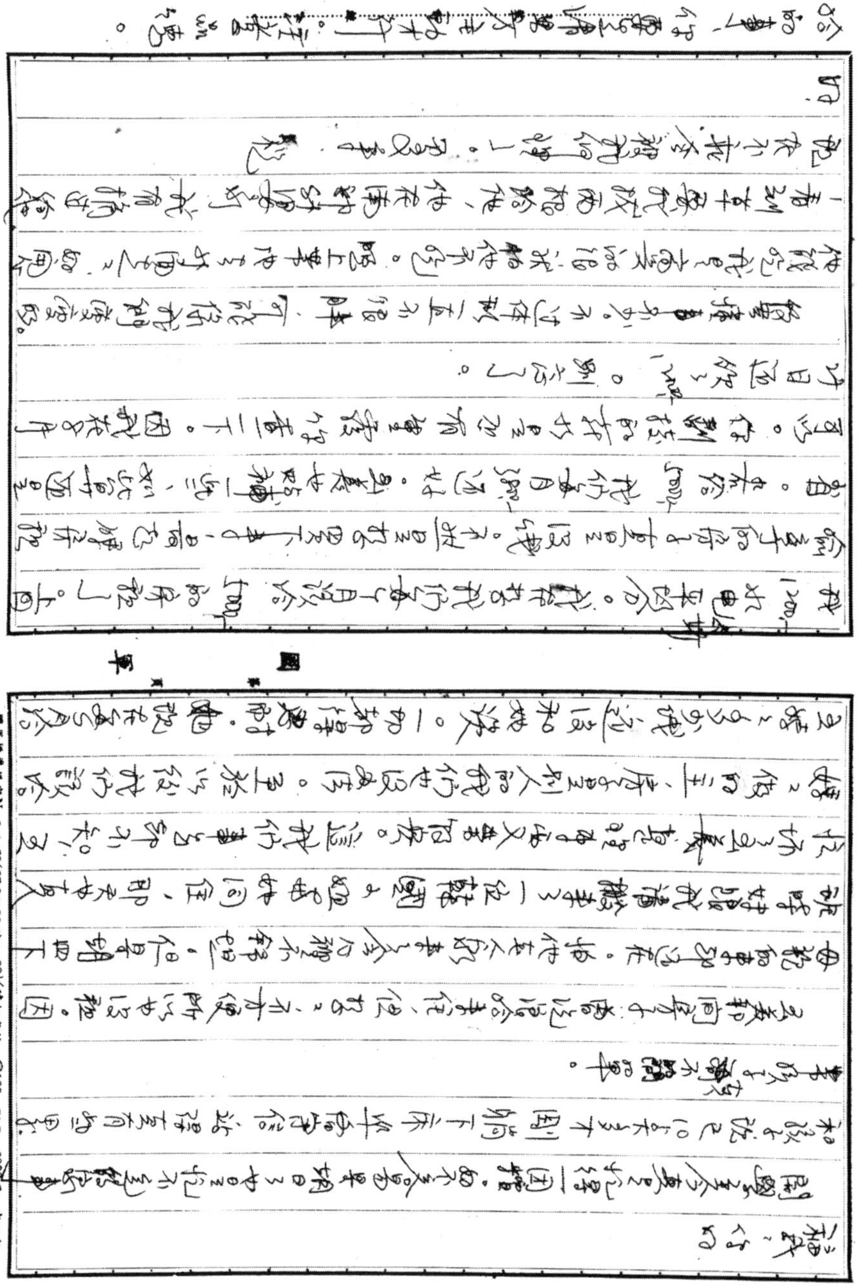

風濤有些不便，但也有一些好看的[illegible]是我們這些年來少有的。

那一位[illegible]的太太[illegible]，但[illegible]。[illegible]

我們[illegible]。那些[illegible]。你在[illegible]

[illegible]。[illegible]，[illegible]了。我們自

己的[illegible]，[illegible]。天天如此。

[illegible]給你，[illegible]你。[illegible]

[illegible]很大的[illegible]，[illegible]，[illegible]。[illegible]你

們[illegible]。

在家中的一切[illegible]，[illegible]。[illegible]你[illegible]

[illegible]我們[illegible]，[illegible]。[illegible]

補記：[illegible]和信都收到了。謝謝[illegible]。[illegible]有些[illegible]和

[illegible]。[illegible]。人的生命

中不能[illegible]的。

[illegible]我們已經有了自己的[illegible]，[illegible]自己的[illegible]。

[illegible]。[illegible]，[illegible]一種

理由，有些[illegible]人做的。你[illegible]。[illegible]

，也別把一切[illegible]下。[illegible]自己[illegible]能力。

[illegible]他們的[illegible]。[illegible]。我對你的[illegible]大於[illegible]。但

自己[illegible]不[illegible]他們的[illegible]。每人[illegible]了。你不要[illegible]

[illegible]，其實[illegible]不[illegible]，[illegible]。[illegible]

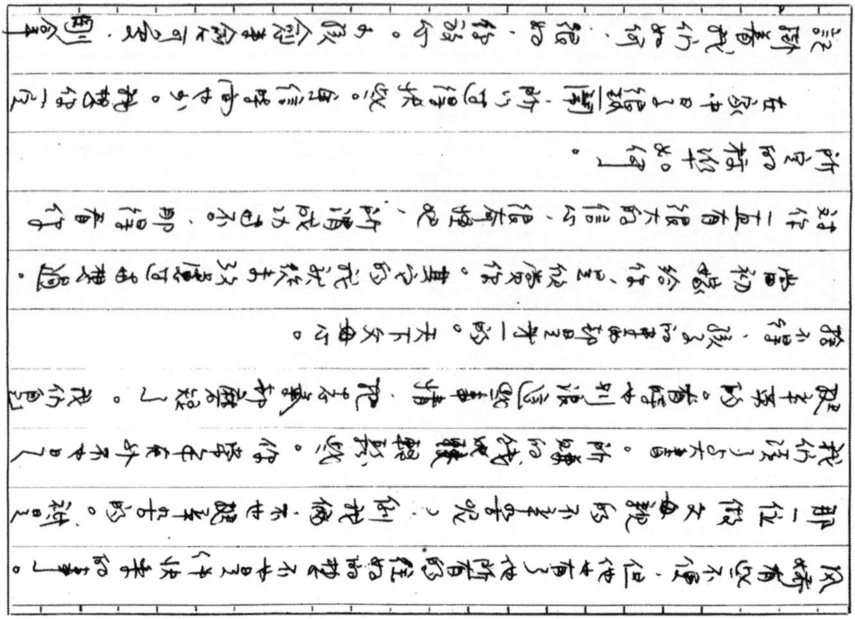

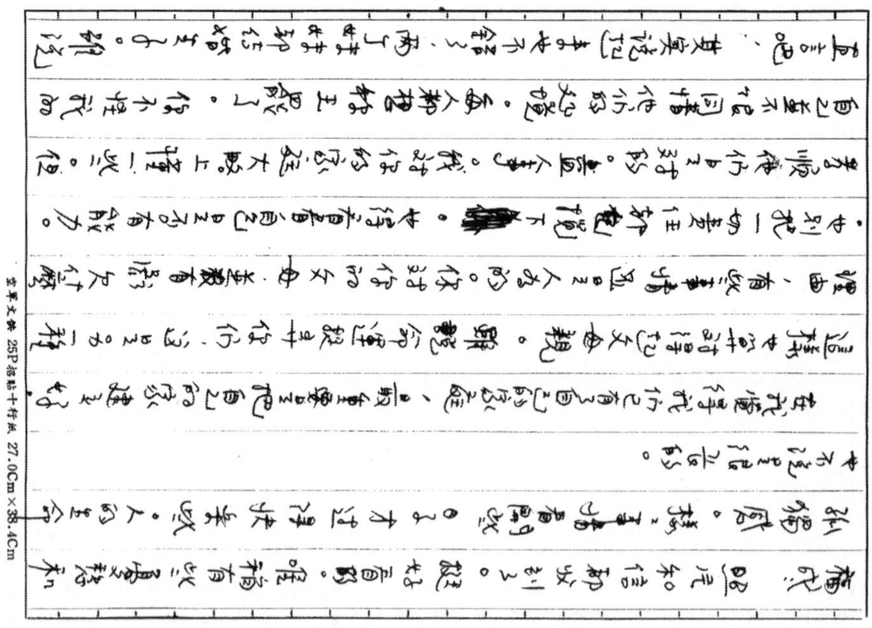

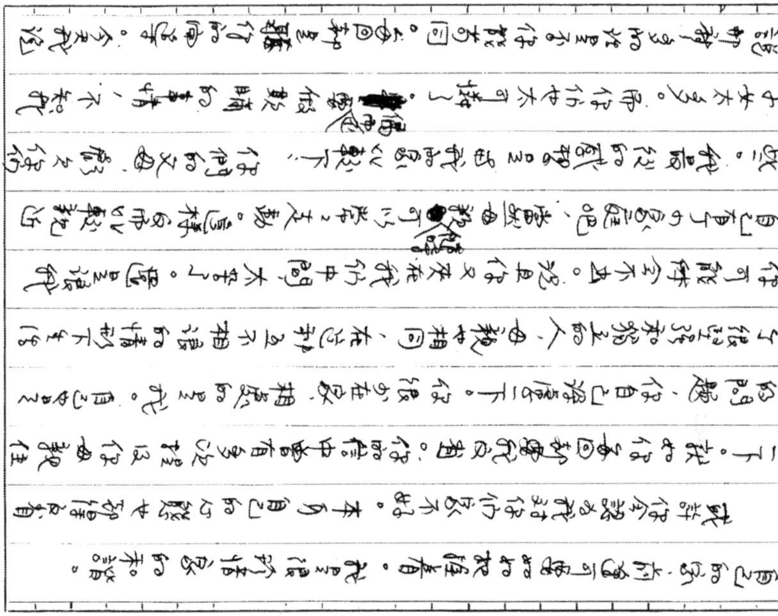

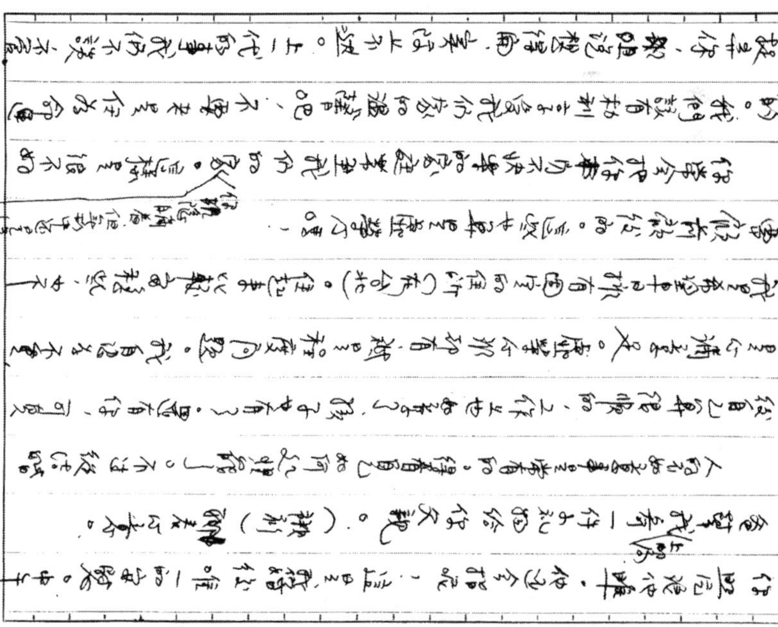

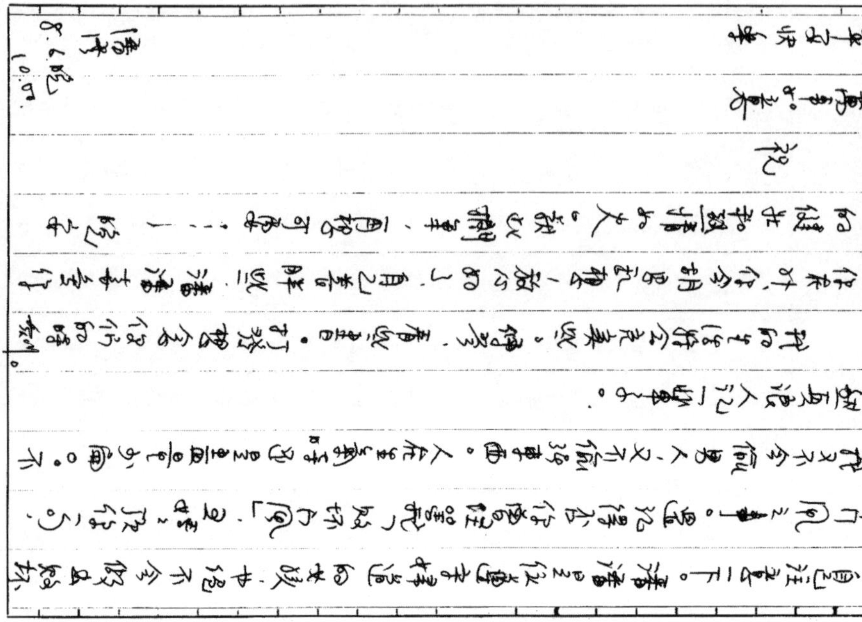

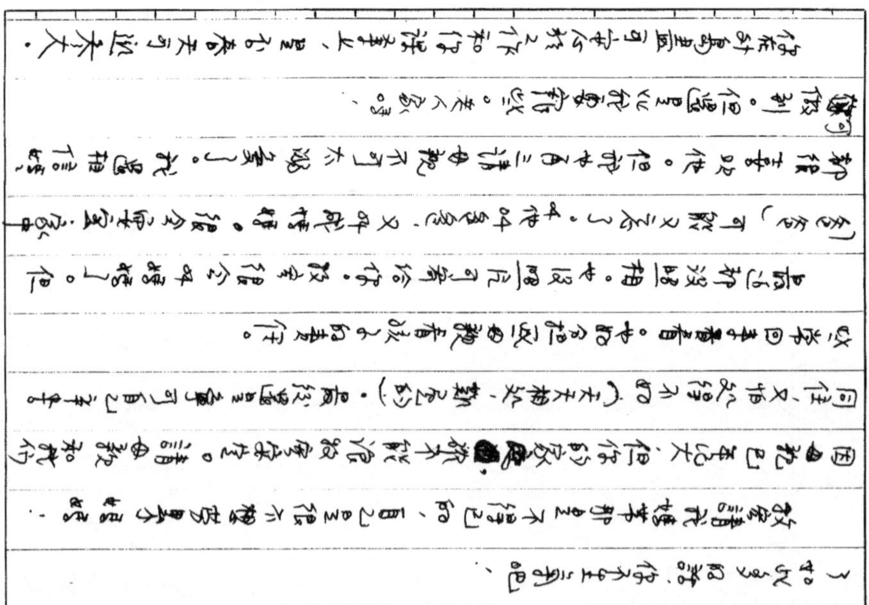

福成：

今下午在木柵再興值班。實在寞聊至極。已看了一个半鐘頭的書，真有些頭痛。這兒環境很美，再興中學裏面。教室也很特殊的建築。一个人在這沒事做。這兒離萬盛街很近，坐車，10分鐘即到了。從明潭下車，我想你知道吧！你部隊也曾在這附近吧；我星期三就回台南了。星期日再回來。今早已去把票劃好，坐12:30的復興號。回到台南也近6:00了。

這個月車費用不少，沒去算它。又正你的薪水領來，扣掉貸款2030，母親2000.-，剩下4800也差不多用完了。100元拿去買買，一下子即沒了。我從下個月開始上一會5000.-的，再興的同事。我們也真該存些錢了。不然真是空空的。

人太閒即會胡亂想。忙一點時間過得快些。自從你去島也2個月了。下回休假不知何時。10月初休假也好。我在家時間比較多，因有國慶假日。週四再興，請假就不好。不過中午可以外出，有事我可以利用中午出來好了。是很希望能常放假。晚上下班回來，自己照顧孩子，時間過得快些。不然除了想念你之外，還記掛著孩子的瑣事，這樣子更累些。你去外島也一年多了。也滿快的。明年此時即回來了。孩子也2歲多了，該準備再生第二胎。有時想想還真懶得再生一胎，一切又要從頭開始。我現在的身材很苗條，又恢復到小姐時。身体上即也好。但也不能太勞累。体力上比較不夠。早上爸也打電話來說孩子很好。

這回你休假除了回台中外，可能得回台南走走。我若有時間也一起。得看你排的休假，是否與我相配合。昨天是農曆初七，牛郎織女明天相會，我們還不能。做妻子的我們還真有些埋怨呢？

覺得真沒什麼可寫的，腦子裏空空的。對了5000的會有24人，等於近2年。到74的9月份止。我那個會又提了3000，一共剩2000多元，也沒什麼東西。另外那本是21000.-（是我和[illegible]存的）。其它就沒什麼了。以後我們的開銷也大。4800.-房租，津貼美[illegible]5000.-（她還給我一些房租費）房屋貸2030，母親1000.-，一會5000.-

[illegible] 1993 [illegible]

福安：

今收到你寄的6000元。但8月30日我們已領了一次1000元。不知是不是重複。[illegible]你查一下。

[illegible]

[illegible]

[illegible]

[illegible]

[illegible]

有一封信[illegible]

國軍

[illegible]

[illegible]

[illegible]

[illegible]

[illegible]

[illegible]

[illegible]。不多寫　祝

好

[illegible] 9.6 [illegible]

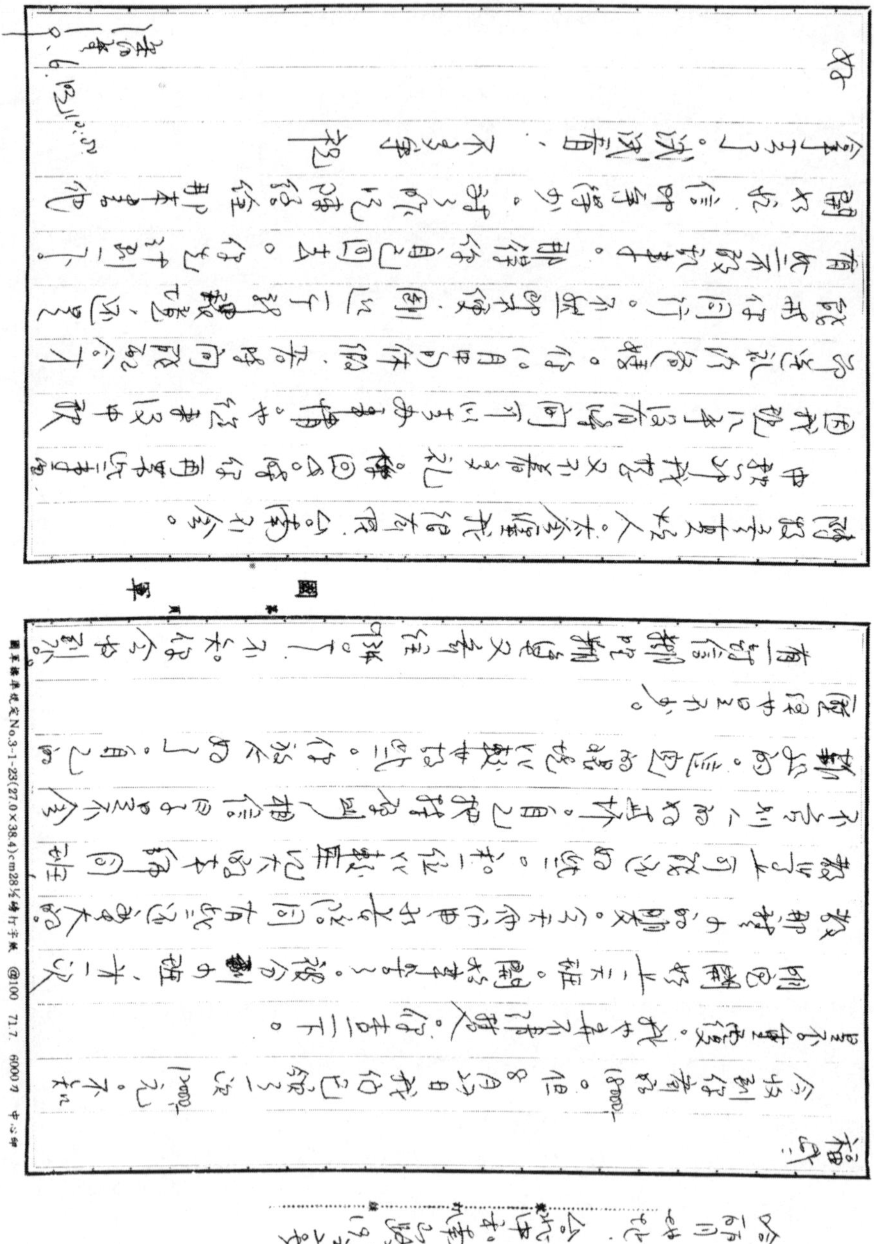

福成：

小孩不在身邊是輕鬆很多，就如我們剛訂婚時。(我一个人在家)所不同的是心境。现在牵挂的多，孩子的种种，你的……。暑假过了心境也就要移至下来，安心工作。每个月抽1次回去看小孩。目前在那边都还好。五弟现也在家，可以帮忙带。

今天忙了一天，早上返校，中午即出门办些事，看个朋友，顺便請他帮妹妹找工作。8:00左右正准備写信记帐，雅玲来这边坐坐。一聊即是10:30了真快，洗了澡现才能提笔聊聊。

妹妹那边宝大，穿鞋可费，2双都破了。所以今帮他又买了2双。现在长得很高，也会认路等。他会做些事，請他拿鞋子去纸盒都会。会討人爱的。比在台北黑些，头发黄些，因南部的阳光比较强烈些，且每日又在庭园玩。阳光充足。祇要不要生病即放心。预防针我会很留意。你放心。10月份会去打最后一剂。

工作上还可以否。新工作当然都比较好的来些。我的工作尚可。学生也好教。唯有几位同事(年纪比我们大些)比较会告状。这种人我一向是敬而远之。井水不犯河水。走笔至此明早再继续。明天又得去买票。对了你何时休假。7/8夜10:45

早上起得晚些，近七点才起来，洗衣服洗拖鞋，打扫家里，整干净了后全起来比较舒服些。一个钟头后写工作完毕。早上不上班，又躺回床上歇歇，顺便和你聊聊。中午要去买票又有事情，一下午又忙过了。晚上高中同学开会，在國賓饭店。还不知道得几点否。忙都忙在一块了。

7月26日回家到8月1日都北上。这次回去，暑假也去一段落。收收心，要全下来准备工作。9月份即打算回南部了。(你回来例外)不过回去也得利用星期假日才去了。10月头个星期日正逢双十节，有二天半的假日我预定这时候再返南部。10月份有二次假即是2天半的时间，过后即少了。来回也是挺累的。也得慢慢训练自己。天下父母心。做父母的都是辛苦的，不过就把孩子养大就行。

你也挺想孩子们吧！我想你知道吧！令妹也和我回台中玩，但小孩小，天天劲还是不打算乱跑。小孩送回台南是因工作的关系，且回到台南走出大门即认人都不多，我很放得动。孩子会喜欢跑出去走走溜溜，他的动作更快，一溜即不见。我跟妹说大门要关，好了！若些下次回家回你给闩好。屋子突一下子多了2个男的，还是不便，房门都得关。

我曾寄了三四封信寄至9314信箱，不知收到否。收到你的7月4-6信，而

福成:

昨晚4:38的復興號至臺南P.M. 3:35回到家也10點半左右了。長途的火車還較不累的。這次只有2、3天假我就返南,看看孩子,是很捨不得。玉美可能還是決定找工作,因她已3年級了。再不找工作即沒有工作經驗,何況我家中又沒人手,一切都得靠自己。娘母親常我放心,祗是很想念孩子的各種生活起居。他在台南過得很開心,不過曬黑了,也長了一些肉肉,臉還是白白的。很會走,也會跑,好動得很,祗有睡覺是乖的,其它的時間沒有休息的時刻。我很喜歡他。因孩子太好動,所以婆婆又不敢請別人帶。別人那有自己人的耐心。家中一切都還尚可。

對了曾提起家裡搞第另一位男生和他住。真不方便。昨晚回到家看到男生還真不慣。房間門都是上鎖睡。我們也不知人的好壞。一切待玉嬌返北時再商量……。有必要我們可以慢慢找房子。屬於自己的,據說5000元是可以租到一層的房子。祗是說不安全,這家人說也安全些。我會看著處理的。目前都不會亂搬動你放心。房門都上鎖。玉美也請他至我們浴室洗刷。玉美現還在台南家中打工。台龍弟也在打工賺些自己的錢。每次回到台南家,真有些捨不得回來。最起碼房子是屬於自己的,有種安全感。看在台北的一切還是找起來,我的工作不錯,工作量也不重。錢也不錯。得知你也換工作。如果還和以前相同嗎,有機會多參加考試。要注意上班 工作之此

祝

萬事如意

身體健康

附 有11封信寄至原地址,不知可收到否。

清
8.23早7:00

福成：早上5點即起床。因中午12:30的火車，我弄一些壽司做為火車上的中飯。乾淨也好吃些。洗衣服等工作，九點才全部弄好，不過我早飯已吃過了。今天上班時間還早，拷來和你寫信，回到家中帶著孩子說也就跟多些。現在我還想像全決定是多幫我書好學，當然有工作更好些。早些有根基，將來出來才不會為工作煩惱。教育在婚姻也很好，就是我會想念他。母親責任重些。你的休假日也即將來到。它很重要我們的。

昨下午順便去走走，也和另一個以前很好的同事聊聊。他們即將到人在美行，太陽和大官打交道。到紐約他的教孩子，他有8個小孩，都是攻讀博士，個個成就都不錯。他說他對待他的孩子，「勇往直前，不要回頭」。當然他們的先天環境也好，才有那麼多本錢，讓孩子們全到國外留學。不知我們將來孩子讀書情形如何，但願這個想法實現些。

人的成功與否，真是要努力。但也有辛苦一世卻還是很不順。但快樂的多少，我們的命運還是看自己決定。像我們父母，每天看他們辛苦工作，但他們也有他們的快樂，例如為孩子而努力等等……。祝望他們身體健康，就是對我們的安心。你的母親，糖尿病者，身體一切都要看自己，不能多吃，且要節食（很多東西都不能吃），在吃的方面做得好。就像你們。但一般人卻往往做不好。

今下午大約6:00會到家。不要穿新上班時間早起，保佑請自己多注意身體的健康，多保重。我們一切好，放心。每天都想你。

祝

好。

清潘 8.17早5:38

福成：

母親北上檢查身体，照X光、胃鏡等都正常。我們稍輕鬆一下。昨天我不上班，順便和媽媽一塊去玩玩，中正紀念堂、動物園、兒童樂園等。今天下午2:30的火車回台南。回去順便商量一下，何時把敏秀接回台北家中。星期日再趕回來，因星期一要上班。星期五（9月7日即將正式開學）我是全日都得上班。

母親身體是沒怎樣。但我想可能是太勞累。想了又想，還是決定把敏秀接回。父母親是捨不得，但總不能讓媽太勞累。因她身體不好。晚上我一個人在家也冷清，敏秀在家，我也可忙些。孩子漸漸大，帶起來比以前順手，他也會逗著人玩。令增添家的氣氛。文義會幫我的忙，自己人還是好些。

至於家中的事你放心，我會處理得妥當。因為自己本身也需要穩當的心情。這幾天台南家中大小事都由文義一個人來做。台雄會幫忙一些。爸爸和台龍都在工廠上班，台龍打工賺些錢讀書時用。說真的，結婚至今除了家裏給我錢外，我真是一毛不拔。文義住這，都是3、2年的給我。因爸媽看我們不很有錢，不想讓我們增添負担，但是對說是出嫁的女兒，為了我們都幫多，總不能都是說不去吧。所以說要幫台龍弟的忙，也是該。7、8兩月都沒給媽帶敏秀費用。這次給弟5000元（已扣除學費）也算給是我們應該給的。我在前几封信中也曾說過我較主觀、獨立。現在我們的家很平靜，生活過得很好。祝福你的工作如意。你覺得你喜歡的或適合的，你自己決定吧，因為你的工作喜歡如何。祝福你 事事如意、安康

P.S 信寫得少沒關係，注意自己的身體要緊即好了。

淑菁 9.2 早上

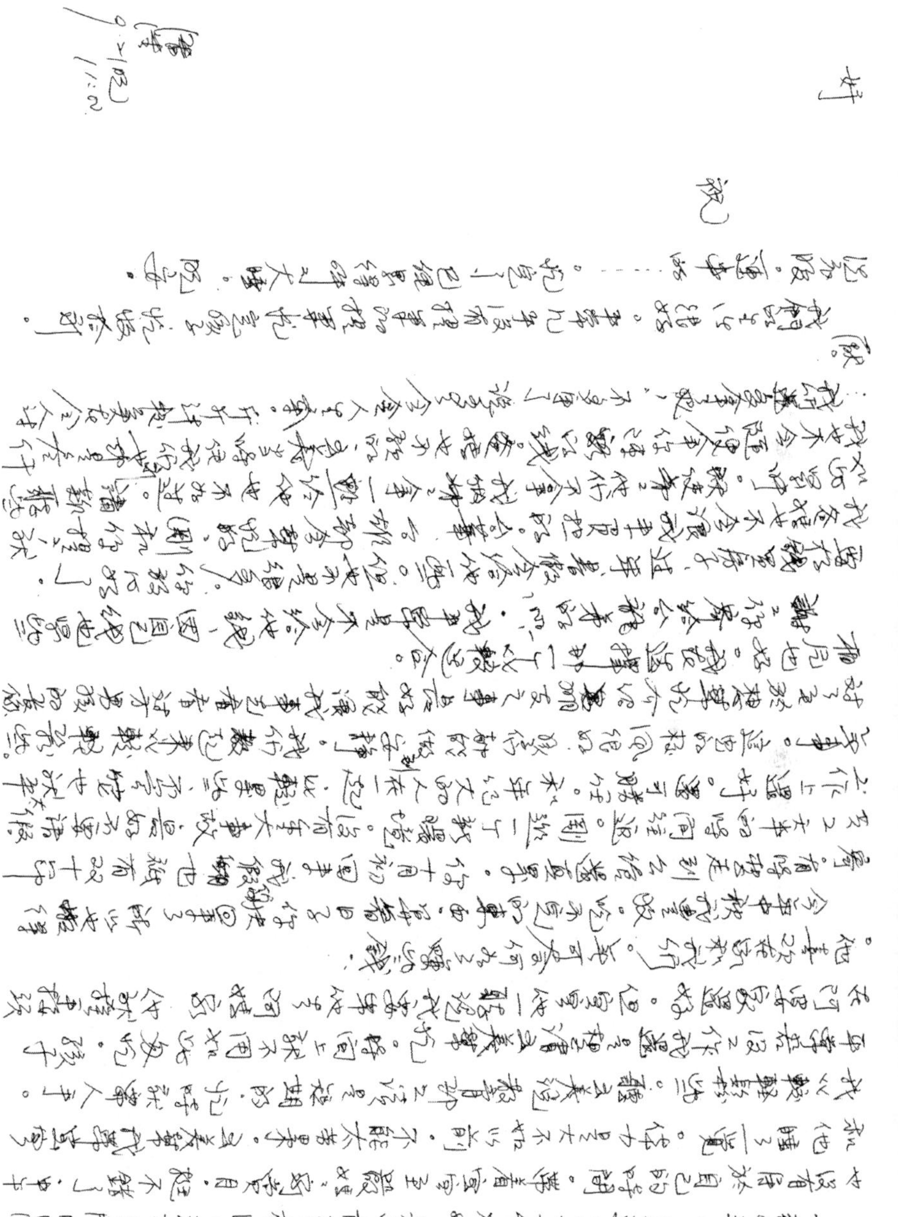

穩：

中秋又過了。[illegible]一個中秋，和以前大不相同。沒有空閒的時間，也沒有屬於自己的時間。[illegible]。起不錯了，中午和他睡了一覺。[illegible]

[illegible]

[illegible]

[illegible]

[illegible]……[illegible]。晚安。

祝

好

[illegible] 9.21 晚 11:20

福成：結婚後的財運還不錯。不論別的，我們還是很和諧的家。

下午去逛街買了二雙皮鞋，挺好看的又便宜，共275。又買了一套衣裙150.-

順便請客150.- 因我今天領薪水。很高興第一回賺那麼多的錢。你今天我像得了一樣之才吧，你是否要猜猜看，比你多一點了。還是告訴你吧，也好跟你分享我的快樂。我們倆人一起賺，比較存得快些。錢也不多，但工作量比以前卻少多了。又有寒暑假。$14535.- 還不錯吧，我今天領薪時很高興。8月份才上12天班卻可以領全月薪，跟以往的幼稚園比起來。實在是有些制度。以人來說還好。比較尊重老師。我的薪水比哈還多200左右，因我經歷多一點。實在很感謝哈。對了！別忘了，若有人品較好，身材高挑一點的男生就幫忙介紹給哈研月。哈研月除了幫我工作外，他還是很夠朋友的好友。他和我們家人也處得很好。哈研月說回他家，其實他們家環境還挺好的。爸爸、媽媽都對他很好，就是太感情用事。我們可得要多留意。

我和玉美合起一個$3000.-的會（各1,500）。一共11人，一年即完了，比較放心。大都是我以前成功的同事。到每月（成功國長）會頭。從8月開始。9月自己上了5000元的。我會留心的你放心。我們還有一筆保險未繳，還得存一陣子。上上會比較快些。你的收支但存摺又借給玉媽存，所以沒辦法存收支。我還是很捨得吃穿。每天上班都穿得很體面。

把帳清算一下給你看 12000 + 14535 = 26535 我們收入 + 1500（玉美房租）= 27835

房租 4800 + 5000（保險）= 9800 + 2070（貸款）= 11870 + 1000（給母）= 12870.-

會 5000 + 1500 = 6500. 12870 + 6500 = 19370

本來是收玉美2500.- 我想我們住得也好對得起玉美不住，我們還是要租，又是媽媽來，聽了說是不能收的。她是說幫我們出些房租費。玉美目前也沒有固定工作。27835 − 19370 = $8465.- 這些是我們一個月的生活費還挺夠的，包括水電費等，足夠了。過一陣子我再多寄500給母親。我們都得省，自己也不能太多給母親，將來生小孩又是一筆費用。你說對吧。該省的還是要省些。我想我們倆人卻不會一毛不拔。不多寫已11:30了我該和你說晚安

祝

萬事如意、平安、快樂，

潘 8.15 夜11:30

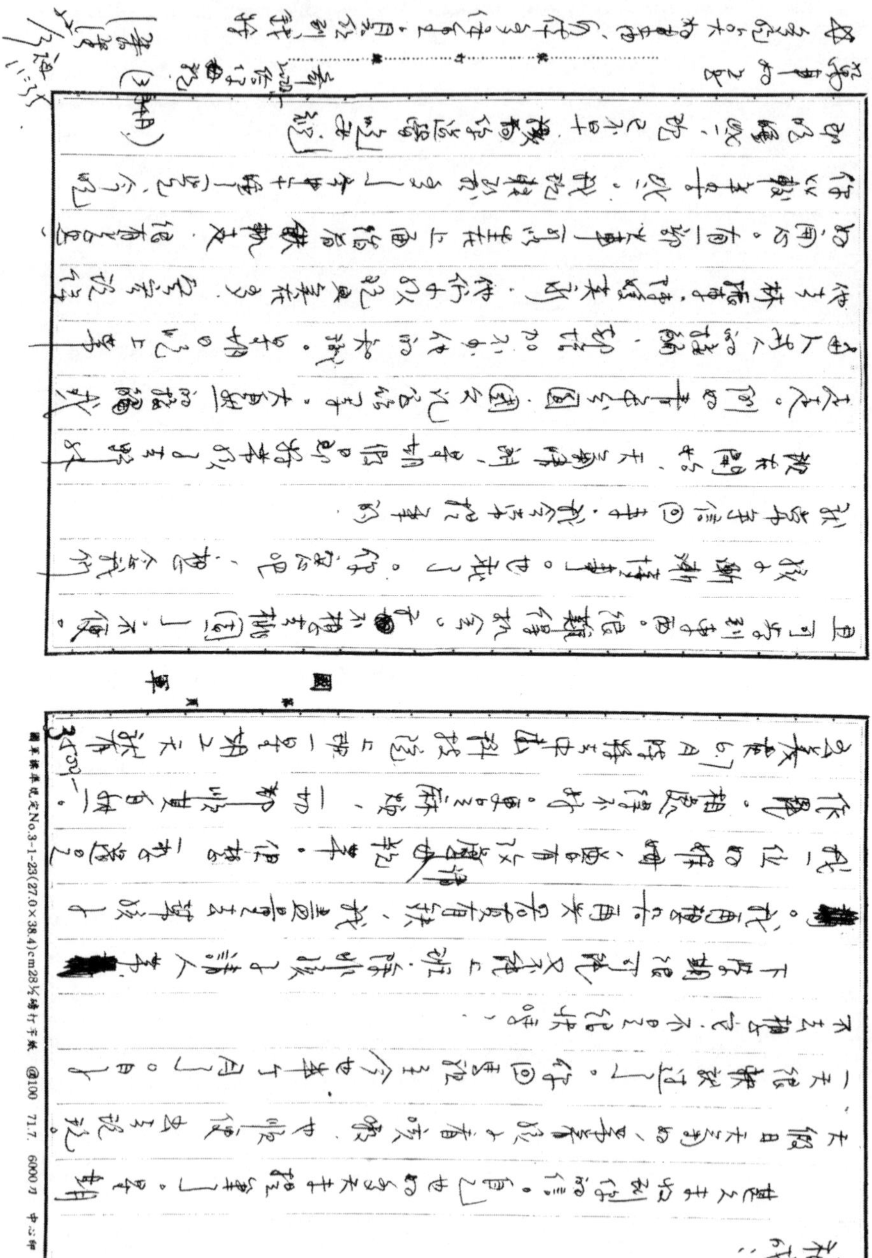

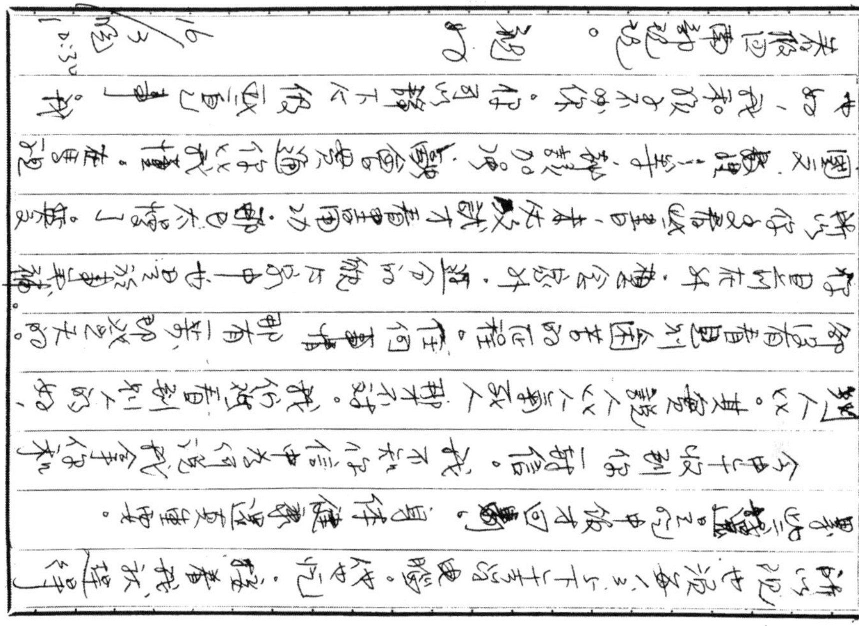
福成：

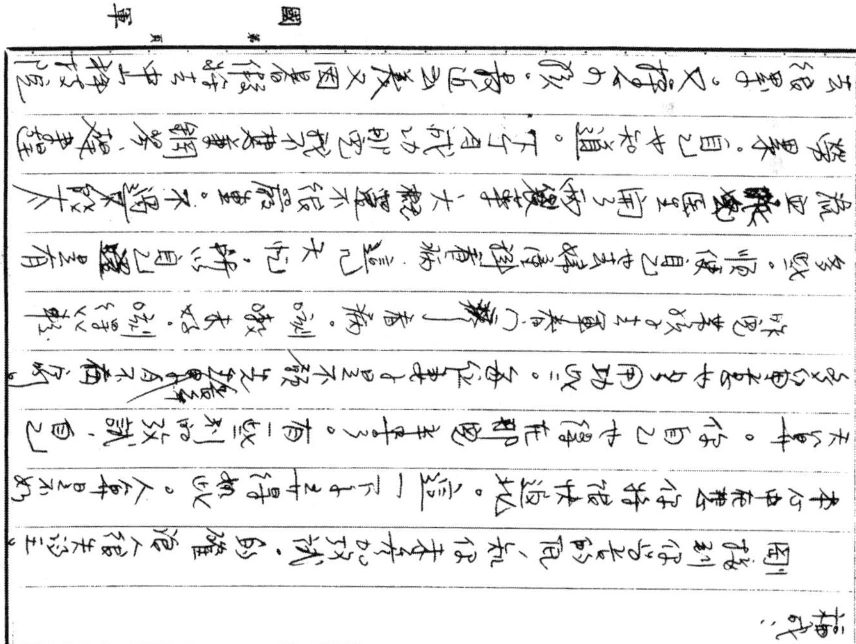

剛接到你考卷的信，知你未考加考試，的確很令人很失望。

本心中在想你將很快追她。這一下子才得如此。人算是不如天算。你自己也得在那兒半年了。有一些別的考試，自己多留意也多用功些。每位妻子是不願先生離自己不在家的。

昨晚帶孩子去軍眷門診看病。喉嚨發炎。咳得比較多些。順便自己也去婦產科看病。這兒天忙，所以自己還是有流血腹痛，醫生開了兩袋藥，大概還不很嚴重。不過又吃太勞累。自己也知道。下個月成功那兒我不想兼鋼琴，課程去很累。又捨不了孩子。最近出義又因暑假將去中山科技院

國 第 頁 軍

所以現也須每天3、5下午去學電腦。他也忙，接著我就得累些。還是吃中飯才回家。身體健康還更重要。

今中午收到你一封信。我不知你信中為何說我拿你和別人比。其實說人比人氣死人，那才不對。我們看到別人的好，卻沒有看見別人困苦的過程。任何事情那有一蹴即登天的。除了目前在外，想念家外。這分的能力家中也是於事無補。所以你多看些書，未來考試才看書用功。那也太慢了。英文、國文、數理之等，都多加強。我會要通你比我懂。在電視中如，我和孩子不如你。你可以靜下心做一些自己事。我希望你回電話說說。

祝好

16/3 晚 10:30

福成：

台北幾乎每天下雨。上下班就比較不方便。鞋子也容易壞。你送我的新鞋，下雨天不能穿，太貴了捨不得穿。寶寶挺頑皮的，現在不知輕重，爬得好高，也不怕摔。我們看起來都心驚膽跳的。這一陣子都你帶孩子，感冒好多了吧！

農曆二月16日是你的31歲生日，你想得到什麼禮物，是否可透露一些。也好讓我替你準備一份小禮。也從未替你過，很不好意思。

小孩來的時候，心裡看他那樣子更高興。也討人喜愛。鬧起來就狠揍一頓他。最近比較少哭鬧，除了不舒服外。

國　第　頁　軍

自己在外多保重。我們會好好的在家，你放心。天晴了，也會出去踏踏……。帶小孩出去玩，會增加他的見識。今天是18日，明天就又11個月了，不去想它，日子是過得快的。你回來之後，我就開始忙些。

我們現在才像夫妻，你覺得嗎？很比以前更相依偎。也比較會替對方想。我對我的事業並不要求，所持的希望也很樂觀，不是把你和別人比。那是對你有信心和期望。看見了和別人比，當初我不該後悔和你結婚了。現在日子過得很快。你也要把握時間，3個月後假期很快即到。這回可要多多的玩玩。最好你回來時孩子已會走路，說不定還會叫爸爸呢。就此擱筆，將準備上班。

祝

萬事如意，

18/4 早晨6:30

（你6日的回來時，孩子也14個月了，快吧，）

裝　訂　線

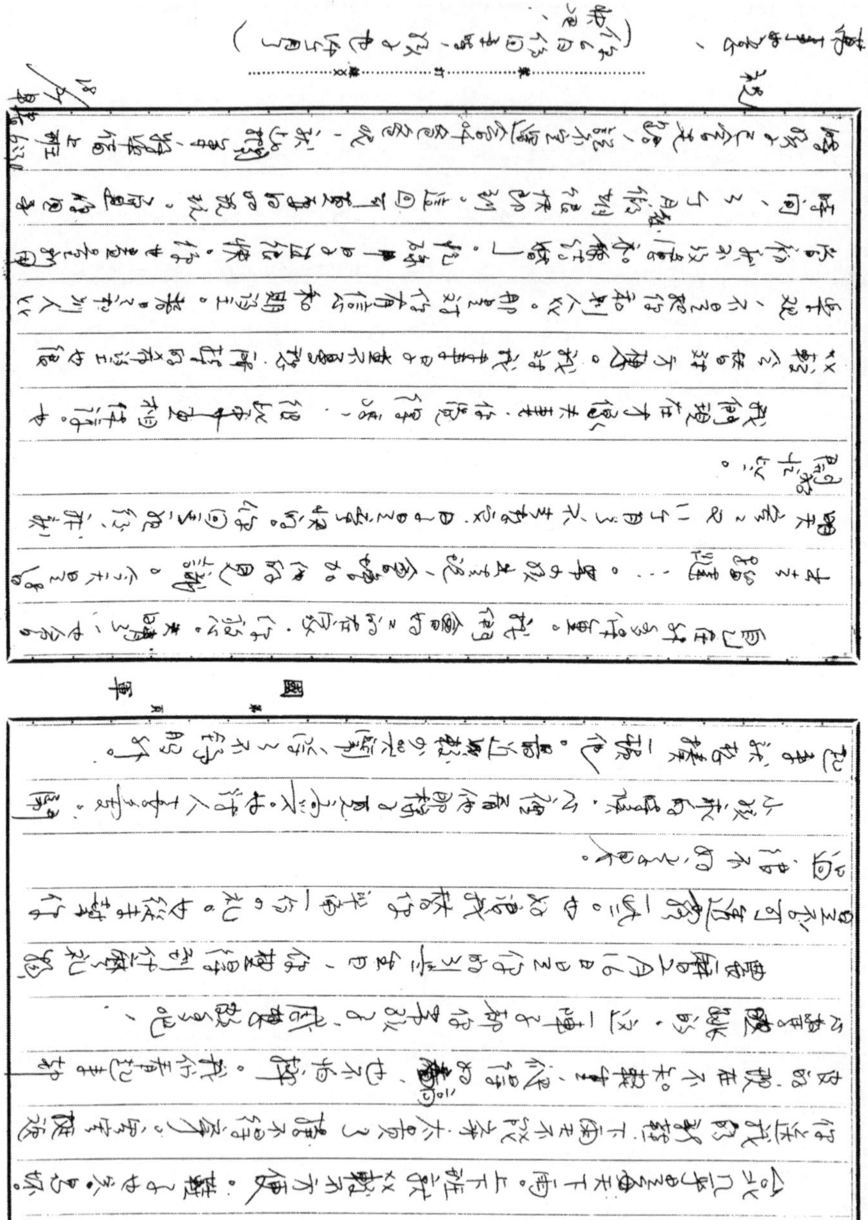

福氣。可如，你說我未睡好。孩子似乎肚子痛，吵了一陣，且要睡大床。晶生是吵着要我抱。平常是不會這樣要我抱的。給他吃了驅虫藥，揉揉肚子好了些。7:30他就起來。我亦在這時醒。外面大雨冷。最近我都起床晚。躺在床上休息或拿信，織織毛衣。傳努時間即延後。路上班可以睡懶覺。我是時間的主宰。老做啥啥，沒人管。生活過也較平靜和平淡。

前陣子曾有找工作。但一直不理想，又給孩子生病。所以我想目前還是不做事。有尚務理好的再去。你母親曾有打電話來。對你的家庭我想你一定很了解。人老了無所也是件令人感傷的事。但人人往往都不知足。生在福中不知福。等到失去了才懂得什麼是可貴的。家庭的重視對你來說是重要的。你母親因沒有自己的伴和家，他很不希你們兒子，一切希望都在你們身上。記得在婚前你曾說有這樣的經濟能力才宜結婚。所以你還是言之過早。至於母親將來是想和誰住，都順其自然。曾和他相處過這。當然母親的優點很多，但他老人家個性。比較適合流動性。因他太會操心。住這兒卻操心更多。不知我這樣感覺是不對。事情還未來，也不要對我，對自己的將來該要曾努力。感謝的是多少都有的。對於家裡要有責任。即可。對於母親我們有着著想。甚至如何如何自己的前途着想，不然在要這些維護。那真是斷層的伴腳石了。自己一定要克服。

天氣很冷。要想的氣溫又更低。起床上要留意。不可穿太少。衣服要穿才保暖。吃也吃飽些。多花些錢也沒關係。晚上吃宵夜。身体強壯才是最重要的。最近很太太擔心你的健康有安全感。我的体重和以前差不多。也不希望自己太胖。保持身材穿衣服比較有美感。我相當在意。年輕時總是穿著要好看的牙齒。他說中早才。說話，總得化你聽不懂。但下午有同事他會更可愛。我說起床起來了。晚上再聊。

小孩已滿九個月了。很快哦。

小孩的脾氣可真不小 今天早上把我惹火了，如如揍一頓。哭得很傷心。像個大孩子似的。天氣冷，外面又下雨。都不能出去。他在家把東西都玩了。晝夜。晨和小孩玩不一樣。不知你小時候脾氣壞不壞。在我有記憶中，自己從小就很乖，放在床頭好了。7:30分看新聞氣象，今晚13°~15°，要想5°~8°，真是冷。你還習慣不？幸好自己有音樂來充實自己的生活，不然365天的心都要空掛了不停。我白天抱了一天，至晚上才開下來，很頭痛的事情。白天帶孩子，洗衣服，練琴，煮飯。一天下來空閒的時間似乎很少。孩子有點哭，隨時向我要了。一天活動了不停，夠像我的，上回在醫院講了（一天、醫生說他是小傳染，小感冒，一天也不能生病樣。）我起來想到牙齒。開起來要如如揍一頓。 20/1 晚上 2:50 ~ 3:30

結了婚和未婚差很遠。是否覺得。看的想的都不同了。天氣如此要穿暖和打牌的對。天太冷，出門後，是又怕他感冒。今天真是冷。請著起來從牛奶，都穩凍着了。真想好衣服都不出門。上回看信你仍是不調養可憐。三軍將士真勇敢。若我要看書時，順內給你，是周前回台南時，她要如面對可能過年收不到。所以我

（以下略）

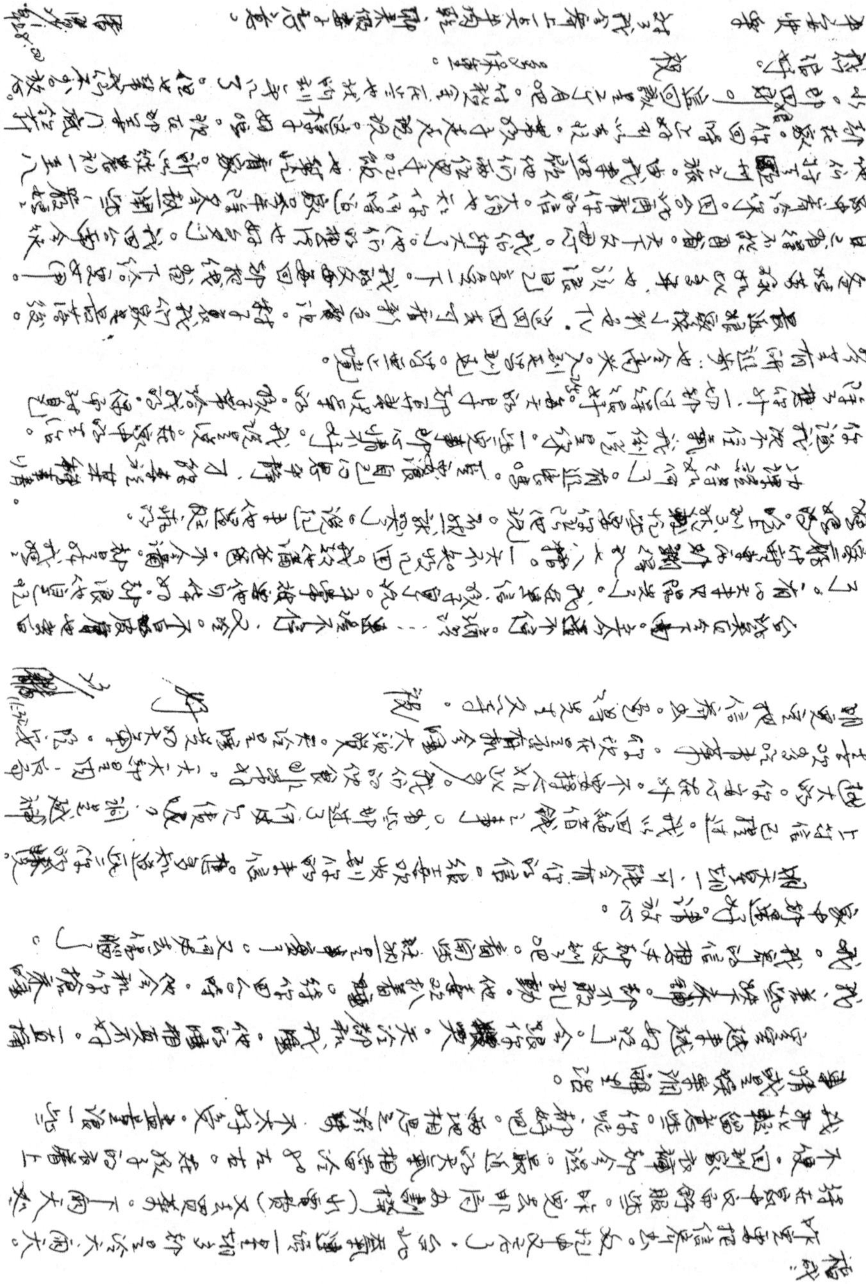

福妹

信還未寄出。明早再寄。孩子睡得很香。我隨時注意他的体溫。昨兒由如即退燒了。身体不適，大部在睡覺，不像平常那麼活潑好動。下午接到风妹信，說要繳稅金才能拿到土地所有权狀。不知為何我們未收到通知。但风妹說他會去辦我們的。他自己做過。大約二、三千台幣左右。已請他幫我先出，過年回國還給，或我先寄去都可以。对了，别忘了寫信給你母親，免得他操心不停。那你可真是不孝了。說真的，我也不敢你在婚後仍背上不孝之名義。我希收父母，當然你也是一樣。希收父母的人也都以輕鬆寬心。盡我們能力去做。

小孩睡我也跟此如如睡睡。孩子不鬧我也無聊，沒人和我說話。晚上一個人，真說驅吃。家事也就少了。

我和你母親相處。你是最好不要插手管。我也不敢告訴你一些的事。我想你是了解的。你夾在中間很難。但現在也都很好。母親打電話來我都告訴他老人家少操心。請請她心寬些。她說在住大哥那兒，大哥說好似又開始開大卡車。山上林有母親和小孫住。大哥他們住家執會少。可能下學期全搬回太平去。也有了照顧。說真的，你也是到處跑，不安定。你大哥也是生活不定。在我感覺人還是要有個自己的老窩。才有踏實感。我會好好學我們的家。看着孩子的睡態，真在愛不釋手。孩真可愛。我明知以你辛苦，但我真是受到家的溫暖，這些孩子出生時都和我陪大床，我心裡以輕不便。

對我今年換孩子，它很不疼。判斷過。還有才回路，我在中國里是從女娃娃，可以替他打扮。我的頭髮現在很長，頭髮摸摸的。太太我年輕些，三包底長了頭。很美。我的臉型和頭髮很適合。你回來看見不如看。讀讀好的更美。也以都有我裝飾自己。以前的吧你都相當看。樣樣都捨不得。

從台中回來收到多給家家的札，我一直未提筆，也是拖，再見了。不知你提過事嗎？剛看了說多謝。就寫了給你家信，其他都做得很好。也從不掛事。今天三日有12了，再十天就過了年。你也回去道了，不算日子也是快，你在一個月可回家。這回回來我們可要好好相處。

(寒大點)

福成：

昨晚要把信寄出。又忘了。台北天氣連續一星期多都是冷天、雨天。待在家中又舒服些。昨晚去郵局匆匆劃撥(水電費)又去買菜。下雨天出不便，回到家衣褲都會濕。最近的天氣相當冷，8°左右。在孩子的衣著上我都比較留意些。你呢，都好吧。兩地相思之滋味，不太好受。盡量讓一些事情或是娛樂消解生活。

寶寶越來越好玩了。會跟你搞笑。天冷都和我睡。他的睡相真不好。一直擠我，差些跌下床鋪。都不敢亂動。他喜歡扒著睡。待你回台時，他會和你搶床睡哦。我寄的信想必都收到了吧。看了那些，就知道是事實了。又何必去煩惱了。

家中都還好，請放心。

明天星期一，可能會有你的信。很喜歡收到你的來信，想多知道些你的情況。

上封信已提過，我以回絕借錢之事，有些都過了，何必欠債呢。洞是越補越大的。你安心在外，不要掛心那麼多。我們的伙食非常好，一天一天都是肉、蛋，喜歡多吃青菜。你吃在是否有機會睡大頭覺。天冷是睡覺好天氣。隨定明早要把信寄出。免得先生久等。

祝

好

1.30

台北冬天會下雨。今天還下個不停。請說……連綿不停、又冷。不自覺皮膚也蒼白了。有心大半只陽光了。我在寫信，孩子自己玩。平常被要他的作奶，都很他自己玩。愛玩什麼東西都弄得亂七八糟。一天不知收幾回。我教他備爸爸。不會講。都是叫我媽媽的。晚上到了，就要抱他要你給他玩。不然就哭了。說起來他還挺乖的。

功課進得如何了。有進展嗎。要很自己的心思平靜，才能專注某種事情。你說我沈不住氣，我倒覺是你。一些鬼事即心情不好。我說是說。在家中的生活。除了想你外，一切都過得很好。每天的日子都很愉快的。孩子常陪我的，保命自己努力有所進步，也會高興。入到老境到老。活要上境。

最近很累買了新的TV。這回因去可看新的電視。村子裏我們家是最落後。爸媽苦了那麼多年，也該很自己享受一下。我的父母每回都把錢省下給更好。自己省得不能再省。天下父母心。我們都大了。他們的想法也好多了。我回台時會家中寄給你的。因為他們看你的信。大陸也知你將回家。等年終一年終奏熱鬧些。嫂嫂他們特別為你之旅。由我來照顧他們兩位要子吃飯，也幫忙看家。所以從農曆初一至八都在家。你回時正好可以去玩。帶孩子走走玩玩。這樣子好嗎。現在都是門底鉅折了。即回來了。這回該是二月吧。付稅，全民也快收到了。但也常常不可放心。

祝

你很好。

平安快樂

好了，我會寄上一些牛肉乾，聊表做妻子的心意。

多保重。

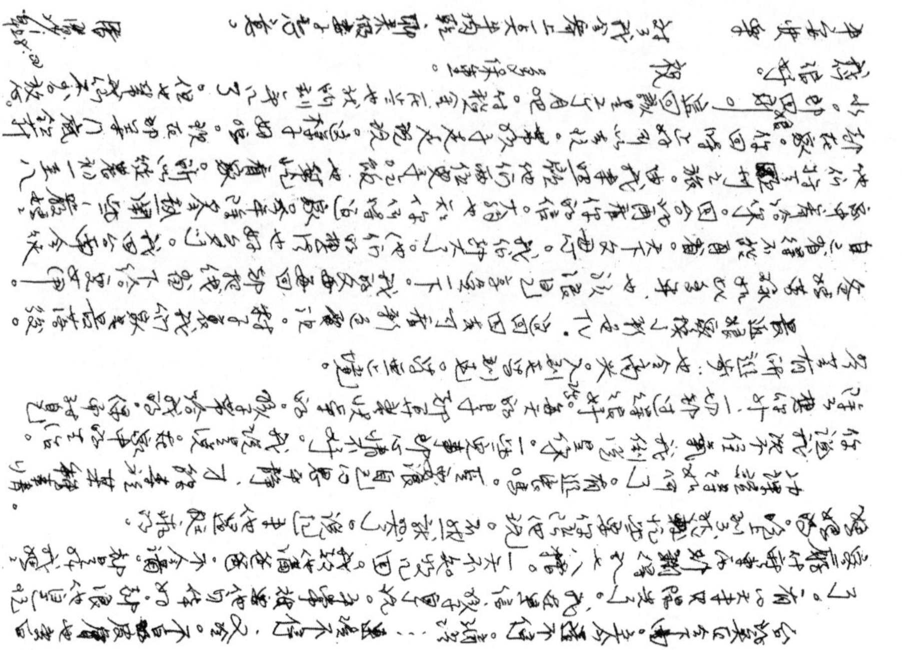

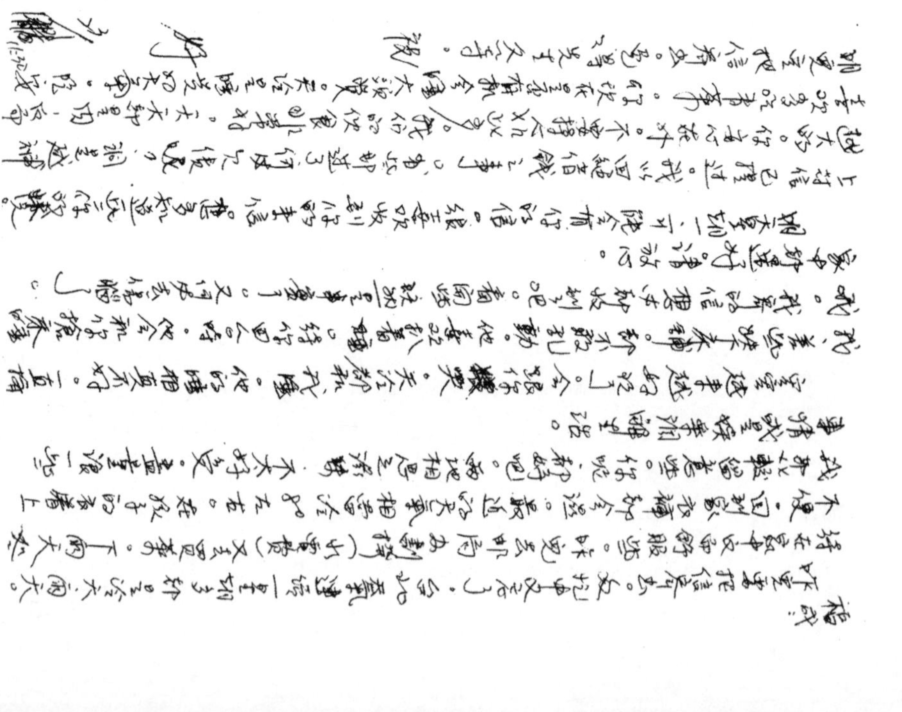

福成：

這段日子你可能少收到我的信。自己的身體及小孩子，一直沒時間提筆。現在又是10點了，總算可以靜靜提筆寫信。

我於星期日收到你6封信。開蘭也是十多天了。盼信過真難。看完信，情緒輕微激動些。還好，忙着，至今才有空提筆。

寶寶星期日開始衡衡發燒，晚上6點去專科診所掛名號，發燒38.8，那天天氣冷，着涼了。晚上又坐計程車返回，到半夜發燒又上升，請教鄰居又提高。趕緊找了一位小兒科大夫（公公的朋友）因他是位醫師了，經驗好，請他看，知寶寶是淋巴腺腫，又給他穿了一件褲子，我再去拿藥，掛急診一打點滴，從昨早十點多去，守着他了，直到晚上。還是有些燒，醫生說不要緊，又打了一針退燒針，還好今天好多了。每天還得餵他吃藥，他都怕了。孩子要常問媽媽，還真不簡單。恰巧星期日台北車在台北，晚上也趕車過來，因而我父母得知小孩生病在診所，打了不少通長途電話，關母親還打了一通電話。我跟他說除了常係了。現在我只是不能自己做主，如此，我不想讓老人家操心。

肚中的孩子還是拿掉了。不是我不善待。懷孕亂吃藥，最好的結果醫生都不敢是定。我很煩心。所以強留了很久，還是決定拿掉。很抱歉。很傷身體。又不舒服，所以自己身體上是有些不適。但自己要要照顧著他身子。你安心。我想你會諒解吧。孩子我本來就愛，寶寶是自己第一件誕生的，是很捨不得給別人帶。現在也是。所以肚中的孩子我為何輕易拿掉，常既又傷財之事。女人說起來也挺可憐的。我記得你也說過好幾回，我不瞭解男人，不了解女人。子女又有何不相同呢？在這科技時代生男生女也是大同小異了。人還是自私的動物，就如你說我，為什麼一定是我呢？很多事情實在不應去分析它了。真正分析起來，人生實在乎沒意義。

對你的家庭，我實在難以接受。至今還是。對你、我會記得你對我的好。但有些事情做太絕了，是很傷人的。我也從未沒嫌你窮小、苦悶，就不會婚了。但在訂婚後才稍得知一些你的家庭狀況，（下略）

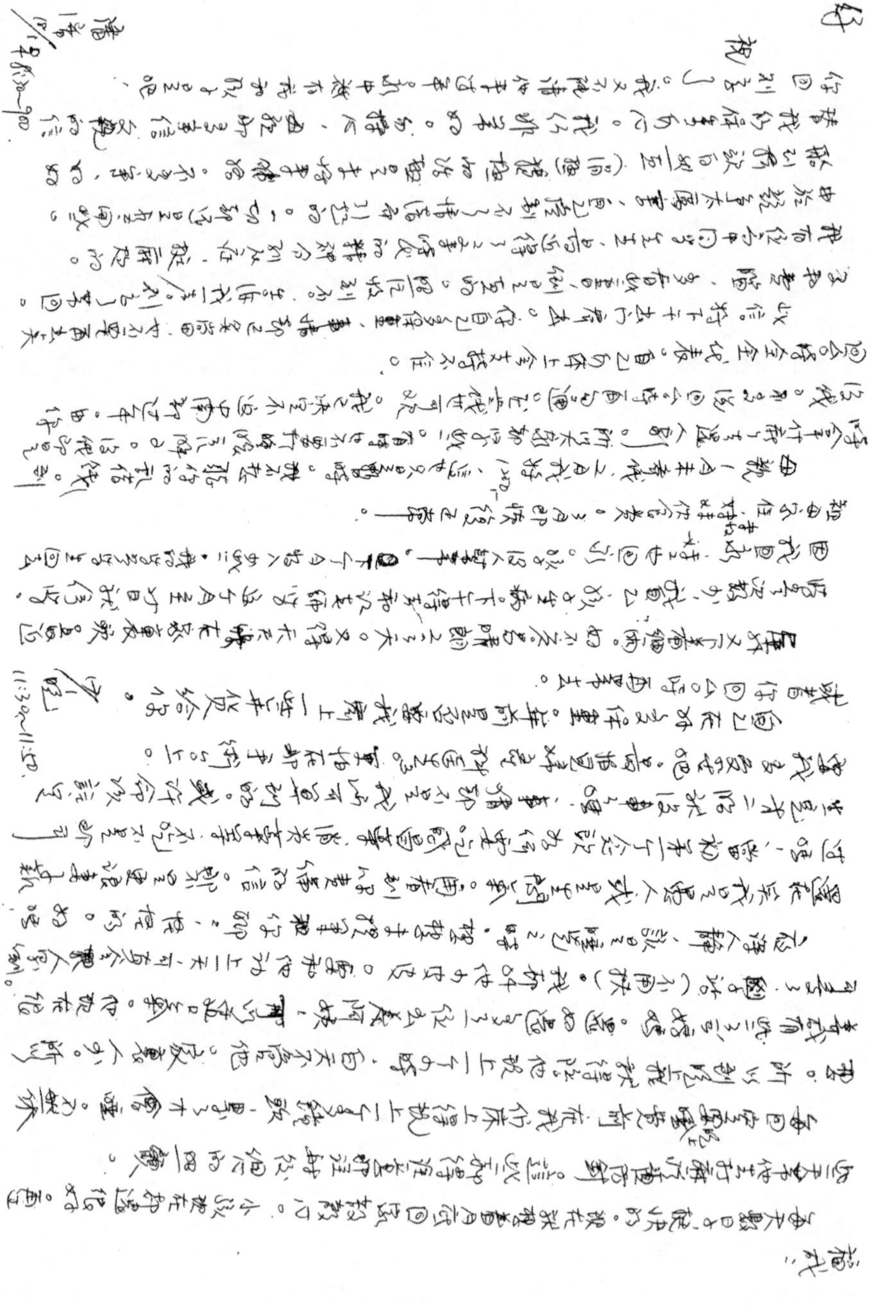

福成：

人往往在情緒低落時不願寫信。會影响至对方。我們分開得太久，或許在各方面都不夠平衡。再加上一連串的金錢压力。這回又花了不少錢，在房屋上，因未繳房屋稅元，土地所有权狀拿不到，且還多繳罰金1500元，一共繳了4000元。等双薪来再寄還給令妹。我們存款本只剩4400元。在年前順便把母親1000元左右寄過去。即可省下一些匯費。我們這回已花了8000元左右。但是無可奈何，萬一沒錢以前借還有會錢可還，現在借了。不知何時能還。我們借給王嬸嬸的錢，因但他的房子沒在賣，所以無法用了。不然還可以用一下。土地所有权狀拿去抵压信用貸款。

我的身体不能太勞累。不然會有一些出血。所以自己不能太靜，打打毛衣，睡覺。生活上是過得很舒適（可存錢）。本想早些回去。但是房屋稅所以你寄来不能回去。最慢3月日会回去。住了8～10即回来。你的信還是寄到台北，我回来再看。但那時我那不知你是否回來过年。我太久何時返家。

工作上，身体上都還如意吧。現每天在家中。和外界接觸机会少。但自己也很習慣此种生活。上班是被時間所束縛。不上班沒人約束。自己有了平長時空，很自由自在。自己很滿足。人比人會氣死人。更何況，命運註定，你說在何處。就如我嫁給你。

爸爸的信，煩你寫。我很不歡提筆。我的主观太強。

小容的病是好了。這下我又開始忙了。要陪他玩。他和你一樣愛吃麵。我都煮麵給他吃。主病剛好。我学着說。（不用扶）看那樣子真是得意。現在似乎都是ㄨㄚㄨㄚ不知講什麼。自己很會玩。肚子餓，哭了，會喊媽媽。躺在床上給你寫信，快九点了，還未吃早多。你此時一定忙得不可開交。所以你也別埋怨了。你還是很你的孩子和太太很舒適的生活。謝謝你。晚上有空再聊。祝

萬事如意

潘潘

72.1.15晨8:00～9:00

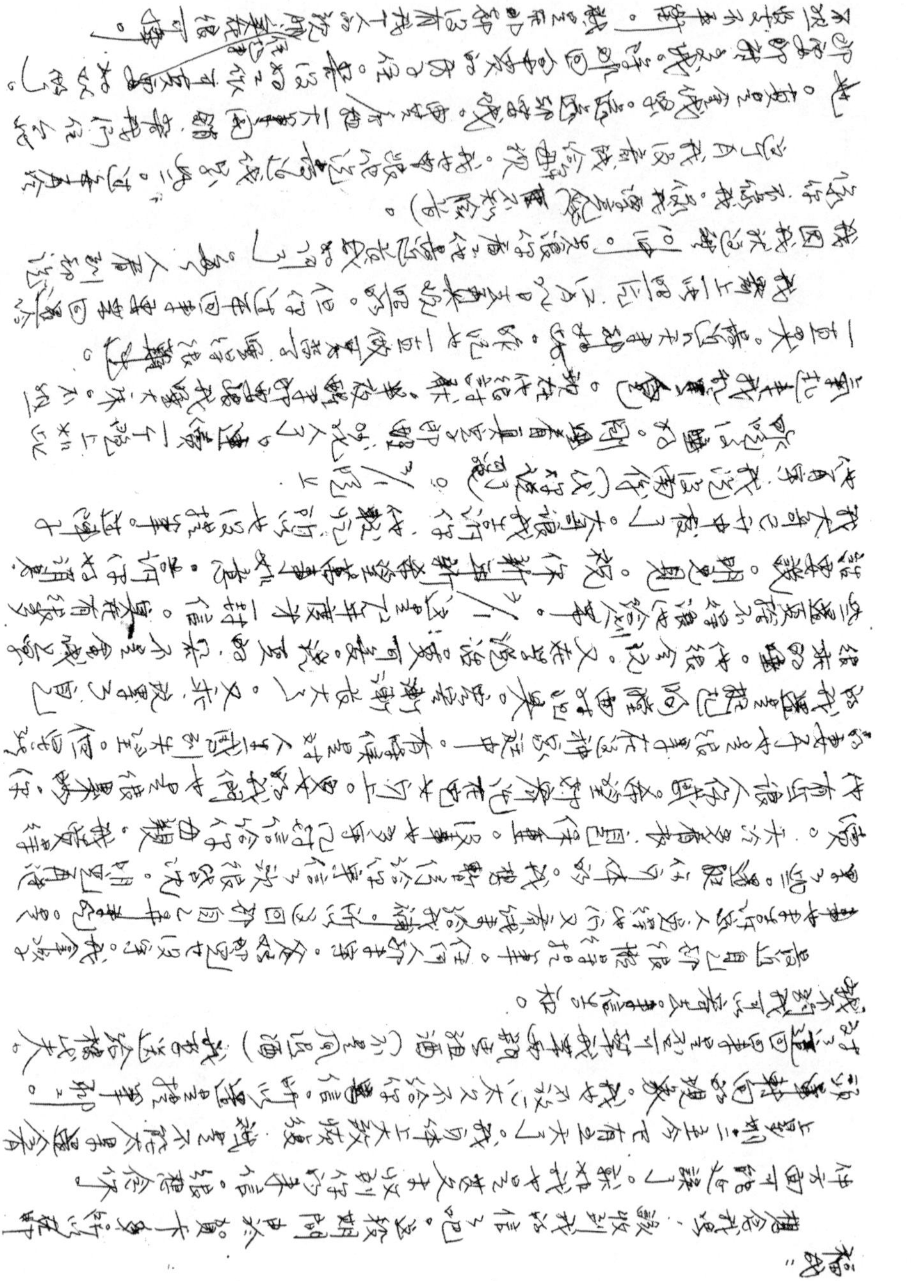

播戎：早

本該昨寄出的信，因沒信封了，而耽擱下來。今天要把它寄出。最近收到你的信很少。昨天是星期二，看信箱又沒信，中間又是隔兩八天才收到你的來件。這个星期只收到九封信，至今已是一月初了，還未收到十二月的信。是否胡適之你沒寫字。盼信還要觀望。尋尋今天就有你的信，結果空空的，失望透人事表。相信你也如此。所以我盡量寫字。我身体好了。昨晚睡得比較輕鬆些。昨晚白天做了比較多家事，有些累了。

要宏我很疼愛他。有時候真怕自己會溺愛他。教別人的孩子易，自己的孩子還是有些困難。不過他有進步了，還真可愛。真會管閒事，你要的啥事他也要，你喝飲他也要喝。現我已給你寫信，他在玩填表玩具。現在快八點了起來也一个鐘頭。這為迴要盼望你回家過年。去年只我一个人。今年還是希望是全家人。願上帝憐憫。

一不小心又浪費了紙張。這些孩子實在太可愛。

晚上睡前有時想到躺在你懷裏的那時，實在很甜美。我喜歡偎依在你的懷裏。體會出你對備備至的愛撫與體貼，實在喜歡。說真的從你結婚至今已過兩年三年了，你讓我去愛的地方也不少。這也是不知覺的，也不知何時愛你到如此程度。真捨不得讓你離我如此遠。和人很要好奈何，說什麼是軍人之妻，得習慣。想我哩，自己常常在睡前要一些我們的談說……很美。和說在的一些，都很人很快樂。你說是嗎！

我的信都該收到了吧。對於錢的處理，也清楚了。孩子大些了，我是準備工作以後賺錢。我想是假期開始我要為我些。現在如果了，我以較不會缺錢了。自己沒有必要解決的。給你也算解決。自己真是長大了。一些事情可以很冷靜的處理它。我的鋼琴還剩下八个多八千元。我每个月要出點了。鋼琴是我生活上唯一的消遣。自己是很熱愛音樂，常能練琴到吃飯不睡，不累。看書即得文件。我想這就是興趣。下星期得開始去學新了，這几星期因身体不適都未去。昨天開始練，是有些捨不得停止，但剛練完的身体是有些撐不住。很快的自己真的已有進步了。沒上班的感覺自己真覺得我沒很空時間。每天在家的時間，都要那練得很累，也很快樂。你放心。自己也會要十二以較積極的心情，等待著了的寶寶已兩個了。

播戎，祝你

身体健康　平安快樂

潘雷／保 8：20.

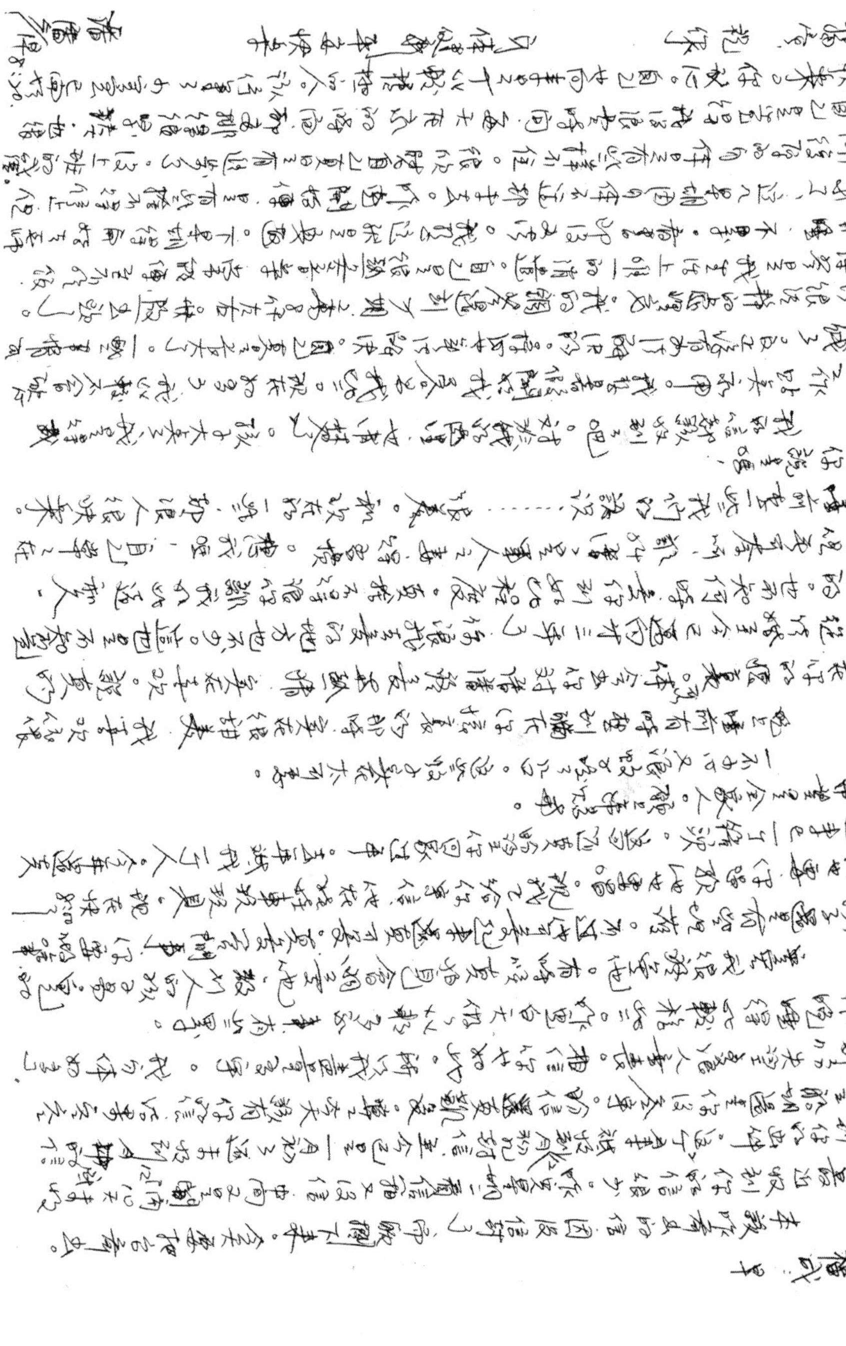

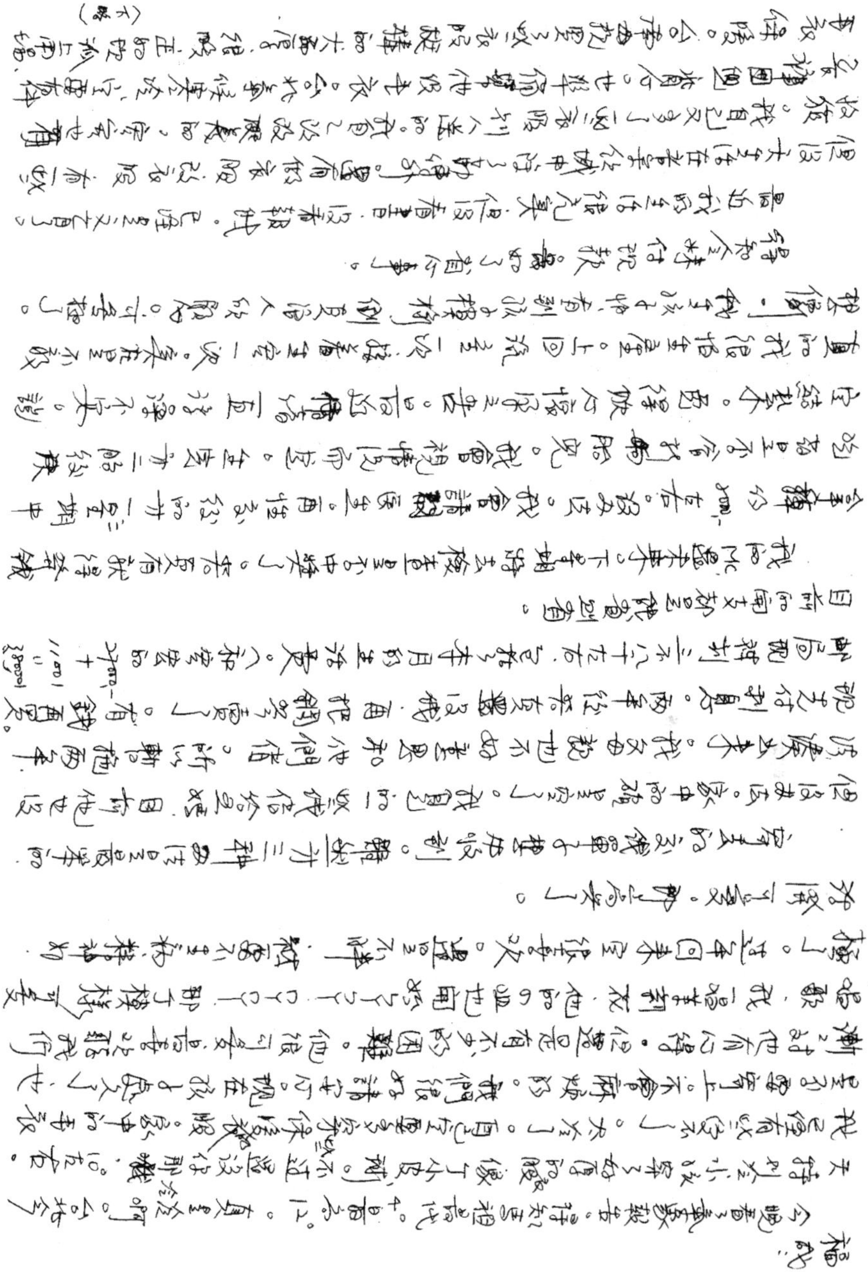

福秋：

[illegible]

[illegible]

[illegible]

[illegible]

[illegible]

（下略）

福成：

「愛」這東西實在是件很奇怪之事。就如我你。當初結婚時和你還有這麼些不熟悉。對愛這字也是不自然。至今說真的，是愛你離不了。不知何時踏入這個境界。

今晚想做好事人，所以打了一通電話。還記得？大哥的朋友唐先生（有一晚在我們這吃飯）和我們同年。和他通 TEL。談了很久。他和你都是思想成熟的男人。所以談得來。我告訴他婚姻的美滿。並勸他結婚。你是個越處越喜歡的先生。我也在被人疼愛的感覺中。當然也有失望的時刻。最後結論婚姻生活我喜愛。現在除了你還有寶寶。更有家的氣氛。某方面是挺苦的。你不在家中大小事、都得自己處理。再加上牽掛。

我於昨晨收到你的來信。一晃又是十多天才收到你的信，會欣心。你好嗎。工作上、身体上、精神上。看了信。才知道收到信的時間太長了。你收到我九封信了。得知你快休假了。心中真是高興。可以享受到先生的疼愛、可以向你撒嬌。

心情要放開些。不如意就提筆寫寫，發洩思念之情。孩子最近比較鬧。長大了就比較會玩，會出去、會坐、會爬。所以都不太能分身。練習的時間因而減少。

這幾天身体比較不好。火氣大。鼻子過敏。氣管好多了。醫生開的中藥挺好的。已經吃完了。可以不用吃了。27/10 記

今天又是假日（以前只叫清談）光復節。我就在書房開。又不被時間控制著。累了就睡了。昨晚很晚。今早和孩子一塊睡了個懶覺。近中午才起床。家中今日只剩我和寶兩人。媽去爬山。聽說是下雨天。這幾天是陰天的好天氣。人在此天氣下也對頭痛好。（從在德國買了 27/10）

這封信寫得真久。現在孩子睡了，還是提筆寫完。

孩子的成長不知不覺是很快的。寶寶揹他出去看書好好的。就是可愛極了。洗完澡後便好看又香。又漂亮。寶寶起來又乖美。我教寶、他和又美在一起。很乖。一回聽唱歌，一回聽吉他。你休假回來，看看一定要開心。下次開始好好長大教育。

今明這兩天相當冷，又是雨又濕。寶寶穿衣。衣服向加添。自己要多留意。出門在外身体最重要。

現在盼望你休假早早來臨。我們都等著。我已開始教他喊爸爸、媽媽。不寫了

祝你

平安、快樂、如意。

26/10 夜

福成：

還好吧。又是數天未提筆。也未收到你的來信。記得在婚前你在岸上時信件較多。現在較少些。主船期還是蠻忙的吧。

今天是星期天。我的生活還是一貫例。每天如此有時會過煩的。早上還是抽空練了一小時琴。今早有去買菜、福利品、雜貨的。你不在家時，有些事情現在都得自己來。

人往往都有情緒低潮時。今天下午就無精打采、很想睡，所以乾脆和寶寶一起睡大覺。很久沒如此睡了。現在TV為何[illegible]。今有點不喜歡。看到什麼就演什麼。沒有主題。現代[illegible]寂寞。不過你有我及寶寶陪伴。我每天也大都跟寶寶在一塊。所以我倆生活都是很單純。

寶寶天天長大不少。所以我抱他有些抱不動了。且他又愛動。晚上睡覺也[illegible]動個不停。真是累死人。幫他洗澡体力好。不然[illegible]要生病了。

一天的時又打發掉了。沒日子長，時間倒是蠻快的。看一個信箱信果又是空的。上星期一收到你二封信。這星期內未。我寄去的相片，影印本收到了吧。實在太慢了。

今晚田弟有打Tel來。現在和大哥他們住。大哥現在搬了新地方。環境還很好。田弟住得很好。身体上多了太了都還有點痛。還在吃藥。且晚上田弟還繼續不斷做運動。([illegible])持之以恆、這樣身体會更好的。

一直想回台南一趟。不知你何時回來。我好想好好回家住一陣子。天天在這邊，有時也會煩。回去看看親人，心中比較舒暢些。

若不是寶寶在身邊，說真的，自己又像回到了未結婚時。想做什麼就做什麼、自由自在的。多了一個他，也就不一樣。有時會很懷念[illegible]起來可真受不了。

親愛的。說起來以後他出生還早了些。家裡的重擔全在你。有時也得打[illegible]寂寞等……。整天還真有些累。

謝謝你的安排這樣，很得樂，用心良苦吧。身在外。眼睛請保重。沒人照顧你。希望你好好把握時間、看些書。準備些考試。休假回台，我們就好好的玩玩、聚聚心。

練琴很花時間。也已好好排練了我的家事。有時寶寶哭了。會去不會練。那就算了。他的脾氣有些拗、所以我都會哄他，讓他傷心打幾下。脾氣一來更是很凶。他很好動。

對於方面還有心得。跟老師還是有差。在一些技巧上、一來教的那兩位學生、一個是有兴趣伴教的，彈得很好。我在心中也他的手指姿勢及情感的表現、另一個是一年級的。音感還可以。教的方面相當有趣。因為不能發脾氣。不然會把兴趣打散了。對教學生方面有經驗。再就自己去和老師學。所以不覺困難。也學了如何[illegible]體會。

天氣漸冷了。[illegible]有帶否。是否要我寄過去。不多寫了。祝平安愉快。[illegible]

10月19日 今天寄出[illegible]。[illegible]。信箱還是空的。

福成：今天又是期三。一星期的中间，日子过起来還是蠻快的。早上一大早七点多就跑去福和大橋下買晴菜，真便宜。也順便運動。用走的是遠了些。寶寶放在家裏，玉美看。寶跟我很合作。舊社的我都叫他小龍。白天他都在聽我練琴，晚上他就吵些，要我抱他。今晚跟他一直說爸爸……他好樂，一直笑一直叫。你休假回来看了一定覺得孩子真有意思。

玉美國慶日返家，昨晚回来。帶了好多東西。幫我又買了一套新服（冬天的）很可愛，[illegible]。大哥大嫂送会二工面新東陽肉鬆。也将近四百元左右。暑假回去大嫂已送我們两套衣服。小孩現在開始吃蛋黃、稀飯（我都用大骨燉）、保衛兒（一瓶就210）他很欢吃。今天一天吃了一碗稀飯。牛奶、還有麥片（gerber）給他吃的都是很好的。小孩有味口，身体健康，長得高大些。我和妹妹两個人可以節省些（在吃的方面）所以經濟上還可以。把心靜下来K些書。你的將来。現在也得慢慢的前進了。想得越多，做任何事都沒有法做。離開五人以後再到另一所学校，我想我会是很好的。五人是踏脚石，且認清了方向。很多的事態。哈丽月一直幫我當着工作。[illegible] 還有On十一所大幼稚园。因自己[illegible]知道消息。寒暑假会有[illegible]。

哈丽月中秋節会[illegible]給我们吃了。說真的很想做他的[illegible]事人。有机会不妨留意一下。千萬要注意。你要了解[illegible]。不要[illegible]我、一切也[illegible]。

身份証我已请凤妹[illegible]寄去了。証件方面幸好我還不笨。不然的話，会把人急死了。你東西都亂丢，丢到那里都忘了。上回整理東西，昨[illegible]你的身份証。

今晚身体有些不舒服。8点多我睡。11点再起来弄玉美的吃的（包水餃）。睡不着（今天想给你寫信）所以又提提筆和你聊聊。

你還寄到给台南爸妈寫信。爸妈已開始念念你[illegible]還未收到你一封信。别忘了做人本来就難。家中爸的文筆還可以。爸已经退了[illegible]。（周小大哥那[illegible]有空不妨也寫封[illegible]地址，周小竹[illegible]路349巷23号。

我想你一定收到了我的信和相片。心中也该安下了心吧。两个多月才知道我们的消息。當然心神不寧。不過還好啦。你放心我做任何事，都会很謹慎。尤其你不在台灣時。軍人要立定堅强能幹。還好啦。[illegible]提得起放得下。[illegible]昨天一天都很[illegible]，但昨天沒時間執筆。今天[illegible]人真是[illegible]。你也不妨多寫信回来。祝你

好夢、如意、平安、快樂

潘湘 10.14 晚上[illegible]

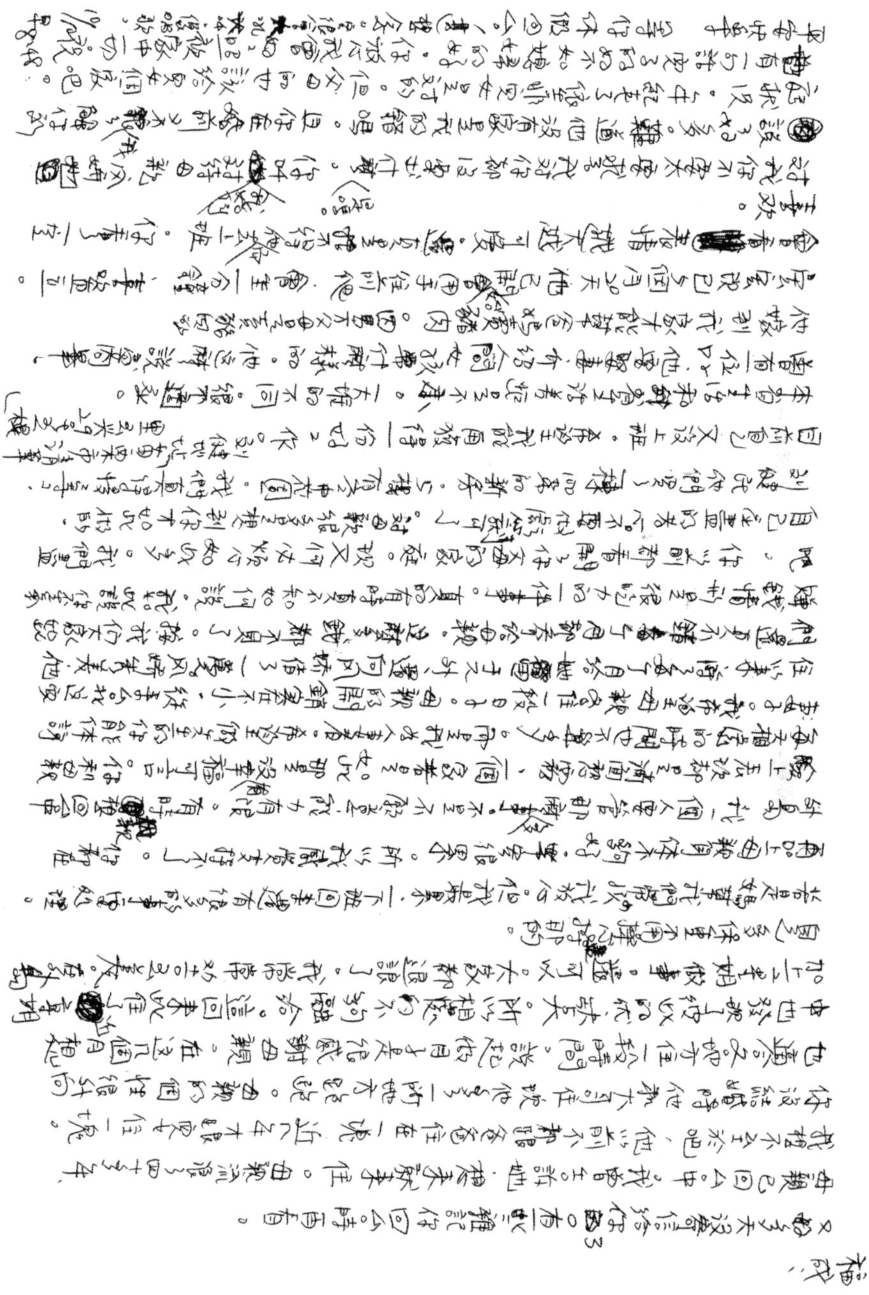

穩成：

10月1日收到你有地址的信。今10月11日，中間相隔十天才有船的往來。是長了些。看看信箱很盼望有自己的信。所幸的是每天除練鋼琴，還有寶寶陪伴着我。很少有寂寞時刻。因為忙碌充實了。每早上6點左右抱着孩子散散，呼吸新鮮空氣。下午寶寶吵着要出去逛街。所以每天這兩件是每日必行之事。熱鬧，親友會排除了很多的相思。看了你兩封信。很心疼你情緒似乎很低潮是吧。沒關係，想到什麼就告訴我什麼。現在的潘潘是和一洲的我差很遠。

人都是做一行怨一行。其實做什麼都是要接受人的臉。只是各種形象不同罷了。

上回辭職也是恰巧。學校正好碰到不如意上。再家中又是不如意之事。所以想想，何不休息一陣子。我想孩子大些，我有好工作我一定會再出去多賺些。也好早些達到我們的目標。

過去的事雖然都都過去了。但那已是一個隱性的疙瘩。自己度量也不夠。有時還是會越想越氣。

至於和母親相處之事。我們都別採之過急。我你也知道，很不易接受別人的人。而年長的母親也有些太笑。一切都順其自然吧。任何事都勉強不得。母親已於上星期四（10月9日）回台中了。身體的好與壞是要自己保養的。有空也寫信多提，告訴母親。

言多必失。的確。自己也不想多說話。現在家中的生活很舒適、靜悄悄的。白天我很忙。晚上和美（今天回家）到小姐。從小在靜的環境長大。看到人多，口多，覺得很煩。也不習慣。難怪你說把你的親戚都丟光了。我盡量做到表面功夫。

現在的年青人大都組成小家庭。而我娘家也是小家庭。說真的，對你的家庭環境我感覺非常不適應。不知何時才會接受它。自己也喜歡小家庭的生活。

想必你也收到我們的相片和信了吧。那几張照片寶寶都滿的。喜歡否。你有空常寫信來。也等於每日一記。收到我的來信總該安心了吧。好好充實一下自己。別看我在家不上班生活還是很有規律。按時做一些事。早上還是聽錄音帶。每天練很長的琴。補補衣服。日子一天天的過的很快。自己星期六、日看電視看完。平常很少看。我覺得看TV很浪費時間。

你去馬祖，任何事都有它的兩面。好與壞。好好的利用它。也好好的去消磨它。那你就覺得生活充實了。晚上睡覺前想想我和寶寶。潘潘每晚上躺在床上想一想後就睡着了。白天很忙，很快入睡。失眠很少出現。

我想我會多寫信的。好好打算一下。該準備何功課。是否要潘潘寄些衣服等。身份證星期三請去美看。因明天星期二家中無人、孩子不知如何是好。

現在的寶寶已開始要爬了。三次預防針都OK。牙齒還未長。倒是很會叫嗯嗯的。也常常跟他玩、唸兒歌、做運動。玩得嘻嘻笑。真是不亦樂乎。你可真要羨慕極了。我想你大約11月時會休假吧。我們再好好地計劃如何玩玩散散心。我的經濟情形你不用煩心。房租是4800，我不想再分租給一個人，家中母親東西都沒處、且她想來住時有個地方。我的父母來玩時也可住住。是吃力了些。你好好請潘潘即可。其它的就甭再管了。

今晚就此停筆。祝你

萬事如意、平安快樂

你在那要一定要處處留意。身体保重。安心工作看書。我們很好。[illegible]

我的親朋們都還好。總之都好好的。[illegible] 潘潘 10.11夜

[illegible] 10.12.

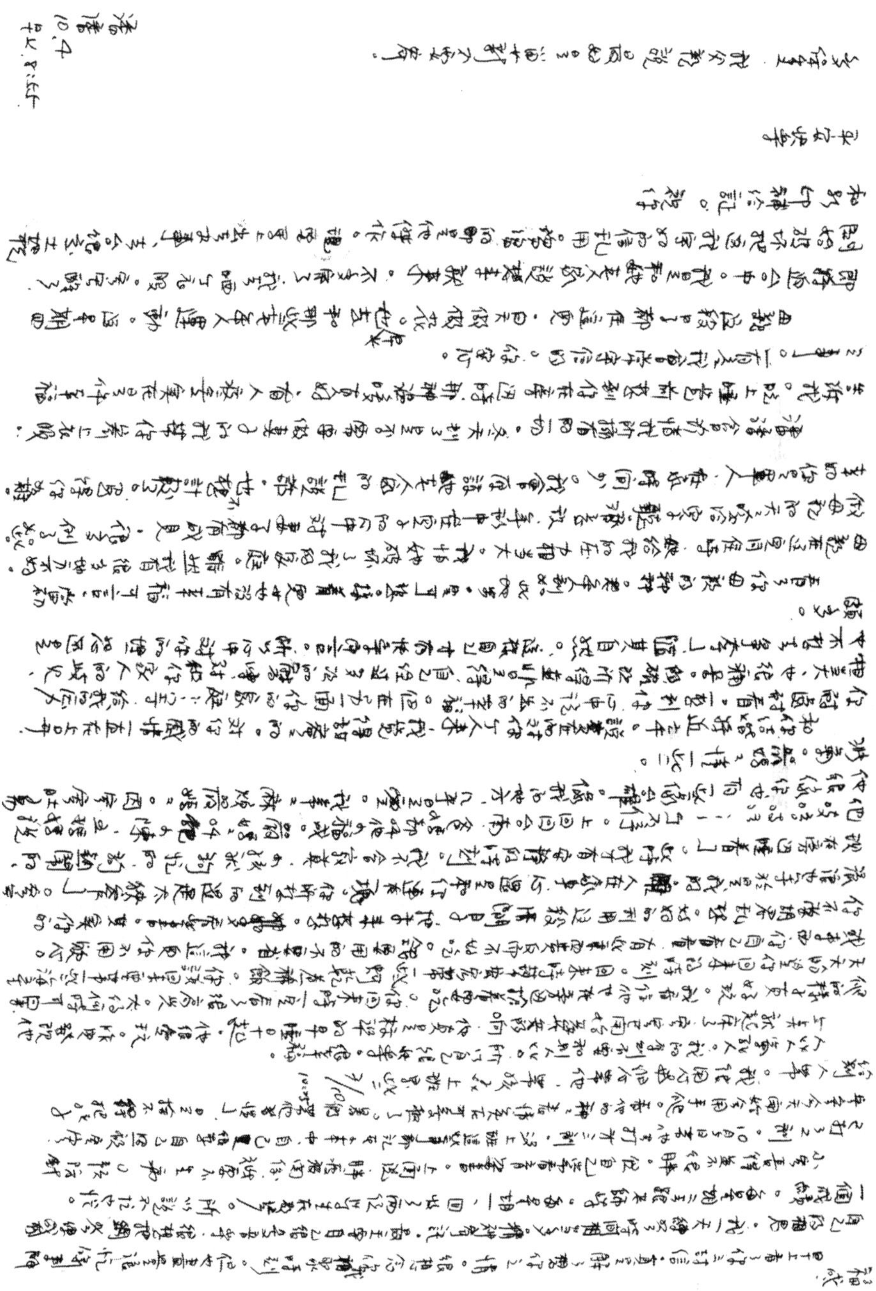

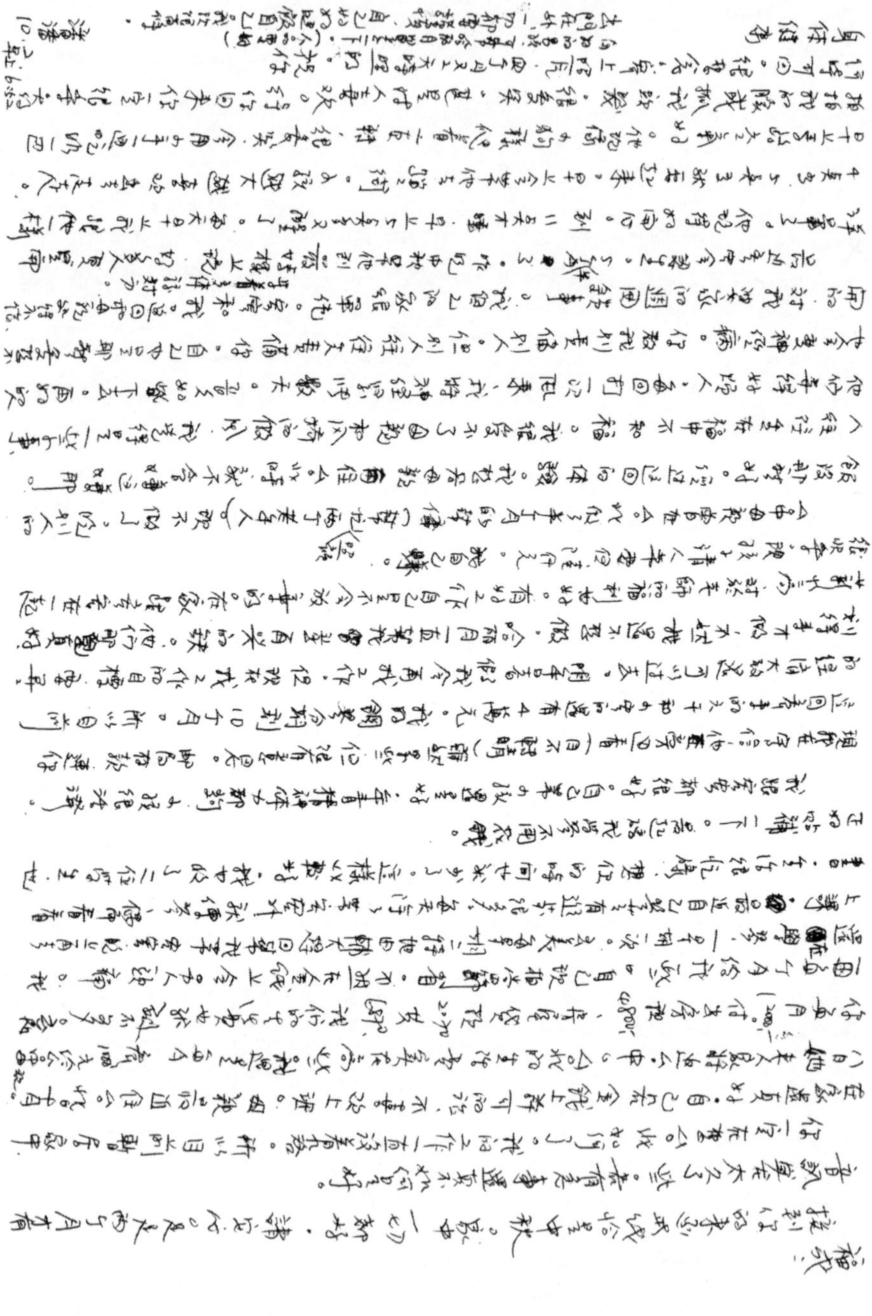

福成：你好，

這幾天生活比較踏實，但情緒還是急躁，容易發脾氣。也懶得說話，總歸一句心情不平衡。並不是因你不在身旁的緣故，這些你放心。生活我會安排的很好。但想跟你說的話多少還是要有，不然也太沒意思了。

我的預產期是4月24日，今天又去檢查身體，血壓又降低了，很正常，心中頓放下心。今日合華陪我去的，順便請了他的學長。這位醫師似乎比較內行，比較仔細。大約會請總醫師接生。因主治大夫，要從三總過來。時間上有差。

晚上翻了一下照片，訂婚照都很漂亮！很遺憾結婚照一張都沒有。你的那本照冊還是？想起來會令人生氣。只是對過去的事盡量不去想它罷了。

現在提筆寫信，還是很煩躁。對一切事都有種無可奈何之狀。

去年流產至今已將近一年了，且自己馬上也要做孩子的母親，但去年和你家人發生的不愉快，還是很深刻的在自己腦中，自己是一直不很諒解此事。就如你的家人一直訴說我的不是相同。雖說你家中的環境就不喜歡它。也從來沒想過我將是你家中的一份子。雖然是了，但還是很不情願之事，自己抱著沒法度的心情，不是逃避現實，而是根本不想接受這些，還希望你諒解。心中老是被這些事情攪得很氣憤。此刻的心情是討厭……。

回去一定很忙碌吧。謝謝你請的西餐。很好吃。雖然氣氛不對，但自己卻愉快了自己。今天吃自己煮的菜偶而換200來，新鮮一下。心情也輕鬆了很多。

自己有時也覺得自己的孤僻，幸好不很嚴重。在同事朋友中間，我算是很隨和的人。大部份時間我都一個人在家，想想事情，看看書，彈彈琴，生活並不寂寞。

你很久才回來時，心中是有些不平衡，但盡量不去想，讓其它的事情來代替。分離太久，比較沒有感情。自己有此感（很陌生）。

你出門在外一切格外小心保重。我在家中很好，勿牽掛。

我4月4日～8日開始放春假。正好可以好好休息整理東西。離生產日期也將近。重心也輕鬆多了，每天挺個肚子，也挺辛苦的。女人還真不好當。不多寫了，潘潘想睡了。

祝

安康

P.S. 女人結了婚，對先生都有依賴之心。

自己距離妻的標準還很遠。

潘潘

3.31. 9:46分

福民：

三天的假期很快就過了。單人及他的妻子都很習慣這種生活。目前自己還是依賴小蘋查。很希望能常休假，待在自己的身邊，互相照顧。不過那是無可奈何的事。

這多天來因感冒不舒服，精神一直不夠，情緒上也比較差些，過些時日即好。

這回你返台中，結果是不歡而散。對於過去的也就算了。想開些。你的情緒不好，全部向我發。看你那表情，自己情緒也跟著一樣，心理其在目前較易明瞭，不好的。你待我好，我更愛你。

人都往往只看到別人的錯，自己的好。幸好自己並不很在乎別人對自己的批評。當然，剛聽的那刹那，心中是不平衡。事後我會平靜的，請你放心。好好的照顧自己。不要胡思亂想，把工作放第一位，心情即好。

今天和五姐談了一下房屋問題。問題是沒，但要很為難五姐姐住，家潤並不喜歡。所以我不想勉強家潤。五姐是告訴我以我為心。所以對於房屋問題到底，母親來幫住我們寢室。家潤自願搬去五姐的兩個一間。你覺得這樣好嗎？錢若少需4800－5000左右，也是一筆數目。

在處理事情以前，不要把話說太大，盡能力去為。我覺得你有時說話過分肯定，往往並不能實現到。

P1

在接母親來時，要和她大略提一下自己的狀況。希望大家失望更大。很好的一個暗地鋪的是家所謂的，至於細節，那是未來的了些。但當時不必說弄錯了點，根本未想到。且為她擔心我和我懂。更沒有思考餘地，這才走到這事鬧到。我們錯也不少，過了也就過了。很時間去沖淡它。我盡自己的本份去做。不會很你好難的。誰叫我是你的妻子。

我們彼此一定要互諒、互信、互敬。不能因你本身在外的不美滿而影響到你自己的家庭。你也別想太多，能到台北多多就多到台北。

結婚一年多，我們感情也很融洽。彼此即很關心對方。我會好好珍惜。你放心，有時很少才說氣話。我知你很坦白。希望你也是。有什麼心事都直坦白。也望自己一直誠心誠懇的。

自己血壓高，會很小心。有時就覺得煩惱。但不會拿來和自己開玩笑。醫生囑不要到處走動及多躺下休息等……。姊姊、弟弟和妹妹我和外公和爸爸去買Baby的衣服、尿布。28日我值日留在學校，你若有空可打電話給我，我再打給你，方便嗎，我也好打聽。時間不早，得睡了。晚安

祝

心胸開朗、萬事如意

潘潘
2.24.10:30 夜

P2

福成：

從生完小孩至今，很少有自己的時間。今晚小孩在睡覺，提起筆想訴訴自己的一些心裡話。

最近這段時間，學校也相當忙，畢業典禮後就輕鬆了。

多一個小孩，各方面都忙。費用也大。想再存錢，有些不可能。

昨晚偶然發現記事本中，有你的筆跡。那個都懂，只是做到的或係有多少。

自認為很少讓父母操心，但今天的事沒辦法，不跟父母親說，該我說誰說呢？在月子時你也不分青紅皂白，破口大罵，又把門踢壞。一口咬定我敗壞門風。當然我也有動到說不和以離婚。也不願再一直到你們家的那種，我會受不了。很不喜歡，也不習慣。跟你在婚前說的都完全兩樣。

因除自己心情不好，再看到一群人，心煩，平常碰到不喜歡的時候，是不喜說一句話，所以也就沒打招呼。2/6 8:00 接到電話你母親因突然性的喉嚨痛，所以我暫停而帶她去看醫生，幸好小美在家看小孩。還好是急性喉頭炎，吃了藥好多了。不過你母親實在是位多愁善感的人，還未看醫生就請我擬下。她告訴阿德說……等等，我想你大概知道吧。

帶小孩真是要經驗。從換奶粉後，自己有些糊塗，而把奶粉少加了，不少（一半）難怪小孩一直吵著要吃。幸好台中來電告訴我。自己也覺得奇怪怎麼沒胖。那天帶去打預防針（因有些流鼻涕卻不能打）量了體重，體重輕了些，希望奶粉多給能使他漸漸胖些。因奶粉用完，怕明早買不到，所以趕緊去一趟，趁這段時間提筆寫寫。也順便把棉被蓋好，早上起來小孩吃奶好方便，現在的嬰兒也不好當，沒有喝母奶。

別說我未替你想，你們曾替我想過。尤其是那天，你以為我就不懂，合得是不喜你們的，我卻未吭聲（因自己不打招呼）算完就算了。又聽到如此大的笑話，不禁愈想越生氣。你滿口說真的很有道理，不要管我們家的人，還要趕出去。這些話要是一直記在心中，那真是一件不好的事。也難怪我們沒有在一起，因她的老說是如此多。

第二天，你不在家，責任都在我身上，我來替你想。你說你要我如何做，說真的，是有些後悔嫁給你。家庭的瑣雜，又是常不在家。不知我還要撐多久？

福成：四點多我正練琴時，王媽媽來此，說王媽媽現在是覺得有些緊張含蓄
現在她又決定本星期五搬回老家住，（太匆促了些。）先搬輕的東西，星期天再請搬家公司
搬大的東西。而我也跟着團團轉。心中是覺得七上八下，頗為煩惱。但這也
是無可奈何之事了。劉秋吉她們搬家了。黃美他們得擠一下了。當你
放假回家時家中則是熱鬧萬分。和長輩住在一起是有些拘束和
不便，尤其是我練琴，在想幾乎沒有練琴的場所和時間了。心中很感嘆
很多事情真是人算不如天算。
以後搬家的事，我們再慢慢找和商量。心情緊張和煩惱。盡量輕
鬆自己。和王媽媽住，想好些，也是有利有弊。明早得上班，就此擱筆。晚安
祝
好

潘潘
2.8
10:45 晚

今天是元宵，我吃了二個湯圓算是應景。
別太操心，我心中吐吐為快。一個人不知該向誰吐？

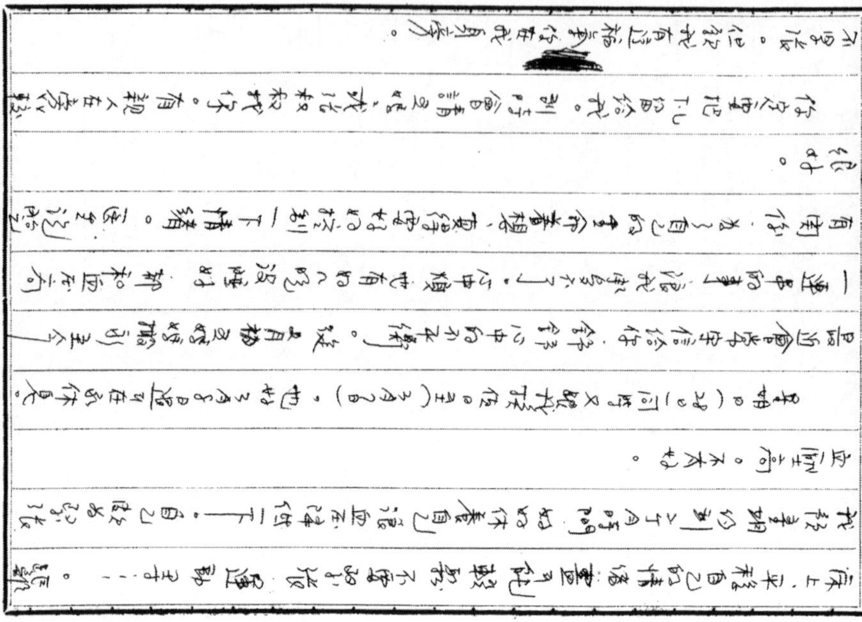

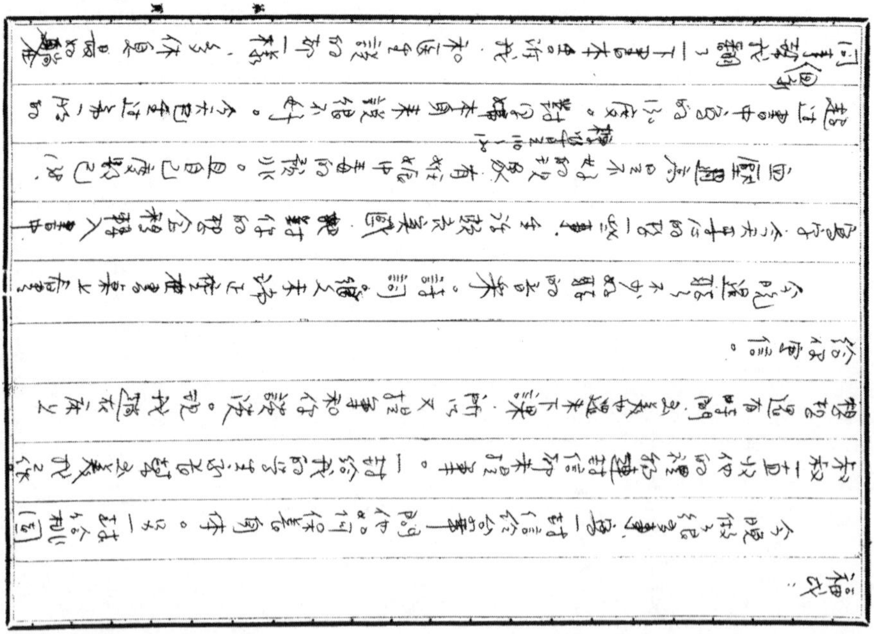

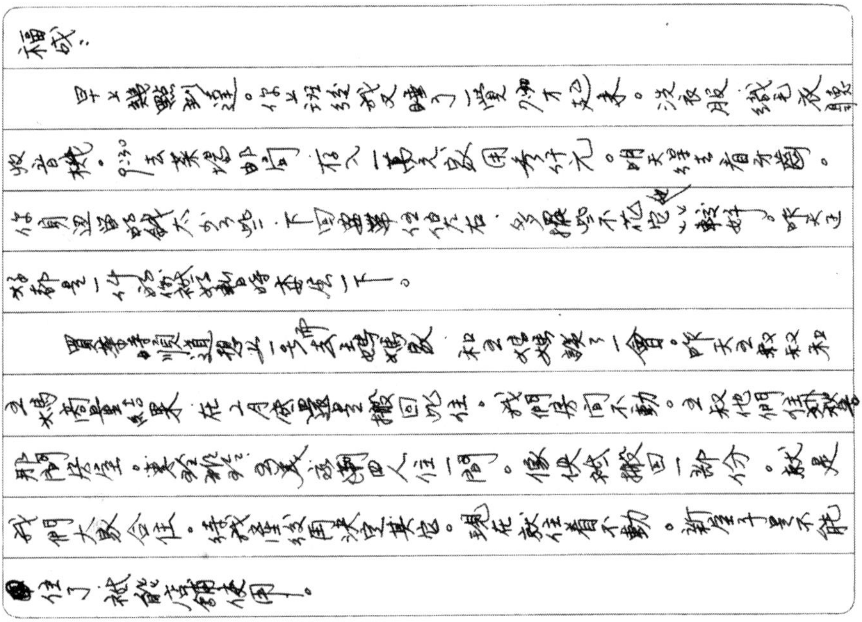

福成：

早上幾點到達？你上班後我又睡了一覺，爬不起來。洗衣服、織毛衣，跟收音機。只有禁足時間，有人一起只能因為待不下。明天將去看牙齒。你用過的東西太多了些，下回整理後才放，多餘的不把它收好了。昨天已將都要一件的衣物都拿出來看了一下。

買菜時順道想找一些衣物，和鄰居聊了一會。昨天已把和又想有東西出來，在上月底嬰兒搬回那住。我們房間不動。又把他們住那邊那間房空。表弟等的東西，留給四人住一間。像現在搬回一部分。就是我們大家合住。等我們住定了再裝修。現在就住著不動。新屋子一直不能住了，就能住進使用了。

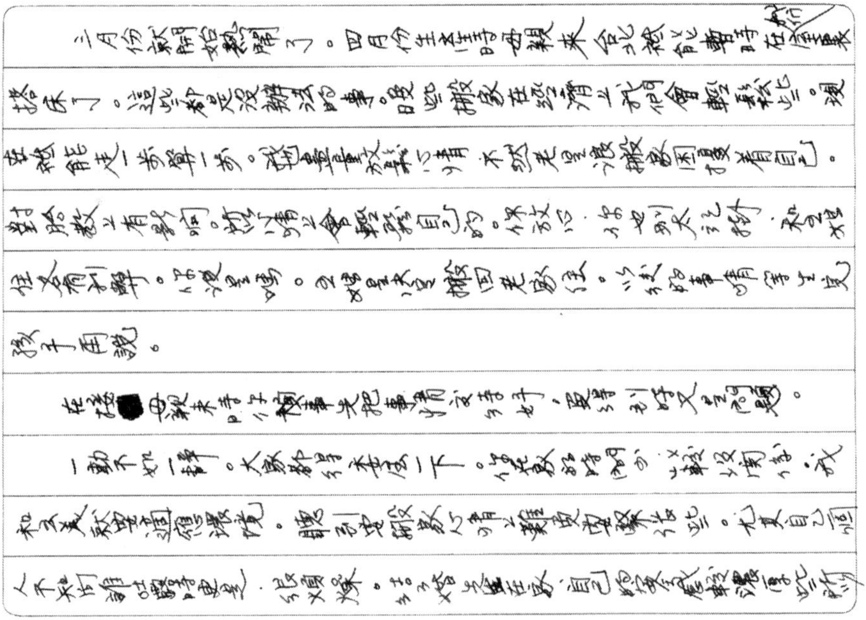

三月份就開始熱了。四月份生產時母親來台北就能幫忙照顧你搖床了。這些都是沒辦法的事。只是搬家在這樣之前我們會輕鬆些。現在想能走一步算一步。我們幫忙搬家的事不要先跟你講，搬的時候看自己。對於教書有影響。她們會不會說自己的。你放心，好好照顧你自己，我和住在台北等。你真的要[illegible]。[illegible]搬回老家住。以後的事情[illegible]孩子再說。

在這中間未寫什麼事，先把事情說好了，[illegible]。

一動不如一靜。大家都等著看一下。你我的時間，只能自己利用了。我和父親[illegible]。[illegible]。[illegible]人不知[illegible]。[illegible]。[illegible]自己的[illegible]。

你能多待家中一刻，心中踏實得多。軍人的妻要學會堅強和承受小小一些事情。

育心日我們開學，上班，生活也就充實。寒假把我養得像胖胖一樣。吃、睡都夠飽了。2月21日的值日，我會和同事掉至3月份去（正逢你的慰勞假）留在家中。

對了，我們洗衣機暫時不用買，用回媽媽的。嬰兒床也暫時不用買。所以會錢3月份可以不用標下來，一標下來就會用完了，到時要找錢就麻煩。先標下十件伯伯之的會，以整合計算些。

就此擱筆，共義合龍星期四來的順便帶他們去逛逛。不會走遠。若你有假那就更好。男人以事業為先，若不輪到休假你就好好待在部隊之營。

我們也了了。自己要多保重，免得讓大肚便便的潘潘牽掛。

祝

萬事如意，心身愉快

想念你的
潘潘
2.8.3下午
3:10

以租房子，找房子雖然不難。要適宜我們的條件的，又經濟，又方便，就有些難了。

自己的感觸是得到別人的好處不要把它忘記。

郵政標準信箋

福成：你好，

回家以后过得很愉快，28日2:30的飞机，至今已有20多天了。家家都喜欢这宝宝的，有第二批他们的小朋友又多，还有小狗、小猫等，非常热闹。但还是有些语言生活不好习惯了。在家中我有我和弟两人可以照顾住他。在这里住的很好，我妈看到宝宝是小得很。太好动，在客厅爬来爬去，动作灵快。现今他已会走了，这回你回台，你会很欣慰。不过我们却是有些老了，说也都有少许的[illegible]了。以前没经验的，带孩子要操劳。

下学期我们也可能再回成功放半天。最少有5000左右。玉美平常每月给我2000，所以我想让玉美负责这个钱，帮我带孩子半天。且孩子和玉美处得也很有感情，一学期来，每天玉美都帮我们，也大略知道孩子的情形，且宝宝也喜欢他。玉美我不用给我2000，做她的再给他一些零用钱。年青人带孩子虽然经验少，但孩子会比较活泼；老年人带孩子比较会宠。所以我希望你能接受我们的意见。家中现在处得很融洽，到[illegible]我们，都像姊妹一样。亲亲静静的。还记得吗，我和你母亲相处，那阵子我有不开心的地方。但现在每天如此快乐的渡过时，很不好受。尤其自己的生活过惯了，一下子改不了。

回家来和[illegible]，同学们聊了一下。跟她们同住的口中是[illegible]，因为[illegible]和[illegible]，反而[illegible]痛苦。有个[illegible]又再

你家的過年。這封信你年前會收到的，也和你拜個年。新年……紅包拿來。還有你全家好。祝你春節快樂。

我在印度時，你回台時再去吧。

唐老此刻懂得很清楚。我也沒懂了，不知他們怎樣了。祝你家人平靜。

做母親的人都是疼女兒的。嫁出去的女兒還是和自己的媽媽談得來（我很愛），和你姐妹如此久。

或我願我們的家庭永遠幸福快樂，我永遠溫暖和諧。

愛著它。因它是我們創造的。

永遠愛你

蕭蕃

4　2/元旦

寶寶的爸：

最近生悶氣，所以很少寫家信。但想想你會在盼著信。還是提筆寫寫近況。寶寶很容易生肚子的氣，在吃方面都得很注意。小孩子真[illegible]。沒有以前那時那麼胖了，一生病要立刻瘦下來，真是快。寶寶還好多了，吃又恢復正常。前兩天沒吃飯。我呢，很好，唯鼻子還是老樣子，天氣冷時較不好。以前就[illegible]打噴嚏。你呢，可好。也很想念你的。

知道你近日心情也很靜，替你高興。好好利用你下班的時候，多看些書。工作忙吧。別忘了多注意自己的身體。

台北這些天氣候突變，變得好冷，屋外又下著雨，更增添了寒氣。好在住在家，可以[illegible]，也可以躲在被窩裡寫信、看些書。我把[illegible]，還[illegible]做長褲，天冷薄褲都用不了。[illegible]做了條長褲。天冷有些懶。寶寶怕冷，我怕寶寶感冒。早晚穿著厚些衣服，戴了手套，都算厚的。家中會好好照顧一切的。

昨天很冷，兩天都吃火鍋，自己做很省，兩天花不了一百元。最近自己很懶，所以都買很多水果吃。真有些怕胖。好孩子這三個月就在家中過很舒服的事。[illegible]

昨天收到你兩封信。看信真有如你快樂的。想你你也是。寶寶昨天開始已開始用他的手指（我教他的）揮手不放。他是「乖」或「再見」，向你他會揮，看起來很可愛。這小子脾氣很大！昨晚不知為何哭，抱他睡，一放下去即大哭。真磨人。

時間過得快，今天已是12月7日，距你上個月回來的那天已過一個月了。你在家時，家中顯得熱鬧，而我們也忙得很。拉著陪你弄吃的

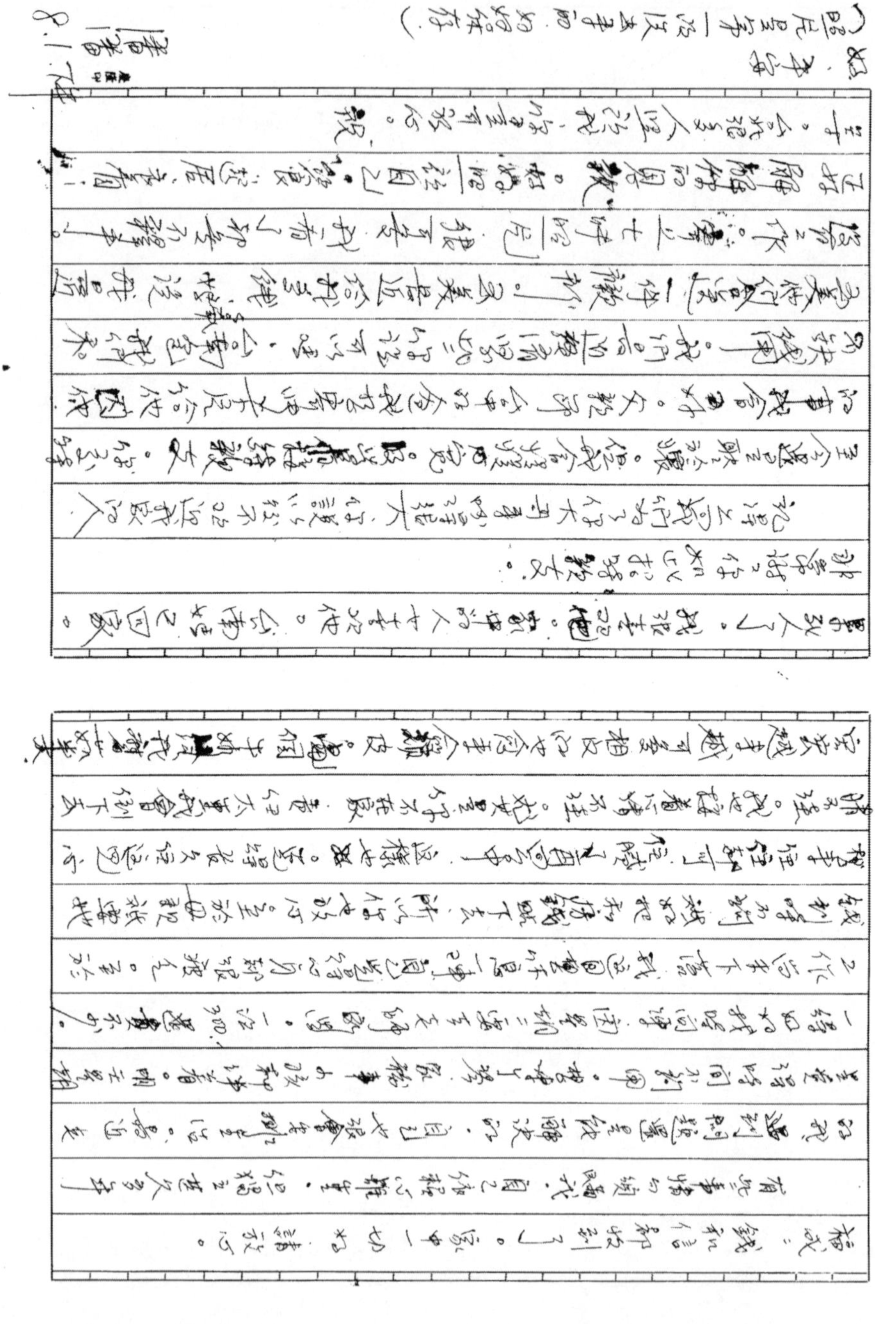

福成：

最近自己身体不適。很多天未提筆。你好吧，在外自己多保重。下星期我要休養大約一星期我都不能提筆。自己要多休息。不然身体壞了即麻煩。

我的M一直不來，本星期一曾去私人醫院，想把它立即拿掉（王娘娘陪同）但医生驗不出，不肯我做手術，還浪費了450元。心整好多天。明天我將去公保檢查。確定有即在下星期一請陳代夫拿掉（上回墮胎亦是他替我整理的）我以輕信任他。他曾三從醫生代夫。還不錯。所以你也寬心不用耽心。這回使我們太担心。自己也是一時迷了心竅，才會如此糊塗罷。心情壞，又一直反胃，身体非常不适。再加上小孩的吵鬧。實在有些受不了。這回的壞了很可惜。若不吃那些藥，我可能會很容易懷胎，孩子的幸福即是我們的，還是留心還是好。對嗎，痛苦的是我，苦了你財！下回可不能如此了，健康的身体也会倒下去。

這星期把些事情安好，下星期■。好好休養一下。小孩的奶粉和鋼琴費等。

對了福成我想跟你商量下，依目前的經濟狀況，我想從1月份暫停寄給母親1000-。待7月我把鋼琴費繳完再寄給母親。若允許的話即將1000-再加一些。如此要求不知可否。若是可麻煩你告訴母親。但過年紅包還有母親節這些都不能省的。最近錢真的無法週轉甚為頭痛。本有打算搬回南部的念頭。但又想搬回去，再想搬來即難。我的工作會[illegible]。昨聽哈姆月請，希望還不大的。你回來我們再好好商量。標會錢貸款利息也近一千元（七萬元的）。

最近我文教工作忙碌，高血壓高，聽我娃說對急死，所以我也不敢開口向家中借錢。我們如有錢還土銀信托了。

不多寫了，我今保重。你安心。自以辞詮。我的事千萬不要告訴家人。我父母把印來講。自己能解決的事最好不浪老人操心。我得去沈課休息。身体一直不很舒適。下星期要來收到我的信不要軟心。如有需要，分寄錢可即告訴。自己多保重。

祝
好

附錢的事我能不很好了，總有辦法的。

潘潘
深夜

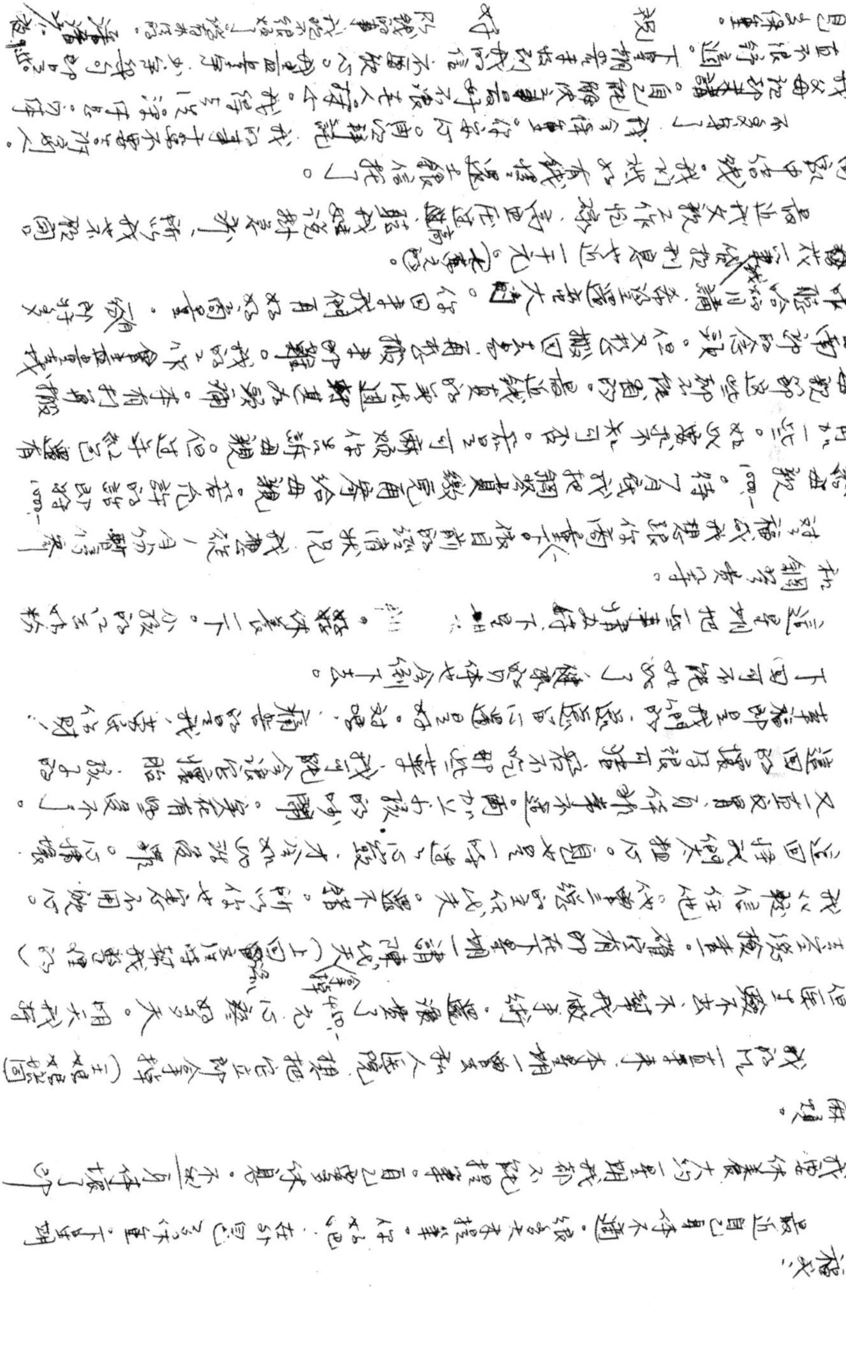

福成：

[illegible]

福成：好嗎：十多天的休假過得真愜意。快樂的日子總是快些。下午接到同事打來的電話，知道你平安。宏和我還好，別擔心，但可以掛念。星期三你帶我去看鼻子，鼻過敏，現在好多了。眼睛也沒問題。宏要那晚和你一塊去給醫生看，但還未診療，所以星期六又帶他去看（[illegible]），今星期二也帶他去看。小孩子的病是不能拖，早些根治較好。也是小毛病，稍微流鼻涕、咳嗽。今天的藥對他們很有效，好多了。越大越頑皮越可愛，今早去[illegible]，爺爺帶他去[illegible]玩。他真開心，看到好多的小朋友、老師，教室佈置得很美，他東張西望。回到家嘴巴樂得合不攏。小孩有時真得適度的出外遊玩。增進他的[illegible]他。古話說得是「有子萬事足」。自己帶他會[illegible]，寵歸寵大些還是會教他的，你放心。

這些天我較忙，所以至今才提筆。目前的生活又恢復了。[illegible]帶孩子。生活是[illegible]而忙碌的。這個月開支不少。明天是[illegible]母親生日，大家提議母親禮物600，再加上生日蛋糕200，十二月的1000，等於了1800，扣掉房租，所剩無幾了。[illegible]代購款240，和房屋稅[illegible]錢，真是有些緊。零碎的用去較多。[illegible]。要用的還是得用。這些你也放心，在此[illegible]。房租是一大筆費用，但在這兒目前很安定，四週安全。又有大人照顧。交通也方便。你目前不在台灣，還是不能動。住這兒我很安心。我們快有錢看是否可在附近買間小房子。不多寫了，已是[illegible]了，有空再談。祝

萬事如意，平安、快樂

蓮 [illegible]

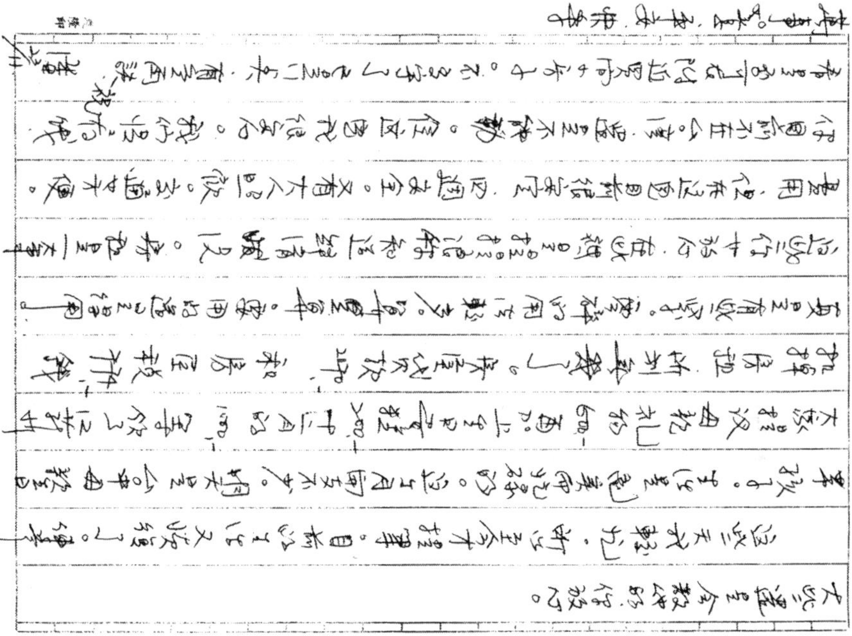

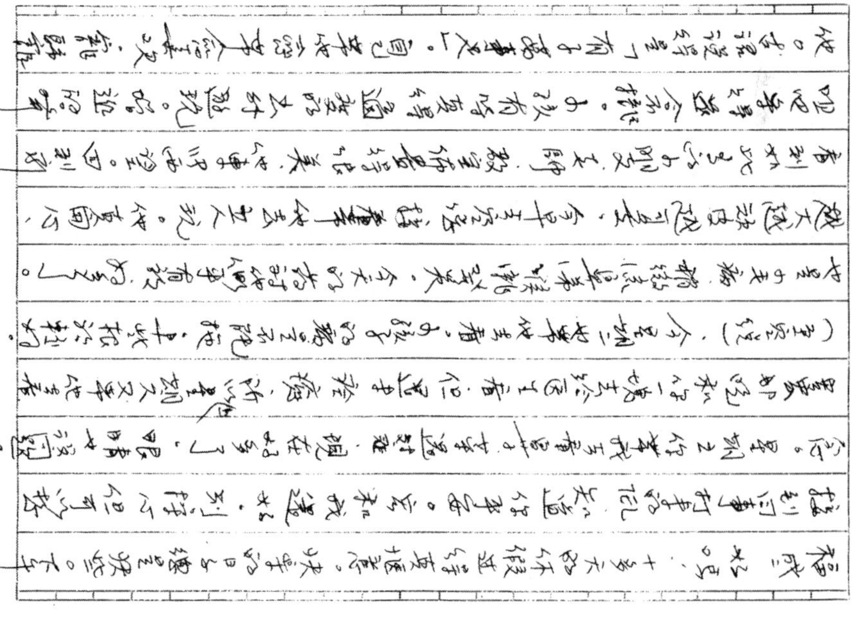

福成：今天明天是家中母親生日，做媳婦的我代替外出的你擇了個，祝母親生日快樂。福如東海。講起來你母親是比較好命了，兒女都替她過生日。我的母親，兒女生得太多，又賺錢得少，成家的也還保全不了那種心情。所以我的母親太遠，每回都要回家心中頗感觸。生日蛋糕由大嫂買了。所以她只帶了。我還是寄1000元給母親。

今晚的天氣忽冷忽熱，很不理想。也容易感冒。寶寶我都很小心照顧。現時我也盡量陪他玩。的確房間寶寶的東西，都已成為他的玩具。動作真快，有時忙得真有些離不開手。現他也在慢慢學說話了、一下一下的，挺好玩。抱着他真想咬咬他。孩子真是可愛極了。

你不在家，我可以專心練琴了。琴是我從小就喜歡的。以前練風琴，現在擁有了自己喜歡的鋼琴了。真可是了了一樁心願。琴在我生活中佔地位也頗重的。和愛寶寶一樣，喜愛他。只可惜收穫當然是有的。

寶寶，你喜歡他吧，他是位挺有人緣的小孩。家中父親也曾打TEL來。說寶寶太白了些，要常帶他多玩玩、曬曬太陽。今晚的太陽是好了些。一冷就關在家中。太陽一出來就帶着他出去溜達。家中的事你全由我料理好。我忙，也會請三姨幫忙。所以你放心。每星期二我還是去上學了。身體多保重，天氣冷要加衣。祝安好

燕　10:03 夜

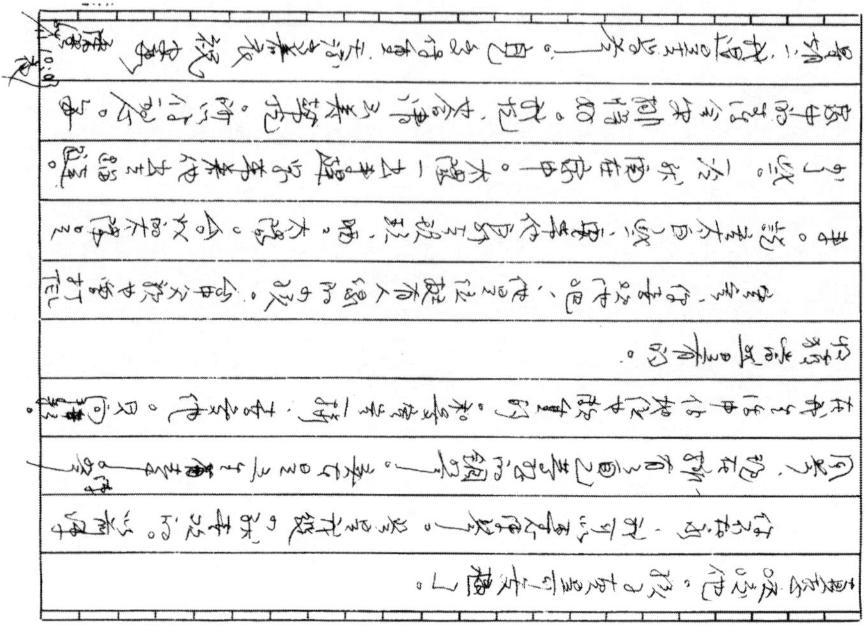

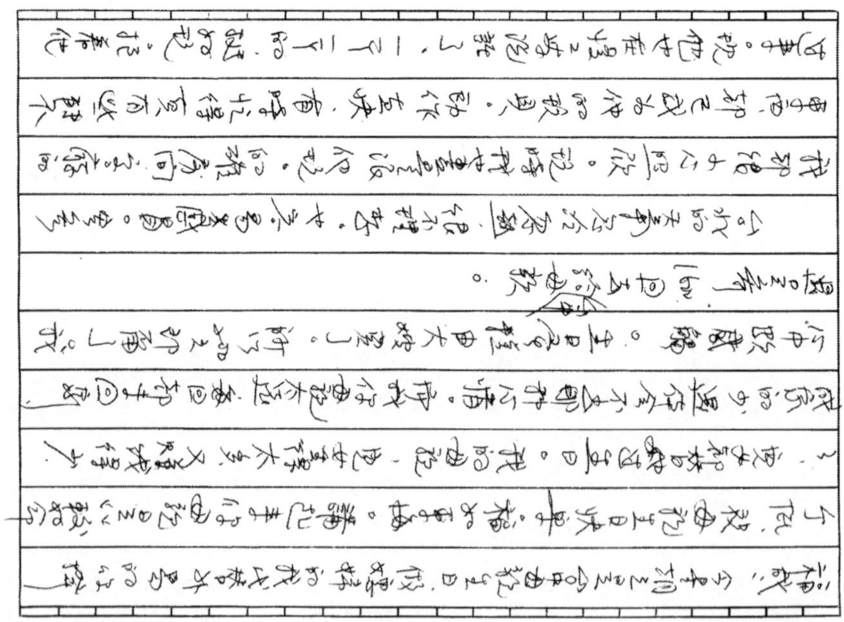

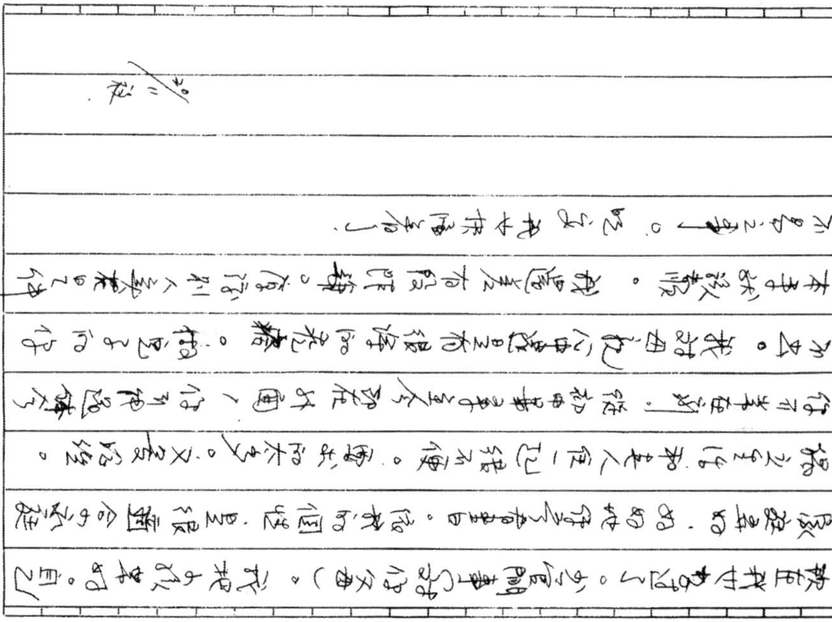

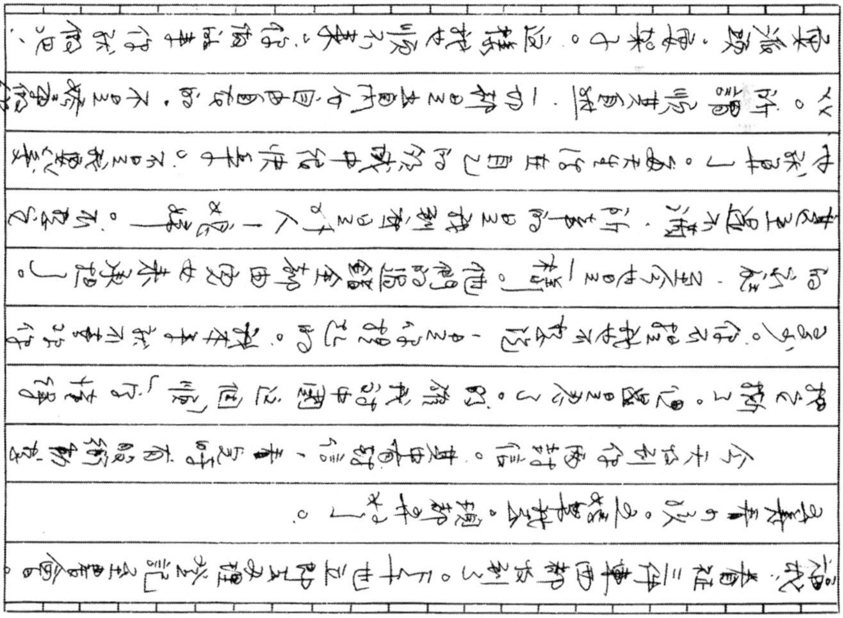

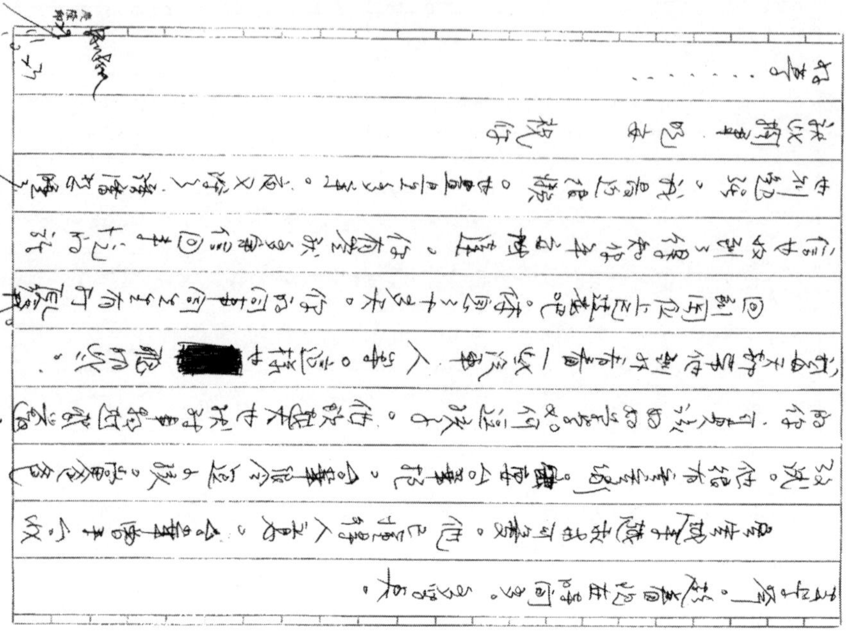

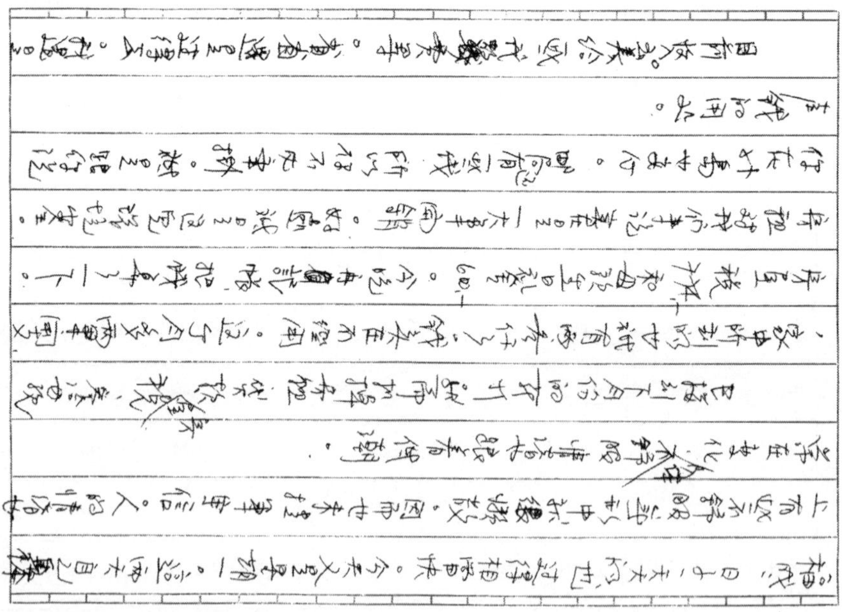

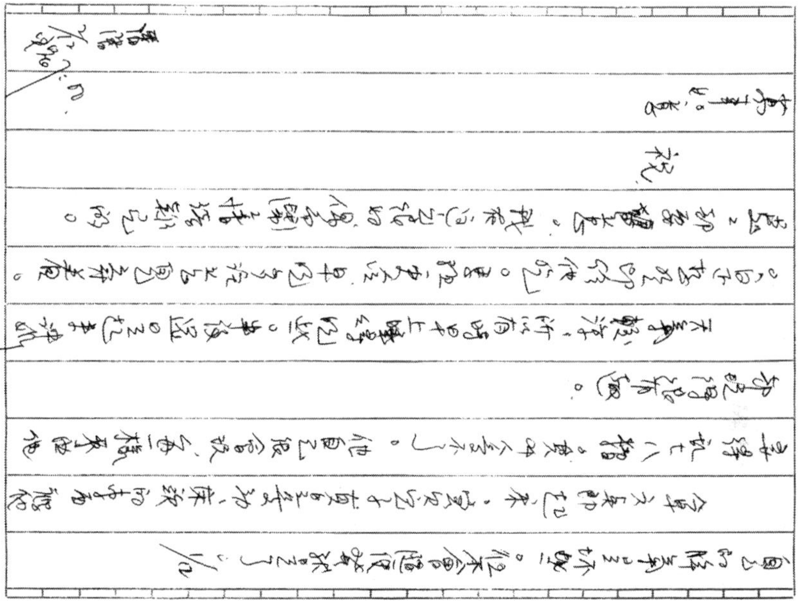

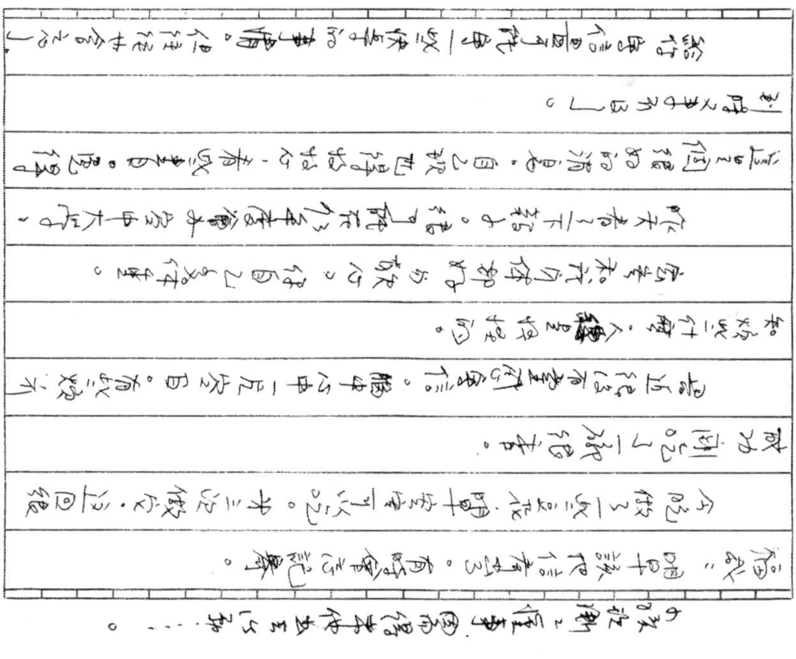

稻成二姊姊：想念你。天氣很冷吧，沒穿些衣服。台北很冷，只有10度左右。現在聽國語長片，[illegible]，日看得不耐煩。平常大都不看它。每天都相同的生活，看看電視娛樂自己。你呢！最近看書情形可好。其它很好吧！外面很冷我正穿著你的睡袍在寫信看TV。早上是我作言錄。都像對工作的事嗎。小孩們常把「幸」與「辛」這兩字寫錯。寶珍喜我。

11日了，再過8天就滿8個月。不去想它還更快，也真巧，我們都正好11日、16、16日生的。神仙一般人。

[illegible]有事，可真不得了，我卻無可奈何。尤其是晚上，怕吵著別人。有時要我抱著他睡，放下即大哭。白天卻不會他，自己會睡。他是相當[illegible]，就喜歡手臭是住在家裡。[illegible]起來，我跟打一頓。最近自從有身信。[illegible]一些衣服、(自己的)都要穿的。最近手也疼，因常洗東西，都很閒。家前兩天沒掃。明天要加油了。不然等你回來等。11/2 晚11:10。

已連續好多天的寒冷，今天更冷。

最近一連串的用錢，心中甚為煩惱。的確錢都不夠用。

[illegible]台中的房子常要修高文的單子，有三种方法。因我們目前本來也沒錢(只有[illegible]7000多元)無法[illegible]，所以我選了第三种方法。每個月付利息，等以後有錢再還。這也是無可奈何之事。這下子我們又減少近1000的可以用。總之錢真煩。你每月給我的我們可以用的也所剩無幾。[illegible]也就可想而知。心情不好，不多寫了。

自己要好好保重。

小寶說已相當[illegible]。說話等也很好玩。又會唱歌呢，說[illegible]，[illegible]的。已會好多樣行動力。再大些更不得了。他滑[illegible]，所到之處都是他的玩具場，而我們如垃圾場。又好氣又好笑。整天[illegible]不[illegible]精神也[illegible]。每個人的[illegible]有關。

祝

[illegible]快樂

P.S. [illegible]很好[illegible]，[illegible]吧。

11/12　10:24 夜

福成：

今天是13號，我想你的試也考過了。不錯吧，很奇怪我對你很有信心。因而平時對你的事業也就操心的少。

最近上班的很充實，也忙些。多虧立美的幫忙，葉女子還真不簡單。對了，也許我每星期一會去另一所幼稚園教鋼琴，但只負責各事。我能收到一半的錢。一星期一次，講好了我又可以多一些收入。早點把錢存齊。再上個月我也就更輕鬆了。凡事不用太着急。上回你為着借錢，那也是實在要不得已才能如此做。

剛回去定不習慣，天還冷嗎，多穿些。台北每天下雨下個不停，天氣還滿冷的。

小孩還在我的身邊，睡得真香。越大越討人喜愛。13

一大早寶寶吵個不停。喉嚨還是有些不舒服。下午或許要帶去門診中心看。今早吃[illegible]。剛給他喝了80cc牛奶，便去[illegible]不來了，我在寫信，他在搗蛋，[illegible]。

[illegible]我替她教學校鋼琴，所以下午三點一刻坐計程車去，五點半又要上課，50分再坐計程車回來。精神還好，不過有些累呢。很可能我就在那[illegible]。另外那學校，我不了。早上再把此信寄出。

祝你

萬事如意

清香 3.15

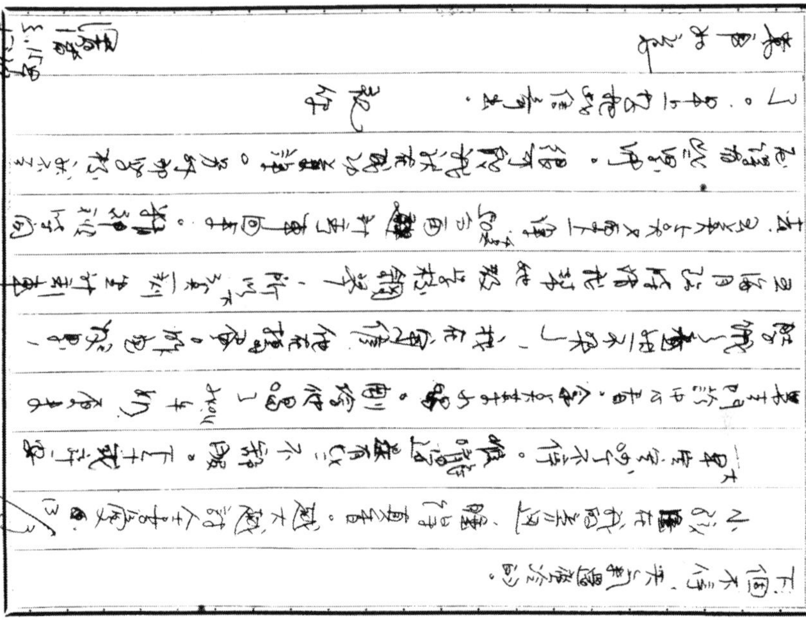

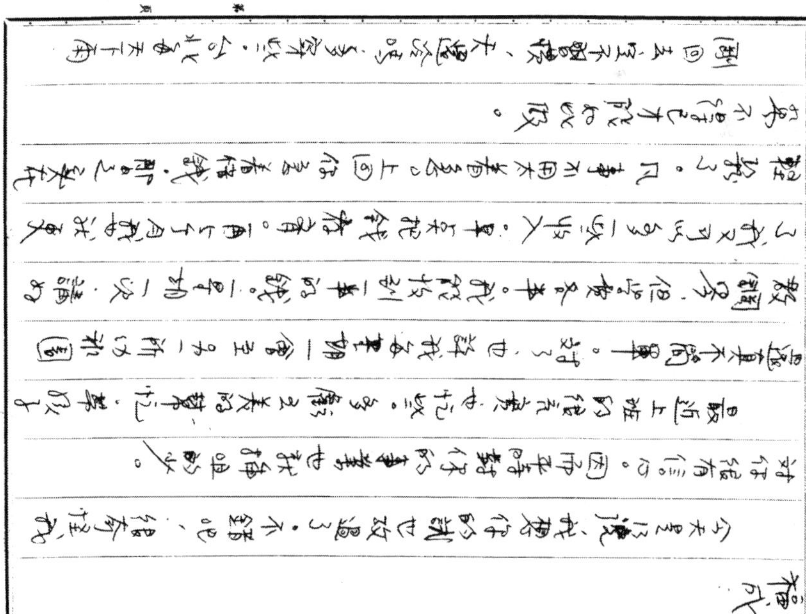

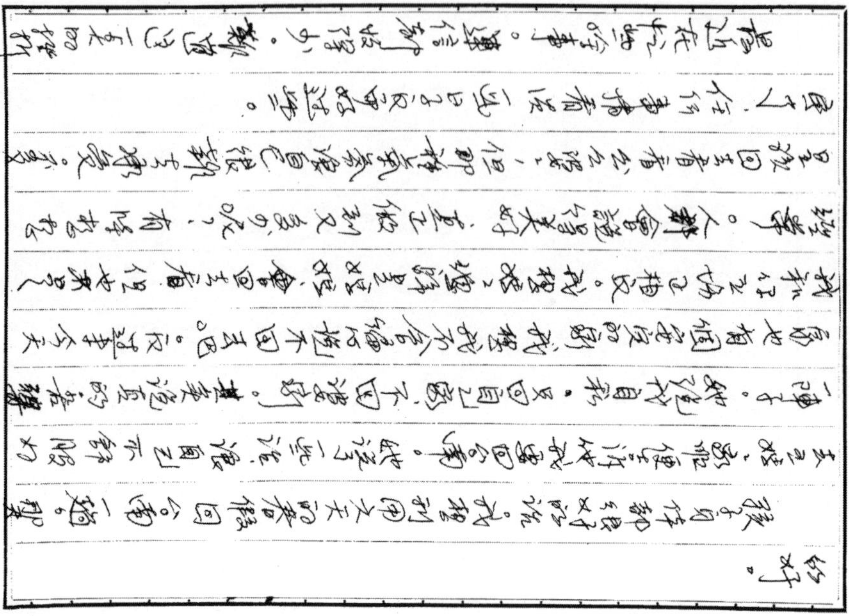

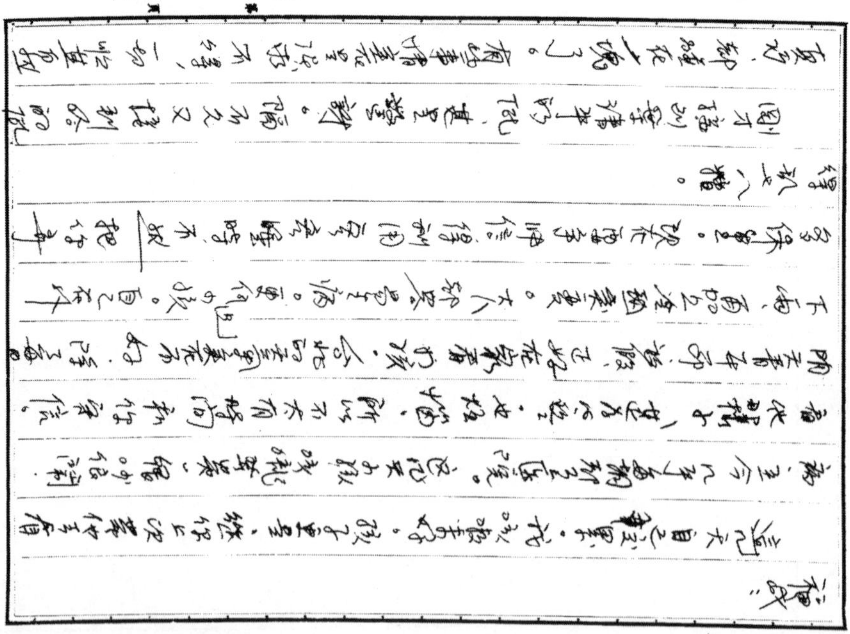

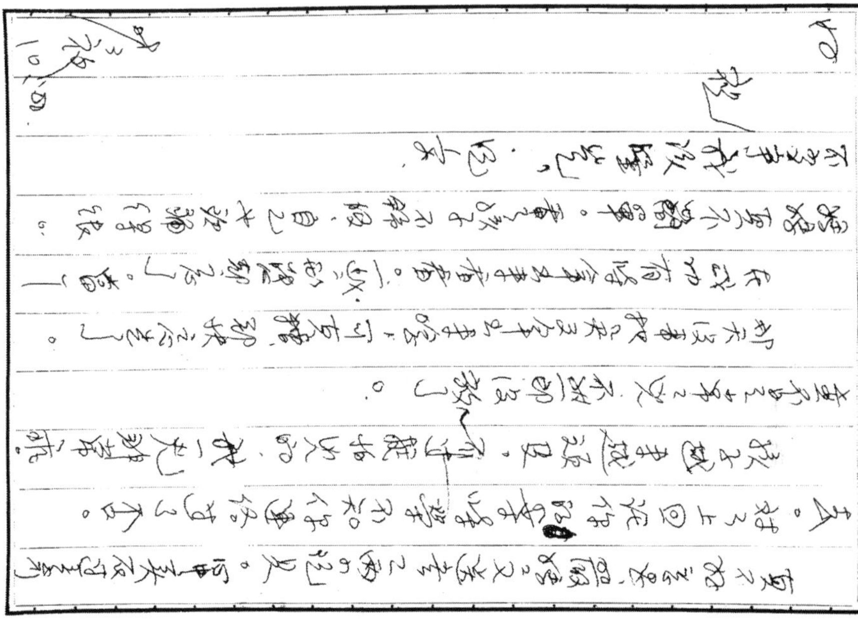

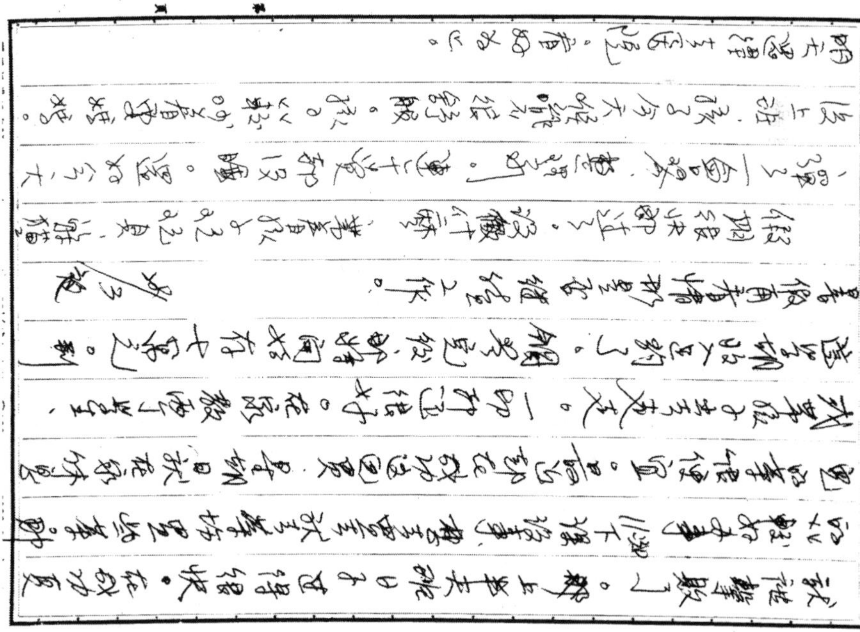

福成　你好：

本來今晚是不準備寫信的。剛黃文信來訊，所以我還是寫了一張很快樂給你。當你可今晚就拿到了、這是胡連討彼部很、卻有船期。你忙說我忙吧、別偏懶、多寫信回家。

最近自己真的忙，除了教書外，還教我們的娃娃、在家今又多了一班學生，共三位。成功也有華鋼，但我成功我拿到對半的錢。是比較不划算、但因五峰月拜託，不好推辭。玉美又忙。我想說把辭還是把它辭掉，常常被客黃的甚辛苦、非常好動、非常頑皮。我下午常他家有時是得費力畫，又得做家事」。真是從早忙到晚。以其算我們很衝衝好轉，我本月賺8700、給玉美2300、鄭說是常來玩，也不是全天性的。也正好讓他也賺些錢。我上班孩子比較辛苦些、玉美若開始上班（一星期2次）每星期日之大問題，不過我會慢慢找保姆。請母親來和我們住不好，要是糟。且你又在外島。所以還是等你回台時再考慮母親與我們同住。沒有和老人住，比較自由、輕鬆些。對了告訴你一個好消息，很可能是假有機會點再興。到那時我會再安排一些事情。6月份你回來時我們再深談。不多寫，我該休息了，忙了一天。　祝

安康

潘潘

6/4 晚 11:05

國　第　頁　軍

國軍標準規定No.3-1-23(27.0×38.4)cm28½磅打字紙　@100　71.7.　6000刀　中心印

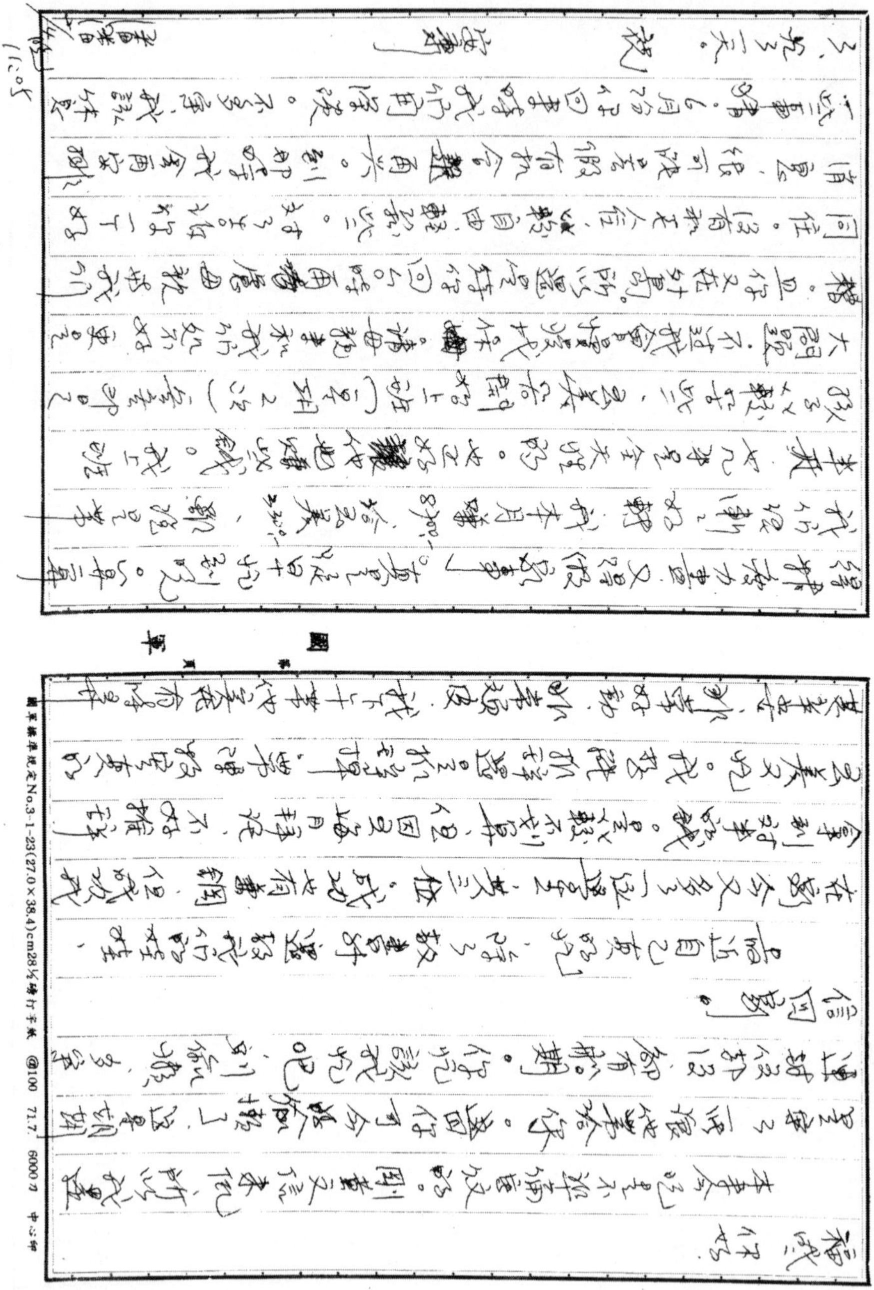

福成：你好：

回到宿住已四晚上，時間好快，這兒的一每次回家都不會很想回去台北了。小孩在這兒吃得非常開心，他很喜歡這兒，孩子也多，這兒太陽也多些，孩子曬得臉紅紅的很可愛。嫂嫂大哥的兩個孩子也都回來，他們和安安玩得很好，我們小孩子，比較吃香，像表姊表哥的都很疼他。爸媽也很喜歡他。弟弟他們也很寵逗他。他真是挺頑皮的，連我有時都要逗逗他。我也很感慨，沒有帶孩子去看他的爺爺奶奶。實在是不得已和不便，還望你多包涵。你六月份休假若有空回去看看。

我已把、六.4月2000.-寄給你母親了。你母親也知道我回娘家。台南的家住得蠻舒服的。人多家中也和平些，沒有什麼壓力。自己的爸媽總是比較疼自己的兒女。我很想念你。雖然一有孩子伴著，但思念的心情還是常常。不知你會否。最近你可好，很久未收到你的信，且最近你又未寫信。也令我耽憂在那兒的情況。所以你要抽空寫信回來。也好瞭解心情。我也不知道你的情況。女人多信的。信寫多了吧。因為學生團去說你太小，被罵人的。所以這回回家還是要了6.25後才能回家。學胡五年也真不可到。我有空也會常寫信給你的。多保重。

祝

萬事如意

4.6 晚 11:00

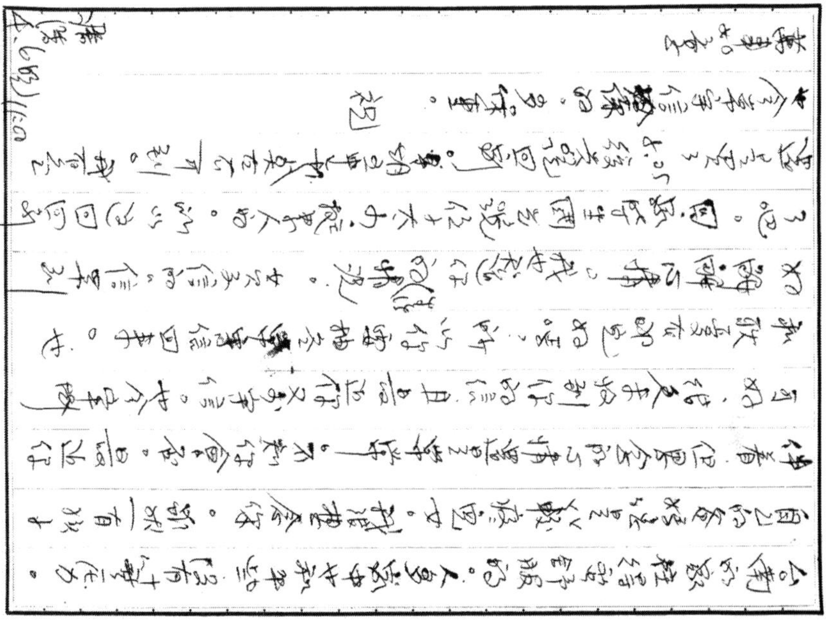

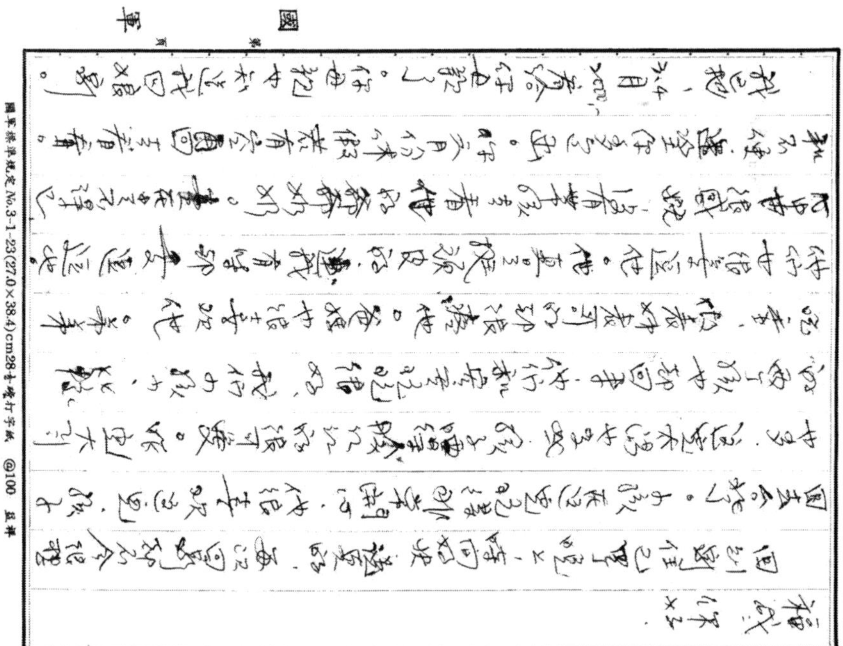

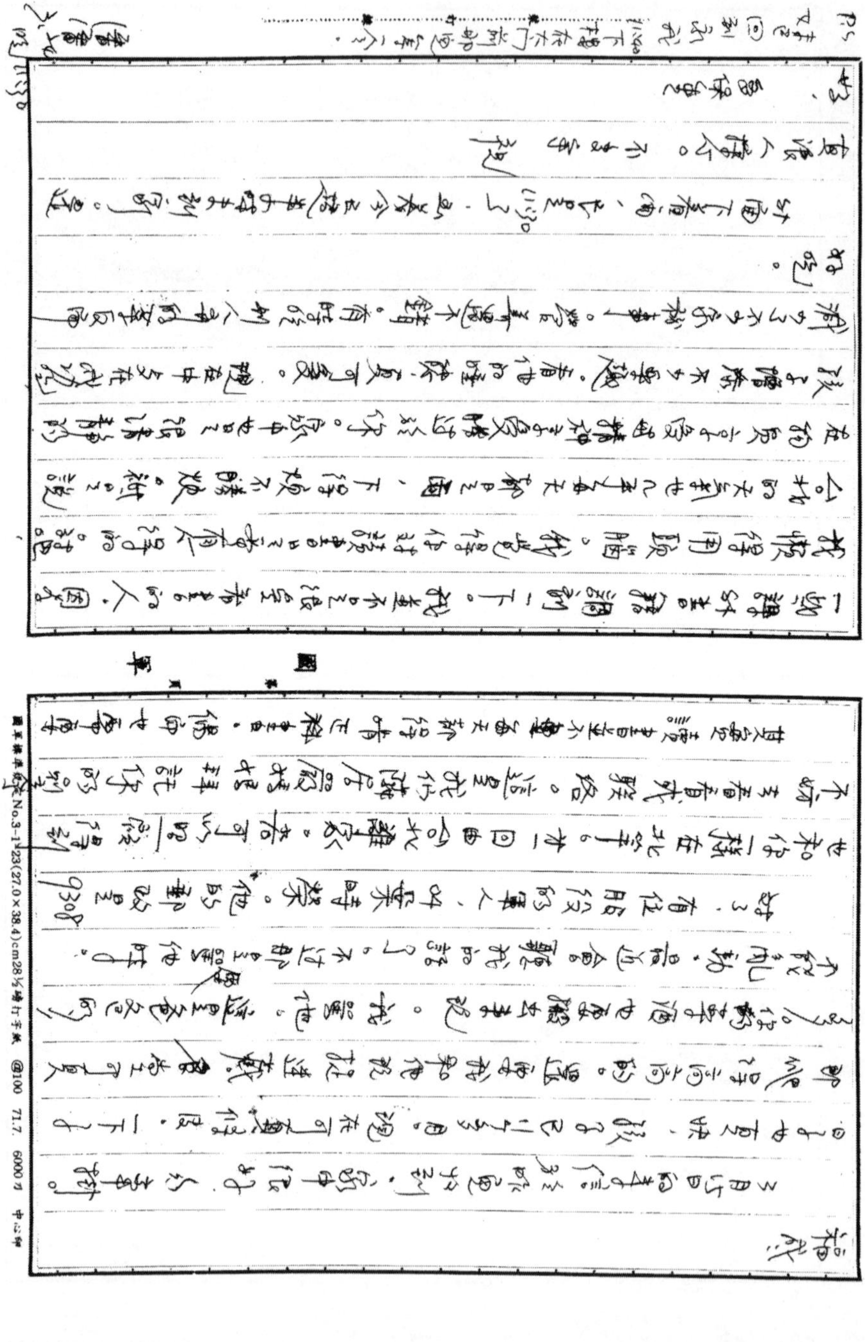

福成：

最近的情緒實在不太好，今也不知怎麼心中說不出的難過。很想大哭一場。發洩一下自己鬱悶的心情。自己對自己難過了一陣子。小孩看我在床上躺，他也乖乖的在大車內玩。他實在好動，爬得高高的，又愛玩電插頭，還去攀上椅子，搖起來，他也想去，打他的手也不怕。有時真氣死人。另一件事是他已知道幫忙，我請他把地上的東西拿給媽媽，他會，我謝謝他，他很得意的樣子。心情不好時，實在不夠耐心去幫他。

昨天帶孩子去看病，自己也看，順便也照了一張X光照片，下星期再去看片子。自己氣色不很好，所以顯得一臉就很憔悴，也蒼老多了。孩子好多了，煩惱的一顆心才放下來。又過三天多了，今天下午教學研究工作會議，也忙了一天，有些想睡。今天車票沒買到，所以祇好買團圓號，但又是星期天下午4：30車，也好回家走走靜靜心。

有時很佩服你的修養，能在那比較不發達之處生活得很好。這是我要學的。最愛彈琴的我，最近卻不太有心情。希望跟天氣一樣，明天將是個晴朗的日光。就此擱筆　祝

好

潘潘
31/3 夜 10:30

國軍　第　頁

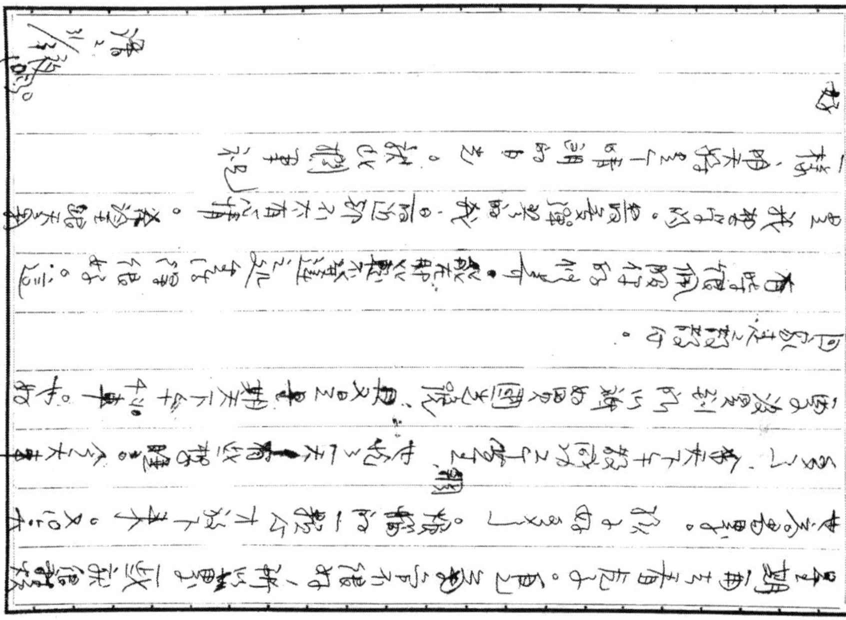

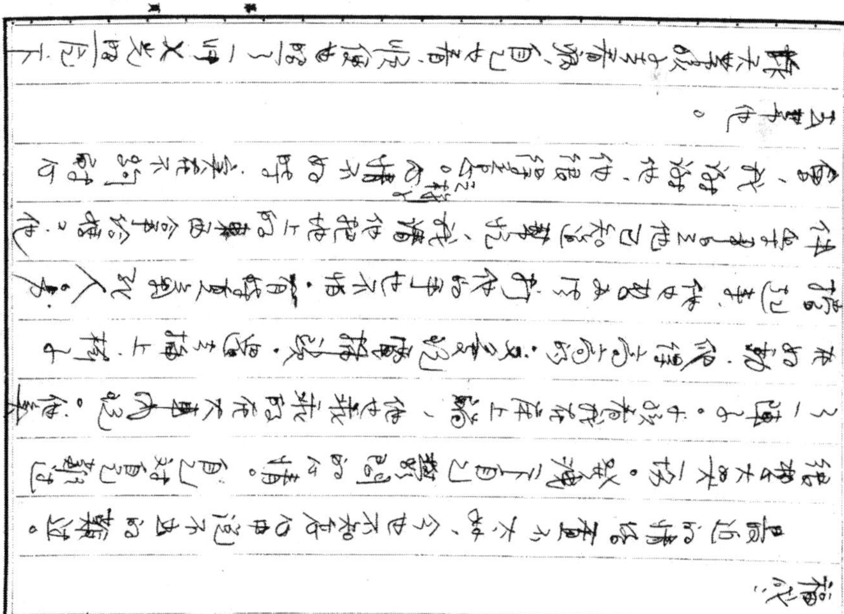

國軍標準規定No.3-1-23(27.0×38.4)cm28½磅打字紙　@100　71.7.　6000刀　中心印

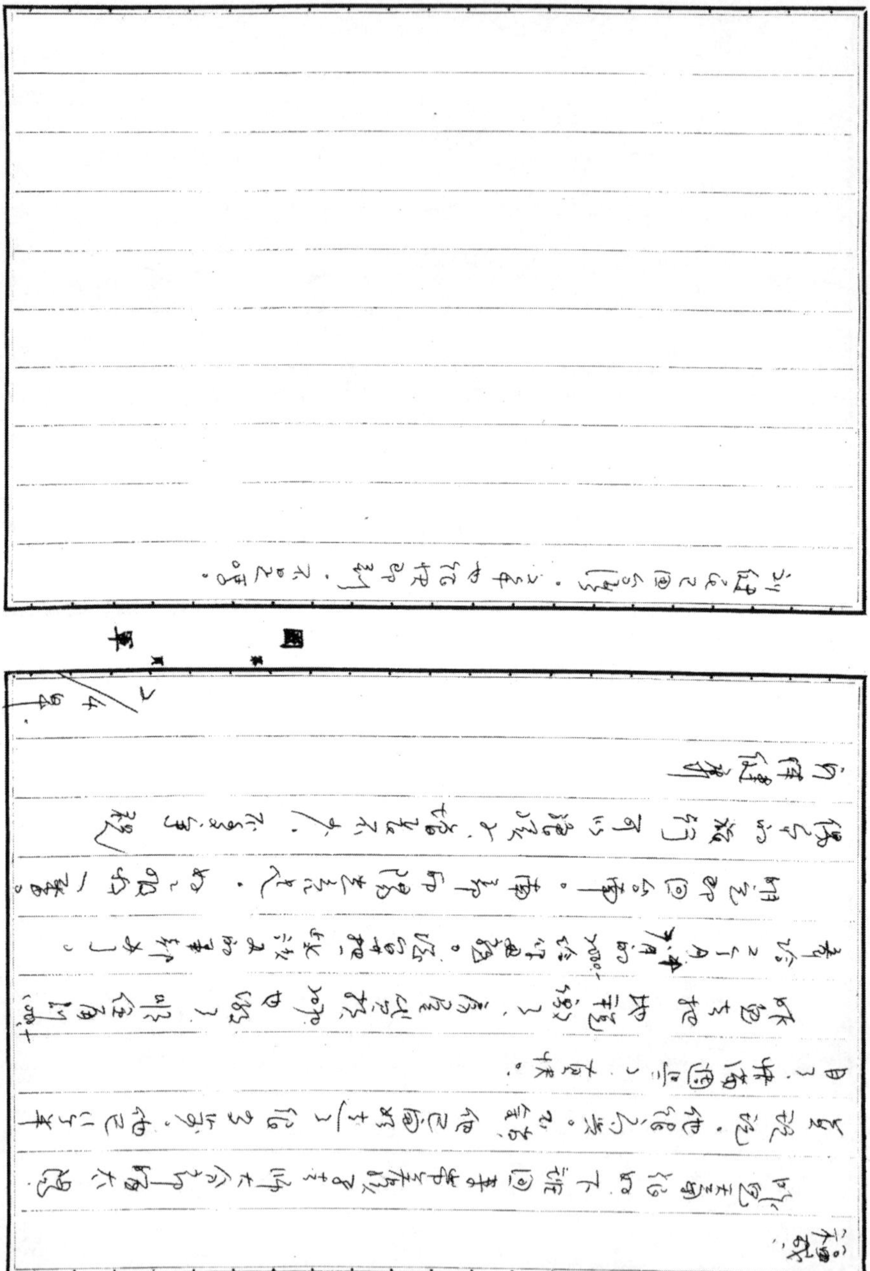

福成：可好，

人都有希望。我們希望你金榜題名。祝福你，

這回休假天天和你在一塊。真有些捨不得你的回航。無奈，工作崗位要刻盡職守。孩子真是增加家的溫暖，更增添了我倆的情誼。看到了他一天天的成長，可愛極了。信上描寫給你聽的，沒錯吧！

那天回去衣服淋濕了否。本想送你至車站上車。小孩醒了，牽掛著，身體有些疲倦，一想還是知此道的路。！所以沒送你，回家真有些坐立不安。差些抱著孩子直跑公館。克制自己。很捨不得。

這回辛苦你了。謝謝你幫我做很多的事。甚至耽誤了你的功課。得失心別看得太重。安心考試、讀書。我會好好照顧家的。有空常寫信。考上了可拍個電報報佳音。考試完畢再給我寫信、

我生活已漸入軌道 回到家整理環境。今天下午開始教琴，明天也一位。自己再抽空練練。也開始忙碌生活了。忙碌中比較不會相思病。每天想著你也不是辦法。過年至今也有了月沒練琴，下下星期也得開始和老師上了。打算每月上二次即可 約600左右。

這樣姐可以多添點收入。手頭上也鬆些。

桃園的工作我不準備接。交通不便。昨3日8日去叔叔

那兒玩。在車上就耗了六小時。很不方便。我也不太喜歡
可能的話，我還是上半天班舒服。在成功也很好，都是熟人。
很方便，但也可以自由打。偶而抽空回家看孩子可好。我的
學生也在進步中。這几天就輕鬆多了。有一些規矩可言。
半天在工作上，半天在家中很理想。待再央有缺，我再說好了。

祝

萬事如意

不早了，我該早些睡。明早
還得早起。

潘潘
9/3
晚 10:30

天涼，衣服多穿些。
晚上你父親有打電話來。我叔叔給爸爸1000一左右。真不好意
思。還替我們做許多事。

福成：

不知你那邊現在是否改變。還是提筆和你聊聊。免得你說我不夠重。感冒好了否，出門在外，自己得好好照顧才是。想念我們但也別太牽掛了。想得了多做些事情來排除在島的寂寞。我每天接觸的多些，上下班所看到的花花綠綠，祇差沒把人弄昏花。

今天天氣已很熱了。有句古老話，過了端午才是真正的熱天，才可以收被子等。今年端午正好是國曆六月十六日。看看日期，你可能今在家中吃粽子。想想也是挺美的。自從有了孩子以後，很少有時間讓我思考、靜下來，每天

國軍 第 頁

几乎都是團團轉。佳佳最近有在練習說爸爸、奶奶等。說的最好的是「姨」。叫得很好聽。其次是要找我呢，「媽媽」，佳最喜歡捉迷藏，佳還會「丫」一聲。我也真覺可愛。

我成功上班卻多認識人，如此事，早上也不用太趕。還可以做。很自由。明星我值班，外要走，知得到學校。得早點上班。今天亦事比較早些睡好。

祝

安康

[illegible] 手上 5.15 夜

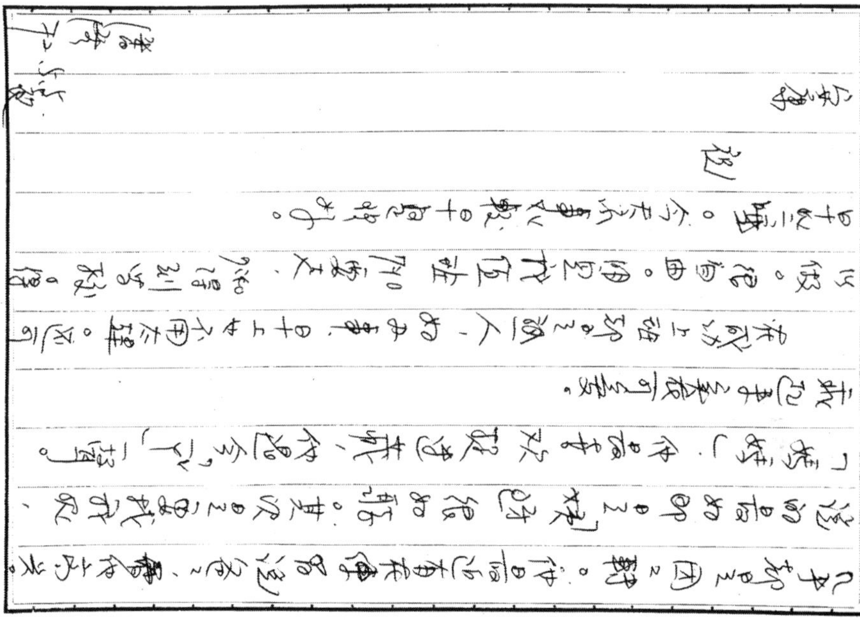

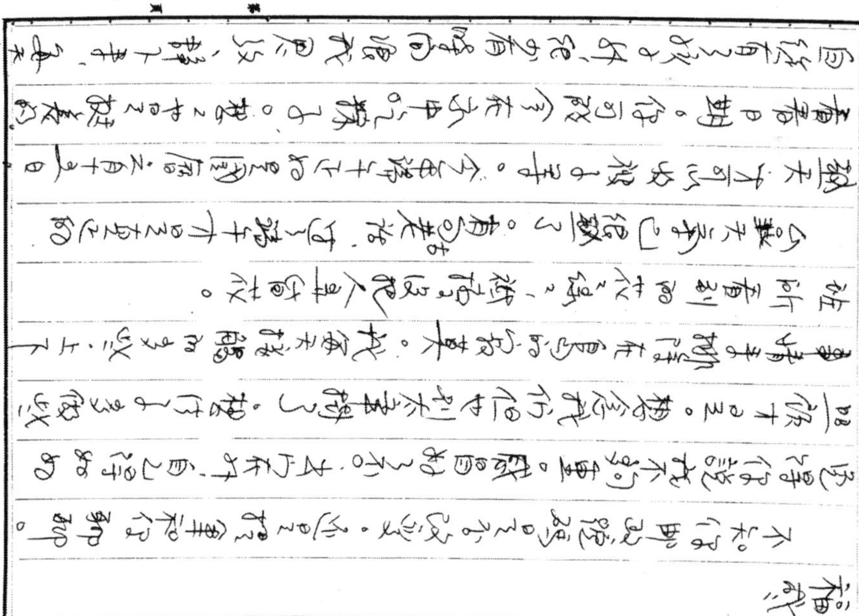

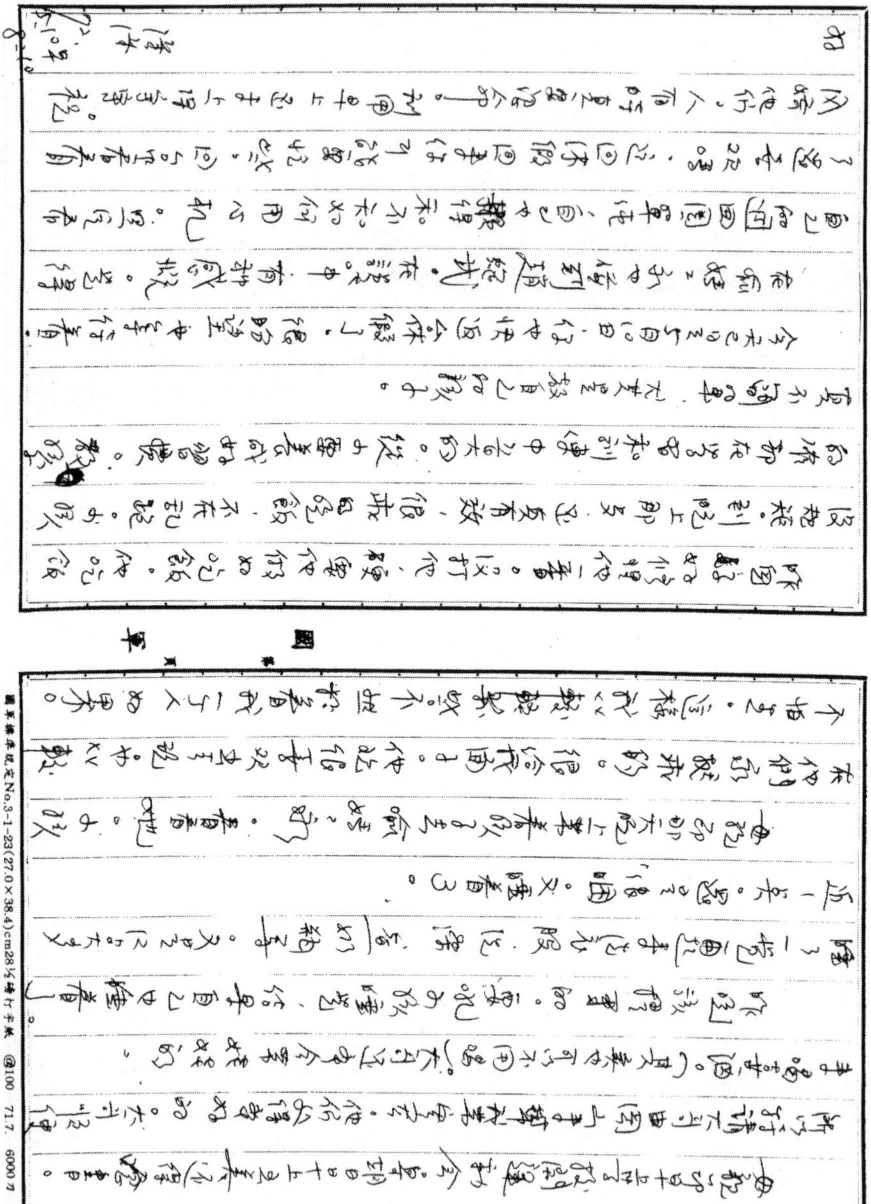

福成：

最近好，也比較沒寫情書信。今接到你6.16的兩封信。船期好像很快。每星期都有你的來信。

信上得知你也寄錢給伊[?]世紀和阿[?]婷。我並不是很在乎錢的問題。既然我都送了，為什麼還要再重複。按理來說我們雖然是夫妻，為什麼還分你我給錢。我很妥當。有些事情還是由你去處理好了。像這次人在外島，或許情形不同。

家中都好，勿牽掛。祝

[illegible]事如意

潘[?] 5.16 11:00

福成：

小狐狸，爸爸，[illegible]隨他高興。他想學說話，就是有時說出來的話和我們不一樣。大部是單字。媽說得最好，再來，婷婷……、嗯嗯。挺好玩的。這四個伙伴每個很[illegible]，所以我會接[?]待他，不[illegible]吉大我就遠了。

最近常[illegible]起些，抱著教當年詩詞[?]。這些常常詢說[?]沒的，其它的都還好。教他們說英語。一群牛。從不拿椒子的，抱在手了概子，竟也不怕。我時会幫你聽背。小狐狸都是很清情似的。

每天時間，你也快回來，所以有些許還是留著我們見面時再談。不多寫，在外多保重。目前要還未有工作，孩子也就一直我們帶著。祝

好

[illegible] 中午12:00

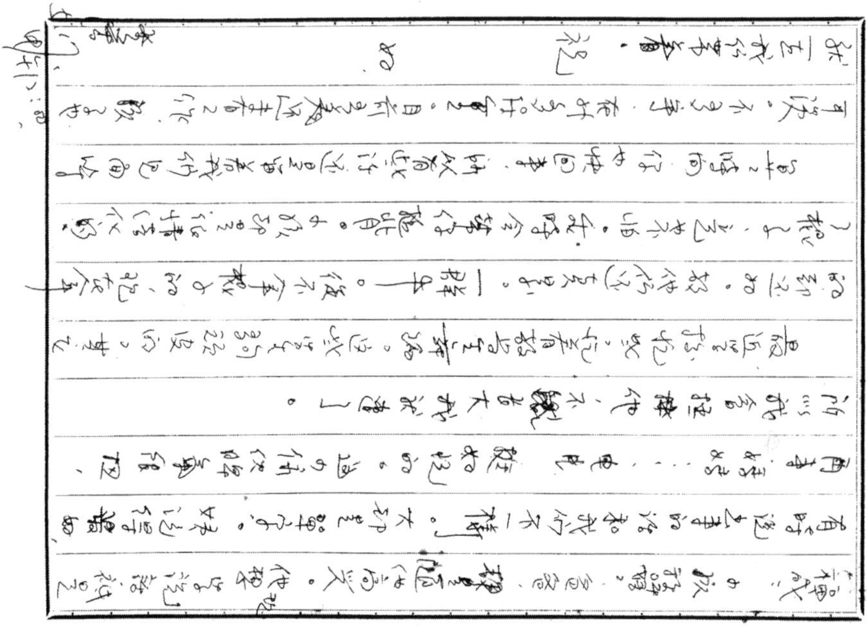

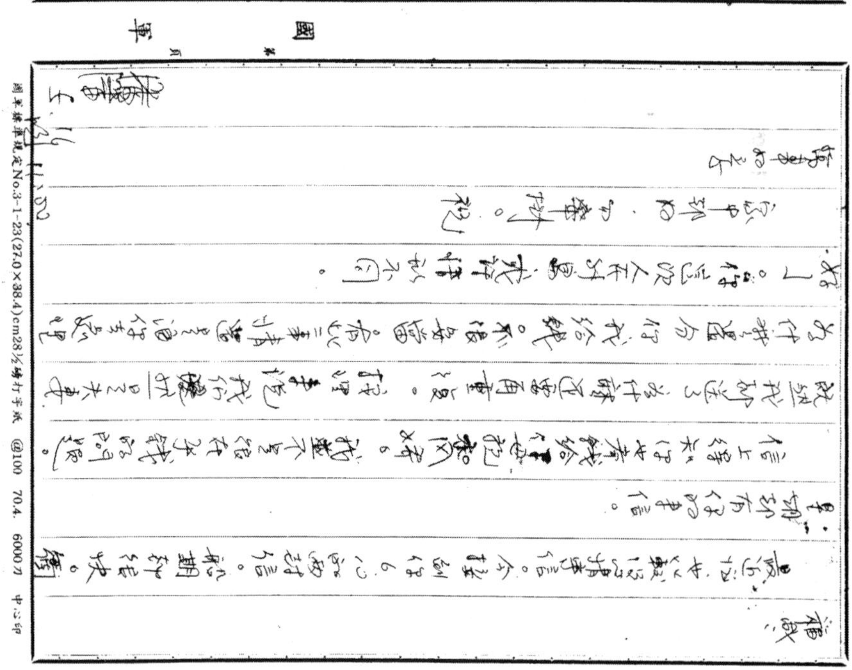

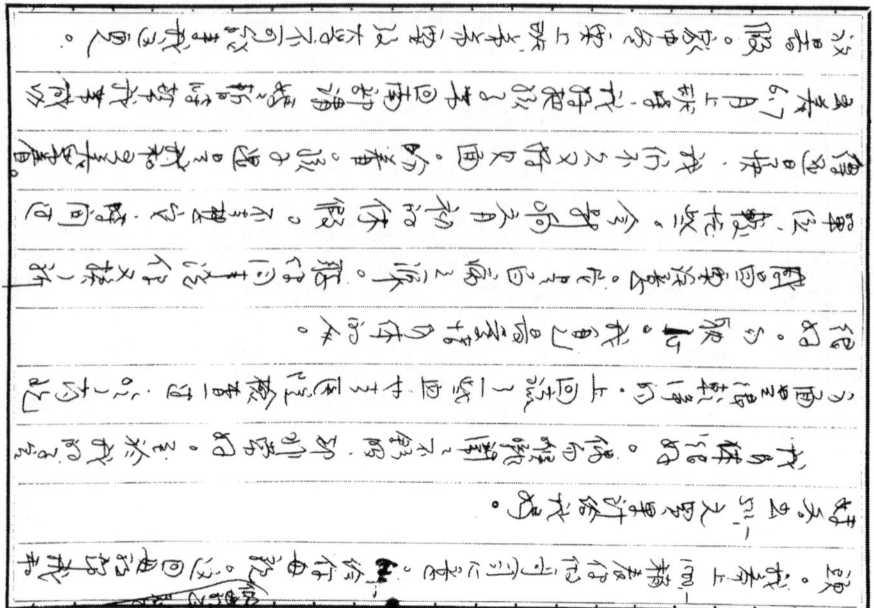

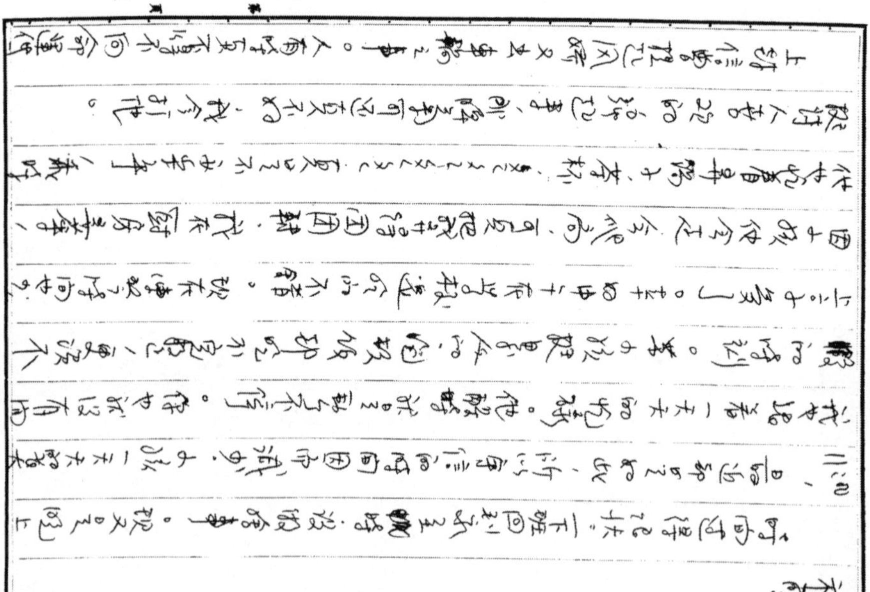

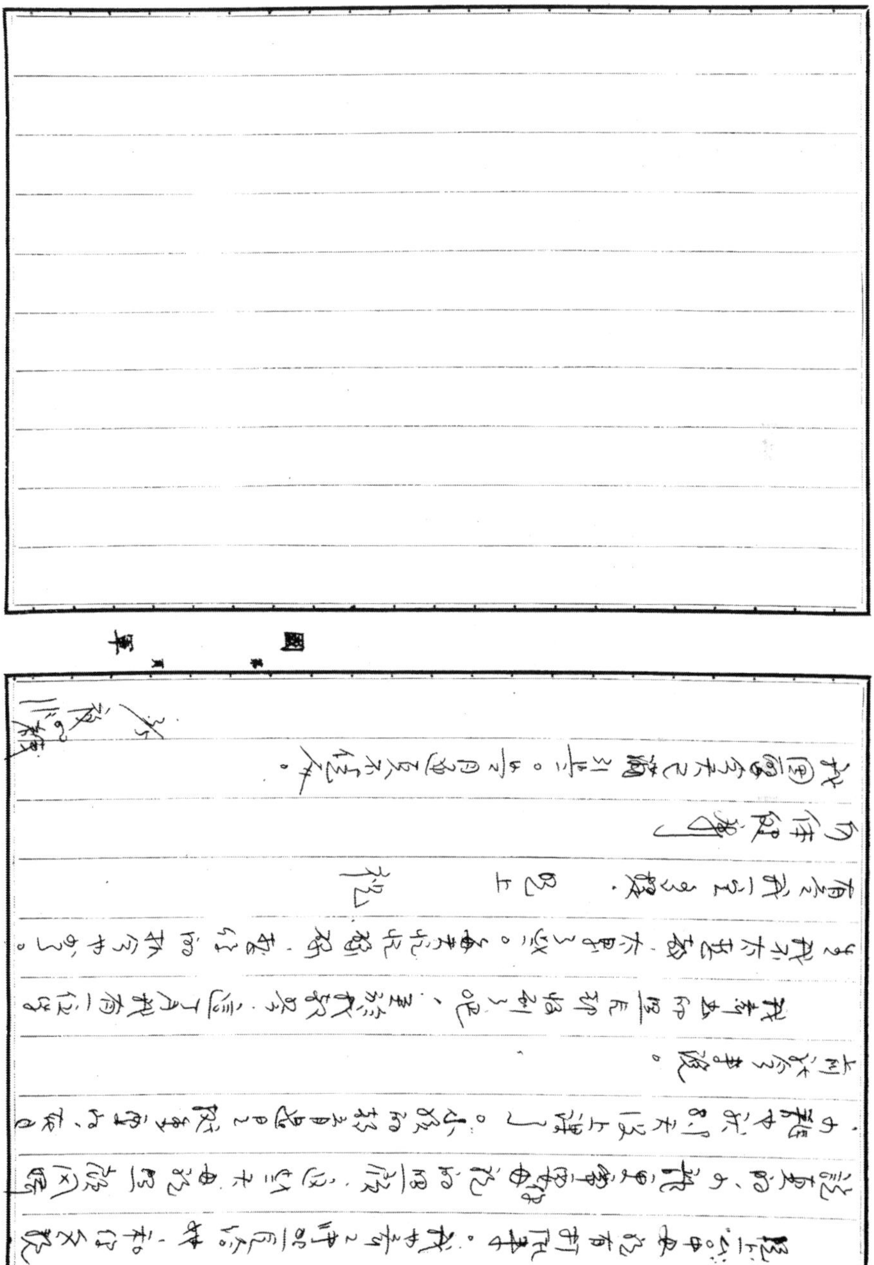

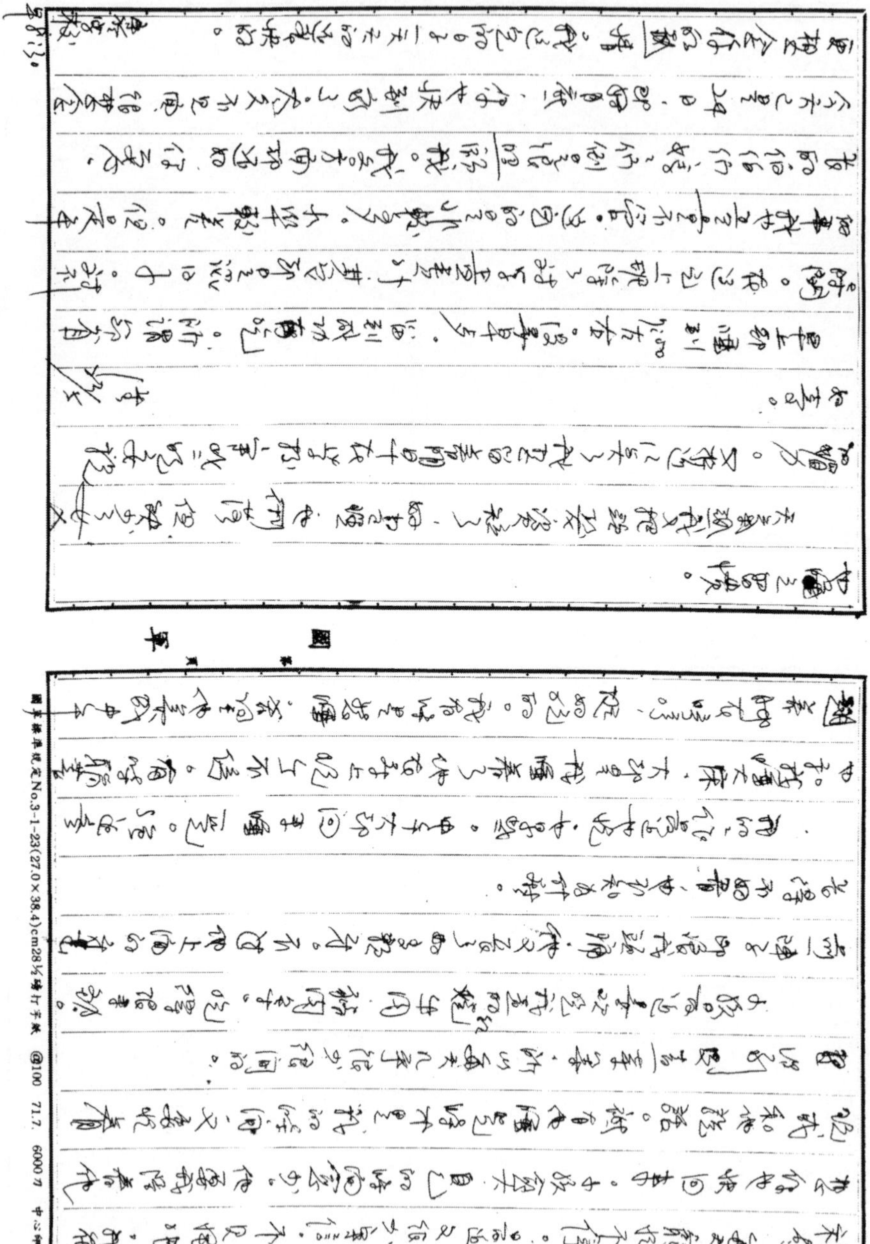
國軍標準規定No.3-1-23(27.0×38.4)cm28½磅片字紙 @100 71.7. 6000刀 中心印

福成：你好

掛號信之封等都收到了，最近天氣很冷，自己在外別
忘了多穿衣服，常常叮嚀別人，自己可別忘了。最近忙學校
秋冬都忙，太冷小傢伙們都生病了，吵著鬧著所以我都抱著
今天好多了，教室還好，吃東西好多了，倒是大太太還是好些
做媽的也輕鬆些，很多事情自己無法冷靜下來處決，等
輕鬆些今再和你討論了，其實我很害怕自己有脾氣，寒假時再不
由己，當然你的關心當你那我得更留意，自己也因天冷有感冒
還好，星期六去診所拿了藥。自己保重，利用十分鐘時間
趕筆，怕你缺你，及太太的關心丈夫，祝好

潘陽
12.17 8:30

福成：

早上起來過早，想著你都穿了。自己在外多保重。錢該用的還是
要用。尤其在吃方面，該補營養就補補。我們在家中吃的很好。
孩子也很喜歡吃我弄的菜飯。中午大部分是美美給他吃。晚上他會
去美美年紀也不錯了。小孩和我們處得很好，不過到晚上他會
找我要我陪他。
我的身體很好，你安心。我說上述了。祝
健康平安
附：很想得有此神呼到，小孩今天記得吃，還在哭哩。
媽媽很高興你寄給他的東西。

潘陽
72.3.25 晚9:

第　頁

國軍標準規定No.3-1-23(27.0×38.4)cm28½磅打字紙 @100 71.7. 6000刀 中心印

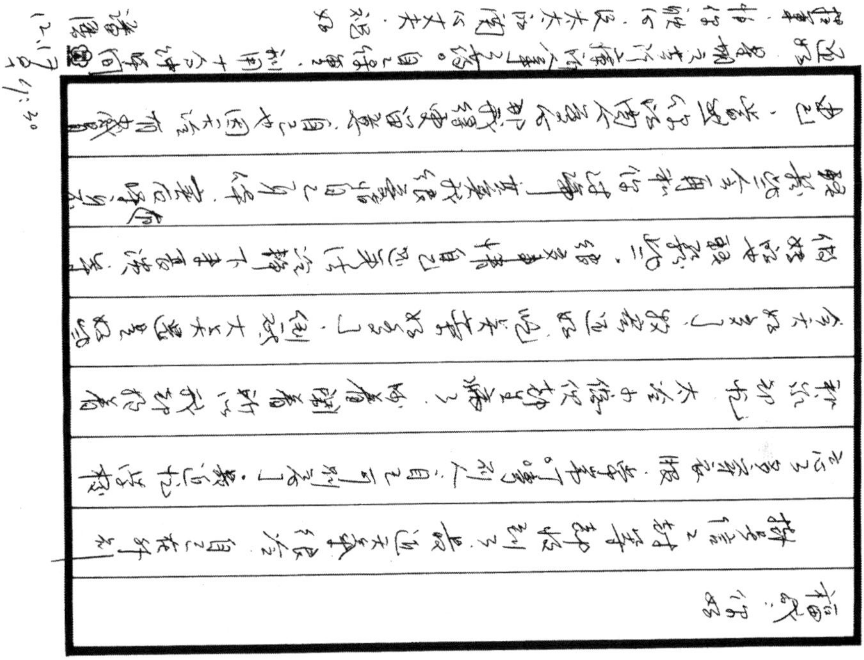

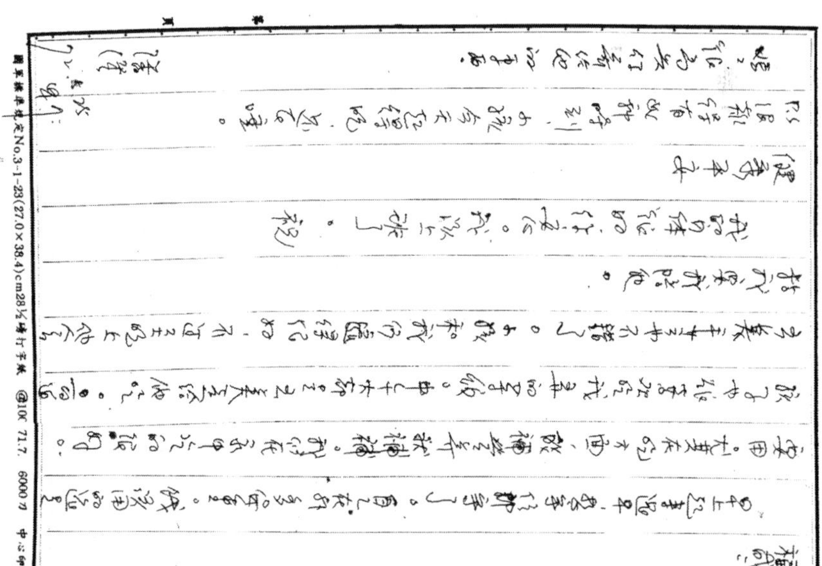

稱呼，[illegible]。[illegible]已有[illegible]。[illegible]

[illegible]

[illegible]。[illegible]。可

[illegible]。[redacted][illegible]

早上8:30上班，[illegible]8:00[illegible]，下午[illegible]（[illegible]）[illegible]下班，[illegible]7:30[illegible]

下班了。[illegible]

[illegible]

[illegible]

[illegible]……

[illegible]

[illegible]

[illegible]

[illegible]。

[illegible]

[illegible]

[illegible]

[illegible]

[illegible]

[illegible]

[illegible]

[illegible]

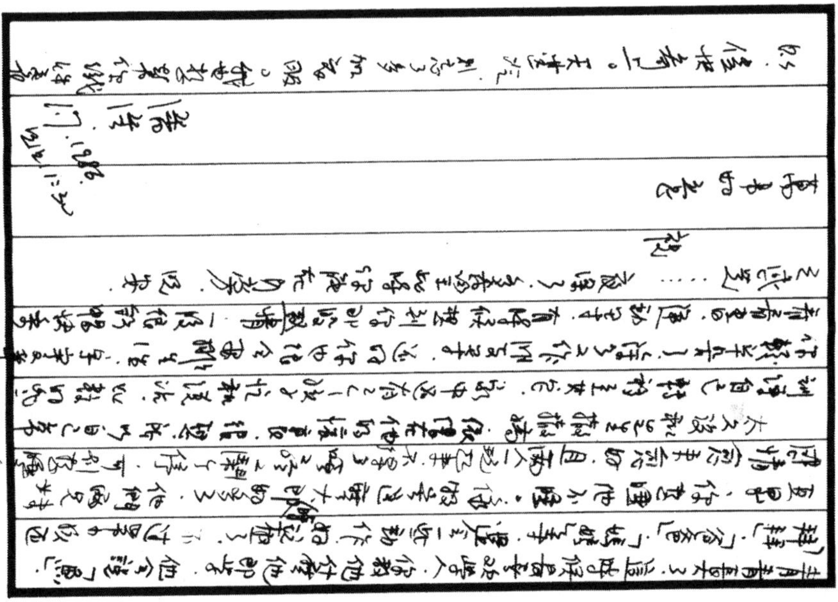

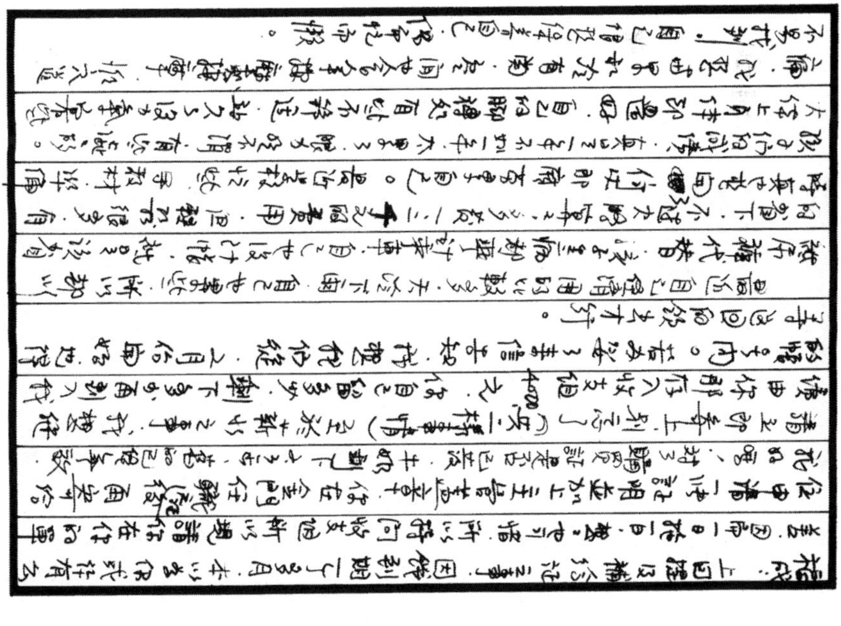

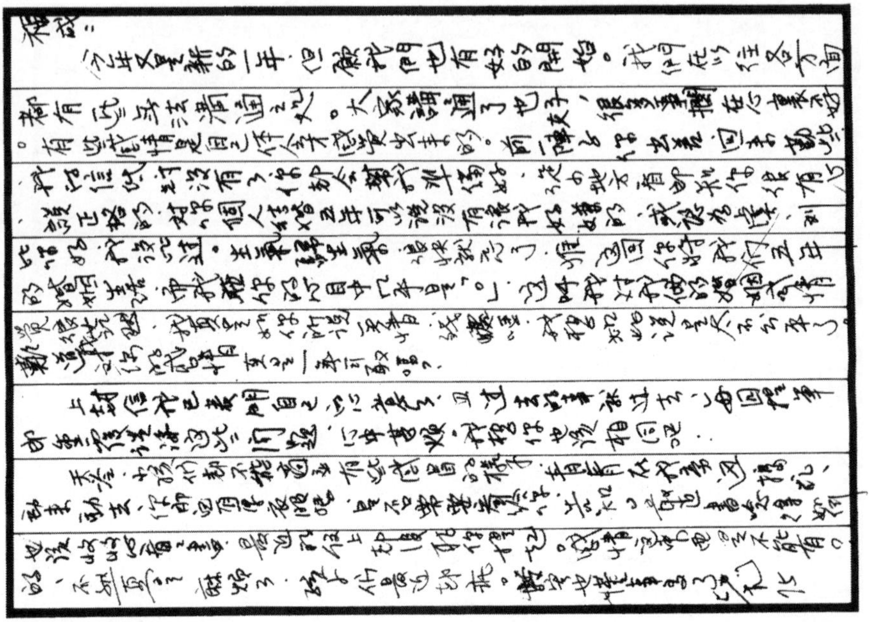
今年又是新的一年，但願我們也有好的開始。我們在以往各方面都有些未溝通之處。大家講通了也好，[illegible]

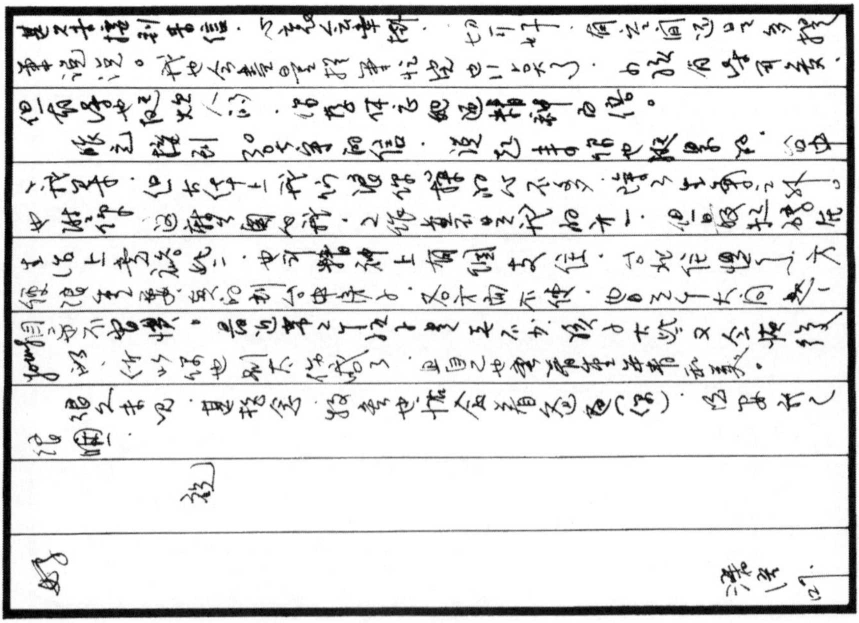
[illegible]

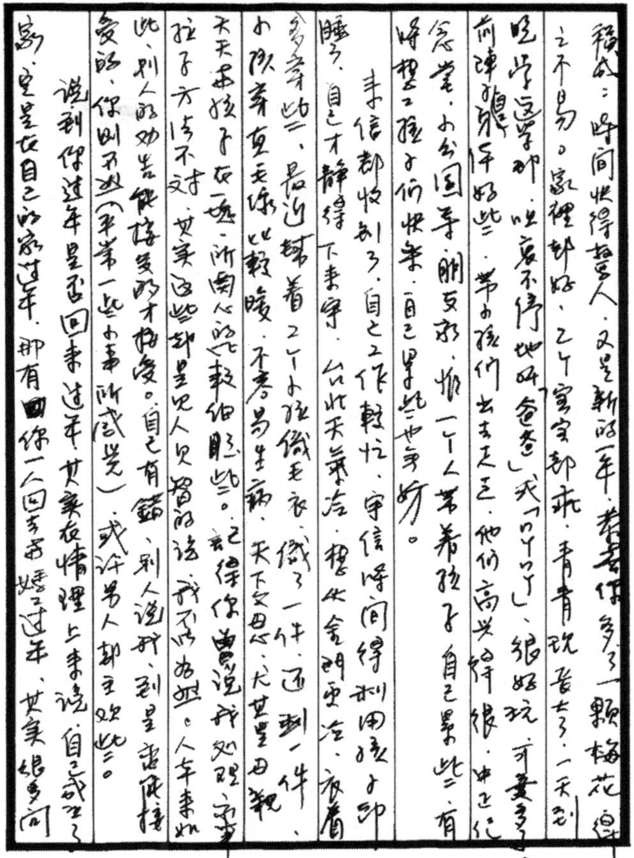

穩武：時間快得驚人，又是新的一年，恭喜你多了一顆梅花，得之不易。家裡都好，二個寶寶都乖，青青說話多了，一天到晚呼這呼那，吵嚷不停地叫「爸爸」或「ㄉㄚ ㄉㄚ」，很好玩，可愛多了。前陣子很好些，常帶孩子們出去走走，他們高興得很，中正紀念堂、小公園等，朋友家，帶一個人帶着孩子，自己累些，有時想想孩子們快樂，自己累些也蠻好。

來信都收到了，自己工作較忙，寫信時間得利用孩子們睡了，自己才靜得下來寫。台北天氣冷，想你會更冷，衣着多穿些，最近為着二個小孩織毛衣，織了一件，還剩一件，小孩常有天氣比較暖，不容易生病，天下父母心，尤其是母親天天和孩子在一塊，所關心的是較細膩些。記得你曾說我對孩子方法不對，其實這些都是見人見智的話，我不以為然。人本來如此，別人的勸告能接受的才接受。自己有錯，別人說我，倒是蠻能接受的，你則不然（平常一些小事所感覺），或許男人都是如此。

說到你過年要不要回來過年，其實在情理上來說，自己成了家，是應在自己的家過年，那有留你一人回去陪媽媽過年，其實很多問

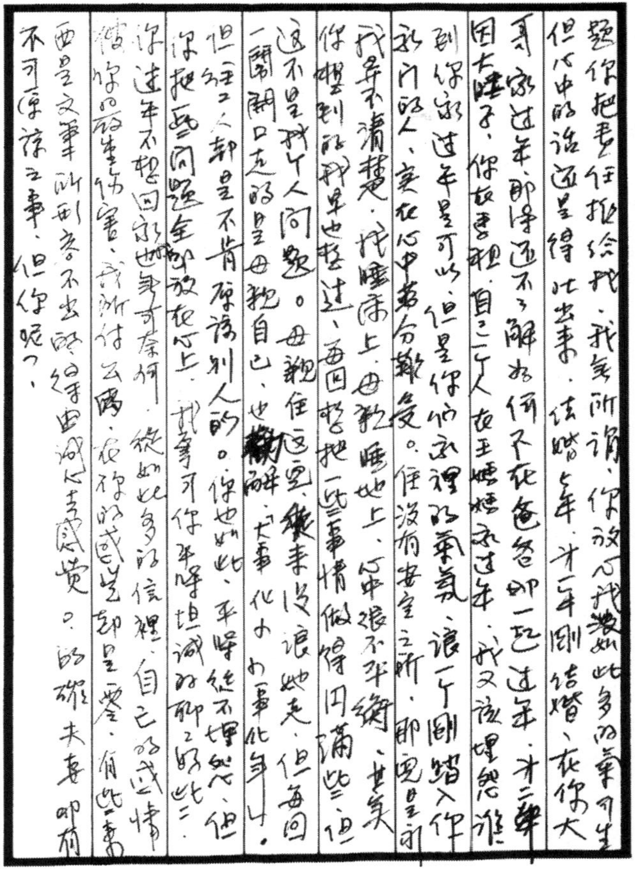

題你把責任推給我，我無所謂，你放心我說如此多的牢但心中的話還是得吐出來，結婚七年，才一年剛結婚，在你大哥家過年，那時還不了解為何不在爸爸那一起過年，才二年回大陸了，你在老祖自己一人在王媽媽家過年，我又該埋怨誰到你家過年是可以，但是你們家裡的氣氛，像一個剛踏入你家門的人，實在心中十分難受。住沒有安全之所，那兒是我我并不清楚，我睡床上，母親睡地上，心中很不平衡，其實你想到的我早也想過，每回都把一些事情做得圓滿些，但這不是我一人問題。母親住這裡，樂意跟她走，但每回一聽開口走的是母親自己，也解，大事化小，小事化無。但往往人都是不肯原諒別人的。你也如此，平時絕不埋怨，但你把這問題全部放在心上，我等可你平時坦誠的聊聊好些。你過年不想回家也無可奈何，縱如此多的信裡，自己的感情被你的言傷害，我所付出的，在你的感覺都是一零，有些事西是文筆所形容不出的，得由誠心去感覺。的確夫妻那有不可原諒之事，但你呢？

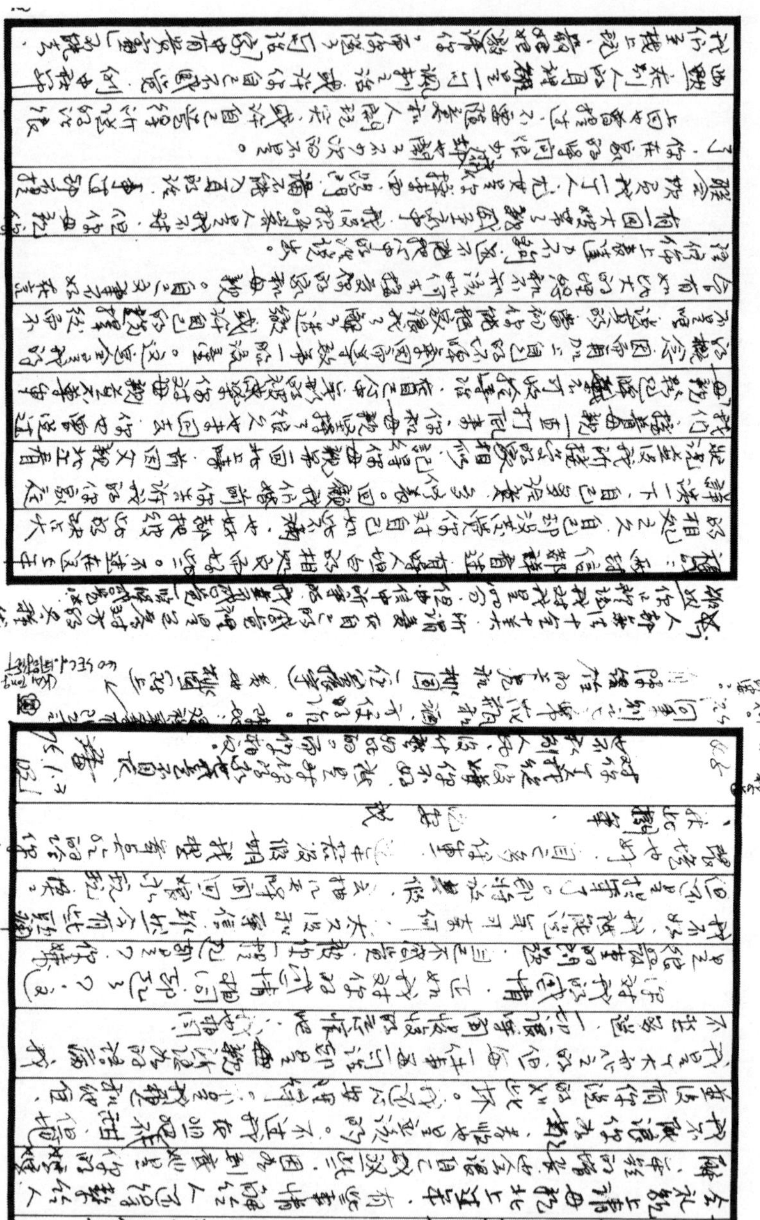

有件事想和你提提，我們台中的房子還有貸欠17萬，現不知還
需還多少，我想若下會或有陸續些把它還清，因目前利息很低
且目前買房子錢也不夠，所以能還一筆即還一筆，若我們
買房子時還可把那房子再貸些款。所以你下回休假或
公差若有多餘時間至台中為此事問土地銀行還要再還多
少，每個月2090元可省下做利息用。我算算[illegible]剩下10萬左右
你覺得如何，阿媽那兒的所有權狀我想拿不出，還是
由自己保管，我想訓練自己能幹些，將來要管理也方便些
至於補給證是要，但還是等你回來再去，因為掛號信
也[illegible]上回還是郵局的，而你的是軍人。[illegible]

但其中的要素是說呢是我之弟公雄，或許你認為是幽默而開玩笑
得是調判。所以在妹妹這兒你也曾和他說笑，但不知[illegible]
得很對方接受我的意義還不如開玩笑。但和你相處你是比較有拘
小節之人，我是能容忍你，自己是丁大而化之人，一般小事我絕不會
放心上，諒你真傷了我的心，或許我是很快的忘記。
你今中午的太武斷，就如你平時有時所說的話，你不能不忍我。
等，就這麼一點小小事發生，你就看得如此嚴重，把我說得
一文不值。每美是沒禮貌，你們男子漢大丈夫之風，但你卻擺出
如此嚴肅之語，且你心裡有病，記得桌子前我講了一句話，只講
到前面後面還沒講桌子之類，你卻知我下面講什麼，這麼肯定
我倆之新婚這兩子，上回母親開進結，我又不隨便講此話。我們
二人不知沒有心病。我對你真的如此說的冷漠，無情嗎，你太沒了
只能說不夠體貼，但兩個孩子的理解你又欣賞我多少。例上回孩子生病
你對事情看得有時太過隨便，「沒關係」結果你回運理，孩子住院
三天，累得是誰，我沒對你埋怨過，我覺得累倒是沒關係，也好像要
我講你的缺點，就講吧，自己平日也怪，孩子，也關心在外，但有時真是心裡
十分不過，塗生了體諒，尤其來信更要靜下來說一些事，今天利用值
班守，較為在教室把玩具，不多言。想到什麼就寫什麼。但希望我們
今再你面前說母親不是，這是我說說抱歉的，[illegible]

Pam
Dan 木柵 10.05.

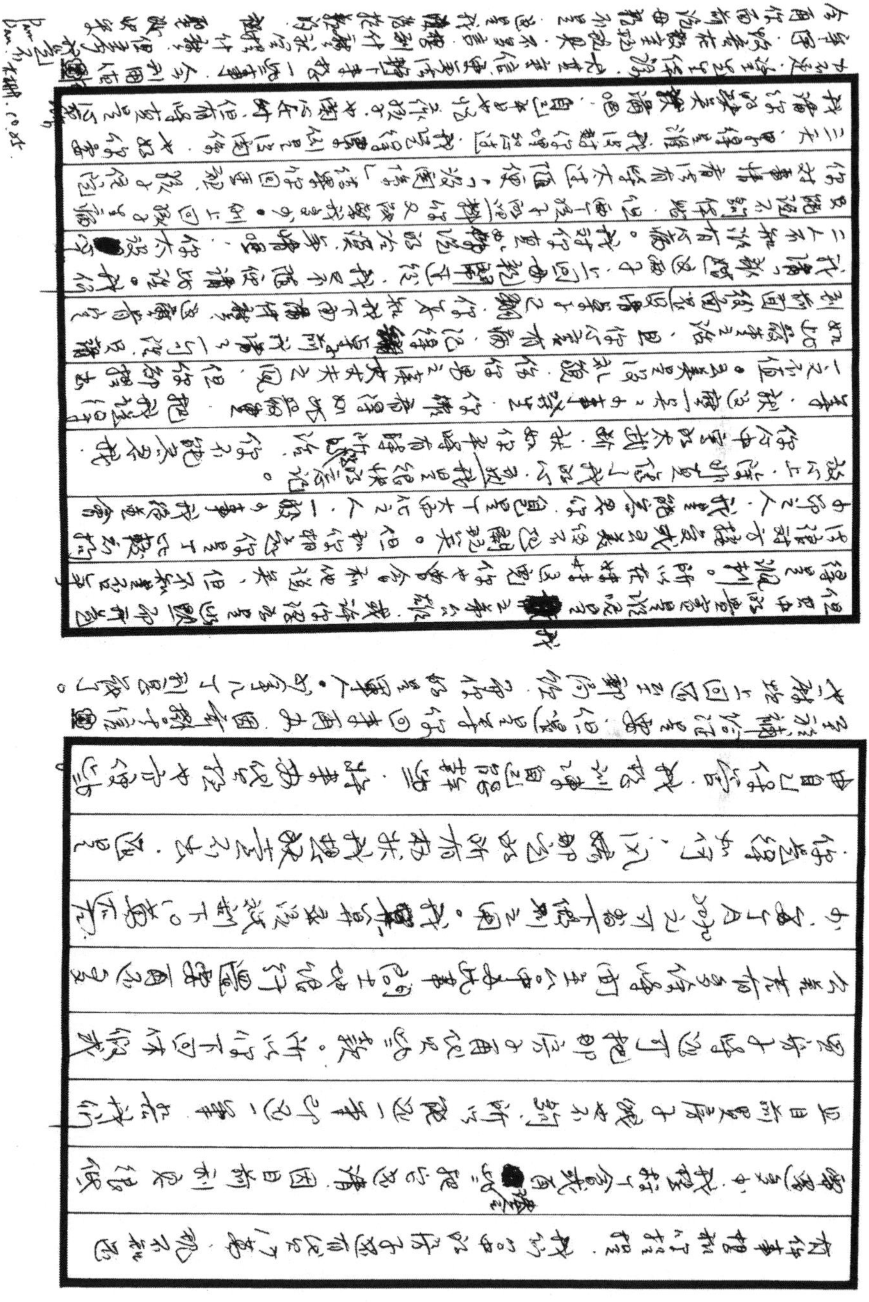

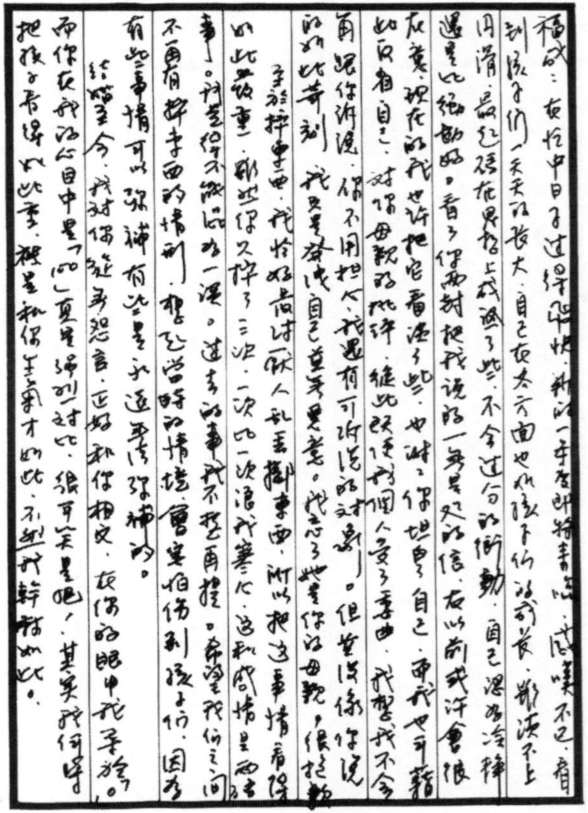
福成：在信中日子過得很快，新的一年即將來臨，感嘆不已，看
到孩子們一天天的長大，自己在各方面也不比孩子們的前長，斷談不上
圓滑，最起碼在思想上成熟了些，不会逆今的衝動，自己很多冷靜
還是比較動的。看了你兩封把我說的一無是處的信，在以前我許會很
在意，現在的我也許把它看淡了些，也謝謝你坦白自己，而我也可藉
此反省自己，對你母親的批評，從此以後我個人受了委曲，我想我不會
再跟你訴說，你不用担心，我還有可訴說的對象」。但並沒像你說
的如此苛刻，我只是發洩自己並無惡意。我忘了她是你的母親，很抱歉。
至於揀東西，我於好高討厭人亂丟掛東西，所以把這事情看得
如此嚴重，那些你又揀了二次，一次比一次讓我寒心，這和感情是兩回
事」。我並非不識記的一課。這樣的事我不想再提。希望我們之間
不再有揀東西的情形，想到當時的情境，會害怕傷到孩子們，因為
有些事情可以彌補有些是永遠無法彌補的。
結婚至今，我對你從無怨言，正好和你相反，在你的眼中我是多餘，
而你在我的心目中是「他」更是強烈對比，很可笑是吧！，其實我何嘗
把孩子看得如此重，就是和你生氣才如此，不然我幹嘛如此。

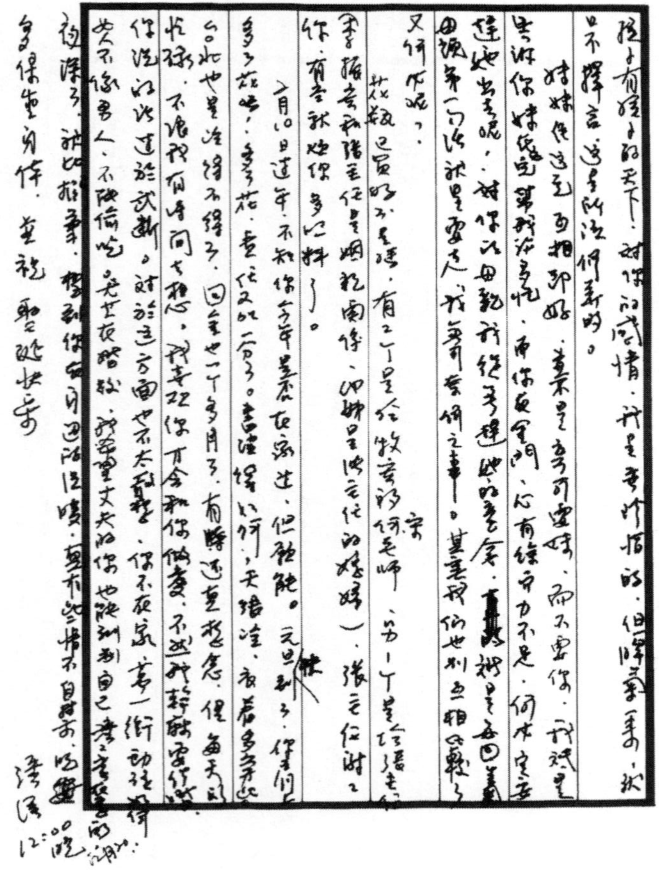
孩子有孩子的天下，對你的感情，我是無所指的，但憑良心講一句，我
只不輕言，這是你所沒[illegible]的。
妹妹倆這樣互相聊聊好，並不是我可憐她，而不要你，我就是
要讓你妹妹知道我的為人，而你在家門，心有餘而力不足，何必害
她出來呢，對你的母親我從來沒對她有怨言，那是每個人
母親，第一句話就是要我去做什麼事。甚至我們也利用相處
又何必呢？
秋娥還好吧，不是嗎，有二個是台大牧師的，另一個是台大[illegible]
（李振安和陪至任是姻親關係，而她是張之任的姊姊），張之任對
你，有李秋娥你多比較了。
八月10日過年，不知你今年是否在家過，但願能。元旦到了，你們
多了花嗎？，多了花，或任何好的一個了。希望你好好保重，天冷了，夜晚多穿些
的，此也是沒得不得了，回來也一個多月了，有時還真想念，但每天的
忙碌，不讓我有時間去想念，我喜歡你方今和你做愛，不然我好像要你似的。
你說的話過於武斷，對於這方面也不太敢管，你不在家，事一衝動強你
要不像男人，不能偷吃。免也在路邊，我是重丈夫的你也能夠想到自己是有太太的
適當了，就此擱筆，想到你的月[illegible]情，真有些情不自禁，晚安
多保重身体，並祝　聖誕快樂
淑德
12:00 晚

福成：

在家的時間除了家事外，陪孩子玩玩（晚上陪看T.V.）又到睡覺的時間，心也靜不下來寫信。所以一天過一天，又有一陣沒提筆了。出家在外，得到家書是最珍之事。

上回寫給玉美之信，我沒讓她看，我想能傷害她的就算了，既然玉美已不搬走，又何必再增加一個笑答。尚請你見諒，做姊姊的會利用時間找方法勸解她一番，其實我自己像她這种小時也是很相像的，因我的父母對我太過遷就，養成沒大沒小，屢次的教訓和經驗，總會改變的，就如我自己，在個性方面，已經改變很多。目前我的孩子小，家裡有可靠人對我來說很重要，萬一有事可以接替。在此中午

昨晚看到你寄的信和所附的文章，都看了，現在除了工作、孩子，一天所剩給我好好做自己的時間几乎沒有（因為了忙完了又到睡眠時間）（樣子），當然也是自己想多休息之故。最近身體很好，疾痛少多了。

花瓶不需換字，但願你能幫我選花色較美好的。價錢在如不要很貴即可。

我想在婆媳之相處，相處之間的冷淡使兩者都得互讓，就如你和玉美相處時間這麼少，你又能看出多少呢？這信中的幾句話，自覺得若是我提筆也不會寫"辯走不辯走"。人都是覺得自己做的都是對的，且說別人的不是容易。既然有了孩子很看書時間少，但是在人與人相處間，自己的体驗還是不少的。至於你改

至於你數次換東西，我想這回也是我所講的最後一次，至於你改不改，接受不接受，我沒有權力讓你如何做。

和你母親也有一段長時間之相處，剛結婚時驕傲不懂禮，得罪親戚，在婚前甚感自己的不是，但反過來你也得承受這些，因我無法接受你的家庭，你讓我了解的也太少，心中祇有排斥，那有接受之心。但經兩次我自覺並沒理虧，我也在大眾之前任你母親說，每回母親是自討要回台中，我也盡心地挽留過，人總要替自己留後步，不要把話講絕了，那是會讓人笑掉大牙！最好不要和她

開玩笑得看人開玩笑，像玉美心胸不夠開朗，所以你她因欣心功課不好，因而把工作辭掉，但又在想自己是否有工作，加上老伙的氣，才因而曾提過，四阿姨打電話也提過，自尊和自卑的作崇，演變成如此的局面。我對自己很自責，把事情處理得如此。

或許你認為處處袒護妹妹，和你相同，你不也袒護母親，或

想也判互相比較。

人都是相對的，婆媳難道那是婆的錯嗎，不盡然。

你和妹妹之過處，是有對方所不能容忍之處。

我想這件事就到此為止，用這大情。

又美也好了，本來在12月初那我的房子要搬好，總算是妹妹來，幫我

照顧這學期把青青帶著，短短時間找不到人。我也輕鬆些，青青也好

不用早去晚歸。妹妹住這兒總是比住在上以較好些。丈夫好了，

也沒怎樣了。在我的感覺，你覺得我不是個很好的媳婦，而你對妹妹

實在做到姊夫的榜樣嗎！都自我反省吧！

感情是很奇妙的東西，自己也說不出所以然。有時想婚姻也真

沒意思，養孩子這些事。

說的也是自己感情不合丈夫說給誰聽呢？最近覺得讓自己冷靜些

對自己的婚姻，丈夫沒有信心，惟一讓我安慰的那是孩子，工作。

其他的事情很少想。不多寫了，我已經有些語無倫次了，

家中都好。　祝

平安快樂

P.S 照顧別人，自己又要養孩子，確實老了不少。你說過

好好的，我覺得不得了，

自己是老了些。

P.S. 兩個孩子都好，有点小感冒，已好了。

明天下午帶兩個孩子到診所看看。　鈴華　文風

　　　　　　　　　　　　　　　12月6日晚上

晚上有事，也就沒時間多寫事情了。

曾經說你表哥之子叫文勝，我已經和他的老師說過。

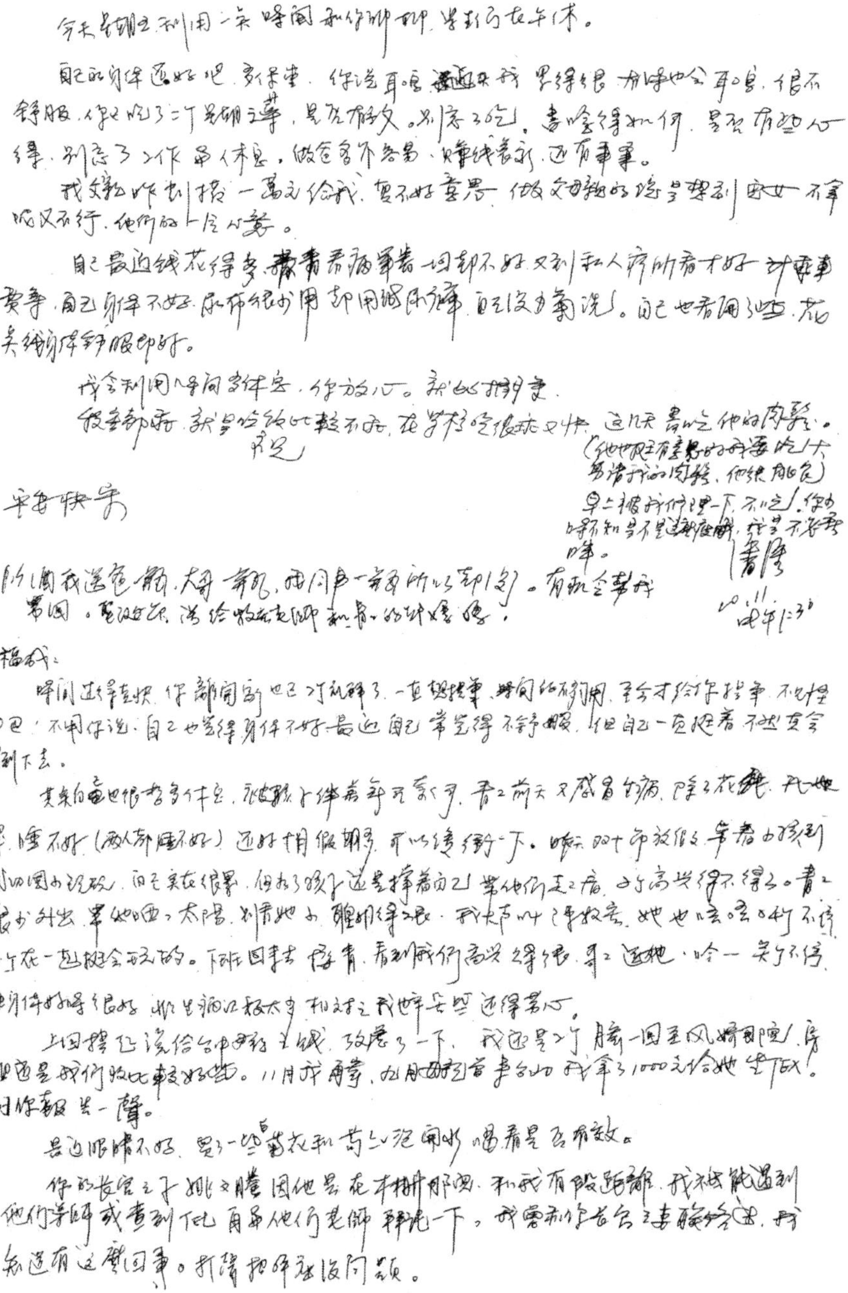

今天星期三，利用一点時間和你聊聊，準備午休。

自己的身體還好吧，多保重。你說耳鳴，我覺得很，有時也會耳鳴，很不舒服。你已吃了二个星期之藥，是否有效。別忘了吃。書唸得如何，是否有些心得。別忘了工作与休息，做適當的安排，賺錢養家，還有事業。

我父親昨天打电話给我，要不要回家，做父親的總是想到兒女，不回家又不行，他們的一片心意。

自己最近錢花得多，[illegible]一個都不好，又到私人診所看才好，討厭事實等。自己身體不好，原本很少用，都用得很多，自己沒力氣說了。自己也看開了些，花点錢身体舒服即好。

我會利用時間多休息，你放心。就此擱筆。

假日部隊，就是吃的比較不好（不足），在學校吃得很好又快。這几天書唸他的內容。

（他也說有空時要唸，大多有我的內容，他很用心）早上被我們埋一下，不吃了。你的時不知是不是這樣，我是不太懂呢。

青青

10.11 中午12:30

平安快樂

[illegible]我送爸爸、大哥午飯，[illegible]所以都[illegible]。有机会帶我回家。[illegible]，給收音机和衣服的[illegible]！

福成：

時間過得真快，你部隊的也已十九天了，一直想提筆，時間沒有利用，至今才給你提筆，不見怪吧！不用你說，自己也覺得身体不好，最近自己常覺得不舒服，但自己一直挺著不然真會倒下去。

其實自己也很想多休息，[illegible]前天又感冒生病，除了花錢，我也累，睡不好（兩人都睡不好）還好有假期，可以緩衝一下。昨天九十節放假，帶着小孩到武陵園[illegible]玩玩。自己其實很累，但為了孩子還是撐着自己，帶他們走走看，小孩高興得不得了。青青很少外出，帶她曬曬太陽，看她小臉胖得很。我大聲叫青青寶貝，她也咯咯的叫不停，小孩在一起挺會玩的。下班回來去接青青，看到我們高興得很，哥哥逗她，哈哈笑个不停。她身体好得很好，比生病以後太多，相對之我也安心還得多。

上回提到這給台中舅舅之錢，考慮了一下，我還是下个月第一週至[illegible]，但還是我們收比較好些。11月我再說，如果自己有多的，我拿了1000元給她生日。向你報告一聲。

最近眼睛不好，買了一些白菊花和枸杞泡開水喝，看是否有效。

你的長官之子姚文騰，因他是在本期那兒，和我有段距離，我想能遇到他們導師或查到他再与他們老師講一下。我會和你長官之妻聯絡，我知道有這麼回事。打聽起來沒問題。

福成：別來無恙。錢和信都收到了。這星期都還未提筆，一來忙些（學期即將結束），
二來最近特別愛睡，發福的現象。昨也今都半天班，也都把孩子接回來，[illegible]鋼表
熱着飯菜，青青正好睡了，所以利用此刻寫封信給你。並寄上一張照片，這回
距離未取好，所以照得不夠好，慢慢學習。看看照片，還挺樂的。
說起來很巧，很久未聽到收音機聲，星期六早上聽到收音機聲，所以我也今
早可上收音機了。現在的時間的確可貴，不過自我懂事以來，我是很會浪費時間
把握着每一刻。那時不是看書，總是做着自己喜愛的事情。別笑我了，還
說我又情意長，和你比起來，那簡直是大巫見小巫。對人生的經驗到目前
有些心得，事情的分析也漸漸透徹些、客觀些，人總會隨着年齡的增長
而成長吧，縱然生長在不很富裕的家庭，但溫馨的家庭，也把我們訓
練的像一朵溫室裏的花，還好我們都還能教，能學。自己比較樂觀些，
所以我的日子一直過得還愉快的，當然錢方面失呼也是有的，那可也不
得了的，通貨較少一些。本月我們倆多領了一萬塊左右。端午節今
年也過些，吃的人少，二斤足夠了。粽子還合胃口，挺受歡迎的，也是
睡藥放了些些，像你她，肚子餓了，就此擱筆，祝
平安如意
附：小孩現在很能幹，翻滾自如，大床四週得圍好，不然真會翻下來。
74年 潘[illegible]
6.15 中午12:30

福成：

得知你平安抵達，放下一顆牽掛之心。家中還好，青青晚上睡眠時間也日增，拍拍她，她即能入睡，不過非得把灯關了，才有效果。所以這幾天我也跟著早睡早起。你的信是21日寫的，我23日即收到，館內的通信不儘寫細，自己照顧得好。

這幾天每天都5點左右起床，整理家務，做一些運動，還不錯，很多褲子已經可以扣起來，自己也感覺肚子瘦了一些，不過我的眼睛不太好，太勞累，眼睛即紅紅的，不舒服，今天又是星期六，下午準備去門診看看，順便也帶小孩去看看，青青的肚臍眼比較突出，讓大夫看看是否有問題，且也比較不美觀。

今早是8:30的火車，距離上班時間還早，所以提筆和你聊聊，昨晚爸媽打TEL來，也告訴我你給他們的信收到了。台中那邊我不知，有空再打TEL問問，[illegible]。自己多保重，有空的話~~好像~~很常去吃吃吧，我看到橫幅有一幅，除了工作，看書外，別忘了休息，不多寫，再聊。

祝

平安快樂 萬事如意

17.5. 我們又開始寫情書了，　　瀾瀾

不忘了幫哈邋遢是否　　81.4.25 星期六

有理想加油新，　　早上 7:30－9:40

福成：哥好

信都已送，最近忙些所以寫信少，我7月5日即將放暑假，當老師的好處，工作累了有一段長時間休息。本可立即返南但因為[illegible]（7月20日）所以只好在台北待命。

今鄭媽媽跟我說，小孩脾氣太急躁，他有些吃不消不想帶了，說真的急得很，脾氣一來不停了，我想大一點會好些。所幸我要放假了在家可好好照顧。最近台北很熱，風扇吹不停，小孩滿臉都是痱子，所以昨天把他頭髮剪短，那个樣子可真[illegible]像，當然跟你一個模樣，頭髮也是相同，怒髮沖冠[illegible]，這種小孩即如此因個性急，所以皮膚不好。

這兩天（前）有颱風，還好沒有[illegible]，前晚九到十點，呼呼也響，且又聽見東西碰撞的聲音。起來好多次。

自己也[illegible]（2.3公斤）[illegible]，還不錯，你何若？上回信中得知你也忙，前天喉嚨不知怎很不舒服，很久未出門了，可能天天關在家裏，太悶了，很不好受。

我的值日表已排出，7月份20晉等，28下午值班，27遠移，接著放至19返校（8月），17.20.21.22）請假 23.24.25值班。暑假的時間很長的，得好好利用，我想暑假去學一個月的韻律舞，鍛鍊[illegible]鍛，8月10左右返南探望家人，準備[illegible]。[illegible]，應該沒問題。

寄上一張照片，讓你瞧瞧，幫我收好，別弄壞了，下次再寄。[illegible]在中山堂照的。看看太太，孩子，也可解解悶，書[illegible]（今天[illegible]還沒開）趕此寫封信給你，就此擱筆，晚安，祝你好夢連連……

[illegible] 6.24.10:00

福成：

来信收到，现在真的是忙得不可开交，二个孩子弄得我团团转，好在还好。小孩青青跟我操心不已，胃肠不好，所以瘦了许多，好不容易胖了些又胃肠不好，昨天摸摸她手腕，似乎是发烧了。她很喜欢乱吃东西，所以喉咙易发炎，因而引起肠胃，这几天又好了。自己的身体也不如从前，连一点机会都难得休息，所幸工作上还不劳累。中午有30－40分钟午睡，自己常闹头痛，在肚也似乎会疼，自己还要惜自己身体，所以你放心。

中秋节自己过了，我们还热闹，上岭峰桥上玩玩。

等明天带着二个孩子上回楼看看青山，吹吹风晒晒太阳。上回大部分都太累了，懒得走，等青青大些再去。

其实现在对事情的看法已随着岁月、见识改变许多。操心也暂着待去说着，比较好些。

上封信写给妹妹之事，并没有什么，只是把心情吐露一下，已想在对生活间中，和人聊天机会也少，太多的事一直放心上也不好，随笔提了一下。说话是艺术，同样的话，会说的人就讲好听些。有些人处处得占上风，永远不吃亏，自己现在已被磨练不少，吃点亏算什么大碍。

前几天台中姊姊随着迎春团游览台北，顺便来找我，说起来像姊姊也要给我们，可以随处玩，人往往不知足。也不懂得爱惜所有。

同学王华、朱迺德，我都还记得名字。

中秋我没寄东西给你过节，不见怪吧！太太偷懒。

俊秀很乖，懂事多了。吃饭也好些，上学也喜欢，惟早上叫起不起来。要跟他吃麻烦，多亏姊妹帮我不少忙，将来你娶妈我们还得大礼，利用中午时间，断断续续和你聊聊。祝你

祝你　　　　玩玩　　　　中秋快乐

户籍誊本还得上区公所申请，星期三请了病假再补办寄　俊俊　9.23 中午 1:00

福成：

來信收到了，劉健民的話也傳到了。最近家裏三口都生病了，我、真真、青青。咳嗽得厲害，自己看了心中甚是難過，所以自己也覺眉目展不開，憂心得很。教室最先感冒傳給我和青青，我今天好多了。不然也真不好受，又是眼淚鼻涕。台南很熱，台北也熱，南北氣候多少有些不適應，所以最近忙著照顧孩子，也無心寫信。

我暑期四月回台北，暑期大陸去，這暑期一定都有來往，希望孩子快快痊癒。

天下父母心，你信上說的其實我都有感受，做和說是有差距的。我和台中母親的感情並不是一日之積，當然有了孩子也慢慢接受，但沒想到去年此時被母親鬧得自己幾乎為神經病，台南家中半夜聽你母親在說話，至今有時聽父母親說話，晚一點聽到了也會怕，說真的他們都是上了年紀的人。很多瑣碎之事讓我要改，我是無法改變對母親的觀念，但你放心，我會盡可能做自己該做的事。當然很多事情我做不到，都是你去做，我可說都沒干涉。

相對的你說玉美的態度，的確不好，她對我這做嫂嫂的也常是沒大沒小，但我不是沒教她，這是第二請她了，並不是說她對你態度最不好，而是她對我們積怨得多，所以你我覺得也多。

也別怪弟妹他們對你的態度，在婚前我也和你說過，自己曾和別人談論過婚姻，對象也和家中較熟悉，所以他們並不是排斥你而是還未接納你，就連我自己也相同。

我們家的孩子也是父母親太縱容了些，所以脾氣都很大些，社會的歷練也圓滑多了。信中我得幫孩子睡了，睡一覺，前三天連續幾個晚上幾乎沒睡，所以自己也重感冒，真是當月不像人，繼不如前，心理壓力，不想多說了。祝你平安快樂

對了若方便可以帶一些酒回來好存，有時喝或送人。

[illegible] 8.18

福民：

今天天氣很冷，樓仔厝內也冷，衣服多穿些。小孩們我都小心照顧他們，深怕他們生病，後來天氣變近來好，所以每個禮拜都得帶他去看病。最近學期末工作甚忙，所以少寫信給你，回到家除了帶孩子外，還要利用他們都睡時做自己的工作等，還好吧，在這兒很想念你，孩子們也一樣想念爸爸。好久沒在一起了，空閒時想起我們的新婚，自己總有股情不自禁的衝動，那天真的想個空，我們二人去旅行，回味一下蜜月的生活，有了孩子整天忙碌，心境也不一樣，總是牽掛着他們。

今天是1月29日，再二個星期你就回，一直盼望着，人有希望生活起勁也比較有意義些。想好了嗎，除夕決定在那兒過，每年都是我去張，大部份也是我自己過，今年把這權力讓你，由你決定，接到上封信你也收到，所以你自己斟酌。花籃很漂亮，非常好看，二個大花籃都已送給好多老師，他們喜歡得很，誇爸爸真能幹很會選東西。

1、2月的錢都沒給母親，我想我們回去再給，順便3月份的都給，春節寄去要麻煩你。今年的壓歲錢也得算算，娘家的弟妹們都得給，今年你也回去，你好久沒回去了。我想着春節多給你幾件衣服，你比較多送些。今年上很需的錢我自己會計算一下，我決定還了它。我沒看那間也提早

不多寫了，就此擱筆，對了你寄的書和報章都收到了。大略的看畢，我對你我一直無言安着，沒有埋怨，祝

好

愛你的[illegible]

1.29 7:30 夜

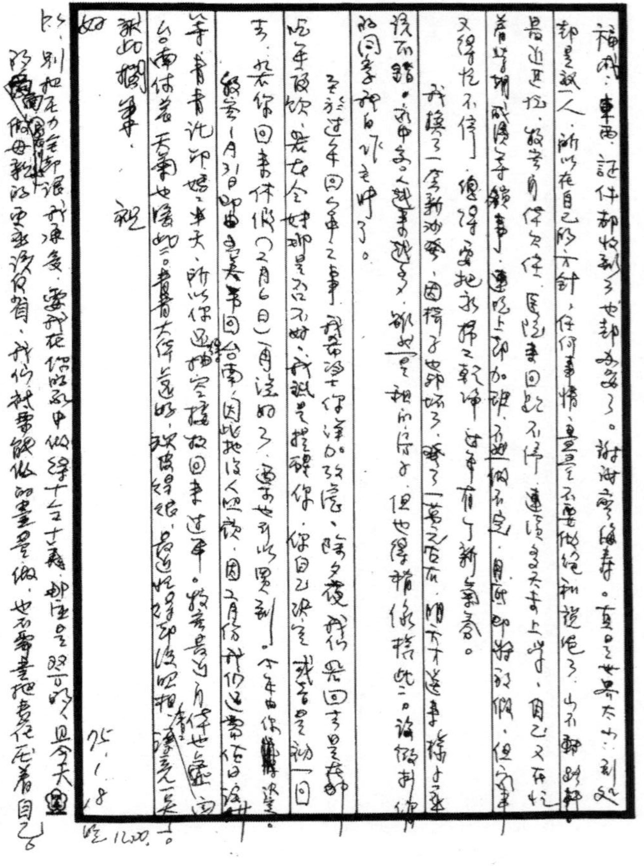

福成：東西、証件都收到了，也都安好了。謝謝[illegible]。真是世界太小小，到处
都是熟人，所以在自己的方針，任何事情，更是不要做絕和說絕了，也不要[illegible]
最近[illegible]，教書[illegible]，寫信回家不停，連續多天未上學，自己又在忙
著學期成績等[illegible]，連晚上都加班，不知做不完，再過即將放假，但今年
又得忙不停了，總得要把家裡之乾淨，過年有了新氣象。
我換了一套新沙發，因椅子也都壞了，花了一萬元左右，明天才送來，樣子還
很不錯。家中[illegible]，都[illegible]，但也得精依[illegible]。請你對你
的同學都[illegible]了。
至於過年回家之事，我[illegible]你決定，[illegible]我們是回[illegible]
吃年夜飯，是否全好[illegible]，我認為[illegible]你，你自己決定，我[illegible]一回
去。若你回來休假（2月6日）再說好了。[illegible]。今年由你[illegible]決定。
[illegible]1月31日[illegible]回台南，因此[illegible]，因為[illegible]我們[illegible]
等青青訂婚[illegible]，所以你[illegible]回來過年。[illegible]你也[illegible]
台南伯父[illegible]。[illegible]，[illegible]
祝此期事
如[illegible]

75.1.8

P.S. 別把在[illegible]，[illegible]，[illegible]，[illegible]我們[illegible]自己

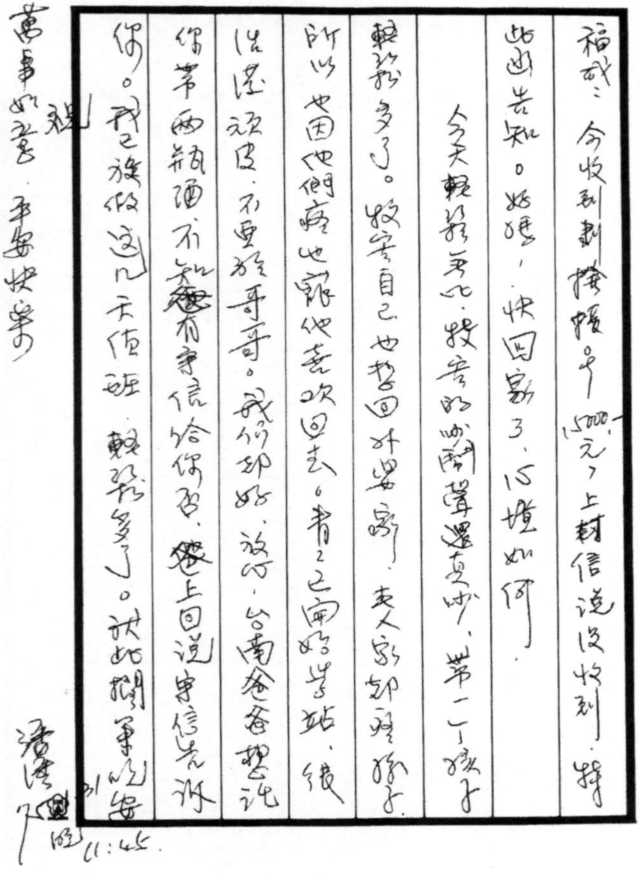

福成：今收到[illegible]15000元，上封信說沒收到，特
此告知。好嗎，快回家了，心情如何。
今天輕鬆多了，[illegible]，第一個孩子
輕鬆多了。[illegible]自己也[illegible]回[illegible]，[illegible]
所以也因他們[illegible]也很他喜歡回去。青青已南[illegible]，[illegible]
[illegible]，不要[illegible]哥哥。我們都好，放心，台南爸爸[illegible]
你弟弟兩瓶酒不知[illegible]有寄信給你否，爸上回說寄信告訴
你。我已[illegible]過了天[illegible]，輕鬆多了。祝此期事順安
萬事如意　平安快樂
[illegible]
11:45

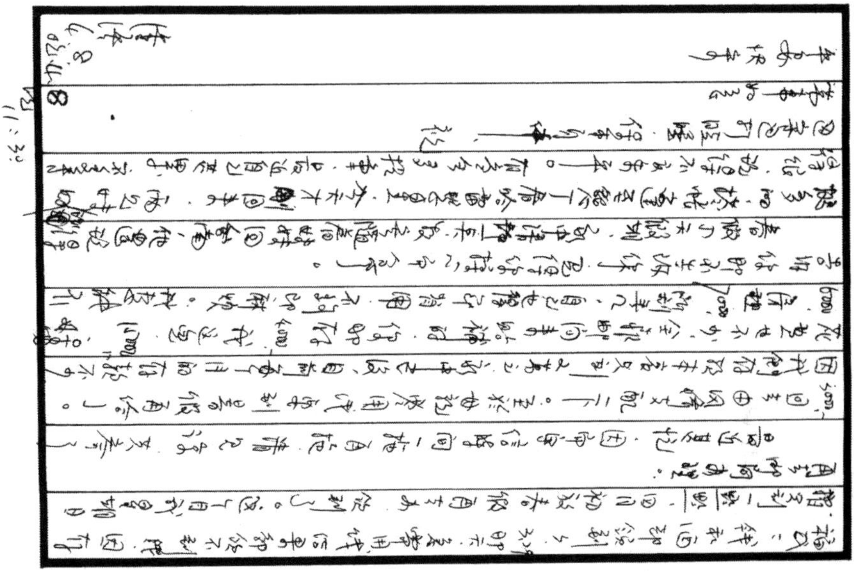

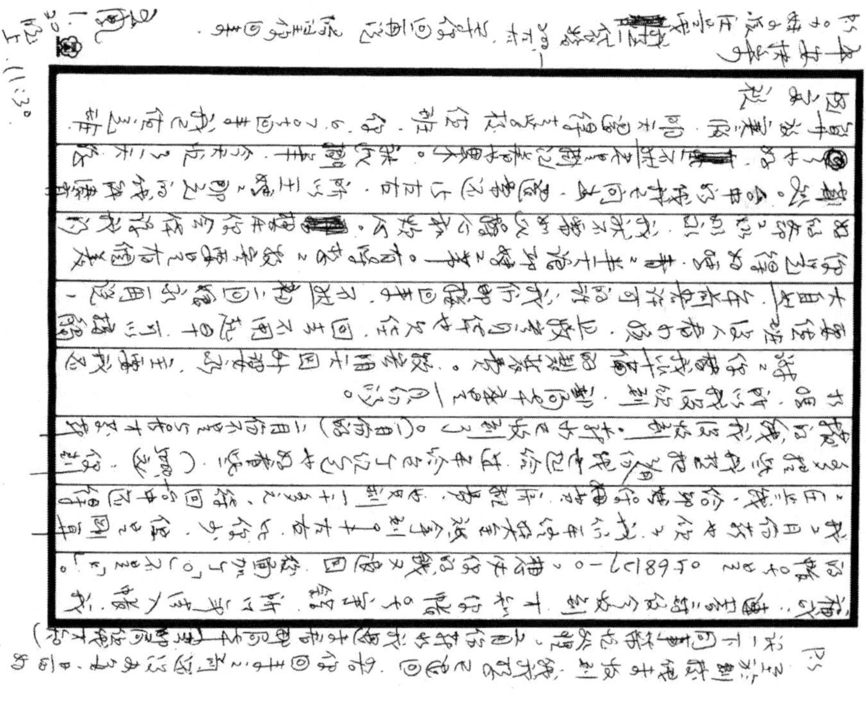

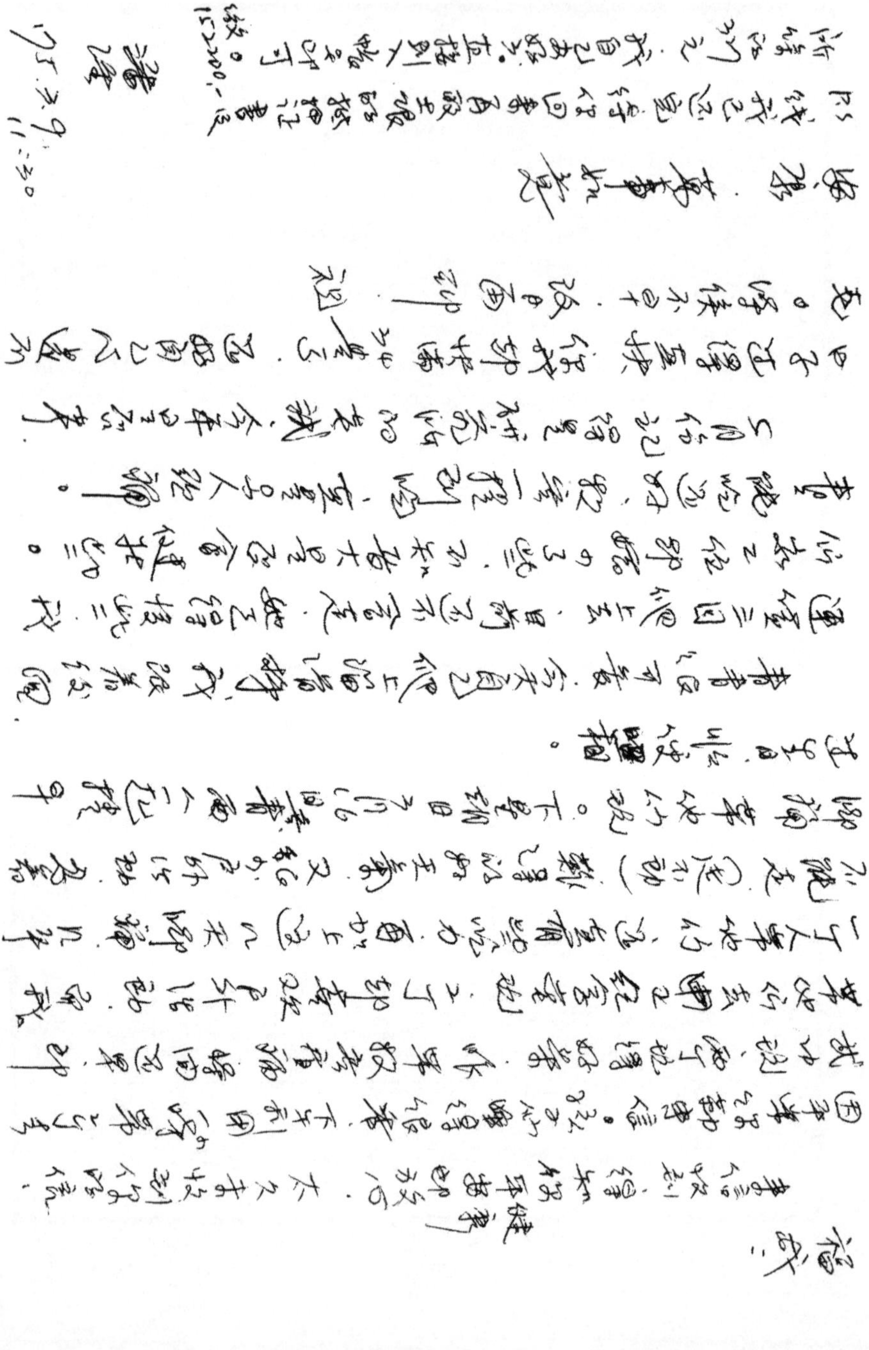

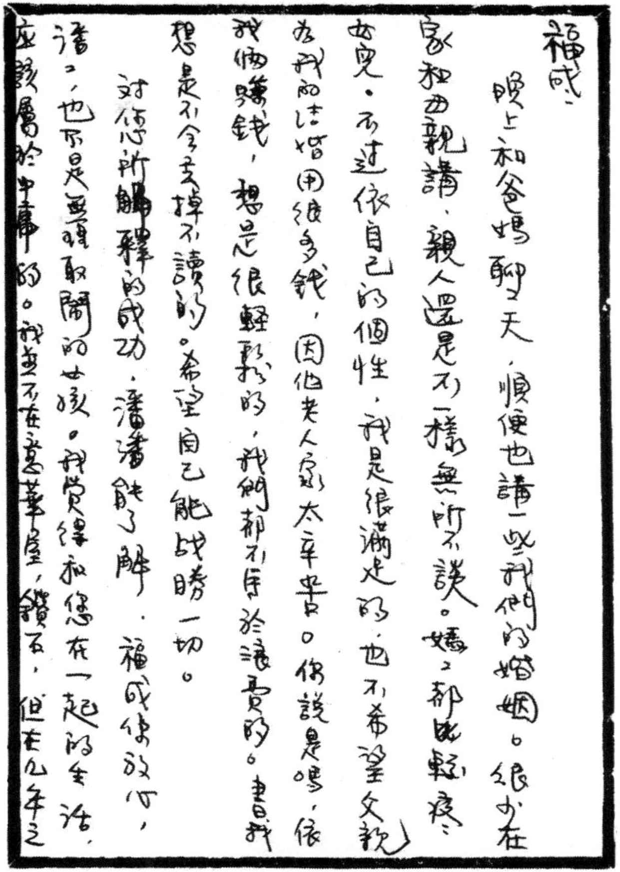

福成：

晚上和爸媽聊天，順便也講一些我們的婚姻。很少在家和父母親講，親人還是不一樣無所不談。媽媽都比較疼女兒。不過依自己的個性，我是很滿足的，也不希望父親為我的結婚用很多錢，因他老人家太辛苦。你說是嗎，依我倆賺錢，想是很輕鬆的，我們都不屬於浪費的。書我想是不會丟掉不讀的。希望自己能戰勝一切。

對您所解釋的成功，潘潘能了解。福成你放心，潘潘，也不是要賺取暴利的女孩。我覺得和您在一起的生活，應該屬於中庸的。我並不在意華屋，鑽石，但在幾年之

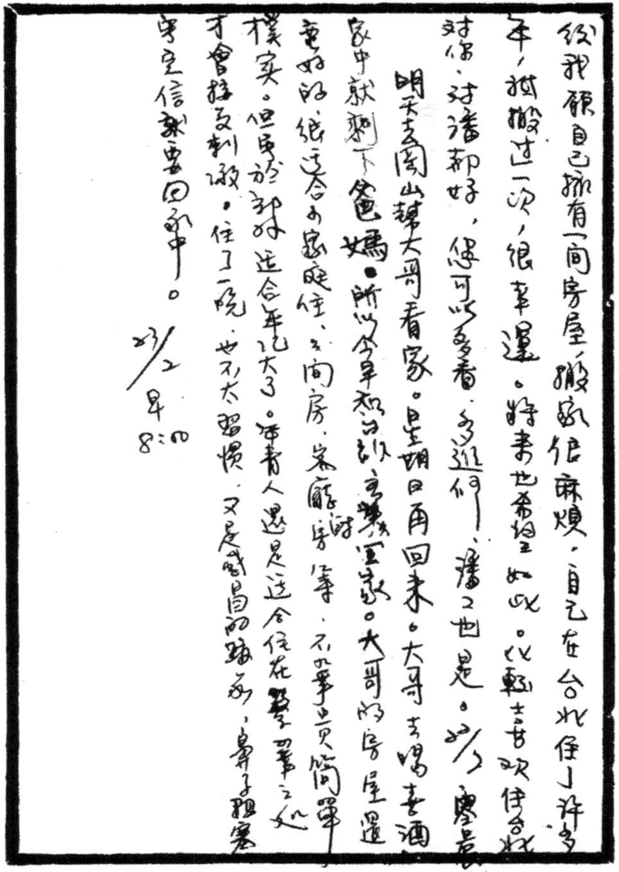

後我願自己擁有一間房屋，搬家很麻煩，自己在台北住了許多年，搬過一次，很辛苦。將來也希望如此。比較喜歡住台北，對你、對潘潘都好，您可以多看、多逛街，潘潘也是。43/2農曆

明天去陽明山幫大哥看家。星期日再回來。大哥去喝喜酒，家中就剩下爸媽。所以今年想認識裝潢室設。大哥的房屋還蠻好的，很適合小家庭住，三間房，客廳，廚房等，不必要太簡單樸實。但要於郊外適合年紀大了。年青人還是適合住在繁華之處才會接受刺激。住了一晚，也不太習慣，又是我對自己的[illegible]，鼻子很塞，等您信就要回家中。

43/2 早 8:00

福成：來信收到，爸媽的海某薯收到，但酒未收到，所以可向公司索取賠償。我於22日返北，因媽媽咳嗽併發氣喘（老毛病犯），太累了，青青因旅途勞累發燒三天也流行性感冒來了，我累得說半事時間，真有些不知所措。看到孩子的病痛，那可憐的模樣更叫人心疼。還好，阿華自己還未開學可以照顧他，我於29日開學了，那只得麻煩你和美姐照顧了。

你也別擔心，女人最情緒化，玉美和我們離很像，後age，當初我們在不也很好嗎？情緒化的處理事情。你也放心，台南只要知道，會責怪你和不是玉美他們生，咱們爸媽的老哥最清楚，更不會產生誤解。這些都是小事，不過拗過你覺得他和玉美說說也說，你是老事，也得讓你多包涵。當然我就是算和事。玉美心胸不可這麼狹窄。已做的事不要計較。人如事時情緒以較穩些，不易做錯事。

這年我們過得愉快，但自己心中卻有種沒有根一樣，或許你總以為哦我會希望自己的家，沒自己的生活有個快樂的家可享受。

說話是種藝術，自己最近在慢慢地研究。有些話是直接傷人，有些是間接傷人。這回自己也有意中聽到你和你家人的對白，我想這是說者無意聽者有意。其實每個人都有私心，都會偏袒。假如今天玉美對你的你會不覺得有問題，因為那是你從小看大，你偏幫，並能包容的事實，你覺得太太說的有理嗎！

至於貸款的錢（我還在湊）。

書讀得還好吧！別忘了自己的保健和工作。

敏吉還乖，就是身太瘦了，吃得少，難得有他愛吃的時候。明天又得跟媽媽早起辛苦了，所以青青暑假年也要不幫，我想請台南媽媽帶，青青起碼能可睡些覺，我也輕鬆些。早上想去郵局領錢，買青青水果、福利品等。我也

順利　　祝你　　平安　　先生在身邊的日子是比較快樂些。

但為了事業、家，周永年不得不忍耐，不得不自己擔負起責任，有時會覺得好辛苦。

孩子的媽媽
26/2 早上 7:30

福成：

甚久未收到你的來信，在金可好，天氣甚冷（3－6°）台北也10－7°，所以都沒帶孩子外出，青青已好了，病後口味更好，更好吃，但吧吧不得休息，都還算乖，孩子已和我上學，累了一點，天氣太冷，一大早還未睡醒他就得上學。

天氣冷，自己多穿衣服保暖，讀書別忘了寫信給我們，孩子們很想念你，孩子被我打罵時，但吧就喊著"爸爸"，他們漸漸長大，已知爸爸的作用了。青青很好玩，婷婷也長得很甜，但也已漸有分辨，思想也有了較多新認識，今年婦女雜誌訂完，我決定訂兒童版，一來孩子可以翻圖片，二來可以當我的幼教教材，到書店去翻書，我比較沒空。我們用看他說一遍看兩個孩子玩，也常去住元家，隔間安排得很舒適，一天一天地過得很好，青青也快滿一歲了，婷婷別去糖，但你帶他們去外出走走看，還不會走（嘛），天冷小孩衣服穿得多！不方便些。

家中都好，自己也很久未提筆，今年也未達學校年，別忘了休息，我也打算去打球，休假回來煩你再買個大花瓶（一瓶風濕酒）孩子們的何老師很喜歡（第一個給她的禮）（500）端午節我們送她。

好新

P.S. 你寄有些問安。

傑傑
3.4 早 6:30

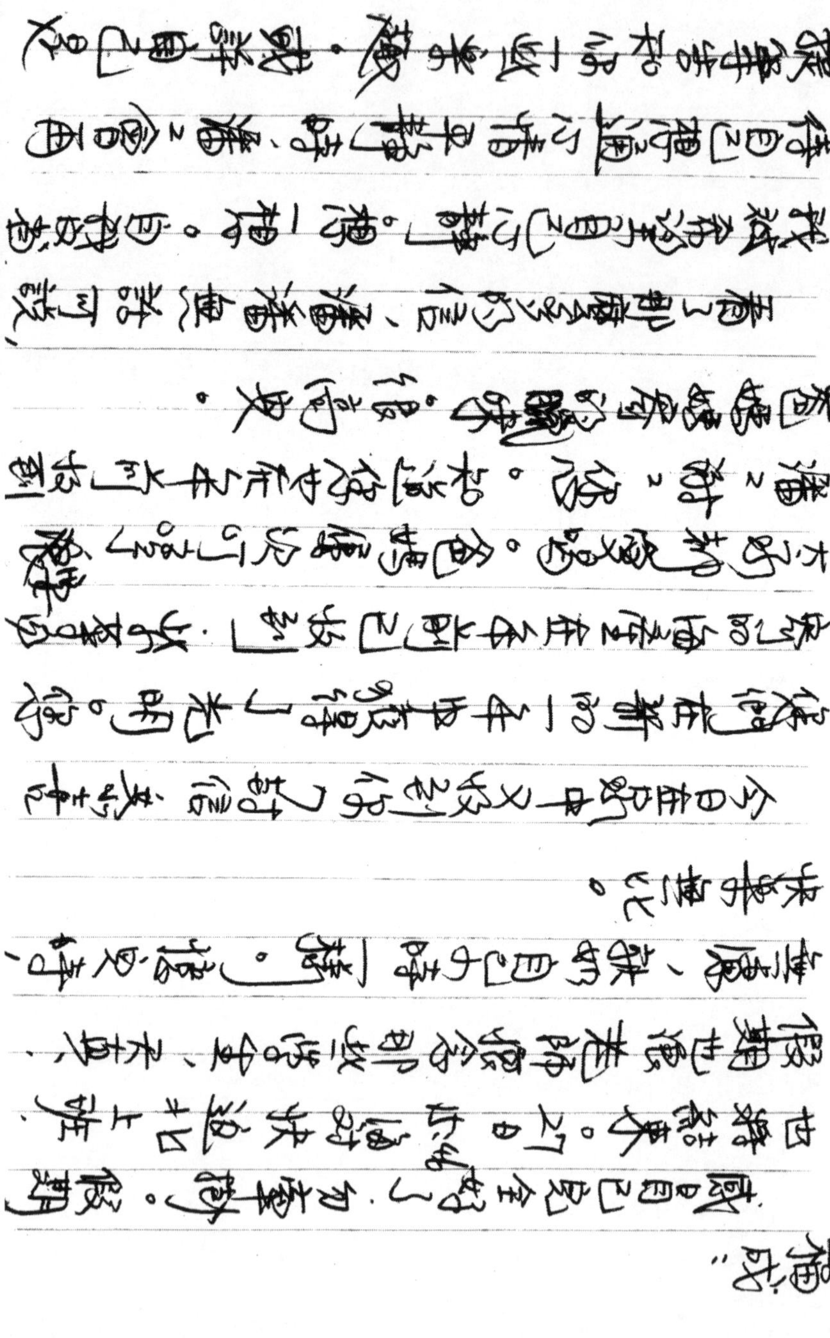

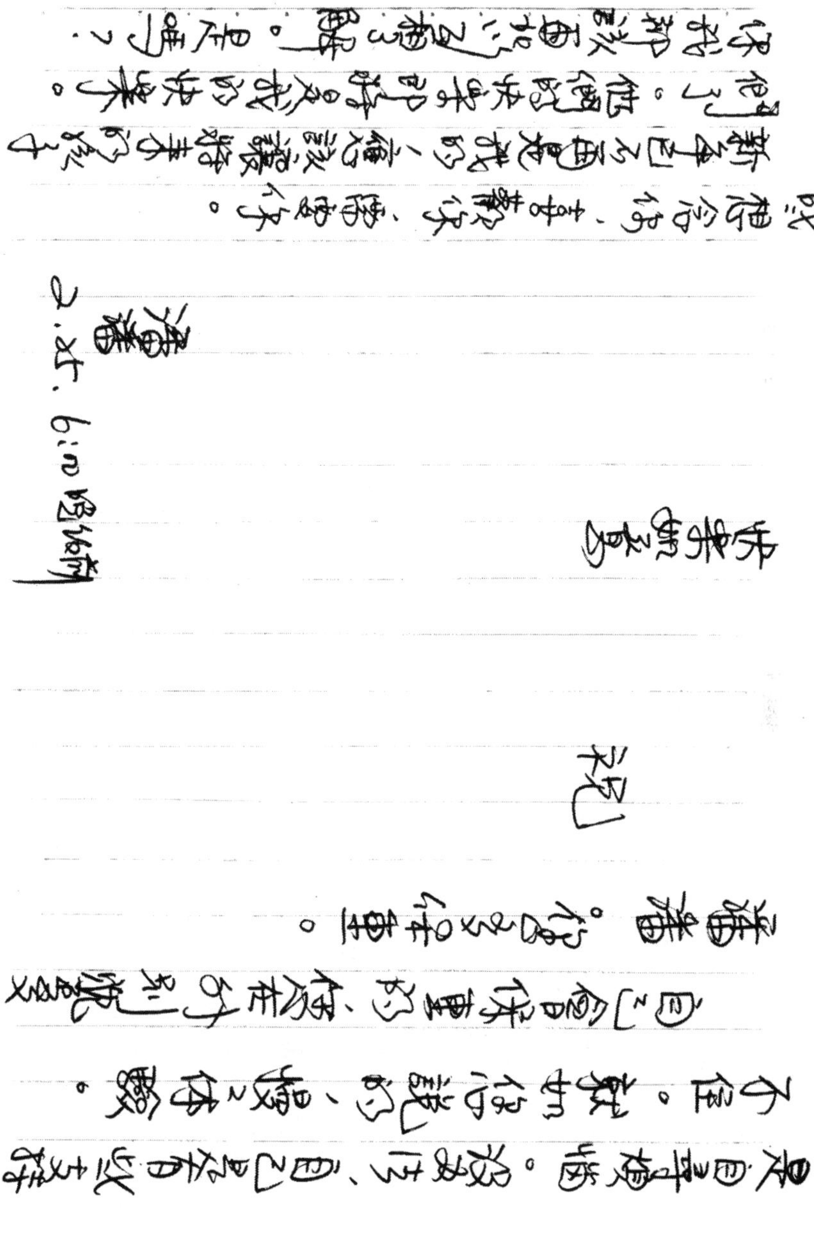

福成：您好。

在家的時間更快，今天已初四，明早將早起要去台中拜年。自己很難（懶）得出门。其實祇要出去了，逛逛還是會開心的。昨晚，初、高中的同学聚會，很難得，大家都還是相同，不相同的是多添了人口。說聲，吃的很累。某些時自己的个性是很討厭的，好像自己一个人就是太內向了。

的確要放開，看開些。人就是如此。最近几年感觸特別多。

也不曉得为啥，總觉得自己体力已不能以前，每年該東西都很好，而今年很懶得做事，甚至拿筆。視力還是太差，恆心也不夠，比別家也都沒看書，吃、睡、想，自己很矛盾想。

家裡有本難忘的詩。我在補英文時讀過這一課，回去時再翻，內容已忘記了，聯想更不容易。

你看信的信，一定感覺到不太有內容，真的我實在寫不出。但怕你擔心，還是提筆。

幸福，昨天的聚會是由其一位同学的提議，她嫁得先生好，又是有高階級，门當戶对又乖又漂亮，同学都說她幸福。我想這种物質的觀念来感受出的。精神上是他先生好，很疼孩子。這些都是表現的眼光，真正的幸福，我想該是由自己去体會。

海玲在想？覺得自己已不再是愛情的崇拜者。在自己姊姊的家庭生活，便各方面都不很滿意自己的情形下。真是有些厭

福成：

最近心煩，房客又搬走，又得貼條子租人，不知是否能租到個好房客，前几戶都還好，不是自己的家，心中總是寂寞空虛，唯一可喜租到王嬿嬿這，結婚至今，常來搬家。加上以下有緣，明天請妹妹點几件看看，姊妹妹大概可以互相原諒，不是我怕護妹妹，自己以前就是玉美的翻版，某些地方甚之有過，她住這兒當初是王嬿嬿租給她的，我不薪他們，大家覺的也住得很好，年輕人和年輕人總是好相處。後來為了台中母親相處，說真的，雖然她的不好，但也好了一段日子，也不容易了，對母親，玉美卻可這樣說，說，台中母親老怪玉美，做姊姊的作證了這一點，因而你覺得做妻子的不平等，斷斷續續的事不少，錯不是單方的。例如上回母親生病，責任全部怪罪玉美，福星也是的，沒錯，但全部是玉美的錯是很冤的，每天晚遍風至家中感覺，淒涼，也打至台南父母（深更半夜）連續好多天，父母親也嚇壞了，至今晚上有人打電話來，電話響，却有怕。係情，這讓我做女兒的內心深感不是，我的婆家是如此，所謂兄弟姊妹大哥嫂不甩娘，不然怎叫我回娘家，我想以前卻是埋怨的話，今是心裡的剖白。相持之下今你氣憤君多玉美的不禮貌，擺人於千里之外

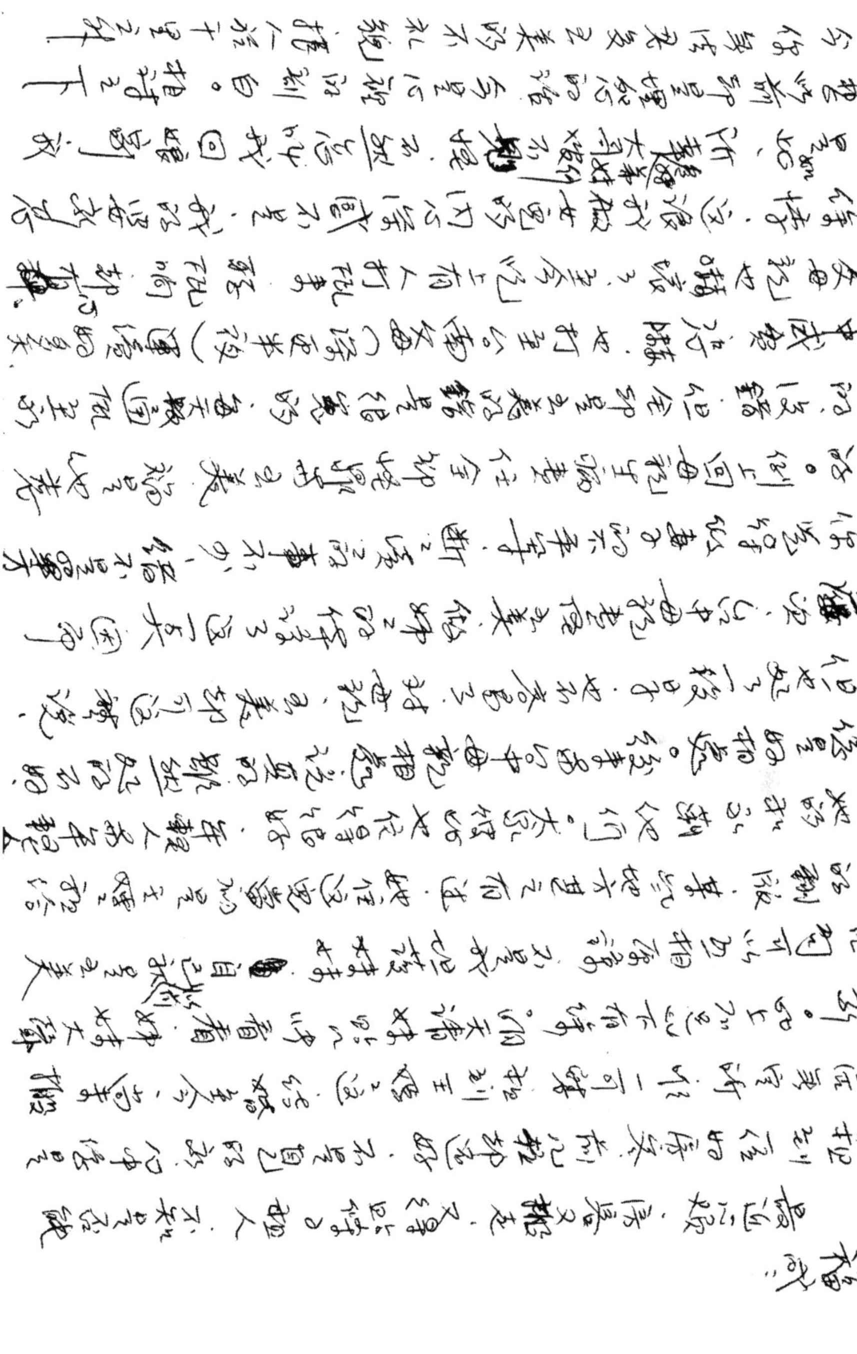

而你對你的自尊，我覺得是小事而你卻甚嚴重，我想跟你來比較我對你的情形。妹妹不但永遠為我們相處，台北有親人，能住我家何必住宿你很少與妹相處，你無法忍受，而我你想法，我和你母親相處，(天天)你又不在家。事情過了就讓它隨著時間將它過掉，自己的妹妹還是會教她、並解決。好好的。妹妹的話多少還是會聽。

台中房客也要12個月房租，我沒完全是那兩個月而且，四月份又得繳合約書了，是我的晚了，還只你，懶得你卻沒啦，卻是小的決定，最近自己身體欠佳。祝保重　晚安

沉

如：金榜題名

P.S. 對母親我能做到的盡量去做，因我除愛自己的先生和孩子們。希望又多一個紅鞋。好同學結婚，得去，得至於細節之左右。

91.3.11
11:30

福成：

学校开学後比較忙碌，每天除了忙家事外，还有一个小傢伙就够瞧的。二個身体都还好，青青也慢慢恢復体重。上回因感冒吊了点滴，腸炎因而瘦了不少，最近好多了，爬得很好，也站得很好，挺討人喜爱的。上个星期日带她去照相所，顺便去看喻寧，喻寧说她比哥哥漂亮，又爱笑，蛮有人缘的。孩子太瘦了，最近还能吃，过一阵子看会不会胖。全班最瘦的，早上起得早了才一小，还好下午也睡，还有比他小的，他排第三。孩子的瘦让我操心些，能吃多是很好的。

看信知你身心比較以前多些，主要是因睡眠时间少，工作繁忙，又有压力，情绪上紧张，自己也要放鬆些，考试只要尽人力，也别太在意了。能讀当然好，身体第一位。我最近身体很好，自己星期日顺便看看牙，医生还不错，给了一个星期的药。孩子晚上都还乖，所以我睡的时间够。晚上10点左右睡，早上5点多左右起床開洗衣機等，擦擦地，因青青在地上爬，家中要特别乾淨。你那下回休假，我看你带钱去看王婶介绍的中医，顺便带孩子看看是否有治胖长高的秘方。

十月開始，卿嫂嫂说青青體力太好，飯都不吃，不要带她来。好在玉美最近辞了工作，麻煩玉美带早上，卿嫂嫂带下午，不然又是让我操心之事。我倒是运气好命好，别人羡慕些，但还是能吃能睡的。有件事拜託你，玉美同学之弟正好在金門服役，有空麻煩你一下，〔金門9188附10号上〕。中秋即将来到，今年我和孩孩们过節了，带小孩人多累些，倒是挺热闹的。

福成：我又忙了二天時間，今此天氣悶熱，青青最怕此天氣，但是她不易弄胖的她又瘦了，我想也有不由己，對他們的健康要求，牽掛着自己，雖然知道要放下，還是沒辦法不掛心，我只有睡覺是休息，不然真是愁不開眉頭。看到她們健健康康的心中也很着實，真是所謂天下父母心。

昨中午接到令妹（鳳嬌）TEL，有時候真是話不投機半句多，在我的記憶中接到令妹的TEL，都是在說教，孝順父母是義務等……，想了一天總算想通了不去計較，就盡量人力而已，不是我不孝順你媽，因你媽已傷透我的心，或許表面功夫都不好。反正未來一切的錯都是我的，隨便你們家人如何說也罷！令妹沒侍奉過公婆，嘴巴都會說，要說孝順自己的父母，那她不是常常掛嘴邊的，我自認孝順我的父母並不輸於你妹妹，只是沒說出罷了。由外人去評論吧，更不會去教訓嫂子，我几乎每次被教訓。我也有大嫂，從來沒如此過。或許環境不同吧，

又扣我來台中的房租1200元，這裏每個月給你媽媽也較好些，你母親的費用也不少，都要你妹妹出也不公平，最近才聽你說到出來，也好做人。我會請房客直接劃入令妹的帳戶（新地址你告知嫂子）

吐露一點心聲，多得要神經病，你放心好了，不要拿我和你母親比，你希望我像你媽一樣嗎！真的我是一個不堅強的人，遲早會被你們逼去

福成：

剛把小孩哄睡了。睡覺前小妞會花一陣大脾氣。抱抱也沒用，祇好抱回床上拍拍背，總算睡了，散淡的經驗。越大越可愛，很愛說愛笑，翻身還不怎麼會，但抬頭頸能抬得很好。

今晚屋裡格外寂靜，幸好接到你的來信，解解寂寞。玉英今晚參加教會活動不回來，明天也是我和小孩兩人，晚飯也簡單，今晚上煮了一碗米粉吃，一個人吃懶得弄。

你說八月要留14000，一份祇留1000，一則不夠用了，離家近還可回家拿，這麼遠多不方便，你自己斟酌吧。在台北1000元拿出一些[illegible]都沒了。今中午照了一張相片，傍晚有個女孩來看，還沒請成，明天得去郵局一趟，順便再去路口看看。早點出去可以節省一筆開銷。教書在台南爸媽家，我還真輕鬆多了。老人家都喜歡小孩，把孩子當作寶，說起來小孩不哭真是可愛。今晚寫些撥了個TEL給風妹，得知合中女孩還好，你也可放心些。

你也收到台南大哥的信，別忘了，爸爸在軍中一直是做文書的，沒有几把刷子都過不了，高中畢業即服役，曾和大哥在軍中一起服務過，所以較了解些。

我的工作上都還好，日久了也習慣成自然，雖然每天總是晴晴多雲偶陣雨。對我的學生總有一份感情，因他們大多數都是從小就跟我啟蒙的學生，說真的我還有孩子緣。教書說起來挺有趣味的。工作前書局去了睡眠書街，[illegible]，我自己也很留心，昨晚無端覺得腳不舒服，又一直抽痛，趕緊拿熱水敷，自己用紅花油揉，今天好些，我每天都得做腳的運動，自己覺得腳有些不適。其它都還好，勿念。晚安 祝你 平安如意

10:30 [illegible] 晚

福成：

想你已平安抵達。看到新貼的壁紙使新居煥然一新，住起來很舒服。感覺輕鬆許多了。自己一直很有把握，所住過來方便又舒適的房子。目前我們的經濟能力有限，祇能再等1、2年。

這幾天恰巧你母親也北上，自己本想做得很好，很想和母親聊些，但是總覺得很謙謙，即使這幾年有些和，不過大體上我覺得還尚可。只要不太計較人與人之間，愛面子，想到你我夫妻，她是你的母親，真要爭的些，看到她的做人處事之態度，心中就有種說不出的厭惡感。很想慢慢習慣看別人的缺點，把些陳年的往事暫時遺忘。

今早阿娥來這裡聊天，主要是看你走了沒。又從口中聽了一些，心中很不是滋味。當然玉美幫的忙是說因為，也沒了你，不過根據我直覺從開始，你母親就想排擠出去，我是玉美之姊，更何況玉美當初來並不是向我們租房屋，是跟玉娟之租的，我們祇租一間。等了母親要來，玉美也願意和母親同住，大家相安無事。況我是玉美，可能早就習慣了。

結婚已近5年，真的祇有當初一年比較沒法接受你的家庭，我已在慢慢適應，結了婚並不是很快和你的親友們所斷絕來往，祇是要有時間多方面的許可。我還是在改變自己。沒想到在我改變之中，卻又發生如此嚴重的問題（在我認為，也許肚量太小）。那時的我幾乎要神經病，每天接著冷淡的個性，有時爭起來我就掉淚，至今回憶起來猶似一樣。有句古話還真可用上「一朝被蛇咬，十年也怕草索」。真的我很想做個很好，因為我很愛惜我現在的家庭（你和孩子們）我也怕你夾在中間很難做人。所以自己覺得不好時，內心因而會產生劇烈的衝突，找個對象談談，同事們不能說，家醜不可外揚。

這回你母親說，玉美若不便過來，她即可以住下來幫我帶孩子。這種話聽了又叫人生氣，想想也罷。我寧可花些錢請別人帶，免得福成回來又一定難過，那時我可就慘了。目前自己多保重你，祇要在精神上愉快即好。

福成：

日子過得很快，三天的假期今日已是末尾了。下午輪值，木琳、青青留在家，牧安跟着我。

昨日帶了三個孩子去故宮、双溪玩，你一定很驚訝吧！尤其青青可高興，拉着他跳呀跳的，還會叫呢。倒是我拉她，今時可真醒，一掌拉手會痛，還好未曾却幸許多事。適當的戶外活動需要的。記得你放假我都忙家事，沒有休閒時間，或許比上班還忙，這幾時間等孩子大些，星期假日之時間都得騰出帶他們走走看看，這因每天所接觸的都是呆板嚴肅的生活，難得假日應該讓自己休閒一下。一切家事都得分配到平日。孩子大些應會好些。

這回回金，一直未接到你的報平安信，想必工作忙碌吧。目前工作都好吧！我去看眼睛和鼻子了，醫生說是敏感的關係，每天吃藥好多了。不過我這是過敏性的，吃藥只能控制住。避免接觸對自己所過敏之東西。

在家你看到我教陳牧安，因你買了本書給我看，其實道理都懂，然而真正輪到教自己孩子可不這樣，陳牧安吃飯是很不乖，總不能天天都要哄着他吃飯吧！不過還得謝謝你幫我買的書，偶而看看提醒自己。

今中午鳳嬌打電話來，說母親上回檢查的排泄系統不太好，得住院重新檢查，但803醫院說沒床位，却又得托人情看是否有床位，所以這回休假你的功課也要多的。聽鳳嬌說母親是老人病，不過60歲在這時代還算年輕，有時心病比生病還難醫。

我想你一定感覺到每回提起母親我對她都有成見，這又得你多体諒，不過我會常常提醒自己，別讓你不好做人和做事。

窗外又下起了雨，还不小呢，还好带了雨伞。台北的天氣不穩定，几乎常下雨。昨晚開始喝风湿酒，希望有效。那你提醒我可不能送人，但台南也是脚风湿得很，所以我想给妈一瓶。现在可和结婚前不同，那和台中母親处得並不很好，但總歸是你的母親，所以孝顺了自己的妈也得想到你的母親，不然自己心中也怪怪的。當然手指都有長短不齊，所以難免有些不一。在自己的感觉是親疏程度不同，自己的妈她比較隨便些不拘謹，也可隨便開口，自然些。该收筆了，已是4:00，再20分钟即可回去。去傳2號，在家把時間都放在孩子上。很難得有我的時間，今下午还不錯，喻德了，信也寫了。回去又得準備明日的課程了。

联絡些喔！

祝

平安快樂

潘潘

10.29

下午3:00

4:00

福成：照說信卻收到了，遲遲未提筆是自己一直沒有想說的話，頭腦
一片空白。玉義的事情，在這做姊姊的向你說聲對不起，讓你失掉了大好
之威風，你的叮嚀我不是不聽，嬰嬰之事遭遇了，我的確害我是十姊姊和
愛妻的話，我就全在你與妹妹之間打圓場，我真是替妹妹撐腰，我躲過了
和你在兩街吵架，事過境遷，能原諒的即原諒吧！妹這回搬出去之事文武
都知道了，不過你的妹妹也知道自己的不是之處，每回到玉義家都有擔到
情緒都沒有別人（我歇人）其實我也常常點他，並沒有向你說的都偏頗妹妹。當然也
得罪了你上面一課。身教重於言教，在孩子心目中存著爸爸拍桌子

的那幕情景，再三叮嚀孟義孩不可隨便說話，不要再生氣提此事，但
腳上的疼痛又想起了爸爸拍桌子，那天還算幸運，桌上的杯子、碗碟、湯
沒弄到小孩，祇是破皮，青塊之傷，不然真是一輩子也沒法彌補的（心靈）傷。
青孩你這段一直生病，連續幾天吃藥不好睡，重感冒，咳嗽，發燒
得很重，那天以後，今好多了，也會笑了，看到孩子的疼痛，你半夜會難過
被她們得也瘦得不堪。試著去找人帶孩子，不好找，所以我祇好
再三拜託妹妹把這學期帶完，妹妹住這兒，對我做姊姊有很多好處，最起
碼有人撐著這手，令嘉跟我一起去有些氣嘛，目前妹妹是幫我很多忙

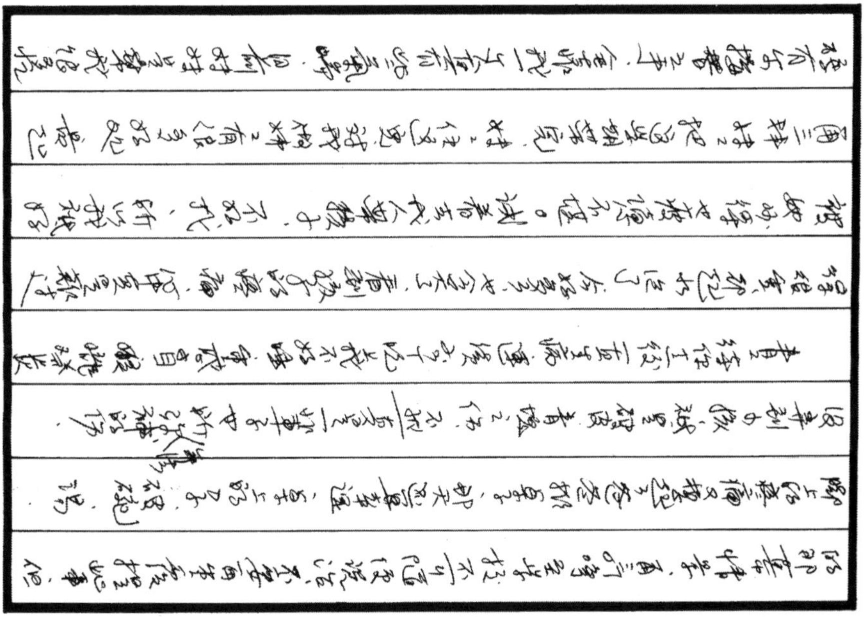

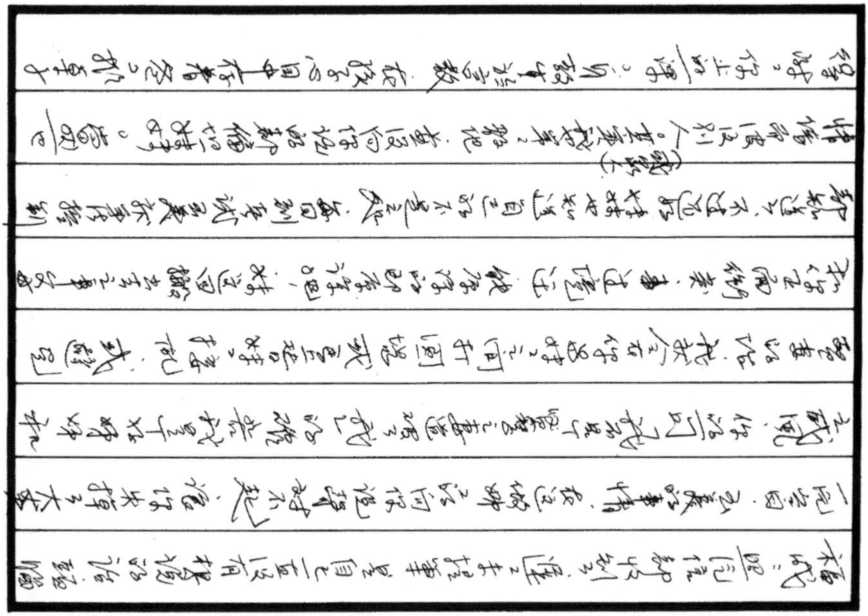

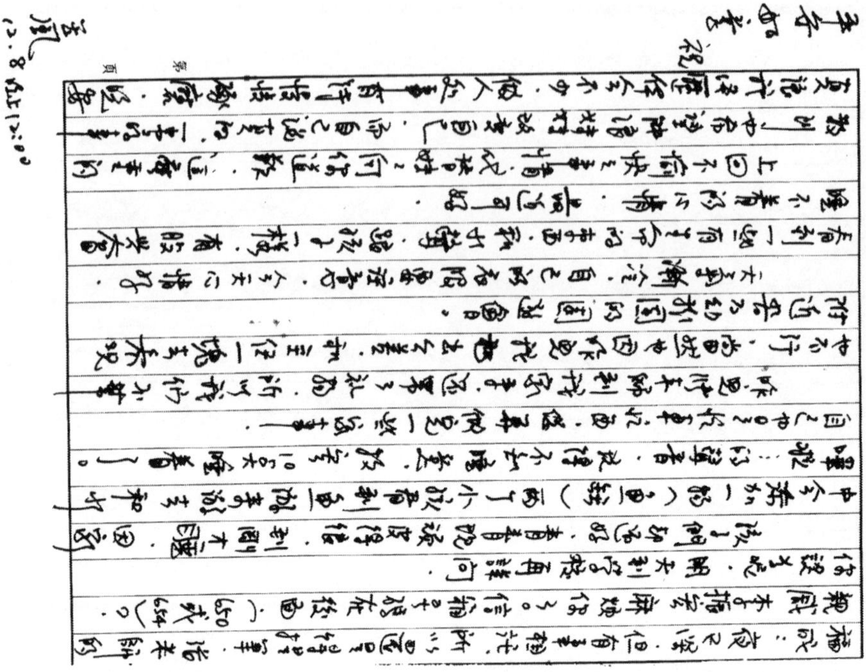

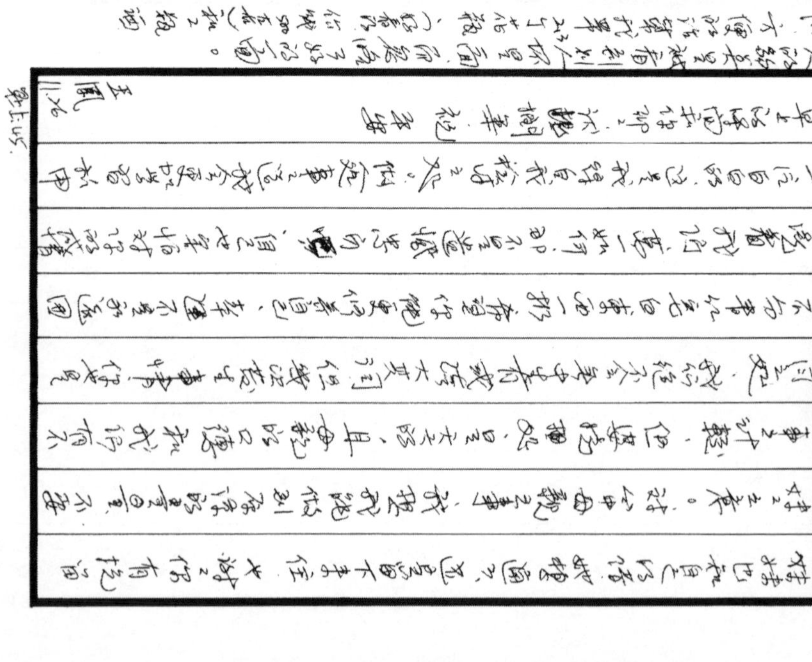

稚威：

連續兩星期都星期六收到你的信，正好下午不上班可以慢
慢的看。這個星期六沒教琴，自己的時間多些，看了些雜
誌和些家事，也睡了一個下午，現在就這了。帶着小孩到
外邊逛一下，還挺好玩。星期天忙些，同事來這裡吃
飯，所以弄了幾個菜，又聊天，所以時間更是不夠用。
星期一早上買菜順便在郵局買了些郵票，中正堂
新郵票，蠻好看的。可以給你寄25封信了。最近早上
多早起，習慣也成自然，早上洗衣整理家務，做運動，
中午利用午休時間睡一會，精力上都還好。我是很吃
得睡，沒有失眠這兩個字，同事們中午都找我睡覺，真的佩
服他們有些睡不着，我想我可能是這種簡單之人，也好，

一連續兩天有個蚊子來討厭，把我釘得哇哇叫，我
吃飯時把頭一歪，這樣睡起來最好的，星期天說去買鞋，
今天跑了兩個鞋店，是否合好些。
能多讀書真是好，我卻是個不愛讀書之人，太沒耐
心，所幸近來學著陶冶自己，不致是三日不讀書，
面目可憎。你能有攻研究所之心，的確不錯，雖然是感嘆
人生一世，但是在這個時代，沒有一些專家才學，還真
不好過，自己也一直希望你能多讀書，但這是不能勉強的
，好像你很了解我的心，我的個性也是某方面很定的。預祝
你考試成功，別忘了保重身體，因為你是整個家的支柱，
孩子們的爸爸。說收事情你有不多，我得準備一下上班
了，東東、妹妹還睡，很可愛，小妞脾氣也不小。祝
好

P.S. 我很早以前想過學琴，想練練琴也練練字。
祇是要的空至不開，也看了再說。

秋蓉
74.6.4 早上7:25

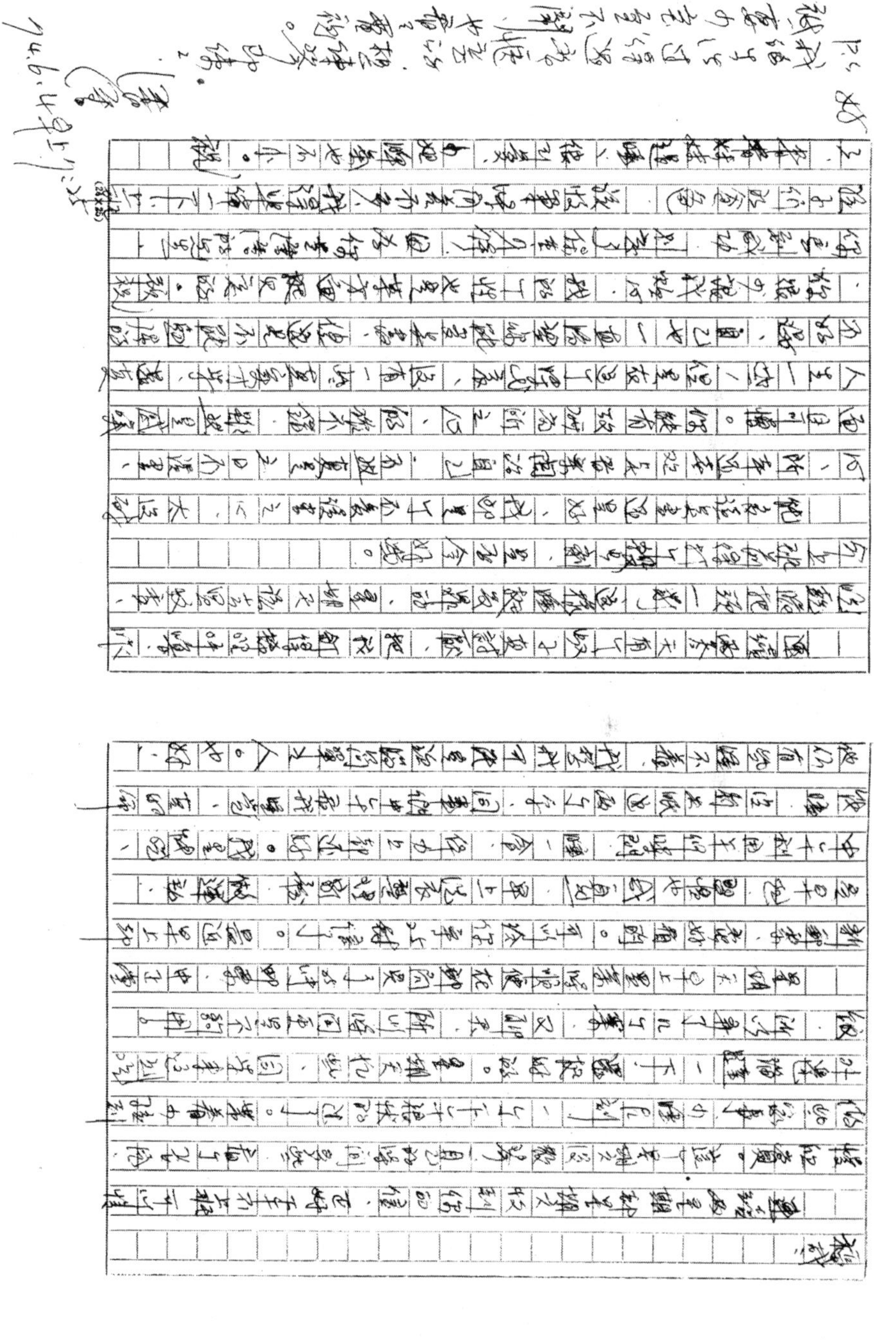

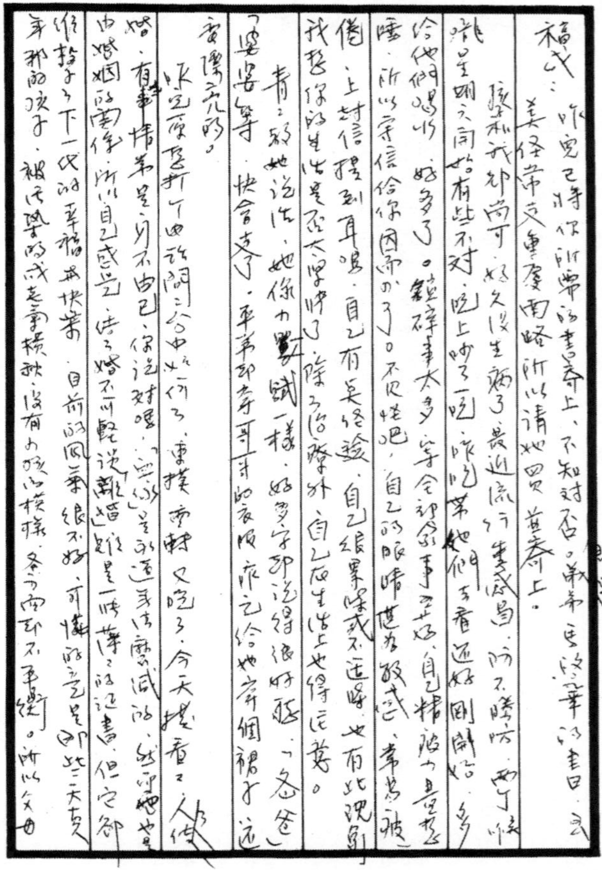

福成：
昨晚已將你所帶的書寄上，不知到否。戰爭與和平的書日式
美怪常又重慶南路，所以請她買並寄上。
孩和我都尚可，好久沒生病了。最近流行感冒，防不勝防。前幾（天）昨
晚是明之同學有些不對，晚上吐了一吐，昨晚常她們去看醫生，剛剛好多
給他們喝水，好多了。瑣碎事太多，字全部給你事不好，自己精神力量想
睡，所以寫信給你因為了。不必怪吧。自己的眼睛很為難，常常被
攪，上封信提到耳鳴，自己有點擔（心），自己很累，不適，也有此現象
我想你的生活是在大學中了。除了治療外，自己在生活上也得注意。
青青跟她說話，她像和默識一樣，好多字都說得很好聽，「爸爸」
「媽媽」等，快會走了。平弟都在哥哥的衣服就給她穿個裙子，還
實際之九的。
昨晚在整打了四間分中文作了，會講，又吃了，今天看看，人很
好。有事情常是身不由己，你說對嗎，「緣份」是永遠無法預測的，然而她也是
由婚姻所寫像，所以自己感覺，結了婚不可輕說離婚，雖是一時薄薄的證書，但它卻
像捨了下一代的幸福與快樂，目前的風氣很不好，可憐的是那些二大点
年那的孩子，被他們的成長拿橫秋，沒有小孩的模樣，各方面都不平衡。所以父母

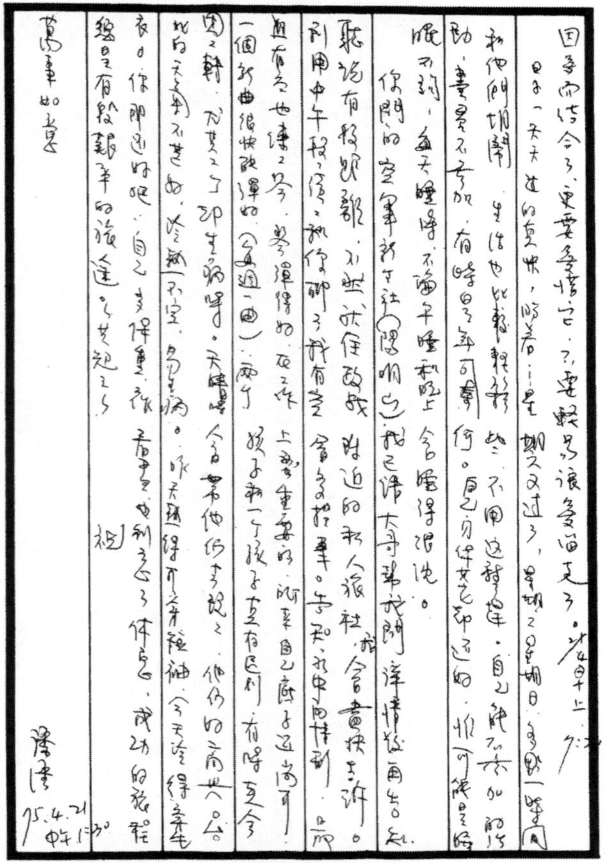

因為你結合了，更要多情它，不要輕易地浪費它了。
日子一天天過的真快，眨眼……星期又過了，星期之星期日，多麼一星期
和他們相聚，生活也比較輕鬆些，不用整天忙碌。自己能不參加的活
動，盡量不參加，有時自己算可以。自己身體也還好，非常可能是
晚不夠，每天睡得不論午睡和晚上，會覺得很飽。
你們的家事老朋友（陽明山）我已經大哥幫我們詳情報告再告知。
聽說有校跟部，不然你任職我附近的私人旅社，就會盡快告訴。
利用中午……你們那裡有空，會多打電話。另外，我中午有時到……
還有五七世傳之琴，琴彈得好，在工作上要重要的，說來自己應該還尚可。
一個新曲很快就彈好（每週一曲）。兩個孩子和一個孩子真有區別，有時真令
因之對，大意之了即生病了。天晴時，人看常他們去說說，他們的商共公
我的天氣不甚好，冷熱不定，易生病。昨天雖得了衣袖，今天還得穿毛
衣。你那邊好吧，自己要保重，你看事也利弄了體息，成功的旅程
總是有段艱辛的旅途。不想起了　祝
萬事如意
澤惠
75.4.21
中午1:30

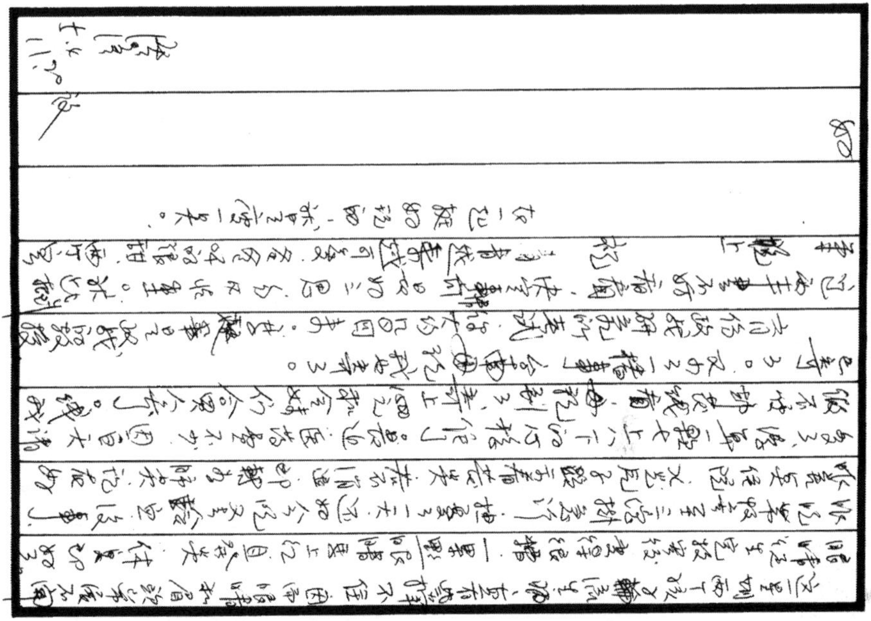

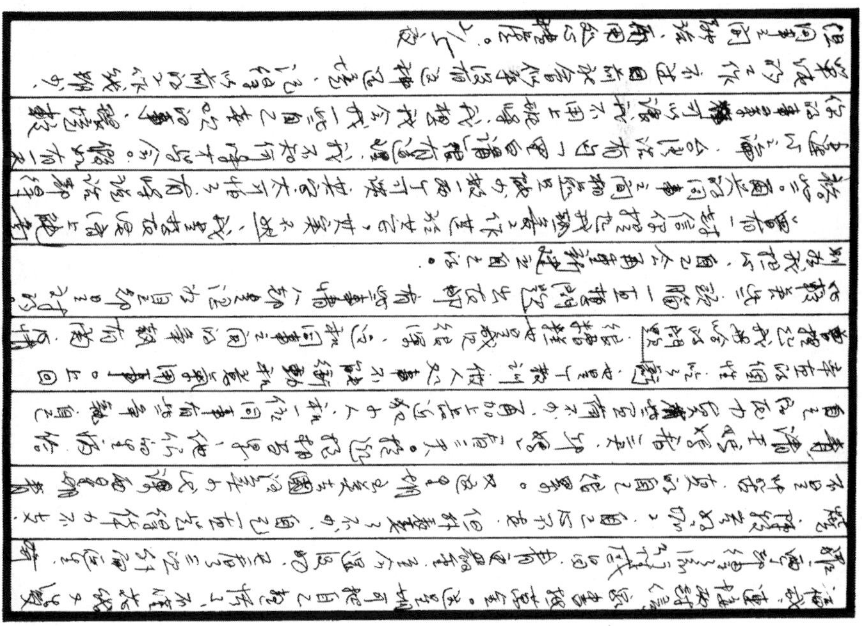

福成：

四廿收到你的一封信，得知你去了何國泰的家，每天一樣的生活是會枯燥的，走走看看可以靜靜心情。電話也打了，還好，上了年紀難免有些病痛，母親牙痛，在金門看不好，寫信回來。不然人老了無所依託，對一切的事務也更為敏感，有些事情我能做到的盡量做，別說謝了，既然是夫妻，很多事情說是互相關懷的。祇是在我跟母親中間彼此都有不少的成見，我想時間終會沖淡一些，對嗎，你不必操心。

我這兩個孩子跟我忙，總覺得時間快，白天也是跟一群天真活潑的孩子在一起，真的常常覺得忘卻了今天又是星期三了。好快畫本已寄上收到告訴我一聲。又是一個多月，很想念你，一個人靜下來時，會想起你的熱情，我倆的秘密，心情會激盪不已！

講些孩子的趣聞說給你聽聽，教學園所，兩個孩子一起坐在客廳吃麵包、餅乾，當小椅子，兩人坐在一起，很像媽媽們，我看起來真快樂。有一天我在幼稚園教室看書，自己也在看他們，一會兒爬到魚缸上玩水，袖子都濕透了，把她拉下來時還得說得甚來勁，（安全我會小心的）。有一天教室外面嘻笑著看書也跟著去了，我慢了一步，看看他到廁所去玩抽水馬桶的水，還會把尿尿丟抽水馬桶裡呢？小丫頭多學，教什麼學什麼，挺可愛的，脾氣壞了一點，要好好修理。「爸爸」很會叫喊，小嘴很甜。兩個人玩玩要時，還到爭奪時，可不得了，互不相讓。教我給被我先罵，當然也不能每次偏大的，不然小的會鬧哭。雖是累但很挺好玩的。淡在中午，

祝

萬事順利。

潘隆
4/23
夜10:30

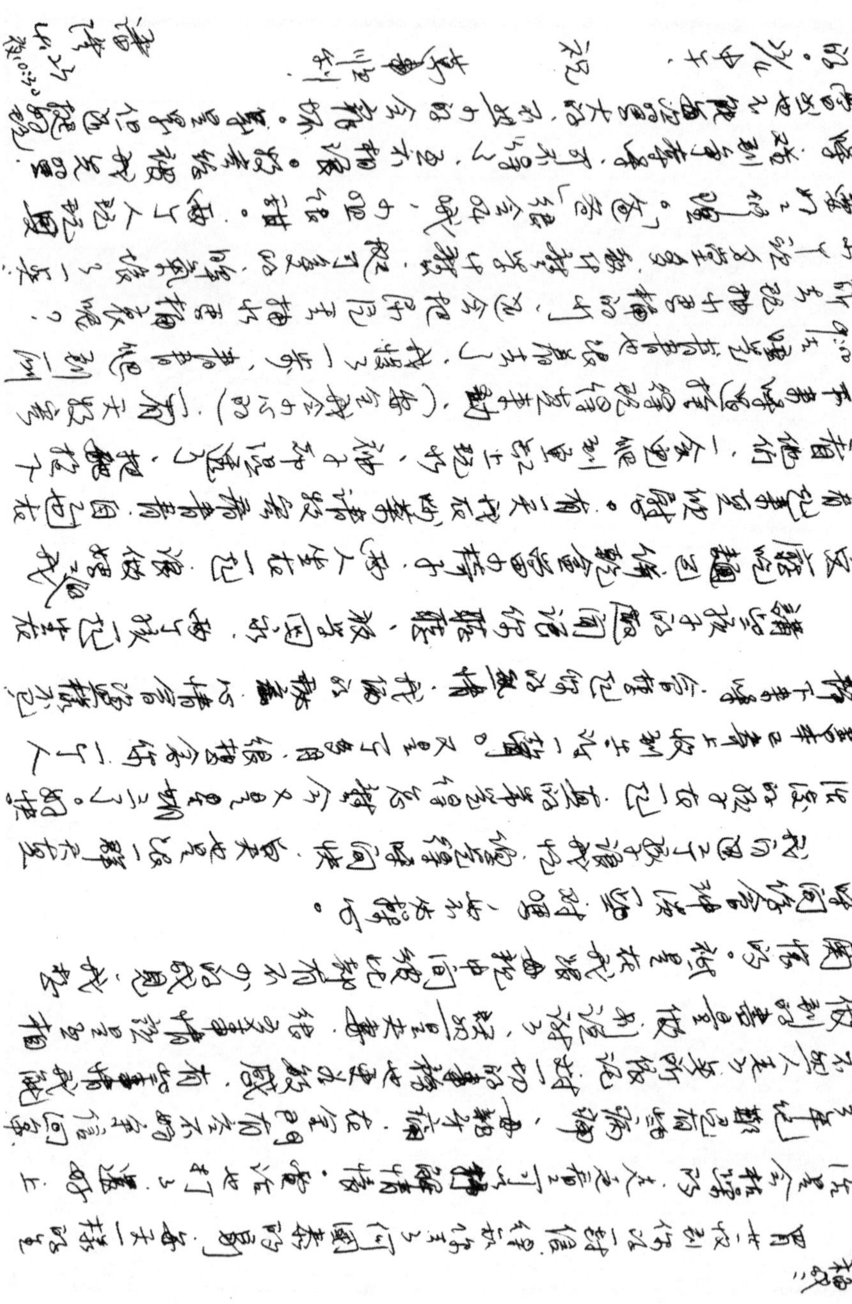

福成：

你要的政治學，要好好地再去。日子過得很快，現在已是四月中旬了。最近寫信較少，自己窮忙，有時更會想要丁丁的筆笑，忙得團團轉，青青目前在學走路，會走几步了，膽子小，記得故宮一週年前就會走，青青快一歲一個月了還剛起步，但爬起來可不得了，又快又高，速度驚人，轉眼就已一丁動作了。有一天晚上被她嚇的說整一夜，幸好沒事。沒站穩，摔得好響，哭完即睡，小孩又不會說，不知痛的程，又就是怎摔到頭嗎」。現在很好玩，見到我卻是爸爸、媽媽，「ㄨㄚˇ ㄨㄚˇ」很喜歡那些洋娃娃小狗等，不喜歡的，不想吃即搖頭。六月份回來，青青該到處走了。要丁卻算是好動得孩子，大以baby時候。

最近除了帶孩子外，也看看書、英文、幼兒教育等。也還在很充實，時間上較緊湊些。但日子過得很充實些，感覺上也特別快。且家事也永遠做不完，尤其是很永感乾淨些，就更忙些，佛理魚缸擦地板等不過以較輕鬆的心情去做也不覺得累，每天早上洗衣看看那些花樹長得如何了，現在作一缺乏做運動，自己本是要運動的，現在忙家事即懶了許多了。抽時間做一下運動，要保重。利用中午提筆，祝 好

峯 75.4.14 中午1:30

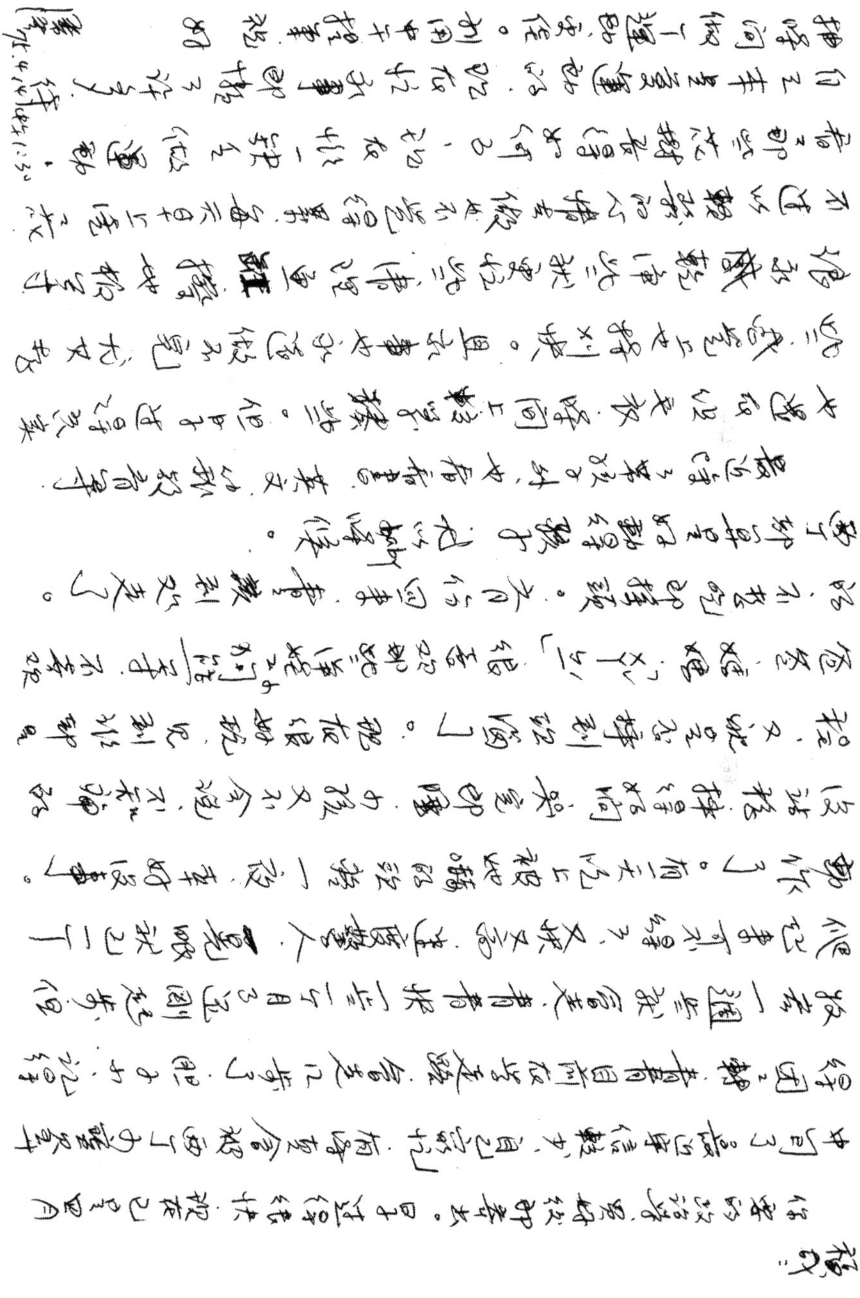

福成：

想你已安抵達崗位上。這孩子該睡時揮筆寫。工作忙、家事忙、寫信的心境也少了。這回孩子住院了，整整兩個晚上沒闔眼，一直注意孩子的情況，點滴打了四瓶，發燒至40°C，生病的過程，孩子痛苦，做媽媽的也跟着忙。所以特別請台南母親至台北幫忙，今已返台南。因爸他們也得母親煮飯照顧，一切還好都過了。孩子的情況漸漸好轉，飲食還是有些節制。飲食方面都得很注意。孩子要纏着人不放。因他很喜歡吃的伙食、因剛住院吃的東西都是不一樣，所以我們大人吃時都不敢讓他見着。今晚我吃飯是十二點他睡着，夠累，像打仗般地是吧！17/12

星期日一整天沒外出在家看孩子。也順便整理一下家，乾乾淨淨的空氣也好，紗窗紗門都洗得很乾淨。感覺清新異常。對了從下月1日開始我們的房租又是5000，一因申小姐搬入到我們那間房子。丁家要搬至同學家、我們又多了一筆開銷，算算錢很緊，母親那邊的錢還是每月寄1000，一。這回孩子生病，花費不少。我還沒有每晚都是近十點才吃飯，等孩子睡着了才吃。這幾天格外累。學校工作也忙，真是說不出的疲乏，身心都累。看着孩子生病難過，自己也掉眼淚，沒辦法，不知怎、最近依賴性特別重。無人可說，自己悶着難過。有時真是很埋怨，先生常年累月都在外，在家的時間太少了。埋怨……一切還是無可奈何。

心裡在想等我們把家固定了，經濟允許的話，我還是喜歡在家照顧孩子，整理家。孩子生病，在上班也一直牽掛。現在是無可奈何！你一定責怪我太多的牢騷。孩子已恢復也好，就是還有咳嗽，瘦了不少。很心疼。下回餵千萬不要打臉，我大部份都罵他，其實他什麼都懂。有時還是挺乖的。

這幾天心情不佳。有太多解不開的煩惱。 順頌 祝 好

對了，過年前双薪，你若能同來你就帶着，若延後你即用郵局寄的，從你那就寄字你的名字。假期前我想同姐姐商談談。我已知我們可領到一個半月的薪大約22000，一過年後我們有一筆好收入。我想收回借的4000，一我想先在前面付一次、第二次是姐姐給我的利息。以後的我還是想繼續。三、四月我又有一筆15000的收入，存款就可多些了。我們的房屋固定是我們最大的目標。孩子的飲食費用，我很捨得。你身體健康最重要，把一些不必要的省起來。

福成：你好

我的劃撥帳號從本月(9)開始前後各加0，是0568127-0、本月寄時請更改，至於你的劃撥帳號也更改，我記得等你收好，不知你拿了否今我找了半天沒找到。

對了順便把你給你母親的1500順便寄出，免得我再跑一趟郵局，最近一直都上着半天的班，牧宏已送去學校讀書，情況尚可。真氣、星期六下班去接牧宏竟然不認說那是我的小孩，告訴老師說不是，陳宏良卻拉着不放，眼睛紅紅的，要哭的樣子，因他穿上了黑黑的圍兜（制服）似乎長大了不少。非常頑皮的小孩，有時真不知如何管教。下午午睡不睡，一直往嚴姓姓家串門子，自己開門自己上樓。很好動的小孩，咳嗽還沒好，連續跑了几趟醫院，今天剛好休息不讓他吃藥，吃了一个多禮拜的藥。晚上這几天也沒好睡，怕他咳得厲害。

70.x, 2,000本

福成：你好。

寶寶的照片已好。右上2吋一時的。像個小大人似的。頭髮沒梳好。

昨晚曾打TEL至關媽那，問你父親的病情如何，昨定手術沒，今天不知去否，未曾聯絡，你父親不想去。

想成校筆身字，還真容易，陳校寶把筆一根一根的破壞淨淨，把筆收好，不然被他拆壞可真不得了。

最近咳嗽已較好，晚上能睡，感冒也好了，唯鼻塞甚為討厭。

陳寶寶的咳嗽也減緩，這是做母親的人最高興的，今晚吃了不少，吃了11塊餅乾，半碗飯（有剁碎的肉和青菜）且是自己吃的，我很快樂。上了學像很有趣，老師也會個別照顧，訓練能自主也好。剛喝完一瓶牛奶，現睡著了。

很想和你聊天，一聊八點了，喝完牛奶得睡了。

祝

蘇棣

P.S. 早上為趕帶寶寶去上學，在車上才想到未寄信，所以延了一天，得到信就中也沒人了。快到告知。

蕭蕃
9.25
11:10

福成：最近可好？工作、書、身体都還如意吧！大家甚為想念，尤其是牧宏，被我說哭時，咀裡都喊着"爸爸"，以前也不懂，現在還懂爸可撐腰。青青最近比較好些，要人抱她，喜歡外出，我上班時她就醒，也想出去。真像鬧鐘，準時得很。還不會走，喜歡拿她走，又長了兩顆牙，咬人還真痛。一切都還好，前陣子自己身体欠佳，全會好些。被調任的也調任。

昨晚都過生日，買了條，還熱鬧。我們自己送去換過去，慢慢想吧！最近都下着雨，天氣變化不定，兩個小的都有感冒，要等假日才能帶他們去看醫生。天氣晴朗，我也會帶他們出去玩玩。

偶而空閒時會看一些報紙，或看看英文，真的自己退化了不少！我想這是近幾年明也忘了不少。明天自己一個人去喝喜酒，很難得能出去，一身輕。跟同學們聊天，還是不比當年，聊了不少，都是老樣子，所感嘆者孩子們都一个个冒出來，我們都老了不少。

算算農曆，你的生日快到了，在此先祝你生日快樂，時間允許的話我要送份禮物給你，等你休假回來我們一塊去逛。有空多寫信給我們，台中那邊也別忘了撥電話。

孩子們成長的同時，我們也長大了，得失也別太看重了。能上進的人總是有甜美的收穫。而我的收穫是你的成就和孩子們的成長，屬於自己的東西則太少了，所幸利用空檔時間，偶而可偷偷看些文章或書等，但知足。

時間過得真快，已是三月中旬了，你覺得還需半年才退，孩子們又即將放暑假了。清明節掃墓，帶着兩個孩子不便，所以想請姐姐幫帶，或等你回來抽个時間回去一趟，可好。就此擱筆，利用抽空午休時間提筆

祝

萬事如意　身体健康

[illegible]

3.17中午

福成：

25日寫的信我於昨晚收到。一回二呼有行李匆忙搬遷的。不過昨晚還是累，小孩比較吵鬧，到近11點才安靜下來，自己也才休息。最近晚上還挺好的，比較不會鬧媽媽。最多是換尿片、餵奶，是很好。

星期天帶青青去看門診，因嘴巴長了一些鵝口瘡，今天好多了。最重要的是有肚臍眼，醫生交代不能讓她常哭和哭得很厲害，以免肚臍那就麻煩了，所以更不能像往常的讓她哭，不是狠不下心，而是不能讓她哭個不停。我也麻煩奶奶媽媽注意一下，老人家經驗多，這是我很放心的。帶小孩真不易，真是所謂天下父母心。

星期六自己也去檢查眼睛，我的眼睛易被傳染，且易發紅，醫生斷定是過敏性結膜炎，每天點眼藥，感覺上是蠻有效的。其它都好。

六月份有個端午節會多半個月薪水，也是七月一起寄哦！

最近撥空時間不多，所以寫信也潦草，抱歉。

祝

快樂平安

[illegible]

5.30.早上

7:30

福成：

抽空時間提筆寫信，孩子睡了，現比以前乖多了，孩子一天天的長大，速度也挺驚人的，和你說不完的××××的，覺得好笑時，笑得還咯咯響，常常比較生動，或許也孩子也早開竅些，兩個孩子的媽了，說起來真沒有時間讓我寂寞，最近還是吃不下東西，胖嘟嘟的肚子，胖個不停的，早上還是繼續健美操，或許等你回來會瘦些吧！有一個人讓我忙碌和生氣。

學校7月4日休業式，5日即將放暑假，但因7月有音樂會（本校我們校慶70大壽）所以7月份陪著練習，不打算返台南，28、29值班返校，約8月初將返台南家中。（預定計畫）

照片收到了吧，最近自己也有心情去照照片，家長照的（本人）比較漂亮，本要寄給你看，但只有一張，祇好作罷。

你忙我也忙，也好。

金門的氣候還好吧！台北的天氣比較平常，常讓人生病，也有下雨，還好這幾天沒下雨，今是熱的出奇。

明天上一天的班可休息了。端午節，你們吃粽子否，我已經吃了不少了，這個送，那個送，家裡好多，本想包的，這幾天再包，太多吃不完。事情多人也還真麻煩，記得以前小時，搶著吃，不夠弟弟他們還會爭執，如今真是前後之差。

看你算你的薪水，怎麼這回可加那麼多的Money呢，你的過節2000，是請朋友同事一塊吃飯，酒也別太過了，傷身體，點到為止喔！不早了，再聊，祝好

潘潘 6.20 晚上

父親工作很忙碌，晚上也都加班，所以由Pan代
替寫信，知妹妹。爸媽、叔叔對您還不錯，媽
一直提醒Pan寫信，在家是賴出名，每天睡至8、9點，今
天最早起床，去參加國中賽跑和弟妹、跑了兩圈，
很久沒運動、想想早起還是好。
台雄、台華都是個性強的男孩。我們家三個小孩、個性
都強，脾氣也不太好。爸媽太寵我們了。
在家真舒服，又吃得好，真是休息得夠了。今
早坐在桌前寫情書、也想收收心看看書，沒有看書，
真是怪怪的。感冒好多了。別担心。
跟你提的事，您知道就好，別向家人提起，好嗎。女人
的心胸都太窄，包括潘。
叔叔回家過年，今年Pan也得了620的壓歲，爸媽、叔叔、大姨
很慷慨，有時Pan還像小孩。明年我們就得給了。媽幫潘
買了二床被、二付枕頭，很漂亮、一個是大玫瑰紅，一件
是淡菊色，我喜歡它。希望您也喜歡。從今開始，一定
天天寫信，被您說的很不好意思。想趕快寄去讓您收到
、爸媽寄的臘味收到了否。馬祖真是交通不便，也來了
否。晚上Pan在家看電視，有最近的詩句好了。很好看，也
跟弟弟跳舞，在家很好，明年就跟您在一塊了。新年快樂。
願想念你，多穿衣服，多吃一些。等待您的假日歸來。

祝您
萬事如意，身心安康

潘潘
2.18.9:30

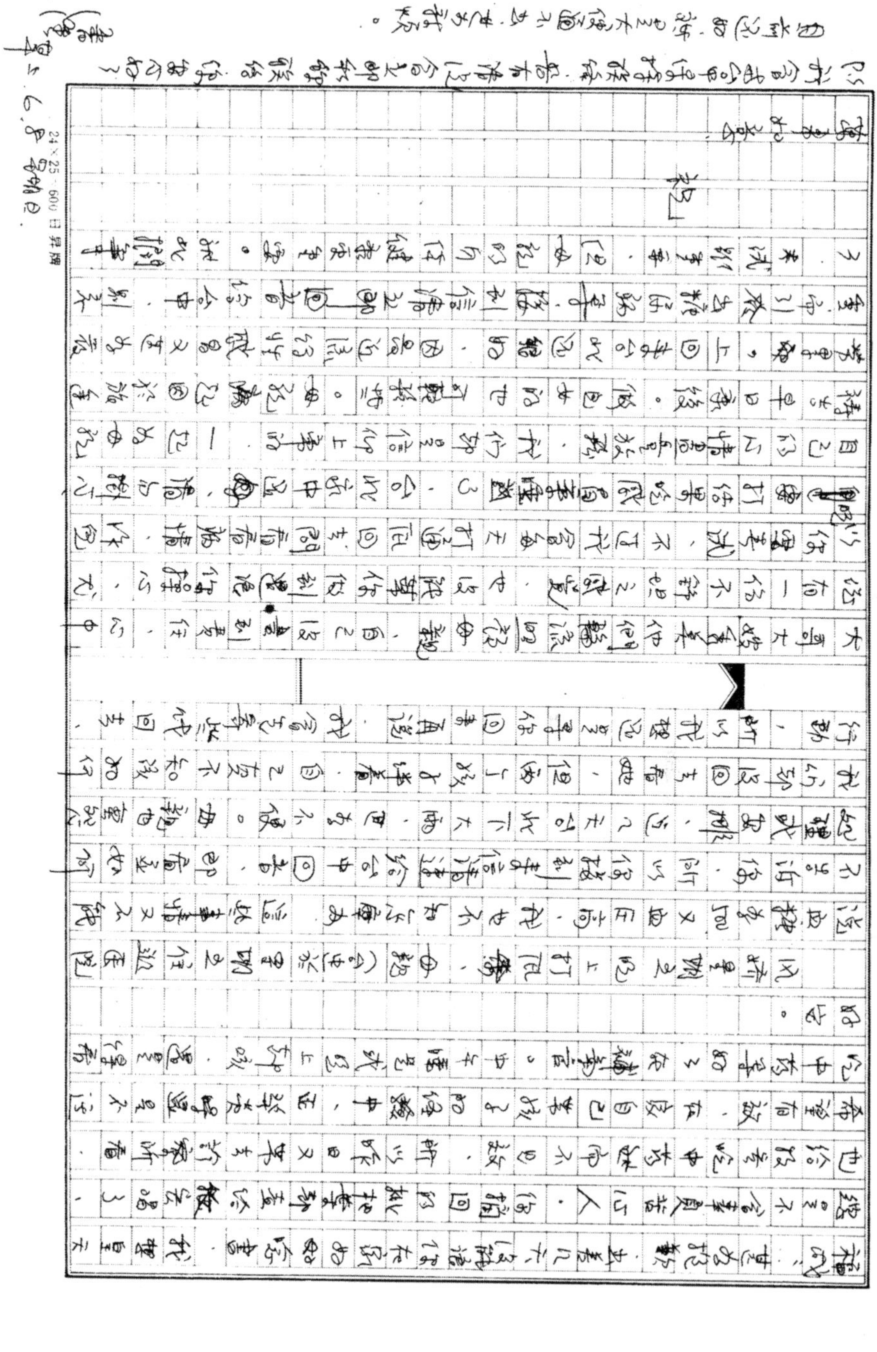

福成：

人身體欠佳時，情緒也往往低落些，想家的氣氛也濃厚些。自己多保重，累了就多睡，睡眠可以恢復不少的體力，身體好才能看書，多吃菜。

這八天我也忙些，邀了同學至家中玩玩，要準備飯菜，所以自己也累了些。也恰好ML，體力不夠，今天好多，剛睡了一下補充精神。

和同學聊天時，真的，家家都有難念之經，不過婆媳之間相處得了不夠和睦，當然也有一位處得不錯，收了一下，也合折一下，婆媳之間要互相體諒。不然真是難以相處。有個同學的婆婆更嚴重，八年來是他們婚姻的絆腳石，或許是一面之詞吧，當然一筆帳總是經驗累的。

青青已滿四個多月了，懂事不少，很想爬，一直在練習，看別人的叩，她自己也一直模仿著，有時也搖擺著，也就真快走至身邊。我唸經時她也會乖的自己玩，她喜歡吃大姆指，不太好，我一直糾正此習慣。也放些零食給她吃，從此的關起來都不得了。故宮也常跟我們聊天，很好，南部荒閑之前住慣，一下回至家中，我想還真閑不住她呢？還得一段時間適應。未開學前我會帶她出去玩玩，青青留給婆婆帶。7.8兩月我照付保姆費用。祇要平常帶得好即可。

汪成華想將你兩本書寄回家中，（受偏她和痴人手記）另有一本尚在審核，再幫你寄回。要美我已提醒，她試著翻。你的皮鞋也收到。有兩條毛巾，一雙襪子和670元之稿費，陳先生都幫你寄回，恰巧我至學校，陳先生有事先告訴我。我請妹妹至景美領回。順便附了一

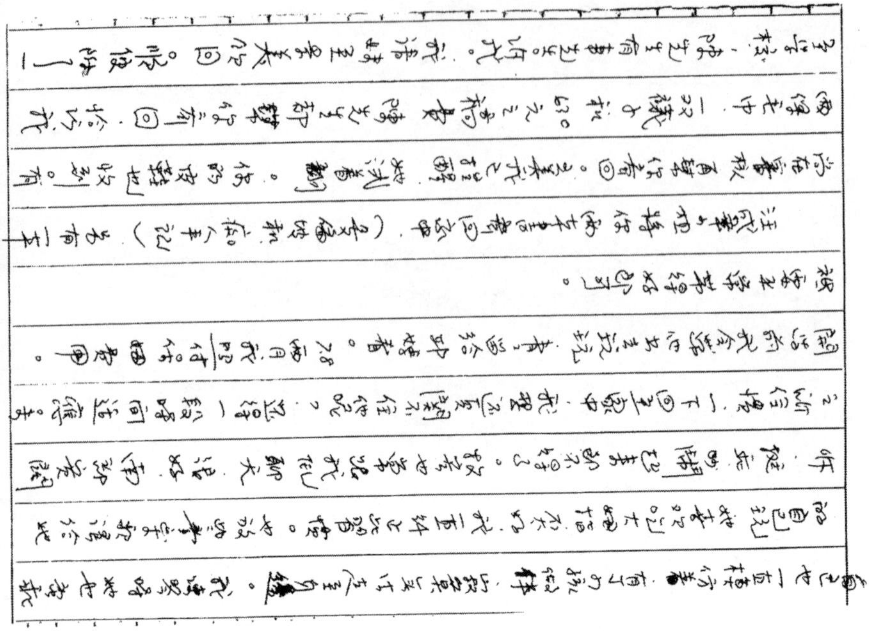

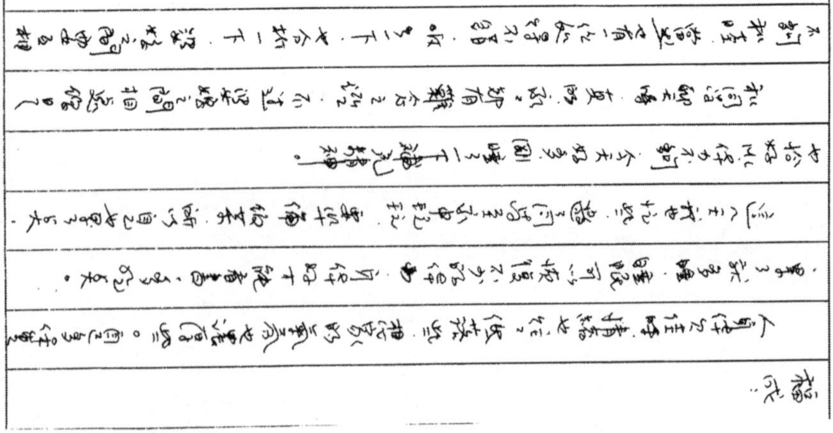

討信去之陳先生，我們收到寄來的東西。

你休假回來，可救了。上星期你大哥曾叫女的打電話來，又叫我

喚，問你怎麼還未休假，我說5月才去金門，休假日子大約

在6月吧，我也忘了問何事，或許是看問大嫂生了沒。本不想說

的，免得你在金門煩心，想想還是說，你心有所準備較好些。

昨晚風嬌打電話來說台中女孩要來台北，等了早上還未到，他們沒

告訴我時間，我想大概是下午到吧。再聊吧，祝

平安快樂

P.S 你問的政大考試也在5月份考，細節再告訴。台雄回台南了，今已回來

他來此時，我讓他詳細說明再和你說

潘潘 下午3:30

打電話至風嬌那兒，得知台中女孩乘多的莒光北上，中途車子拋錨，隨[illegible]

晚到。

人都有情緒化的時候，我不怪你有一些言行特殊的舉動，有的話，嫁雞隨雞

嫁狗隨狗，女人的命像菜花籽了，很多事情是無可奈何的，我很清楚，但[illegible]

人都希望自己的先生能給我溫暖的希望。

福成：今已是五月廿日，距離你回來考試的日子近了，也是我們相見的

日子近了，甚久未曾受到夫妻間的情愛，甚為想念，所以到了晚上

忙完了，孩子們都睡了有了自己的時間，更感覺到，命[illegible]自己由衷

佩服你，金門都是男人之地，好像場所又少，所能用到自己的也不多

了，很感謝你把自己保留給太太一個人享受。你大約九月回台。記得

你告訴我考期是6月6日對否？先考後是否可以再九天陪我，我們聊聊

這這義氣（近些）台北中午有很熱也要，假好的我第一個提到

青青，孩子在學校都好了。

台中女孩星期日來北，隨著[illegible]過因時間又從，使接了電話給我

。台中的房租已於五月十日左右劃撥於我的帳戶，說是7個月一次可2400

房租都大約來寄來，沒有待回北再談吧。好了。

家中一切都很好，孩子只是近很瘦，生病，說得不得了，半夜也咳，我

一個晚上要起來好幾次，擦汗，差點了給他喝水，孩子生病讓大人累。

當母親的真是如此，好不容易才停了，打擾你太累了，青青很會哭了，覺得很

像個男生一樣，動作可愛等些，兩兄妹還合得來，青青很愛他哥

哥，什麼都學哥哥，走起路直的笑，台北來這些玩台北的玩兒，而中都是女的[illegible]

又在金門，難得一個男生抱，這些事各說了，你休假回來看他們

定覺得很棒，但她說來也夠煩人的，就此擱筆，祝好

潘潘

5.20. 10:30

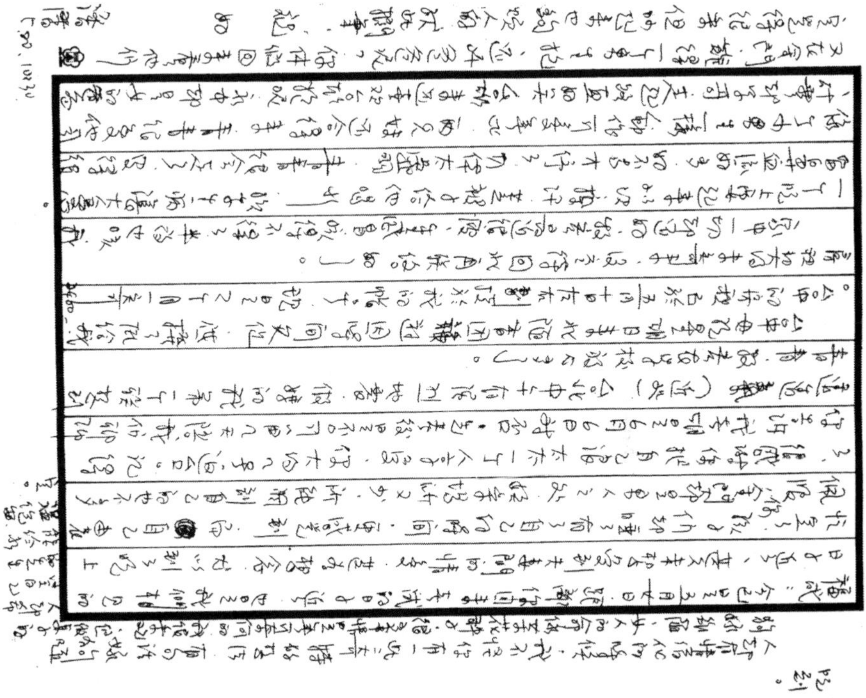

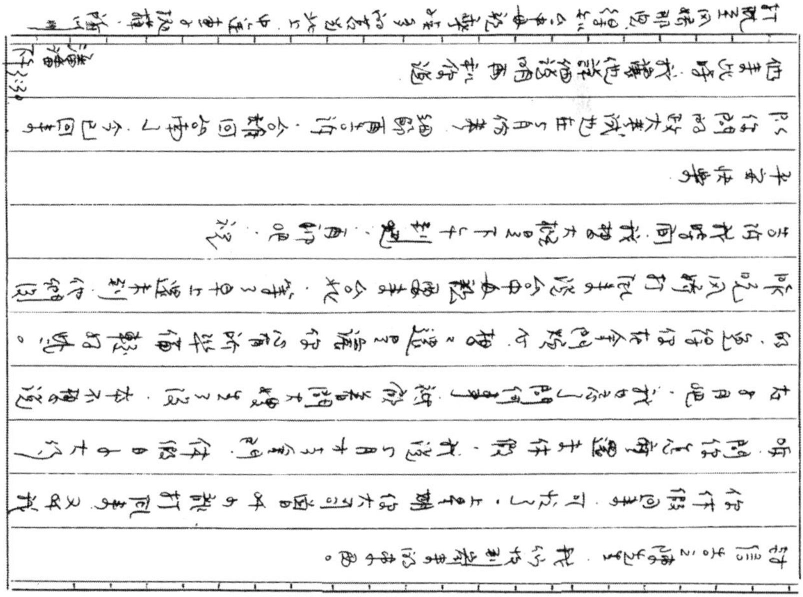

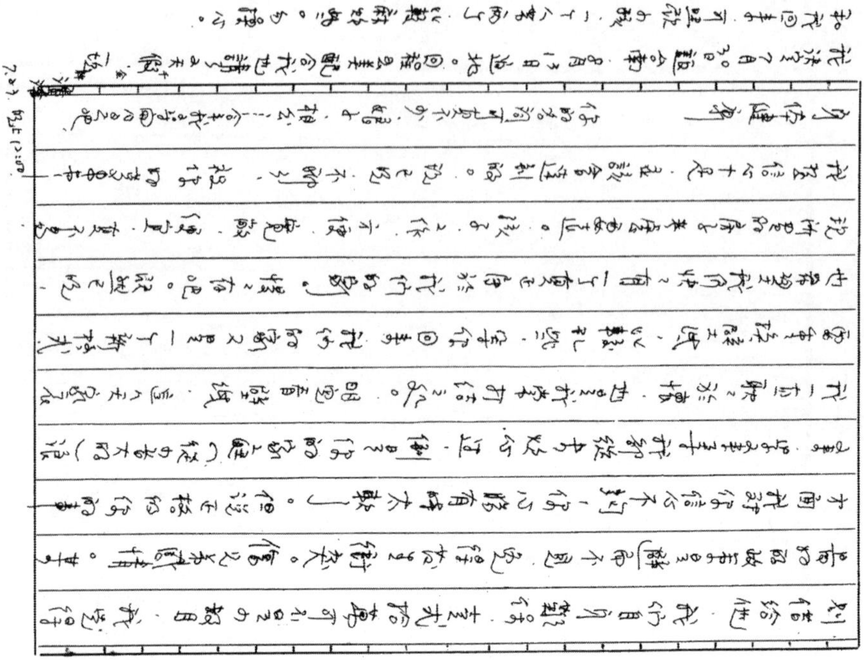

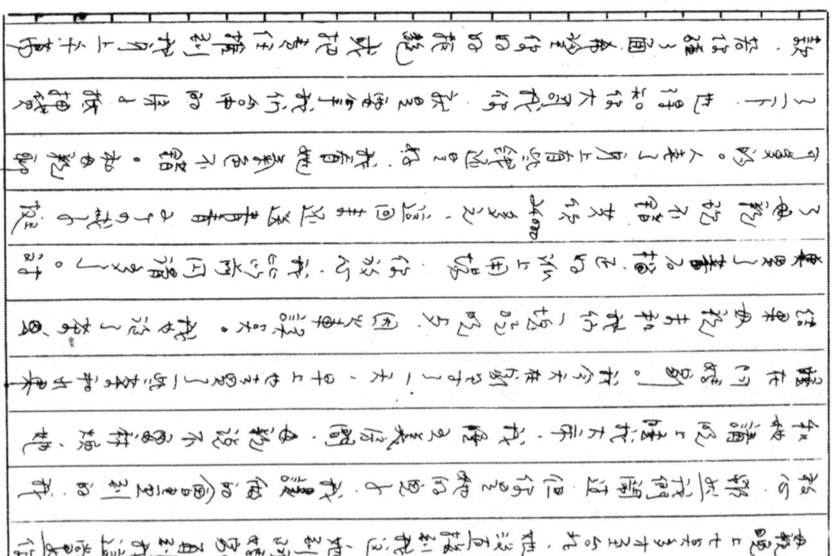

小弟弟。很会說話，還会唱歌「娃娃國，大同大同國路好」也会跳舞，还会穿高跟鞋，蛮皇得很。非常怕热所以皮膚長了一些痱子，看起来醜了些。不過俗話說「說自己的孩子是最好的。」

王姜的同学已搬走，所以我又把另一间房租给一位中小姐（比較外向活潑的年青女孩）7月3日才剛搬進來，剛一个星期看起來还蛮好的。希望能住長久，覺得一直換人（因要訪人）多收2000元可減輕我們的負担，自己去談了个經驗，利用今後的假日，賺點錢還是看起來寬些。

好了，花第一些時回來吧！我要你在全的時間就不長樣。全橫是否有特別說了以最快的速度通知。

祝

萬事如意

P.S. 最近台湾又开始流行性感冒 自己在外也得多加小心，要保重自己的身体

潘潘
7.10.星期
午5:30

福成：　　　　　　　　　　　　　　　　　　　　　　　　　P.1

看完你的信，就有一句評語「就如你自己說的愛之深言之切」。或許每個人的觀點不同，但有些事情是不能這之武斷，記得曾經也討論過我們之間的問題，你也說過我們是心理上的疾病，真的有些不能一句話就ㄆㄧㄌㄧㄆㄚㄌㄚ的套上名詞「心身性心理疾病」。自己承認某方面是有些失調了，但你不在家時，我的生活也是過得還很快樂，這一年來自己覺得身體不如前，也請醫生看過，是慢性腸胃病（如潘治郎的），眼睛是過敏性，自己常覺得累，~~在心的樣~~手常常[illegible]抖的 Keep在心裡面說。之你一天回家又要照顧兩個孩子，當然還有生病時還好，快樂的日子也是多多，但人的體力有限，所以每當想理家務完畢真是所謂的呼呼大睡，小丫頭偶而會半夜叫叫你，告訴你這些瑣碎之事，或許換來你一句話，我不懂得照顧孩子，我不懂得過生活。以後我還能對自己的先生能說什麼呢？

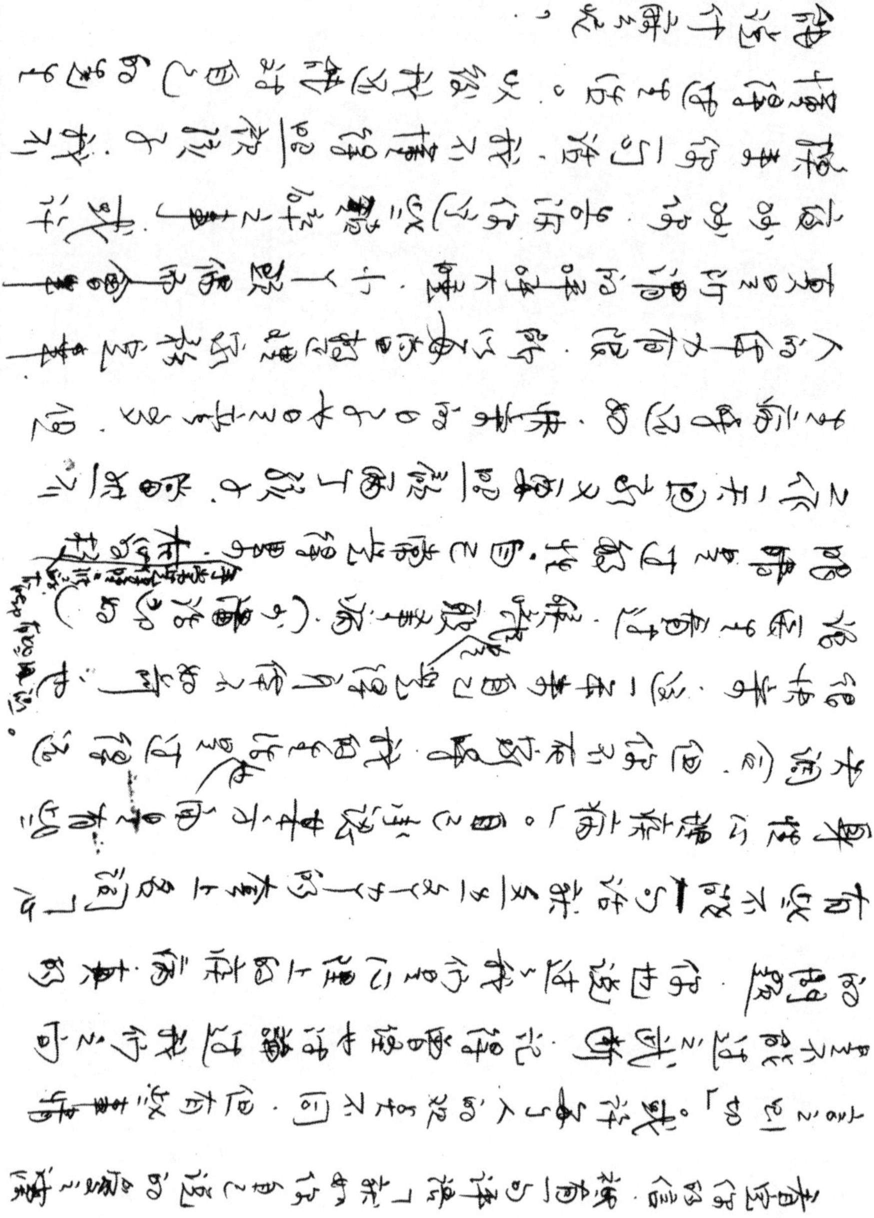

且每人的生活方式不同，你不能要求每人都如你似一樣想，當然夫妻之間總是要互相調合，互相諒解，自己盡量在自己崗位上做好，例這回令中母親生病，住院才二天阿嬌即打TEL告訴我母親說別人的兒女都回來看父母，而我的孩子們都沒回來看我，父之有的父母親即能替兒女着想，在這種情況，你又在金門，而我帶着兩個孩子在外上工作，不能馬上去看母親，也是給我莫大的壓力因今天我是你的妻子，我想能幫你盡一點丈夫責任，自己想做好它，卻又不好，心裡的矛盾，互相衝撞是很痛苦的。又如這一回母親北上，其實，可以由大姊或兄嫂陪着來，盡量是避免外出（旅程）對身體各方面都是有益的，不過我只把該說的先說了。幸好看母親氣色，身體還非常好，再生病所費的不也是這群兒女們？自己常問為什麼人會將自己的快樂建在別人的痛苦呢？

你放心好了我平常是很少想這些事。從事路到頭上來，每天有工作的方向，煩惱

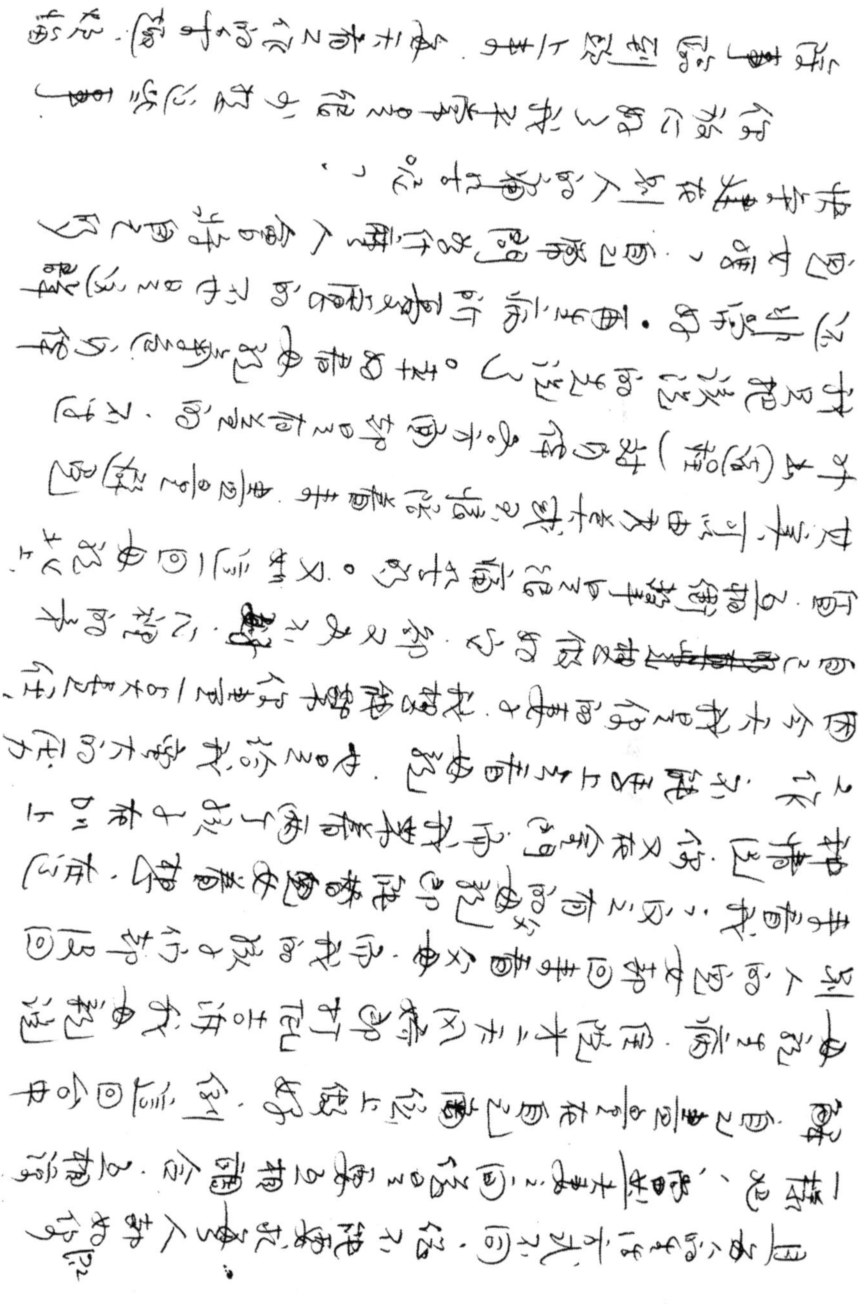

回到家裏孩子休息時才是我的時間，我的說
吃了才靜下來，看，讀文章等事情，自己覺得
精神上日見進步快樂的，體力是差了些。半年
是有點懶得動，就如剛用換地來當運動，順便
美化環境。現在的我是不如婚前的我有那麼多
的衝勁，是懶散了些，例如早安晨跑，練拳舞
到野外呼吸新鮮空氣。

你的同事對台生先生說你考上了，但說你
還未分佈，你自己回來去查一下。自己覺得你
會考上，所以一直未提到未取兩個字，你放心好
了，我的得失心不重，若重的話，自己就不是自
前的試就了，高超得也會使師大家畢業，總
小兩個在課業上即是糊裡糊塗的，如今也好、
。如今也好或許連分數都不知。且你的事我很操心
因為講對你信心十足，祇想把家弄乾淨舒
適，孩子健康和健康已得很使操心，如此，
對你也有點忽略了說清楚些時時提醒。
這几天學校都放暑假，但忙著做教具

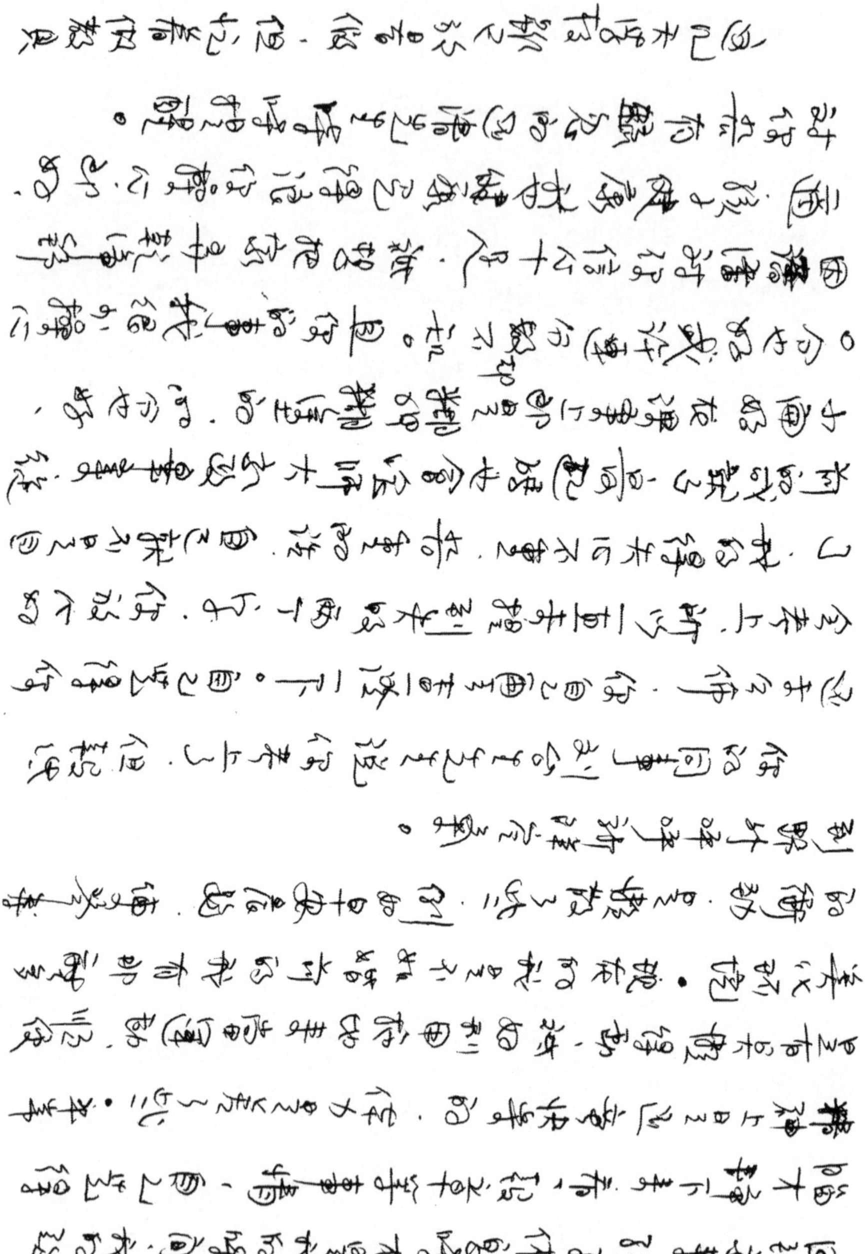

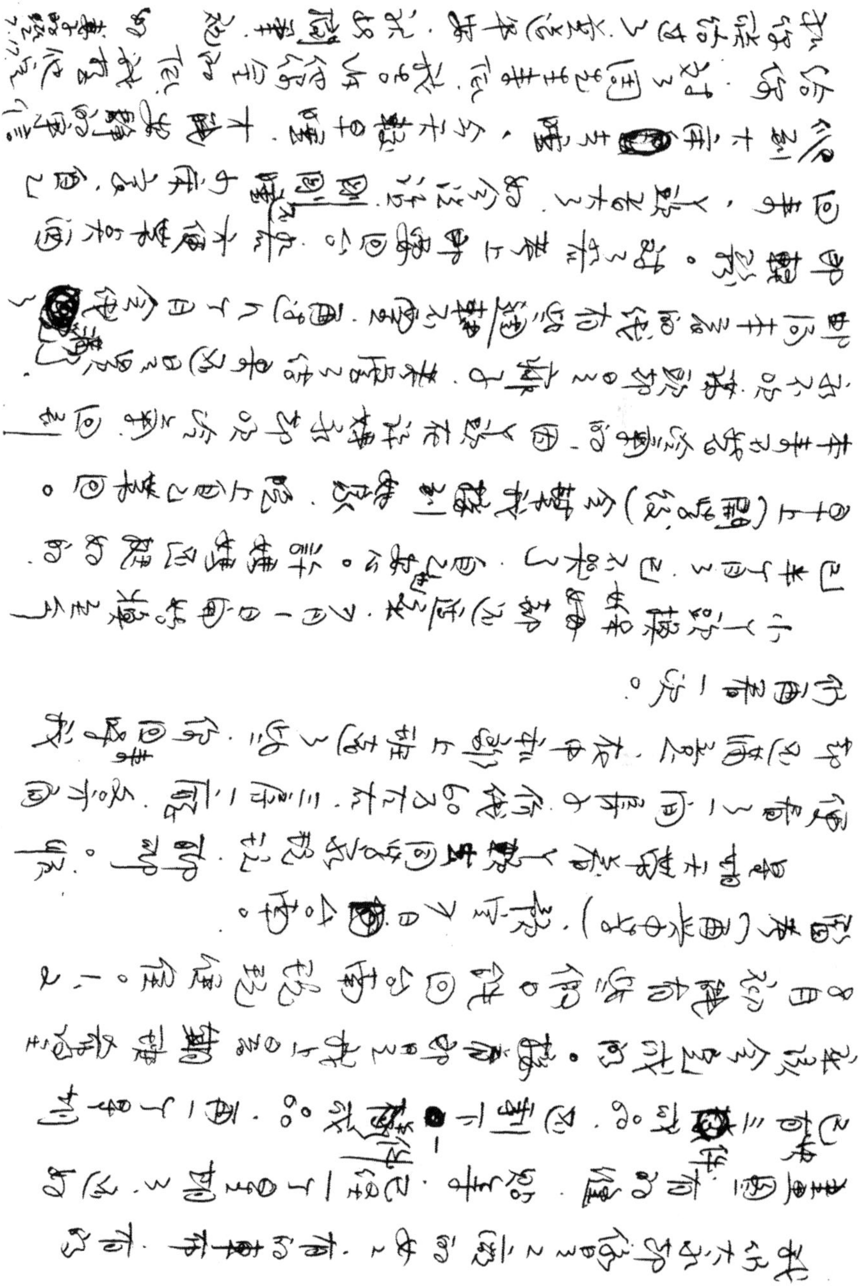

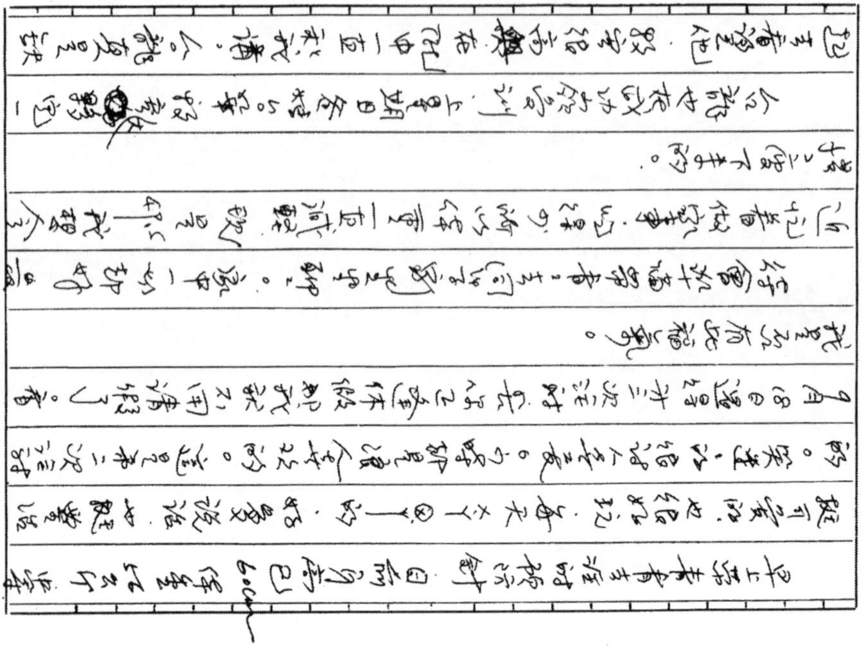

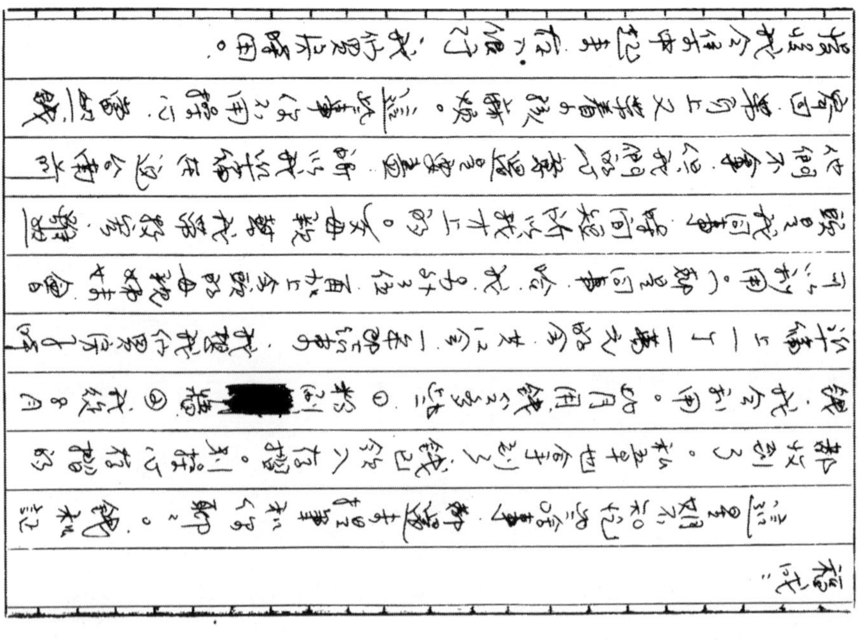

外婆使，去不到幾天就送往她的醫院兩天，台肇將她請假去看她。

弟弟也寫信告訴我，呼吸急促，四肢麻木。本來他身體

也差些，現在好多了。

18/7 早上

今天忙了一天，忙聊天，忙小孩，可真累。因小孩注射預防

針，所以比較鬧。幾個高中同學聚聚，所以還是去了。不曉

得青青開始好吵，我得哄他睡覺。 祝安好

你的妻如意

陳田書

7.18

晚上10:00

福成：

今天已16了，再2天即滿月，這種日子還真不好受，幸好現在孩子生兩個禮拜了，這回可憋壞了你，身體自己多注意，近日、每天則忘了吃藥，耳鳴整個法很多根治，耳鳴的滋味實在不好受，難為你還忍了這麼多年。

小孩滿月你是否也要請紅蛋，錢帶了沒。

幫你生的好的若論也沒喝，不提就算了。

有件事你回來時忘記提，上星期三漢義有打電話來關係你，但他星期天早即返金門。

接到了你信身体爽朗，比較空閒時再接。他在台南家中還好啦，倒是很想念我們，大其爸爸很寵他，早上也打電話給我，說要和妹妹說話，晚上也打來，他說了不停，一下問爸爸呢？一下問妹妹呢？找請有趣的。走筆至此，自己多注意身体，健康即是財富，且你是家中的棟樑。身体要適一下，我有些不捨，尤其是走到同事間人情欠佳，更讓煩。這些錢賺多，同事之間沒有「情字」來提是很哀的。上班前好好，自己承受心理，希望天天可以穿著筆挺的衣服。

祝

身體安康、萬事如意

青青 4.16

P.S 有了時鐘還真好，方便多了。

70. 1, 2,000 21 11:30.

福成：

每天生活在忙碌的日子裡，想你的時間也少了。這星期來特別多睡覺，晚上八点左右就睡，但還是睡不飽。今天總值班帶小朋友去「托兒所睡」，正好它住不在，跟着他们一起睡，睡了2个鐘頭，總算好一些。早些睡，給你寫信的時間就減少，不見怪吧！

青青晚上病了。今晚和牧宏聊天，講了許多，有些話我還真聽不懂，他的牙齒某些音發得還不標準，真是跟他猜謎一樣。東問西問「爸爸呢？去金門？金門在那？」坐飛機去，他聽了笑了笑，他又問，在那兒坐，一連串的問題，又數數和這些詞對他不陌生。他又都不跟我說話，因怕我罵，給我聽。前几天爸打電話來，所以怕挨媽媽的罵。孩子大一些還是較聽話，去他的故說他不乖，所以懂得他的心理和生理，像青青還是得仔細觀察，所以還是得很懂得他的心理和生理。每天唱那首歌，這位小姐脾氣也不好，不过越大越可愛，真漂亮的。的和你笑，有時想男一男這樣值得的。

所羅還未起去，還是得睡覺喔，明中午我回看看。

明天又是吵雜的星期天，自己可以輕鬆……。

你在那兒都好吧，自己多保重，今天5月給保險錢6000，一些差不多，剩你的薪水。我们這里過渡時期開支很大。但還好我並不很煩惱。少存些吧。最近複寫但以後可以了。還在努力中，每天運動（腰部）。不多寫，再聊。祝

平安

愛你 5.31
10:30

福成

又回到了工作崗位，5天的假期很快的過去。這回回家較累。因母親的右腳不適。做家事不累，但心裏的負擔，家裡的重擔壓力讓我很累，自己感覺瘦了。到晚上才有時間給你寫信，但卻坐在電視機旁陪媽說說話，我在家的時間一直都短，很慚愧。

有時去想一些事情，自己的遲婚還是對，實在很不想被家所絆住。雖然我沒什麼事業、成就，但是有時（現在）不想結婚，單身的生活也習慣了。自己似乎又很久未提筆，下回你幫我找找看，共寫了幾封信，在心理學中的S、R，似乎是常常用到。

學校最近發生一件大事，心中很難過。老師的職責實在不可疏忽啊。這件事是在下班後5:30–6:00的事，雖然是如此，卻也影響了我們，提醒了我們，敬業樂群，做一天和尚就得敲一天鐘。曾和你說過自己住在這裏有種壓迫感因我四週周圍的男生都是未婚而年紀大的，心中都不平衡，且也有多少的幻想。自小對年紀大而不結婚的男人都敬而遠之，包括我的叔叔。就是在文教的圈內，亦普都是超齊。自己是很會保護自我，多年來的獨立生活所養成。爸媽一直都放心的原因。讀夜間部時也是心驚膽跳，我想這就是男女畢不平等之所。

你好嗎？我也很久未看你的信。心中一片白白的，似乎你我素不相識，而自己的確是你的未婚妻。時間、距離拉遠了我們。

今天中午收到你的包裹，謝謝你。一直在猜是什麼，很驚奇。還記得你畫過的一幅竹，在病時讓我感覺，這幅竹的你似乎比較不穩定。在畫中竹的根最讓我欣賞。我不懂畫，但卻愛它如你一樣。

一直盼望你突然的出現，但總是失望，也就不敢想了。

曾在春假打TEL回台中的家，得知母親身體也不很舒適，因嬌妹讓我聯絡洪小姐，今早已聯絡好，限時寄送也寄回台中，就待回音，洪小姐就幫母親掛號，大哥會陪母親北上。你放心。早上看病，我會陪大哥去，下午我就不放心我的學生因最近又（別班）發生事。自己在慢慢學習愛人如愛己。

自己在想你我的認識不夠深刻，相聚的時間又短，自己個性又怪怪的，不知你會習慣嗎？我的心中很平靜。一切都好，唯太懶了些，由你信中得到了許多鼓勵……etc

目前看書、並不是為了考試，只想充實罷了。今晚想早睡，彌補這八天的少睡眠。

晚安 祝你 健康快樂平安。

潘潘 4.10 10:30

孩子的爸：

來信收到，得知你平安抵達。台中的颱風我也打過了，先生的命令豈敢不遵，是唔！放了假的確輕鬆，當然，時間對我來說，越來越重要，或許自己已三十好幾，不好好的利用總怕來不及。每天早上拖了地，除了乾淨也儘快達到減肥的功用。例如今早六點起床餵青喝奶接著換、抽油煙網，弄到8:00才全部就緒。孩子說起來還挺乖的，只要她睡足吃飽很乖，當然難免會哭，此時的哭又不一樣了。我的個性是比較寵孩子，並不因她(他)是我們的寶，而我對孩子都是這樣的。孩子是第一位，自己可能就其次了，是不太好，我會慢慢的學習改進。

和弟妹鬥咀，那是小事，你也別在意，兄弟鬥完也就算了。不會擱在心上的。

昨接到你的信，雖然看了你的信，但晚上還和妹又拌嘴。今早好好的，所以你別操心，當然做人處事的確不易。我們兄妹八個卻是牛脾氣，還好都不會互相記恨，那是從小至今父母培養出來的手足之情。謝謝你提醒我。

連續兩天我都抽空至台北逛逛，也看了書局，想買一本書，也買了幾件現流行的裙子等。偶而到外面走走見見，心情又會不一樣。前天我到三重同學那兒，才發現妹妹每天上學真辛苦，相當遠，真是[illegible]哦，光是坐車就受不了，何況還要上課，沒有深入其境真是難以體會。我每天練琴看報，也看一些書。做家事等，一天的時間太(稍嫌)快了。這些又看什麼雜誌，也是我的主任說的。有位李振宏[illegible]最近將至金門，麻煩你跟他聯歡，我已把你的信箱告訴李先生(是主任先生)的弟弟萬事拜託，我也和李先生之父親講過話，告訴他在外也有個認識的人，比較踏實些。最近我的差事不少，先謝謝你了。成功嶺我已託台權了。你若不便，沒關係。

敬祝

平安快樂

孩子的媽

7.11.早 10:00

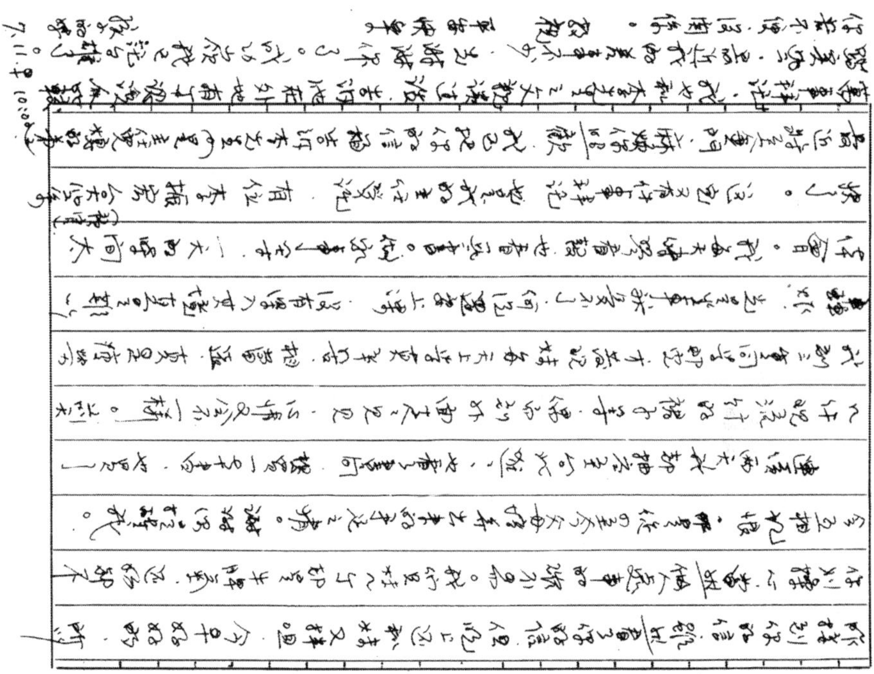

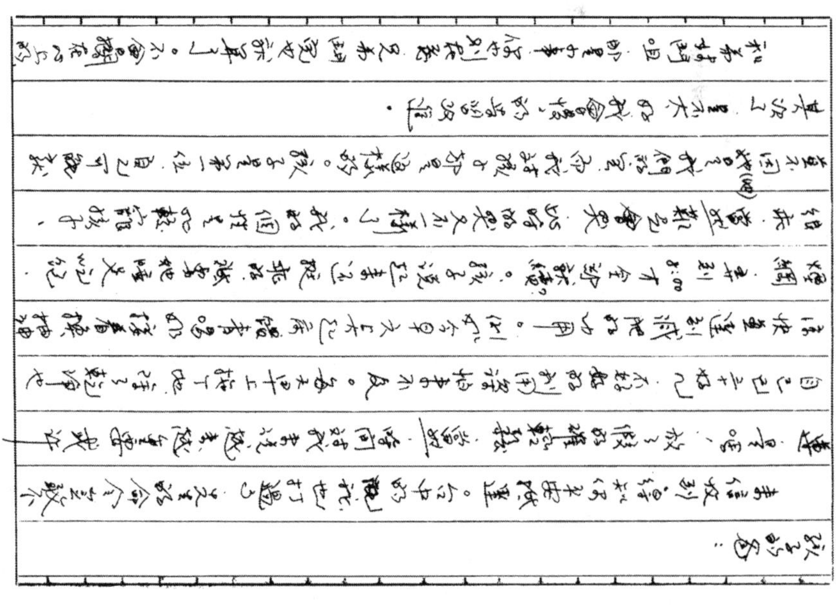

福成：寫一封信會花很多時間，潦潦草草字。你送我的東西夠多了，別再送，口香糖家人都吃光了。休假回來什麼都別送了，祇需你第二瓶酒給王媽媽，順便是我送他的母親節禮物，恰好。深深體會出信的可貴，一直盼望著你的歸來，然而一点消息都無。心情也煩躁，今天接到你十封信，得知你的假延期了。才放下一顆等待心，「等」的滋味很深奧，說不出的所以然，你曾用哲學來說起。哲學我不懂。在這兒平安無恙。你安心的工作，受訓吧，自己的身体多保重，休息充足了再給我寫信。Pam知道你忙。

四月份起我不學英文，因自己有些負荷过重，精神、金錢都有，也想休息。自己目前可以慢慢的看了，我都在讀高中一至三的英文。也有看改書很好。自己是覺得在前進中，step by step 總會達到理想。

我們有共同的遭遇，在窮困中長大的孩子，自信心特別強，但較能經得起考驗。成功的定義如你說的，我們盡力而為。似乎记得和你說过「毋意毋必毋固、毋我」這是孔子的話，我曾拿它來做座右銘，共勉之。

有時是有些會羨慕那些富有的人，但自己可以肯定不會去和別人比較，祇是依自己的條件許可。有時寫信和講的確也不相同，往往也會誤解对方的含義。含羞是人的天性，我穿著新衣，祇是為了取悅自己。自己向來不再乎別人对我的看法。是很狂。。

我從未像今去琴的異事，練琴，祇是不想浪費時間，也不是kill time。倒有休息的感覺，書看累了，彈彈曲調劑一下。每天的生活如此規律，台北尤其。

19、20去日月潭、溪頭二处。186常學生都迎去中正紀念堂和植物園。似乎很吸人愛春。我的身旁有你該多好。

書我想你在信裡說也可以買的，別寄如此遠，祇要計算得好。做大姊慣了，總是如此嘮叨，但婚後還是少講。人的確要常常自我反省。

有位談得来的同事对我的批評，自尊心特別強，脾氣壞，嘴不饒人。我接受她的劝告，也常常思改忍耐。

收音机正播送着一曲鋼琴曲，在晚上很容易讓人醉迷。我的温柔似乎不見，因自己老把责任往身上推。好累，福成你真的瞭解、體諒，容忍、體諒，婚前是需要慎重。

我很好，學生，書本，琴。時間更少，被早上6:40以前起床看看英文。你在我的心目中~~地位~~和我在你心中相等地位，許久未看你的letter令着急。又偷失落了？不知是為什麼？

你回來我就会很快樂。該該要去說藥秋寂，晚安，

謝謝你的熱吻，更甜，好想念你，祝　平安快樂　　4.11 夜11:40

福民：

這幾天都很忙，所以日記也沒記。昨晚台中的媽和大哥來台北聚聚，於是檢身体，多家淡談好犧牲睡眠時間，幫忙，等你回來由你謝謝你的好同學。她實在很覓得的woman，雖然age比她大，卻在做人處事尚差一截。人緣好，靜欽有能力的人且又有善心的人。這種朋友目前在社會上不容易找到。

我想你也忙完了training吧！今天帶領娃娃們旅行，這回旅行自己很喜歡，雖然累些。唯中途吃午餐時，我的便當少了8份，自己的牛排就一起負責看，不管上司在不在，你對我知道的不多，我對你也同樣，但我們能合得來。自己仍希望有些改變目前的生活。能想的辦法只有讀書充實我。我的方向不夠堅定，常常會偷懶，休息。

昨晚在T.L中和王媽媽談了很多，年長的經驗談，鼓勵。心情比較好些。我很多事情會跟王媽媽說，讓她來分析。離媽比較遠，難得回去一次。頭痛的事，不愉快的事很少讓家人知道，爸媽夠累了，他們又比較不能瞭解我的事來交談。自己在台北的事也多靠王叔叔、王媽媽的照顧。也常會鑽牛角尖，經王媽媽一說開朗了不少，也願意去接受一些事情。

明晚這時候在日月潭教師會館，自己對於吃一直不很熱衷，住是睡在里最，但小小大的事我旅行卻沒法改進，這是凌亂。以前在家時爸媽也都特別寵我們女生。所以妹妹和我脾氣都不很好。家中只有媽脾氣好。爸是age大了，沒脾氣了。我很幸運爸媽都沒打過我，弟弟被打最多，因為看武俠小說。想起了小時我們跟媽媽要些，卻快拿手，大哥四年級拿級就拿給我們吃。在家中長大的兄弟感情是比較好。我家的兄弟們都以作好看些，但辛苦，是無法去形容的，尤其是媽。這幾年爸也是，春假回去拉著姑，讓爸吃好些，爸工作還算好，不很吃力，曾經有一份工作，累得令讓我們更加痛苦。目前爸工作好些。我結婚也不想花錢，因他們賺錢不易。

其實有些事是不公平，女人找金龜婿就是拜金、相同的，那一位男生又不想娶一位有錢、有勢的太太呢。男女之間的選擇，條件是比個人品德重要的。這是現實嗎？

我的情緒一直沒穩下來，兩三天又哭一次。總是要是避它想。可以說自己很可悲，沒有計劃的人生。我在別人的面前都是做個快樂，但自己多半是寂寞的，這也是屬於我的一種。人的性格是多重的。這也是自己最差的一面。

你說的也對，應該自己尋找生活的樂趣。我很要快樂卻快樂不起來，你不在我身邊也有關係吧！情緒低落時大多不喜寫信，只得影響了你。今天自己很煩，這一星期都是，煩躁得很，易於脾氣，又不可收拾。好像有二年的未有這感覺了。

上回跟你提學校安全的事，幸好比較輕不嚴重，卻很難想太多。不過太隨便。機械做久了會故障，人在某方面做久了不改變則會疲乏無功。不想再寫了，我該回寢室準備行囊。這兩天我要是放鬆心情，很大盼望的希望能增加我對人生的信心。

媽剛打電話給我，因為記得台中的電話，打回家問，媽一直不放心，有時更不想結婚，自己那麼大了還讓父母操心。心情很壞，[illegible]爸又加班到11:30。[illegible]快樂是遠離我的。請不要怪我。

抱歉，讓你也煩心，在這封信前也提筆過，卻心情更糟，所以撕了沒寄。自己的心亂如麻又胡思亂想。

多保重。晚安

祝

快樂如意

玉鳳

4.8. 10:00夜